NOTICES ET EXTRAITS

DES

DOCUMENTS MANUSCRITS

CONSERVÉS DANS LES DÉPÔTS PUBLICS DE PARIS,

ET RELATIFS

A L'HISTOIRE DE LA PICARDIE.

NOTICES ET EXTRAITS

DES

DOCUMENTS MANUSCRITS

CONSERVÉS DANS LES DÉPOTS PUBLICS DE PARIS,

ET RELATIFS

A L'HISTOIRE DE LA PICARDIE,

PAR M^r. HIP. COCHERIS,

ARCHIVISTE PALÉOGRAPHE, ATTACHÉ A LA BIBLIOTHÈQUE MAZARINE, MEMBRE DE
LA SOCIÉTÉ DE L'ÉCOLE IMPÉRIALE DES CHARTES, DE LA SOCIÉTÉ
DES ANTIQUAIRES DE PICARDIE, ETC.

Ouvrage couronné par la Société des Antiquaires de Picardie,
au Concours de 1852.

TOME PREMIER.

PARIS,
DURAND, RUE DES GRÈS, 5.

1854.

Extrait des Mémoires de la Société des Antiquaires de Picardie,
Tom. XII et XIII.

AMIENS. — Imp. de DUVAL et HERMENT.

A M. CH. DUFOUR,

Vice-Président de la Société des Antiquaires de Picardie.

Mon cher Ami,

Que ne sommes-nous nés en plein xviii.ᵉ siècle. A cette époque, on devait des égards aux vivants, on ne devait aux morts que la vérité. C'était le bon temps, surtout, pour les amateurs de dédicaces. Rien n'était plus facile, les éloges les plus pompeux, les plus magnifiques étaient permis, et le public ne s'en fâchait point. La science des égards était alors une partie essentielle de la belle éducation.

Autres temps, autres mœurs. La science des égards est maintenant une science perdue que d'heureux antiquaires auront peut-être le bonheur de retrouver un jour, et l'on ne doit plus que la vérité aux vivants comme aux morts. C'est probablement à cause de cette limite étroite, imposée aux pauvres auteurs, par notre vertueuse et trop rigide époque, que les dédicaces deviennent si rares.

Ces protecteurs éclairés des lettres, ces ministres puissants, ces administrateurs habiles, ces financiers généreux d'autrefois auxquels s'adressaient nos ancêtres, sont maintenant remplacés par des académies, des sociétés savantes, et j'ignore pourquoi on n'adresse pas d'hommages à ces honorables compagnies ou à leurs représentants les plus distingués.

Pour moi qui ai trouvé, grâce à vous, auprès de la Société des Antiquaires de Picardie, l'encouragement le plus bienveillant, je tiens à payer ma dette de reconnaissance et suis heureux de pouvoir aujourd'hui vous donner un témoignage bien faible, il est vrai, mais sincère de ma gratitude, en vous dédiant cet ouvrage, qui sans votre initiative, n'aurait jamais vu le jour.

Veuillez donc accepter l'hommage de mon livre, comme une marque de ma reconnaissance, et la preuve de ma sincère affection.

H. COCHERIS,

Bibliothèque Mazarine, ce 2 avril 1854.

PRÉFACE.

Pœnâ et pennâ.

———o———

« Un concours qui aurait pour objet de faire connaître
» les documents inédits que renferme sur la Picardie la
» Bibliothèque nationale, pourrait fournir la matière
» d'un travail éminemment curieux et utile. C'est une
» pensée que je livre à la sollicitude de la Société des
» Antiquaires de Picardie [1]. »

Ce vœu était à peine exprimé par l'honorable auteur
de la Bibliographie picarde que la Société décidait qu'un
prix serait, au concours de 1852, décerné à l'auteur
du meilleur catalogue des manuscrits de la Bibliothèque
nationale, qui concernent l'histoire de la Picardie [à l'exception des collections de Dom Grenier et de Du Cange.]

Le bienveillant rapport qui précède notre travail,
interdit tout commentaire, en démontrant l'utilité incon-

---

[1] Essai bibliographique sur la Picardie, par M. Charles Dufour, Amiens, Duval et Herment, 1850, p. x.

testable du sujet, sa nécessité et en même temps les difficultés inhérentes à son exécution ; aussi n'est-il besoin de répéter ici en forme de préface, ce qui déjà a été dit. Nous nous bornerons dès-lors à donner quelques explications ayant trait à l'ensemble de nos recherches.

Pénétré des avantages qu'on doit retirer d'un catalogue de manuscrits pour la plupart inédits, nous n'avons rien négligé pour le rendre aussi complet que possible. Après avoir terminé les notices des manuscrits conservés à la Bibliothèque impériale, qui nous étaient demandées par le programme, nous avons entrepris celles des manuscrits des Bibliothèques Mazarine, Sainte-Geneviève, de l'Arsenal, de la Sorbonne et du Louvre. Les Archives de l'Etat ont été également pour nous l'objet d'une pénible mais fructueuse exploration. Quelques notions sur les richesses conservées dans les archives de certains ministères n'auraient sans doute point été sans intérêt, malheureusement nous n'avons pu visiter jusqu'à ce jour que celles du ministère de l'Instruction publique.

Notre travail, tel qu'il est exécuté, servira, nous l'espérons du moins, à faciliter les recherches de tous ceux qui voudront écrire sur l'histoire de la Picardie. Mais il sera nécessaire d'y ajouter par la suite des notices sur les manuscrits des bibliothèques départementales et étrangères. Bon nombre de faits historiques donnent à penser que ces dépôts contiennent beaucoup de documents utiles et peu connus.

L'histoire est là pour établir la justesse de notre opinion.

Le Ponthieu ne fut-il pas possédé alternativement par

ses propres comtes, par les rois de France, par ceux d'Angleterre, par les maisons de Portugal et de Bourgogne?

Sans parler du joug passager que Boulogne eut à supporter des Anglais et des Bourguignons, la Maison d'Auvergne n'eut-elle pas longtemps le comté de Boulogne dans son apanage?

En dehors de ces preuves tirées de l'histoire civile, l'histoire religieuse en fournira d'autres non moins péremptoires. Les monastères possédaient quelquefois des biens fort éloignés du siège de l'administration. L'abbaye de Châlis avait des propriétés du côté d'Orléans; les religieux de Corbie étaient seigneurs de Dampierre sous Arques en Normandie; l'abbaye de Saint-Riquier possédait dans la Grande Bretagne des domaines importants, entre autres le prieuré de Palsgrave. En France même, en dehors des propriétés qu'on leur donnait ou qu'elles pouvaient acquérir, les abbayes entretenaient des relations avec les diverses communautés de leur ordre.

Le commerce entre aussi pour beaucoup dans cette dispersion de documents. Le commerce des villes de Picardie avait, par le voisinage de la Flandre, pris un grand développement. La première de ces provinces était tout à la fois un pays de fabrique et de transaction. Les Espagnols, les Portugais fréquentaient ses marchés. Quelques localités étaient affiliées aux Hanses allemandes, et certainement il a dû résulter de ces sortes d'associations un grand nombre de contrats, et, comme suite inévitable de ces contrats mêmes, une multitude de procès.

Ce qu'on nomme le hasard n'occupe pas la moindre place dans les preuves que nous présentons à l'appui de notre opinion. C'est certainement lui qui a mis sur les rayons de la Bibliothèque d'Aix le manuscrit intitulé : *Vitæ, passiones et translationes sanctorum Ambianensis diocesis*, et celui qui traite de la généalogie des comtes de Boulogne. N'est-ce pas lui encore qui a doté de certains manuscrits les bibliothèques de Rouen [1], de Douai [2] et de Cambrai [3]? Les dépôts publics de l'Europe possèdent aussi des documents de la plus haute importance. En effet, il existe à la Bibliothèque de Stockholm un exemplaire de [l'usaige de la chité d'Amiens] qui nous a paru plus complet que le manuscrit conservé à la Bibliothèque impériale ; à la Bibliothèque de Middlehill, quatre cartulaires de Laon, dont trois du XIII°. et un du XIV°. siècle ; un cartulaire de Prémontré du XIII°. siècle ; les comptes de la châtellenie de Compiègne en 1537 ; le catalogue de la Bibliothèque de Corbie au XII°. siècle, et la vie des hommes célèbres de Picardie en 5 vol. in-f°., et enfin à la Bibliothèque de Berne, un recueil de chansons picardes et artésiennes du XIII.° siècle, rassemblées par J. Bongars [4].

De tous les dépôts publics, qu'il nous a été permis de

---

[1] Cette Bibliothèque possède les conférences ecclésiastiques du diocèse de Beauvais.

[2] On rencontre dans cette Bibliothèque plusieurs manuscrits assez intéressants, entre autres, les *Statuta synodalia diocesis Ambianensis* ; les *Constitutiones synodi Noyiomensis* ; les *Statuta synodalia ejusdem diocesis* ; le *Liber collationum beneficiorum* et les *Maisons nobles de Picardie*.

[3] Il existe dans la Bibliothèque de Cambrai une généalogie des familles d'Amiens.

[4] N°. 389. Voy. Sinner, *Extrait de quelques poésies des* XII°., XIII°. *et* XIV°. *siècles*. Lausanne, 1789.

visiter, c'est assurément celui de la Bibliothèque impériale qui nous a fourni le plus de matériaux. Pour arriver au but que nous nous proposions, nous avons été obligé de consulter les deux catalogues de MSS. existant à la Bibliothèque : d'abord le catalogue en 14 volumes qui se trouve dans la salle des lectures ; puis le catalogue par fonds en 59 volumes, placé dans le cabinet où travaillent les attachés au catalogue, et d'une communication beaucoup plus difficile que le premier.

On sait que les manuscrits de la Bibliothèque impériale se divisent par fonds : Ancien fonds [1], — Fonds Colbert, — Saint-Germain français, — Saint-Germain Harlay, — Saint-Germain latin, — Fonds des cartulaires, — Fonds Gaignières, — Sorbonne [2], — Notre-Dame, — Blancs-Man-

---

[1] C'est celui dont le catalogue est imprimé en 4 vol. in-f.°

[2] Le fonds de Sorbonne n'est autre chose que la bibliothèque de l'ancienne Sorbonne. Plusieurs des manuscrits qui composent ce fonds sont dus à la générosité de quelques Picards ; quoique ce renseignement bibliographique sorte un peu du sujet que nous traitons, nous le signalons avec plaisir.

M.° Giraud d'Abbeville légua : 1°. un Commentaire historique sur les IV évangiles (XIII°. siècle.) — 2°. Les Commentaires de Richard Fitzaker sur les trois premiers livres des sentences, XIII°. siècle. (N°. 665.) — 3°. Des Gloses sur la Genèse, XIII°. siècle. (N°. 26.) — 4°. La Genèse et l'Exode avec commentaires, XIII°. siècle. (N°. 30.) — 5°. Le Livre de Job et les IV évangiles, XIII°. siècle. (N°. 49.) — 6°. Les Actes des Apôtres, XIII°. siècle. (N°. 50.) — 7°. Apostilles sur les proverbes. (N°. 31.) — 8°. Commentaire de St.-Bonaventure sur l'Ecclésiaste, XIII°. siècle. (N°. 81.) — 9°. Les Livres sapientiaux avec gloses, XIII°. siècle. (N°. 90.) — 10°. Commentaire sur Isaïe, XIII°. siècle. (N°. 109.) — 11°. Apostilles sur Isaïe, XIII°. siècle. (N°. 110.) — 12°. Apostilles sur St.-Martin, XIII°. siècle. (N°. 129.) — 13°. Apos-

teaux,—Lancelot,—Compiègne,—Corbie [1],—Saint-Victor,—Minimes,—Cordeliers,—Missions étrangères,—Sérilly,—Bouhier,—Supplément français et Supplément latin,—etc., etc.

tilles sur les Epitres de St.-Paul, XIII°. siècle. (N°. 167.) — 14°. Une traduction latine du More Nevochim, XIII°. siècle. (N°. 173.) — 15°. Commentaires de Pierre Lombard sur les épîtres de St.-Paul, XIII°. siècle. (N°. 183,) — 16°. Un autre exemplaire du même ouvrage. (N°. 188.) — 17°. La Somme de Guillaume d'Auxerre. (N°. 422.) — 18°. Des Miscellanées théologiques, XIII°. siècle. (N°. 443.) — 19°. La Somme théologique d'Alexandre de Hales, XIII°. siècle. (N°. 501.) — Correction des décrétales par Barthélemy de Brescia, XIII°. siècle. (N.° 754.)

Etienne d'Abbeville, chanoine d'Amiens, légua : — 1°. Une Bible latine, XIII°. siècle. — 2°. Une concordance de la Bible, XIII°. siècle. (N°. 16.) — 3°. Commentaires sur les Cantiques, XIII°. siècle. (N°. 55.)—4°. Des apostilles sur les Epîtres canoniques de Nicolas Horham, XIII°. siècle. (N°. 199.) — 5°. La légenda Aurea de J. de Voragine, 14°. siècle. (N°. 401.)— Une partie de la Somme de St.-Thomas, XIV°. siècle. (N°. 521 A.)

Gérard de Duona, chanoine de St.-Quentin, légua : Les 12 Petits Prophètes avec gloses, XIII°. siècle. (N°. 115.)

Richard de Soissons légua : Les Commentaires de St.-Thomas sur le 4°. livre des Sentences de Pierre Lombard, XIII°. siècle. (N°. 591.)

Pierre Plaoul, picard de nation, évêque de Senlis, docteur en théologie, légua en 1415, une concordance de la Bible, XIII°. siècle. (N°. 10.) — Ce Pierre Plaoul fut enterré à St.-Marcel, près Paris.

M. Danse, chanoine de la Cathédrale de Beauvais, donna à la Sorbonne en 1790, un manuscrit intitulé :— Le Ciel ouvert à tous les hommes.

[1] Le fonds de Corbie qui existe actuellement à la Bibliothèque impériale n'est qu'un démembrement de la célèbre bibliothèque de cette abbaye. M. Garnier donne de curieux renseignements sur l'origine de ce fonds dans la préface de son catalogue des manuscrits de la Bibliothèque d'Amiens. Nous indiquons ici les numéros des manuscrits de cette savante abbaye,

Mais il ne pouvait nous suffire de dépouiller ces fonds déjà si riches ; le département des Estampes offrait aussi d'utiles et d'indispensables ressources, et l'histoire archéologique de la Picardie n'eût point été complète sans une notice des cartes, plans, vues et dessins manuscrits de la Collection topographique.

Le dernier établissement que nous ayons visité, est celui des archives de l'Etat : ces archives, sont divisées en trois

qui ont passé au xvıı°. siècle dans la Bibliothèque de St.-Germain-des-Prés ; et qui sont maintenant dans le fonds St.-Germain latin.

N.°s 14—15—23—39—40—42—43—51—58—121—137—160—165—190 —193—195—196—198—199—201—202—203—204—207—209—212—213 —216—224—225—226—228—230—231—232—233—235—238—241—243 —248—250—250b—251—252—255—256—257—258—263—264—265—266 —267—268—269—270—275—278—282—283—287—290—291—293—295 —296—302—306—307—308—309—310—316—219—322—323—325—326 —327—328—329—331—332—448—449'—456—459—490—491—503—504 —508—509—603—607—608—626—628—635—639—640—657—665—669 —674—679—683—684²—687—693—694—695—720—724—729—730—731 —732—733—736—740—741—742—743—744—745—746—747—748—749 —750—751—752—758—759—760—761—762—766—767—768—769—773 —776—779—780—786—788—791—793—798—805—806—807—809—810 —811—813—814—818—819—820—823—824—825—826—828—830—839 —841—843—844—846—848—849—851—852—853—854—856—863—864 —865—873—885—889—936—951—960—964—974—990—991—993—1030 —1036—1037—1045—1047—1050—1055—1107—1110—1170—1179—1180 —1182—1188—1192—1198—1201—1205—1206—1209—1210—1224—1271 —1273—1274—1275—1276—1278—1283—1285—1287—1291—1292—1293 —1297—1309—1312—1313—1314—1322—1323—1326—1333—1334—1349 —1404—1406—1407—1426—1427—1432—1435—1447—1452—1455—1459 —1460—1534—1538—1540 et 1574.

sections : la section historique, la section judiciaire et la section administrative.

C'est dans la section historique que se trouve le trésor des chartes, dont les pièces sont classées par ordre topographique. La province de Picardie comprend neuf cartons [1]. Les pièces qui y sont renfermées ont la plus grande valeur ; elles sont au nombre de 250 environ. Nous avons fait pour chacune d'elles une notice que nous avons réunie à celles des pièces éparses dans les collections de la Bibliothèque impériale et dans les autres parties des archives citées plus bas. Cette section nous a encore fourni un rôle de la noblesse de Picardie en 1327, et des cartons remplis de pièces concernant les abbayes de cette province.

La section judiciaire possède les registres du parlement, ordonnances, arrêts, etc.

La section administrative se compose des dénombrements, pouillés, comptes de villes, etc., etc.

On conçoit aisément qu'il eût été superflu de faire une notice séparée pour chaque pièce que l'on rencontrait. Aussi nous sommes-nous arrêté à un mode qui nous a semblé préférable, et qui consiste à réunir sous le même chef les pièces concernant un même lieu et à en composer

---

[1] Les 9 cartons (*J.* 229 à *J.* 240), se divisent ainsi :

J. 229 et *J.* 230, Picardie en général (102 pièces.) — *J.* 231, Amiens, (14 pièces.) — *J.* 232, Péronne (29 pièces), Vermandois (6 pièces), St.-Quentin (9 pièces. — *J.* 233, Laon (47 pièces.) — *J.* 234, Coucy (4 pièces) Compiègne (7 pièces), Noyon (3 pièces), Roye (1 pièce), Nesle (9 pièces.) — *J.* 235 et *J.* 236, Ponthieu. — *J.* 237, *J.* 238 et *J.* 239, Boulogne.

ainsi une série chronologique. C'est de cette manière que sont faites nos notices intitulées Abbeville, Ambleteuse, etc., etc.

Nous avons pensé qu'un travail de ce genre fait pour chaque localité de la Picardie, offrirait, sous une forme commode, aux amateurs de l'histoire picarde, des renseignements qu'ils ne pourraient trouver nulle part ailleurs.

Un dernier mot : ce travail est-il et peut-il être complet? nous répondrons d'avance, non. Le remaniement des catalogues des diverses bibliothèques, n'amène-t-il pas tous les jours la découverte de matériaux inconnus et inexploités ? A la Bibliothèque impériale, n'avons-nous pas eu communication des cartons Châlis, dont on soupçonnait à peine l'existence ? Nous n'avons donc voulu et pu vouloir d'ailleurs qu'une seule chose, être exact, et placer cet ouvrage au niveau des découvertes actuelles.

Quant à l'esprit qui a présidé à la rédaction des notices, nous avons estimé que, dans un travail de ce genre, les commentaires et les opinions personnelles ne valaient jamais le texte. Aussi est-ce par le choix des passages que nous avons tâché de faire ressortir la valeur des manuscrits. Nous nous sommes efforcés également de donner un double but d'utilité à notre livre. La partie géographique a été pour nous l'objet d'une attention toute particulière, et nous croyons avoir rendu un véritable service en retirant des cartulaires toutes les indications relatives à la topographie de la Picardie. Peut-être un jour notre index géographique, réuni à l'index topographique de Dom Grenier, pourra-t-il servir à la confection d'un Glossaire en basse latinité et en vieux français des noms de lieux de cette province.

Les notices avaient d'abord été rangées par ordre de provinces, seul classement qui nous avait paru convenir à notre travail ; mais, sur les observations de la commission du concours, nous adoptons définitivement l'ordre alphabétique, qui rendra les recherches plus faciles. Nous placerons la Picardie en tête de ce catalogue [1], puis viendront les diverses localités dont elle se compose. Un ordre rationnel a été observé pour chaque article. On trouvera d'abord les notices géographiques avec annexe de cartes et plans; les notices d'histoire civile; les notices d'histoire religieuse; enfin les notices d'histoire littéraire.

Une série d'index, qui facilitera les recherches, termine notre travail qui n'eût point été complet si M. Aug. Thierry n'avait bien voulu, avec son obligeance accoutumée, mettre à notre disposition les notes nombreuses qu'il a recueillies pour son *Histoire du Tiers-État*. Nous lui en exprimons ici toute notre reconnaissance.

M. Larchey, notre collègue et ami, a bien voulu se charger de copier les sceaux pendants des chartes qui se trouvaient au Trésor. Plusieurs ont été publiés, mais la plus grande partie est inédite.

Il nous reste en finissant à rendre à MM. Haureau et Paulin Paris de la Bibliothèque impériale, Taranne, de la Bibliothèque Mazarine, Barbier, de la Bibliothèque du Louvre et Douet d'Arcq, des Archives Impériales, la part qui leur revient dans ce travail, grâce à l'empressement toujours bienveillant avec lequel ils ont aidé et facilité nos recherches.

---

[1] Le lecteur trouvera sous la rubrique *Picardie* non seulement les MSS. qui ont un rapport spécial avec cette province, mais encore ceux qui par la nature même des matières dont ils sont remplis auraient échappé à tout classement convenable.

CATALOGUE

DES MANUSCRITS

SUR LA PICARDIE,

CONSERVÉS A LA BIBLIOTHÈQUE IMPÉRIALE.

PICARDIE EN GÉNÉRAL.

1. Limites de Picardie.

MS. in-folio de 136 folios, papier. — Ecriture du XVIIe. siècle.
Bibliothèque Imp. — *Brienne*, n.° 330.

Voici les titres explicatifs qui se trouvent au commencement de ce MS.:—[Inventaire des tiltres produits par le procureur général du Roy, contre le Roy d'Espagne, sur les limites de Picardie et enclavements d'Artois, 1559.]

[Contre ditz fournis par le dit procureur général contre la production du dit Roy d'Espagne, concernant les enclavements d'Artois.]

Sur le recto de la feuille de garde, on lit:—[Paraphé par nous, conseiller du Roy en sa cour de parlement, commissaire en cette partie, suivant nostre procès-verbal du 15 janvier 1652.]—*Signé* PETAU, et plus loin, PITHOU.

2. Procès-verbal et enquestes faicts pour les limites de Picardie et pais de Cambresis et d'Artois, et pour la situation des abbayes de Dommartin et Femy, par

PICARDIE EN GÉNÉRAL.

M^r. Jean-Jacques de Mesmes[1], S^r. de Roissy, maitre des Requêtes pour le Roy très-chrétien, et Pierre Grenet, conseiller du roi d'Espagne, en son conseil d'Artois. Faict l'an 1559.

MS. in-folio, 247 folios, papier.—Ecriture du XVIe. siècle.

Bibl. Imp.—*Collect. Fontanieu*, portef. 254.

Il commence ainsi : [L'an mil cinq cens cinquante neuf, le dimanche troisiesme jour de mars, nous Jean Jacques de Mesmes, sieur de Roissy, conseiller du Roy très chrestien et maistre des Requêtes ordinaire de son hostel, et Pierre Grenet, conseiller du Roy catholicque en son conseil provincial d'Arthois, suivant les commissions et pouvoirs à nous respectivement envoyez par les dits deux majestés royalles, desquelles la teneur s'ensuyt : François, Philippe, etc., par lesquelles nous avons esté mandé de nous trouver au lieu de Villiers aux Flots, près Bappaumes, le premier jour de mars dernier passé, pour ensemble proceder au faict de l'exécution de certain acte ou appointement prins au lieu du chateau en Cambresis, le vingtième du mois de septembre dernier, etc.]— A la fin on lit, F^o. 80 : [Faict et ordonné ce cinquiesme jour de may 1560, et le lendemain lundy, sixiesme du dit mois de may, sommes partis chacun de nous pour retourner en nos maisons, ainsy signé J. Jacques de MESMES, Pierre GRENET et Jacques de LATRE.]

Ce procès-verbal, d'une grande importance pour la Picardie et les provinces limitrophes, est le document original, rédigé et signé par ces trois députés.

3. Procès-verbal faict par M. de Roissy, en 1559, pour le différend des enclavement d'Arthois.

MS. in-f.° de 193 folios, papier. — Ecriture du XVI.° siècle.

Bibl. Imp.—*Saint-Germain fr.*, n.° 946.

Ce MS. est une copie du précédent. Au F°. 120, on

---

[1] J. J. de Mesmes, sieur de Roissy, né le 11 mai 1490, mort le 23 octobre 1569. Voy. son éloge dans l'*Elogia Gallorum doctrina illustrium*, de SCÆVOLA DE SAINTE-MARTHES, p. 121. (Ed. in-4°. Paris, 1630.)

trouve : [les actes de la conférence faicte en l'abbaye de Sainct-André-aux-Bois, entre les députés des roys très-chrétien et catholicque, sur le différend de la propriété féodalle, ressort et souveraineté de la chastellenye de Beaurain, au mois de décembre 1579. Mis au greffe de la chambre par Mr. Marion, advocat général du Roy, le xxxi décembre 1598.]

PICARDIE EN GÉNÉRAL.

Les députés avaient à débattre quatre points : la propriété, l'hommage, le ressort et la souveraineté de la châtellenie. Ils se séparèrent sans avoir rien conclu[1].

4. Limites de Picardie, etc.

MS. in-folio de 268 folios, papier.—Ecriture du XVIIe. siècle.

Bibl. Imp.—*Brienne*, n° 297.

Avant la pagination, on trouve la copie d'une pièce dont voici le titre :—[Union de la ville d'Amiens à la Couronne pour servir de frontière contre le Haynault et Brabant, sans pouvoir jamais être désunye par traicté de Paix, appanage, partage, engagement ne autre quelconque, faict par le roi Loys XI, en faveur des habitans qui s'estoyent sy fidellement comportez pour le Roy contre le duc de Bourgongne qui les avoit occupez pour aulcun temps, du moys d'avril 1471 après Pasques[2].—F°. 1. Union des comté et vicomté de Soissons à la couronne de France[3]. (18 décembre 1411.)—F°. 7. Vente faite à Louis, duc d'Orléans, fils du roy Charles V, par Marye de Coucy, fille d'Enguerrand, seigneur de Coucy, des chastellenies de la Fère-sur-Oyse et de Marle. (15 novembre 1400.)—F°. 13. Extraict de l'arrest du compte de la recepte de Coucy, rendu en l'an 1516.—F°. 20. Réunion à la couronne de France de la comté de Ponthieu, etc.[4] (15 juillet 1424.)—F°. 23. Lettres de Louis XI, par lesquelles il relève son cousin, le comte de Nevers et de Réthel........ de ce qu'il auroit été contraint de faire aux

---

[1] Voyez *Bibl. de la Fr.*, t. III, n° 30,153.

[2] *Ord. des R. de Fr.*, t. XVII, p. 414.

[3] *Ord. des R. de Fr.*, t. XI, p. 664.

[4] *Ord. des R. de Fr.*, t. XI, p. 690.

PICARDIE EN GÉNÉRAL.

seigneuries de Péronne, Mondidier et Roye, ensemble au comté d'Auxerre, etc. (16 mai 1467.)—F°. 37. Inventaire de plusieurs pièces concernant les limites de Picardie (trés-curieux pour la topographie.)—F°. 75. Articles des officiers de Hesdin pour response à ceux baillez par l'ambassadeur de l'Empereur, concernant le village de la Cousture. (21 avril 1550.)—F°. 95. Arrest du conseil privé par lequel les habitants des villages de Bercq, Verton, Merlimon et autres y spécifiés, estans des enclaves du pays d'Artois, comté de St.-Paul, sont exempts des tailles élevées pour les héritages à eux appartenans sur le pais d'Artois, en contribuant pour les héritages qu'ils possèdent sur le territoire de France. (1618.)—F°. 101. Inventaire des tiltres pour monstrer que le droit de reprise du comté de Saint-Paul apartient au Roy, et que le dict comté est mouvant de sa majesté, à cause de son comté de Boulongnois. (1236-1553.)—F°. 109. Acte par lequel appert que le comté de St.-Paul est mouvant du comté de Boulongne. (1292.)—F°. 111. Procès-verbal du procureur du roy à Amiens de la saisie faicte à sa requeste, faute d'homme, droits et devoirs non faicts, de la terre de Maiserolles mouvante du Roy, à cause de son chasteau de Dourlens, laquelle terre le seigneur d'icelle prétend estre mouvante du roy d'Espagne, à cause de Hedin en Artois[1].—F°. 119. Du Comté et des comtes de Boulogne.—F°. 120. Contract de mariage de Mathilde, fille de Renault, comte de Boulongne et d'Ide, comtesse du dit lieu, sa femme avec un des enfants du roy Philippe Auguste, à Compiègne. (Aoust 1201.)—F°. 123. Vente et cession faite en présence du Roy, par Henry, duc de Lorraine, à Renauld, comte de Boulogne, et à ses enfants, de tout ce qui luy pouvait appartenir, à cause de sa femme, du dict comté de Boulogne, moyennant six cents livres parisis que le dict comte promet payer tous les ans au dit duc. (Passé à Vernon au mois de febvrier 1204.)—F°. 127. Conventions et articles du mariage de Guillaume de Boulongne, fils du comte de Boulongne et d'Auvergne avec Marguerite d'Evreux, sœur

---

[1] Cette pièce se trouve également dans le MS. n°. 191 de la collection Dupuy.

de Philippe, comte d'Evreux. (Mars 1321.)—*F°*. 133. Lettres d'acquisition du comté de Boullongne, faictes par le roy Louis XI, de Bertrand, comte de Boullongne et d'Auvergne, seigneur de la Tour[1]. (1477)—*F°*: 147. Lettres pattentes par lesquelles le roy Louis XI cedde et transporte à la Vierge Marie, révérée en l'églize de Boulongne, le droit et tiltre de fief, homage du comté de Boulongne, qui luy apartenoit à cause de son comté d'Artois pour estre rendu devant l'image de la dicte dame, par les roys ses successeurs[2].] (1478.)

PICARDIE EN GÉNÉRAL.

Les documents qui suivent dans le MS. ne concernent pas la Picardie.

5. Limites de Picardie.

MS. in-folio, papier.—Ecritures diverses du XVIIe siècle.

Bibl. Imp.—*Coll. Dupuy*, n° 194.

Ce portefeuille contient :—[I°. Actes, Escritures et autres pièces fournies et communiquées aux conférences faictes ès années 1563, 1564, 1565 et 1618, entre les commissaires députés par les rois de France et d'Espagne, pour terminer le différend, concernant le fort de l'Escluse, rivière de Gravelines, pastures et Havres d'Oyes.]

Les commissaires du Roi étaient : Pierre Seguier, président du parlement de Paris, et Dufaur, conseiller au parlement pour les années 1563 et 1564 ; de Senarpont, lieutenant pour le Roy au gouvernement de Picardie ; Ch. de Harlay, président du parlement ; Adrian du Drac, conseiller au parlement, et le lieutenant de la justice à Péronne, pour l'année 1565.

Le roi d'Espagne avait pour commissaires : Jacques Martènes, président au conseil de Flandre ; Pierre Asset, président au conseil d'Artois ; Jacques de la Cressonnière, gouverneur de Gravelines, et Ph. Raulin, conseiller au conseil d'Artois.

Ce document commence ainsi :—[Les commis de sa majesté catholique, pour traicter avec ceulx du Roy très chrétien sur le quartier de Gravelines, Callais, Guynes, Bredenarde, Langle, etc., ayans entendu aulcunes entre-

---

[1] *Ord. des. R. de Fr.*, t. XVIII, p. 350.
[2] *Ord. des R. de Fr.*, t. XVIII, p. 391.

PICARDIE
EN GÉNÉRAL.

prinses avoir esté faictes par les officiers et gens du dict sieur Roy très chrestien, sur les pastures et Havres du dicts Gravelines scéantes entre le Havre et rivière du dict Gravelines et les digues ou dreubes, faisant les dictes digues ou dreubes, séparation du terroir d'Oye et des dictes pastures, et sur la rivière qui flue et descend de Callais au dict Havre, autre entreprinse avoir esté faicte joignant le pont en Escluze qu'on appelle Escluze d'Oye, affin que les dictes entreprinses soient réparées par cette communication, disent pour esclaircissement d'icelles ce qui s'ensuit, etc.]—Suivent les enquestes, etc.

[II°. Du comté d'Artois pour les différends des limites du costé de Picardie.—III° Procès-verbal du procureur du Roy, à Amiens, de la saisie..... de la terre de Maiserolles[1].—IV°. Eschange du comté de Boulogne[2]. (1479.)—V°. Titres et mémoires touchant le canal de Gravelines.—VI°. Mémoire envoyé par M^r. de Vallancay, gouverneur pour le Roy en la ville de Callais et pays de nouvel reconquis, le 18 octobre 1628.]

6. Catalogue alphabétique des villes, bourgs, hameaux, censes, etc., du gouvernement général de Picardie, Artois et Pays reconquis, avec le gouvernement général du Boulonnais, et une partie de ceux de Flandres, de l'Isle de France et de Normandie. (1761.)

MS. in-4.° de 422 pages. — Ecriture du XVIIIe siècle, très belle et fort régulière.

Bibl. Mazarine.—n.° 1642.

Ce manuscrit contient tous les noms de villes, bourgs, etc. des différents gouvernements, par ordre alphabétique. Des signes particuliers, dont on donne l'explication au 1er. F°., désignent les lieux où se trouvent des couvents, des châteaux, des tours, des moulins et même des cabarets.

---

[1] Cette pièce se trouve également dans le vol. 279 de la collection Brienne. (Voyez notre précédente notice.)

[2] *Ord. des R. de Fr.*, t. XVIII, p. 350 et 509.

7. Portefeuilles contenant des pièces détachées relatives au canal de Picardie. PICARDIE EN GÉNÉRAL.

Bibl. Mazarine.—n° 1609.
A et B

Portefeuille A.

Ce portefeuille renferme des pièces fort curieuses relativement au canal de la Picardie.—[I°. Un inventaire général des papiers, cartes et mémoires qui ont esté faits pour rendre compte à son Altesse Royale Mgr. le duc d'Orléans, régent, de ce qu'il est possible de faire pour joindre la rivière d'Oise à celle de la Somme, et pour rendre cette dernière rivière navigable, depuis la ville de Ham jusqu'à la mer.—II°. Journal du voyage que nous avons fait en Picardie, par ordre de son A. R. Régente. (Il y a deux rédactions de ce journal qui paraît fort intéressant.) —III°. Prix des matériaux aux environs des villes de Noyon et de Ham.—IV°. Réflexions générales sur la possibilité de joindre les rivières de l'Oise et de la Somme, et de rendre navigable dans ces rivières ce qui ne l'est pas encore.—V°. Evaluation des terres qu'il faudra achepter pour faire le canal de la jonction des rivières de Somme et d'Oise, depuis Pont-l'Evêque jusqu'à Ham.—VI°. Différents mémoires sur les fouilles de terre qu'il faudra creuser, etc.—VII°. Devis des ouvrages qu'il faudra faire pour rendre la rivière de la Somme navigable depuis la ville de Ham jusqu'à celle d'Amiens.—VIII°. Estimation du nombre des journées que l'on croit devoir être employées à joindre la rivière de l'Oise à celle de la Somme et à rendre navigable la Somme.—IX°. Extrait général des sommes portées en chaque mémoire pour scavoir aprochant à combien cette entreprise pourra monter.—X°. Devis de la maison d'un éclusier (avec coupes et plans.)—XI°. Evaluation des terres qu'il faudra achepter le long des bords de la Somme.—XII°. Memoire pour le projet de la jonction de la Somme à l'Oise (Mesure des distances, pentes, etc.)— XIII°. Quelques lettres sur le même sujet. (Ces pièces écrites de 1716 à 1720 sont toutes relatives au projet du P. Sébastien, carme.)—XIV°. Lettres relatives au projet de la jonction des rivières de Somme et d'Oise.—XV°. Projet pour continuer la navigation de la rivière de Somme depuis Amiens jusqu'à Saint-Quentin et la joindre

PICARDIE EN GÉNÉRAL.

ensuite à la rivière d'Oise par un canal nouveau depuis ledit Saint-Quentin jusques à la Fère, où elle commence d'être navigable, au moyen de laquelle navigation on pourrait faire communiquer la Basse-Flandre, le Bas-Artois, le Ponthieu, la Picardie, le Senterre et l'Isle de France à Paris sans passer sur les terres étrangères. (Le projet est d'un nommé *Demus*. Il a été conçu en 1721.)—XVI°. Un mémoire de la visite faite sur les rivières d'Ardon et d'Elette et ruisseaux y affluents qui forment les marais de Laon proposés à dessécher. (Laon, 1728. Ce mémoire est d'un nommé *de Charbise*.)—XVII°. Lettre de M. de Maurepas relative au projet conçu par le sieur Hervy de former un port au bourg d'Ault. (1729.)—XVIII°. Deux mémoires sur le même sujet. (Ces deux mémoires sont du sieur Hervy qui était commissaire-ordinaire et contrôleur provincial de l'artillerie au département de Picardie, Artois, Boulonnais et Flandre maritime.)—XIX°. Livret du nivellement fait du terrain depuis la rive gauche de la rivière d'Authie près le pont à Collines, passant par l'étang du Gard, la rivière de Maye, l'étang de Rue et les marais de Flavières jusqu'au fond du port du Crotoy. (1768.)—XX°. Mémoire en réponse à celuy adressé au ministre sur Abbeville, et pour l'établissement d'un port au Crotoy. (1768.) Signé LARCHER.—XXI°. Projet estimatif d'un canal à faire pour conduire les eaux de la rivière de Maye dans le port du Crotoy, d'une écluse ou débouché dudit canal, etc., etc. (1768.) Signé LARCHER.—XXII°. Lettre d'envoi du sieur Larcher.—XXIII°. Lettre d'un nommé Chabaud, ingénieur-ordinaire à St.-Quentin, qui envoie un mémoire.—XXIV°. Mémoire œconomique sur les marais de la Haute-Somme. (1770.) Signé CHABAUD.—XXV°. Mémoire sur la navigation de la Some. (Décembre 1775.) Signé CHABAUD —XXVI°. Observations relatives à la navigation de la rivière de Some. (Décembre 1775.) Signé CHABAUD. — XXVII°. Correspondance administrative et mémoires des sieurs Chabaud, Laurent de Lionne, chargés de l'exécution du canal de Picardie, Ruel de Belle Isle à St.-Quentin, Bouillard, directeur des fortifications au sujet du canal de la Somme. (1778.)—XXVIII°. Extrait des projets de feu M. Laurent et de M. Laurent de Lionne relativement à la jonction de la navigation de la Haute-Somme avec celle de la

Basse.—XXIX°. Lettres, mémoires de MM. D'Agay, intendant de Picardie, Dajot, maréchal de camp, directeur des fortifications à Melun, etc., etc.—XXX°. Mémoire et observations relatifs au projet de feu M. Laurent et de M. Laurent de Lionne pour la jonction de la navigation de la Haute-Somme avec la Basse, et aux propositions accessoires mises en avant par M. D'Agay, intendant de la province.]

PICARDIE EN GÉNÉRAL.

Portefeuille B.

Ce portefeuille contient: [I°. Une carte particulière du cours de la rivière de Somme, depuis Amiens jusqu'à la source, où sont marqués seulement les passages de cette rivière et les lieux ou chasteaux propres et convenables à mettre des troupes, depuis sa source jusqu'à celle de l'Authie, les passages aussi et postes gardés de cette rivière jusqu'à la mer.—II°. Carte d'une partie de la Picardie. Haute-Somme.—III°. Une liasse contenant les cartes des environs de Noyon, Montdidier, Ham et Péronne.—IV°. Une liasse contenant les coupes et plans des fouilles pour le canal de la Somme d'après le projet du P. Sébastien. (1716.) 10 pièces.—V°. Carte ou l'on voit le projet du sieur de Marcy proposé à la cour en 1720 pour la navigation et jonction de la rivière de Somme, etc.—VI°. Cours de l'Oise de sa source à la Fère.—VII°. Carte particulière du pays compris entre la source de la rivière de Somme et la rivière d'Oise tirée des mémoires de Guillaume Delisle de l'académie royale des sciences. (1716.)—VIII°. Embouchure de la Somme. Carte générale du canal et des bancs à l'embouchure de la rivière de Somme tels qu'ils sont situez présentement, et qui fait voir le projet du bourg d'Ault, et le canal projetté pour passer du bourg d'Ault par les terres, aux bancs de Blanc-étaque au-dessus de St-Vallery.—IX°. Carte particulière du canal de jonction des rivières de Somme et d'Oise. (1730.)—X°. Plan, profil et élévation du pont et écluse sur l'entrée du grand canal de la Somme, près la Portelette. (1741.) XI°. Carte d'une partie des costes de la Picardie, depuis l'embouchure de la rivière d'Authie jusqu'à Cayeux, ou est tracé le canal destiné à conduire les eaux de la rivière de Maye dans le port du Crotoy; ainsi que la digue pour retressir le lit de la Somme, diriger son cours, sur la rive

PICARDIE
EN GÉNÉRAL.

droite, et se joindre à la Maye, pour opérer ensemble l'enlèvement des bans de sable et galets qui s'opposent à l'entrée des vaisseaux dans ledit port du Crotoy. (1708.) XII°. Profil de la digue à construire pour rétrécir le lit de la rivierre de Somme et déterminer son cours sur la rive droite. Signé LARCHER. (1768.)—XIII°. Plans et profils du canal de la Maye et des ponts à y établir pour la communication d'une rive à l'autre. Signé LARCHER. (1768.)— XIV°. Profil du nivellement depuis la rivierre d'Authie jusque dans le port du Crotoy, passant à l'étang du Gard, la rivierre de Maye, l'étang de Rue, et les marais de Flavières.—XV°. Plan et profil d'une écluse à construire au débouché du canal dans le port du Crotoy pour empêcher les eaux de se répandre dans la campagne à la mer haute. (1768.)—XVI°. Une liasse contenant 3 plans. Le 1er., fragment du plan de Péronne etc., (en 1770.) Le 2e., plan de Ham, (en 1770.) Le 3e., plan de St.-Quentin, (en 1770.) —XVII°. Carte du cours de la Somme calquée sur celles des Cassinistes pour accompagner le mémoire d'observations sur la navigation de cette rivière, par M. Chabaud. (1775.)—XVIII°. Plan de la navigation de la Somme depuis le dessus jusqu'au dessous de la ville d'Amiens, d'après les projets de feu M. Laurent de Lionne. (Avril 1784.)]

8. **Mémoires de localités**, par Joffrenot et Marquet de Bourgade.

MS. in-folio, papier.—Ecriture du XVIIIe. siècle.—332 folios.
Bibl. Imp.—*Suppl. fr.*, n°. 3023.

Cet énorme MS., qui contient une grande quantité de mémoires, avec plans, gravures, etc., en offre deux sur la Picardie, savoir :— F°. 77. [Mémoire détaillé sur les rivières et sur les ruisseaux de la généralité d'Amiens, contenant les lieux où sont leurs sources, ceux où passent leurs cours, l'embouchure des rivières qui tombent dans les précédentes, les endroits où les unes et les autres sont navigables, où elles ne le sont pas, en distinguant ceux où elles pourraient l'être, si la Cour le souhaitait ; contenant aussi des observations sur le projet important de joindre l'Oise à la Somme, et la Somme à l'Escaut, ce qui seroit d'un merveilleux avantage au commerce de la

France avec la Flandre, les Pays-Bas et la Hollande ; dressé par le sieur Villart, inspecteur des ponts et chaussées de Picardie, sur les ordres de M^r. de Bercy, intendant des finances et sur-intendant des ponts, turcies et chaussées de France.]

PICARDIE EN GÉNÉRAL.

L'auteur de ce mémoire, extrêmement curieux, le divise en autant d'articles qu'il y a de grandes rivières, et il en compte sept : la Somme, la Maye, l'Authie, la Canche, la Liane, le Vimereu, le Selak.

F°. 106 à 175. [Observations relatives à la navigation de la rivière de Somme, adressées à M^r. le comte de Saint-Germain et Turgot, le 11 janvier 1776, à la suite de la visite de la Somme, commencée le 4 décembre 1775 et achevée le 22 du même mois.[1]]

9. **Fougueux. Cartes de Picardie, etc.**

MS. in-f°. de 57 folios, papier. — Écriture du XVIe. siècle. —
(Il y a en outre quelques feuilles de différents formats.)
Bibl. Imp.—*Suppl. fr.*, n°. 1977.

Ce manuscrit renferme des cartes topographiques de l'Ile de France, du Soissonnais, de la Champagne, etc., dressées en 1599 par Fougueux[2], seigneur d'Escures, maréchal-des-logis du roi.—Les notes qui terminent ce manuscrit sont très-curieuses pour la topographie. Ce sont des listes de lieux appartenant à différentes personnes, quelquefois des demandes faites par les propriétaires à l'effet de ne point loger de gens de guerre.

10. **Cartes manuscrites des côtes de Picardie.**

MS. in-f°. de 30 folios de texte et de 20 cartes. — Écriture du XVIIe. siècle.
Bibl. Imp.—*Suppl. fr.*, n.° 87.

Le manuscrit commence par les cartes et se termine par le

---

[1] M^r. Dufour, dans son *Essai bibliographique sur la Picardie*, a donné la liste des documents imprimés relatifs au canal de Picardie. (Voyez p. 22 à 31 de cet Essai, tom. I.)

[2] Il fut annobli en 1614 et jouissait d'une égale faveur à la cour et à l'armée. Il avait été successivement capitaine d'arquebusiers à cheval, puis commissaire ordinaire des guerres. (Voyez *Rec. des lettres missives de Henri IV*, publié par M^r. Berger de Xivrey, t, IV, p. 995. Not.)

PICARDIE EN GÉNÉRAL.

texte ; nous suivrons le même ordre.—[1re. *Carte*. Carte générale des costes de Picardie et Normandie, 1640. De Calais au cap de la Hogue.—2e. *Carte*. Carte particulière depuis Callais jusques au Havre d'Ambleteuse.— 3e. *Carte*. Carte particulière depuis Boulongne jusques à la rivière d'Authye.—4e. *Carte*. Carte particulière de la coste depuis la rivière d'Authye jusques à la vallée ou rivière de Creyl.—5e. *Carte*. Carte particulière de la coste depuis la vallée de Creyl jusques à la vallée de Veullette ou Clacquedan.—6e. *Carte*. Carte particulière de la coste depuis la descente de St-Martin jusques au cap d'Antifer.—*Les Cartes* 7e., 8e., 9e., 10e., 11e. et 12e. concernent la Normandie, à l'exception de deux sans titre qui donnent les plans des ports de Calais et d'Ambleteuse.]

Le texte de ce manuscrit consiste en un rapport des commissaires nommés par le Cardinal de Richelieu pour examiner les côtes de Picardie et de Normandie [pour voir et recongnoistre quelz lieux on trouvera plus propres et commodes pour bastir et construire un port, affin de retirer les vaisseaux du roy, remarquer les estendues de lieux, les fonds de dedans, et les sondes et les fonds de dehors, pour sçavoir sy les rades seront bonnes et propres pour les grands vaisseaux, sy dens les ports que nous trouverrons les vaisseaux y peuvent entrer et sortir de toute marrée, combien il y a d'eau dans les ditz ports pour y tenir les vaisseaux à flotz, sy aux ditz lieux se peult bastir des magazins, et sy pour en faire il se trouvera des granges et autres logis dont on se puisse servir, etc., etc.]

11. Réformation générale des eaues et forests de Picardie, Artois, Boulenois et Pays reconquis.

MS. in-f.° de 678 folios, papier. — Ecriture du **XVII.**^e siècle.

Bibl. Imp.—*Saint-Germain fr.* n.° 26.

La valeur de ce manuscrit nous a engagé à en faire soigneusement la description. Il commence par : [I°. Plan de la forest de Cressy, en la maistrise d'Abbeville, contenant 7163 arpens un quart, mesure du Roy, et à celle de Ponthieu 8427 journeux 27 verges (sur parch.)—II°. Plan du bois de Guesles, contenant 259 arpents 38 verges, et à la mesure de Ponthieu 305 journeux 13 verges.— Plan du bois du Roy sur Ponthoille, contenant 43 arpents 5 verges, et à la mesure de Ponthieu 50 journeux 55 verges (sur parch.)—III°. Plan du bois du Roy sur le Tiltre, contenant 121 arpens 88 verges, et à la mesure de Ponthieu 144 journeux 43 verges.—Plan de la garenne du Tiltre, contenant 43 arpens, et à la mesure de Ponthieu 50 journeux et demy (sur parch.)—IV°. Plan de la forest d'Arguel, contenant 595 arpens 28 verges, y compris les portions réunies (sur parch.)—V°. Plan du bois du Roy sur Airaines, contenant 73 arpens 11 verges, et à la mesure de Ponthieu 86 journeux 61 verges.—Plan du Forestel, contenant 59 arpens 57 verges, et à la mesure de Ponthieu 70 journeux 7 verges (sur parch.)]

PICARDIE EN GÉNÉRAL.

On lit : [F°. 14. Reformation générale des eaues et forests de Picardie, Artois, Boulenois et pays reconquis.— F°. 26. Estat de la reformation de la maistrise d'Abbeville. La maistrise d'Abbeville est unique en la généralité d'Amiens, toutes les forests qui en dépendent sont du domaine du comté de Ponthieu tenu par M. le duc de Guise à titre d'usufruict par lettres patentes du dernier jour de septembre 1654, etc.—F°. 33-50. Ordonnances et arrest relatifs à ladite reformation.—F°. 50. Procès-verbal de raport de Jean Deschamps arpenteur, contenant l'arpentage par luy faict des bois de sa majesté en la maistrise d'Abbeville.—F°. 58. Procès-verbal de réarpentage de la forest de Cressy et de chacune garde ou contrée d'icelle fait par Jean Taullet et Oudart d'Estalmesnil arpenteurs jurés.—F°. 64. Procès-verbal du sieur Darrest de Chatigny subdélégué, contenant la visitation et description par luy faicte de la forest de Cressy et autres bois et buissons voisins.—F°. 83. Bois Blasset.—F°. 86 v°. Bois du Roy sus Ponthoille.—F°. 87. Bois du Roy sus le Tiltre. — F°. 88 v°. Garenne du Tiltre.—F°. 90. Bois de Guesle.—F°. 92. Procès-verbal du sieur Darrest de Chatigny subdélégué, contenant la reconnaissance par luy faicte du contour et circuit de la forest de Cressy et la représentation des titres des riverains.—F°. 150. Procès-verbal d'abornement de la forest de Cressy fait par Jean Toullet et Oudart d'Estalmenil, arpenteurs jurez en la présence du sieur Darrest de Chatigny subdélégué.— F°. 218. Procès-verbal d'abornement des bois de Guesles,

PICARDIE EN GÉNÉRAL.

de Ponthoille, bois et garenne du Titre par Oudart d'Estamesnil, arpenteur en la présence du sieur Darrest de Chatigny subdélégué.—F°. 227. Abornement du bois du Roy sus le Titre.—F°. 232. Abornement du bois appellé la garenne du Tiltre.—F°. 238 v°. Abornement du bois du Roy sus Ponthoille.—F°. 224. Procès-verbal de visite de la forest d'Arguel, du bois dict Forestel et du bois du Roy sus Airaines.—F°. 294. Procès-verbal du sieur Darrest de Chatigny subdélégué, contenant l'abornement faict en sa présence de la forest d'Arguel et des bois de Forestel et du Roy sus Airaines.—F°. 334. Estat des jugemens de réunion et condamnation rendus à la reformation des eaues et forêts de Picardie et maistrise d'Abbeville.—F°. 344. Reglement pour la maistrise des eaues et forest d'Abbeville. (Maistres et lieutenant ; procureur du Roy; garde marteau ; greffiers ; sergens et gardes ; ventes ; reserves ; emparquement ; adjudication et recolement ; chablis ; amendes ; ateliers et feux ; braises et charbons ; bornes et fossés ; usages ; pannage et pasturages ; gaiges ; chauffage ; droicts de rente ; droicts d'entrée pour chacun arpent de tailles ; bois des communautés ecclésiastiques et seculières.)—F°. 371. Plan du bois du Forestel près Hesdin, contenant cinq cens nonante un arpens deux tiers (sur parch.)—F°. 373. Plan de la forêt de Hesdin, contenant mil neuf cent trente-trois arpens un tiers (sur parch.)—F°. 375. Estat des forêts du bailliage de Hesdin. —F°. 379. Procès-verbal d'arpentage des forest de Hesdin et de Forestel.—F°. 382 v°. Arpentage de Forestel.—F°. 385. Procès-verbal du sieur Le Conte subdélégué, contenant la visitte de la forest de Hesdin et du bois Forestel.—F°. 392. Procès-verbal du sieur Le Conte subdélégué, contenant l'abornement fait en sa présence de la forest de Hesdin.—F°. 410. Procès-verbal du sieur Le Conte subdélégué, contenant l'abornement faict en sa présence du bois de Forestel.—F°. 422. Reglement pour les forets du Roy au bailliage de Hesdin.—F°. 443. Vidimus de Colbert, des pièces énoncées ci-dessus (10 janvier 1668.)—F°. 446. Maistrise de Boulongne et de Calais. (Table contenant les forests et bois qui dépendent desdites maistrises, leur situation et la qualité de leur fonds, les triaiges et gardes, leur consistance et la nature des bois dont elles sont plantées, les réunions faites par les jugemens de la réformation, les chauffages, dons gratuits, pasturages et pannage, dont elles estoient chargées auparavant, et la réduction qui en a esté faite par la reformation, quelles étoient les coupes auparavant, et celles ordonnées à l'avenir.) (sur parch.)—*F*°. 448. Un plan de la forest de Guisnes, contenant 1738 arpens y compris les portions réunies (sur parch.)—*F*°. 450. Un plan de la forest de Hardelot, contenant 1220 arpens 16 verges (sur parch.)—*F*°. 452. Un plan de la forest de Desurennes, contenant 2242 arpens 70 verges, à la mesure du Roy; le bois de Monts, contenant 74 arpens; le bois Quesnet, contenant 12 arpens (sur parch.)—*F*°. 454. Plan de la forest de Boulongne, contenant 4432 arpens trois quarts 17 verges et demie (sur parch.)—*F*°. 455. Estat de la reformation des maistrises du Boulenois et de Calais.—*F*°. 469. Procès-verbal d'arpentage et mesurage des forests de la maistrise de Boulongne fait par Jacques Deschamps et François Lambert, arpenteurs.— *F*°. 475. Procès-verbal du sieur Darrest de Chatigny subdélégué, contenant son transport en la ville de Boulongne, la saisie et description par luy faicte des lettres et procédures du Boulenois avec l'estat et consistance des forests de Boulongne, Desurennes, Hardelot, bois des Monts et Quennet, dépendans de laditte maistrise.—*F*°. 515. Procès-verbal du sieur Darrest de Chatigny subdélégué, contenant la reconnaissance par lui faicte du circuit des forests du Boullenois et des représentations des titres des riverains.—*F*°. 555. Procès-verbal d'abornement du bois Desmons faict par François Lambert, arpenteur juré, en la présence du sieur Darrest de Chatigny subdélégué.—*F*°. 577. Procès-verbal du sieur Feramus, lieutenant en la justice de Calais, contenant la visite faite par lui de la forest de Guisnes.—*F*°. 585. Procès-verbal du sieur Feramus, lieutenant de Calais, contenant la représentation des titres de riverains de la forest de Guisnes, et la reconnaissance des bornes et limites.—*F*°. 597. Procès-verbal du sieur Feramus, lieutenant en la justice de Calais subdélégué, contenant le bornage faict en sa présence de la forest de Guisnes.—*F*°. 615. Estat des jugemens de réunion et condamnation rendus en la réformation des eaues et forests de la maistrise du Boulenois et païs reconquis.—*F*°. 619. Reglement pour la mais-

PICARDIE EN GÉNÉRAL.

PICARDIE
EN GÉNÉRAL.

trise des eaues et forets du Boulenois.—F°. 656. Reglement pour les eaues de Calais, Ardres et pays reconquis. —F°. 661. Bohain et Beaurevoir.—F°. 667. Extraict des registres de la reformation générale des eaues et forests de Picardie, Artois, Boulenois, pays conquis et reconquis.—F°. 674. Chastellenie de Phalempuin.]

Le manuscrit se termine par un second vidimus de Colbert.

12. Mémoires envoyés par les officiers des maitrises sur l'administration des bois situés dans les terres de leur juridiction. (1771.)

Portefeuille in-folio comprenant plusieurs pièces.—Ecriture du XVIIIe. siècle.

Bibl. Imp.—*Suppl. fr.* n°. 3710.

On trouve dans ce portefeuille un certain nombre de pièces concernant la Picardie:—I°. Une liste des maitrises de la table de marbre de Paris.—II°. Une liasse intitulée: Amiens. Elle contient des papiers de correspondance entre les officiers des maitrises et le ministre, contrôleur-général des finances. Ils sont relatifs à l'état des bois de gens de main-morte. La même liasse renferme encore un tableau de l'état des bois de la maitrise d'Amiens; ce tableau présente:—I°. Les noms des bénéfices et communautés.—II°. Les noms des bénéficiers.— III°. Les noms des paroisses où les bois sont situés.— IV°. La superficie de chaque pièce de bois.—V°. L'âge auquel ils se coupent.—VI°. Les dates des procès-verbaux et plans qui ont réglé les bois libres, etc., etc.

On y trouve des renseignemens curieux pour la topographie du pays.—Les autres liasses concernent Chauny, Compiègne, Coucy, La Fère, Laon, Senlis, Soissons et Villers-Cotterets.

13. Plans des places fortes de la province de Picardie, ensemble la carte génerale des principaux lieux, par Le Muet (1631).

MS. in-folio, papier.—Ecriture du XVIIe. siècle.

Bibl. de l'Arsenal.—Ms. n°. 494, *Hist.*

Ce manuscrit ne contient que des cartes, en voici la liste:

—[I°. Carte géneralle de Picardie.—II°. Plan de la ville et citadelle de Calais.—III°. Plan du fort du roy Louis (près Calais).—IV°. Plan de la ville d'Ardre.—V°. Plan de la ville et château de Boulongne.—VI°. Plan de la ville haulte, basse et citadelle de Montreuil.—VII°. Plan de Rue.— VIII°. Plan de la ville d'Abbeville.—IX°. Plan de la ville et citadelle de Doullans.—X°. Plan de la ville et citadelle d'Amiens.—XI°. Plan de la ville de Corbie.—XII°. Plan de la ville et château de Péronne.—XIII°. Plan de la ville et château de Ham.—XIV°. Plan de la ville de La Fère.— XV°. Plan de la ville de Saint-Quentin.—XVI°. Plan du Castelet—Plan de la Capelle.—XVII.° Plan de la ville et château de Guise.]

PICARDIE EN GÉNÉRAL.

14. Recueil des plans des places de Picardie, Champagne, trois Eveschez et Bourgogne, en l'estat qu'elles sont présentement. Ce qui est rouge, marque les ouvrages faits ; ce qui est jaune, ceux qui sont projetés et ceux auxquels l'on travaille cette année 1676.

MS. en trois vol. in-8°. papier.—Ecriture du XVII° siècle.
Bibl. de l'Arsenal.—Ms. n°. 494, *Hist.*

Dans le premier volume contenant les plans de la Picardie, on trouve:—[I°. Le plan de la ville et citadelle de Calais.—II°. Le plan d'Ardres.—III°. Le plan de Boulogne.—IV°. Le plan de Mont-Hulin.—V°. Le plan de Montreuil.—VI°. Le plan de Dourlens.—VII°. Le plan de la ville et citadelle d'Amiens.—VIII°. Le plan de Péronne.— IX°. Le plan de Saint-Quentin.—X°. Le plan des ville et chasteau de Guise.—XI.° Le plan de Ham.—XII°. Le plan de La Fère.]

15. Plans et mémoires abrégés sur une partie des places de Picardie et d'Artois.

MS. in-4°. oblong de 31 p., papier.—Ecriture du XVIII° siècle.
Bibl. de l'Arsenal.—MS. n°. 333.

Dans ce manuscrit chaque plan est suivi d'un mémoire qui traite de l'origine de la ville et de sa situation. Ces plans sont très-bien exécutés.—[*Page* 1. Plan de

3.

PICARDIE EN GÉNÉRAL.

Saint-Omer—*Page* 5. Plan d'Aire.—*Page* 13. Plan d'Ardre.—*Page* 17. Plan de Boulogne.—*Page* 21. Plan d'Ambleteuse.—*Page* 25. Plan de Montreuil.—*Page* 29. Plan d'Abbeville.]

16. Inventaire général des pièces et munitions d'artillerie qui se sont trouvées dans les places de Picardie, Boulenois, Païs reconquis, Artois, Flandre, Haynault, Brabant, Luxembourg, Alsace, Lorraine et Champagne, le premier jour de l'an 1672.

MS. in-4°. de 57 feuillets, papier, 1 en parchemin.—Ecriture du XVIIe. siècle.

Bibl. de l'Arsenal.—Ms. n°. 496, *Hist.*

La feuille de garde de ce manuscrit est en parchemin, on y a peint deux canons en sautoir, de couleur bronzée, sur lesquels on voit des croix engrélées, avec cette devise : *Et signum et causa triumphi.*

Cet inventaire qui est précédé d'une préface commence au folio 5; il intéresse Amiens, La Fère, Guise, la Capelle, le Castelet, Saint-Quentin, Ham, Péronne, Boulogne, Mont-Hulin, Montreuil, Ardres, Calais, fort de Nieulay, Gravelines, fort d'Hennuin.

On détaille dans cet inventaire le nombre des canons et mortiers, leur calibre, leur longueur, le nombre des boulets, des grenades et des bombes ; la quantité de poudre, de plomb, de mèches, de pétards ; le nombre des mousquets, des piques, des outils à pionniers, des pertuisanes, hallebardes, pistolets, etc., etc. qui se trouvent dans chacune de ces places.

17. Mémoire historique et militaire sur les provinces de France.

MS. in-folio de 189 folios, papier.—Ecriture du XVIIIe. siècle.

Bibl. du Louvre.

Les pièces qui concernent la Picardie sont :—F°. 113. [Mémoire pour la seureté des cotes du Boulonnais] (1er. titre).—Arrangemens pour la seureté des cotes du Boulonnais, proposés à M^r. le bailly de Givry, en octobre 1740, vérifiés peu après sur les lieux par M^r. le duc de Bouflers et par M. le maréchal de Noailles, en 1742. (2e. titre.)—*F°.* 118. Mémoire sur la situation d'Ardres. (Situation; origine; forets; moulins; magazins; cazernes; fortifications.)—*F°.* 122. Mémoires sur le Hâvre. —*F°.* 123. Mémoire et remarques sur Ambleteuse, du 14 juin 1680.—*F°.* 127. Pour le rétablissement du Hâvre d'Ambleteuse, du 22 janvier 1683.—*F°.* 130. Mémoires sur Calais.—*F°.* 148. Mémoires sur le Calaisis —*F°.* 187. Canal de Guynes et autres du Calaisis et de la Flandre maritime.]

PICARDIE EN GÉNÉRAL.

18. Mémoires sur les frontières et places de la Flandre, du Haynault, du pays entre Sambre et Meuze, du Calaisis, de l'Artois, du cours de la Somme et des trois évêchés jusques à l'Alsace.

MS. in-4°., papier.—Ecriture du XVIIIe. siècle.

Bibl. Imp.—*Suppl. fr.*, n°. 223.
1 et 2

Le premier volume contient en ce qui concerne la Picardie: [*Page* 121. Description de Calais.—*Page* 213. Description de Montreuil.—*Page* 225. Description de Boulogne.—*Page* 229. Description d'Ambleteuse.—*Page* 249. Description du Quesnoy.—*Page* 333. Description de Guise.—*Page* 345. Mémoire sur le cours de la Somme formant la cinquième ligne de la Flandre.—*Page* 359. Description de Saint-Quentin.—*Page* 364. Description de Ham.—*Page* 366. Description de Péronne.—*Page* 371. Description d'Amiens.—*Page* 377. Description d'Abbeville.]

Tous ces mémoires qui intéressent l'art militaire, sont bons à consulter. Le deuxième volume est étranger à la Picardie.

19. Voyages en France.

MS. in-4°., papier, 3 vol.—Ecriture du XVIIe. siècle, souvent indéchiffrable.

Bibl. Mazarine.—n°. 2694.
B.

Ce qui concerne la Picardie se trouve dans le 3e. volume

PICARDIE EN GÉNÉRAL.

ainsi intitulé : — [Description de plusieurs villes de France, maisons, lieux de remarque, principalement de Picardie, etc..... par M. du Buisson Aubenay, qui demeurait chez monsieur du Plessis de Guénégaud, secrétaire d'Estat.]— (Relié sur la fin de l'année 1648.)

L'auteur parle de Beauvais, Abbeville, Boulogne, Montreuil, Amiens, Corbie, Soissons, Senlis, Saint-Quentin, Laon, Noyon, etc. — Il cite souvent des textes de chartes ou des titres d'ouvrages : on peut y trouver quelques renseignements utiles.

20. Voyage littéraire de Dom Martène en Picardie, en Flandre, etc.

MS. in-8°., papier. — Ecriture du XVIII° siècle.
Bibl. Imp.—*Suppl. fr.* n.° 1529.

Nous renvoyons au voyage littéraire des deux religieux bénédictins de la congrégation de Saint-Maur. (Ouvrage imprimé à Paris en 1724, in-4°.).

21. Itinéraire Germano-Belgique de Bergeron.

MS. in-4°. de 100 folios, papier.—Ecriture du XVII° siècle.
Bibl. Imp.—*Notre-Dame,* n°. 259.

L'auteur termine son itinéraire par la Picardie. Ce voyage n'offre point de particularités curieuses.

Bergeron était natif du Valois. Il est mort en 1623. Il est auteur du *Valois-Royal* ou *Discours panégyrique des singularités du pays de Valois,* publié par Ch. Beys.— Paris, Beys, 1583[1].

22. Histoire de Picardie, par Rumet[2], sieur de Buscamp.

MS. in-f°. de 385 folios, papier. — Ecriture du XVII° siècle.
Bibl. Imp.—*Saint-Germain lat.,* n°. 1086.

Ce manuscrit commence par une assez mauvaise élégie sur l'auteur, nous en donnons quelques passages :

[1] Voyez *Bibl. de la Fr.,* tom. III, n°. 34,842.

[2] Nicolas Rumet, seigneur de Buscamp et de Beaucauroy, naquit en 1521 et mourut le 23 avril 1595. Il a été deux fois maire d'Abbeville et lieutenant-général au siège de Montreuil. (Voy. *Hist. générale des comtes de Ponthieu,* par J. de Jésus-Maria, p. 802.)

In N. Rumetii nob. genere viri vitæ mortisque commendationem.   PICARDIE
EN GÉNÉRAL.

ELEGIA.

Quid funesta meis versantur imago sub imis
Sensibus et celebris tempora Rumetii?
. . . .
Belgica quem genuit, nutrit Bolonica tellus,
Lutetia docuit, Scholaque Pictavii.
Edoctus patrios judex conscendit honores
Moustrolio, binis junctus et ipse thoris:
. . . .
Regia mellifluus penetralia notus adivit
Oratorque ducum consulis acta gerens.
Nobilitate genus, pietas virtute bearunt
Rumetiumque suis docta Minerva bonis.
. . . .
Abbavilla gemit funere mœsta necem.
Æmula naturæ reserat pictura figuram
Vultus: at scriptis mens latitatque bonis:
Haud potis est brevibus tot pingere clara fabellis,
Rumetiumque melos claudere musa nequit.

La préface et un fragment de l'histoire de Picardie suivent cette élégie; enfin au F°. 85 commence l'histoire avec ce titre: — « De Belgo francia seu Picardia Belga-» rum, etc[1]. »

23. Dessein de l'histoire de Picardie, par Du Cange.

MS. in-folio, pap.—Ecriture du XVIIe. siècle.

Bibl. de l'Arsenal.—MS. n°. 329.

Ce manuscrit, doré sur tranche, contient: I°. le dessein de l'histoire de Picardie, imprimé dans le *Journal des Savants* (mois de décembre 1749, p. 833), et réimprimé par M^r. Hardouin, dans sa *Notice sur la vie et les principaux ouvrages de Du Cange* (tom. II des *Mémoires de la Société des Antiquaires de Picardie*.)—II°. Plusieurs index, qui semblent se rapporter à une œuvre terminée, mais dont nous n'avons pu trouver aucune trace.

---

[1] Voyez *Bibl. de la Fr.*, tome III, n°. 34,140.

PICARDIE
EN GÉNÉRAL.

24. Titres de Picardie, par Du Cange.

MS. in-folio de 334 folios, papier.—Ecriture du XVIIe. siècle.

Bibl. de l'Arsenal.—MS. n°. 332.

Ce manuscrit précieux renferme des copies de chartes, bulles, pièces de vers, toutes relatives à l'histoire civile et religieuse de la Picardie.

Parmi un nombre considérable de documents, nous avons remarqué : I°. Un mémoire touchant les droits de l'église d'Amiens sur la terre de Beaugency (F°. 13).— II°. Un extrait d'un registre intitulé : *Fiefs qui sont tenus du Roi à Saint-Quentin, Péronne*, etc., etc. (F°. 18, v°.)

25. Table des Actes concernant les gouvernemens de Normandie et de Picardie.

Bibl. Imp.—*Sorb.*, n°. 1026.

C'est un index des pièces contenues dans les cartons du Trésor des chartes aux archives de l'Etat.

26. Picardie. — Mémoire des Intendants.

Ces mémoires, on le sait, ont été imprimés en partie dans l'ouvrage de M^r. de Boulainvilliers (*Etat de la France*, etc.—Londres, 1727, 3 vol. in-4°).—Il n'existe pas, pour ainsi dire, de Bibliothèque qui n'en possède un ou plusieurs exemplaires. Nous nous bornerons donc à donner l'indication des MS. de la Bibliothèque impériale qui contiennent ces mémoires : ce sont les N°^{os}. 2556— 2162. *Suppl. fr.*—N°. 99. *Marten.* 4

27. Gouverneurs et lieutenants-généraux des provinces.

MS. in-folio, de 31 folios.—Ecriture de différentes époques, papier et parchemin.

Bibl. Imp.—*Mélanges de Clairembaut*, vol. 291.

[I°. Les lettres patentes qui nomment le comte de Liney et de St.-Pol, capitaine-général de Picardie. *Orig.* (1407.) —II°. Une quittance de Waleran de Luxembourg, comte de Liney et de St.-Pol. (6 may 1410.) Cette copie est suivie de la représentation du sceau dudit seigneur.—III°. C'est la déclaration des noms et surnoms de 20 hommes d'armes de l'ostel de Mgr. le comte St.-Pol, capitaine-général de par le Roy ès pais de Picardie et de Westflandres, du nombre de 500 hommes d'armes, auquel il a esté retenu pour servir ledict seigneur en ses guerres ès dites parties de Picardie et Westflandres —IV°. Provisions de la lieutenance du pays de Boulonnois, nouvellement conquis, pour le sieur de Chastillon[1] (du 9 septembre 1549.) —V°. Quittance de Fr. de Montmorency, capitaine-général de Picardie. (Orig.) (20 octobre 1550.)—VI°. Id. de Jean d'Estoutteville, capitaine-général de Picardie. (Orig.) (20 juillet 1554.)—VII°. Provisions du gouvernement de Picardie en faveur de Gaspar de Coligny, seigneur de Chastillon, admiral de France[2] (du 27 juin 1555.)—VIII°. Brevet pour faire assister M^r. le cardinal de Bourbon, gouverneur de Picardie par Philbert Barjot (20 juillet 1562.) —IX°. Lettre de J. Humières à la reyne.] Cette lettre est relative à la coutume de Péronne. La voici dans son entier:

PICARDIE EN GÉNÉRAL.

« MADAME,

» Ayant les mayeur, eschevins et habitans de ceste ville
» de Péronne entendu que la réduction (*sic*) des cous-
» tumes de mon gouvernement se debvoit fere en la ville
» de Mondidier, sont venuz me rencountrer que ceste dite
» ville a tousjoures tenu le premier lieu des deux autres,
» et en les preheminences de y fere toutes les assemblées
» generalles comme estant la principalle de toutes, me
» priant de supplier très-humblement vostre majesté per-
» mettre que la convocation et assemblee se face en leur
» dite ville et qu'ilz puissent estre maintenuz en leur au-
» torite. Et s'il plaist à vostre majesté que ainsi soyt faict,
» je vous supplie très-humblement madame, le fere com-
» mander à monsieur le premier président qui en est le
» commissaire ; affin qu'il m'envoye la commission. Vous
» asseurant, madame, que y estant comme j'espère, je
» tiendray la main que le service de vostre majesté y sera
» faict et toutes choses conservées en bon estat. Ne vous
» mandant rien de mes voisins parce que le sieur de Mau-

---

[1] Ces provisions sont imprimées dans les preuves de l'histoire de la maison de Coligny, p. 452.

[2] Ibid., p. 472.

PICARDIE
EN GÉNÉRAL.

» vissière qui passa hier par icy vous en aura dict ce que
» je vous en scauroys escripre.
» Madame je prie Dieu de vous donner en santé très
» longue vye. De Péronne le xve. de février 1567.
» Vostre tres humble et tres obeisant sujet
» et serviteur.
» J. HUMYÈRES. »

[X°. 2 lettres de Jehan de Monchy, lieutenant-général en Picardie. (1568.)—XI°. Nomination du prince de Condé, Henry de Bourbon, comme gouverneur de Picardie. (2 septembre 1573.)—XII°. Notes sur quelques lieutenants-généraux de Picardie.—XIII.° Lettres de Philippe VI, roi de France qui envoie aux frères prêcheurs d'Amiens la somme de 10 livres (Orig. scellé sur parch.) (18 juin 1344.)—XIV°. Quittance de ladite somme, par les frères prêcheurs. (Orig. scellé sur parch.)(16 juillet 1344.)—XV°. Quelques notes sur les baillis d'Amiens.—XVI°. Edit de 1597, qui supprime l'échevinage d'Amiens.—XVII°. Notes sur les capitaines-gardes du château de Péronne.—XVIII°. Notes sur les gouverneurs de Ponthieu.—XIX°. Notes sur les baillifs de Vermandois.—XX°. Notes sur les baillifs de Valois.—XXI°. Notes sur les baillifs de Guise.]

28. Gouverneurs des provinces de France.

MS. in-f°., papier.—Ecriture du XVIIIe siècle.

Bibl. Imp.—St.-Magl. 63.

Ce manuscrit dans lequel on peut trouver d'utiles renseignements sur la Picardie contient : I°. Une liste des baillifs d'Amiens de 1248 à 1323. (F°. 187 au F°. 256.) —II°. Une liste des gouverneurs de Picardie de 1340 à 1652. (F°. 259.)

29. Mémoires du règne du roi Henri III.

MS. in-f°., papier. — Ecriture du XVIe siècle.

Bibl. Imp.—n°. 8910.

Ce volume contient soixante-onze lettres autographes adressées au duc de Nevers, pair de France, gouverneur de Picardie, etc.—Il y en a 30 du roi Henri III ;—2 de la reine Catherine ;—4 d'Henri d'Orléans ;—1 de François d'Orléans ;—1 de François de Bourbon ;—2 d'Henri de Lorraine ;—1 de Richelieu ;—12 de Gondy ;—1 de Lavardin ;—4 de Pothier de Gèvres ;—2 de d'Entraigues ;— 1 de Geverny ;—3 de Brulart ;—1 de Revel ;—1 de Suze; —1 de d'O ;—et 1 de la noblesse de Picardie, commençant ainsi : [Nous, les seigneurs et gentilshommes du corps et de l'estat de la noblesse de Picardye soubz signés, requérons et supplions très humblement sa majesté comme elle voudra s'il lui plait considérer l'estat auquel se disposent aujourd'huy les choses de la dicte Picardie, en laquelle nonobstant l'édict de réunion l'on ne laisse de monopole et coustumes, la division et partialité au préjudice du repos de la patrie et du service mesme de sa majesté, que pareillement elle veuille avoir pour agréable d'ordonner que il y ait fonds en ses finances de deça pour les compagnyes de ses ordonnances destinées à la dicte Picardye ; pour quant l'occasion le requesra, etc.].

PICARDIE EN GÉNÉRAL.

30. Collection Bourdin.

MS. de 9 vol. in-folio, papier.—Ecriture du XVIe siècle.
Bibl. du Louvre.—F. 216.

Les nombreuses minutes de lettres renfermées dans ces volumes sont écrites aux noms des rois de France Henri II, Charles IX, de la reine Catherine de Médicis, du duc de Guise, du connétable de Montmorency, etc., probablement de la main du secrétaire d'Etat Bourdin, ou de l'Aubespine.

Ces volumes proviennent de la bibliothèque de M^r. de Caumartin : ils sont indiqués, au nombre de dix, dans le catalogue imprimé de cette bibliothèque, sous le n° 6434. La bibliothèque du Louvre n'en possède que neuf : nous allons en donner une notice succincte.

PREMIER VOLUME.—Ce volume contient dix-neuf pièces relatives à Amiens, Abbeville, Ardres, Corbie, de 1547 à 1561.—Les principales sont : I°. Une lettre de M^r. de Bouchavannes au connétable, du 9 mai 1554, relative aux fortifications de la place de Coucy.—II°. Une lettre de M. de Chaulnes, capitaine de 50 hommes d'armes, au connétable, du 24 septembre 1554, relative aux fortifications de Corbie.—III°. Une lettre du Roi à son lieutenant-général, à Péronne, du 12 mai 1561.—IV°. Une lettre du Roi à ceux de la ville d'Amiens, du mois de

PICARDIE EN GÉNÉRAL.

mai 1561.—V°. Une attestation des briquetiers et du lieutenant de la ville de Guise, au sujet de briques fournies pour les fortifications de la place, en 1547.

Deuxième volume.— Rien d'important.

Troisième volume.—Ce volume contient soixante pièces environ relatives à Chauny, Saint-Valery, Amiens, Péronne, Guise, Soissons, Abbeville, Hesdin, Guisnes, etc., toutes de l'année 1557.—Les principales sont : I°. Une lettre du duc de Guise aux états de Ponthieu, du 6 février 1557.—II°. Un rapport d'un capitaine allemand, prisonnier, sur les projets des ennemis en Picardie, du 13 février 1557. –III°. Plainte des maire et échevins de Guise sur les subsides, du 26 février 1557.—IV°. Une lettre du Roi à l'évêque de Beauvais (Odet de Châtillon), du 27 février 1557.

Quatrième volume.—Ce volume contient dix pièces relatives à Abbeville, Amiens, etc.—Les principales sont : I°. Une lettre des prévôts et échevins d'Amiens à la reine Catherine de Médicis, du 21 janvier 1566, relative à la nomination d'un maire d'Amiens.—II°. Une lettre de M^r. de Montfort, gouverneur d'Abbeville, à la Reine, du 6 septembre 1566.—III°. Un mémoire sur les munitions qui sont au château de Péronne.—IV°. Une lettre de M^r. de Montfort, à la Reine, du 21 septembre 1576, relative à la défense de la place d'Abbeville.—V°. Une lettre du même à la même, sur le même sujet, du 30 octobre 1566. —VI°. Une lettre du bailli d'Amiens à la Reine, du 28 octobre 1566, relative aux élections municipales.—VII.° Une lettre du même à la même, sur le même sujet, du 29 octobre 1566.

Cinquième volume.— Ce volume contient cent-cinquante lettres environ, concernant la Picardie. Elles sont datées d'Abbeville, Amiens, Chauny, Corbie, Montreuil, Soissons, Doullens, Beauvais, etc.—En voici une adressée par P. de Mailly au duc de Guise ; elle donnera une idée de l'intérêt de cette correspondance :—« Monseigneur,
» j'ay receu depuis deux jours les lettres qu'il vous a pleu
» de m'escripre du viii°. de ce moys, dont je vous re-
» mercye très humblement, suivant lesquelles, quant à
» ce que me mandez vous faire entendre des nouvelles
» de ce quartier, j'ai esté adverty que, à Calais et à
» Guisnes, ilz sont en quelque doubte que l'on vueille

» faire entreprise sur eulx, soubz coulleur de l'avitaille-
» ment d'Ardre, de façon que au dict Calays ilz beson-
» gnent aux réparations et fortifications d'icelle ville,
» mais encores plus en la ville de Guisnes, il y a jà huict
» ou dix jours, davantage à ce que j'entends. Ilz ont
» faulte de gens et en ont mandé de la mer........ L'on
» dict aussy que puys quelques jours ilz ont faict mourir
» au dict Calais aucuns françoys....... qui se estoient ré-
» fugiez et qu'ilz ont pensé les plus suspectz, tenant
» tous les autres encores prisonniers, à qui l'on faict les
» procès. Du costé des impériaulx, etc., etc. *Monstreuil,*
» 17 décembre 1557. »

PICARDIE EN GÉNÉRAL.

SIXIÈME VOLUME.—Ce volume contient une trentaine de lettres concernant la Picardie et datées d'Abbeville, Amiens, Corbie, Guise, Montreuil, etc., etc. en 1557.

SEPTIÈME VOLUME.—Ce volume contient cent-cinquante lettres environ, datées de Soissons, Corbie, etc.— Il y en a une assez curieuse, en forme de mémoire, et qui a pour titre : « Estat des avitaillemens que le Roy a ordonné estre faictz ès villes et places de la frontière de Picardye en Boullenoys, ci après déclarez. »—(1557.)

HUITIÈME VOLUME.—Ce volume contient une quarantaine de lettres sur le même sujet.—(1558-1559.)

NEUVIÈME VOLUME.—Ce volume ne contient que quatorze lettres environ, relatives à la Picardie. La plus curieuse est une lettre de M^r. de Mailly au duc de Guise, du 19 décembre 1558, datée de Montreuil, et par laquelle il lui mande l'état de misère du pays et le dénûment des troupes.

31. Emplois du maréchal de la Meilleraye, en l'an 1639.

MS. in-folio de 160 folios, papier.—Ecriture du XVIIe. siècle.

Bibl. Imp.—n°. 9266.

Le premier folio porte le titre suivant : [Emplois de M^r. de la Meilleraye, général de l'armée de Picardie.— Siège de Hesdin.—Autres exploits]—Ce précieux manuscrit contient toutes les lettres du maréchal de la Meilleraye au cardinal de Richelieu, et celles du cardinal au maréchal. Elles sont toutes relatives aux expéditions militaires dont la Picardie a été le théâtre à cette époque.

En sus des lettres, il y a quelques mémoires; entre

PICARDIE
EN GÉNÉRAL.

autres : [Projects de la campagne de l'année 1639] ; il commence ainsi : Tous les dessins du costé de Picardie aboutissent ou à Saint-Omer, Gravelines et Bourbourg, Arras, Hesdin, Cambray et Valenciennes, etc.—Et celui-ci : [Si l'on a deub attaquer Aire après l'avoir recogneu.]

32. Collection Dangeau.

Bibl. Imp.—*Collection Dangeau.*

Cette immense collection contient deux volumes intitulés [*Picardie*] qui renferment des listes de gouverneurs, lieutenants-généraux, lieutenants du Roi, gouverneurs des places de cette province, avec les droits attachés à leur grade, etc., etc., et qui sont très-difficiles à consulter à cause du peu d'ordre qui règne dans la rédaction de ces volumes. Nous citerons cependant :

DANS LE PREMIER VOLUME.—F^o. 48. Un édit de 1703 portant création d'un bailliage à Villers-Cotterets.—F^o. 138. Estat des sénéchaux et baillis, tant d'épée que de robbe, qui sont establis dans l'estendue de la généralité d'Amiens, avec leurs noms, fonctions, droits et gages.—F^o. 221. Establissement du bailliage et siège présidial de Beauvais.

DANS LE SECOND VOLUME.—F^o. 88. Elections de Noyon, seigneurs et villes.—F^o. 96. Election de Clermont en Beauvoisis ; officiers ; paroisses de l'élection qui sont du bailliage de Clermont.—F^o. 103. Mémoire sur le grenier à sel d'Aubenton, avec une lettre d'envoi de l'auteur du mémoire.—F^o. 229. Etat général de l'élection de Laon.

33. Mémoires des généralités, tome 2.

MS. in-folio de 166 folios, papier.—Ecriture du XVIIIe. siècle.
Bibl. Imp.—*Suppl. fr.* n°. 3712.

Ce volume renferme des notices fort courtes et intéressantes sur le commerce de Beauvais, Amiens, Boulogne, Calais, Saint-Vallery, Crévecœur, Tricot, Abbeville et Saint-Quentin. (F^o. 108 au F^o. 123.)

34. Dénombrements, etc.

MS. in-folio, papier, de 916 folios.—Ecriture du XVIIIe. siècle.
Bibl. Imp.—*Scrilly.* n°. 427.

Ce volume contient les états de dénombrement des ressorts des Gabelles compris dans l'étendue des directions d'Amiens, Saint-Quentin, Soissons, Châlons et Langres, suivant les rôles fournis au commencement de l'année 1725.—*Page* 5. Idée générale de la direction d'Amiens, etc.—*Page* 13. Grenier du bourg d'Ault.—*Page* 25. Grenier de Saint-Vallery.—*Page* 41. Grenier d'Abbeville.—*Page* 69. Grenier de Rue.—*Page* 89. Grenier de Doullens. —*Page* 111. Grenier de Corbie, etc.—*Page* 185. Direction de Saint-Quentin, (greniers de Péronne, Guise, Vervins, etc.)—*Page* 305. Direction de Soissons, (greniers d'Aubenton, Marle, Laon, etc.)

35. Mémoires des officiers d'élection sur le poids et le prix de la mesure du blé, etc.

<small>Portefeuille ms. in-f°., contenant plusieurs pièces.—Ecriture du XVIIIe. siècle.</small>

<small>Bibl. Imp.—*Suppl. fr.*, n°. 3709.</small>

Nous trouvons dans ce portefeuille, sur la Picardie : I°. Une liasse intitulée Abbeville.—C'est une correspondance des officiers du grenier à sel de cette ville avec l'abbé Terray, ministre d'Etat, contrôleur général des finances. II°. Une liasse intitulée Compiègne.—Outre la correspondance elle contient :—1°. Un tableau comprenant les noms des offices vacans et remplis de l'élection de Compiègne ; les paroisses du ressort de l'élection ; le nombre des feux qui sont dans chaque paroisse ; le nombre des habitants de chaque paroisse ; les impositions, taille, capitation ; les biens ecclésiastiques et les revenus qu'ils produisent.—2°. Les certificats d'enregistrement des derniers édits et déclarations du Roi.—3°. Les certificats qui constatent l'absence de tous prisonniers et de toutes affaires criminelles.—4°. L'état des denrées.

III°. Une liasse intitulée Crespy-en-Valois.—Outre la correspondance elle contient :—Un tableau du prix des denrées (bled, pain, viande, vin, bois, etc.)—Un tableau semblable à celui mentionné ci-dessus.—Les liasses IV°, V°, VI°, VII°, VIII°. et IX°. concernent Doullens, Guise, Laon, Noyon, St.-Quentin et Soissons.

36. Contrats de vente, etc.

<small>MS. in-f°. de 19 folios, papier.—Ecriture du XVIIe. siècle.</small>

<small>Bibl. Imp.—*Suppl. fr.*, n.° 3625.</small>

PICARDIE EN GÉNÉRAL. Ce manuscrit contient un bail général fait par le Roi à Jehan Bouy des neuf livres dix huit sols pour tonneau de vin en la généralité de Picardie en 1606.

37. Nobiliaire de Picardie.

MS. in-f°. de 207 folios, papier.—Ecriture du XVIII°. siècle.— Blasons coloriés.

Bibl. de l'Arsenal.—Ms. n° 766.

Ce manuscrit porte plusieurs titres ; le Ier. est intitulé : La vraye et parfaite science des armoiries.—Le IIe., Nouvelle méthode raisonnée pour apprendre le blason d'une manière aisée, tans pour connoître les meteaux que les coulleurs aussi bien que les supports et les pièces qui le composent, très utiles à touttes personnes, aux graveurs, peintres, sculpteurs, brodeurs, etc. fait par moy Joseph Gosselin, maître graveur de Paris, de présent à Amiens 1745. Ce IIe. titre est suivi de la représentation des différentes couleurs usitées en blason.—Enfin le IIIe. est ainsi conçu : Nobiliaire de Picardie, ou preuve des nobles de la généralité d'Amiens, maintenus par les jugemens rendus par M. Bignon et de Bernages, intendants de justice, police, et finances, en Picardie, Artois, Boulonnois, païs conquis et reconquis, et ce en conséquence des déclarations du Roy des 4 sept. 1696, 30 may 1702, 30 janvier 1703 et 16 janvier 1704.—Les blasons sont rangés, selon l'ordre alphabétique des noms de famille auxquels ils appartiennent [1].

38. Nobiliaire de Picardie.

MS. in-f°., papier.—Ecriture du XVIIIe. siècle.

Bibl. de l'Arsenal.—Ms. n°. 746 *bis*.

Ce manuscrit est le même que le précédent. La seule différence, c'est que l'exécution des blasons semble être meilleure.

39. Armorial de Picardie.

MS. oblong de 47 folios, papier.

Bibl. Imp.—n°. 10385 c.

C'est une série de blasons assez mal faits, du reste,

---

[1] Voyez *Essai bibliographique sur la Picardie*, t. 1, p. 53 et 54.

des principales familles de Picardie. — On lit sur le verso du dernier folio : [Extraict faict du livre terrier du comté de Clermont en Beauvoisis.]

40. **Recueil de généalogies.**

MS. in-4°., papier. — Ecriture du XVIIIe siècle. — Blasons en couleur.

Bibl. Imp.—*Suppl. fr.* n°. 677.

Ce manuscrit, qui, d'après une note au crayon de M. Dacier, ancien conservateur administrateur, aurait été trouvé chez Robespierre, contient quelques généalogies de famille de Picardie.

41. **Le clergé de France, dédié à Monseigneur l'évêque duc de Laon, pair de France, 1724, par Alexis Naquet.**

MS. in-4°., représentant les armoiries de tous les archevêques et évêques de France, en couleur.

Bibl. Mazarine.—n°. 2905.

Voici celles des prélats qui occupaient alors les sièges de Picardie :—*F°.* 27. Armoiries de Jean-Joseph Languet de la Villeneuve de Gergy, évêque de Soissons. D'azur, au triangle cleschétet renversé d'or, de 3 molettes de gueule sur les angles.—*F°.* 29. Armoiries d'Etienne-Joseph de la Fère, duc de Laon, pair de France, qui, au sacre du Roi, porte la sainte Ampoule[1]. D'azur, à trois flambeaux d'or, allumés de gueule, posés en pal.— *F°.* 30. Armoiries de François Trudaine, évêque de Senlis. D'or, à 3 daims de sable.—*F°.* 31. Armoiries de François-Honoré-Antoine de Beauvillier de Saint-Aignan, comte de Beauvais, pair de France, qui, au sacre du Roi, porte le manteau royal à Reims. D'argent, à trois fasces de sinople, accompagnées de 6 merlettes de gueule posées 3. 2. 1.—*F°.* 32. Armoiries de Pierre Sabatier, évêque d'Amiens. D'azur, au chevron d'or, chargé de 3 coquilles d'argent, au chef d'or, chargé d'une croix

---

[1] C'est à ce prélat que le présent ouvrage est dédié, et c'est même cet exemplaire qui a dû lui être présenté, car au dos de la couverture se trouvent les trois flambeaux de ses armoiries.

PICARDIE
EN GÉNÉRAL.

de gueule patée. —F°. 33. Armoiries de Charles-François de Chateauneuf de Rochebonne, comte de Noyon, pair de France qui au sacre du Roi, porte le baudrier. De gueule à trois tours d'or.

42. Annales des Minimes de la province de France, où se trouve l'abrégé de la vie de saint François de Paule, les généraux de l'ordre, les vingt-huit couvents de la province de France, les provinciaux qui les ont gouvernés, et en particulier tout ce qui regarde le couvent de la place roïale, par le frère G. F. D. R. M.— (*Paris.* 1756.)

MS. de 200 pages in-4°.—Ecriture du XVIII° siècle.
Bibl. Mazarine, n°. 2881.

Ce manuscrit qui provient du couvent des Minimes de Paris, ne regarde point spécialement la Picardie, mais il renferme quelques renseignements utiles sur les couvents des Minimes qui avaient été fondés dans cette province. *Amiens.* M°. Louis d'Hédouville, seigneur de Sandricourt et son épouse, Françoise de Saint-Simon, bâtirent l'église et le couvent en 1498.—*Abbeville.* André de Rambures et son épouse, Jeanne d'Hallevuyn de Piennes, sœur de l'évêque d'Amiens, peuvent être regardés comme les fondateurs de ce couvent (1499.)—*Soissons.* Les fondateurs sont nombreux; on remarque entre autres M°. Charles de Roussy, évêque de Soissons (1582) et surtout Pierre Moreau, avocat, qui donna 10,000 livres pour être reconnu fondateur, ce qui fut accepté au chapitre provincial le 1er. octobre 1587.—*Château-Thierry.* Le fondateur est M°. Denis Nadet, prêtre (1606.)—*Compiègne.* Madame Laurence de Clermont, veuve du connétable de Montmorency, est regardée comme fondatrice en 1606.— *Péronne.* Charles de Créquy, qui se fit prêtre après la mort de sa femme, est regardé comme l'un des fondateurs. (1607.)—*Calais.* Les magistrats de la ville sont regardés comme fondateurs en 1611.—*Guise.* Le prince Charles de Lorraine, et Henriette de Joyeuse, son épouse, sont les fondateurs de ce couvent (1612.)—*Beauvais.* Réné le

Clerc, mort évêque de Glandève le 9 février 1651, et Thomas le Clerc, garde du trésor roïal, sont regardés comme fondateurs (1617.)—*Chaulny.* Charles de Montigni est regardé comme fondateur (1618.)—*Bonnemaison.* Fondé en 1622.—*Abbeville.* (Les religieuses Minimes d') Fondé en 1615.—*Roye.* Maximilien de Belleforière est regardé comme fondateur en 1633.—*Boulogne.* Mme Ant. Martin est regardée comme fondatrice. (1637.)—*Soissons.* (Les religieuses de) Anne d'Autriche en est la fondatrice en 1653.

PICARDIE EN GÉNÉRAL.

43. Fondations d'églises, donations, droietz, devoirs, hommages, deubs aux ecclésiastiques, exemptions à eux accordées et charges auxquelles ilz sont tenus.

MS. in-folio de 200 folios environ, papier.—Ecriture du XVIIe. siècle.

Bibl. Imp.—*St.-Germain fr.*, n°. 885.

Manuscrit renfermant plusieurs documents relatifs à la Picardie : [F.° 2°. Lettres du roy Chilpéric par lesquelles il faict bastir une église en l'honneur de sainct Pierre et St.-Lucien proche les murs de Beauvais l'an 606.—F°. 5. Don par le roy Charles, l'an 30 de son règne, à l'église de Beauvais, moitié d'un bénéfice appartenant au roy et par luy donné à Sigefroy, son vassal, lequel estant décédé en faict don à ladite église à laquelle il avait déjà donné l'autre moitié après le décebs de son chapelain Rodrigue, etc.—F°. 31 v°. Nostre Dame de Moigneval de Soissons. C'est la déclaration du revenu et temporel.... année 1527. —F°. 98. Sentence donnée par l'évêque d'Amiens à l'encontre du bailli dudit Amiens pour 5 clers que ledit bailli auroit fait pendre et estrangler audict gibet d'Amiens (1244.)—F°. 101 v°. Ordonnance faite par les arbitres pour le mesme délict des dits escoliers à l'encontre du maieur, prévost et eschevins dudit Amiens.]

44. Cartulaires d'abbayes.

MS. in-folio, papier—Ecriture du XVIIe. siècle.

Bibl. Imp.—*De Camps*, n°. 103.

Ce qui concerne la Picardie est à la fin du volu-

4.

PICARDIE EN GÉNÉRAL.

me. Le premier folio donne la table :—[I°. Excerpta e cartulario monasterii Fisniacensis, Laudunensis diœcesis. Il y a 222 notices, extraits ou simples indications de chartes, de 1121 à 1296, et 30 notices ou indications de chartes de 1097 à 1295, toutes réunies sous le titre de : De prioratu Altimontis in Arduenne. — Enfin 2 pièces, la 1re. intitulée : De corpore sancti Bo......? ; la 2e. intitulée : De mutua societate inter nostram ecclesiam et ecclesiam sancti Dyonisii, etc.—II°. Cartulaire de St.-Médard de Soissons. (6 pièces.)—III°. Ancien nécrologe de l'église d'Amiens.—IV°. Calendrier de l'église d'Amiens.— V°. Necrologium sancti Martini ad Gemellos Ambianis.— VI°. Ex cartulario ecclesiæ S^i.Crispini in cavea, vulgo en Chaje, Suess. dioces., ord. S^t.Augustini. Cette partie renferme 89 notices, extraits ou indications de chartes, de 1142 à 1317.]

45. Collationes beneficiorum archiep. Rothomagensis, etc.

MS. in-4.°, papier, et une pièce sur parchemin.—Ecriture des XVI° et XVII° siècles.

Bibl. Imp.—*Fonds latin*, n°. 5199.

Les pièces de ce manuscrit qui concernent la Picardie sont : [I°. S'ensuivent les bénéfices qui sont en la collation et présentation de messieurs les religieux, abbé et couvent de l'abaye St. Germez de Fly, ordre St.-Benoit, diocèse de Beauvais —II°. Dénombrement des prieurés et cures de l'église et abbaye saint Lucien-lez-Beauvais, ordre de St.-Benoist. —III°. Ensuivent les bénéfices de l'exemption, présentacion et collacion de monsieur l'abbé de Saint-Denis...... au diocèse de Beauvais...... au diocèse d'Arras.—IV°. Sequuntur nomina prioratuum tam reformatorum quam non reformatorum totius ordinis Fontisebraldi cum eorum subsidiis..... prioratus de Charmeia (Suess.)... etc.—V°. Pouillé des bénéfices du diocèse d'Amiens.—VI°. Plurier des bénéfices d'Amiens.—VII°. Les archevechez, éveschez, abbayes et bénéfices estant à la disposition de sa majesté avec la valeur d'iceux...... l'évesché de Laon..... l'évesché de Soissons.... l'évesché d'Amiens.... l'évesché de Senlis..... l'évesché de Beauvais.—VIII°. Bénéficia in diœcesi Belvacensi existentia ac primum decanatus de Brayo, etc.

46. Divers documents sur les abbayes de France[1]. PICARDIE EN GÉNÉRAL.

Ecriture des XVIIe. et XVIIIe siècles. papier.

Bibl. Imp.—*Blancs manteaux*, n°. 84.

Parmi les pièces que renferme ce carton sur plusieurs abbayes de France, nous citerons : [I°. Alia statuta antiqua Corbeiensis monasterii, anno 986, edita ex schedio Mabillonii.—II°. Addenda ad antiqua statuta S^i. Adalardi, abbatis Corbeiensis, edita Spicilegii, tom. IV.—III°. Chartres (au nombre de 8, de 855 à 1152) de plusieurs rois de France, tirées du Cartulaire de l'abbaye de St.-Crépin-le-Grand, de Soissons.—IV°. Negotium Erardi de Brena quod adversus comitissam Campanie et ejus filium inique movit.—V°. Epistola Johannis cardinalis ad electum Laudunensis, de ipsius electione gratulatur.—VI°. Littera Milonis episcopi Belvacensis (1233).—VII°. Roberti episcopi Belvacensis littera de institutione Præmonstratensium apud Buriacum[2] (1246).—VIII°. Litteræ sancti Ludovici de fundatione S^i. Mauricii Silvanectensis (1262.)]

47. Pouillés.

MS. in-4°. de 335 folios non chiffrés, papier.—Ecriture du XVIIe. siècle.

Bibl. Imp.—n°. 5218.

Les folios non chiffrés comprennent : I°. Une liste de doyennés par diocèse, f°. 2 à 4.—II°. Une liste des doyennés, prieurés, etc. du diocèse d'Amiens.—[F°. 1 à 20. Pouillier des bénéfices situés au diocèse d'Amiens.—F°. 97 à 101. Sequuntur beneficia in civitate et diocesi Belvacensi existentia.—*F°*. 113 à 124. Sequuntur beneficia civitatis et diocesis Suessionensis.—*F°*. 150 à 160. Sequuntur beneficia in civitate ac diœcesi Laudunensi, etc.—F°. 186. S'ensuivent les bénéfices en l'exemption de Saint Denys en France estant à la collacion de monsieur l'abbé.....

---

[1] Ce titre est le nôtre ; voici celui que porte le carton de la Bibliothèque : *Abbaye de St. Crespin-le-Grand.*. On peut juger par le contenu des motifs qui nous ont engagé à le changer.

[2] Aujourd'hui Bury, canton de Mouy. (Oise.)

PICARDIE EN GÉNÉRAL.

au diocèse de Beauvais, f°. 188..... au diocèse de Laon, f°. 189.]

48. Miscellanea.

<small>Portefeuille¹ in-folio, papier.—Écriture du XVIIIe. siècle.
Bibl. Imp.—*St.-Germain lat.*, n°. 583.</small>

[I°. S^{ti}. Marculfi Corbiniacensis² (in pago Laudunensis.) 1°. Palatii cellæque primordia et progressus; 2°. Marculfi variæ translationes; 3°. Marculfi miracula; 4°. Christianissimis a Regibus concessa Marculfianis dona et prærogativæ.—II°. S^{ti}. Medardi Suessionensis. 1°. Monasterii primordia; 2°. Ecclesia; 3°. Jura seu prærogativæ; 4°. Varii rerum eventus; 5°. Catalogus abbatum; 6°. Alii viri et dignitatum gradibus illustres; 7°. Academiæ; 8°. Benefactores præcipui; 9°. Sepulcra præcipua; 10°. Beneficia.—III°. S^{ti}. Nicolai de Ribodimonte seu de Pratis.³ 1°. Monasterii primordia; 2°. Ecclesia; 3°. Jura et prærogativæ; 4°. Eventus insigniores; 5°. Abbatum series.—IV°. Monasterii sancti Nicolai de Vedogia⁴ historica epitome, à Rev^o. admodum Patre domno Ludovico Lecuyer, ejusdem Regalis abbatiæ meritissimo priore, concinnata.]

49. Constitution Unigenitus. Bulles des papes, lettres des cardinaux, du roi de France, de ses ministres, lettres collectives des évêques, etc., etc.

<small>MS. in-folio de 301 folios, papier.—Écriture du XVIIe siècle.
Bibl. Imp.—*Suppl. fr.*, n°. 3631.</small>

[F°. 46. Avis donnez au synode du 3 octobre 1731. Signé Pierre, évêque d'Amiens.—F°. 88. Ordonnance de M^r. l'évêque de Beauvais du 4 mars 1718, qui lève l'interdit décerné contre le curé de Saint-Martin de Beauvais par son official, au sujet de la rétrac-

---

¹ Ce portefeuille contient, nous le pensons, des notes de Mabillon et de Michel-Germain.

² Aujourd'hui Corbeny, canton de Craonne (Aisne).

³ Aujourd'hui Ribemont (Aisne).

⁴ Aujourd'hui Vorges (Aisne).

tation, faite en chaire par ledit curé, de la publication de la bulle Unigenitus (4 mars 1718.)—F°. 157. Mandement de monseigneur l'évêque duc de Laon, second pair de France, comte d'Anisy, etc., portant condamnation de plusieurs écrits et libelles répandus dans ce diocèse contre l'autorité et les décisions de l'église et contre les bonnes mœurs. (1er décembre 1731.) Signé : Estienne évêque duc de Laon.—F°. 169. Seconde lettre de M^r. l'évêque duc de Laon à M^{grs}. les archevêques et évêques de la province de Reims, au sujet de l'arrêt du conseil du 2 janvier 1735, contre sa première lettre du 1er. octobre aux mêmes évêques, et sa lettre au Roy du 3 du même mois. (1er. février 1735.) Signé : Etienne, duc de Laon.—F°. 183. Troisième lettre du même aux mêmes.—F°. 197. Mandement de monseigneur l'évêque duc de Laon second pair de France, comte d'Anisy, etc., du 1er, avril 1736, sur trois imprimés qui paroissent depuis peu dans son diocèse. (1er. avril 1736.) Signé : Et. de la Fare.]

50. Assemblées générales et politiques de ceux de la religion réformée.

MS. in-folio, papier.—Ecriture du XVIe. siècle.

Bibl. Imp.—Brienne, n°. 220.

On trouve dans ce manuscrit la liste des églises de la Religion réformée qui existaient alors en Picardie.

51. Registre de la nation de Picardie.

MS. in-4.° de 30 folios, parchemin.—Ecriture du XVIe siècle.
— Rubriques et vignettes.

Bibl. Sainte-Geneviève, E. 29, n.° 909².

Les feuilles de garde, qui sont en papier, contiennent les serments des procureurs et des messagers. — F°. 1. Kalendarium.—F°. 11. Juramenta intrantium in electione procuratoris aut magni intrantis.—F°. 13. Statuta[1].

---

[1] Ces statuts ont été imprimés dans du Boulay, *Histoire de l'Université* t. IV. p. 269 et t. III. p. 240.

PICARDIE
EN GÉNÉRAL.

52. Registre de la nation de Picardie.

MS. petit in-f.°, en papier. — Ecriture du xv.ᵉ siècle. — Nombreuses vignettes.

Archives du ministère de l'Instruction publique, n.° 11.

Ce registre contient les délibérations de la nation de Picardie [1], *Fidelissima natio* [2], d'août 1476 à 1483 inclusivement. Il fait connaître les noms des professeurs picards, présentés en une série chronologique propre à augmenter l'histoire littéraire déjà si riche de la Picardie.

53. Registre de la nation de Picardie.

MS. grand in-f.°, sur papier. — Ecriture du xviii.ᵉ siècle. — (Une partie est restée en blanc.)

Arch. du ministère de l'Instruction publique, n.° 48 ᴮ.

Ce registre contient les conclusions de la nation de Picardie du 3 avril 1779 au 8 mai 1792.

54. Varia acta ad Concilium Constantiense pertinentia, præsertim, in causa novem assertionum Joannis Parvi. Collecta a Martino Porre, episcopo Attrebatensi, qui concilio intererat nomine Ducis Burgundie.

MS. de 2 vol. in-folio, papier. — Ecriture du xvᵉ. siècle.

Bibl. Imp. — *Anc. fr. lat.*, 1485.

---

[1] La nation de Picardie, considérée comme partie de l'université de Paris, comprenait les diocèses de Beauvais, Amiens, Noyon, Laon, la partie du diocèse de Soissons, au Nord de l'Aisne (Soissons, Compiègne, Senlis appartenaient à la nation de France). La nation de Picardie comprenait encore les diocèses de Boulogne, Saint-Omer, Arras, Cambrai, Tournai et tous les autres diocèses de la Belgique jusqu'à la Meuse. — (Voyez *Statuts de la nation de France*, 1757, petit in-12.)

[2] On sait que chaque nation avait une épithète, qui lui était propre. Ainsi la France s'appelait *Honoranda natio*; la Normandie, *Veneranda natio*, et l'Allemagne, *Constantissima natio*.

Le patron de la nation de Picardie était St. Nicolas, évêque de Myre. (V. MS. de la Bibl. de l'Arsenal, n° 332, intitulé: *Titres de Picardie*, par Du Cange, f°. 2 v°. et 3 r°.)

On trouve dans le premier volume de ce manuscrit une lettre intitulée : [Littere, quomodo nacio picardie in universitate Parisius, desadvoat Jo. Gerson.—*Incipit:* Universis presentes litteras inspecturis. Procurator et nacio Picardorum in universitate Parisius, salutem in eo qui est omnivera salus, etc.—*Desinit:* Datum Parisius in dicta nostra congregatione generali solemniter congregata, anno domini millesimo quadringentesimo quinto decimo die xix mensis Augusti.—F°. 8. Lettre de la nation de Picardie, in causa novem assertionum Joannis Parvi.]

PICARDIE EN GÉNÉRAL.

55. Rebus de Picardie.

MS. in-4°. de 152 folios, papier.—Ecriture du XVI°. siècle.
Figures coloriées.

Bibl. Imp.—7618.
6

Une table faite récemment est placée à la fin de ce manuscrit.—Chaque folio contient un écusson, dans lequel est le rebus. Au-dessus de l'écusson, on lit des mots souvent incompréhensibles[1], tels que ceux-ci : *Balliuqocum zenuiedosq.*

M. Rigollot a traité de ces rebus dans un ouvrage intitulé : *Monnaies des évêques des fous.* Nous y renvoyons le lecteur.

56. Rebus de Picardie.

MS. in-4°. de 152 folios, papier.—Ecriture du XVI°. siècle.
Figures coloriées.

Bibl. Imp.—10278.
2

Manuscrit semblable au précédent, mais on n'y rencontre pas, au-dessus de chaque blason, les mots bizarres du n°. 55.—Il commence par une table sous ce titre : — [S'ensuit la table et répertoire de ce présent livre de Rébus, enseignant la signification d'un chascun blazon et le lieu où il est.]

57. Poésies picardes.

MS. in-12 de 81 folios, parchemin.—Ecriture du XIII°. siècle.

Bibl. de l'Arsenal.—n°. 122.

---

[1] Ces mots bizarres sont formés souvent par l'interposition des lettres.

<small>PICARDIE EN GÉNÉRAL.</small>

C'est à cause de son titre que nous indiquons ce manuscrit. En effet les pièces de vers qu'il contient, ne semblent point écrites en dialecte picard. On y trouve d'abord une longue pièce de vers, dont le commencement paraît manquer.

Incipit f°. 1.
    Ne il ache pas ne relie
Desinit f°. 31 v°.
    Aucuns lira ou orra lire
    Ches vers, ne nes volra relire
    Si envieus les relira
    Porche qu'il en volra eslire
    Auscun bon mot, dont puist mesdire.
    Li envieus mal en dira
    Mais preudons ja nen mesdira
    Ne ja rien nen contredire.
    Car il ni a que contredire
    A les vers Diex vous conduira
    Preudons de vous se deduira
    Qui des lons dis se let deduire.
        EXPLICIT.

Les rubriques des légendes qui se trouvent à la suite de ce morceau sont : [*F°.* 31 *v°.* Chi se commenche la ou reprent les vices et loe les vertus. Et est miserere mei Deus[1] — *F°.* 66 *r°.* Ci commence li estris des IV vertus. Miséricorde, vérité, pais et justice selon saint Bernard. — *F°.* 72 *r°.* Ci commence li prologes, seur la bible Nostre Dame selon l'Ave Maria. — *F°.* 74 *v°.* Ci commence la bible Nostre Dame pour cascune letre del Ave Maria, une couple de XII vers.]

<small>ABBEVILLE.</small> 58. Cartes et plans d'Abbeville.

    Bibl. Imp. *Département des Cartes et Plans.*

    —*Collection topographique.* V. *a.*[21]

Plusieurs plans manuscrits d'Abbeville, qui sont : I°. [Carte du gouvernement d'Abbeville. — II. 3 plans des fortifications d'Abbeville.]

---

[1] On lit en note : « cet ouvrage se trouve à la teste du vol. MS. de N. D. de Paris cotté. M. 7, in-4°. M. Loisel, de qui il vient, assure que l'on appelle cet ouvrage : *le Reclud de Molens.* »

Au-dessous du dernier plan on a collé deux imprimés qui ont pour titre, le premier : *Abrégé des singularités de la ville d'Abbeville. Amsterd., chez Henri Hondius,* 1641 ;—le second : *Descriptio urbis Abbatisvillœ,* chez le même.

59. Recueil de Chartes originales ou copies de chartes, tirées des collections des Bibliothèques de Paris et des Archives Impériales.

I. Charte de Jean, comte de Ponthieu, au sujet d'un différend survenu entre lui et les bourgeois d'Abbeville, pour les poids de la ville et les mesures du sel et de la cendre.—(Novembre 1187.)

B. I. *Cab. des Chartes,* CC. 70 et CC. 384.—*Terrier de Ponthieu,* f°. 212 v°.

II. Accord entre le couvent de St.-Pierre d'Abbeville et le comté de Ponthieu, touchant un moulin.—(Avril 1195.)

A. I. *Sect. hist.,* J. 235, n° 19.—B. I. *Terrier de Ponthieu,* f°. 159 r°. et f°. 15 v°.

III. Confirmation par Guillaume, comte de Ponthieu, d'une transaction passée entre les bourgeois d'Abbeville et les religieux d'Espagne[1], etc.—(Février 1209.)

B. I. *Cab. des Ch.,* CC. 105.—*Terrier de Ponthieu,* 102 v.° (anc.° pag. 108 v°.)

IV. Lettres par lesquelles Guillaume, comte de Ponthieu et de Montreuil abroge l'ancienne coutume établie à Abbeville de moudre au moulin dit à Braise[2], les samedi et dimanche après l'heure de nones, etc.—(1214.)

B. I. *Cab. des Ch.,* CC. 110.—*Terrier de Ponthieu,* f°. 8, sous la date de 1218.

V. Vente d'un étal de boucher au comte de Ponthieu.—(Octobre 1218.)

A. I. *Sect. hist.,* J. 235, n°. 10.—B. I. *Terrier de Ponthieu,* f°. 16 r°. et f°. 159 v°.

---

[1] Aujourd'hui Epagne-Epagnette.

[2] *Braisium,* nom du grain préparé pour faire la braise.

ABBEVILLE.

VI. Lettres de Marie, comtesse de Ponthieu et de Montreuil, pour la prolongation de la foire de St.-Pierre à Abbeville[1], etc.—(Juin 1228.)

B. I. *Cab. des Ch.*, CC. 140.

VII. Lettres par lesquelles les maires et échevins des villes d'Ergnies, Arguel, St.-Josse, etc. promettent au Roi de l'assister contre Simon, comte de Ponthieu, et Marie, sa femme, si ces derniers n'observent pas le traité conclu entre eux et lui.

B. I. *Sorbonne*, 1030—1031. Ch. 3, n°ˢ. 109, 110 et 111.

VIII. Charte par laquelle Simon, comte de Ponthieu, et Marie, sa femme, abandonnent à perpétuité aux maire, échevins et communauté d'Abbeville la terre sur le fait de laquelle ils étaient en procès.—(Août 1237.)

B. I. *Cab. des Ch.*, CC. 380.—*Terrier de Ponthieu*, f.° 16 v°. et 159 v°.

IX. Lettres de Simon, comte de Ponthieu et de Montreuil, et de Marie, sa femme, portant accord entre eux, d'une part, et les maire et échevins d'Abbeville, de l'autre. —(Août 1237.)

B. I. *Cab. des Ch.*, CC. 159.

X. Transaction du couvent de St.-Pierre d'Abbeville pour les gîtes dus au roi.—(1255.)

A. I. *Sect. hist.*, J. 353, n°. 3.

XI. Charte par laquelle J. de Nesle, comte de Ponthieu, et Jeanne, sa femme, terminent les différends survenus entre eux et la commune d'Abbeville.—(29 sept. 1261.)

B. I. *Cab. des Ch.*, CC. 201.

XII. Lettres par lesquelles Jean de Nesle, comte de Ponthieu, et Jeanne, sa femme, mettent fin aux différends qu'ils avaient avec les maire, échevins et commune d'Abbeville, et établissent que nul ne pourra prêter à usure à

---

[1] Voyez *Histoire des Comtes de Ponthieu*, par le P. Ignace, p. 156.

Abbeville sans la permission du comte et de la ville.— (Septembre 1261.)

B. I. *Cab. des Ch.*, CC. 385.—*Terrier de Ponthieu*, f°. 7 v°.

XIII. Lettres de J. de Nesle et de Jeanne, sa femme, concernant le serment à prêter par le vicomte d'Abbeville au maire.—(Mai 1266.)

B. I. *Cab. des Ch.*, CC. 364.

XIV. Charte de Jean de Nesle, comte de Ponthieu, et de J. sa femme, sur le serment[1], etc.—(Mai 1266.)

B. I. *Cab. des Ch.*, CC. 210.—*Terrier de Ponthieu*, f°. 3, v°.

XV. Mandat de Jean de Nesle, comte de Ponthieu, et de Jeanne, sa femme, aux maire et échevins d'Abbeville, pour qu'ils reconnaissent comme vicomte un nommé Clément Gœrie.—(1270.)

B. I. *Cab. des Ch.*, CC. 216.

XVI. Lettres du roi, par lesquelles il déclare que les gratification et remise, que les habitants d'Abbeville ont faites à sa majesté, ne préjudicieront en rien aux chartes qu'ils tiennent des anciens seigneurs comtes de Ponthieu. —(1272.)

B. I. *Coll. Bréquigny*, vol. 56.

XVII. Lettre d'Edouard, roi d'Angleterre, comte de Ponthieu et de Montreuil, et de la comtesse Eléonore, son épouse, par lesquelles ils confirment les privilèges de la ville d'Abbeville.—(Juin 1272.)

B. I. *Cab. des Ch.*, CC. 218.

XVIII. Lettre de Guillaume, évêque d'Amiens, à Edouard 1er, roi d'Angleterre, pour le prier d'ordonner à son sénéchal de Ponthieu de maintenir les bourgeois d'Abbeville dans leurs privilèges.—(1282.)

B. I. *Coll. Bréquigny*, vol. 56.

XIX. Le roi accorde aux maire et échevins d'Abbeville un droit d'octroi sur chaque tonneau de vin.—(7 Juin 1285.)

B. I. *Col. Bréquigny*, vol. 56.

---

[1] Voyez le P. Ignace, *Histoire des Comtes de Ponthieu*, p. 180 et 190.

ABBEVILLE.

XX. Le roi permet à tous les fabricants d'étoffes de s'assembler tous les lundis sous la grande halle de la dite ville, pour vendre et faire commerce des dites étoffes.— (15 Novembre 1285.)

B. I. *Col. Bréquigny*, vol. 56.

XXI. Charte d'Edouard, roi d'Angleterre, et d'Eléonore, son épouse, comtesse de Ponthieu, portant confirmation des privilèges de la ville d'Abbeville.—(5 Mai 1288.)

B. I. *Cab. des Ch.*, CC. 237.—A. I. *Sect. hist.*, *Tr. des Ch.*, Reg. 80, n°. 245.

XXII. Vidimus des maire et échevins d'Abbeville, des provisions de sénéchal de Ponthieu, données par Edouard, roi d'Angleterre, etc.—(Avril 1290.)

B. I. *Cab. des Ch.*, CC. 239.

XXIII. Lettres par lesquelles le roi permet aux maire, échevins et bourgeois d'Abbeville d'établir pour six ans une certaine coutume et assise dans la dite ville pour les besoins d'icelle.—(1292.)

B. I. *Col. Bréquigny*, vol. 56.

XXIV. Acte de transport, fait par Jean, curé de N. D. du Chastel d'Abbeville, en faveur des maire et échevins d'Abbeville, de la garde, de la justice et des produits de la franche fête de l'exaltation de la Ste.-Croix, etc.— (1er. juin 1295.)

B. I. *Cab. des Ch.*, CC. 243.

XXV. Lettres par lesquelles Edouard, roi d'Angleterre, accorde aux Abbevillois, la facilité de trafiquer de toute espèce de marchandises.—(1299.)

B. I. *Cab. des Ch.*, CC. 369.

XXVI. Charte d'Edouard, roi d'Angleterre, comte de Ponthieu, qui permet aux habitants des villes d'Abbeville, du Crotoi, de Rue, de Waben, etc., et autres sujets du Ponthieu d'aller chercher dans tous les ports de sa domination les marchandises, etc.—(31 Octobre 1300.)

B. I. *Cab. des Ch.*, CC. 245.

XXVII. Adhésion des frères mineurs d'Abbeville au procès de Boniface VIII.—(1303.)

A. I. *Sect. hist.*, J. 483, n°. 207.

XXVIII. Pareil acte de la ville.—(1303.)

A. I. Sect. hist., J. 483, n°. 274.

XXIX. Acte, scellé du sceau de la commune d'Abbeville, par lequel les habitants du dit lieu en appellent au futur concile de la violation de leurs droits par le pape.—(1303.)

A. I. Sect. hist., Trés. des Ch., Cart. 485, n°. 274.

XXX. Lettres par lesquelles le roi Philippe-le-Bel permet à Jean de Bailleul, roi d'Ecosse, de vendre aux maire et échevins d'Abbeville, le droit de travers qu'il avait sur la rivière de Somme, à Abbeville.—(Septembre 1304.)

B. I. Cab. des Ch., CC. 248.

XXXI. Lettre du roi Philippe-le-Bel aux maire et échevins de la ville d'Abbeville, pour leur annoncer que la garnison de Lille avait promis de se rendre le mercredi après la fête de l'exaltation de la Ste.-Croix.—(1304.)

B. I. Cab. des Ch., CC. 248.

XXXII. Lettre du sénéchal et garde du comté de Ponthieu, qui enjoint à tous les tanneurs d'Abbeville de venir battre leurs écorces au moulin du roi, etc.—(6 Mars 1308.)

A. I. Arch. de la Couronne, domaine du comte d'Artois. Cart. 41.—B. I. Terrier de Ponthieu, f°. 14 et f°. 157 v°.

XXXIII. Procuration scellée donnée par la commune d'Abbeville à ses députés, aux Etats généraux.—(1308.)

A. I. Sect. hist., Trés. des Ch., Cart. 415, n°. 205.

XXXIV. Lettres par lesquelles Philippe-le-Bel commet P. de St.-Denis pour informer des procédures faites entre le bailli du comté de Ponthieu et les maire, échevins et commune d'Abbeville.—(1308.)

B. I. Coll. De Camps, t. 41.

XXXV. Mandement au bailli d'Amiens d'accorder une récréance des biens aux maire et échevins d'Abbeville.—(15 Juin 1308.)

A. I. Sect. hist., Trés. des Ch.; J. Reg. 42, n°. 104.—B. I. Terrier de Ponthieu. f°. 43.

XXXVI. Débat entre les maire et échevins d'Abbeville

ABBEVILLE.

et le sénéchal du comté de Ponthieu touchant leur juridiction.—(13 Juin 1308.)

A. I. Sect. hist., Trés. des Ch., J. Reg. 42, n°. 103.

XXXVII. Accord entre le couvent de St.-Pierre d'Abbeville et le roi d'Angleterre, comte de Ponthieu.—(1311.)

A. I. Sect. hist., Trés. des Ch., J. 235, n°. 56.

XXXVIII. Lettres par lesquelles Isabelle, reine d'Angleterre, comtesse de Ponthieu, accorde par provision aux maire et échevins d'Abbeville, le droit de tourber pendant 7 ans les marais situés dans la banlieue de la dite ville. —(5 novembre 1313.)

B. I. Cab. des Ch., CC. 252.

XXXIX. Assises tenues dans la ville d'Abbeville par le sénéchal de Ponthieu.—(1318 et 1319.)

A. I. Sect. hist., Trés. des Ch. J. 237, n°. 123.

XL. Vente d'une rente sur la foire au poisson.—(Avril 1319.)

A. I. Sect. hist., Trés. des Ch., J. 236, n°. 39.

XLI. Lettre de Gaucher de Chatillon, connétable de France, lieutenant du roi en Picardie, aux maire et échevins de la ville d'Abbeville, pour se rendre en armes et en chevaux à Térouanne, à l'effet de s'opposer au comte de Flandres, qui avait assemblé une armée à Cassel.—(8 Juillet 1319.)

B. I. Cab. des Ch., CC. 254.

XLII. Accord entre le roi d'Angleterre et les maire et échevins de la ville d'Abbeville, par lequel le roi d'Angleterre est reconnu seigneur d'Abbeville.—(Juillet 1320.)

A. I. Sect. hist., Trés. des Ch., J. 237, n°. 102.

XLIII. Accord entre la ville et le couvent de St.-Pierre d'Abbeville.—(Mars 1321.)

A. I. Sect. hist., Trés. des Ch., J. 235., n°. 40.

XLIV. Vente de deux maisons à Abbeville.—(1323.)

A. I. Sect. hist., Trés. des Ch., J. 236, n°. 104.

XLV. Traité entre la reine d'Angleterre et les maire et

échevins d'Abbeville, sur plusieurs points en contestation.—(Août 1326.)

B. I. *Cab. des Ch.*, CC. 256.

XLVI. Lettres d'Edouard III, roi d'Angleterre, qui accordent aux maire, échevins et commune d'Abbeville, l'assise sur les boissons et denrées vendues dans ladite ville.—(10 octobre 1331.)

B. I. *Cab. des Ch.*, CC. 258.

XLVII. Lettre de Floton de Revel, amiral de France sur les côtes de Picardie, au maire d'Abbeville, au sujet de certains mariniers qui avaient manqué de fournir bâteaux, navires et vaisseaux, suivant l'ordre qu'ils en avaient reçu, pour conduire des garnisons et les vivres de l'armée.—(24 octobre 1346.)

B. I. *Cab. des Ch.*, CC. 263.

XLVIII. Exemption de l'arrière-ban accordée par le roi Philippe-de-Valois, aux habitants d'Abbeville, en considération des deux cents hommes qu'ils avaient envoyés en la ville de Calais, etc.—(Juillet 1347.)

B. I. *Cab. des Ch.*, CC. 263.

XLIX. Lettres par lesquelles Philippe VI prend les habitants d'Abbeville sous sa protection spéciale, en leur garantissant leurs droits et libertés —(Décembre 1349.)

A. I. *Sect hist.*, *Trés. des Ch.*, Reg. 78, f°. 61, p^{ce}. 121.

L. Confirmation de priviléges accordés en 1288 à la ville d'Abbeville, par Edouard, roi d'Angleterre.—(Février 1350.)

A. I. *Sect. hist.*, *Trés. des Ch.*, J. Reg. 80, n°. 246.

LI. Don fait par le Roi à Pierre Bauchant, sergent d'armes, d'une maison située à Abbeville.—(Mars 1350.)

A. I. *Sect. hist.*, *Trés. des Ch.*, J. Reg. 80, n°. 252.

LII. Lettres de sauvegarde pour le chapitre de Saint-Wulfran d'Abbeville.—(23 novembre 1350.)

A. I. *Sect. hist.*, *Trés. des Ch.*, J. Reg. 80, n°. 680.

LIII. Don d'une maison, à Abbeville.—(1350.)

A. I. *Sect. hist.*, *Trés. des Ch.*, J. Reg. 80, n°. 252.

ABBEVILLE.

LIV. Confirmation de priviléges accordés aux bourgeois d'Abbeville.—(Février 1350.)

A. I. Sect. hist., Trés. des Ch., J. Reg. 80, n°. 245.

LV. Confirmation de la commune concédée à la ville d'Abbeville, par Jean, comte de Ponthieu.—(Février 1350.)

A. I. Sect. hist., Trés. des Ch., J. Reg. 80, n°. 398.

LVI. Confirmation par le roi Jean des priviléges accordés aux habitants d'Abbeville, par Edouard, roi d'Angleterre.—(Février 1350.)

A. I. Sect. hist., Trés. des Ch., Reg. 80, f°. 181, p^{ce}. 300.

LVII. Ordre donné par Jacques de Bourbon, comte de Ponthieu, aux maire et échevins d'Abbeville, de faire ôter de la rivière de Somme, tant au dedans qu'au dehors de la ville, les galets qui gênaient le cours de cette rivière, etc.—(10 avril 1351.)

B. I. Cab. des Ch., CC. 265.

LVIII. Quittance des maire et échevins de la ville d'Abbeville au nom des députés des villes de Picardie, afin de faire la recette des taxes imposées sur les dites villes, pour la rançon du roi Jean. Cette quittance est donnée pour la somme de 500 deniers d'or, payée par la ville de Saint-Quentin aux dits députés.—(12 Janvier 1359.)

B. I. Cab. des Ch., Cart. CC. 267.

LIX. Lettre de grâce du roi Jean en faveur des maire, échevins et communauté d'Abbeville, touchant la destruction par eux faite de plusieurs châteaux et maisons fortes.—(16 novembre 1360.)

B. I. Cab. des Ch., Cart. CC. 267.

LX. Accord entre les échevins d'Abbeville et Robert de Hesdin, touchant la garde et l'administration de la commune.—(1360.)

B. I. Cab. des Ch., Roul. du Parl^t. 1er. Cart. p. 1163.

LXI. Vidimus par les élus de la province de Picardie, à la date du 12 juillet 1360, des lettres du régent, portant qu'ils ne doivent pas contraindre les habitants d'Abbeville à payer plus de deux mille florins pour leur quote part de la rançon du roi Jean.—(1360.)

B. I. *Cab. des Ch.*, CC. 267.

LXII. Charte par laquelle les Chartreux de Saint-Pierre d'Abbeville s'engagent à dire des prières pour les rois d'Angleterre, leurs fondateurs.—(1361.)

A. I. *Sect. hist.*, *Trés. des Ch.*, J. 237, n°. 109.

LXIII. Lettres par lesquelles Edouard III déclare vouloir que les habitants d'Abbeville et de tout le domaine du Ponthieu puissent, en payant les droits, transporter leurs marchandises dans toutes les terres de son obéissance.—(1363.)

B. I. *Coll. Bréquigny.*, vol. 56.

LXIV. Procuration d'Edouard III pour le bailli d'Abbeville.—(Juin 1366.)

A. I. *Sect. hist.*, *Trés. des Ch.*, J. 236, n°. 67.

LXV. Lettres de rémission accordées par Nicolas de Louvaige, chevalier, gouverneur et sénéchal de la seigneurie de Pont, à Pierre de Cambies, banni comme contumace par le maire et les échevins d'Abbeville, pour avoir, dans une dispute, battu à mort Joannot Asmelées. —(4 novembre 1368.)

A. I. *Sect. hist.*, J. 1044, n°. 25.

LXVI. Lettres du roi Charles V par lesquelles il promet aux habitants d'Abbeville de ne pas les séparer du domaine royal.—(19 juin 1369.)

B. I. 102, A. *St.-Germ.*, 448, folio 49.

LXVII. Lettres de Charles V par lesquelles il promet aux maire et échevins et habitants d'Abbeville que jamais, pour quelque cause que ce soit, il ne mettra la dite commune d'Abbeville hors du domaine royal[1].—(1369).

A. I. *Sect. hist.*, *Trés. des Ch.*, Reg. C. n°. 55.

LXVIII. Exemption de toutes impositions, aides et

---

[1] Voy. *Hist. généalogique des Comtes de Ponthieu*, par le P. Ignace, p. 14 et 586.

ABBEVILLE.

autres subsides accordée par Charles V aux maire, échevins et habitants d'Abbeville.—(6 mai 1369.)

A. I. Sect. hist., Trés. des Ch., Reg. 99, f°. 187, p^{ce}. 514.

LXIX. Même pièce.

A. I. Sect. hist., Trés. des Ch., Reg. 100. p^{ce}. 174.

LXX. Lettres par lesquelles Charles V met à néant toutes les procédures intentées par le procureur du roi d'Angleterre, contre les maire et échevins d'Abbeville.—(6 mai 1369.)

A. I. Sect. hist., Trés. des Ch., Reg. 79, f°. 187, p^{ce}. 612.

LXXI. Lettres par lesquelles Charles V confirme tous les priviléges, libertés et franchises d'Abbeville[1].-(6 mai 1369.)

A. I. Sect. hist., Tr. des Ch., Reg. 100, p^{ce}. 56.

LXXII. Lettres du roi Charles V qui confirment aux maires et échevins de la ville d'Abbeville la levée d'un denier parisis sur chaque lot de vin qui sera vendu dans la ville, pour la reconstruction de l'église Saint-Georges[2].—(10 mai 1369.)

B. I. Cab. des Ch., CC. 269.

LXXIII. Franchise accordée par Charles V aux habitants d'Abbeville, pour toutes les marchandises qui leur arriveront directement par mer.—(Mai 1369.)

A. I. Sect. hist., Tr. des Ch., Reg. 100, p^{ce}. 57.

LXXIV. Lettres de Charles V par lesquelles il accorde aux habitants d'Abbeville la faculté de vendre, acheter et transporter leurs marchandises par tout le royaume, sans payer aucuns droits.—(Mai 1369.)

A. I. Sect. hist., Trés. des Ch., Reg. 100. p^{ce}. 167.

LXXV. Confirmation par Charles V des lettres de sauvegarde accordées par Philippe VI aux habitants d'Abbeville pour eux et leurs priviléges.—(Mars 1369.)

A. I. Sect. hist., Tr. des Ch., Reg. 100. p^{ce}. 368.

---

[1] Voy. *Histoire des Comtes de Ponthieu*, par le P. Ignace, p. 384.
[2] Voy. Ibid., p. 385.

LXXVI. Lettres d'Edouard III par lesquelles il confirme la permission accordée aux maire et échevins d'Abbeville de lever un denier parisis sur chaque lot de vin vendu en détail dans la dite ville d'Abbeville et dans sa banlieue.

B. I. *Coll. Bréquigny*, vol. 57.

LXXVII. Lettres de Charles V par lesquelles il accorde aux habitants d'Abbeville que tous les cas privilégiés et autres du comté de Ponthieu soient jugés aux assises de la dite ville.—(Mai 1369.)

A. I. *Sect. hist., Tr. des Ch.,* Reg. 100. pce. 58.

LXXVIII. Lettres du roi Charles V qui accordent aux habitants d'Abbeville de faire conduire dans leur ville, sans payer de droit au Crotoy, les marchandises qu'ils feront venir par le flot de la mer.—(Mai 1369.)

B. I. *Cab. des Ch.,* CC. 269.

LXXIX. Lettres par lesquelles Charles V accorde aux habitants d'Abbeville, de Rue et des autres villes du comté de Ponthieu, que toutes causes mues et à mouvoir entre les sujets du dit comté, seront jugées aux assises d'Abbeville.—(Mai 1369.)

A. I. *Sect. hist., Tr. des Ch.,* Reg. 100, pce. 175.

LXXX. Privilége accordé par Charles V aux bouchers d'Abbeville.—(1369.)

A. I. *Sect. hist., Tr. des Ch.,* Reg. 100, pce. 213.

LXXXI. Priviléges accordés par Charles V aux tanneurs d'Abbeville.—(19 juin 1369.)

A. I. *Sect. hist., Tr. des Ch.,* Reg. 100, pce. 393.

LXXXII. Confirmation par Charles V du privilège des habitants d'Abbeville que [aucun chastel ou autre forteresse ne puisse être construit dans l'intérieur de la dite ville[1].]—(Mai 1369.)

A. I. *Sect. hist., Tr. des Ch.,* Reg. 100, pce. 169.

LXXXIII. Lettres par lesquelles Charles V accorde pour

---

[1] Voy. *Hist. généal. des Comtes de Ponthieu*, par le P. Ignace, p. 383.

ABBEVILLE.

armoiries à Abbeville *un chef* semé de fleurs de lys d'or[1]. —(29 juin 1369.)

A. I. Sect. hist., Tr. des Ch., J. Reg. 100, n°. 517.

LXXXIV. Lettres par lesquelles Charles V maintient les maire et échevins d'Abbeville dans la garde et administration de la maladrerie établie en la dite ville.—(19 juin 1369.)

A. I. Sect. hist., Tr. des Ch., Reg. 100, p^{ce}. 212.

LXXXV. Confirmation par Charles V des priviléges des habitants d'Abbeville touchant la justice.—(Nov. 1370.)

A. I. Sect. hist., Tr. des Ch., Reg. 100, p^{ce}. 747.

LXXXVI. Lettres de Charles V par lesquelles confirmant les habitants d'Abbeville dans leurs anciennes franchises et priviléges, il reconnaît que, toutes les fois qu'un nouveau vicomte sera établi dans la ville, il devra jurer aux maire et échevins d'icelle, de n'introduire aucune nouveauté dans l'exercice de sa charge de vicomte[2].—(9 Mai 1376.)

A. I. Sect. hist., Tr. des Ch., Reg. 108, n°. 339.

LXXXVII. Lettres par lesquelles Charles V reconnaît que les aides volontairement consentis par les maire et échevins d'Abbeville ne porteront aucun préjudice à leurs anciens priviléges.—(Novembre 1376.)

A. I. Sect. hist., Tr. des Ch., Reg. 119, p^{ce}. 157.

LXXXVIII. Lettres par lesquelles Charles V reconnaît que les aides volontairement consentis par les habitants d'Abbeville pour la réparation de la forteresse du Crotoy ne pourront en aucune manière tirer à conséquence pour l'avenir.—16 Décembre 1377.)

A. I. Sect. hist., Tr. des Ch., Reg. 111, p^{ce}. 373.

LXXXIX. Confirmation par Charles VI des lettres de Charles V du mois de mai 1369, confirmatives des anciennes franchises et libertés d'Abbeville.—(Novembre 1380.)

A. I. Sect. hist., J. Reg. 118, p^{ce}. 499.

---

[1] *Hist. des Comtes de Ponthieu*, par le P. Ignace, p. 387.

[2] *Ord. des Rois de France*, t. VI, p. 190.

XC. Confirmation par Charles VI des priviléges des maire et échevins d'Abbeville.—(11 Mars 1383.)

A. I. Sect. hist., Tr. des Ch., Reg. 124, p^{ce}. 161.

XCI. Confirmation de lettres de sauvegarde. — (Février 1392.)

A. I. Sect. hist., J. Reg. 144, n°. 103.

XCII. Lettres par lesquelles Charles VI confirme les statuts et priviléges des drapiers d'Abbeville.—(Juillet 1399.)

A. I. Sect. hist., Tr. des Ch., Reg. 154, n°. 312.

XCIII. Réunion d'Abbeville à la Couronne.—(1411.)

A. I. Sect. hist., Tr. des Ch., J. Reg. 166, n°. 150.

XCIV. Cession d'une rente sur la recette d'Abbeville, faite au roi par Jean du Quesnoy, écuyer.—(Janvier 1415.)

A. I. Sect. hist., Tr. des Ch., J. 237, n°. 118.

XCV. Confirmation des priviléges d'Abbeville.—(1422.)

A. I. Sect. hist., Tr. des Ch., J. Reg. 172, n°. 619.

XCVI. Lettres du roi Charles VII aux maire et échevins d'Abbeville, portant que certaines personnes, voulant séparer les membres du chef souverain, avaient commencé par éloigner de lui le dauphin, son fils; que, réunies au dit prince, elles avaient des pratiques secrètes avec l'anglais, l'ennemi du royaume. Le roi leur défend de rendre aucune obéissance et de donner aide au dauphin qu'il ne soit rentré en grâce.—(13 Mars 1446.)

B. I. Cab. des Ch., CC. 284.

XCVII. Confirmation des priviléges des habitants d'Abbeville.—(Décembre 1463.)

A. I. Sect. hist., Tr. des Ch., J. Reg. 199, n°. 261.

XCVIII Charte pour le chapitre de St.-Wulfran d'Abbeville.—(11 décembre 1463.)

A. I. Sect. hist., Tr. des Ch., J. Reg. 199, n°. 256.

XCIX. Lettres du roi Louis XI aux gens d'église, nobles, bourgeois et habitants d'Abbeville, pour leur apprendre la prise du château d'Hesdin.—(8 Avril 1477.)

B. I. Cab. des Ch., CC. 289.

ABBEVILLE.

C. Lettres de Louis XI aux maire, échevins et habitants d'Abbeville, pour leur demander un emprunt de 100 écus d'or. — (7 Mars 1479.)

B. I. *Cab. des Ch.*, CC. 289.

CI. Lettres par lesquelles Charles VIII confirme les libertés et priviléges des bourgeois et habitants d'Abbeville. — (Octobre 1483.)

A. I. *Sect. hist., Tr. des Ch.*, Reg. 212, n°. 15.

CII. Lettres d'invitation de Louis XI à la ville d'Abbeville, pour envoyer deux députés à la cérémonie du mariage qui devait être célébré à Amboise, entre le dauphin et Marguerite d'Autriche. — (10 Juin 1483.)

B. I. *Cab. des Ch.*, CC. 290.

CIII. Lettres par lesquelles Charles VIII confirme les statuts et priviléges des drapiers d'Abbeville. — (Juin 1492.)

A. I. *Sect. hist., Tr. des Ch.*, Reg. 226^2 n.° 568.

CIV. Priviléges d'Abbeville. — (Mai 1498.)

A. I. *Sect. hist., Tr. des Ch.*, J. Reg. 226^1 n°. 477.

CV. Arbalétriers d'Abbeville. — (1547.)

A. I. *Sect. hist., Trés. des Ch.*, J. Reg. 259, n°. 293.

CVI. Etablissement d'un juge marchand et de quatre consuls à Abbeville. — (Mars 1567.)

A. I. *Sect. hist., Tr. des Ch.*, J. Reg. 265, n°. 158.

CVII. Edit de Charles IX, par lequel il établit à Abbeville une juridiction consulaire qui sera composée de 50 notables, parmi lesquels seront élus un juge et 4 consuls. (1567.)

A. I. *Sect. jud., Parl. de Paris.* Reg. des Ord. 2 B, f°. 423.

CVIII. Lettres patentes de Charles IX, qui confirment les manants et habitants de la ville d'Abbeville, dans l'exemption qui leur a été accordée du service personnel et des contributions du ban et arrière-ban pour les fiefs dont ils sont propriétaires. — (14 Août 1570.)

A. I. *Sect. domaniale*, Ch. des Compt., Mémorial KKK, f° 161.

CIX. Lettres de jussion, pour l'enregistrement de celles

de 1585, concernant l'approbation des statuts des buvetiers et moutardiers d'Abbeville. — (29 Décembre 1586.)

A. I. Sect. jud., Parl. de Paris, Reg. des Ord. 2, O. f°. 443.

CX. Enregistrement au parlement de Paris des statuts des vinaigriers d'Abbeville établis par sentence de l'échevinage du 21 août 1578. — (11 février 1587.)

A. I. Parl. de Paris, Reg. des Ord. 2, O. f°. 436.

CXI. Lettres des habitants d'Abbeville à ceux de Paris. — (1588.)

B. I. Coll. Béthune, 8912, p. 71.

CXII. Lettres patentes de Henri IV, par lesquelles il abolit ce qui s'est passé pendant les troubles, et confirme et rétablit les habitants d'Abbeville dans leurs franchises et priviléges [1]. — (Avril 1594.)

A. I. Sect. jud., Parl. de Paris, Reg. des Ord. 2 R, f°. 54.

CXIII. Arrêt du conseil rendu sur la requête des habitants d'Abbeville, lequel les décharge des droits de francs fiefs et nouveaux acquetz. — (23 Septembre 1610.)

A. I. Sect. administ., E, 27 [4].

CXIV. Lettres patentes de Louis XIII, portant exemption en faveur des dits habitants des droits de francs fiefs et nouveaux acquets. — (1610.)

A. I. Parl. de Paris, Reg. des Ord. 2. Z, f°. 128.

CXV. Arrêt du conseil qui maintient et confirme les maire et échevins d'Abbeville en possession et jouissance de pourvoir aux offices de vendeurs de poissons de mer en ladite ville. — (30 Mars 1610.)

A. I. Sect. administ., E, 25.

CXVI. Arrêt du conseil rendu sur la requête des maire et échevins d'Abbeville; lequel leur permet de prendre à constitution de rente la somme de 12,000 liv., pour être employée au paiement de deux offices de visiteurs et contrôleurs des bières, etc. — (8 Février 1629.)

A. I. Sect. administ., E, 99.

---

[1] Voy. Histoire généal. des Comtes de Ponthieu, par le P. Ignace, p. 16 et 725.

ABBEVILLE.

CXVII. Arrêt du conseil rendu sur la requête des maire et échevins d'Abbeville, corps et communauté d'icelle, lequel ordonne qu'ils jouissent des priviléges à eux accordés et de l'affranchissement de toutes tailles.—(21 Juillet 1640.)

A. I. Sect. administ., E, 156.

CXVIII. Arrêt du conseil rendu sur la requête des maire et échevins d'Abbeville, faubourgs, banlieue et communauté d'icelle, lequel ordonne que, conformément à leurs priviléges et à l'arrêt du 21 juillet 1640, ils jouissent de l'exemption et affranchissement de toutes tailles, en payant annuellement 12,000 liv. par forme d'affranchissement.— 25 Mai 1641.)

A. I. Sect. administ., E. 161.

CXIX. Lettres patentes de Louis XIV portant confirmation des priviléges des habitants d'Abbeville et notamment des lettres d'avril 1594, concernant l'exemption des droits de francs fiefs et nouveaux acquets.—(1654.)

A. I. Sect. jud., Parl. de Paris, Reg. des Ord. 3, O. f°. 583.

CXX. Arrêt du conseil qui approuve et confirme les statuts et réglements des sergiers bouracanniers d'Abbeville. —(30 octobre 1670.)

A. I. Sect. administ., E. 1756.

CXXI. Arrêt du conseil qui ordonne que le commissaire départi en Picardie, dresse procès-verbal sur les différends existant entre le maire et les échevins d'Abbeville et les prieur et religieux de St.-Pierre, au sujet de la première place du chœur au côté gauche.—(4 Novembre 1670.)

A. I. Sect. administ., E. 1758.

CXXII. Arrêt du conseil qui règle les différends survenus entre les échevins d'Abbeville, les officiers du présidial, et les chanoines et religieux de la dite ville, au sujet des préséances.—(1671.)

A. I. Sect. administ., E. 1764.

CXXIII. Arrêt du conseil qui ordonne qu'Abbeville soit, conformément à ses priviléges, déchargée des droits de francs fiefs.—(17 Juin 1673.)

A. I. Sect. administ., E. 1770.

CXXIV. Lettres patentes de Louis XIV, portant confirmation des statuts des maîtres et compagnons de la communauté du métier et enseignes des brutiers et porteurs en sac de la ville d'Abbeville.—(1696.)

A. I. Sect. jud., Parl. de Paris, Ord. 5. A. f°. 355.

CXXV. Arrêt du conseil qui règle les préséances des officiers du présidial et des officiers municipaux d'Abbeville aux cérémonies religieuses de la dite ville.—(14 Octobre 1697.)

A. I. Sect. administ., E. 1902.

CXXVI. Lettres patentes de Louis XIV, portant confirmation de statuts en 27 articles pour les bouchers d'Abbeville.—(Juin 1704.)

A. I. Sect. jud., Parl. de Paris, Ord. H, f°. 329.—Enregistré le 16 mars 1706, Parl. de Paris, Ord. 5, H. f°. 1531.

CXXVII. Enregistrement de statuts en 19 articles pour les gardes et maires de bannières en corps et communauté des maîtres tailleurs d'habits de la ville d'Abbeville.—(19 Décembre 1705.)

A. I. Sect jud., Parl. de Paris, Ord. 5, H, f°. 97.

CXXVIII. Arrêt du conseil qui ordonne que les réglements et statuts faits pour la communauté des teinturiers d'Abbeville soient exécutés selon leur forme et teneur.— (1717.)

A. I. Sect. administ., E. 900 (213).

CXXIX. Enregistrement des lettres du roi portant confirmation des statuts pour la communauté des bouchers d'Abbeville.—(9 décembre 1717.)

A. I. Sect. jud., Parl. de Paris, Ord. C. D, f°. 11.

CXXX. Enregistrement des lettres d'août 1714, portant confirmation des statuts des marchands drapiers et chaussetiers d'Abbeville.—(5 avril 1719.)

A. I. Sect. jud., Parl. de Paris, Ord. C.

CXXXI. Enregistrement des lettres royaux données en janvier 1718, portant confirmation en faveur des habitants d'Abbeville, des priviléges à eux accordés et no-

ABBEVILLE.

tamment de ceux portés dans les lettres de 1594.—(26 mars 1720.)

A. I. Parl. de Paris, Ord. C.

CXXXII. Arrêt du conseil qui décharge les maire et échevins d'Abbeville de l'établissement des droits de greffes, de présentations en la juridiction de l'hôtel-de-ville et mairie du dit lieu.—(18 novembre 1727.)

A. I. Sect. administ., E. 1026.

CXXXIII. Enregistrement des lettres du Roi, du mois d'avril 1727, portant établissement d'un hôpital général à Abbeville.—(27 février 1728.)

A. I. Sect. jud., Parl. de Paris, Ord. C. S. f°. 88.

CXXXIV. Arrêt du conseil qui maintient les habitants d'Abbeville dans l'exemption du droit de palette sur les grains.—(1728.)

A. I. Sect. administ., E, 1037.

CXXXV. Arrêt du Conseil qui ordonne que les habitants d'Abbeville soient, en vertu de leurs priviléges, exempts des droits de francs fiefs.—(26 septembre 1730.)

A. I. Sect. administ., E, 1061.[164]

CXXXVI. Enregistrement des lettres du Roi, du 13 janvier 1741, portant règlement en six articles pour l'élection et les fonctions des juges et consuls d'Abbeville.—(10 février 1741.)

A. I. Sect. jud., Parl. de Paris, Ord. 7, E, f°. 332.

CXXXVII. Enregistrement des lettres du Roi, du 15 septembre 1743, portant confirmation de priviléges aux sieurs Van Robais, entrepreneurs de manufactures de draps à Abbeville.—(26 novembre 1743.)

A. I. Sect. jud., Parl. de Paris, Ord. 7, J, f°. 242.

CXXXVIII. Arrêt du conseil qui statue sur une contestation entre le chapitre de l'église Saint-Wulfran d'Abbeville et les officiers municipaux au sujet des préséances.—(10 avril 1745.)

A. I. Sect. administ., E, 2241.

CXXXIX. Lettres patentes du Roi, enregistrées au parlement le 8 mai 1747, portant approbation des règlements en 26 articles, arrêtés au conseil d'Etat pour les bouràcans qui se fabriquent à Abbeville.—(28 mars 1747.)

A. I. Sect. jud., Parl. de Paris, Ord. 7, N, f°. 9.

CXL. Arrêt du conseil qui maintient les habitants d'Abbeville dans un droit de péage ou chaussée aux portes de la ville et règle le tarif du dit droit. — (27 sept. 1747.)

A. I. Sect. administ., E, 2263.

CXLI. Arrêt du conseil qui supprime un droit d'octroi créé à Abbeville, par édit de décembre 1581.-(25 août 1749.)

A. I. Sect. administ., E, 2285.

CXLII. Arrêt du conseil qui maintient les maîtres et marchands chaudronniers d'Abbeville dans le droit de faire venir certaines marchandises des pays étrangers et de les vendre en gros et en détail en la dite ville.— (5 janvier 1751.)

A. I. Sect. administ., E, 1268.

CXLIII. Lettres patentes du Roi, portant confirmation des statuts des orfèvres d'Abbeville, en 43 articles, enregistrés au parlement le 19 août 1752.—(Juin 1752.)

A. I. Sect. jud., Parl. de Paris, Ord. 7, X. f°. 123.

CXLIV. Lettres patentes du Roi, enregistrées au parlement de Paris, le 23 février 1770, ordonnant la vérification des coutumes locales et particulieres du comté de Ponthieu et de la ville d'Abbeville.—(17 février 1770.)

A. I. Sect. jud., Parl. de Paris, Ord. 9, G. f°. 128.

CXLV. Lettres patentes du Roi portant confirmation des statuts, en 43 articles, pour les boulangers d'Abbeville, enregistrés au parlement de Paris le 6 septembre 1773.—(25 juin 1773.)

A. I. Sect. jud., Parl. de Paris, Ord. 9, G, f°. 440.

CXLVI. Lettres patentes de Louis XV qui règlent les statuts des boulangers de la ville et des faubourgs d'Abbeville.—(25 juin 1773.)

A. I. Sect. administ., E, 5490, f°. 121.

ABBEVILLE.

CXLVII. Lettres patentes qui ordonnent l'enregistrement en la chambre des comptes d'un édit du mois de mai 1760, portant création, par augmentation, dans la communauté des barbiers, perruquiers, baigneurs et étuvistes d'Abbeville, pour n'en faire qu'un seul et même corps, de quatre places ou charges de barbier.—(25 octobre 1776.)

A. I. *Sect. administ*, Mémorial, f°. 409.

CXLVIII. Lettres patentes de Louis XVI qui confirment les priviléges des maire et habitants d'Abbeville.—(Août 1779.)

A. I. *Sect. administ.*, E, 3496, f°. 197.

CXLIX. Arrêt de règlement pour la formation de la milice bourgeoise de la ville d'Abbeville.—(21 juin 1783.)

A. I. *Sect. administ.*, E, 2591.

CL. Arrêt du conseil qui, sans avoir égard à la requête des maire et échevins d'Abbeville, ordonne l'exécution d'un arrêt du conseil, du 5 juin 1784, lequel avait annulé la nomination faite par les dits maire et échevins, des sieurs Delattre, Champion, de Rousseau et Michault, pour remplir les places de capitaines des compagnies de la milice bourgeoise de la dite ville.—(16 octobre 1784.)

A. I. *Sect. administ.*, E, 2601.

CLI. Accord entre le roi d'Angleterre et la ville d'Abbeville.—(Sans date.)

A. I. *Sect. hist.*, J. 237, n°. 128.

Voyez encore : I°. Subsides.

A. I. *Sect. hist.*, J. Reg. 83, n°. 112 et 118.

II°. Procédure criminelle.

A. I. *Sect. hist.*, J. Reg. 82, n°. 231.

60. Comptes faits pour la ville d'Abbeville.

MS. in-folio de **82** folios. Parchemin.—Ecriture du XV°. siècle.

Bibl. Imp.—*Suppl. fr.*, n°. 2036 32.

La valeur de ce manuscrit nous engage à en présenter

une notice détaillée : [F^o. 1. Compte fait pour la ville d'Abbeville, en la première mairie de sire Loys Penel, que font et rendent Bernard le Brivis et Nicolas de Nouviller, argentiers d'icelle ville, tant des fermes, amendes, revenues et aultres émolumens, comme des aydes, du vin et petis bruvaiges, de grain, octroiez par le roy nostre sire aux maieur et eschevins d'icelle ville et quy ont eu cours, pour ung an commenchant le vingt cinquiesme jour d'aoust, l'an mil cccc quatre vingtz et dix huit, l'un et l'aultre jours includs. De laquelle recepte des mises et aussy de la despence la déclaration senssieut et premièrement : — Receu de aulcunes debtes deues à la dicte ville auparavant l'an de ce compte par les denommez cy après et quy bailliez luy ont esté par les argentiers précédens à ceulx de ceste présente année. — Somme vm^{xx} $xiiii$ liv. (F^o. 4 v°.)

ABBEVILLE.

F^o. 5 r°. Aultre recepte faicte par iceulx argentiers à cause des fermes muables de la dicte ville pour l'an de ce compte. — Somme v^m iii^c $lxxi$ liv. 1 s. x den. (F^o. 9 r°.)

F^o. 10 r°. Aultre recepte faicte à cause des amendes des appellacions faictes des dicts maire et eschevins, à cause que les assizes de Pontieu nont point sis pour ceste année. — Somme lx s.

F^o. 10 v°. Aultre recepte faicte à cause des amendes à taux venues et escheues ceste année à la dicte ville. — Somme vii liv. x s. (F^o. 11 r°.)

F^o. 11 v°. Aultre recepte faicte à cause des amendes hors taux venues et escheues ceste présente année à la dicte ville. — Somme ix^{xx} $xviii$ liv. $xvii$ s. vi den. (F^o 13 r°.)

F^a. 13 v°. Aultre recepte faicte à cause des amendes de pain escheues à la dicte ville cette année. — Somme xii liv.

F^o. 14 r°. Aultre recepte faicte à cause des scelleurs des draps escriz en ceste présente année. — Somme xl s.

F^o. 14 v°. — Somme totale v^m vii^c iiii^{xx} $xvii$ liv. x s. iv d.

F^o. 15 r°. Mises faictes et payées par iceulx argentiers sur la recepte cy dessus déclarée à cause des debtes deues et acreue par la dicte ville auparavant l'an de ce compte. — Somme vi^{xx} xi liv. xv s. iv den. ob. — (F^o. 17 r°.)

F^o. 18 r°. Aultres mises faictes à cause des rentes héritables deubes chascun an par la dicte ville. — Somme iii^c $xxxviii$ liv. xiv s.

F^o. 18 v°. Aultres mises faictes par iceulx argentiers à

ABBEVILLE.

cause des rentes viagères deubes chascun an par la dicte ville.—Somme iiii^c iiii^{xx} vi liv. x s. (F°. 20 r°.)

F°. 21 v°. Aultres mises faictes par iceulx argentiers à cause des mises communes faictes ceste présente année.— Somme ii^c li liv. vii s. x den. (F°. 23 v°.)

F° 24 r°. Aultres mises faictes à cause de carbon, gresse et luminaire en ceste présente année.—Somme xxxi liv. x s. xi den.

F°. 25 v°. Aultres mises faictes pour cause des présens de vin faictz, donnez et présentez, en l'an de ce compte. —Somme ix^{xx} xv liv. x s. (F°. 26 r°.)

F°. 26 v°. Aultres mises faictes par iceulx argentiers pour despence de bouche faicte en ceste présente année.

Le folio, où devrait être la somme totale des dépenses, manque. Mais, en additionnant les sommes partielles portées aux folios non manquants, on voit que le montant de ces dépenses est de 103 liv. 10 s. 2 den.

F°. 35 r°. Aultres mises faictes et payées par iceulx argentiers à cause des doins et courtoisies par les dicts maire et eschevins en ceste présente année.—Somme v^c lxix liv. xii den. (F°. 41 r°.)

F°. 42 r°. Aultres mises faictes par iceulx argentiers à cause des sergens à mache et de le xxme portiers et aultres.—Somme viii^{xx} xiv liv. viii s. (F°. 43 v°.)

F°. 44 r°. Aultres mises faictes et payées par les dits argentiers à cause des officiers penctionnaires, prendans gaiges par an sur la dicte ville.—Somme iii^c xxvi liv. xiv s. (F°. 45 v°.)

F.° 46 r°. Aultres mises faictes par iceulx argentiers à cause des fraiz de justice pour garder les droiz dicelle ville faictz en l'an de ce compte.—Somme viii^{xx} xii liv. xiii s. ii den. (F°. 48 v°.)

F°. 49 r°. Aultres mises faictes et payées par iceulx argentiers à cause des voiaiges faictz ceste présente année. —Somme xxxix liv. xiv s. ii den. (F°. 51 v°.)

F°. 52 r°. Aultres mises faictes et payées par les dicts argentiers à cause de garde et sceureté en ceste présente année.—Somme c. liv. xiii s.

F°. 52 v°. Aultres mises faictes par les dicts argentiers pour cause d'ouvraige de carpenterie, hucherie et mariens achetez.—Somme vi^c xii liv. xiii s. x den. (F°. 61 v°.)

F°. 62 r°. Aultres mises faictes pour cause d'ouvraiges

de faverie et serrurerie.—Somme CIV liv. II s. IV den. ob. (F°. 64 v°.)

F°. 65 r°. Aultres mises faictes par les dicts argentiers pour cause d'ouvraiges de machonnerie, caulx, moillon, bricque, cailleu, pavement et paveurs.—Somme VII^c XXXII liv. IV s. III d. (F°. 71 v.)

F°. 72 r°. Aultres mises faictes par les dicts argentiers à cause des bariaiges, perelle, troyon, sablon et mennouvréiers.—Somme IV^c XLIX liv. XV s. II den. (F°. 75 r°.)

F°. 76. Aultres mises faictes par les dicts argentiers à cause de couverture, cordail, plomb, ardoise et painture.—Somme C. IV liv. III s. VI den. (F°. 77 v°.)

F°. 78 r°. Aultres mises extraordinaires faictes par les dicts argentiers à cause du service du feu roy Charles que Dieu absoille.—Somme IX^{xx} XIII liv. VIII s. III den. ob. (F°. 79 r°)

F°. 79 v°. Aultres mises faictes et payées pour cause des gaiges des dicts argentiers, clercq de l'argenterie et aultrement.—Somme LII liv. X s.

F°. 80 r° Arrieraiges et deniers renduz et non receuz dont le dit argentier s'est chargié cy dessus en recepte et pour ce s'en décharge icy au prouffit de la dicte ville.—Somme III^c XXV liv. XVI s. (F°. 83.)

Somme (totale des dépenses) V^m V^c LIX liv. VIII den. (F°. 83.)

Somme (totale des recettes) V^m VII^c IIII^{xx} XVII liv. X s. IV den. (F°. 83.)

Doit et reste II^c XXXVIII liv. IX s. VIII den. (F°. 83.)

Et plus bas : [Fait passé examiné et conclu à le........? des apostilles en la présence du dict maieur........ le XXVIIe. jour de septembre mil IIII^c IIII^{xx}.] (*Le reste manque, le feuillet étant rogné*).—Signé de SAINT-ELOY.

61. Lettres et mémoires.

Bibl. Imp.—*Fonds de Béthune*, n° 8912.

Ce volume contient : I°. F°. 47, r°.—Les articles des maire, échevins et habitants de la ville d'Abbeville, qui doivent être présentés aux états de Blois.—II°. F°. 68 r°. Une lettre du prévôt des marchands et des échevins de Paris aux membres de l'échevinage d'Abbeville, dans laquelle on leur adresse des félicitations pour leur

ABBEVILLE.   adhésion à la Ligue. Juillet 1588.—3°. *F°*. 71, *r°*. Remercîments adressés par les maire et échevins d'Abbeville aux prévôts des marchands et échevins de la ville de Paris. (25 juin 1588.)

62. Registre des délibérations de la confrérie des chaussetiers d'Abbeville, de 1400 à 1699.[1]

MS.[2] in-4°. de 291 folios, papier.—Ecriture du XV°. au XVII°. S. Bibl. Imp.—*Suppl. fr.*, n°. 2176.

F°. 1. *r°*. [Sachent tous à qui il apparteendra que à la requeste du commun accord et consentement de nous les maistres du mestier de chaussetier d'icelle ville d'Abbeville ont esté impétrés et obtenus certains éditz, ordonnances, status et préviléges pour conserver, garder et entretenir les maistres et compaignons du dit mestier en tous leurs droit, franchise et polisse, en tant qu'il touche et compete l'honneur, prouffit et utilité du dit mestier de chaussetier, lesquels éditz, ordonnances, status, préviléges et franchise nous ont esté ottroiés et acordés par messieurs les maire et eschevins d'icelle ville d'Abbeville, le quatorzieme jour d'aoust l'an mil quatre cens quatre vingtz dix sept, en la forme et magniere dont la teneur suit:]

Suivent les priviléges et la charte qui les octroie. Cette charte est du 13 août 1497.

Un folio maladroitement relié entre ceux qui renferment les priviléges, contient l'acte de l'élection du bâtonnier de la confrérie. Il commence ainsi :

[Soit mémoré à tous à qui il apartendra que la confrairie de Dieu et de monseigneur Saint-Eustace située et establie en l'église Saint-George fut instituée et mise sur le troizième jour de juillet lan mil quatre cens soixante et ung du consentement et commun acord de tous les maistres et chaussetiers dicelle ville d'Abbeville, etc.]

F° 9. [Enssuivent les ordonnances des halles du dit mestier de chaussetier scituées et assizes en la ville d'Abbeville prinses et recouvrées en lan mil IV°IV^{xx}XVIII sus

---

[1] Le titre est faux pour la date ; au lieu de 1400, il faudrait 1497.

[2] D'après certains indices, ce MS. aurait appartenu à M. Traullé, procureur impérial d'Abbeville et aurait été acheté à M. Callenot en 1805.

le registre de la recepte de Ponthieu par Artus de Franqueville, Jehan Thiebaut et Jehan Cornaille, pour lors maieurs de baniere dont la teneur sensuit.

Et primes les halles aulx drapiers, chinchiers, broyxliers et pletiers soloient estre livrés à ferme chascun an communément à cent livres, aucune fois plus aucune fois moins et ad present sont à quatre vingtz seize livres.

Et prent ly fremiers le louage des estaulx.

C'est assavoir de le halle aux drappiers en laquelle sont VI^{xx} et huit estaulx dont chascun estal doivent avoir deulx aunes trois quarts de long, de chascun estal relève XIII sols IV den. et se reliesvent et prennent en la manière qui sensuit..... etc.]

Le reste des folios contient les noms des maîtres, bâtonniers et prévôt de la confrérie, les états des dépenses, et les inventaires des meubles et ornements appartenants à la confrérie. Ces meubles consistent en calice de vermeil, chandeliers d'argent, chasubles, etc.

63. Obituarium collegialis S^{ti}.-Wulfrani ecclesiæ Abbatis-villæ, in diœcesi Ambianensi.

MS. in-4°. de 46 folios, papier.—Ecriture du XVIe. siècle.
Bibl. Imp.—*Suppl. lat.*, n°. 549.

Ce manuscrit n'offre rien de remarquable.

64. Johannes de Abbatis-Villa.

M Petit-Radel, dans le tome XVIII de l'*Histoire littéraire de la France*, a consacré un article assez étendu à Jean Halgrin d'Abbeville, doyen de l'église d'Amiens, devenu archevêque de Besançon, et enfin cardinal-évêque de Sabine. Il nous suffira dès lors de citer les manuscrits de la Bibliothèque impériale qui contiennent les ouvrages du célèbre théologien[1] : N°s. 2514—2515—2516 et 2516

---

[1] Voici les n^{os}. des MSS. que possèdent les autres Bibliothèques :
Bibliothèque Mazarine—150—949—950—et 960.
Bibliothèque de l'Arsenal—602.
Les Bibliothèques d'Amiens—n°. 63, d'Arras, d'Avignon, de Cambrai, de Charleville, de Douai—n°s. 75 et 474, de Laon—n°s. 94—182—286 et 310, de Vendôme, de Bâle, de Saint-Gall, de Bruxelles et de Middlehill possèdent les œuvres de Jean d'Abbeville.

ABBEVILLE.   A.—2517—2518—2518 A—2518 B—2518 C—2519—
2909—2910—2911—2911 A—3577—3733 Anc. fonds
lat.— N°s. 511—733²—899—1337 St.-Germ. lat.—N°.
405 Suppl. lat. — N°s. 749—811—812—813—1655—
1662. Sorbonne.—N°. 42 St.-Mart. des Champs.—N°. 34
Cordeliers.—N°. 749 St.-Victor.

65. Questiones magistri Guerodi de Abbatis villa.

MS. in-folio, velin.—XIII°- siècle.

Bibl. Imp.—*Anc. fonds lat.*, n°. 2042.

Nous renvoyons à l'article consacré par le savant Mr. Victor le Clerc à Guillaume de St.-Amour et à Gérard d'Abbeville dans le tome XXI de l'*Histoire littéraire de la France*.

AILLY-SUR-NOYE.   66.

I°. Lettres par lesquelles Charles III établit foires et marchés à Ailly.—(Juin 1493.)

A. I. *Sect. hist.*, *Trés. des Ch.*, Reg. 226².710.

II°. Lettres patentes du Roi ; enregistrées à Paris, le 13 mai 1751, portant création de douze foires par an et un marché par semaine à Ailly.—(Avril 1750.)

A. I. *Sect. jud.*, *Parl. de Paris.*, Ord. t. 7, f°. 169.

AIRAINES.   67.

I°. Permission d'avoir un marché qui se tiendra le lundi de chaque semaine et d'une foire ou fête marchande de huit jours chaque année à la fête de Saint-Luc.—(1114.)

A. I. *Cab. des Ch.*, CC. 147.

II°. Vidimus de janvier 1233, par Simon, comte de Ponthieu et de Montreuil, et par la comtesse Marie, son épouse, portant confirmation de la commune d'Airaines, selon les formes et teneur de la charte *(s.d.)* accordée aux bourgeois d'Airaines, par H. d'Airaines et Alerme de Fontaines, et relatée dans la charte présente.—(1233.)

A. I. *Cab. des Ch.*, CC. 147.—B. I. *Terrier de Ponthieu*, f°. 360, r°.

AISNE.   68. Etat des paroisses entre les rivières de l'Aisne et de Meude (*sic*).

Bibl. Ste.-Geneviève.—*Carton* M. n°. 15.

Nous n'avons pas eu communication de ce manuscrit qui paraît perdu ; aussi ne pouvons-nous vérifier si le catalogue n'a point écrit *Meude* pour *Meuse*.

69.   AISY.

I°. Charte de commune accordée à la ville d'Aisy, par Béatrix, abbesse de Soissons et tout le couvent.—(Juin 1232.)

B. I.—*Coll. Duchesne*, t. 78.

II°. Lettres de Louis IX, confirmant la charte de commune d'Aisy.—(Juin 1232.)

B. I.—*Collection Duchesne*, t. 78.

70.   ALBERT.

I°. Arrêt du conseil qui maintient le duc de Penthièvre et les maire et échevins d'Albert dans la jouissance d'un droit de péage.—(8 Octobre 1761.)

A. I.—*Sect. administ.*, E. 2395.

II°. Documents officiels relatifs à la création des écoles secondaires à Albert.

Arch. du Minist. de l'Inst. publiq.—*Ecoles secondaires*. Cart. n° IV.

71. Recueil de Chartes originales ou copies de Chartes, AMBLETEUSE tirées des collections des Bibliothèques de Paris et des Archives impériales.

I°. Charte de commune accordée par Raymond, comte de Boulogne, et Ide, sa femme.—(1269.)

B. I. *Coll. Duchesne*, t. 78, p. 288.—Trad. franç.; p. 290.

II°. Lettres par lesquelles Henri II confirme les libertés et priviléges d'Ambleteuse.—(Mars 1550.)

A. I. *Sect. hist.*, *Trés. des Ch.*, Reg. 261, n° 91.—*Sect. jud.*, *Parl. de Paris*, Ord. 2, H. f°. 280.

III°. Confirmation par Henri III des priviléges de la ville d'Ambleteuse.—(1575.)

A. I. *Sect. jud.*, *Parl. de Paris*, Ord. 2, H. f°. 383.

IV°. Lettres patentes de Henri IV portant confirmation en faveur de la ville d'Ambleteuse du droit de pâturage. —(1606.)

A. I. *Sect. jud.*, *Parl. de Paris*, Ord. 2, X. f°. 378.

AMBLETEUSE.   V°. Lettres patentes de Louis XIV données en février 1644, et portant confirmation des priviléges accordés à Ambleteuse.—(1644.)

A. I. Sect. jud., Parl. de Paris, Ord. 3, II. f°. 142.

VI°. Arrêt du conseil ordonnant qu'il sera procédé à l'arpentage du territoire d'Ambleteuse.—(14 février 1719.)

A. I. Sect. administ., E. 2655.

AMIENS.   **72.** Recueil de Chartes originales ou copies de chartes, etc., tirées des collections des Bibliothèques de Paris et des Archives impériales.

I. Charte royale, intitulée *de Libertate claustri*, et relative à l'église d'Amiens.[1] — (1057.)

Bibl. de l'Arsenal—MS. n.° 332.

II. Charte par laquelle Thibaut, évêque d'Amiens, termine un différend entre les chanoines de son église et les bourgeois de la ville d'Amiens au sujet de la réédification de la porte du cloître.[2] — (1177.)

B. I. Cab. des Ch., CC. 65.

III. Confirmation des lettres de Philippe-Auguste, de l'année 1185, par lesquelles il donne aux lépreux d'Amiens la dîme du pain et du vin consommés dans son hôtel. — (1354.)

A. I. Trés. des Ch., Reg. 83, n°. 13.

IV. Lettres par lesquelles Philippe-Auguste accorde une commune à la ville d'Amiens.[3] — (1190.)

B. I. Cartul. de Philippe-Aug. 8408, f°. 79, r°.
2.2
B.
Coll. Bouhier, n°. 26. — Coll. De Camps, t. XXIX.

[1] Aug. Thierry, *Rec. des Monuments de l'histoire du Tiers-Etat*, t. I, p. 16.

[2] Daire, *Hist. d'Amiens, pièces justif.*, t. II, p. 372.— Aug. Thierry, op. cit., t. I, p. 98.

Ord. des Rois de France, t. XI, p. 264 et suiv.— Aug. Thierry, op. cit., t. I, p. 109.

V. Lettres de Richard, évêque d'Amiens, par lesquelles il se soumet au jugement d'arbitres nommés par le roi, sur le différend qui existait entre lui et les Amiénois.[1] — (Mars 1209.) (Le sceau manque.)

A. I. *Trés. des Ch.*, J. 231, n°. 1. — Bibl. de l'Arsenal, MS. n°. 332, f°. 135.

VI. Charte de Renaud, comte d'Amiens, par laquelle il concède à la commune d'Amiens la place vide[2] qu'il avait devant l'église de Saint-Firmin, moyennant deux sous et deux chapons de cens.[3] — (Février 1209.)

B. I. *Cab. des Ch.*, CC. 105.

VII. Jugement prononcé par les évêques de Paris et de Senlis, au sujet d'un différend entre l'évêque d'Amiens, d'une part, les maire et échevins, de l'autre, portant que pour cette fois seulement, l'évêque se contentera d'une amende, tant pour le maire que pour les échevins qui auront été excommuniés.[4] — (Juin 1215.)

B. I. *Cab. des Ch.*, CC. 3.

VIII. Charte par laquelle Alerme, seigneur de l'Étoile, permet aux maire et échevins d'Amiens, d'élargir le pont de l'Étoile, pour faciliter le passage des bateaux. — (Janvier 1217.)

B. I. *Cab. des Ch.*, CC. 113.

IX. Transaction entre le couvent de Saint-Acheul et la commune d'Amiens, au sujet du pré de Saint-Quentin de Longueau.[6] — (Nov. 1218.)

B. I. *Cab. des Ch.*, CC. 117.

---

[1] Daire, *Hist. d'Amiens*, t. II, p. 374. — Aug. Thierry, op. cit., t. I, p. 189.

[2] La place dont il est question dans cette charte est celle sur laquelle sont bâtis l'hôtel-de-ville et la halle marchande.

[3] Daire, *Hist. d'Amiens*, pièces justif., t. II, p. 273.

[4] Daire, *Hist. d'Amiens*, pièces justif., t. II, p. 375. — Aug. Thierry, op. cit., t. I, p. 192.

[5] Aug. Thierry, op. cit., t. I, p. 194.

[6] Ce titre se trouve aux Archives du département de la Somme, dans un

AMIENS.

X. Lettres de Hugues de Fontaines (*de Fontibus*), chevalier, par lesquelles il mande au roi Louis VIII, que l'usage de la prévôté d'Amiens est tel, qu'à défaut de paiement après la quinzaine, les prévôts du roi saisissent les biens des débiteurs.[1] — (Fév. 1224.) — Orig. sur parch., sc. pend. en cire jaune. Légende effacée.

A. I. *Trés. des Ch.*, J. 231, n°. 2.

XI. Lettres d'Aleaume d'Amiens au roi Louis VIII, sur le même sujet.[2] — Orig. sur parch., sc. pend. en cire jaune. Légende effacée.

A. I. *Trés. des Ch.*, J. 231, n°. 3.

XII. Charte de Geoffroi, évêque d'Amiens, qui constate un accord entre lui et les habitants d'Amiens, au sujet des droits que lesdits habitants devaient lui payer, pour le *répit de saint Firmin*.[3] — (Nov. 1226.)

B. I. *Cab. des Ch.*, CC. 156.

XIII. Acte par lequel le maire et les échevins d'Amiens font serment de soutenir, contre tous, le roi saint Louis et sa mère.[4] — (Oct. 1228.)

A. I. *Trés. des Ch.*, Cart. 627, p^{re}, n°. 813.

XIV. Charte par laquelle Robert, seigneur de Boves, reconnaît que c'est par une grâce spéciale que la ville d'Amiens lui a permis de faire un fossé de neuf pieds de large dans les pâturages situés entre Longueau et Wareignes.[5] — (1243.)

B. I. *Cab. des Ch.*, CC. 173.

---

recueil de pièces originales concernant l'abbaye de Saint-Acheul, Arm. 1re, n°. 1.

[1] Aug. Thierry, op. cit., t. I, p. 198.

[2] Ibid., ibid.

[3] Aug. Thierry, op. cit., t. I, p. 200. — Daire, *Hist. d'Amiens*, *pièces justif.*, t. II, p. 377.

[4] Aug. Thierry, op. cit., t. I, p. 803.

[5] Aug. Thierry, op. cit., t. I, p. 213.

XV. Lettres de Henri III, roi d'Angleterre, par lesquelles il accorde aux habitants et marchands d'Amiens le privilége de ne pouvoir être arrêtés dans l'étendue de sa domination, etc.[1] — (25 mars 1256.)

B. I. *Cab. des Ch.*, CC. n°. 192.

XVI. Don de XII livres de rente, fait par Dreux d'Amiens, sire de Vinacourt, à Simon de Croy, habitant d'Amiens. — (Oct. 1271.) — Orig. sur parch., le sc. manque.

A. I. *Trés. des Ch.*, J. 229, n°. 57.

XVII. Vente d'un manoir à Amiens, dit Endureaume, faite par Dreux d'Amiens, au roi Philippe III.[2] — (Déc. 1274.) — Orig. sur parch., sc. pend. en cire brune avec lacs de soie rouge et cette légende : *Sigillum Drogonis de Ambianis, domini de Vinacurtis.*

A. I. *Trés. des Ch.*, J. 229, n°. 19.

XVIII. Lettres par lesquelles Guillaume Tyrel, seigneur de Poix, exempte les bourgeois d'Amiens du droit de travers dans ses terres.[3] — (Déc. 1277.)

B. I. *Cab. des Ch.*, CC. 224.

XIX. Procuration donnée par le chapitre d'Amiens, *decanatu vacante*, à deux de ses chanoines pour demander la permission d'élire un évêque en remplacement de Bernard d'Abbeville qui était mort le dimanche de *Letare Jerusalem.* — (1278.)

A. I. *Sect. hist.*, J. 344, n°. 55.

XX. Lettres de Philippe-le-Bel par lesquelles la prévôté d'Amiens est affermée à l'échevinage.[4] — (Mai 1292.)

Bibl. de l'Arsenal. — MS. n°. 332, p. 185.

---

[1] Daire, *Hist. d'Amiens*, t. I, pièces justif., p. 531. — *Histoire littéraire de la ville d'Amiens*, par le même auteur, p. 487. — Aug. Thierry, op. cit., t. I, p. 219.

[2] Aug. Thierry, op. cit., t. I, p. 281, note.

[3] Aug. Thierry, op. cit., t. I, p. 238.

[4] Aug. Thierry, op. cit., t. I, p. 291.

AMIENS.

XXI. Lettres par lesquelles Philippe IV mande aux maire et échevins d'Amiens, de payer aux religieux de Saint-Lucien de Beauvais, 160 liv. par an, sur la ferme de la prévôté.[1] — (1297.)

B. I. *Cab. des Ch.*, CC. 244.

XXII. Charte concernant Saint-Acheul. — (1299.)

A. I. *Sect. hist.*, J. 1031, n° 15.

XXIII. Arrêt rendu par le bailli d'Amiens, d'une part, et l'évêque de l'autre, au sujet d'un pré situé près le manoir de feu Gauthier de Folloy, dont les deux parties revendiquaient la possession. — (1299.)

A. I. *Sect. jud.*, *Olim.* T. I°. 33, r°.

XXIV. Traité relatif à Amiens.

A. I. *Sect hist.*, J. Reg. 35, n° 34.

XXV. Lettres des évêque, doyen et chapitre d'Amiens, adressées au roi Philippe-le-Bel, par lesquelles ils le prient de les exempter de la dîme, comme les autres églises de France. — (1303.) — Orig. sur parch., le sc. manque.

A. I. *Trés. des Ch.*, J. 231, n° 10.

XXVI. Adhésion donnée par la commune d'Amiens à la convocation d'un concile général.[2] — (4 août 1303.) — Orig. sur parch.

A. I. *Trés. des Ch.*, Carton 483, p^{ce}. n° 224.

XXVII. Pièce relative au bailliage d'Amiens. — (1304).

A. I. *Sect. hist.*, J. Reg. 37, n° 38.

XXVIII. Lettres par lesquelles Philippe-le-Bel rétablit la mairie et l'échevinage d'Amiens, qui avaient été supprimés pour cause de désobéissance.[3] — (Décembre 1307.)

A. I. *Sect hist.*, J. Reg. 44, n° 41. — B. I. *Coll. De Camps*, t. 41. *Cab. des Ch.* Cart. CC. 250.

---

[1] Aug. Thierry, op. cit., t. 1, p. 304.

[2] Aug. Thierry, op. cit., t. 1, p. 316.

[3] Daire, *Hist. d'Amiens*, t. 1, *pièces justif.*, p. 336. — *Ord. des Rois de France*, t. XII, p. 367. — Aug. Thierry, op. cit., t. 1, p. 336.

XXIX. Traité relatif à Amiens. — (1308.)

A. I. *Sect. hist.*, J. Reg. 42, n°. 59.

XXX. Acte scellé par lequel la commune d'Amiens nomme Jean, dit le Fruitier, et Jacques de Mes, échevins, pour la représenter aux états de Tours.[1] —(Avril 1308.)— Orig. sur parch.

A. I. *Trés. des Ch.*, Cart. 415, p^{ce}. n°. 105.

XXXI. Lettres par lesquelles Philippe IV déclare ne préjudicier en rien aux droits des maire et échevins d'Amiens, en faisant abattre certains fourneaux, dans lesquels on fabriquait la monnaie du roi.[2] — (1308.)

B. I. *Cab. des Ch.*, CC. 250.

XXXII. Confirmation d'une donation faite par Jean de Fallevi, chevalier, aux religieux de Saint-Augustin d'Amiens. — (Paris, mars 1308.)

A. I. *Sect. hist.*, J. Reg. 40, n°. 158.

XXXIII. Renaud, vidame d'Amiens, sire de Picquigny, dans un acte de 1309.

A. I. *Sect. hist.*, J. Reg. 45, n°. 34.

XXXIV. Amortissement pour le couvent des Augustins d'Amiens. — (1311.)

A. I. *Sect hist.*, J. Reg. 47, n°. 134.

XXXV. Arrêt touchant le droit de haute et basse justice, accordé par le roi de France aux jurés d'Amiens.[3]—(1314.)

A. I. *Sect. jud.*, Reg. du Parl. de Paris, *Olim*, t. IV, f°. 281, r°. — B. I. *Fonds St.-Germ. Harlay.* 3e. reg. du Parl., vol. II, p. 390.

XXXVI. Pièce pour les nobles des bailliages d'Amiens et de Vermandois, qui s'étaient révoltés pour leurs priviléges. — (1315.)

B. I. *Coll. Dupuy*, vol. 230.

---

[1] Aug. Thierry, op. cit., t. I, p. 336.

[2] Aug. Thierry, op. cit., t. I, p. 343.

[3] Aug. Thierry, op. cit., t. I, p. 356.

AMIENS.

XXXVII. Lettres du roi Louis X, par lesquelles il permet aux maire et échevins d'Amiens d'aliéner jusqu'à la somme de 300 liv. de rente, pour acquitter les dettes dont la ville était accablée.[1] — (Fév. 1315.)

B. I. *Cab. des Ch.*, CC. 252.

XXXVIII. Pièce relative au bailliage d'Amiens.—(1315.)

A. I. *Sect. hist.*, J. Reg. 52, n° 77.

XXXIX. Lettres de Louis X en faveur des nobles du bailliage d'Amiens. — (Paris, 15 mars 1315.)

A. I. *Sect. hist.*, J. Reg. 52, n° 81.

XL. Pièce relative à Jean du Mort d'Amiens. — (1315.)

A. I. *Sect. hist.*, J. Reg. 52, n° 69.

XLI. Plaintes des nobles du bailliage d'Amiens. — (1315.)

A. I. *Sect. hist.*, J. Reg. 41, n° 212.

XLII. Cimetières d'Amiens dans une pièce de l'année 1316.

A. I. *Sect. hist.*, J. Reg. 53, n° 42.

XLIII. Amortissement d'une masure pour l'accroissement du cimetière de la ville d'Amiens. — (Paris, février 1316.)

A. I. *Sect. hist.*, J. Reg. 53, n° 103.

XLIV. Amortissement de plusieurs places situées à Amiens, pour des fondations de chapelles. — (Paris, fév. 1316.)

A. I. *Sect. hist.*, J. Reg. 53, n° 119.

XLV. Pièce relative au bailliage d'Amiens. — (1316.)

A, I. *Sect. hist.*, J. Reg. 45, n°. 11.

XLVI. Confirmation de certains priviléges pour la ville d'Amiens.[2] — (Paris, juillet 1317.)

A. I. *Sect. hist.*, J. Reg. 55, n°. 282.—B. I. *Cab. des Ch.*, CC. 253.—Bibl. de l'Arsenal, MS. n°. 332, f°. 209.

[1] Aug. Thierry, op. cit., t. I, p. 559.
[2] Aug. Thierry, op. cit., t. I, p. 373.

XLVII. Mandement au bailli d'Amiens, d'informer dans l'instance entre les doyen et chapitre et les maire et échevins d'Amiens, au sujet d'un prisonnier. — (12 août 1317.)

A. I. Sect. jud., Parl. de Paris, Criminel. Reg. 1er., f°. 120, r°.

XLVIII. Rente sur la ville d'Amiens. — (1317.)

A. I. Sect. hist., J. Reg. 53, n°. 200.

XLIX. Monnaie d'Amiens. — (1317.)

A. I. Sect. hist., J. Reg. 45, n°. 47.

L. État de la ville d'Amiens. —(1318.)

A. I. Sect. hist., J. Reg. 45, n°. 91.

LI. Arrêt portant nomination de nouveaux commissaires, pour la cause pendante entre les doyen et chapitre d'Amiens, d'une part, et la commune de l'autre. — (5 décembre 1319.)

A. I. Sect. jud., Parl. de Paris, Accords. Reg. 1er., f°. 14, v°.

LII. Arrêt entre les doyen et chapitre de l'église d'Amiens et les maire et échevins de la ville, portant que sur les causes mues entr'eux, la journée d'audience est continuée en état. — (1320.)

A. I. Parl. de Paris, Accords. Reg. 1er., f°. 59, v°.

LIII. Donation par Philippe-le-Long, aux Augustins d'Amiens, d'une place située dans cette ville. — (Amiens, juillet 1320.) — Confirmée en 1354.

A. I. Sect. hist., J. Reg. 83, n°. 4.

LIV. Arrêt par lequel la cour renouvelle l'accord fait entre les doyen et chapitre d'Amiens et les maire et échevins de ladite ville, au sujet de la juridiction du lieu appelé *la Queue de la Vache*. — (2 décembre 1320.)

A. I. Sect. jud., Parl. de Paris, Accords. Reg. 1er., f°. 58, v°.

LV. Commission donnée par le Parlement de Paris pour juger l'instance élevée entre le chapitre d'Amiens et les maire et échevins d'Amiens. — (8 mai 1321.)

A. I. Sect. jud., Parl. de Paris, Conseil. Reg. 3, f°. 114, v°.

AMIENS.

LVI. Arrêt relatif au même sujet. — (4 décembre 1321.)

A. I. Sect. jud., Parl. de Paris, Reg. 1er., f°. 105, v°.

LVII. Deux arrêts concernant un nommé Robert de Malmaison, qui se disait exempt de la juridiction des maire et échevins d'Amiens, par le motif qu'il demeurait hors de la banlieue. — (5 mars 1321.)

A. I. Sect. jud., Parl. de Paris, {Jugés. Reg. 1er., f°. 292, v°.— Accords. Reg. 1er., f°. 9 3, r°.

LVIII. Nomination de nouveaux commissaires, pour l'affaire du lieu nommé la Queue de la Vache. — (16 déc. 1322.) — Voyez ci-dessus le n.° LIV.

A. I. Sect. jud., Parl. de Paris, Accords. Reg. 1er., f°. 149, v°.

LIX. Arrêt relatif au débat entre les maire et échevins d'Amiens et le chapitre. — (15 décembre 1323.) — Voyez ci-dessus les n.os LV et LVI.

A. I. Sect. jud., Parl. de Paris, Accords. Reg. 1er., f°. 196, r°.

LX. Articles entre la comtesse d'Artois et ses péagers de Bapaume, contre les marchands et habitants d'Amiens. — (1323.)

A. I. Sect. jud., Parl. de Paris, Accords. Reg. 1er., f°. 185, v°.

LXI. Articles entre les marchands de la ville d'Amiens, le procureur du roi et les péagers de Péronne. — (1324.)

A. I. Sect. jud., Parl. de Paris, Accords. Reg. 1er., f°. 246, r°.

LXII. Accord entre le chapitre d'Amiens et les habitants.[1] — (Juillet 1324 et mai 1327.)

A. I. Sect.. hist., J. Reg. 64, n°. 555.

LXIII. Arrêt portant nomination de nouveaux commissaires pour juger le procès élevé entre les marchands amiénois, les péagers de Péronne, etc. — (7 janv. 1325.) — Voyez ci-dessus le n.° LXI.

A. I. Sect. jud., Parl. de Paris, Accords. Reg. 1er., f°. 261, v°.

LXIV. Arrêts relatifs au débat mu entre la commune et

---

[1] Aug. Thierry, op. cit., t. I, p. 399.

le chapitre d'Amiens.—(9 décembre 1326 et 12 décembre 1326.)—Voyez les n.ºs LV, LVI, LIX.

A. I. *Sect. jud., Parl. de Paris*, Accords. Reg. 1er., f°. 297, r^o. — Reg. 1er, f°. 298, v^o.

LXV. Confirmation par Charles-le-Bel d'un accord entre la ville d'Amiens et le chapitre. — (Mai 1327.)

A. I. *Sect. hist.*, J. Reg. 64, n°. 552.

LXVI. Arrêt relatif à l'affaire des marchands amiénois et des péagers de Bapaume. — (17 novembre 1327.)—Voyez ci-dessus le n.º LX.

A. I. *Sect. jud., Parl. de Paris*, Accords. Reg. 1er., f°. 328, r^o.

LXVII. Arrêt relatif à l'affaire des marchands amiénois et des péagers de Péronne.—(17 novembre 1327.)—Voyez ci-dessus les n.ºs LXI et LXIII.

A. I. *Sect. jud., Parl. de Paris*, Accords. Reg. 1er., f°. 328, v^o.

LXVIII. Transaction entre les gens de l'hôtel du roi et les habitants d'Amiens. — (Octobre 1332.)

A. I. *Sect. hist.*, Reg. 76, n°. 332.

LXIX. Mandement de Philippe de Valois au bailli d'Amiens, de forcer l'évêque d'Amiens par la saisie de son temporel, à renoncer au droit qu'il prétendait de citer devant lui et de condamner à l'amende les habitants d'Amiens nouvellement mariés.[1] — (10 juillet 1336.)

A. I. *Sect. hist.*, K. 2e. série, 137 liasse, 2e. p^{ce}.—*Sect. jud., Parl. de Paris*, Ordin. antiq., vol. A, f^o, 196. — B. I. *Cab. des Ch.*, CC. 260. — F^{ds}. Lancelot, n°. 9822, p. 14.

LXX. Lettres de Philippe VI, par lesquelles il confirme les maire et échevins d'Amiens dans le bail perpétuel de la prévôté de ladite ville.[2] — (3 mai 1337.)

A. I. *Sect. hist.*, Trés. des Ch., J. Reg. 70, p. 252, f°. 113. — Bibl. Ste.-Geneviève, L. 53. in-f^o.

---

[1] Daire, *Hist. d'Amiens*, t. II, p. 395. — *Ordon. des rois de Fr.*, t. II, p. 117.

[2] Aug. Thierry, op. cit., t. I, p. 465.

AMIENS.

LXXI. Arrêt portant que la Cour met au néant l'appel formé par un nommé Doyen, d'une sentence rendue par le bailli d'Amiens au profit des maire et échevins de ladite ville. — (27 février 1338.)

A. I. Sect. jud., Parl. de Paris, Jugés. Reg. 8, f° 33, v°.

LXXII. Arrêt relatif au même sujet. — (3 juillet 1339.)

A. I. Sect. jud., Parl. de Paris, Reg. 8, f° 63, r°.

LXXIII. Arrêt portant renouvellement de la commission donnée dans l'instance entre les maire et échevins d'Amiens et J. de Conty. — (15 janvier 1338.)

A. I. Sect jud., Parl. de Paris, Jugés. Reg. 8, f° 24, v°.

LXXIV. Arrêt du Parlement de Paris, portant que les comte et comtesse d'Artois sont maintenus dans le droit de lever un péage à Bapaume sur des marchands d'Amiens qui s'en disaient exempts.[1] — (14 avril 1338.) — Voyez ci-dessus les n.ºs LX, LXVI.

A. I. Sect. jud., Parl. de Paris, Jugés. Reg. 7, f° 47, r°.

LXXV. Arrêt portant qu'il sera fait plus ample information dans l'instance entre Colard et de Luli, contre le procureur du roi et les maire et échevins d'Amiens, au sujet de la juridiction en cas de dessaisine des pâturages de Longpré. — (29 mai 1339.)

A. I. Sect. jud., Parl. de Paris, Jugés. Reg. 8, f° 54, v°.

LXXVI. Lettres du Roi portant homologation de l'accord fait entre le procureur du roi au bailliage d'Amiens et le chapitre de l'église N.-D. d'Amiens. — (27 nov. 1340.)

A. I. Sect. jud., Parl. de Paris, Accords. Cart. 2.

LXXVII. Arrêt portant taxation de dépens au profit des maire et échevins d'Amiens, contre Jean Heremite. — (19 mars 1340.)

A. I. Sect. jud., Parl. de Paris, Jugés. Reg. 8, f° 139, v°.

LXXVIII Arrêt du Parlement de Paris contre le procureur du roi et pour les maire et échevins d'Amiens, portant que ces derniers sont maintenus dans le droit qu'ils avaient

---

[1] Aug. Thierry. op. cit., p. 171.

de juger de la punition des cas de simple homicide et dans les circonstances désignées dans l'arrêt.[1] — (17 fév. 1340.)

A. I. Sect. jud., Parl. de Paris, Jugés. Reg. 7, f°. 146, v°.

LXXIX. Arrêt du Parlement de Paris portant que le péager de Bapaume est condamné à rendre à des marchands de la ville d'Amiens, les sommes perçues par lui sur eux à l'occasion du péage et contrairement à leurs priviléges. — (9 février 1341.) — Voyez ci-dessus les n.os LX, LXVI, LXXIV.

A. I. Sect. jud., Parl. de Paris, Jugés. Reg. 3, f°. 274, v°.

LXXX. Arrêt qui ordonne la mise en liberté provisoire d'un prisonnier incarcéré par ordre de l'official d'Amiens.[2] — (24 juillet 1341.)

A. I. Sect. jud., Parl. de Paris, Jugés. Reg. 8, f°. 253, v°.

LXXXI. Arrêt concernant un lieu appelé le Clos, que Jean de Couci tenait en fief de l'évêque d'Amiens, et sur lequel les maire et échevins d'Amiens avaient fait plusieurs exploits. — (22 décembre 1341.)

A. I. Sect. jud., Parl. de Paris, Jugés. Reg. 8, f°. 261, v°

LXXXII. Arrêt portant que les maire et échevins d'Amiens sont condamnés à payer une amende à J. Sennequin, pour un ajournement donné par eux contre ledit Sennequin, en parlement, lequel ajournement la Cour avait refusé d'admettre. — (28 janvier 1342.)

A. I. Sect. jud., Parl. de Paris, Jugés. Reg. 8, f°. 363, r°.

LXXXIII. Arrêt qui ordonne au bailli d'Amiens de contraindre les maire et échevins de la ville et Henri de Bailleul, à payer l'amende à laquelle ils avaient été condamnés au profit de Sennequin. — (19 avril 1342.)

A. I. Sect. jud., Parl. de Paris, Jugés. Reg. 8, f°. 378, v°.

LXXXIV. Arrêt portant que la Cour met au néant l'appel fait par les maire et échevins de la ville d'Amiens, d'une sentence rendue contre eux au profit d'un nommé Boistel. — (14 décembre 1342.)

A. I. Sect. jud., Parl. de Paris, Jugés. Reg. 8, f°. 377, r°.

---

[1] Aug. Thierry, op. cit., p. 478.
[2] Aug. Thierry, op. cit., p. 488.

AMIENS.

LXXXV. Arrêt du Parlement qui condamne un nommé Clari à payer aux maire et échevins d'Amiens les dépens d'un procès. — (4 mai 1345.)

A. I. Sect. jud., Parl. de Paris, Jugés. Reg. 10, f°. 117, r°.

LXXXVI. Lettres de sauvegarde. — (18 février 1345.)

A. I. Sect. hist., J. Reg. 75, n.° 453.

LXXXVII. Arrêt qui condamne les maire et échevins d'Amiens et de Linière à une amende. — (11 mars 1345.)

A. I. Sect. jud., Parl. de Paris, Jugés. Reg. 10, f°. 118, r°.

LXXXVIII. Vidimus des échevins d'Amiens de deux lettres patentes de Philippe de Valois, touchant la procédure, etc. — (1345.)

B. I. Cab. des Ch., Carton P, 425. — A. I. Sect. jud., Parl. de Paris, Accords. Carton 3.

LXXXIX. Arrêt du Parlement au sujet d'un appel fait par les maire et échevins d'Amiens, d'une sentence rendue contre eux par le bailli d'Amiens. — (1346.)

A. I. Sect. jud., Parl. de Paris, Jugés. Reg. 10, f°. 133, r°.

XC. Vidimus du roi Philippe VI, par lequel il confirme les lettres de Jean, son fils aîné, lieutenant du Royaume, au sujet des mesures prises pour l'agrandissement de la ville d'Amiens[1]. — (18 juin 1347.)

B. I. Cab. des Ch., CC. 263.

XCI. Droit de pourvoir aux offices du bailliage d'Amiens. — (1350.)

A. I. Sect. hist., F. Reg. 80, n°. 142.

XCII. Pièce dans laquelle on nomme une rue d'Amiens, et où l'on fait mention d'une épidémie arrivée dans cette ville. — (1350.)

A. I. Sect. hist., J. Reg. 80, n°. 142.

XCIII. Confirmation d'un accord entre le maire et les échevins d'Amiens d'une part, et le procureur du roi de l'autre. — (Juin 1351.)

A. I. Sect. hist., J. Reg. 80, n°. 519.

[1] Daire, Hist. d'Amiens, t. 1, p. 8.

AMIENS.

XCIV. Le prieuré de St.-Denis à Amiens. — (1352.)

A. I. *Sect. hist.*, J. Reg. 81, n°. 573.

XCV. Amortissement de 100 liv. de rente pour le couvent de Notre-Dame-des-Prés, près Amiens, fondé par Guérard de Picquigny, chevalier. — (Mars 1353).

A. I. *Sect. hist.*, J. Reg. 82, n°. 134.

XCVI. Lettres du Régent qui assigne à la commune d'Amiens 200 liv. de revenu annuel pour l'indemniser de ses pertes occasionnées par la guerre.[1] — (14 mars 1358.)

A. I. *Sect. hist.*, J. Reg. 86, n°. 610.

XCVII. Rémission accordée aux habitants d'Amiens qui auraient pris part à la révolte contre les nobles.[2] — (Septembre 1358.)

A. I. *Sect. hist.*, J. Reg. 86, n°. 239.

XCVIII. Deux arrêts du Parlement relatifs à la garde des mineurs orphelins et de leurs biens, confiés aux échevins d'Amiens. — (20 mai et 28 juin 1365.)

A. I. *Sect. jud.*, *Parl. de Paris*, Conseil. Reg. 1.er, f°. 56, v°. et 93, v°.—Jugés. Reg. 19, f°. 53, r°. et 155, r°.

XCIX. Vidimus du prévôt de Paris, des lettres de Charles V, adressées au gouverneur du bailliage d'Amiens, par lesquelles il lui déclare qu'en conséquence du traité qu'il avait fait avec le comte de Flandre, il lui cédait les villes et châtellenies de Lille, Douai et Orchies, mais qu'il conservait son droit de souveraineté, et qu'en conséquence, les sujets desdits lieux devaient ressortir du bailliage d'Amiens. — (7 juillet 1369.)

A. I. *Sect. hist.*, K, 49, n.° 39.

C. Confirmation de lettres de sauvegarde.[1] — (Février 1383.)

A. I. *Sect. hist.*, J. Reg. 124, n°. 79.

---

[1] Aug. Thierry, op. cit., t. I, p. 596.

[2] Aug. Thierry, op. cit., p. 583.—SECOUSSE. *Recueil de pièces servant de preuves aux mémoires sur les troubles excités en France par Charles-le-Mauvais*, p. 97.

AMIENS.

CI. Procuration du prieur et couvent des frères prêcheurs d'Amiens, pour traiter en leur nom des legs qui leur seront faits. — (19 octobre 1386.) — Orig. sur parch. 2. sc. pend. en cire brune, le premier rond a sa légende effacée, le second oval porte pour légende : *Conventus predicatorum*,

A. I. *Trés. des Ch.*, Cart. J, 229, n°. 39.

CII. Pièce relative à Amiens. — (1386.)

A. I. *Sect. hist.*, K, 53, n°. 51.

CIII. Ordonnance des gens des Comptes touchant la levée de l'imposition foraine ès bailliage d'Amiens et de Ponthieu. — (1395.)

A. I. *Ch. des Comptes*, Mémor. EC. 1395-1412, f°. 1.

CIV. Arrêt portant que St.-Fuxian, bourgeois d'Amiens, est condamné à une amende de 60 s. parisis pour une renonciation par lui faite à l'appel qu'il avait formé d'une sentence rendue par le bailli d'Amiens en faveur des maire et échevins de cette ville. — (23 mars 1400.)

A. I. *Sect. jud.*, *Parl. de Paris*, Amendes. Reg. 1er, f°. 26, v°.

CV. Arrêt du même genre. — (12 mars 1400.)

A. I. *Sect. jud.*, *Parl. de Paris*, Amendes. Reg. 1er, f°. 25, v°.

CVI. Arrêt rendu au sujet de la ferme de l'imposition foraine d'Amiens.

A. I. *Cour des Aides*. Chap. 2, n°. 25, f°. 315, r°.

CVII. Arrêt du Parlement qui fait droit à la plainte des maire et échevins d'Amiens, sur les excès de pouvoir commis par les commissaires dudit parlement, envoyés pour la réformation de l'administration municipale de la ville.

A. I. *Sect. jud.*, *Parl. de Paris*, Accords. Cart. 54.

CVIII. Arrêt du Parlement qui renvoie par devant les maire et échevins d'Amiens, comme prévôts royaux, la connaissance et le jugement de certaines causes qui leur étaient contestées. — (Juillet 1402.)

Sect. jud., A. I. *Parl. de Paris*, Accords. Cart. 52.

CIX. Arrêt par lequel les maire et échevins d'Amiens

sont condamnés à 60 s. d'amende, pour l'appel par eux fait et rejeté par la Cour, d'une sentence rendue contre eux par le bailli d'Amiens, au profit du sieur de Linières. — (Août 1404.)

A. I. Sect. jud., Parl. de Paris, Amendes. Reg. 1er, f°. 68, r°.

CX. Homologation du Parlement de Paris de l'accord passé entre Me Lucien du Croquet et les maire et échevins d'Amiens, au sujet des arrérages dûs par ledit du Croquet, à cause du bail à lui fait de l'octroi sur les vins vendus.— (10 décembre 1404.)

A. I. Sect. jud., Parl. de Paris, Accords. Cart. 58.

CXI. Arrêt par lequel le prévôt des marchands de la ville d'Amiens est condamné à 60 s. parisis, pour l'appel par lui fait et rejeté par la Cour, d'une sentence rendue contre lui par le bailli d'Amiens, etc. — (8 février 1406).

A. I. Sect. jud., Parl. de Paris, Amendes. Reg. 1er, f°. 116, v°.

CXII. Amortissement pour le chapitre de Notre-Dame d'Amiens.— (1406.)

A. I. Sect. hist., J. Reg. 161, n.° 293.

CXIII. Confirmation des statuts des drapiers de la ville d'Amiens. — (1407.)

A. I. Sect. hist., J. Reg. 163, n°. 426.

CXIV. Arrêt par lequel l'évêque d'Amiens est condamné à l'amende de 60 s. parisis, pour la renonciation faite par lui d'un appel qu'il avait formé d'une sentence rendue par le bailli d'Amiens, contre lui, au profit des maire et échevins d'Amiens. — (19 juin 1408).

A. I. Sect. jud., Parl. de Paris, Amendes. Reg. 1er. f°. 136, r°.

CXV. Arrêt du Parlement qui renvoie à un tiers les causes dont le jugement était en litige entre le bailli d'Amiens et les échevins. — (18 décembre 1408.)

A. I. Sect. jud., Parl. de Paris, Accords. Cart 66.

CXVI. Amortissement pour une chapelle de l'église de St.-Firmin d'Amiens. — (1410.)

A. I. Sect. hist., J. Reg. 165, n°. 16.

CXVII. Arrêt qui condamne le sieur de Goui à 60 s. d'a-

AMIENS. mende, pour l'appel par lui fait et rejeté par la Cour, d'une sentence donnée par le bailli d'Amiens contre lui et en faveur des maire et échevins de ladite ville. — (9 mai 1410).

A. I. Sect. jud., Parl. de Paris, Amendes. Reg. 1er. f°. 163, r°.

CXVIII. Amortissement pour le maître et les frères de l'hôpital de St.-Jean d'Amiens. — (1414.)

A. I. Sect. hist., J. Reg. 168, n°. 176.

CXIX. Amortissement pour les Célestins d'Amiens. — (1415).

A. I. Sect. hist., J. Reg. 169, n°. 38.

CXX. Lettres de Henri V, roi d'Angleterre, qui permet aux maire et échevins d'Amiens de conclure un accord avec le collecteur des tailles au sujet du procès qui existait entre eux.

A. I. Sect. jud., Parl. de Paris, Accords. Cart. 88.

CXXI. Confirmation d'un accord entre plusieurs officiers de l'hôtel du roi et les maires et échevins d'Amiens. — (Octobre 1432.)

A. I. Sect. hist., J. Reg. 66, p. 992.

CXXII. Amortissement pour l'église de St.-Firmin d'Amiens. — (Juillet 1448).

A. I. Sect. hist., J. Reg. 179, p. 146.

CXXIII. Amortissement d'un fief pour la fondation d'une chapelle dans l'église de St.-Germain d'Amiens, fait par Henri le Maistre, bourgeois d'Amiens. — (1450).

A. I. Sect. hist., J. Reg. 185, n°. 29.

CXXIV. Confirmation de lettres de garde pour les Célestins de la ville d'Amiens.—(Juillet 1459).

A. I. Sect. hist., J. Reg. 188, n°. 142.

CXXV. Confirmation de lettres de garde pour le monastère de St.-Antoine d'Amiens. — (1461.)

A. I. Sect. hist., J. Reg. 198, n°. 43.

CXXVI. Confirmation d'une donation faite par le roi à l'église d'Amiens. — (Septembre 1463.)

A. I. Sect. hist., J. Reg. 199, n°. 13.

CXXVII. Lettres de Louis XI qui accordent différents priviléges à la ville d'Amiens.[1] — (Mars 1470).

B. I. F^{ds}. Serilly, n°. 210. — Coll. Dupuy, vol. 223.

CXXVIII. Priviléges pour le chapître d'Amiens.[2]—(1470).

A. I. Sect. hist., J. Reg. 196, n°. 309.

CXXIX. Union de la ville d'Amiens à la couronne. — (Avril 1471).

A. I. Sect. hist., J. Reg. 201, p. 129.— B. I. Coll. Dupuy, v. 634.

CXXX. Amortissement pour le chapitre de l'église cathédrale d'Amiens. — (Avril 1471.)

A. I. Sect. hist., J. Reg. 201, n°. 69.

CXXXI. Lettres par lesquelles Louis XI, à la demande des maîtres bouchers d'Amiens, ordonne que nul ne puisse vendre chair en ladite ville, si ce n'est dans le lieu des Moiseaux. — (Avril 1471).

A. I. Sect. hist., J. Reg. 201, n°. 130.

CXXXII. Privilége pour le scolastique de l'église d'Amiens de prendre chaque année six setiers de sel dans le grenier de la ville. — (Avril 1471.)

A. I. Sect. hist., J. Reg. 201, n°. 76.

CXXXIII. Amortissement pour le scolastique de l'église d'Amiens.

A. I. Sect. hist., J. Reg. 201, n°. 134.

CXXXIV. Lettres de Louis XI qui accordent certains priviléges aux couleuvriniers d'Amiens.[3]—(2 mars 1473.)

A. I. Sect. jud., Parl. de Paris, Reg. des Ord. E, f°. 298.

CXXXV. Lettres par lesquelles Louis XI confirme les statuts et priviléges des couleuvriniers à main de la ville d'Amiens. — (1473).

A. I. Sect. hist., J. Reg. 204, n°. 6.

---

[1] Ord. des R. de Fr. t. xvii, p. 401.

[2] On y lit ce paragraphe : « que nul n'y soit reçu s'il n'est né d'un légitime mariage. »

[3] Voy. Ord. des R. de Fr. t. xvii, p. 612, et Daire, Hist. de la ville d'Amiens.

AMIENS.

CXXXVI. Enregistrement des lettres susdites. — (12 août 1474.)

A. I. *Sect. jud.*, *Parl. de Paris*, Matinées. Reg. 34, fº. 270, vº.

CXXXVII. Lettres par lesquelles Louis XI établit deux foires franches dans la ville d'Amiens. — (Février 1476.)

A. I. *Sect. hist.*, J. Reg. 201, p. 44.

CXXXVIII. Lettres par lesquelles Louis XI établit un marché nommé *Estappe*, pour vendre toute espèce de blés et de grains. — (Février 1476).

A. I. *Sect. hist.*, J. Reg. 201, p. 45.

CXXXIX. Lettres par lesquelles Louis XI établit un marché ou *Estappe* pour la vente des vins, à l'exclusion d'Arras, Abbeville et autres villes voisines.—(Fév. 1476).

A. I. *Sect. hist.*, J. Reg. 201, nº. 46.

CXL. Lettres de Louis XI au bailli d'Amiens, par lesquelles il lui défend d'aller servir au ban et à l'arrière ban, parce que c'était contre la teneur des priviléges qu'il avait accordés à cette ville. —(22 mai 1481.)

B. I. *Cab. des Ch.*, CC. 290.

CXLI. Lettres par lesquelles Charles VIII confirme les libertés et priviléges des habitants de la ville d'Amiens. — (Octobre 1483.)

A. I. *Sect. hist.*, J. Reg. 214, nº. 37.

CXLII. Arrêt du Parlement de Paris qui prescrit que les sexteliers de la ville d'Amiens doivent lever la mesure de blé après l'avoir remplie, et ordonne une information sur les réclamations faites par le vidame. — (28 juillet 1495.)

A. I. *Sect. jud.*, *Parl. de Paris*, Après-diners. Reg. 26, fº. 339, vº.

CXLIII. Confirmation des priviléges d'Amiens.[1]--(1498).

A. I. *Sect. hist.*, J. Reg. 231, nº. 41.

CXLIV. Lettres par lesquelles le Roi ordonne de faire forger à Amiens une monnaie semblable à celles de Paris, de Rouen et de Tournai, afin d'obvier à ce que les monnaies

---

[1] Daire, op. cit. t. I, p. 255.

étrangères n'aient plus cours en la ville.—(24 juillet 1498.)

A. I. Sect. jud., Cour des Monnaies. Reg. F. f°. 160, v°.

CXLV. Lettres du Roi pour faire publier dans la ville d'Amiens son ordonnance sur les monnaies étrangères. — (6 juillet 1504.)

A. I. Sect. jud., Cour des Monnaies. Reg. F., f°. 169.

CXLVI. Arrêt du Parlement qui ordonne une information, sur ce que Jehan du Courrel, élu pour le roi sur le fait des Aides à Amiens, avait fait emprisonner quelques bourgeois de cette ville qui avaient fait entrer du vin dans la ville, et sur ce que les maire et échevins d'Amiens avaient fait arrêter les serviteurs de du Courrel. — (7 septembre 1509).

A. I. Sect. jud., Parl. de Paris, Accord. Cart. 90.

CXLVII. Confirmation des priviléges de la ville d'Amiens, par François I.er — (Mars 1514.)

A. I. Sect. jud., Parl. de Paris, Reg. des Ord. K. f°. 522.—
B. I. Fds. de Béthune, n°. 9838, f°. 31 r°.

CXLVIII. Arrêt du Parlement qui enregistre les lettres obtenues par les maire et échevins d'Amiens, et qui supprime l'office de contrôleur des deniers de ladite ville. — (11 août 1517).

A. I. Sect. jud. Parl. de Paris, Matinées. Reg. 82, f°. 262, r°.

CXLIX. Confirmation des priviléges de la ville d'Amiens par François I.er — (21 juillet 1520).

A. I. Sect. jud., Parl. de Paris, Reg. des Ord. E, f°. 244, r°.

CL. Arrêt du Parlement qui enregistre les lettres susdites. — (Juillet 1520.)

A. I. Sect. jud., Parl. de Paris, Matinées. Reg. 88, f°. 410, v°.

CLI. Arrêt du Parlement qui enregistre les lettres du roi, du mois de mars 1514.

A. I. Sect. jud., Parl. de Paris, Conseil. Reg. 61, f°. 301, v°.

CLII. Lettres-patentes de François I.er, par lesquelles il exempte du droit de gabelle les arbalétriers, archers et couleuvriniers de la ville d'Amiens. — (17 août 1527.)

A. I. Sect. adm., Ch. des Comptes, Mémorial DD, f°. 305.

AMIENS.

CLIII. Décimes levés dans l'évêché d'Amiens.—(1529).

A. I. Sect. hist., J. 1037, n°. 15.

CLIV. Déclaration de François I.er, donnée au mois de juin 1544, par laquelle le roi confirme l'institution des six gardes du métier de saieteurs dans la ville d'Amiens.[1] — (Juin 1544.)

A. I. Sect. jud., Ord. Reg. O, f°. 81.

CLV. Arrêt du Parlement de Paris au sujet des visitations que les maire et échevins d'Amiens voulaient imposer aux *égards sayeteurs* de ladite ville, etc. —(1.er février 1546).

A. I. Sect. jud., Parl. de Paris, Matinées. Reg. 150, f°. 338, v°.

CLVI. Confirmation des statuts des archers d'Amiens, par Henri II. — (Février 1547.)

A. I. Sect. hist., J. Reg. 258, n°. 126. — Sect. adm., Ch. des Comptes, Mémorial OO, f°. 182.

CLVII. Confirmation des statuts et priviléges des *buffetiers, vinaigriers et moustardiers* de la ville d'Amiens, par Henri II. — (Octobre 1549).

A. I. Sect. hist., J. Reg. 259, n°. 346.

CLVIII. Arrêt du Parlement de Paris qui ordonne qu'il sera plaidé au premier jour sur l'opposition formée par le contrôleur des deniers de la ville à l'enregistrement des lettres du roi du 10 décembre 1549 en faveur des priviléges de la ville d'Amiens.

A. I. Sect. jud., Parl. de Paris, Matinées. Reg. 161, f°. 136, v°.

CLIX. Lettres-patentes du roi Henri II relatives au droit de bourgeoisie dans la ville d'Amiens.—(15 mai 1557).

A. I. Sect. jud., Parl. de Paris, Reg. des Ord. V, f°. 135.

---

[1] Dans cette déclaration il est dit que le roi Philippe, en 1332, avait repris la juridiction de la prévôté d'Amiens que les maire et échevins avaient le droit d'exercer, mais que, sur l'avis de son conseil, il avait rendu auxdits maire et échevins la justice, juridiction, droits de mairie et de commune, les courtages et offices qu'il avait pris; et qu'en l'an 1514 les dits maire et échevins avaient choisi et nommé six bons personnages pour gouverner le métier de saieterie.

CLX. Privilèges de la ville d'Amiens confirmés par lettres-patentes de François II. AMIENS.

A. I. *Parl. de Paris*, Reg. des Ord. Y, f°. 141.

CLXI. Confirmation par François II des priviléges des arbalétriers de la ville d'Amiens. — (Février 1559.).

A. I. *Sect. hist.*, K, 2.ᵉ sér. 187, liassé 2.ᵉ, p. 117.

CLXII. Confirmation par François II des priviléges des archers d'Amiens. — (Février 1259.)

A. I. *Sect. hist.*, K, 2ᵉ. sér. 187, liasse 2ᵉ., p. 118.

CLXIII. Enregistrement par le Parlement de Paris des lettres-patentes, de janvier 1559, qui confirment les priviléges, franchises et libertés de la ville d'Amiens. — (23 mars 1559).

A. I. *Sect. jud.*, *Parl. de Paris*, Conseil. Reg. 127, f°. 281, r°.

CLXIV. Etablissement d'un juge marchand et de trois consuls. [1] — (Mai 1567.)

A. I. *Sect. hist.*, J. Reg. 265, n°. 280.—*Sect. jud.*, *Parl. de Paris*, Reg. des Ord. 2, B. f°. 435.

CLXV. Lettres-patentes de Henri II, par lesquelles il confirme les priviléges des maire, échevins et habitants d'Amiens. — (29 mars 1575).

A. I. *Parl. de Paris*, Reg. des Ord. II. H. f°. 84, v°. — Reg. intit. Conseil; coté 180, f°. 129, v°.

CLXVI. Arrêt du Parlement qui enregistre les lettres susdites. — (6 juin 1575.)

A. I. *Sect. jud.*, Reg. du Parl. intit. Conseil, coté 181, f°. 302, v°.

CLXVII. Lettres-patentes du roi confirmant les priviléges, franchises, exemptions et immunités accordés par les rois, ses prédécesseurs, aux maîtres arbalétriers de la ville d'Amiens. [2] — (Août 1575.)

A. I. *Sect. adm.* Mémorial Q.Q.Q. f°. 425.

CLXVIII. Lettres-patentes du roi permettant aux maire,

[1] Daire, *Hist. d'Amiens*, t. I. p. 156.
[2] Ibid., p. 183.

AMIENS.   prévôt et échevins de la ville d'Amiens de lever, pendant douze ans, 4 sols sur chaque minot de sel pour le paiement des arrérages d'une rente. — (15 mars 1576.)

A. I. Sect. adm., Mémorial Q.Q.Q. f°. 270.

CLXIX. Lettres-patentes du roi qui permettent aux maire, prévôt, échevins, manans et habitants de la ville d'Amiens, de lever pendant trois ans 5 sols sur chaque muid de vin qui entrera en ladite ville. — (29 juill. 1577).

A. I. Sect. adm., Mémorial R.R.R. f°. 369.

CLXX. Arrêt du Conseil privé qui maintient la ville d'Amiens dans ses offices de priseurs jurés. — (26 juillet 1578.)

A. I. Sect. adm., F. 2569.

CLXXI. Lettres-patentes par lesquelles Henri III supprime l'office du receveur des deniers communaux en ladite ville, etc. — (Mars 1587).

A. I. Parl. de Paris, Reg. des Ord. 2, O, f°. 521.

CLXXII. Arrêt du Parlement de Paris, qui enregistre les lettres du duc du Maine, du 14 avril 1592, par lesquelles la nomination du capitaine du guet est réunie et incorporée à l'hôtel-de-ville. — (22 mai 1592.)

A. I. Sect. jud., Parl. de Paris, Reg. intit. Conseil, 261, f°. 110, r°;

CLXXIII. Arrêt du Parlement de Paris qui défend aux maire et échevins d'Amiens, de commuer la peine qu'ils ont ordonnée par jugement, après sentence interjetée, et fait comparaître un des échevins pour répondre de ce fait.

A. I. Sect. jud., Parl. de Paris, Reg. intit. Conseil, 264, f°. 90, r°.

CLXXIV. Lettres-patentes d'Henri IV, qui confirment les priviléges de la ville d'Amiens. — (Septembre 1594.)

A. I. Sect. jud., Parl. de Paris. Ord. Reg. 2. R, f°. 231.

CLXXV. Arrêt du Conseil qui ordonne que le tiers des logis des hoteliers de la ville d'Amiens sera réservé pour loger les marchands et autres personnes passant et survenant en cette ville, et les deux autres tiers seront pris pour loger ceux qui sont de la cour et de la suite de Sa Majesté, lesquels ne pourront être astreints par lesdits hôteliers à prendre aucuns vivres en leurs dits logis. — *(Faict au Conseil du Roy, tenu à Amiens le XXIIIe jour de juillet* 1596.)

A. I. Sect. adm., E. 1er.

CLXXVI. Lettres-patentes d'Henri IV, du mois de novembre 1597, relatives à l'échevinage de la ville d'Amiens[1].

A. I. Sect. jud., Parl. de Paris, Ord. R. 2. T. f°. 116 et f°. 128.

CLXXVII. Arrêt du Parlement qui enregistre les lettres de Henri IV du mois de novembre 1597, qui réduisent le nombre des échevins à 7, de 24 qu'il était auparavant. — (28 mars 1598.)

A. I. Sect. jud., Parl. de Paris, Conseil. Reg. 292. f°. 136, v°.

CLXXVIII. Arrêt du Conseil qui ordonne que les statuts et réglements faits sur le fait du métier de sayterie, en la ville d'Amiens, seront gardés, et en conséquence fait défense de vendre et acheter en ladite ville et faubourgs d'Amiens, aucun fil et laine servant audit ouvrage de sayterie ailleurs qu'en plein marché. — (28 février 1604.)

A. I. Sect. adm., E. 6.

CLXXIX. Arrêt du Conseil qui renvoie aux trésoriers généraux de France, à Amiens, la requête des échevins et habitants de ladite ville, tendant à payer en argent suivant l'appréciation, le cens de plusieurs chapons dûs au roi par lesdits habitants, par suite de la réunion de ladite ville au domaine de la couronne. — (7 septembre 1610.)

A. I. Sect. adm.; E. 27^{24}

CLXXX. Arrêt du Conseil rendu sur la requête des échevins et habitants d'Amiens, qui les décharge du paiement en nature des chapons qu'ils doivent pour leur cens, par suite de la réunion de ladite ville au domaine du roi, en payant 2 sous 6 deniers pour chacun d'eux. — (9 juillet 1611.)

A. I. Sect. adm., E. 31.

CLXXXI. Arrêt du Conseil rendu sur la requête des

---

[1] Daire, *Hist. d'Amiens*, t. I. p. 63.

AMIENS. échevins et habitants de la ville d'Amiens, qui confirme les priviléges à eux accordés, peu après la réduction de ladite ville en l'obéissance du roi, au mois de novembre 1597.— (16 février 1613.)

A. I. Sect. adm., E. 39.

CLXXXII. Engistrement au Parlement des lettres susdites.— (13 juillet 1613.)

A. I. Sect. jud., Parl. Reg. du Conseil, n°. 402, f°. 188, r°.

CLXXXIII. Jugement des commissaires généraux des finances, qui maintient les échevins de la ville d'Amiens dans leur droit de pourvoir à divers offices de ladite ville. — (28 juin 1622.)

A. I. Sect. adm., F. 2569.

CLXXXIV. Arrêt du Conseil qui maintient les échevins de la ville d'Amiens en droit et possession de pourvoir aux offices de vendeurs de *poisson frais* en ladite ville, et le sieur Lallouette en droit d'établir quatre offices de vendeurs de poisson de mer sec et salé.— (17 février 1629.)

A. I. Sect. adm., E. 99.

CLXXXV. Lettres du roi portant confirmation des priviléges des arbalétriers de la ville d'Amiens.— (5 juillet 1631.)

A. I. Sect. adm., Mémor. 6. B. f°. 306

CLXXXVI. Arrêt du Conseil rendu sur la requête de M.° Philippe Hamel, adjudicataire des gabelles, par lequel il est ordonné aux arbalétriers de la ville d'Amiens, de présenter sous quinzaine au conseil du roi les titres en vertu desquels ils prétendent jouir du droit de prendre pour leur usage un minot de sel sans payer de gabelle.— (23 septembre 1634.)

A. I. Sect. adm., E. 120.

CLXXXVII. Délibération des députés des négociants de la ville d'Amiens, contenant les articles qu'ils jugent convenables, pour l'établissement de la chambre particulière du commerce de ladite ville.— (19 juin 1641.)

A. I. Sect. adm., F. 2155.

CLXXXVIII. Arrêt du Conseil rendu sur la requête des

échevins et habitants de la ville d'Amiens, qui ordonne qu'en payant 12,000 livres, lesdits habitants seront déchargés de bailler leurs fiefs par déclaration, ensemble de la taxe des droits de l'exemption des francs-fiefs. — (3 août 1641.)

A. I. Sect. adm., E. 163.

CLXXXIX. Arrêt du Conseil qui ordonne que le duc de Chaulnes, gouverneur d'Amiens, sera payé de la somme de 10,000 livres pour lui tenir lieu d'appointements extraordinaires, par chacun an et durant la guerre, à prendre sur les droits de doublement des bières et pied fourché en la ville d'Amiens.— (18 mars 1643.)

A. I. Sect. adm., E. 1684.

CXC. Lettres-patentes de Louis XIV par lesquelles il confirme les priviléges de la ville d'Amiens.—(Juin 1643.)

A. I. Sect., jud. Parl. de Paris, Reg. des Ord. 3. N. f°. 26.

CXCI. Arrêt du Conseil qui révoque celui du 16 mars 1642, par lequel il avait été ordonné que les droits qui se lèvent sur le pied fourché, bières et les bûches entrant en la ville d'Amiens se livreraient par doublement. (26 août 1643.)

A. I. Sect. adm., E. 1684.

CXCII. Statuts des maîtres merciers, grossiers, joailliers de la ville d'Amiens.— (6 juin 1644.)

A. I. Sect. adm., F. 2164.

CXCIII. Arrêt du Conseil qui ordonne que la place ou jardin de la communauté des arbalétriers de la ville d'Amiens, attenant à la maison et jardin des religieuses de la visitation Ste.-Marie de ladite ville, sera échangée contre une autre place commune auxdits arbalétriers, et qui ne soit proche desdites religieuses.— (13 mars 1645.)

A. I. Sect. adm., E. 1692.

CXCIV. Arrêt du Conseil rendu sur les requêtes respectives du duc d'Elbeuf, gouverneur de Picardie et Artois et du vidame d'Amiens, qui ordonne que les parties prendront respectivement communication des pièces par eux mises ès-mains du sieur de Moricq, au sujet des différends

AMIENS.   élevés entr'eux pour raison de l'échevinage de ladite ville. — (17 septembre 1646.)

A. I. Sect. adm., E. 1692.

CXCV. Arrêt du Conseil qui ordonne que le sieur de Moricq fasse sous trois jours son rapport sur le différend existant entre le duc d'Elbeuf et le vidame d'Amiens, au sujet de l'échevinage de ladite ville. — (17 septembre 1646.)

A. I. Sect. adm., E. 1692.

CXCVI. Arrêt du Conseil qui ordonne la liquidation des dettes de la ville d'Amiens, et règle un nouveau tarif d'octroi de ladite ville pour l'acquit desdites dettes. — (21 novembre 1646.)

A. I. Sect. adm., E. 217.

CXCVII. Lettres-patentes de Louis XIV portant confirmation des articles et statuts faits pour l'union des merciers secs de la ville d'Amiens avec le corps des épiciers de la ville[1]. — (Août 1647.)

A. I. Sect. jud., Parl. de Paris, Reg. des Ord. 3. O. f°. 274.

CXCVIII. Lettres-patentes de Louis XIV, qui confirment les statuts des maîtres merciers, grossiers, joailliers de la ville d'Amiens[2]. — (Août 1647.)

A. I. Sect. adm., F. 2164.

CXCIX. Arrêt du Conseil qui ordonne que les trésoriers de France d'Amiens seront assignés au conseil pour y être entendus sur la requête des échevins de la ville d'Amiens, tendant à être maintenus dans le droit de faire les baux et adjudications des fermes de la bûche, pied fourché et huitième des bières. — (26 octobre 1648.)

A. I. Sect. adm., E. 233.

CC. Arrêt du Conseil qui décharge les échevins de la

---

[1] Daire, *Hist. litt. de la ville d'Amiens*, p. 452.

[2] Imprimé dans un recueil in-4°. intitulé : *Statuts et réglements des marchands réunis de la ville d'Amiens*. Ce recueil se trouve aux archives de la Préfecture de la Somme, papiers de l'intendance, dans une liasse intitulée : *Réponses à l'ordonnance de l'intendant du 9 septembre* 1762.

ville d'Amiens de l'assignation à eux donnée par les capitaines et chefs de porte de ladite ville, et ordonne que lesdits échevins seront maintenus en la fonction de leur charge. — (7 décembre 1648.)

A. I. Sect. adm., E. 1692.

CCI. Arrêt du Conseil rendu sur la requête du lieutenant-général au gouvernement, qui ordonne que les premier et échevins de la ville d'Amiens appelleront, en l'absence du gouverneur, ledit lieutenant pour assister aux fêtes du feu de la St.-Jean, y donner des ordres nécessaires, commander aux armes, etc., etc. — (28 août 1651.)

A. I. Sect. adm., E. 1696.

CCII. Lettres-patentes de Louis XIV, portant confirmation d'octroi accordé aux échevins et habitants d'Amiens. — (9 février 1654.)

A. I. Sect. jud., Parl. de Paris, Reg. des Ord. 3. M. f°. 362.

CCIII. Statuts des apothicaires de la ville d'Amiens. — (1654.)

A. I. Sect. adm., E. 2169.

CCIV. Confirmation des statuts des apothicaires de la ville d'Amiens. — (15 mai 1654.)

A. I. Sect. jud., Parl. de Paris, Reg. des Ord. 3. M. f°. 411.

CCV. Arrêt du Conseil rendu sur le rapport des sieurs Poncet et de Lamoignon, commissaires députés des différends et contestations élevés entre le gouverneur de la province de Picardie et le gouverneur de la ville et citadelle d'Amiens[1]. — (2 juin 1655.)

A. I. Sect. adm., E. 1703 — B. I. St.-Germ. fr. n.° 639, f°. 287.

CCVI. Arrêt du Parlement de Paris entre les viéziers-tapissiers et les tailleurs de la ville d'Amiens, qui reçoit les tapissiers opposants à l'exécution des arrêts obtenus par les tailleurs, ordonne l'instruction du procès entre les parties et les drapiers-chaussetiers, etc., jusqu'à sentence

[1] Daire, Hist. d'Amiens, t. I, p. 177.

AMIENS.   définitive et prescrit l'exécution des statuts dans chaque métier.— (27 janvier 1656.)

A. I. *Sect. jud., Parl. de Paris*, Reg. du Conseil, n°. 939.

CCVII. Statuts des maîtres et marchands tapissiers de la ville d'Amiens.— (21 juillet 1656.)

A. I. *Sect. jud., Parl. de Paris*, Ord. 3. N. f°. 488, v°.

CCVIII. Arrêt de la cour du Parlement, qui fait droit à la requête des merciers et leur permet d'assigner les cloutiers pour leur faire faire défense d'intervenir à leurs statuts.— (27 juillet 1656.)

A. I. *Sect. jud., Parl. de Paris*, Conseil, n°. 950.

CCIX. Lettres-patentes par lesquelles le roi confirme les statuts et priviléges de la faculté de médecine d'Amiens.— (mai 1656.)

A. I. *Sect. jud., Parl. de Paris*, Ord. 3. N. f°. 442, v°.

CCX. Statuta collegii medicorum Ambianensium[1].— (1656.)

A. I. *Sect. jud., Parl. de Paris*, Ord. 3. N. f°. 443, v°.

CCXI Arrêt du Conseil qui casse, révoque et annulle l'élection et nomination des échevins de la ville d'Amiens et ordonne que ceux de l'année 1660 continueront l'exercice de leurs charges.— (28 octobre 1661.)

A. I. *Sect. adm.*, E. 1714.

CCXII. Statuts des merciers, grossiers, ciriers, épiciers et droguistes d'Amiens. — (1662.)

A. I. *Sect. jud., Parl. de Paris*, Ord. 3. R. f°. 4, r°.

CCXIII. Arrêt du Conseil qui ordonne que les principaux marchands des villes d'Amiens, Dunkerque, Calais, Abbeville, Dieppe, Hâvre-de-Grâce, Rouen, St.-Malo, etc., etc., seront assemblés par les maires, échevins, consuls et jurats desdites villes, au dernier jour de janvier, dans l'hôtel commun, pour qu'en leur présence, il

---

[1] Imprimé à Amiens sous ce titre: *Statuta saluberrimi collegii medicorum Ambianensium. Ambiani, apud Robertum Hubault, Typog. Propè ædes sancti Martini.* MDCLVI. in-4°. de 11 p.

soit procédé au choix et nomination de deux marchands les plus accrédités et expérimentés, dont l'acte sera envoyé au sieur Colbert pour être fait choix de trois qui se rendront à la suite de la cour et du roi et y feront leur résidence pendant un an. — (5 décembre 1664.)

A. I. Sect. adm., E. 1722.

CCXIV. Arrêt du Conseil d'Etat par lequel la jouissance, possession et administration de la maladrerie de la Magdeleine est rendue aux habitants d'Amiens. — (5 janvier 1665.)

A. I. Sect. adm., E. 1728, n°. 2.

CCXV. Arrêt du Conseil qui approuve et confirme les statuts et réglements des saïeteurs de la ville d'Amiens[1]. — (23 août 1666.)

A. I. Sect. adm., E. 1730. f°. 264.

CCXVI. Union des maisons et revenus appartenant à l'hôpital de St.-Charles et à celui de Ste.-Anne en la ville d'Amiens, au bureau des pauvres de ladite ville. — (9 janvier 1668.)

A. I. Sect. jud., Parl. de Paris, Ord. 4. X. f°. 99.

CCXVII. Arrêt du Conseil qui ordonne que les échevins de la ville d'Amiens ne pourront se mêler du fait des armes de la garde de ladite ville, sans la participation du lieutenant au gouvernement de la ville. — (18 août 1668.)

A. I. Sect. adm., E. 1744.

CCXVIII. Arrêt du Conseil qui ordonne que le sieur Lebon sera déchargé de l'assignation à lui donnée au Parlement de Paris par les échevins d'Amiens, pour raison de sa charge de fourrier de ladite ville, dont lesdits échevins prétendaient être propriétaires. — (26 juillet 1669.)

A. I. Sect. adm., E. 1751.

CCXIX. Arrêt du Conseil rendu sur la requête des garde-corps et communautés des marchands drapiers de la ville d'Amiens, qui ordonne que toutes les marchandises fo-

---

[1] Ces statuts ont été imprimés à Amiens, 1666, in-4°. de 56 p. (Bibl. de l'Arsenal, jurisprudence, n°. 4591.)

AMIENS.

raines et étrangères seront déchargées dans les halles de ladite ville, et visitées et marquées par lesdits gardes de la draperie, etc. — (25 août 1670.)

A. I. Sect. adm., E. 1758 ²¹⁹.

CCXX. Arrêt du Conseil d'Etat qui confirme l'exemption du droit de franc-fief accordé aux bourgeois d'Amiens. — (17 juin 1673.)

A. I. Sect. adm., E. 1770. f°. 520.

CCXXI. Arrêt du Conseil d'Etat qui règle la contestation qui s'était élevée entre les sayeteurs et hautelisseurs de la ville d'Amiens, et les marchands drapiers de ladite ville au sujet de l'apprêt des étoffes. — (18 février 1684.)

A. I. Sect. adm., E. 1825.

CCXXII. Arrêt du Conseil qui ordonne que Jean Durieu prêtera serment et fera les fonctions d'échevin de la ville d'Amiens, nonobstant opposition, etc. — (8 janvier 1685.)

A. I. Sect. adm., E. 1831.

CCXXIII. Arrêt du Conseil portant règlement pour la fabrication des serges de la ville d'Amiens. — (12 septembre 1686.)

A. I. Sect. adm., E. 1836.

CCXXIV. Arrêt du Conseil rendu sur la requête des premier et échevins de la ville d'Amiens, qui leur permet d'employer différentes sommes pour le paiement de la finance de l'office de receveur des octrois de ladite ville. — (14 février 1690.)

A. I. Sect. adm., E. 588.

CCXXV. Arrêt du Conseil qui règle les charges ordinaires et extraordinaires de la ville. — (12 juin 1691.)

A. I. Sect. adm., E. 597.

CCXXVI. Arrêt du Conseil d'Etat portant rétablissement de la charge de maire[1] à Amiens. — (18 novembre 1692.)

A. I. Sect. adm., E. 610 ³⁰.

[1] Les fonctions de maire avaient été abolies par l'édit de novembre 1597.

CCXXVII. Arrêt du Conseil qui règle le mode d'élection des maire, échevins et autres officiers de la ville d'Amiens[1].— (22 décembre 1693.)

A. I. Sect. adm., E. 623.

CCXXVIII. Arrêt du Conseil qui ordonne que du nombre des officiers des seize compagnies de la milice bourgeoise de la ville d'Amiens, le sieur de Bar, gouverneur, aura la nomination et entière disposition des offices de huit compagnies, et les maire et échevins auront pareillement la nomination, provision et entière disposition des huit autres compagnies[2].— (19 avril 1695.)

A. I. Sect. adm., E. 638.

CCXXIX. Arrêt du Conseil d'Etat au sujet de divers offices de la ville d'Amiens. — (19 avril 1695).

A. I. Sect. adm., E. 638^{63}.

CCXXX. Arrêt du Conseil qui maintient la ville d'Amiens dans le droit de pourvoir aux offices de marqueurs, visiteurs et contrôleurs de draps et étoffes de fil et de laine. — (10 décembre 1697.)

A. I. Sect. adm., E. 670^{26}.

CCXXXI. Arrêt du Conseil rendu sur la requête des maire et échevins de la ville d'Amiens, qui accepte l'offre qu'ils font de payer la somme de 20,000 livres, et les deux sous pour livre pour être maintenus et gardés en la connaissance de la police en ladite ville, et règle ledit droit[3].— (11 mai 1700.)

A. I. Sect. adm., E. 698^{336}.

CCXXXII. Arrêt du Conseil rendu sur la requête des maire et échevins de la ville d'Amiens, qui décharge ladite ville de l'établissement d'un office de conseiller garde-scel, et les maire et échevins de la taxe sur eux faite pour raison de ce.— (8 juin 1700.)

A. I. Sect. adm., E. 699^{34}.

---

[1] Daire, *Hist. d'Amiens*, t. 1, p. 64.
[2] Daire parle de cet arrêt dans son *Hist. de la ville d'Amiens*, t. 1 p. 182.
[3] Daire, *Hist. d'Amiens*, t. 1, p. 64.

AMIENS.

CCXXXIII. Arrêt du Conseil qui règle la répartition entre les officiers de la ville d'Amiens, du paiement de la somme de 20,000 livres, prix de la réunion des offices de police au corps municipal d'Amiens. — (23 avril 1701.)

A. I. *Sect. adm.*, E. 707 474.

CCXXXIV. Arrêt du Conseil rendu sur la requête des maire et échevins de la ville d'Amiens, qui ordonne que les offices de receveurs des deniers patrimoniaux et d'octroi seront réunis et incorporés à l'hôtel de ladite ville, et en conséquence permet aux maire, échevins et habitants d'icelle, d'en faire faire les fonctions par telle personne qu'ils jugeront à propos. — (14 juin 1701.)

A. I. *Sect. adm.*, E. 709 70.

CCXXXV. Lettres-patentes de Louis XIV portant confirmation des statuts des maîtres moutardiers-vinaigriers d'Amiens[1]. — (19 novembre 1702.)

A. I. *Sect. jud.*, *Parl. de Paris*. Ord. 5. E. f°. 142.

CCXXXVI. Lettres-patentes de Louis XIV portant approbation des statuts en 20 articles pour les maîtres peintres, sculpteurs, brodeurs, doreurs et enlumineurs de la ville d'Amiens[2]. — (1702.)

A. I. *Sect. jud.*, *Parl. de Paris*, Ord. 5. F. f°. 196.

CCXXXVII. Enregistrement des statuts en 22 articles pour les maîtres vinaigriers, moutardiers, verjutiers d'Amiens, arrêtés en l'assemblée des maîtres le 9 novembre 1702[3]. — (3 mai 1703.)

A. I. *Sect. jud.*, *Parl. de Paris*, Ord. 5. E. f°. 140.

CCXXXVIII. Arrêt du Conseil rendu sur la requête des maire, échevins, corps et communauté de la ville d'Amiens, qui accepte l'offre par eux faite de 50,000 livres pour

---

[1] Imprimé dans une brochure in-4°., aux Archives impériales, section administrative, F. 2162.

[2] Imprimé dans une brochure in-4°. aux Archives de la Mairie d'Amiens. Daire, *Hist. litt. de la ville d'Amiens*, p. 500.

[3] Imprimé dans une brochure in-4°.

l'achat de différents offices, savoir : 30,000 livres pour la finance des offices de lieutenant, de maire et assesseurs, et 20,000 livres pour moitié des échevins et l'office de concierge garde-meuble, et règle la composition et les droits du corps municipal — (13 janvier 1705.)

A. I. Sect. adm., E. 752 [74.]

CCXXXIX. Arrêt du Conseil rendu sur la requête des maire et échevins de la ville d'Amiens, qui les renvoie au Parlement de Paris pour y former opposition à l'arrêt dudit Parlement du 19 juin 1700, qui privait lesdits maire et échevins du droit de donner des statuts aux corps et communautés d'arts et métiers.— (6 juillet 1706.)

A. I. Sect. adm., E. 770 [20.]

CCXL. Arrêt du Conseil rendu sur la requête des maire, échevins et principaux habitants de la ville d'Amiens, qui les confirme dans leurs droits, priviléges et exemptions, moyennant l'offre qu'ils font d'une somme de 26,000 livres, et qui règle les droits à percevoir pour le paiement de ladite somme[1]. — (30 avril 1707.)

A. I. Sect. adm., E. 779 [242.]

CCXLI. Arrêt du Conseil qui règle de nouveau la perception des droits à lever en la ville d'Amiens, pour parfaire le paiement de la somme de 26,000 livres offerte par les maire, échevins et principaux habitants de ladite ville pour le maintien de leurs priviléges.—(22 novembre 1707.)

A. I. Sect. adm., E. 786 [187.]

CCXLII. Arrêt du Conseil qui permet aux marchands en gros non incorporés de la ville, de s'unir en corps et communauté particulière et distincte des autres communautés, et à l'égard des statuts contenus en leur requête, ordonne que dans un mois les drapiers, merciers, épiciers de ladite ville seront tenus d'articuler les griefs et dommages qu'ils peuvent y souffrir, sinon que lesdits statuts seront et demeureront homologués[2]. — (20 mars 1708.)

A. I. Sect. adm., E. 791 [161.]

---

[1] Daire, *Hist. d'Amiens*, t. I. p. 74.
[2] Daire, *Hist. litt. de la ville d'Amiens*, p. 492.

AMIENS.

CCXLIII. Arrêt du Conseil rendu sur la requête des marchands en gros de la ville d'Amiens, qui ordonne que les marchands drapiers, merciers, épiciers, houpiers, tanneurs, sayeteurs et hautelisseurs de ladite ville articuleront dans huitaine des griefs et dommages qu'ils peuvent souffrir des statuts des susdits marchands en gros insérés en l'arrêt du 20 mars 1708.— (10 juillet 1708.)

A. I. Sect. adm., E. 794[69].

CCXLIV. Arrêt du Conseil rendu sur la requête des capitaines, lieutenants, enseignes et chefs de porte des compagnies bourgeoises de la ville d'Amiens, qui ordonne l'exécution de l'arrêt du Conseil du 19 avril 1695, et en conséquence, que vacation advenant par mort ou autrement des officiers de milice bourgeoise de ladite ville, il y sera pourvu par le sieur de Mezières et par les maire et échevins, chacun pour les charges dont la nomination leur appartient.— (11 août 1708.)

A. I. Sect. adm., E. 795[81].

CCXLV. Arrêt du Conseil qui réduit à la somme de 1,500 livres et les sous pour livre, la finance qui aurait dû être payée par les capitaines, lieutenants et enseignes, chefs de porte et autres officiers de la milice bourgeoise de la ville d'Amiens, en exécution de l'édit de juin 1708, et ordonne qu'en payant ladite somme les maire et échevins jouiront de 937 livres d'augmentation de gages, et ordonne l'exécution de l'arrêt du 19 avril 1695.— (11 juin 1709.)

A. I. Sect. adm., E. 805[95].

CCXLVI. Pièces relatives à la milice d'Amiens des 10 juin 1709 et 21 janvier 1710.

A. I. Sect. adm., E. 805[95] et 812[139].

CCXLVII. Arrêt du Conseil qui permet aux brasseurs de la généralité d'Amiens de brasser de petites bières à moitié grain pour la consommation de l'étape et pour celle des communautés.

A. I. Sect. adm., E. 809[220].

CCXLVIII. Arrêt du Conseil rendu sur la requête des maire et échevins de la ville d'Amiens, qui accepte l'offre qu'ils font de la somme de 126,900 livres pour la suppression des offices d'avocats du roi en la mairie et police de ladite ville.— (29 octobre 1712.)

A. I. Sect. adm., E. 844 ¹⁹⁵.

CCXLIX. Arrêt du Conseil qui ordonne que la levée de l'octroi énoncé dans l'arrêt du 29 octobre 1712, sera faite et continuée sur le pied de 5 livres et 6 sous sur chaque muid de vin, 6 livres sur chaque baril d'eau-de-vie, et 6 livres sur chaque cent pesant de tabac entrant en la ville d'Amiens.— (27 décembre 1712.)

A. I. Sect. adm., E. 846 ²²³.

CCL. Arrêt du Conseil qui approuve et autorise l'acte du 3 septembre 1704 passé entre les maire et échevins et le sieur Berquier, pour la réunion au corps municipal de l'office de receveur alternatif des deniers patrimoniaux de la ville, et qui ordonne que l'office de greffier des présentations de l'hôtel-de-ville sera aussi réuni au corps de ville. — (2 mai 1713.)

A. I. Sect. adm., E. 851 ²⁶.

CCLI. Arrêt du Conseil rendu sur la requête des hôteliers, taverniers, cabaretiers de la ville d'Amiens, qui ordonne que les vendeurs de bière et cidre en ladite ville, qui ont des lits chez eux pour loger et qui donnent à manger, feront communauté avec les hôteliers et cabaretiers vendant vin, et seront tenus de contribuer au paiement des charges de ladite communauté.— (25 juillet 1713.)

A. I. Sect. adm., E. 853 ¹⁹⁴.

CCLII. Plusieurs pièces relatives à la communauté des marchands en gros, des 12 septembre 1711, 12 juillet 1712, 17 mars 1711, 20 mars 1708, 15 juillet 1710, 23 décembre 1710, 3 juin 1712, 12 septembre 1711 et 24 février 1713.

A. I. Sect. adm., E. 832 [138].—E. 841 [416].—E. 836 [190].—Sect. jud., Parl. de Paris. Ord. 5. Q. f°. 167 et f°. 172, r°.— Sect. adm., E. 791 [161].—E. 794 [69].—E. 818 [146].—E. 823 [167].— E. 829 [208].— E. 832 [138]. E. 860 [120].

CCLIII. Lettres-patentes du roi portant confirmation

AMIENS.

des statuts en 19 articles pour les charcutiers de la ville d'Amiens.— (Mai 1715.)

A. I. Sect. jud., Parl. de Paris., Ord. 5. Y. f°. 622.

CCLIV. Enregistrement des statuts des maîtres charcutiers de la ville d'Amiens[1].— (13 juillet 1715.)

A. I. Sect. jud., Parl. de Paris, Ord. 5. Y. f°. 618, r°.

CCLV. Arrêt du Conseil relatif à l'élection des maire, échevins et autres officiers de la ville d'Amiens. — (19 novembre 1715.)

A. I. Sect. adm., E. 880 [80].

CCLVI. Arrêt du Conseil qui maintient et garde les foulons de la ville d'Amiens dans le droit de bouillir et corroyer les étoffes, concurremment avec les teinturiers en noir de ladite ville.— (9 décembre 1716.)

A. I. Sect. adm., E. 893 [203].

CCLVII. Lettres-patentes de Louis XV, portant confirmation de nouveaux statuts en 31 articles, donnés le 21 mars 1715, pour les maîtres menuisiers de la ville d'Amiens (les statuts à eux donnés par les échevins de la ville en 1399 et 1483 étant trop anciens).— (Janvier 1717.)

A. I. Sect. jud., Parl. de Paris, Ord. 6. D. f°. 165.

CCLVIII. Enregistrement de nouveaux statuts en 31 articles, donnés le 21 mars 1715 pour les maîtres menuisiers de la ville d'Amiens.— (20 janvier 1718.)

A. I. Sect. jud., Parl. de Paris Ord. 6. D. f°. 167.

CCLIX. Arrêt du Conseil qui, en annulant une sentence du bailliage d'Amiens, fait défense aux officiers dudit bailliage de prendre connaissance ni de recevoir l'appel des sentences des maire et échevins juges des manufactures de la ville d'Amiens.— (2 août 1718.)

A. I. Sect. adm., E. 913 [93].

CCLX. Arrêt du Conseil rendu sur la requête des échevins de la ville d'Amiens, qui accepte l'offre qu'ils font de

---

[1] Imprimé dans un recueil in-4°. aux archives de la Préfecture de la Somme. Papiers de l'intendance, etc.

15,000 livres et qui ordonne en conséquence qu'ils rentreraient au 1.ᵉʳ septembre en possession de tous les droits, fonctions, émoluments, priviléges appartenant à l'office de maire.— (16 août 1718.)

A. I. Sect. adm., E. 913 ¹⁴⁶.

CCLXI. Arrêt du Conseil rendu sur la requête des seize capitaines et quatre lieutenants privilégiés de la milice bourgeoise de la ville d'Amiens, tendant à pouvoir jouir de l'exemption de tutelle, curatelle et nomination d'icelle.— (30 août 1718.)

A. I. Sect. adm., E. 913 ³⁰¹.

CCLXII. Arrêt du Conseil rendu sur la requête des échevins de la ville d'Amiens, qui leur permet d'emprunter en billets de l'Etat la somme de 15,000 livres pour satisfaire à l'arrêt du 16 août 1718.— (30 août 1718.)

A. I. Sect. adm., E. 913 ²⁸⁵.

CCLXIII. Arrêt du Conseil relatif à celui du 16 août 1718, à l'exécution duquel le marquis de Mezières, gouverneur et grand bailli d'Amiens, voulait s'opposer.— (21 octobre 1718.)

A. I. Sect. adm., E. 914 ³⁶⁴.

CCLXIV. Arrêt du conseil qui ordonne qu'il ne sera reçu aucun maître mercier en la ville d'Amiens, qu'il n'ait fait trois ans d'apprentissage.¹—(21 juin 1723.)

A. I. Sect. adm., E. 2048.

CCLXV. Arrêt du conseil qui ordonne que la requête des maire et échevins de la ville d'Amiens, concernant le droit de justice et seigneurie dans presque toute l'enceinte de la dite ville et banlieue d'icelle, sera communiquée au seigneur de Rivery, pour y fournir de réponse. — (20 septembre 1723.)

A. I. Sect. adm., E. 974 ¹⁹⁸.

CCLXVI. Arrêt du conseil qui permet aux anciens

---

¹ Imprimé dans un recueil in-4°. aux archives de la Somme. — Daire, *Hist. litt. d'Amiens*, p. 492.

AMIENS.

juges et consuls de la ville d'Amiens, et à ceux actuellement en charge, de se réunir, pour choisir quatre jeunes marchands, pour assister aux audiences de la juridiction consulaire.—(9 avril 1726.)

A. I. *Sect. adm.*, E. 1007.⁷⁸

CCLXVII. Arrêt du conseil qui maintient les marchands en gros de la ville d'Amiens dans le droit de faire venir en la dite ville les laines brutes du cru du royaume.—(14 janvier 1727.)

A. I. *Sect. adm.*, E. 1016.

CCLXVIII. Arrêt du conseil qui réunit à la communauté de la ville d'Amiens les offices de receveurs et contrôleurs des octrois de la dite ville.—(1ᵉʳ. avril 1727)

A. I. *Sect. adm.*, E. 1019.

CCLXIX. Arrêt qui ordonne que la communauté des maîtres teinturiers de la ville d'Amiens continuera à ne faire qu'un seul et même corps de communauté, divisé en trois branches.—(23 décembre 1727.)

A. I. *Sect. adm.*, E. 1028.

CCLXX. Arrêt de la cour des monnaies portant homologation des statuts des orfèvres d'Amiens.

A. I. *Sect. hist.*, K. VIIIᵉ. *série*. 1039.

CCLXXI. Extrait d'un arrêt du parlement rendu entre les épiciers d'Amiens d'une part, les dévaleurs de vin d'autre part, et les maire et échevins intervenant de concert avec le procureur-général, par lequel la ville est maintenue en possession de pourvoir à ses offices.—(31 mai 1729.)

A. I. *Sect. adm.*, E. 2569.

CCLXXII. Arrêt du conseil d'état portant réunion des offices de garde-forain et de garde-marteau à la communauté des drapiers d'Amiens.—(18 mai 1732.)

A. I. *Sect. adm.*, E. 1079.¹³⁹

CCLXXIII. Lettres patentes du Roi portant confirmation

des statuts en 29 articles des maîtres tailleurs de la ville d'Amiens.[1]—(Avril 1736.)

A. I. Sect. jud., Parl. de Paris, Ord. 7, H, f.° 160.

CCLXXIV. Arrêt du conseil qui dispense les jurés gardes, tant de la communauté des sayeteurs que de celle des hautelisseurs de la ville d'Amiens, d'avoir leur coin ou marque particulière.—(11 décembre 1736.)

A. I. Sect. adm., E. 2154.

CCLXXV. Arrêt du conseil qui permet aux épiciers-merciers et à tous autres marchands de la ville d'Amiens de peser chez eux les marchandises qu'ils débitent, et d'avoir tous les poids et balances nécessaires à cet effet. —(12 février 1737.)

A. I. Sect. adm., E. 1133

CCLXXVI. Lettres patentes portant confirmation des statuts en 57 articles, des maîtres serruriers de la ville d'Amiens[2].—(Avril 1738.)

A. I. Sect. jud., Parl. de Paris, Ord. 7, E. f°. 38.

CCLXXVII. Arrêt du conseil qui approuve la délibération des maires et échevins de la ville d'Amiens, portant établissement en la dite ville d'un chirurgien démonstrateur en anatomie.—(10 juin 1738.)

A. I. Sect. adm., E. 2172.

CCLXXVIII. Enregistrement des lettres patentes du Roi, en date du 1er. juillet 1738, portant règlement en trois articles, pour fixer le nombre des juges et consuls de la ville d'Amiens.—(19 juillet 1738.)

A. I. Sect. jud., Parl. de Paris, Ord. 7, C, f°. 172.

CCLXXIX. Arrêt du conseil portant réunion des communautés des sayeteurs et hautelisseurs de la ville d'Amiens et nouveau réglement des statuts des dites communautés.—(10 août 1738.)

A. I. Sect. adm., E. 2172.

[1] Imprimées dans un recueil in-4°., existant aux archives d'Amiens.— Daire, Hist. litt. de la ville d'Amiens, p. 493.

[2] Daire, Hist. litt. de la ville d'Amiens, p. 493.

AMIENS.

CCLXXX. Enregistrement des lettres du Roi portant confirmation de la foire établie dans la ville d'Amiens, le jour de S^t. Jean-Baptiste.[1]—(Mars 1740.)

A. I. Sect. jud., Parl. de Paris, Ord. 7, G, f°. 380.

CCLXXXI. Enregistrement des statuts en 57 articles des maîtres serruriers de la ville d'Amiens.[2]—(14 juill. 1740.)

A. I. Sect. jud., Parl. de Paris, Ord. 7, E, f°. 22.

CCLXXXII. Enregistrement du règlement en 86 articles, arrêté au conseil des finances, le 20 juin 1741, pour les serges, droguets, etc., qui se fabriquent dans la Picardie, à l'exception de la ville d'Amiens.—(7 juillet 1741.)

A. I. Sect. jud., Parl. de Paris, Ord. 7, F, f°. 130 et 131.

CCLXXXIII. Arrêt du conseil qui évoque au conseil toutes les contestations concernant les biens et les affaires de la ville d'Amiens.—(8 octobre 1742.)

A. I. Sect. adm., E. 2212.

CCLXXXIV. Enregistrement des statuts, en 29 articles, des maîtres tailleurs de la ville d'Amiens.[3]—(2 janvier 1743.)

A. I. Sect. jud., Parl. de Paris, Ord. 7, H, f°. 152.

CCLXXXV. Arrêt du conseil portant règlement pour la communauté des bouchers de la ville d'Amiens.—(29 décembre 1741.)

A. I. Sect. adm., E, 1218.

CCLXXXVI. Arrêt du conseil qui réunit les marchands drapiers et marchands en gros et marchands merciers, gros-

---

[1] Dans ces lettres, il est dit, qu'en l'année 1206, il fut apporté de Constantinople et déposé en l'église cathédrale de la ville d'Amiens le chef de St. Jean-Baptiste, qu'il y a une fête établie en l'honneur de ce saint dont la solennité dure huit jours, que le grand concours de peuple qui y vient des provinces voisines y a établi, par succession de temps, une foire pendant cette octave.

[2] Daire, Hist. litt. d'Amiens, p. 493.

[3] Daire, op. cit., p. 493.

-siers, joailliers de la ville d'Amiens en une seule et même communauté.—(6 mars 1746.)

AMIENS.

A. I. Sect. adm., E, 2250.

CCLXXXVII. Arrêt du conseil qui confirme les statuts (y insérés) des marchands en gros, drapiers et merciers de la ville d'Amiens.—(24 février 1747.)

A. I. Sect. adm., E, 2260.

CCLXXXVIII. Arrêt du conseil portant réunion des communautés de tailleurs d'habits et de fripiers de la ville d'Amiens.—(22 mai 1747.)

A. I. Sect. adm., E, 2261.

CCLXXXIX. Lettres patentes portant confirmation des statuts en 20 articles, des marchands drapiers et merciers de la ville d'Amiens.[1]—(24 février 1747.)

A. I. Sect. jud. Parl. de Paris, Ord. 7 S, f°. 18.

CCXC. Arrêt du conseil qui fixe les droits à percevoir dans les villes et communautés de la généralité d'Amiens, pour le paiement de la finance des offices municipaux et ordonne la réunion des dits offices aussitôt après l'adjudication de la perception des dits droits.—(21 novembre 1747.)

A. I. Sect. adm., E, 2263.

CCXCI. Arrêt du conseil portant réglement pour l'élection des maire et échevins de la ville d'Amiens.—(24 décembre 1750.)

A. I. Sect. adm., E, 2293.

CCXCII. Lettres patentes portant confirmation des statuts en 27 articles de l'Académie des sciences et belles-lettres d'Amiens.—(Juin 1750.)

A. I. Sect. jud., Parl. de Paris, Ord. 7, S, f°. 134.

CCXCIII. Projet d'arrêt du Conseil d'Etat portant donation aux maire et échevins de la ville d'Amiens d'un terrain dit le *Jardin du Roi*, à l'effet d'en céder la jouissance à perpétuité à l'académie de la ville, à la charge

---

[1] Daire, op. cit., p. 493.

AMIENS.

par elle d'y établir un jardin botanique, etc.—(13 mai 1751.)

A. I. *Sect. adm.*, Cart. Q. 1547. Départ. de la Somme.

CCXCIV. Arrêt du conseil qui évoque les contestations existant entre les consuls et échevins d'Amiens, et le sieur Scellier, notaire en la dite ville, etc.—(17 juin 1752.)

A. I. *Sect. adm.*, E, 2313.

CCXCV. Arrêt du Conseil d'Etat portant réunion de la communauté des maîtres fabricants de bas au métier, à celle des maîtres marchands et ouvriers bonnetiers de la ville d'Amiens.[1]—(1er mars 1753.)

A. I. *Sect. adm.*, E, 2323, f°. 663.

CCXCVI. Lettres patentes qui confirment l'établissement des quatre compagnies d'arbalétriers, archers, couleuvriniers et arquebusiers de la ville d'Amiens, etc.— (Mai 1755.)

A. I. *Sect adm.*, Mémorial. 1755, f°. 215.

CCXCVII. Arrêts du conseil relatifs aux hautelisseurs des 3 février 1756, 15 février 1757, 15 octobre 1765 et 27 juin 1768.

A. I. *Sect. adm.*, E, 2349, 2363, 1405 et 2442.

CCXCVIII. Arrêt du conseil qui permet aux maire et échevins d'Amiens d'établir une foire franche pour les chevaux, le dernier samedi de chaque mois.—(22 mars 1757.)

A. I. *Sect. adm.*, E, 1320.

CCXCIX. Arrêt du conseil qui ordonne la communication au sieur Boistard, porte-enseigne de la milice bourgeoise de la ville d'Amiens, de la requête des capitaines de la dite milice bourgeoise, tendant à être déchargés des frais du drapeau.—(14 mai 1757.)

A. I. *Sect. adm.*, E, 2364.

CCC. Lettres patentes de Louis XV portant établissement d'une foire franche pour les chevaux.[2] — (23 février 1758.)

A. I. *Sect. jud.*, Parl. de Paris, Ord. 8, D, f°. 307 r°.

---

[1] Imprimé dans un placard in-f°. *Arch. du départ. de la Somme.*
[2] Imprimé in-4°.

CCCI. Arrêt du conseil qui ordonne l'exécution de l'ordonnance rendue le 6 octobre 1756 par l'intendant de Picardie, concernant la propriété des drapeaux de la milice bourgeoise de la ville d'Amiens.—(12 mai 1759.)

A. I. Sect. adm., E, 2378.

CCCII. Arrêt du conseil qui autorise la ville d'Amiens à prendre sur le produit des octrois mentionnés en l'arrêt du conseil du 30 juillet 1758, la somme de 140,000 liv., pour payer les ouvriers, marchands et autres créanciers de la dite ville.—(10 mars 1760.)

A. I. Sect. adm., E, 2384.

CCCIII. Assemblée des négociants de la ville d'Amiens, tenue par devant les maire et échevins, pour y régler et préparer les articles qui pourront servir à l'établissement d'une chambre de commerce dans cette ville. Suivent les articles arrêtés.—(19 juin 1761.)

A. I. Sect. adm., E, 2155.

CCCIV. Arrêt du conseil portant établissement d'une chambre de commerce dans la ville d'Amiens.[1]—(6 août 1761.)

A. I. Sect. adm., E, 2394 et un imprimé, F. 2213.

CCCV. Arrêt du conseil qui ordonne la réunion de la communauté des maîtres charcutiers de la ville d'Amiens à celle des maîtres bouchers de la même ville.—(14 janvier 1766.)

A. I. Sect. adm., E, 1407.

CCCVI. Arrêt du conseil qui ordonne que les maîtres tailleurs, tant pour hommes que pour femmes, continueront à ne faire qu'une seule et même communauté.—(4 septembre 1768.)

A. I. Sect. adm., E, 2443.

CCCVII. Arrêt du conseil qui ordonne la communication aux sesteliers et francs-sergents du Vidame d'Amiens de la requête des maire et échevins de la dite ville, tendant à ce qu'il soit fait défense aux dits sesteliers et francs-

---

[1] Daire, *Hist. litt. de la ville d'Amiens*, p. 496.

AMIENS.

sergents de percevoir aucun droit sur les farines qui se vendent en la dite ville, soit au marché, soit dans les maisons particulières.—(6 septembre 1768.)

A. I. Sect. adm., E, 1438.

CCCVIII. Arrêt du conseil relatif à une contestation élevée entre les juges et consuls de la ville d'Amiens et le sieur Varlet, notaire du dit lieu, au sujet de la préséance des dits juges, sur les notaires d'Amiens, dans les assemblées générales et particulières de la ville.— (30 nov. 1770.)

A. I. Sect. adm., E, 2459.

CCCIX. Arrêt du conseil qui, en exécution de l'édit de mai 1765 et de la déclaration du 15 juin 1766, règle le mode d'élection des notables de la ville d'Amiens. —(3 août 1771.)

A. I. Sect. adm., E, 2476.

CCCX. Arrêt du conseil qui permet à la ville d'Amiens de lever, par forme d'octroi patrimonial, trente sols par muids de cidre entrant en la dite ville et banlieue d'icelle. —(8 septembre 1772.)

A. I. Sect. adm., E, 1482.

CCCXI. Arrêt du conseil concernant l'exécution des tarifs des droits réservés de la ville d'Amiens, au sujet des droits sur les bières.—(13 septembre 1772.)

A. I. Sect. adm., E, 2480.

CCCXII. Arrêt du conseil qui maintient les officiers de la ville d'Amiens dans le droit de mettre comme juges de police, le taux à la petite bière.—(27 septembre 1772.)

A. I. Sect. adm., E, 2490.

CCCXIII. Arrêt du conseil en forme de réglement concernant les offices municipaux de la ville.[1]—(13 octobre 1772.)

A. I. Sect. adm., E, 1483.

CCCXIV. Arrêt du conseil portant réglement pour l'administration de la ville d'Amiens.—(22 janvier 1774.)

A. I. Sect. adm., E, 2502.

[1] Imprimé in-4° à Amiens, 3 feuilles 1/2, 1771.

CCCXV. Arrêt du conseil qui autorise les officiers municipaux de la ville d'Amiens, à restreindre à la seule consommation intérieure de la dite ville, faubourgs et banlieue d'icelle, les droits qu'ils perçoivent sur l'eau-de-vie, et, pour tenir lieu de cette diminution, permet aux dits officiers municipaux de lever, pendant six ans, un octroi de 8 den. par sac de cendre de tourbe qui sortira de la dite ville.—(15 février 1774.)

A. I. Sect. adm., E, 1498.

CCCXVI. Lettres patentes portant réglement en quatre articles, de la communauté des teinturiers des villes d'Amiens et d'Abbeville, etc.—(30 janvier 1778.)

A. I. Sect. jud., Parl. de Paris, Ord. X, O, f°. 340.

CCCXVII. Arrêt du conseil qui ordonne que la foire de la S^t. Jean-Baptiste se tiendra à l'avenir dans la grande halle de la ville et à la place de l'hôtel-de-ville.—(8 avril 1779.)

A. I. Sect. adm., E, 1556 [7.]

CCCXVIII. Arrêt du conseil qui maintient la ville d'Amiens dans la possession et jouissance de ses offices patrimoniaux de police comme avant l'édit d'avril 1768 et la déclaration du 15 décembre 1770, et qui ordonne que les 8 sous pour livre seront perçus sur les émoluments des offices énoncés au dit arrêt.[1]—(17 juin 1779.)

A. I. Sect. adm., E, 2552.

CCCXIX. Déclaration de Louis XVI portant réglement pour l'établissement des tondeurs à grandes forces de la ville d'Amiens.[2]—(20 novembre 1779.)

A. I. { Sect. jud., Parl. de Paris, Ord. X, X, f°. 186.—
Sect. adm., E, 3282. [90]

CCCXX. Arrêt du conseil qui approuve le réglement fait par les officiers municipaux de la ville d'Amiens, pour la police des incendies en la dite ville, faubourgs et banlieue d'icelle—(29 mai 1782.)

A. I. Sect. adm., E, 2581.

---

[1] Imprimé à Amiens par Louis-Charles Caron.
[2] Imprimé à Paris chez Simon, imprimeur du Parlement.

AMIENS.

CCCXXI. Arrêt du conseil qui ordonne la communication aux officiers municipaux de la ville d'Amiens, de la requête des douze peseurs de fil de sayette de la dite ville, tendant à obtenir la liquidation des prix de leurs offices. —(1er. juillet 1783.)

A. I. Sect. adm., E, 1611.

CCCXXII. Lettres patentes du Roi, enregistrées à Paris en parlement, le 15 janvier 1788, portant homologation des statuts en 40 articles, pour les marchands épiciers, ciriers et chandeliers de la ville d'Amiens.—(7 juillet 1787)

A. I. Sect. jud., Parl. de Paris, Ord. Minutes.

CCCXXIII. Arrêt du conseil qui condamne les marchands forains à payer aux officiers municipaux d'Amiens les sommes qu'ils doivent pour le loyer des emplacements de leurs boutiques, aux foires de la dite ville.—(4 décembre 1787.)

A. I. Sect. adm., E, 1660.

CCCXXIV. Ordonnance de Louis XVI, au sujet de la justice consulaire d'Amiens.—(13 janvier 1788.)

A. I. Sect. jud., Parl. de Paris, Ord. Minutes.

CCCXXV. Lettres patentes portant homologation des statuts en 26 articles des maîtres tailleurs-fripiers de la ville d'Amiens.—(29 octobre 1788.)

A. I. Sect. jud., Parl. de Paris, Ord. Minutes.

CCCXXVI. Arrêt du conseil qui permet aux boulangers du dehors de la ville d'Amiens d'apporter tous les jours de marché dans la ville le pain par eux fabriqué.—(26 novembre 1788.)

A. I. Sect. adm., E, 2652.

73. État de la consistance et des revenus des domaines du Roy, engagés et réunis dans la généralité d'Amiens. 1683.

MS. in-f°. de 132 folios papier.—Ecriture du XVIIe. s.
Bibl. Ste.-Geneviève.— N°. 1370. L

AMIENS.

D'après une note placée à la fin de ce volume, qui appartenait autrefois à la commune d'Amiens, l'état qu'il renferme a été composé par un nommé Le Goslier de Verneuil, qui l'a présenté le 12 octobre 1683 à M. le contrôleur général.

Ce manuscrit dont nous donnons ici une longue notice, commence ainsi : — F°. 1. [Chastellenies dépendantes du domaine du Roy dans la généralité d'Amiens.

Le domaine du Roy dans la généralité d'Amiens consiste en douze chastellenies qui sont : Amiens, Ponthieu, Péronne, Roye, Montdidier, St.-Quentin, Calais, Guisnes, Ardres, Boulogne, Choquet, Des-Urene[1].

Les receveurs particuliers établys en chacun des dicts domaines et receptes ordinaires en ont rendu depuis 1350 jusques en 1660 plusieurs comptes qui sont en la chambre sur lesquels le présent estat a esté dressé.

Les revenus de la chastellenie et domaine d'Amiens ont été concédés pour six ans à madame de Senneterre à commencer du premier janvier 1683. Le domaine de Ponthieu a esté donné à vie à madame de Guise. Celuy de Péronne est engagé à M. de Crecy-Longueval. Celuy de Montdidier aux héritiers de feu monsieur le marquis de Piennes. Celuy de Roye est pareillement engagé. Plusieurs parts et portions des domaines de St.-Quentin, Calais, Boulogne, Le Choquet, et Des-Urene sont engagés à différents particuliers.

Les principaux droits des dits domaines de St.-Quentin, Calais, Boulogne, Le Choquet, et Des-Urene, et les domaines de Guise et Ardres, sont reunis et compris en la ferme générale des domaines, et sous fermés par M. Jean Fauconnet, avec les controles d'exploits et autres nouveaux droits par deux baux des 7 et 13 sept. 1681. 118,500 liv.

Les domaines contenus au présent état sont divisez en deux parties.

La première contient la consistance, les revenus et le prix des engagements desdits domaines aliénez, suivant les comptes qui en ont esté rendus en la chambre avant les premiers engagements des dits domaines.

La seconde contient la consistance des dicts domaines réunis avec les revenus qui sont rapportés en recepte dans les comptes que les receveurs en ont rendus, avant les en-

[1] Aujourd'hui Desures, arrond. de Boulogne-sur-Mer, (Pas-de-Calais).

AMIENS. gagemens qui en avaient esté faits ou baux généraux faits au conseil, dans lesquels les dits domaines ont esté compris.

DOMAINES ENGAGÉS.

F° 3. [Domaines engagés. Comté d'Amiens.] — L'auteur de ce mémoire fait l'historique du comté d'Amiens sous les divers possesseurs et établit sa division en prévotés, et en recette du coté de France, [Amiens, Beauvoisis, Foulois, Vimeu] et recette du coté d'Artois [Beauquesne, Beaurains, Doullens, Montreuil-sur-Mer, Saint-Riquier.] — F°. 4. Domaine du Roy dans la ville d'Amiens DU COSTÉ DE FRANCE. —F°. 4 v°. Cens et rentes deus au Roy en ladite ville d'Amiens, suivant les comptes rendus en la chambre pour les années 1600, 1601, 1641 et 1637. Revenu 863 livres 16 sous.—F°. 9. Revenus du domaine muable dans la ville d'Amiens. 9836 liv. 15 s. —F°. 12. Greffes, clergie, sceaux et tabellionages dependans du domaine d'Amiens. —F°. 12 v°. Prevosté de Beauvoisis dependante de la chastellenie d'Amiens. Revenu 76 liv.—F°. 13 v°. Prévosté de Foulois dépendante de la chastellenie d'Amiens. Revenu 119 liv.—F°. 13. v°. Prevosté de Vimeu, dépendante de la chastellenie d'Amiens. Revenu 792 liv. 14 s.— F°. 14 v°. Terres dépendantes de la chastellenie d'Amiens DU COSTÉ D'ARTOIS. Doullens.—Revenu en l'année 1500, 420 liv. 10 s. 8 den.—F°. 17. Prévosté de Montreuil-sur-Mer dépendante de la chastellenie d'Amiens. Revenu 643 liv. 1 s. 4 den.—F°. 19. Prévosté de St.-Riquier. Revenu 397 liv. —F°. 24. Autres domaines dépendans de ladicte chastellenie d'Amiens engagez avant la déclaration du mois de décembre 1643.—Prévotés de Beauquesne, Beaurain-le-Chastel[1], Leaume-les-Beaurain[2], Dompierre-sur-Autie[3], Houdeuil-le-Chastel[4], Regale de l'évesché d'Amiens.]

F°. 38. [Les revenus des domaines alienez dans la

---

[1] Aujourd'hui Beaurain-Château, commune de Beaurainville, arrond. de Montreuil-sur-Mer, (Pas-de-Calais).

[2] Leaume n'existe plus. A l'époque où Cassini a dressé sa carte, on voyait encore des restes de son château.

[3] Aujourd'hui Dompierre, arrond. d'Abbeville, cant. de Crécy (Somme).

[4] Aujourd'hui Oudeuil, arrond. de Beauvais (Oise); son château est en tièrement détruit.

chastellenie d'Amiens terres et seigneuries en dependantes AMIENS.
non compris les greffes, sceaux et tabellionnages et les
terres de Leaume-lez-Beaurain, Houdeuil et autres parts et
portions prétendues usurpées, montent suivant les comptes
rendus avant les premiers engagemens desditz domaines
à 17248 liv. 17 s.—Les finances des domaines engagés
dans la chastellenie d'Amiens sont peu considérables d'autant que la plus grande partie des dits domaines a esté
donnée à temps et à vie, et qu'il n'y a que la terre de Beauquesne qui soit engagée à faculté de rachapt perpétuel ;
elle était affermée 1,700 liv. avant l'engagement. La finance
avant les comptes est de 15,900 liv. Les revenus de greffes,
tabellionnages et sceaux engagéz dans la dicte chastellenie
d'Amiens montent suivant les comptes rendus avant les
engagemens à 4,900 liv. 10 s.

F^o. 39. Chastellenie et comté de Ponthieu domaine engagé.— F^o. 41. Abeville. Cens et rentes. Revenu 1,146
liv. 9 s. 6 den.— F^o. 45. Abeville. Domaine muable. Revenu 9,423 liv. 3 s.— F^o. 49 v°. Airaines, membre dépendant du comté de Ponthieu. Revenu y compris les amendes,
greffes et clergie d'Arguel. 435 liv.— F^o. 51 v°. Arguel,
membre de la chastellenie de Ponthieu. Revenu 52 liv. 17
s. 9 den.— F^o. 52 r°. Cressy, Id. Revenu 1,126 liv. 7 s. 3
den — F^o. 54 r°. Espaigne[1], Id. Revenu 81 liv. 9 s. 4 den.
— F^o. 54 v°. Le Crottoy, Id. Revenu 89 liv. 13 s. 3 den.
— F^o 56 r°. Le Tiltre, Id. Revenu 151 liv. 3 s. 9 den.—
F^o. 56 v°. Mortaigneville sur la mer[2]. Revenu 297 liv. 5 s.
— F^o. 57 r°. Port[3]. Revenu 113 liv. 4 s. 6 den.— F^o. 59 r°.
Rue, membre dépendant du domaine de Ponthieu. Revenu
1,392 liv. 6 s. 6 den.— F^o. 62 v°. Soues, Id. Revenu 204
liv. 6 s. 9 den. — F^o. 63 v°. Vuaben, Id. Revenu 312 liv.
3 s. 9 den.— F^o. 66 r°. Bois et forests dépendans du domaine de Ponthieu. Revenu 17,018 liv.— F^o. 66 v°. Total
du revenu du dit domaine de Ponthieu 34,843 liv. 3 s.
8 den.— F^o. 67 r°. Terres et seigneuries dépendantes du
domaine de Ponthieu engagées avant l'année 1582, et qui
ne sont comprises dans l'aliénation de Mme de Guise [Cam-

[1] Aujourd'hui Epagne-Epagnette, arrond. d'Abbeville (Somme).
[2] Aujourd'hui Martaineville-sur-Mer, comm. de Bourseville (Somme).
[3] Aujourd'hui Port-le-Grand, arrond. d'Abbeville, canton de Nouvion-en-Ponthieu (Somme).

AMIENS.

bron, Helicourt, Ponthoilles, Montreuil-sur-Mer.] — *F°. 72 r°*. Autres parts et portions du dict domaine de Ponthieu alliennez avant l'année 1582, dans les lieux, terres et seigneuries dépendantes dudict domaine. [Abeville, Airaines, Cressy, Crottoy, Tiltre, Rue, Vuaben.]

F°. 77 r°. [Les revenus des domaines alienez dans le comté de Ponthieu, terres et seigneuries en dépendantes non compris les greffes, sceaux et tabellionnages et les revenus des parts et portions prétendues usurpées, montent suivant les comptes rendus avant les premiers engagemens des ditz domaines à 32,690 liv. 5 s. 8 den. Les finances des ditz domaines engagés dans ledit comté de Ponthieu sont peu considérables, d'autant que la plus grande partie des domaines dépendants dudit comté a esté donnée à vie à madame de Guise. Les finances des autres domaines engagéz dont madame de Guise ne jouist point qui valent de revenu suivant les comptes 847 liv. 8 s. sont de 11,479 liv. 3 s. 7 den. Les revenus des greffes tabellionnages et sceaux engagés dans ledit comté de Ponthieu montent suivant les comptes rendus avant les engagemens à 1,268 liv. 5 s.]

F°. 78 r°. [Chastellenie de Péronne, domaine engagé. Cens et rentes.—*F°. 81 v°*. Fermes et domaines muable de la dite ville de Péronne.]

F°. 85 bis v°. [Les revenus des domaines aliénés dans la chastellenie de Péronne non compris les greffes, sceaux et tabellionnages montent suivant les comptes rendus avant le premier engagement du dit domaine à 1,270 liv. 4 s. La finance des dits domaines engagés dans la dicte chastellenie de Péronne monte à 2,250 liv., on prétend qu'il n'y a plus de finance à cause de la jouissance des douze années accordées à l'engagiste qui sont expirées en 1677. Les revenus des greffes et tabellionnages et sceaux engagés dans la dite chastellenie de Péronne montent à 1,915 liv.]

F°. 84 bis. [Chastellenie de Roye. Domaine engagé. Domaine muable, etc.]

F°. 85 bis v°. [Les revenus des domaines alienez dans la chastellenie de Roye, non compris les greffes de la gouvernance et bailliage de Roye et les sceaux des sentences, montent suivant les comptes rendus avant le premier engagement des ditz domaines à 1,060 liv. 9 s. La finance des dits domaines engagés dans la dite chastellenie de

Roye n'est point raportée dans les comptes. On prétend qu'elle est comprise dans l'ancien engagement du domaine de Montdidier. Les revenus des greffes et sceaux engagés dans la dite chastellenie de Roye, montent suivant les comptes rendus avant les engagemens à 237 liv. 15 s.]

F°. 86 v°. [Chastellenie de Montdidier domaine engagé, fermes et revenus, terre de Hérelles, etc., etc.]

F°. 92 v°. [Les revenus des domaines alienez dans la dite chastellenie de Montdidier non compris les greffes de la prévosté et de la gouvernance, les sceaux de la dite ville et la terre de Hérelle montent suivant les comptes rendus avant le premier engagement des dits domaines à 1,986 liv. 2 s. 7 den. La finance des dits domaines alienez dans la dite chastellenie de Montdidier et revendus en 1674 est de 12,705 liv. Les revenus des greffes et sceaux engagez dans la dite chastellenie de Montdidier montent suivant les comptes rendus avant les engagemens à 1,279 liv. 10 s.]

F°. 93 r°. [Chastellenie de St.-Quentin.—F°. 94 v°. Total des revenus engagés, etc., 386 liv. 7 s. 6 den. Total des finances 31,828 liv. 2 s. 6 den.]

F°. 95 r°. [Chastellenie de Calais, Guisnes et Ardres. Il ne reste de domaine engagé dans la chastellenie de Calais que les greffes et sceaux des juridictions royalles dudit Calais le revenu en est cy-dessus rapporté suivant les comptes rendus avant les premiers engagemens des dites greffes qui monte à 369 liv.]

F°. 96. [Comté de Boulogne. Domaines engagés.—F°. 96 v°. Chastellenie de Boulogne, domaines engagez dans la ville et terroir de Boulogne.—F°. 100 r°. Ambletheuse, Outreau, Vuissant[1], membres dépendants de la chastellenie de Boulogne.—F°. 102 r°. Les revenus des domaines engagez en la dite chastellenie de Boulogne montent à 1,448 liv. 14 s. 4 den. et la finance à 8,182 liv. 7 s. 6 den.—F°. 102 v°. Chastellenie de Choquet[2] et Estaples, membres du comté de Boulogne.—F°. 104. Condette, Camieres[3], Dannes, Neufchastel, membres dépendants de

---

[1] Aujourd'hui Wissant (Pas-de-Calais), arrond. de Boulogne-sur-Mer.

[2] Aujourd'hui le Choquel, commune de Martin-Choquel, canton de Samer.

[3] Aujourd'hui Camiers, arrond. de Montreuil-sur-Mer, (Pas-de-Calais).

AMEINS. la chastellenie de Choquet.—*F°*. 106 *v°*. Les revenus des domaines engagez en la chastellenie de Choquet, montent à 1,549 liv. 7 s. 10 den. et la finance à 10,282 liv. 4 s. 7 den.—*F°*. 107 *r°*. Chastellenie d'Euresne, membre du comté de Boulogne. Les revenus des domaines engagés en la dite chastellenie montent à 368 liv. 7 s. 4 den. et les finances à 3,349 liv. 17 s.—*F°*. 110. Hardelot et Videhen[1], Brunenberg.]

F°. 111 *r°*. [Les revenus des domaines qui restent engagez dans le comté de Boulogne et dans les chastellenies de Choquet et d'Euresne qui dépendent du dit comté, non compris les greffes, sceaux et tabellionnages, montent suivant les comptes rendus avant les premiers engagements des dits domaines à 3,366 liv. 9 s. 6 den. Les finances des dits domaines qui restent engagés dans le dit comté de Boulogne montent suivant les dits comptes à 21,814 liv. 9 s. 4 den. Les revenus des greffes, sceaux et tabellionnages dans les chastellenies de Boulogne, Choquet et Desurenes montent suivant les comptes rendus avant les premiers engagements des dits greffes à 475 liv. 7 sous.]

F°. 112 *v°*. [En tout, les revenus des dits domaines aliénés en la dite généralité d'Amiens montent à 69,054 liv. 7 sous 9 deniers.]

DOMAINES RÉUNIS.

F°. 113 *v°*. [Domaines réunis dans la généralité d'Amiens et lieux en dépendans. Chastellenie de St.-Quentin.— *F°*. 118 *v°*. Tout le domaine de St.-Quentin y compris les cens et rentes fermes et revenus tant meubles que immeubles réunis, peut valoir par année commune 8,400 liv.]

F°. 119 *r°*. [Chastellenie de Calais et terres et seigneuris qui en dépendent, à savoir Andres, Balinguen, Boveres, Bonnigues[2], Coullognes, Coquelle, Champagne[3], Es-

[1] Aujourd'hui Widehem, arrondissement de Montreuil-sur-Mer (Pas-de-Calais.)

[2] Aujourd'hui Bonningues-lez-Calais, arrondiss. de Boulogne-sur-Mer (Pas-de-Calais).

[3] Aujourd'hui Campagne, arrond. de Boulogne-sur-Mer, canton de Guines (Pas-de-Calais.)

calles, Fretain[1], Guemp, Hames, Hervelinghan, Mare[2], Neuve-Eglise[3], Nielles[4], Offequerques, Oye, Peuplingues, St-Pierre, St.-Tricart[5], Sangot[6], Vualden[7] et Vualle, Vieille-Eglise et Vischem.—F^o. 147 v°. Total des revenus de la chastellenie de Calais, terres et seigneuries en dependantes, non compris les bois dependans dudit domaine 25,099 liv. 17 s. 9 den.—F^o. 148 r°. Bois et forests dependans du dict domaine de Calais. Revenu 3,788 liv. 16 s.]

F^o. 149 r°. [Comté de Guisnes. Revenu 3,154 liv. 12 s. 8 den.]

F^o. 152 r°. [Chastellenie d'Ardres. Revenu tant muable que immuable, etc. 1,699 liv. 19 s.]

F^o. 156 r°. Chastellenie et comté de Boullogne, terres et seigneuries qui en dépendent, à savoir Boulongne, Ambleteuse, Bellefontaine, La Mote, Marquise, Londefort, Outreau et Wissant.—F^o. 167 v°. Total des revenus des domaines réunis dans la dite chastellenie de Boulogne, 7,670 liv. 8 s. 10 den.—F^o. 168 r°. Chastellenies de Choquet et Estappes, terres et seigneuries qui en dépendent, à savoir, Ste. Estienne, Condette, Neufchastel, Daunes et Camières.—F^o. 172 r°. Total des revenus des dites chatellenies, etc., 621 liv. 1 s. 6 den.—F^o. 172 r°. Chastellenie d'Euresne, et domaines de Hardelot et Videhen.—F^o. 174 r°. Total des revenus de la dite chastellenie 1,119 liv. 11 s. 6 den.—F^o. 174 v°. Bois et forestz dependans du dit comté et domaine de Boulogne.—F^o. 175 v°. Total du revenu des domaines réunis dans le dit comté de Boulogne, chastellenies de Choquet, Euresne et lieux en dépendants, bois et forest du dict comté, suivant le compte de l'année 1606 et autres précédens, 15,784 liv. 1 s. 5 den.]

---

[1] Aujourd'hui Frethun, canton de Calais, arrond. de Boulogne-sur-Mer (Pas-de-Calais.)

[2] Anciennement Mark.

[3] Aujourd'hui Nouvelle-Eglise, arrond. de St.-Omer (Pas-de-Calais.)

[4] Aujourd'hui Nielles-lez-Ardres, canton d'Ardres, arrond. de St.-Omer (Pas-de-Calais.)

[5] Aujourd'hui St.-Tricot, arrond. de Boulogne-sur-Mer (Pas-de-Calais).

[6] Aujourd'hui Sangatte, canton de Calais, arrond. de Boulogne-sur-Mer (Pas-de-Calais).

[7] Aujourd'hui Waldum (le), commune d'Oye (Pas-de-Calais).

— 134 —

AMIENS.

Ce manuscrit est terminé par un tableau, qui résume tous les revenus.

[Total des revenus des domaines réunis dans la généralité d'Amiens, suivant les comptes desdits domaines y compris les bois taillés en dépendans 52,829 liv. 6 s. 10 den. Les dits domaines sont à présent sous fermés avec les controlles des exploits et autres droits unis à la ferme des domaines, 118,500 livres. Les charges des dits domaines réunis montent à 13,363 liv. 16 s. y compris les gages d'officiers et rentes pour deux quartiers. Le revenant bon des charges des domaines engagés, pour les deux quartiers des gages et rentes retranchés, monte à 5,011 liv. 6 s.]

Les revenus de tous les domaines de la généralité d'Amiens contenus au présent état montent suivant les anciens comptes, savoir : [Des domaines alienez à temps et à vie à 48,662 liv. 3 s. 8 den.—Des domaines engagez à faculté de rachapt à 9,346 liv. 16 s.—Des greffes engagez dans ladite généralité à 11,046 liv. 7 s.—Des domaines réunis non compris les controlles des exploitz et nouveaux droits unis à la ferme des domaines à 42,765 liv. 10 s. 10 den.—Des bois et forestz dependans des domaines réunis à 1,063 liv. 16 s.]

[Total des revenus des dits domaines engagez et réunis dans la dite généralité d'Amiens, 121,883 liv 14 s. 7 d.

Les revenus des domaines contenus au présent ont esté tirés sur les comptes qui en ont esté rendus dans le siècle de 1500 et au commencement de celui-cy, etc.]

On trouve à la fin de ce manuscrit une table alphabétique des domaines, terres et seigneuries contenues au présent état.

74. Procès-verbaux pour l'évaluation des offices de France.

MS. in-f°., papier.—Ecriture diverse, XVII.ᵉ siècle.

Bibl. Imp.—F.ᵈˢ Colbert, n.° 500 ²⁸⁷.

Ce manuscrit renferme : [L'éstat des offices des juridictions dépendantes de la généralité d'Amyens et des gaiges et droictz attribués à iceux sur le pied de l'employ qui en est faict en l'estat du roy de l'année dernière 1664, ensemble la valleur et prix courant de chacun des dicts offices, le dict présent estat faict et dressé par nous présidens trésoriers généraulx de France en la dicte généralité en consequence des ordres et instructions à nous envoyez le dixiesme may dernier par Monseigneur Colbert, conseiller du roy en ses conseils, etc.] Suit l'évaluation des offices de la généralité d'Amiens.

75. Cartes et plans.

Bibl. Imp. — *Département des cartes et plans.* — Collection topographique, V. A. 22.

Les plans contenus dans ce volume et qui concernent Amiens, sont : — I°. Les gouvernements d'Amiens et de Corbie.—II°. Plan de la ville et citadelle d'Amiens.—III°. Plan des fortifications d'Amiens.—IV°. Plan de la ville d'Amiens.—V°. Amiens et ses environs.—VI°. Vue de la ville d'Amiens, ville forte et considérable, capitale de la Picardie (à l'encre sur papier de Chine.)—VII°. Plan de l'hospital des pestifférés, dit *la Magdelaine*, à Amiens.— VIII°. Plan relatif à la disposition et à la pente des nouveaux ruisseaux de la place de Périgord, à Amiens.—IX.° Plan pour la place de St.-Firmin.—X°. Projet de redressement pour la rue de Noyon d'Amiens.—XI°. Cimetière St.-Denis (1811).—XII°. Plan général des ci-devants couvents des Cordelliers, Moreaucourt, Arsenal et autres terrains...... sur lesquels on propose de continuer la rue des Louvets, etc. — Ce plan a été présenté au Conseil municipal d'Amiens le 3 brumaire an XI, sous l'administration de M. Augustin Debray, maire ; il a été fait, le 2 vendémiaire an XI, par l'architecte Limozin dont il porte la signature.— XIII°. Plan du collége de la comp^e. de Jésus à Amiens. — XIV°. Plan général du premier étage du collège d'Amiens dans son état actuel, c'est-à-dire au moment de l'expulsion des Jésuites.— XV°. Rez-de-chaussée d'une maison appartenant au collège d'Amiens, à cause de la réunion du prieuré de St.-Denis, occupée en 1762 par M. Louzé.— XVI°. Plan du premier étage de la maison sus dite. — XVII°. Façade de l'entrée de la chapelle du collége d'Amiens (à l'encre de Chine.)— XVIII°. Coupe sur la longueur de la chapelle du collége d'Amiens. — XIX°. Plan de la maison de retraite et dépendances que les Jésuites avaient fait bâtir sur le terrain du prieuré de

AMIENS.   St.-Denis. — XX°. Elévation de l'aile droite du collége d'Amiens. Au-dessous de ce plan se trouve un petit imprimé intitulé : [Conditions et qualités requises en ceux qui sont reçus au séminaire des pauvres escoliers d'Amiens, appelé vulgairement les Capettes, en 7 articles.] —XXI°. Façade de la maison des Capettes —XXII°. Autre plan concernant la même maison.—XXIII°. *Idem.*—XXIV°. *Idem.*—XXV°. Plan des nouvelles rues à ouvrir dans le terrain du Logis-du-Roi, des Célestins et frères des écoles chrétiennes.—XXVI°. Vue de la grille du chœur de la cathédrale d'Amiens, avec les colonnes et statues qui sont de chaque côté de cette grille (à l'encre de Chine et colorié.)—XXVII°. Façade de l'autel de saint Jean-Baptiste dans la cathédrale d'Amiens (à la plume.)—XXVIII°. Chœur de la cathédrale (à l'encre de Chine.)—XXIX.° Plan de la chapelle de saint Jean-Baptiste.—XXX°. Plan de la citadelle d'Amiens.—XXXI°. Plan du château de la Bouteillerie et dépendances, situé près d'Amiens, appartenant au collége d'Amiens, et cy-devant servant de maison de campagne à la société bannie.—XXXII°. Vue perspective du château sus dit.

76. Les antiquités d'Amiens, par Adrien de la Morlière.

Bibl. Imp. — N°. 1206. *Suppl. fr.*

Cet ouvrage imprimé est couvert de notes manuscrites de Du Cange[1].

77. Histoire des comtes d'Amiens.

MS. in-f°. de 213 folios, papier. — Ecriture du XVII°. siècle.

Bibl. Imp. — N°. 2036, *Suppl. fr.*

Cette histoire des comtes d'Amiens, par Du Cange, a été publiée par M. Hardouin en 1841.—Le manuscrit renferme une plaquette détachée; c'est une table des auteurs à consulter pour faire une histoire d'Amiens.

---

[1] Voyez *Bibl. de la Fr.*, t. III, à la fin du vol. où se trouvent les mémoires historiques sur plusieurs historiens de France, p. 14, col. 2.

78. Histoire de la ville d'Amiens et de ses comtes, avec un recueil de plusieurs titres concernant l'histoire de cette ville, etc., par Du Cange.

    MS. in-4°., papier. — Ecriture du XVIIe siècle.
    Bibl. Imp. — N°. 1209, *Suppl. fr.*

Une permission du censeur Saurin, placée en tête du manuscrit, prouve qu'il était sur le point d'être livré à l'impression.—(Voyez le n°. 77.)

79. Traité des Vidames.

    MS. in-f°., papier. — Ecriture du XVIIIe. siècle.
    Bibl. Imp. — *Saint-Germain fr.*, n°. 248.

On peut trouver dans ce traité quelques renseignements utiles sur les vidames d'Amiens.

80. Du Cange, pièces concernant Amiens.

    Portefeuille in-f°., papier et parchemin. — Ecriture d'époques diverses.
    Bibl. de l'Arsenal. — N°. 237 *bis*, H. F.

Ce précieux manuscrit renferme beaucoup de notes et de pièces tant imprimées que manuscrites sur Amiens.
Nous avons remarqué : I°. un fragment de l'histoire des comtes d'Amiens de Du Cange.—II°. Un martyrologium ecclesiæ et diocesis Ambianensis, e variis martyrologiis concinnatum.— A. Martyrolog. sancti Hieronimi—B. Martyrol. ecclesiæ Ambianensis.— C. Martyrol. Corbeiense.—III°. Un catalogue des trésoriers de France d'Amiens depuis leur création jusques en 1640.—IV°. Une réduction de plusieurs mesures au bled.... de diverses villes et bourgs à celle de la ville d'Amyens.

A la fin de ce portefeuille, qui contient beaucoup d'autres documents sur la Picardie en général, et sur quelques villes de cette province, on trouve la généalogie imprimée et manuscrite de la famille des Le Caron d'Amiens.

81. Mémoires du règne de Henri III.

    MS. in-f°., papier. — Ecritures diverses, XVIe. siècle.
    Bibl. Imp. — N°. 8912, Béthune.

AMIENS.

[F^o. 1. Une lettre de Henri III à d'Humières, dans laquelle il lui mande que, pour aucuns affaires importans, il envoie Chauvigny, l'un de ses valets de chambre, en son pays de Picardye (août 1576.)—F^o. 5. Une lettre du même au même dans laquelle le Roi s'exprime ainsi : « j'ay esté » adverty qu'en mon pays de Picardye quelques ungs ne » laisse de faire des assemblées contre les deffences qui en » ont esté faictes, au moien de quoy est besoin pour l'exe- » cution de ma volunté que le sieur de Crévecueur, mon » lieutenant général en icelluy soit assisté d'ung bon nom- » bre de forces, mesmes de cavalerye. J'ay advisé me ser- » vir a cest effect de vostre compagnye de mes ordon- » nances, etc. » (5 mai 1578.)—F^o. 6. Une lettre du même au même, sans intérêt.—F^o. 20. Un mémoire sur le faict des cappitaines nouveaulx esleuz et instituez en ceste ville d'Amiens.—F^o. 31. Rolle des gentilzhommes qui se sont offert à faire le service personnel pour le ban et arrière-ban du bailliage d'Amiens (21 octobre 1575.)—F^o. 60. Acte du serment d'adhésion à la ligue prété par les habitants le 20 mai 1588.—F^o. 62. Lettres du prévôt des marchands et des échevins de Paris aux membres de l'échevinage d'Amiens, pour les prier de joindre leur requête à la leur auprès du Roy, pour la conservation de la religion, et leur offrir une union indissoluble pour le bien de l'état et de l'église (mai 1588.).—F^o. 65 Lettre de Henri III dans laquelle il remercie les habitants de la ville d'Amiens de leur dévoûment à sa personne (juillet 1588.)—F^o. 67. Lettre de Henri III aux maire et échevins d'Amiens, dans laquelle il les félicite de leur bon vouloir pour la religion et pour la royauté, les engage à persévérer, et leur promet de maintenir leurs priviléges (24 mai 1588.)—F^o. 116. Lettre de Messieurs d'Amiens aux habitants de Saint-Quentin[1], (juin 1588.)

82. **Mémoires du règne de Henri III.**

MS. in-f°. de 195 f°ˢ. papier.—Ecritures diverses, XVIᵉ. siècle.

Bibl. Imp. — N°. 8914, Béthune.

Cet intéressant manuscrit contient sur Amiens les documents qui suivent :—F^o. 61 r°. Un arrêt du Conseil d'Etat par lequel il est décidé que Robert Couvreur, échevin et

[1] On trouve au f°. 117 la réponse de ceux de Saint-Quentin.

maître de l'artillerie, qui avait été forcé de choisir entre ces deux fonctions, sera déchargé de son office de maître de l'artillerie, et que néanmoins on réélira son successeur, etc., Paris. (4 avril 1588.)—F°. 65. Un mémoire de ce qui est advenu à Amyens en 1588 :

« Le dimenche quinziesme jour de may, la ligue offen-
» sive faict courir faulcement que le maieur d'Abbeville
» avoit eu la gorge couppée la nuit preceddente pour
» s'estre opposé auparavant aux desseings de la ligue. Ce
» bruict courant estonne assez nostre bon maieur, lequel
» pour adviser de la seuretté de sa personne feyt assem-
» bler le mesme jour les eschevins, pour luy donner garde
» suffisante pour la tuition et deffence de sa personne.
» Pendant ceste assemblée Gigault secretaire de Monsieur
» l'évesque de Boullongne que l'on dict de la ligue arriva
» de Paris à Amyens. Donc adverty, le maieur députa le
» prévot du Roy Castellet, Scellier et Boullenger, fiscal
» et advocat de la ville pour aller par devers le dict Gi-
» gault scavoir nouvelles de Paris. Lesdicts députés vont
» suivant le commandement du dict maieur par devers le
» dict Gigault, qui estoit chez Monsieur l'evesque d'A-
» myens, lequel Gigault dit ausdicts depputés après luy
» avoir faict entendre leur legation, que estoient lettres
» closes pour eulx jusques à ce qu'il ayt communiqué au
» dict sieur Evesque. Et de faict attendirent ledict Gigault
» et depputés, que ledict Evesque fut retourné de vespres,
» etc. etc. »

Ce mémoire fort intéressant et qui a huit grandes pages in-folio est empreint d'une couleur toute locale. A sa lecture on voit l'agitation de la population, le trouble des échevins, les bravades de quelques-uns, les lâchetés de quelques autres. Que fait-on à Paris? est le cri général. Preuve éclatante qu'au XVI.ᵉ siècle, comme en plein XIX.ᵉ siècle, Paris était regardé comme le cœur de la France !

F°. 69. Une délibération d'une assemblée générale des Amiénois, tenue à l'occasion de la réception d'une lettre de Paris, (3 juin 1588). On y décide :—« suivant l'advis
» et du consentement de toute l'assemblée que les habi-
» tants de la ville d'Amiens s'uniront avec ceulx de la
» ville de Paris se conformeront et feront pareilles re-
» questes qu'eulx à sa Majesté, en ce que concerne le faict
» général de la relligion de l'estat et du bien publicq ».

AMIENS.

Suivent diverses remontrances au Roi sur le repos de la Picardie, sur les tailles, les libertés d'Amiens. On décide enfin :—« que les dicts mayeurs, prévost et eschevins dé-
» puteront gens pour aller ès villes voysines pour les ex-
» citer à faire pareille union ».

F°. 71 r°. Instructions données par l'échevinage d'Amiens aux députés chargés par lui de présenter au Roi les remontrances et supplication de la ville. (13 juin 1588).
—*F°. 75 r.°* Réglement donné par les maire, prévot et échevins d'Amiens pour les 21 capitaines de la ville et les compagnies de milice bourgeoise qu'ils étaient chargés de diriger. (14 juillet 1588).

Ce réglement termine par un :—« *deppartement des quar-*
» *tiers* en cas d'effroy ou d'allarme tant sur les rampars
» qu'avant la ville d'Amyens, et des compaignies y or-
» données. »

Premièrement sur les Rampars.

« *A la tour Orguileuse*, pour s'estendre d'une part jus-
» ques sur la porte de Montrescu, et d'autres jusques et
» comprins le pont des Célestins.

» *Sur le pont Barrabam*, pour s'estendre d'une part jus-
» ques au pont des Célestins jusques et comprins le pont
» Du Cange.

» *A la tour de Gaenne*, pour s'estendre jusques au pont
» Du Cange d'une part, et d'autre jusques et comprins la
» platte forme St.-Loys.

» *Sur la porte de Noyon*, pour s'estendre d'une part jus-
» ques à la platte forme St.-Loys, et d'autres jusques et
» comprins la porte de Paris.

» *A la tour de la Patrenostre*, pour s'estendre jusques à
» la porte de Paris d'une part, et d'autres jusques aux
» Rabuissons.

» *Sur la porte de Beauvais*, pour s'estendre d'une part
» jusques aux Rabuissons et d'autre part jusques et com-
» prins l'esperon de Guy.

» *A la tour des Bouchers*, pour s'estendre d'une part jus-
» ques à l'esperon de Guy..... icelle non comprins et
» d'autres jusques à la porte de la Haultoye icelle com-
» prise.

» *A la tour du Vidame*, pour s'estendre d'une part jus-
» ques à la porte de la Haultoye et d'autres jusques au pont
» St.-Michel icelle non comprins.

» *A la tour qui panche*, pour s'estendre jusques et com-
» prins le pont St.-Michel d'une part et d'autre jusques à
» la porte de Gayant exclud.

» *A la platte forme Chastillon*, pour s'estendre jusques
» à la porte de Gayant icelle comprise d'une part, et d'autre
» jusques à la porte de Montrescu icelle comprise.

Avant la Ville.

» A l'Hostel-de-Ville et devant St.-Martin au bourg.—
» Au grand Marché devant les Rouges-Lions.—Au dict
» grand Marché, au devant de la Poissonnerie.—A la
» Belle-Croix, au coin de la rue des Lirots.—Au quartier
» St.-Fremin, à la porte près le coing Mille-Hurtault.—
» Devant l'église St.-Leu, au coin des Quatre-Vents.—
» Devant la grande église Nostre-Dame.—Devant le grand
» portail du cimetière Sainct-Denis.—Au coing de l'Escu
» de Bretagne. — Pour la garde du Beffroy, les 18 des-
» chargeurs de vin.—Faict, arresté et délibéré en pleine
» assemblée d'eschevinage le xiii°. juillet 1588.—Signé :
» DE LESSAU. »

$F°$. 90 $r°$. Explications données par l'échevinage d'Amiens à M. de Crévecœur au sujet de la création des 21 capitaines. L'échevinage déclare cette création conforme aux priviléges de la ville, utile à la ville, et agréable à la majorité des habitants. (1588).—$F°$. 94 $r°$. Rapport de M. de Bonnivet au Roi sur ce qui s'est passé aux états particuliers d'Amiens, relativement à l'institution des 21 capitaines, et à l'élection prochaine de l'échevinage, et sur ce qui a eu lieu à Abbeville, lors de l'élection du maire. (4 septembre 1588).—$F°$. 98 $r°$. Advis particulier sur la commodité de l'observation des anciens status, privilléges et pollices de guerre et sur l'incommodité aussi des nouvelles loix et institutions que l'on prétend establir à Amyens et particulièrement celles qui concernent les 21 capitaines. (1588).—$F°$. 100 $r°$. Raisons contre l'institution des 21 capitaines perpétuels par l'échevinage. Il est dit dans ce factum que l'échevinage ne peut déléguer l'autorité pour plus d'un an, c'est le peuple seul qui peut nommer les capitaines, etc. (vers 1588).—$F°$. 105 $r°$. Advis sur les remontrances baillées par les mayeur et eschevins pour l'establissement de tous nouveaux cappitaines. (1588).—$F°$. 106. Arrêt de l'échevinage qui décide que considérant la

AMIENS.

réclamation de plusieurs membres des compagnies privilégiées, on donnera un quartier à part à chacune de ces compagnies *tant sur le rempart qu'avant la ville*, et qu'ils ne seront point séparés comme l'exigeait l'organisation des 21 capitaineries perpétuelles.—*F°*. 108 r°. Mémoire relatif à la création des capitaines perpétuels.—Ce mémoire où l'on fait connaître l'ancienne organisation militaire de la ville, en critiquant très-vivement le nouveau réglement, mérite que nous en citions les principaux passages.

« Les habitants de la ville d'Amyens chargés de la garde
» d'icelle sont divisés en portiers et diziniers.

» Les portiers sont les riches et aisdes de la dicte ville,
» ne semblent foulés d'employer chascune sepmaine une
» nuict pour la garde des murs de mesmes pour la garde
» des carfours et par quinzaine ou environ une journée
» pour la garde de la porte.

» Les diziniers et leurs submis sont les plus pauvres,
» servants par mois ou environ à faire le guet de nuict es
» tours estans sur les murs.

» Plus sont six compaignies previlleigées exemptes des
» dicts services, n'est ès cas de nécessité et dont partie
» est commyse en cas d'effroy pour assister le majeur (ou)
» autre aulx tours, bastions et plateformes flanquants et
» défendants les murs de la dicte vile et advenues d'icelle.

» Les portiers sont ordonnez par dizines, chacuns ayant
» ung chef et lieutenant et lequel chef est aussy nommé
» connestable, et à la fois deux ou trois sont joinctz en-
» semble, et quelques diziniers meslez entre les dicts por-
» tiers selon la conséquence de la garde du lieu. Le pre-
» mier connestable nommé au rolle estant celluy ordonné
» à commander sur les autres et à chascun desquelz con-
» nestables leurs soldatz diziniers et previlleigez, est de
» tout temps notifié le lieu et quartier ou il est tenu se
» rendre en cas d'effroy.

» En chacun quartier des dictz murs ou carfours de la
» dicte vile sont establiz deux quartiniers, assistés de
» quelques chefs de porte, gentilshommes, nobles ou
» d'autres des plus généreux et apparants du quartier qui
» visitent toutes les connestablies de leur dict quartier,
» s'informent et font tous advertissements nécessaires.

» Oultre les dictz quartiniers, le cappitaine en chef de la

» dicte vile ou son lieutenant pourveu par le roy, faict au
» dict cas d'effroy la ronde sur les dicts mùrs prenant garde
» à tout. Comme au semblable faict le mayeur mesmes
» avant la vile suivy de plusieurs à ce ordonnés pour luy
» servir de force et conseil.

AMIENS.

» Et à quoy tout habitant de temps immémorial sestant
» duyt servyr et obeyr soubz les comportements debon-
» naires des dicts quartiniers tous uny au mayeur seul
» superintendant de la dicte vile, elle s'est jusques icy
» heureusement conservée.

» Contre l'auctorité duquel mayeur charité et unyon des
» dicts habitans ne fut onques veu atempter sauf que le
» vingt deuxiesme jour de may dernier plusieurs habitans
» tant laïs que eclesiasticques furent trouvés en armes es
» carfours et rues esloingnées de leurs quartiers et de
» mesmes veus es maisons abatiales et autres privées, au
» desceu et contre le gré du dict mayeur dont plusieurs
» des optimats et du peuple sont demeurés en doubte et
» entrés en désir de continuer es reiglements millitaires
» sus dicts.

» Au contraire de quoy et deppuis le dict xxii.⁰ may
» aucuns s'estant rendus plus forts au conseil publiq [ou
» les voix sont nombrées et non poïsées] ont sollicité l'e-
» rection de vingt et un cappitaines, et à chascun ung lieu-
» tenant et enseigne, et ainsy (ont) confondus tous les an-
» ciens quartiniers et connestables qu'ils ont submis et
» rendus simples soldats. »

Ce curieux mémoire termine ainsi. « Et finallement
» playra considerer que peu ou nul des habitants oseroit
» entreprendre parler en assemblée convoquée par les
» dicts du conseil publiq tant peu que soit contredisant...
» au peril de sa vye. Telles assemblées estant sy bien
» scindées de mutins apostez qu'ilz n'ont rougy crier en
» sorte sur l'advocat du Roy Hanigue, [homme digne de
» sa charge, orant en telle assemblée sur l'obéissance que
» debvoit au Roy] qu'il fut contrainct se taire par le moien
» des dicts mutins cryants à haulte voix *l'eglize, l'eglize*,
» autres *hors*, autres cryants rien et ce que estant demeuré
» impuny, est d'abondant advenu que Guy de Bailli de
» race ancienne de la vile ayant présenté en tel lieu une
» requeste, et ouvrant la bouche pour parler fut con-
» trainct, par un mutin escorté de dix ou douze autres

AMIENS.
» apostés, se taire et finallement par crye et menasses
» sortir hors de l'assemblée au hazard de sa vye et au
» scandal de sa personne par faulx bruict semé qu'il avoit
» voullu trahir la vile. Comme au semblable a esté faict
» a tort de plusieurs autres, d'ou vient que plusieurs des
» citoiens optimats et autres du peuple n'osent plus se
» trouver es...... assemblées. Et dont aucun font le dict
» proufict. A quoy il plaira avoir esgard et y mestre tout
» bon ordre a l'advenyr ».

F°. 116 r°. Délibération de l'échevinage d'Amiens portant que, quoiqu'il ne soit pas fait dans l'acte d'union juré le 20 mai 1588, mention expresse et particulière du gouverneur de Picardie, néanmoins l'intention de l'échevinage a été et est qu'il y soit compris et qu'il puisse jouir de son pouvoir. (15 septembre 1588).—F°. 117 r°. Déclaration de l'échevinage d'Amiens, dans laquelle il est dit que les députés de la ville *n'ont requis ni pourchassé la distraction des dictes deux places*[1]*, ny la diminution de l'auctorité de M*[r]*. le duc de Nevers.* (15 septembre 1588).—F°. 121 r°. Lettres par lesquelles Henri III, en récompense des services qu'il a rendus à la Couronne, confère la noblesse à Jean de Collemont, maire d'Amiens, et à ses enfants. (septembre 1588).—F°. 123 r°. Lettre de Henri III au bailli d'Amiens, pour que, à l'approche des élections municipales, il fasse défense à toutes personnes de se livrer à aucunes brigues ou menées pour eux ou pour autres au préjudice de la forme et police ancienne (18 septembre 1588).—F°. 124 r°. Lettre de Henri III par laquelle il défend aux maires et échevins d'Amiens de passer outre à l'établissement des nouveaux capitaines (18 septembre 1588).—F°. 129 r°. Délibération de l'échevinage d'Amiens, qui déclare renoncer, d'après le désir du Roi, à l'institution des 21 capitaines perpétuels. (26 septembre 1588).—F°. 135 r°. Rôle des habitants d'Amiens qui ont été élus pour être maire et échevins en 1588.

[1] Le duc de Nevers, gouverneur de la Picardie, ayant été averti que les députés d'Amiens avaient demandé que les villes de Doullens et de Montreuil fussent distraites de son Gouvernement, requit à cet égard une explication de l'échevinage d'Amiens qui fit la déclaration ci-dessus mentionnée.

Nous transcrivons ici cette pièce en entier :   AMIENS.

[Rolle des maieur, prévost et eschevins de la ville d'Amiens esleux pour ceste présente année 1588.

M^e. Jehan de Collemont, maieur.

Controleur des tailles	M^e. Antoine de Berny a eu	91 voix.
Marchant	Guillaulme de Lattre en a eu	85 voix.
De longue robe et advocat	Sire François Gauguier, licencié ès loix, advocat	81 voix.
De longue robe et eschevin pour la cinquième année	Sire François Bigant, licencié ès loix, enquêteur et examinateur	80 voix.
A présent deffunct	Jehan Fauguel	79 voix.
IIIe. De robe longue et pensionnaire et officier de chapitre, n'y peult pour deux raisons	Sire Nicolas de Nibat, licencié advocat, bailly et pensionnaire du chappitre d'Amiens	77 voix.
Elleu	M^e. François Castelet, prévost royal, elleu en l'ellection d'Amiens	74 voix.
Marchant	Jehan le Pot	64 voix.
Drappier	Jehan Saguier, drapier	63 voix.
V^e. De robe longue et advocat	Sire Jaspart Fouache, licencié et advocat	61 voix.*
Marchant	Jehan Cordelois	54 voix.
VIe. De robe longue et advocat	M^e. Jehan le Normand, licencié et adv^t.	40 voix.*
VIIe De robe longue et procureur au bailliage	M^e. Pierre Lengles, procureur au bailliage d'Amiens	38 voix.*
Bourgeois	Nicolas le Roy	58 voix.
Marchant de soyes	Philippe Matissart	37 voix.*
Marchant de soyes	Robert Coureux	35 voix.*
Marchant	Jehan Tancart	34 voix.
Mercier	Lois Petit	29 voix.
Receveur du taillon	M^e. Jehan Postel	26 voix.
Bourgeois	Estienne Boullet	25 voix.
Contrôleur général des finances	M^e. Anthoine Besnard	23 voix.*
Bourgeois	Guillaulme Caron	22 voix.*
Drappier	Anthoine Trudine	22 voix.
VIIIe. De longue robe et advocat	M^e. Robert Fournel, licencié et advocat	21 voix.

Les six moins nommez de longue robe ou justice, cy dessus cottés ne doibvent estre admis eschevins suyvant les arrest du conseil.

NOTA. Les * sont reconus fort affectionnés au service du Roy.]

F°. 138. r°. Mémoire pour instruire sa majesté de ses bons et maulvais serviteurs en la ville d'Amiens. Cette

AMIENS.

pièce où l'on donne des renseignements sur les opinions et la conduite politique, des principaux personnages de la ville, mériterait d'être publiée en entier, mais la longueur ne nous permet que d'en citer le commencement : « Jehan
» Collemon majeur, c'est luy qui se laisse aller aux per-
» suasions et passions de son curé nommé Wiart[1], moyne
» croizé et lequel Wiart est fort factieux et seditieulx
» en ses prédications, parlant tousjours en maulvaise
» part de sa majesté, lequel on dict par bruict commun
» que l'évesque d'Amyens veult faire prescher le caresme
» prochain.

» M°. François Biguan, ancien majeur, de présent es-
» chevin, grant ligueur, et comme tel l'evesque d'A-
» myens... premier de la ligue audict Amyens, a donné à
» son frère une chanonerie en faveur dudict M°. Françoys
» Biguan, qui ordinairement communicque avec ledict
» evesque. M°. Vincent le Roy, lieutenant du bailly d'A-
» myens, M°. Gaudefroy de Baillion, substitud (sic) du
» procureur du roy, M°. Scourion, advocat du dict s°.,
» le sieur de Tarreny tous ligueurs, perturbateurs du re-
» pos public et inventeurs d'artifices meschans.

» M.° François Gauguier aussy ancien majeur de pré-
» sent eschevin et ligueur, communicquant ordinairement
» avec les partisans de la ligue.

» Mr. Gaspar Fouache, aussy ancien majeur de présent
» eschevin, homme aymant demeurer audict eschevinage
» pour y faire ses affaires, qui neantmoings en parolles se
» promect bon serviteur de sa majesté. Je ne sçay sy à
» l'effaict il se rendroit tel, estant homme assez aysé à
» persuader. » etc., etc.

F°. 146 r°. — Lettres par lesquelles Henri III commet le sieur de Crèvecœur au gouvernement de Picardie en l'absence des ducs de Nevers et de Longueville. (18 octobre 1588.) — F°. 185 r°. Récit de ce qui s'est passé à Amiens au sujet du gouvernement de la Picardie donné par le roi au duc de Nivernois et au duc de Longueville, des efforts du duc d'Aumale pour s'emparer du gouvernement de la Picardie, de l'emprisonnement de la mère, de la femme, du frère et des sœurs du duc de Longueville après l'assassinat des Guises. (1588.)

[1] Wiart, curé de la paroisse de St.-Leu, avait prononcé le 19 février 1589, dans la Cathédrale, une oraison funèbre sur les princes tués à Blois.

83. Lettres et mémoires du règne de Henri III.   AMIENS.

MS. in-f°. de 113 f°⁵., pap. et parch.—Ecritures div. XVIᵉ siècle.

Bibl. Imp.—*Béthune*, n°. 8908.

F°. 62 *bis*. Un acte sur parchemin, du sʳ. de Cónty, seigneur de Rocquencourt, tendant à réviser les articles des cahiers du bailliage d'Amiens (décembre 1588.)—*F°*. 64. Une lettre assez curieuse d'un nommé Bernard au duc de Nevers, gouverneur de Picardie, dans laquelle il lui parle des succès d'un prédicateur nommé Béranger, dont l'éloquence avait ramené les Amiénois à de meilleurs sentiments pour la majesté royale. Il conseille au duc de Nevers de le conserver le plus longtemps possible à Amiens afin qu'il efface complètement les idées d'autres prédicateurs « vomissans tousjours en public et particulier brocard contre sa majesté. » (26 avril 1586.)—*F°*. 70. Lettres de Messieurs d'Amiens à Messieurs de Paris, (1588.)—*F°*. 72. Lettre d'un envoyé (la lettre n'est pas signée) à Amiens, au duc de Nevers, sur une mission qui lui avait été donnée par ce dernier, et relative aux cahiers de la province de Picardie, présentés aux états de Blois. (Septembre 1588.)

84. Lettres et mémoires du règne de Henri III.

MS. in-f°., papier.—Ecritures diverses, XVIᵉ. siècle.

Bibl. Imp.—*Béthune*, n°. 9101.

F°. 104. Le procès-verbal de la création des maire et échevins d'Amiens. (25 octobre 1586.)—*F°*. 110. Procès-verbal du bailli d'Amiens, du renouvellement des maire et échevins d'Amiens. (25 octobre 1586.)—*F°*. 165. Arrêt du conseil d'Etat touchant les maire, prevôt et échevins d'Amiens. (29 décembre 1586.)—*F°*. 166. Une décision municipale ainsi conçue : [Pour la garde stationnaire ordonnée tant pour la seuretté de la ville que pour empescher et rompre les esmotions populaires. En dix divers quartiers et carfours de la dite ville, ont esté établis au mois de may 1586 pour y commander les quartiniers cy-après nomméz, en l'estendue des dicts quartiers dont la déclaration ensuit. Au grand marché devant les rouges chappeaux, Petit marché devant la nef d'argent, Carfour Sainct-Martin, Nostre-Dame, Sainct-Leu, Au coing du Cle-

AMIENS.
ron, Puits des Watelets, Sainct-Fremin à la Pierre, Belle-Croix, devant le grand portail St.-Denis. (Amyens le xxxe. juillet 1588.)]

85. Lettres et mémoires du règne de Henri III.

MS. in-f°., papier.—Ecritures diverses, XVIe siècle.

Bibl. Imp.—*Béthune*, n°. 8901.

F°. 158. Extrait des registres de l'échevinage d'Amiens pour la création d'un procureur fiscal, (1587).—F°. 166. Un réglement pour la garde de la ville d'Amiens en 1586. —F°. 170. Un procès-verbal de l'élection du maire d'Amiens avec des lettres du roi touchant l'élection, (1587).

86. Lettres et mémoires du règne de Henri III.

MS. in-f°., papier.—Ecritures diverses, XVIe siècle.

Bibl. Imp.—*Béthune*, n°. 8907.

F°. 17. Les provisions expédiées à M. de Crèvecœur de la lieutenance-générale de Picardie, (1588.)—F°. 60. Une décharge octroyée aux Amiénois, de la somme à laquelle ils avaient été taxés pour leur part de la subvention, (1588).

87. Miscellanées.

MS. in-f°., papier.—Ecritures diverses.

Bibl. Imp.—*Coll. Dupuy*, vol. 88.

Ce volume contient quelques documents relatifs au siège d'Amiens en 1597: Ce sont :—F°. 327. Un aveu d'un prisonnier espagnol mis à la torture, et qui explique les projets du Cardinal d'Autriche sur Amiens, ville vers laquelle il se dirigeait.—F°. 338. Une lettre du gouverneur d'Amiens au Cardinal Albert du 24 juillet 1597, relative au siège d'Amiens.—F°. 330. Une lettre de M. de Villiers au Roy Henri IV dans laquelle il rend grâce au roi de la reprise d'Amiens[1].

---

[1] Lors de la paix d'Amiens, le Roi ordonna de rendre grâce à Dieu. La lettre dans laquelle cet ordre est donné est du 25 septembre 1597. L'original se trouve dans la collection de M. de Feuillet de Conches. Les archives de l'Etat en conservent une copie. (Voy. Sect. adm., Série H. 1791. Reg. authentiques de la ville de Paris, f°. 485, r°.)

88. Miscellanées.

    MS. in-f°., papier.—Ecritures diverses.
        Bibl. Imp.—*Coll. Dupuy*, vol. 38.

F°. 290. [Lettres pattentes par lesquelles le roi Henri III déclare les villes de Paris, Orléans, Amiens et Abbeville descheues de tous honneurs et privillèges, convaincus des crimes d'attentats, felonnie et de lèze-majesté au premier chef, (1589.)]

89. Mélanges.

    MS. in-f° de 195 f°⁸, papier, lignes longues.—XVII° siècle.
        Bibl. Imp.—*Ancien fonds*, n°. 7115.

Parmi un grand nombre de pièces étrangères à la Picardie, nous avons trouvé au *F°*. 192. Une harangue du parlement de Paris à Henri IV, à son retour du siège d'Amiens, sur la reprise de cette ville.

90. Miscellanées.

        Bibl. Imp.—*Baluze*, n°. 8394.

Nous avons trouvé au f°. 150 la lettre suivante de M. de Longueval, gouverneur d'Amiens, à M. le Chancelier, pour faire mettre par écrit les coutumes et usages du bailliage d'Amiens.

[Mon tres honoré seigneur, je me recommande à vostre bonne grâce, et vous plaise savoir qu'il a pleu au Roy moy escripre de mectre et faire mectre par escript les coustumes et usaiges de ce bailliage. Et le tout renvoyer devers vous et son grand conseil, sur quoy j'ay fait besongner à grant dilligence et envoye les lettres patentes du Roy aux prevostz des prevostés ressortissans au dict bailliage, desquelz je n'ay peu ancores avoir responce pour le brief temps qu'ilz ont eu de envoyer les dites coustumes et usaiges. Et à la vérité il n'est pas possible que moy et eulx, puissons mectre par escript lesdictes coustumes et usaiges en si brief temps que de deux mois, qui a grant difficulté se feroient en ung an, pour le grant multitude qu'il y a des coustumes et usaiges es mectes de ce baillage, tant es dictes prévostés que es chastellenies y ressortissans, meismement en la prevosté foraine de Beauquesne ou il y en a grant nombre qui ne se pourroient mectre par escript,

AMIENS.   obstant le fait des guerres, qui ont cours en toute la dite prevosté, parquoy len ne y ose converser, que a puissance d'armes. Et pour ces causes mon dict seigneur, je vous advertis de ces choses, adfin que ne soye reprins par le roy, et vous de négligence, et que vostre plaisir soit en advertir le roy se mestier est, pour ma descharge, car en vérité de Dieu, il n'est pas possible, pour le temps present de entendre ne besongner sur le fait des dites coustumes et usaiges. Et s'il vous plaist vous me manderez ou escriprez quant a ce vostre bon plaisir, pour le acomplir à mon povoir, priant nostre sire qui vous ait en sa benoite garde. Escript à Amiens le xviie. jour de novembre. — LONGUEVAL.]

91. Officiers de police, etc.

MS. in-f°., papier.—Ecritures diverses, XVIIe. siècle.

Bibl. Imp.—*Saint-Germain fr.*, n.° 387.

On trouve dans ce volume des documents de toute espèce concernant différentes villes de France. Voici la liste des pièces relatives à Amiens.

F°. 77 à 151. XLI pièces concernant l'élection et prestation de serment du premier et autres échevins de la ville d'Amiens en 1641, 1642 et 1643.—*F°.* 153. Procès verbal du lieutenant général d'Amiens sur la réception d'une lettre de cachet du Roi, pour la continuation des premiers et autres échevins d'Amiens, en 1649.—*F°.* 159. Projet d'arrêt pour terminer le différend entre le duc d'Elbeuf et vidame d'Amiens, pour raison de la cérémonie de l'echevinage d'Amiens.—*F°.* 161. Liste des échevins d'Amiens en 1651.—*F°.* 163 à 169. IV pièces relatives à un différend survenu sur la nomination d'un conseiller de ville à Amiens, en 1644.—*F°.* 169. Différend entre le gouverneur bailli d'Amiens, et les échevins de ladite ville pour la création de IV conseillers d'icelle ville, en 1644.— *F°* 175. Procès-verbal de la nomination d'un conseiller de ville à Amiens, par le vidame d'Amiens, et de ce qui se passa à ce sujet, en 1644.—*F°.* 181. Lettre des échevins d'Amiens à M. le chancelier touchant la nomination d'un conseiller de cette ville par le vidame d'Amiens, contre l'usage ancien, en 1644.—*F°.* 183. Requête sur la création des IV conseillers de la ville d'Amiens, en 1644 —*F°.* 185.

Certificat des échevins d'Amiens touchant un corps-de-garde posé au pont du Change de cette ville, en 1644. — F°. 187-191. Différend entre le gouverveur d'Amiens, les échevins de cette ville, et l'intendant de justice en Picardie, touchant quelques immunités des ortillons d'Amiens, qui sont pauvres gens destinés au nettoiement des fóssés de la dite ville, en 1644. — F°. 193. Différend touchant les exemptions des soldats de la garnison d'Amiens, en 1644. — F°. 211. Etendue de chaque quartier des xii capitaines de la ville d'Amiens.]

92. Traité des impositions.

> **MS.** in-folio de 202 pages, papier.—Ecriture du XVIII°. siècle.
> Bibl. Imp.—*Suppl. fr.*, n°. 3714.

Ce manuscrit comprend l'état des impositions faites en 1753, 1755, 1757 et 1761 dans la généralité d'Amiens.

93. Etats arrêtés de la recette et dépense des généralités de Paris, Amiens, etc.

> **MS.** grand in-folio, papier.—Ecriture du XVII° siècle.
> Bibl. Imp.—Colbert, XVI.
> q.

Ce volume contient l'état arrêté de la généralité d'Amiens en 1661. (70 f°s) Cet état est signé par Louis XIV, et contresigné Philippaux.

94. Diverses coutumes d'Amiens.

> **MS.** in-folio, papier et parchemin.—Ecriture du XVI°. siècle.
> Bibl. Imp.—N.° 8407.
> 3.3.

Le manuscrit commence par le texte des *Anciénnes coustumes signées par les estats de la ville d'Amyens dès l'an mil cinq cent et sept*, tel qu'il est imprimé dans l'ouvrage de M. Bouthors[1]. Seulement notre manuscrit contient en outre les *advis pour la reformacion des dictes coustumes arresté avec les praticiens en l'an 1567.*

[F°. 11. Usaiges et stilz de la dicte mairie, prévôsté, eschevinage et banlieue d'Amiens.. (les *usaiges* sont égale-

---

[1] Voyez *Coutumes locales du bailliage d'Amiens*, rédigées en 1507. Amiens, 1847, in-4°, Tom. I.er page 83 à 99.

AMIENS. ment annotés).—F°. 16-20. Coutumes du chapitre de N. D. d'Amiens en 1507[1].—F°. 22 à 25. Les oppositions formées par M°. Pierre Dugard pour et au nom de hault et puissant seigneur messire Loys Dally, chevallier, vidame d'Amyens, baron de Picquigny et Labroye par devant MM. les commissaires députéz de par le Roy nostre sire sur le faict des coustumes generalles et particullières du bailliage d'Amyens, baillées à Paris le 23 avril 1569 (pièce originale.)—F°. 26. Acte de présence de Martin de Myraulmont, à l'assemblée des états tenus au bailliage d'Amiens pour l'interprétation, correction, etc., des coutumes du dit bailliage, comme porteur de diverses procurations. Ledit acte signé de lui 22 septembre 1567.—F°. 27 et 28. Lettres de Ch. de Humières, év. de Bayeux, abbé de l'église et abbaye de St.-Ricquier et des prieurs religieux et couvent du dit lieu à Mess. les premier président et conseillers de la cour du parlement, conseillers ordonnés par le Roi sur la réformation, homologation et décret des coutumes du bailliage d'Amiens. 1568.—F°. 29. Oppositions formées par la commune de l'Estoille[2] (2 septembre 1567.)—F°. 30. Observations faites par la commune de Molliens-le-Vidame (23 septembre 1567.)—F°. 31. Oppositions formées par Nicolas Roche, au nom du Cardinal de Créquy, évêque d'Amiens et d'autres personnes, etc.—F°. 36. André Pérone, procureur au bailliage d'Amiens, procureur de Ch. de Gomier, escuier, seign. de Guignières, mary et bail de damoiselle Jehenne de la Tramierie, seigneur à cause d'elle d'Equevauviller[3], s'oppose à l'homologation du 71°. article des coutumes générales du baillage d'Amiens (24 fév. 1567.)—F°. 37. Un avocat du roy, Jehan Lequien, conteste aux maire et échevins le titre qu'ils prennent de juges royaux (6 juin 1568.)—F°. 38. Oppositions formées par le couvent de St.-Lucien de Beauvais à l'homologation de certains articles de la coutume d'Amiens.—F°. 41. Nicolas Rumet, seigneur de Buscamp,

---

[1] Nous avons publié ces coutumes dans le *Bulletin de la Société des Antiquaires de Picardie*, tom. v, p. 24.

[2] Aujourd'hui l'Etoile, canton de Picquigny, (Somme).

[3] Quevauvillers, canton de Molliens-Vidame, (Somme).

bailli général du temporel de l'abbaye de St.-Riquier, procureur de Mons. Charles de Humières, év. de Bayeux, abbé de St.-Riquier, réserve les droits de la dite abbaye, afin qu'elle ne soit pas atteinte par les coutumes générales du bailliage d'Amiens (10 septembre 1567.)—F°. 42. Oppositions formées par le cardinal de Châtillon, évêque et comte de Beauvais, vidame de Gerberoy.—F°. 49. Oppositions formées par André Péronne procureur au bailliage d'Amiens, au nom de plusieurs personnes, dont il avait procuration.—F°. 52. Opposition formée par Guerard, avocat au bailliage d'Amiens, au nom du seigneur de Montreuil (26 septembre 1547.)—F°. 56. Oppositions formées par M°. Nicolas le Cat, au nom du cardinal de Châtillon, abbé commendataire de l'abbaye St.-Germer de Flay. —F°. 81. Remonstrance et oppositions faict par noble sieur Adrien de la Rivière, escuier, seigneur de Chepy[1] sur l'homologation de aulcuns articles des coustumes génèralles du bailliage d'Amyens (26 septembre 1567.—F°. 85. Oppositions formées par Jehan le Dieu, procureur au siège présidial d'Amiens au nom et comme procureur de Maximilien de Melun, chevalier, vicomte de Gand, seigneur de Caumont, etc.]

95. Coutumes diverses.

MS. in-f° de 217 f°ˢ, papier.—Ecrit. de la fin du XV°. siècle.

Bibl. Imp.—*Notre-Dame*, n°. 122.

[F°. 170.—Les coustumes génèralles du bailliage d'Amiens, mises et rédigées par escript ainsi que cy après sera au long déclaré[2] etc.]

96. Chartes pour la cité d'Amiens[3], etc.

MS. in-f°. de 149 f°ˢ., parch. d. sur tr.—Ecr. de la fin du XIII°. s.

Bibl. Imp.—*La Vallière*, n°. 192.

---

[1] Chépy, canton de Moyenneville (Somme).

[2] Imprimé dans le *Coutumier général de Boudot de Richebourg*, tom. I, p. 167.

[3] Il existe un pareil manuscrit dans la bibliothèque de Stockholm : il paraît plus complet que celui qu'à publié Mʳ. Augustin Thierry. Voyez *Förteckning öfver de förnämsta brittiska och fransyska handskrif-*

AMIENS. Ce manuscrit qui contient la charte de *Le chité d'Amiens et li usages* de cette même cité a été reproduit en entier par M. Aug. Thierry dans le 1er. vol. de l'histoire du Tiers-État, p. 128 et suiv.

97. Revenus du bailliage d'Amiens, année 1466.

MS. in-f°, de 69 f°s., parchemin.—Écriture du xve. siècle.

Bibl. Imp.—*Suppl. fr.*, n°. 1352.

On lit au haut du 1er. F°. : [Domaine d'Amiens pour ung an fini à la feste Jehan Baptiste LXVII. Baillié a court par le dict receveur le XVI°. jour de juillet l'an M.CCCCLXVIII.]

Ce manuscrit commence ainsi : [Compte Jacque de Filescamps de la recepte du demaine du bailliage d'Amiens pour ung an commenchant au jour sainct Jehan Baptiste l'an mil IIII^c LXVI includ et finissant au jour sainct Jehan Baptiste exclud, la dite recepte appartenant à très noble et très puissant prince et mon très redouté seigneur, Monsr le duc de Bourgogne et de Brabant. C'est assavoir la ville et banlieue d'Amiens avec tous les proffis, revenues et emolumens du bailliage du dict lieu, estans en deça et de là la rivière de Some par certain traittié et accord fait par le roy nostre seigneur en la ville de Conflans. Duquel compte sont pour termes acoustumez, Toussaint, Chandeleur et Ascension. Messire Anthoine, seigneur de Crèvecœur, de Tiennes et de Thois, chevalier conseillier et chambellan de mondict seigneur le duc, bailli d'Amiens, juge commis au dict bailliage pour le roy nostre seigneur et mondict seigneur le duc et le dit Jacques de Filescamps recepveur illec ; et se fait et rend le dict compte et le dict Filescamps en la chambre des comptes à Lille, à livres, monnoie roial, les huit des dictes livres parisis pour neuf livres de XL gros, monnoie de Flandres.

S'ensuyt la teneur du povoir et permission bailliée par mon dict seigneur le duc au dit recepveur.—F°. 1 v°. Charles de Bourgongne, conte de Charolois, seigneur de Chasteaubelin et de Béthune, à tous ceulx qui ces présentes lettres verront, salut : savoir faisons que pour le bon et louable rapport qui fait nous a esté, de la personne de nostre bien amé Jacques de Fillescamps, demeurant à Amiens, et de ses sens, habileté et souffisance, méismement de la bonne expérience qu'il a en fait de finance. Nous, icellui Jacques pour ces causes et aultres à ce nous mouvans, confians à plain de ses loyaulté, preudommie et bonne diligence avons commis, ordonné et estably, commettons et ordonnons et establissons par ces présentes en l'office du receveur du demaine, des villes, cité, bailliage et élection d'Amiens, tant de ça que de là la rivière de Somme, à présent vacquant, parce que depuis le don et transport à nous fait nouvelement par monseigneur le roy des dictes villes, de çà et de là la dicte rivière de Sojne, ny a esté par nous aucunement pourveu. Comme entendu avons et à icellui Jacques de Filescamps avons donné et donnons par ces présentes plein pouvoir et auctorité du dit office de recepte du demaine d'Amiens, doresenavant exercer et desservir, de recevoir et faire venir ens à nostre prouffit tous les deniers, cens, rentes, revenues et aultres choses à nous deues, et appartenans à cause de la dicte recepte, de contraindre ou faire contraindre, se mestier est, à les ly payer tous ceulx et celles qui les deverons, et tenus (F°. 2) y seront par toutes voyes deues, et tout ainsi que il est accoustumé de faire pour nos propres debtes et deniers, et généralement de faire bien, et deuement, toutes et singulières les choses qui y compètent et appartiennent, et que bon et loyal receveur du demaine d'Amiens pœut et doit faire aux gaiges, drois, salaires, libertés, franchises, prouffis et émolumens accoustumés, et à icellui office appartenans, tant qu'il nous plaira. En deschargant et depportant du dit office tout aultre détenteur, non ayant sur ce noz lettres de don et commission précédens cestes en datte. Sy donnons en mandement à nos très chiers et bien amez les gens de la chambre des comptes à Lille, que prins et receu préalablement dudit Jacques de Fillescamps, le serement à ce pertinent, avec seurté et bonne caucion souffisant, ilz le mettent et instituent ou facent mettre et instituer de par nous en possession et saisine du dit office du receveur du demaines au dict lieu d'Amiens, et d'icellui ensemble, des drois, salaire, libertez, franchises, prouffis et émolumens dessus dits. Ilz nostre bailly d'Amiens et tous aultres noz officiers que ce regardera, le facent, souffrent, et laissent plainement et

AMIENS.

AMIENS. paisiblement joir et user, cessans tous contredits et empeschemens au contraire. Mandons en oultre à ceulx gens des comptes à Lille que les dicts gaiges au dict office appartient, ils passent et alouent chascun an doresenavant au dict de Fillescamps (*F*°. 2 *v*°.) en la despense des comptes qu'il rendra par devant eulx de la dicte recepte du domaine sans contredit ou difficulté quelconque. Par rapportant ces présentes ou coppie d'icelles, collationnés et signés par l'un de nos secrétaires, vu en la dicte chambre des comptes pour une et la première fois seulement. En tesmoing de ce, nous avons fait mettre nostre scel à ces présentes. Donné en nostre ville d'Amiens le xxviiie. jour de may, l'an de grâce mil iiii^c soixante et six. Ainsi signé par monseigneur le conte, Gros. — Au dos duquel pooir et commission est ainsi escript. Le xiiie. jour de juing, anno (*sic*) soixante-six Jacques de Filescamps dénommé au blanc de ces présentes fist en la chambre des comptes à Lille, le serement acoustumé pour l'exercice de l'office de la recepte du demaine des villes, cité, bailliage et élection d'Amiens, dont audict blanc est faicte mencion, et en ensuivant ce que pour lui est requis, bailla caucion à ce requise. Enfilée avec les aultres lettres des caucions de ce temps. Moy présent, ainsi signé, de Meaulx.] — On lit en marge : [Collacion faicte à l'original qui a esté rendu au dict Filechamps.]

Recepte du dit demaine. — [Demaine qui ne croist ne diminue, qui soloit estre compté ès prévostés. — *F*°. 3 *r*°. Des explois et revenues de la prévosté d'Amiens baillés a perpetuele ferme a la dicte ville pour le roy, etc. vii^c liv. paris. — *F*°. 4 *v*°. Pour les cens, comme il appert par les comptes de Toussains iiii^c xlvi, par les anglois ès forbours de le dicte ville, lesquelz furent ars, et ne scet-on trouver la place dès grant temps, à quelque diligence qu'on en ait faicte et pour ce. Néant. — *F*°. 8 *v*°. Total des recettes. vii^c xxvii liv. xii s. x den. obol. paris. — *F*°. 9 *v*°. Monstrœul. Rev. (*F*°. 11 *r*°.) ccxlviii liv. paris. — *F*°. 11 *v*°. Beauvrain le Chastel. — *F*°. 12 *r*°. Demaine en baillyé non muable. Rev. (*F*°. 12 *v*°.) xii liv. xi s. 1 den. par. — *F*°. 12 *v*°. Sainct-Ricquier. — *F*°. 13 *r*°. Beauquesne. Rev. (*F*°. 13 *v*°.) lxiv s. viii den. par. — *F*°. 14 *r*°. Doullens. Rev. (*F*° 21 *v*°.) lxxxix liv. iv s. vii den. ob. paris. — *F*°. 21 *v*°. Beauval. Rev. (*F*°. 22 *v*°.) lix liv. xiii s. iv den. paris. — *F*°. 22

vº. Longueauc. Rev. (Fº. 23 vº.) iv. ix s. paris. et xx s. tourn.—Fº. 23 vº. Demaine croissant et diminuant qui soloit estre compté en bailiye. Rev. (Fº. 24 rº.) x liv. viii s. iv den. paris.—Fº. 24 rº. Demaine croissant et diminuant qui soloit estre compté, ou demaine qui ne croist, ne diminue.—Fº. 24 vº. Beauquesne.—Fº. 26. Leanne lez Beauvrain.—Fº. 26 vº. Aultre demaine muable des prévostés vicontés, et qui ont esté baillié à ferme par la manière qui s'ensuit.—Fº. 32 vº. Rev. xviiᶜ li liv. xvii s. viii den. paris. et de v s. tourn.—Fº. 32 vº. Sceaulx royaulx.]

[Pour les émolumens du scel que monseigneur le bailly d'Amiens porte, pour sceller les obligations, avant que les sceaulx fussent ordonnez en chascune prévosté. Néant.— Pour ce qu'il est comprins en la clergie du dict bailliage et pour ce icy. Néant.—Fº. 33. Du scel royal de la bailiye d'Amiens, ordonné en la ville et prévosté d'Amiens baillié à ferme à Jehan Harle, procureur pour trois ans. xvi liv. paris.—Fº. 34 vº. Rev. viiiˣˣ iii liv. xvi s. viii den. paris. —Fº. 34 vº Escriptures soubz les sceaulx dessus dicts. Des escriptures de baillis royaulx ordonnées en la ville et prévosté d'Amiens, livrées à ferme à Jehan Doudon pour trois ans. xviii liv. vi s. viii den. paris.—Fº. 36 vº. Rev. iiiᶜ xlviii liv. ix s. iv den. paris.—Fº. 36 vº. Clergies.]

[De la clergie du bailliage d'Amiens, livrée à ferme à Jehan Rohault. cclxvi liv. xiii s. iv den.—Fº. 38 vº. Rev. xvᶜ xii liv. iii s.—Fº. 38. Vente du bos de Beauquesne.— Fº. 39. Rev. xxxv liv. 1 s. paris. et xxv liv. vii s. tourn. —Fº 39 vº. Fourfaittures et confiscations.—Fº. 44 vº. Rev. xxv liv. iii s viii den. paris. et xviii liv. x s. tourn.— Fº. 45. Drois seignouraux (sic) et reliefs pour l'an de cest compte.—Fº. 45 vº. Rev. iv liv. paris. et xvii liv. 1 s. iv den. tourn.—Fº. 46. Amendes adjugées au roy nostre seigneur et mon tres redoubté seigneur monseigneur le conte de Charolois le xxᵉ. jour de décembre l'an mil iiiiᶜ soixante six que les jugemens et sentences de l'assise d'Amiens, qui commença le xv.ᵉ et xvi.ᵉ jour de novembre du dict an, prononchiés devant messire Anthoine, seigneur de Crèvecœur, de Thiennes, et de Thois, conseillier et chambellan de mondict tres redoubté seigneur monseigneur le Conte, bailly d'Amiens pour le roy nostre seigneur et mondict seigneur le Conte.—Fº. 55 vº. Rev. viiᶜ iiiˣˣ viii liv. paris.—Fº. 55 vº. Doullens, Amendes adjugées au roy etc. Rev. (F°. 58.) IIᶜ XXI liv. paris.—F°. 58. Monstreul. Aultres amendes civiles etc. Rev. (F°. 68 v°.) MXIII liv. paris.—F°. 68. Aultres amendes civiles adjugées au roy etc.]

Ce manuscrit est incomplet, car le dernier compte n'est pas terminé. Les sommes, qui ne sont point récapitulées, donnent un total de CLXII liv. paris.

Voici quelques noms de rues, de portes, de ponts, etc. qui existaient à Amiens en 1466 et qui sont cités dans le manuscrit.

[Porte de Longuemaisière, rue aux Fromages, porte sainct Michiel, rue du Four d'Escamps, rue Traversaine, rue Englesque, qui fait le toucquet de la rue du Vidame. rue de Canteraine derrière sainct Leu, rue de l'Estellerie, rue de le Truhanderie, le pont du Bras coppé, rue d'Engoulevent, rue Flamengue, porte sainct Frémin lez les Fossés, rue du Bas treué, le pont Magnart, rue de la Haultoye, rue Regnault de la rivière, rue de la Posterie tenant aux maisons de l'église et monastère de sainct Jehan lez Amiens devers le marchié, le chimetière sainct Denis, rue des Gordins, rue des trois Molins, rue de le Cauchie au blé, rue du Marisson, porte de Monstrescu, rue de Volant, rue des Wanniers, rivière de Merderon lez le pont Baudry, rue du pont Barrabain à la table de Ploncq, rue de Becquerel, rue Sainct Jacques, rue du Sacq, rue des Bouchers.]

98. **Domaines d'Amiens.**—(1589.)

MS. in-f°. de 144 pages, parchemin.—Ecriture du XVIᵉ siècle.

Bibl. de l'Arsenal.—N°. 122, J.

P. 1. [Compte de honnorable homme Claude le Mattre, sieur de Hedicourt, bourgeois d'Amyens, receveur du domaine de la ville et cité d'Amyens, pour ung an, commençant au jour Sᵗ. Simon Sᵗ. Jude 1588 et finissant à pareil jour 1589 exclud. Sire Jehan de Collemont, maieur, continué en l'an de ce compte.]

RECETTE.

P. 1. Des deniers provenant des comptes précédens. —Rentes appartenans à la dicte ville. [Paroisses de Sainct-Sulpice; Sainct-Pierre; Sainct-Leu; Sainct-Fremin-le-Confez; Sainct-Martin-au-Bourg ; Sainct-Remy ; Sainct-Fremin-en-Castillon ; Sainct-Fremin-à-la-Porte ; Sainct-Michel.]— *P*. 37. I°. [Des cens deubs pour les maisons et ténemens... jurent les grandz maizeaulx de ceste ville d'Amyens quy se payent, c'est assavoir au Roy nostre sire, dont la ville a le droict à monsieur l'Evesque d'Amyens, à monsieur le Vidame d'Amiens et à la dicte ville un quart, et se doibvent payer les dicts cens au jour Sainct-Martin d'hiver, chacun an, sur peine de deulx solx parisis d'amende.— II°. Du frocq du Roy qui est aux quatre seigneurs.— Sainct-Pierre-hors-la-porte-Sainct-Pierre; Sainct-Sulpice ; Sainct-Leu ; Sainct-Fremin-le-Confez ; Sainct-Martin ; Sainct-Remy; Sainct-Fremin-en-Castillon; Sainct-Germain; Sainct-Fremin-à-la-Porte; Sainct-Michel; Sainct-Jacques.] —*P*. 48. Des amendes des dicts cens non paiez. Cens deubz à la dicte ville, paiables chacun an, au jour de Noel.—*P*. 49. Des cens rentes et revenus du fief de le Caruée.—*P*. 53. Aultre recepte de plusieurs cens, rentes, etc.—*P*. 54. Des cens deubs à la prévosté des marchauds. Des amendes des appeauls à verge à la loy.—*P*. 55. Des manans et habitans de S^t. Meurice et de la neufville, pour l'herbaige de chacun bœuf ou vache.—*P*. 57. Des estaulx d'Amiens pour les drappiers et chaussetiers de la dicte ville, qui doibvent pour chascun estal, dix solz six deniers tournois.—*P*. 58. Des estaulx des draps forains et de ceulx derrière Sainct-Leu quy doibvent de chacun estal 16 s. parisis.— Id. Des estaulx des verriers, aultrement ditz pelletiers ; dont chascun estal l'on paye à la dicte ville 6 s.—*P*. 59. Des estaulx des bouchers de la dicte ville d'Amyens. — *P*. 62. Estaulx du sallé poisson de mer.—*P*. 65. Fermes héritables appartenans à la ville d'Amyens.—*P*. 66. Des louaiges des maisons de la poissonnerie de mer.—*P*. 68. De l'aumosne sire Andrieu Malherbes, de Jacques Blondin..... pour le droit de cavaige. —Des travers de Longueaue.—*P*. 69. Des logettes estans à l'entour du pillory.—*P*. 70. Des dangers de la prévosté d'Amyens.—*P*. 71. Amendes adjugées au profflct de la dicte ville. — (C'est la partie la plus curieuse de ce compte.)—*P*. 81. Des nouveaulx bourgeois entrez et receus en la bourgeoisie de ceste ville.—Des maistres et apprentis receuz aux mestiers de ceste ville.—*P*. 84. Droits seignouriaulx venuz et escheuz au profflct de la dicte

AMIENS. ville.—*P*. 104. Deniers receuz par le compteur à cause des offices vendues et escheuez au proffict de la dicte ville. —*P*. 106. Recepte extraordinaire.]

Somme totale de la recepte de ce compte en deniers 4,350 escus 17 solz 5 deniers.

DÉPENSES.

P. 107. [Cens ordinaires que la dicte ville doibt chacun an.—*P*. 109. Aultres deniers paiez par le dict compteur.—*P*. 110. Rentes héritables non rachetables deubes. —*P*. 111. Rentes héritables, rachetables et constituées. *P*. 113. A cause de la prévosté d'Amyens que la dicte ville tient à ferme du Roy.—*P*. 114. Aulmosne que la dicte ville doibt.—*P*. 117. Aultres deniers tirez et desboursés par le dict compteur pour les ouvrages faictes en plusieurs endroits de la dicte ville.—*P*. 118. Fraictz des voiaiges faictz pour les affaires de la dicte ville.— *P*. 119. Dons et présens faictz par mes dits sieurs maieur, prévost et eschevins d'Amyens.—*P*. 123. Aultres deniers payez pour la despence faicte tant au renouvellement de la loy de la dicte ville que aultres fonds ordinaires et accoustuméz.—*P*. 126 Deniers paiez par ordonnance de mes dicts sieurs maieur, prévostz et eschevins, etc.—*P*. 127. Mises faictes et deniers paiez pour le renouvellement de la loy.—*P*. 128. Deniers paiez pour le pain baillé et aulmosné aux pauvres prisonniers, etc. —*P*. 129. Mises faictes en lan de ce compte pour les procès de la dicte ville.—*P*. 130. Aultres mises faictes pour l'exécution de la justice ordinaire et polliticque de la dicte ville.—*P*. 133. Aultres mises extraordinaires, etc.— *P*. 141. Mises faictes touchant les pestiférez de la dicte ville.—Id. Deniers paiez à raison des gaiges des officiers de la dicte ville.]

Le reste de ce manuscrit manque. On voit en comparant cette notice avec la précédente, l'accroissement des recettes et des dépenses de la ville d'Amiens entre les années 1466 et 1589.

99. **Premier livre des métiers d'Étienne Boileau.**

MS. grand in-folio.—Parchemin.—Ecriture du XIV.ᵉ siècle.

Bibl. Imp.—*Suppl. fr.* n°. 108.

Ce MS. renferme un document assez curieux concernant la Picardie, ce sont : [Les aumosnes de la baillie d'Amiens, à la Maladerie d'Amiens, x liv. ; et à la Meson-Dieu d'Amiens, x liv.]

100. Entrée des Rois, Reines, Princes et Gouverneurs des provinces aux principales villes du Royaume, etc. — Vol. VII.

MS. in-4º. — Ecriture du XVIIº siècle, papier. — 150 fos. environ
Bibl. Imp. — *St.-Germ. fr.* n°. 408.

F°. 33 à 35[1]. Entrée du roy Henry second à Amiens, en 1547. — Extrait du registre aux délibérations d'eschevinage de la ville et cité d'Amiens......... Semblablement a esté ordonné qu'il sera faist présent au roy de ce qui s'ensuit : — *Vin.* Douze pièces ; quatre de blanc et l'autre clairet. — *Chair.* Six bœufs gras et douze moutons gras. — *Voslelle.* Douze faisans ; douze hérons ; douze pans; douze coqs d'inde ; six aigrettes ; six cygnes ; trois cigongnes ; six douzaines de cailles, douze gros chappons ; vingt-six perdreaux ; six batardes; pour les seigneurs de sa suite, et d'abord, M^r. le connétable, une pièce, etc. — F°. 37 à 39. Entrée du roi Charles IX à Amiens, en 1566. — (Le présent est à peu près le même que celui détaillé ci-dessus.) — F°. 41 à 44. Entrée de Henri IV à Amiens, en 1594.

Le roi fut très satisfait de l'accueil qu'on lui fit. « Je fus
» hier, dit-il dans une lettre adressée à d'O, en ceste ville
» avec toute l'allégresse et applaudissemens de toute la
» ville qu'il se peut desirer, et qu'entre aultres honneurs
» de mon entrée, les financiers vinrent au devant de moy
» avec deux enseignes de cavalerie....... Vous n'avez ja-
» mais veu peuple si affectionné, et détestant si fort la li-
» gue que cesluy cy.[2] »

F°. 47 à 51. Entrée de la reine d'Angleterre à Amiens, en 1625. — (Même observation que ci-dessus.) — F°. 53 à 55. Entrée de Monsieur le prince de Condé à Amiens, en 1565.

[1] Nous ne donnons ici que ce qui concerne la Picardie.
[2] Cette lettre conservée aux Archives impériales (Sect. admin., série H. 1791. Reg. authent. de l'hôtel-de-ville de Paris, f°. 83 ; r°.), a été publiée par M. Berger de Xivrey, dans le tome IV de son *Recueil des Lettres missives de Henri IV*, p. 207.

AMIENS.

Voici le présent qu'on lui fit : — [Une pièce de vin blanc ; une pièce de vin clairet; six quennes d'ipocras blang; six quennes d'ipocras clairet; deux cignes ; quatre faisans ; quatre hérons; quatre aigrettes; quatre buhoreaux ; quatre pallots; quatre gros chappons; quatre perdrix ; quatre levraux ; quatre oisons gras; deux pans ; deux coqs d'Inde ; deux douzaines de cailles ; six tourtes ; et un petit faon de biche.] — F^o. 57 à 59. Entrée de Monsieur de Longueville à Amiens, en 1591. — (Même présent que celui détaillé ci-dessus.) — F^o. 61 à 62. Entrée de Monsieur de Nevers, en 1587. — [.... Luy sera fait présent de deux poinçons de vin clairet du plus excellent ; douze pots d'ipocras blang et de la volelle la plus exquise, etc.] — F^o. 63 à 65. Entrée de M^r. de Luynes à Amiens, en 1620. — (Le reste ne concerne point la Picardie.)

101. Histoire des Évêques d'Amiens, par Du Cange.

MS. in-f°., papier doré sur tranche, XVIIe. siècle.

Bibl. de l'Arsenal. — N°. 336, H. in-4°.

Entre la feuille de garde et le premier folio, on a inséré l'ordonnance originale sur parchemin, qui permet la publication de l'histoire des Comtes d'Amiens. (Voir le n.° 77.

L'histoire de chaque évêque est contenue dans un chapitre particulier. Malheureusement le commencement seul est achevé. La plus grande partie de l'ouvrage est à l'état d'ébauche, et la plupart des chapitres ne possèdent que le titre qui est le nom de l'évêque, et un énoncé des ouvrages tant manuscrits qu'imprimés qui peuvent servir à l'histoire de son épiscopat.

Néanmoins tel qu'il est, ce MS. serait indispensable à consulter pour quiconque ferait une histoire du diocèse d'Amiens.

102. Obituarium Ecclesiæ Ambianensis.

MS. in-8°. de 106 pages non foliotés, papier. — Écriture du XVIe. siècle.

Bibl. imp. — *Anc. fonds latin*, n°. 5535.

Cet obituaire renferme, comme tous les livres de ce genre,

de précieux renseignements; il est suivi de la liste des bénéfices des archidiaconés d'Amiens et du Ponthieu[1].

103. Polypticon diocesis Ambianensis.

MS in-4°. de 348 pages, papier.—Ecriture du XVII°. siècle.

Bibl. imp.—*Anc. fonds latin*, n°. 5218.

Ce MS. commence par une série de feuilles non chiffrées, qui contiennent la liste des doyennés et prieurés du diocèse d'Amiens. Enfin on trouve f°. 1 à 20 le pouillié des bénéfices situés au même diocèse.

104. Horæ.

MS. in-4°., parchemin et papier.—XV°. siècle.

Bibl. Imp.—*Anc. fonds latin*, n°. 1419.

Ce manuscrit que nous n'avons pu consulter, parce qu'il était à la reliure, contient les [Allegata D^{ni} episcopi Ambianensis (Joannis Rolandi[2]) pro D. Clementi in facto schismatis, coram rege Castellæ.]

105. Sessiones Concilii Basilee.

MS. in-4°., papier.—XV°. siècle.

Bibl. Imp.—*Anc. fonds latin*, n°. 1493.

On a relié à la fin de ce manuscrit une pièce assez curieuse, mais malheureusement fort endommagée, qui a pour titre : [Acta adversus Joannem episcopum Ambianensem, qui volebat exigere procurationes à monachis Cluniacensibus suæ diocesis. 1435].

106. Annales ecclesiæ S^{ti}. Johannis Baptistæ, olim extra, nunc intra muros Ambianenses, ab anno 1124 ad annum 1643, auctore Mauritio Dupré.

MS. in-f°. de 112 pages, papier.—Ecriture du XVIII°. siècle.

Bibl. Imp.—*Suppl. lat.*, n°. 343.

---

[1] Voyez Pouillé général contenant les bénéfices de l'archevesché de Rheims, Paris, 1638, in-4°.

[2] Mort le 17 décembre 1388. Il eut pour successeur Jean de Boissy, élu le 17 février 1398.

AMIENS.

Cette histoire est divisée en 44 chapitres, plus un appendice. L'auteur suit l'ordre chronologique.

On lit, page 1 :—[Annales ecclesiæ sancti Joannis Baptistæ, olim extra, nunc intra muros Ambianenses. Præfatio.

Voici les titres des chapitres de ces annales :—*P*. 1. Cap. I. Eustachius primus prior constituitur.—*P*. 3. Cap. II. Dominus Eustachius fit primus abbas ecclesiæ sancti Firmini in valle.—*P*. 4. Cap. III. Dominus Fulco abbas numero secundus.—*P*. 5. Cap. IV. Fundatur ecclesia sancti Joannis Ambianensis.—*P*. 6 Cap. V. De maxima multitudine fratrum et sororum et aliis notabilibus.—*P*. 7. Cap. VI. De obitu et sepultura dominæ Beatricis vice-dominæ et sororis nostræ.—*P*. 8 Cap. VII. De donationibus Alelmi de Flescicourt. De privilegio Eugenii papæ et miraculo quod apud Nojentel contigit.—*P*. 10. Cap. VIII. De translatione sororum ad Bertricurt, fundatione ecclesiæ Ressoniensis, et obitu domni Fulconis abbatis.—*P*. 12. Cap. IX. De Domino Eustachio abbate, donationibus Alelmi de Flescicurt, et emptione curtis Septemvillæ.—*P*. 14. Cap. X. De multis donationibus factis apud Septemvillam, vallem Guidonis et Savieres.—*P*. 16. Cap XI. De conventione prima facta cum communia Ambianense et de multis aliis rebus hoc tempore gestis.—*P*. 18. Cap. XII. Obitus et elogia Alelmi de Flescicort et Gerardi vicedomini de Pinchonio, sicut et querelæ pro Septemvilla.—*P*. 20. Cap. XIII. De reliquis rebus tempore domini Eustachii abbatis gestis et de ipsius obitu.—*P*. 21. Cap. XIV. De temporibus domini Thomæ abbatis quarti.—*P*. 23. Cap. 15. De domino abbate Odono et de multis privilegiis quæ suo monasterio obtinuit.—*P*. 25. Cap. XVI. De donatione Seylæ (fluvii) et de Johanne episcopo Cameracense hic sepulto et aliis.—*P*. 27. Cap. XVII. De reliquis gestis Odonis abbatis et de Milone ejus in abbatia successore.—*P*. 28. Cap. XVIII. De domino Radulpho abbate et de querela pro ecclesia de Ultrabaiz.—*P*. 30. Cap. XIX. De domino Nicholao abbate et iis quæ gesta sunt pro ecclesia sancti Germani Ambianensis.—*P*. 31. Cap. XX. De temporibus domini Herberti abbatis noni.—*P*. 33. Cap. XXI. De abbatibus Joanne, Alardo, Wicardo et Jacobo.—*P*. 35. Cap. XXII. De Petro de Warcheville, Joanne d'Ausaismo, Mattheo et Johanne de Ureton, abbatibus.—*P*. 37. Cap. XXIII. De Joanne de Marchel, abbati decimo octavo et variis rebus sub eo gestis.—*P.* 39. Cap. XXIV. De variis privilegiis ecclesiæ nostræ a dominis de Vinacourt concessis, et quid inde fuerit sequitur. — *P.* 40. Cap. XXV. De Joanne de Rivo abbate xix et destructione monasterii nostri. —*P.* 43. Cap. XXVI. De Firmino Monetario, abbate vigesimo.— Id. Cap. XXVII. De temporibus domini Guillelmi de Montonviller, xxi abbatis et maxima hujus ecclesiæ nostræ paupertate.—*P.* 45. Cap. XXVIII. De Petro Bouler abbate xxii., et Firmino Morel ejusdem successore.—*P.* 46. Cap. XXIX. De domino Joanne de Torsiaco xxiv et petro de Bainviller xxv abbatibus —*P.* 47. Cap. XXX. De domino Matthæo Cotterel xxvi abbate et de juribus ecclesiæ nostræ ab eo contra episcopum Ambianensum egregie tutatis.—*P.* 49. Cap. XXXI. De domino Joanne Vassoris xxvii abbate etc. — *P.* 52. Cap. XXXII. De variis reliquis sanctorum hujus ecclesiæ et de aqua sanctæ Radegundiæ. — *P.* 54. Cap. XXXIII. De domino Jacobo Fulconis abbate hujus ecclesiæ xxviii, et variis rebus ab eo pro restitutione monasterii nostri, gestis.— *P.* 58. Cap. XXXIV. De temporibus domini Guillelmi de Montesson abbatis vigesimi noni. — *P.* 58. Cap. XXXV. De temporibus domini Thomæ de l'Escluze abbatis trigesimi. —*P.* 59. Cap. XXXVI. De temporibus domini Nicolai Lagréné hujus ecclesiæ abbatis tricesimi.—(*P.* 61.) Cet abbé est représenté d'après une pierre tombale existant dans ce couvent. Il est debout, la tête sur un coussin, les mains jointes, en grand costume. — *P.* 62. Cap. XXXVII. Variæ abbatum et conventus insignia et imagines referuntur. —(Ce sont Iº. les armes de l'abbaye; IIº. les différents sceaux de l'abbaye; IIIº. les blasons de quelques abbés; IVº. les portraits de Jean de Marchelles, de Nicolas Lagréné, d'Antoine Desprez et de Godefroy de Billy.)— *P.* 67. Cap. XXXVIII. De rebus gestis Aegidii Binet, abbatis.—*P.* 67. Cap. XXXIX. De temporibus domini Antonii Desprez abbatis hujus ecclesiæ.—*P.* 69. Cap. XL. De abbate Godefrido Billio in ordine abbatum xxxiv, et secunda monasterii destructione.—*P.* 72. Cap. XLI. De Antonio Seguier primo abbati commendatario.—*P.* 74. Cap. XLII. De domino Renato de Faye hujus ecclesie priore et rebus sub eo gestis usque ad annum salutis 1630.—(On trouve dessiné dans ce chapitre une médaille de Maxence, découverte en 1624.)—*P.* 77. Cap. XLIII.

AMIENS.

AMIENS.

De imagine Beatæ Virginis Deiparæ, de bono nuncio et miraculis ab ea factis.—*P.* 79. Index abbatum et canonicorum ac fratrum conversorum quorum tempus, in cartis et registris domus a prima fundatione ad hunc usque annum 1630 reperitur.—*P.* 96. Appendix ad historiam præcedentem, de lite seu controversia inter ecclesiam nostram et dominum episcopum Ambianensem pro aqua Seylæ. (Hæc controversia sumpsit initium anno Domini 1627, etc.)—*P.* 100. De obitu venerabilis domini Petri Langevin, prioris Selincurtis (anno 1630).

P. 102. Recueil de diverses choses passées en ces années, 1630, 1631, et aultre requeste à monseigneur d'Amiens, pour ce qui concerne la vieille abbaye.

On trouve, à la page 108, l'épitaphe de l'auteur, que nous rapportons fidèlement :

Hic jacet angusta clausus Mauricius urna.
Cui nomen magnum virentia prata dedere.
Qui vivens scripsit nostrorum gesta majorum
Et Præmonstratensis claros ordinis ortus.
Qui legis hæc supplex dic poplite flexo :
Christe potens rerum ipsi tribue regna polorum.

Obiit die 8° mensis octobr. anno Domini 1645 ætatis suæ professio-
nis vero....
Requiescat in pace. Amen.

107. Miscellanées.

Bibl. Imp.—*F*^{ds}*. Baluze,* n°. 8394.

Nous trouvons au f°. 156 de ce manuscrit une lettre de Louis de Luxembourg, comte de S^t. Pol, connétable de France au Roi, pour lui recommander Jacques de Monchy, élu abbé de Saint-Martin-aux-Jumeaux d'Amiens; la voici:

[Mon souverain seigneur je me recommande très humblement à vostre bonne grâce et vous plaise savoir, sire, que mes hostes les religieux de l'abbaye de Saint-Martin de vostre ville d'Amiens me ont fait présenter une supplicacion laquelle je vous envoie dedens cestes, adfin qu'il vous plaise la veoir ou faire veoir par vostre conseil, pour du contenu en icelle ordonner, ainsi que verrez qu'il appartiendra par raison. Car j'ay en très bonne relacion de la personne de messire Jacques de Monchy esleu, et religieux proufez de la dicte abbaye et natif d'icelle vostre ville et quil a ses parens et amis en icelle, à vous féables et gens de bien, et considéré le temps qui court, il est très expédient de traicter ceux de la dicte ville d'Amiens doucement et en justice. Sire vous saurez bien avoir regard a tout et en ordonner par raison, car il me semble bien expedient tout considéré ainsi le faire et les aurez pour recommander s'il vous plaist. Mon souverain seigneur vous plaise moy commander tousjours vos bons plaisirs pour les acomplir de tout mon povoir, à l'aide de nostre seigneur, auquel je prie qu'il vous doint l'antier acomplissement de voz très haulx et très nobles désirs. Escript au Chastellet le xxiie. jour de septembre (environ 1470.)

Vostre très humble et très obéissant subjet et serviteur.

LOYS.

108. Histoire littéraire de la ville d'Amiens, par l'abbé Daire.

Bibl. de l'Arsenal.—N.º 238, H, in-4º.

Ce volume imprimé, a ses marges remplies de notes savantes et curieuses de Mercier de St.-Léger[1]. Sur le vº. de la feuille de garde on a collé cette note du savant bibliographe. « Louis François Daire, prêtre cy-devant célestin, est mort à Chartres[2], le 18 mars 1792, et a été inhumé dans la Cathédrale le lendemain 19. Cette histoire fourmille de méprises de toute espèce. »

On a joint à cet exemplaire six lettres adressées par Daire à Mercier, dans lesquelles il demande des renseignements à ce dernier. Voici la dernière.

Monsieur,

Comme on ne scait ni qui vit, ni qui meurt, et que mes héritiers ont droit à mon petit avoir, j'oserois vous prier

---

[1] Barthélemi Mercier, abbé de Saint-Léger, né à Lyon, le 4 avril 1734, mort le 31 mai 1799, fut un des plus savants bibliographes du xviiie. siècle. La Bibliothèque impériale conserve ses manuscrits de bibliographie (n.º 2441, suppl. fr.) dans lesquels on peut puiser d'excellents renseignements pour l'histoire de la Picardie.

[2] Il était né à Amiens, le 6 juillet 1713.

AMIENS.

de me faire passer une reconnaissance des livres que vous avez entre les mains. Vous connoissez sans doute la stéganographie de l'abbé Trithème avec des commentaires sur la clavicule de Salomon. J'ai l'honneur d'être avec la plus respectueuse vénération,

Monsieur,

Votre très humble et très obéissant serviteur,

Le 10 Mars 1786. DAIRE.

Parmi ces lettres nous avons trouvé une note de Mercier relative à l'académie d'Amiens, qui nous a paru mériter d'être reproduite :

« Le P. Daire avoit désiré être de l'académie d'Amiens
» qui ne voulut pas le recevoir. Daire piqué, fit cette épi-
» gramme contre ce corps qui s'étoit beaucoup évertué
» pour faire valoir les eaux d'une fontaine prétendue mi-
» nérale qui n'avoient aucune vertu.

    Dans un réduit obscur de ce palais antique,
    Git et repose en paix un corps académique ;
    Qui, jaloux d'arriver au port des beaux esprits
    Et de se signaler par d'utiles écrits,
    Leva l'anchre et fit voile avecque grande peine,
    Et périt submergé dans l'eau d'une fontaine.

« Baron, secrétaire de l'académie d'Amiens, répondit
» à l'épigramme de Daire par des vers qui ne valoient pas
» ceux du célestin et qui ne firent pas fortune. »

Les notes de Mercier consistent principalement en rectifications bibliographiques.

109. **Chants royaux en l'honneur de la Sainte-Vierge, prononcés au Puy d'Amiens.**

MS. in-folio max⁰., parch., lignes longues. Miniatures. — XVIe. siècle.

Bibl. Imp.—Anc. fonds, n°. 6811.

Ce précieux manuscrit a été l'objet de plusieurs notices intéressantes. Nous renvoyons notamment à celle que M. Paulin-Paris a donnée dans ses *Manuscrits français de la Bibliothèque du Roi*[1].

---

[1] Tome 1. page 297. Techener, 1836.

110. Les Balades de la confrérie Nostre-Dame du Puy, à Amiens.   AMIENS.

> MS. in-4°. de 34 folios, papier.—Ecriture du XVIe. siècle.
> Bibl. de l'Arsenal.—N°. 293. B. L.

Le texte commence ainsi : [Monsieur maistre Adrian de Henencourt, doyen d'Amiens, maistre du Puy.

> Au bon Laban, patriarche honorable.
> La Bible faict expresse meucion etc., etc.]

111. Les homélies de S^t. Grégoire, traduites par Pierre de Hangest, prévôt d'Amiens.

> MS. in-4°. de 197 folios, parchemin, lignes longues,—XIVe. siècle.—Miniatures.
> Bibl. Imp.—N°. 7271 ^{2.2.}

Ce manuscrit a été décrit avec soin par M. Paulin-Paris; nous renvoyons à la notice[1] qu'il en a donnée.

112. Jacques d'Amiens.—Poésies.

> MS. in-4°., parchemin.— Ecriture du XIIIe. siècle.
> Bibl. Imp.—n°s. 7182—7222—7363—7613, anc. fonds.

Les poésies de Jacques d'Amiens se trouvent dans plusieurs manuscrits dont M. Paulin-Paris a fait une longue et très exacte notice[2].

113. Miracles de la Vierge.

> MS. in-4°., parchemin.—XIIIe siècle.
> Bibl. Imp.—*Notre-Dame* n.° 20.

Ce poëme, composé par Gauthier de Coincy, amiénois d'origine, a été publié par M. l'abbé Poquet. La Bibliothèque de l'Arsenal, qui possède deux exemplaires de ce poëme, (n°. 289 et 290. B. L. et 83 H.), a également du même auteur deux exemplaires de la vie des pères hermités, (n°. 289 et 298 B. L.)

---

[1] Manuscrits français de la Bibl. du Roi, etc., t. VII, p. 228.
[2] Op. citato, t. VI, p. 84.

AMIENS. **114. Secrets de médecine.**

MS. in-4°. parch., deux col. rubr.—Ecriture du XVI°. siècle.

Bibl. de l'Arsenal.—327, B. L.

Ce manuscrit contient [La nouvelle fisique attrayte de plusours auctours par maistre Jehan Sauvage de Piquigny. »

115. Richard de Fournival.

MS. de diverses époques.

Richard de Fournival dont le nom est mentionné dans le Gallia[1], et qui a été souvent cité par Fauchet[2], de la Rue[3], et les auteurs de l'Histoire littéraire[4], a été en dernier lieu le sujet d'un article fort intéressant que M. Paulin-Paris a publié dans la Bibliothèque de l'Ecole des chartes[5].

Richard a laissé un grand nombre de poésies, qui sont répandues dans plusieurs manuscrits de la Bibliothèque Impériale ; ce sont dans l'Ancien fonds, les n°s. 7222, f°s. 12 et 152 ;—7613 f°. 7 ; dans le fonds Cangé les n°s. 65, f°. 64 ;—66 f°. 31 et 101 ;—67 f°. 216.

Son poëme intitulé *Puissance d'amour*, se trouve dans le fonds de la Vallière, n°. 81. Enfin le *Bestiaire d'amour* qu'il a composé également existe dans l'Ancien fonds, sous les n°s 7019, 7031 et 7534, dans le fonds Notre-Dame, sous le n°. 74 *bis*, dans le fonds de la Vallière, sous le n°. 59 ; enfin dans le supplément français, sous les n°s. 319, 540 et 766.

Un autre ouvrage de Richard, cité par Du Cange, dans son histoire des Comtes d'Amiens, et considéré longtemps comme perdu, a été retrouvé sur les rayons de la Bibliothèque de la Sorbonne, par M. Lebas, qui, le 17 novembre 1845, en fit la communication au comité historique des monuments écrits.

[1] Tome X. Col. 1181.

[2] *Poésies françaises.* Chap. XXXIX, p. 145 et 146. Le manuscrit où se trouvent les poésies de Richard que possédait Fauchet, existe au Vatican sous le n°. 1490.

[3] *Trouvères*, tome III, page 207.

[4] *Histoire littéraire de la France*, t. XVI, p. 220 et t. XVII, p. 71.

[5] Tome II, page 31.

Ce manuscrit qui provient de l'ancien collége des Cholets, réuni à Louis-le-Grand en 1763, est un catalogue et en même temps un essai de classification bibliographique, que Richard avait composé pour une bibliothèque fondée par lui, et dont il fit don à la ville d'Amiens. Comme ce catalogue est une des premières tentatives faites pour mettre de l'ordre dans une bibliothèque, M. Lebas en avait proposé la publication [1].

Ce manuscrit est du XIIIe siècle; il est composé de 30 f[os]. D'après le système bibliographique de Richard de Fournival, les livres sont cotés par lettres de différentes couleurs. Un sentiment de haute convenance nous empêche de donner une notice plus étendue de ce manuscrit, à qui M. Lebas a voué un culte tout particulier, et dont il prépare la publication depuis longtemps.

116. Recueil curieux.

Bibl. Imp.—*Fonds de Corbie*, n°. 15.

MS. in-12, papier. — Ecriture du XVII.[e] siècle.

Ce manuscrit, qui renferme beaucoup de pièces en vers, telles que chansons à boire, épigrammes, épitaphes, etc., n'en contient qu'une seule concernant la Picardie. Elle est intitulée, au F°. 194 : [Rondeau sur les jésuites pour avoir intenté procès aux emballeurs de la ville d'Amiens, qui avoient pris en 1679 S[t]. Ignace pour leur patron.]

117. Georgii Ambianensis chronicon.

MS. in-folio de 63 folios, parch.—IXe. siècle.

Bibl. Imp.—*Anc. fonds lat.*, n°. 4884.

Cette chronique dont les auteurs du nouveau traité de diplomatique ont parlé (dans le tom. III, p. 213) comme étant du VIIIe. siècle, a été imprimée par Jos. Scaliger, avec la chronique d'Eusèbe.

118. De summo bono auctore Hugone de Ambianis.

MS. in-8°., parchemin.—Ecriture du XIIe. siècle.

Bibl. Imp.—*Saint-Germain lat.*, n°. 867.

---

[1] Voyez Extraits des procès-verbaux des séances du comité historique des monuments écrits. *Paris*, 1850 in-8°. p. 304.

AMIENS.

Cet ouvrage *De Summo bono* a pour auteur Hugues d'Amiens (*Hugo de Ambianis*), archevêque de Rouen.— C'est probablement le même qui a écrit la vie de Saint-Adjuteur, son contemporain [1].

119. Chronique universelle, par Nicolas d'Amiens.

MS. in-8°., papier.—Ecriture du XVIII°. siècle.

Bibl. Imp.—*Suppl. lat.*, n°. 783.

Ce manuscrit est une copie faite par La Porte du Theil, d'un manuscrit existant au Vatican, dans le fonds de la reine Christine, n°. 454.—Cette chronique dont M. Leclerc a parlé dans le tom. XXI°. de l'*Histoire littéraire*, a été imprimé par M. Pertz, dans le tom. VIII de ses *German. hist. monum.*

120. Tractatus contra Calvinum, auctore Visorio canonico Ambianense.

MS. in-8°. papier.—Ecriture du XVI°. siècle.

Bibl. Imp.—*Sorb.*, n°. 1243.

Ce manuscrit est un traité contre Luther et Calvin, relatif aux articles de la foi catholique, et qui a pour auteur un nommé Visorius, docteur en théologie et chanoine d'Amiens.

121. Du Cange. Lettres autographes [2].

MS. in-4°., papier.—Ecriture du XVII°. et XVIII°. siècle.

Bibl. de l'Arsenal.—N°. 372 *bis*, B. L. F.

Ce volume que malheureusement M. Hardouin n'a pas connu lors de son travail sur *la Vie et sur les Ouvrages de Du Cange*, contient quatorze lettres [3] du célèbre Amiénois, adressée à M. Dumont, conseiller au bailliage d'Amiens; elles ont été retrouvées par Le Couvreur de

---

[1] Voyez Martenne, *Nov. thesaur. anecdot*, tom. V, p. 1011.

[2] Quelques collections de la Bibliothèque impériale, ainsi que le recueil de Peiresc, à la bibliothèque de Carpentras, contiennent une assez grande quantité de lettres autographes de Du Cange. Nous en donnerons une notice détaillée dans le supplément de cet ouvrage.

[3] Il devrait y en avoir 15, mais une a disparu.

Boulinvilliers ; une lettre de ce dernier adressée à M. Dufresne d'Aubigny, descendant de Du Cange, conservée dans ce manuscrit, donne des détails sur cette découverte. Voici cette lettre :

« Au mois de juillet dernier, travaillant à l'inventaire de madame la comtesse de Joyeuse et repassant en revue les papiers jetés au rebut ; je ne fus pas peu agréablement surpris de recouvrer sous la main et de sauver de la dent des rats, une dissertation du célèbre M^r. Du Cange, votre ancêtre, et le plus illustre de nos compatriotes, et 15 de ses lettres adressées à M. Dumont, conseiller au bailliage de cette ville. Je n'ai point balancé un instant à me les approprier, c'est mon premier vol, et je ne rougirai pas de convenir que je l'ai fait sans aucun scrupule, puisque je ne fais tort qu'aux rats, dont ces écrits eussent infailliblement été la nourriture...... J'aurais pu adresser ces écrits aux éditeurs du *Conservateur*, c'eût été même un beau présent à leur faire, ils n'auraient pu qu'enrichir et parer leur collection, mais j'ai pensé que les écrits de M^r. Du Cange vous appartenaient de droit, etc., etc. 24 décembre 1757. »

Les lettres de Du Cange sont toutes relatives à une inscription trouvée à Saint-Acheul. Cette inscription avait déjà donné lieu à plusieurs correspondances que Le Couvreur de Boulinvilliers a eu le soin de joindre aux lettres sus-dites. Cette correspondance se compose de cinq pièces qui se trouvent au commencement du manuscrit. Ce sont : I°. Une lettre de Le Couvreur de Boulinvilliers, au père Patouillet, jésuite, 7 décembre 1757.— II°. Une lettre du Père Patouillet, 16 novembre 1757.— III°. Deux lettres de Dupuy, prieur de Saint-Acheul, 19 et 28 novembre 1759.—IV°. Une lettre du sieur Houllets, à M. Le Couvreur de Boulinvillers, qui lui annonce que l'inscription de Saint-Acheul soit-disant perdue, se trouvait dans le cabinet de curiosités de S^{te}. Geneviève de Paris.— V°. Sentiments de M^r. l'abbé de l'Etoile, au sujet de l'inscription qui se lisait sur la muraille d'une chapelle de Saint-Acheul.

Les lettres de Du Cange dont nous avons parlé plus haut, sont suivies d'un mémoire écrit de sa main et intitulé : [Dissertation sur une inscription antique, qu'on lit dans l'Eglise de l'abbaye de Saint-Acheul, au bas de la muraille qui ferme le costé septentrional de la croisée.]

AMIENS.

Ce manuscrit se termine par une série de huit lettres, dont quatre sont adressées à Du Cange, deux (en italien) à une dame Barenjon et une au père Georges Charlot, recteur du collège de la compagnie de Jésus, à Amiens.

122. Du Cange. Recherches sur l'Histoire de France.

MS. de 5 vol. in-f°. papier. — XVII°. siècle.

Bibl. de l'Arsenal.—N°. 132, H. F.

Nous pensons que ce manuscrit n'est autre que celui qu'a indiqué M. Hardouin, sous le titre : *Recherches tendantes à une suite des grands officiers de la couronne, des gouverneurs de province*, etc , in-f°. 5 vol.

123. Du Cange. Histoire de l'empire de Constantinople, sous les Empereurs français. *Paris*, Imp. royale, 1652.

Bibl. de l'Arsenal.—N°. 98, *Hist.* F°.

Cette histoire est couverte de notes et additions de la main même de Du Cange.

124. Du Cange. Catalogue des auteurs consultés.

MS. in-f°. de 969 pages, papier.—XVII°. siècle.

Bibl. de l'Arsenal.—N°. 335, B. L. F.

Ce manuscrit n'est qu'un recueil de titres d'ouvrages imprimés et manuscrits, dont Du Cange s'est servi pour ses différents travaux.

125. Lettres écrites à Du Cange.

MS. de 2 vol. in-f°. papier.—Ecriture du XVII°. siècle.

Bibl. de l'Arsenal.—N°. 371, B. L. F.

Ces deux volumes contiennent les copies des lettres écrites à Du Cange par le bénédictin Bonnefons, Colbert, Dachery, Dom Germain, Grævius, Leibnitz, Mabillon, d'Ormesson, de Valois, etc.—Cette correspondance est du plus haut intérêt.

126. Du Cange. Blasons et armoiries.

MS. de 5 vol. in-f°. papier.—XVII.° siècle.

Bibl. de l'Arsenal.—N°. 799, *Hist.*

Le premier volume contient un nobiliaire des principales familles d'Angleterre. — Le deuxième volume renferme des notices très étendues et quelquefois des copies presque entières de manuscrits, de blasons, et d'armoiries. Il se termine par un index des auteurs qui ont écrit des généalogies.

127. Du Cange. Recueil.

<small>MS. de 5 vol. in-folio, papier.—XVIIe siècle.</small>

<small>Bibl. de l'Arsenal.—N°. 801-802, *Hist.*</small>

Le premier volume contient : [I°. Un extrait du cartulaire du marquisat d'Encre.—II°. Un extrait d'un inventaire des dénombremens fournis aux seigneurs d'Encre, de Bray, et de Miraumont.—III°. Extrait de quelques manuscrits appartenant à M. Dumon, conseiller à Amiens.—IV°. Extraits de plusieurs romans et autres manuscrits où les mots difficiles sont soulignés. Ces extraits seraient fort bons à consulter pour un glossaire.—V°. Index de divers traités contenus en 6 volumes, manuscrit appartenant à M. Buteux.—VI°. Généalogie de la maison de Rivery, de la maison de St.-Blimont, de la maison de Sacquespée, de la maison de Rubempré.—VII°. Armes de quelques maisons de Picardie.—VIII°. Les noms et armoiries des maires de la ville d'Abbeville (1183-1602); on lit à la fin : « Tout ce » que dessus a esté pris d'un livre manuscrit appartenant à » M. Waignart d'Abbeville 1644. » En sus des désignations d'armoiries, on peut trouver quelques bons renseignements.—IX°. Extrait du registre de l'échevinage d'Arras. —X°. Armoiries de plusieurs familles habituées à Amiens. —XI°. Table et notice des édits, déclarations, lettres missives et autres pièces d'histoire concernant la ville d'Amiens qui sont insérées en un livre écrit de la main de feu Louis de Rely, écuyer, sieur de Framicourt.—XII°. Extrait de quelques manuscrits.]

Le second volume renferme une telle quantité de documents hétérogènes, que nous n'indiquerons ici que ce qui concerne la Picardie. [I°. Nomina Episcoporum Ambianensium, ex veteri codice Dom. Hautin, Parisius.—II°. Extrait du cartulaire de l'église collégiale de St.-Firmin le Confez d'Amiens.—III°. Extrait de l'obituaire de St.-Firmin le Confesseur. IV°. Extrait des titres de Louis de

AMIENS.

Rely, ecuier sieur de Framicourt.—V°. Extrait de plusieurs registres aux chartes du bailliage d'Amiens 1568-1572.— VI°. Extrait du cartulaire de l'abbaye de St.-Fuscien près Amiens.—VII°. Sequuntur beneficia regularia seu secularia quæ spectant ad collationem seu presentationem monasterii S^{ti} Fusciani in nemore.—VIII°. Extrait du martyrologe de l'église N. D. d'Amiens.—IX°. Extrait du cartulaire du chapitre de N. D. d'Amiens.—X°. Extrait de l'inventaire du trésor des chartes relatives à la Picardie.—XI°. Extrait du cartulaire de la terre et ressort du chatel de Guyse. 1327.—XII°. Extrait du martyrologe de St.-Firmin le Confesseur à Amiens.—XIII°. Extrait de l'inventaire des titres de l'abbaye du Gard.—XIV°. Titres du cartulaire de l'abbaye de St.-Acheul.—XV°. Extrait de l'invention des reliques qui sont à N. D. d'Amiens.—XVI°. Extrait d'un livre intitulé : Repertorium sive registrum cartarum seu litterarum existentium in armario insignis ecclesiæ capituli Ambianensis.—XVII°. Extrait du cartulaire de l'église collégiale de St.-Firmin de Vinacourt.—XVIII°. Extrait d'un inventaire des titres du chapitre de N. D. d'Amiens. —XIX°. Hi sunt redditus et census domini episcopi, etc. 1301.—XX°. Chi parole du respit de St.-Fremin.—XXI°. Grand nombre d'extraits et de copies des dépenses de la maison des rois et reines de France, prévotés et bailliages, XIII°. et XIV°. siècle.—XXII°. Epitaphes qui se voient en l'abbaye de Braine.—XXIII°. Epitaphes qui se voient en quelques églises de Picardie.—XXIV°. Epitaphes qui sont aux Célestins d'Amiens.—XXV°. Epitaphes en cuivre aux Jacobins d'Amiens, sur l'autel de N. D. de Pitié.—XXVI°. Extrait des registres du bureau des finances établi à Amiens.—XXVII°. Extrait de divers titres de Picardie.— XXIX°. Inscriptions qui sont aux grandes vîtres de l'église de N. D. d'Amiens.

Le troisième volume contient relativement à la Picardie: — I°. des extraits de cartulaires de St.-Riquier et de St.-Valery-sur-Somme.—II°. Extrait du registre M. de la Cour des Comptes, contenant les dénombrements des bailliages d'Amiens, Doullens etc.—III°. Extrait du cartulaire de l'abbaye de St.-Jean d'Amiens.—IV°. Extrait d'une chronique manuscrite de St.-Médard de Soissons.—V°. Extrait du cartulaire de St.-Vincent-aux-Bois.—VI°. Recueil des antiquités de Soissons.— VII°. Extrait de chroniques des abbayes de St.-Vallery, Corbie.—VIII°. Extrait des registres aux chartes de la ville d'Amiens.

Le quatrième volume est rempli d'extraits de divers registres existant aux archives d'Amiens, des cartulaires des abbayes de Longpré, Corbie, des comptes des villes de Péronne, Montdidier, Roye, Ponthieu, Hesdin, Calais, Boulogne, etc.

Le cinquième volume renferme un grand nombre d'extraits relatifs à Amiens, Saint-Crépin-en-Chaye, Corbie, Lihons, Saint-Quentin en l'Isle, Saint-Josse-sur-Mer, Thenailles, Valoires, Guyse, Crécy-sur-Serre, Saint-Eloi de Noyon, Breteuil.

128. Du Cange et d'Aubigny. Mélange.

Portefeuille in-folio, papier, MS. et impr.

Bibl. de l'Arsenal.—800, H. F.

Ce manuscrit ne contient rien de relatif à la Picardie. Il est bon cependant de noter une série d'inscriptions funèbres et d'élégies manuscrites et imprimées faites sur la mort de Du Cange.

129. Ecole centrale d'Amiens.

Carton rempli de pièces.—XVIII° siècle.

Arch. du Minist. de l'Inst. publ. *Ecole centr.* Cart. 17.

Quelques-unes des pièces renfermées dans ce carton, ont un certain intérêt. En voici la liste.—[I°. Réclamations des professeurs et bibliothécaire de l'école centrale d'Amiens, pour se faire payer l'arriéré de leurs traitements an IV. (XI pièces, II°. liasse.)—II°. Pièces relatives au local de l'école centrale d'Amiens an IV. (IV pièces, III°. liasse.) —III°. Pièces relatives au jardin de botanique, an IV. (III pièces, IV°. liasse.)—IV°. Documents relatifs aux établissements littéraires d'Amiens. Les plus curieux sans contredit, de ces documents, sont : « 1°. L'état des livres provenans des condamnés, déportés et reclus déposés à la bibliothèque du district d'Amiens, et dont la restitution est ordonnée par divers décrets. » Cet état donne le nom des propriétaires et le nombre des volumes qui ont été saisis. En voici la récapitulation : Livres provenans des établissemens, 86,566 volumes ; livres provenans des Emigrés,

AMIENS.

18,853 volumes. Total des livres 104,919 volumes ; 2.º Un rapport du sieur Baron sur l'état de la bibliothèque d'Amiens ; 3º. Un extraict du registre aux délibérations du département de la Somme, sur la séance publique du 4 frimaire an IV, dans laquelle il a été question de la bibliothèque d'Amiens. (Vᵉ. liasse.) — Vº. Pièces relatives au traitement des professeurs et bibliothécaire d'Amiens, an V. (VIᵉ., VIIᵉ. et XIIIᵉ. liasse.) — VIº. Nomination de professeurs. (Vᵉ. liasse.)—VIIº. Rapport sur le mauvais état des bâtiments de l'école centrale, an VII. (XIVᵉ. liasse.)—VIIIº. Rapport sur les livres élémentaires et sur l'ordre des études suivi à l'école centrale d'Amiens, an VII. (XVᵉ. liasse.)— IXº. Discours prononcé le 16 vendémiaire an VII de la république au jour de la rentrée des écoles centrales du département de la Somme, par le citoyen Crépin, professeur d'histoire (XVIᵉ. liasse)—Xº. Observations des professeurs et bibliothécaire de l'école centrale d'Amiens relatives au concours général. Pièce intéressante. (XVIIᵉ. liasse.)—XIº. Pièces relatives au traitement arriéré des fonctionnaires, an VII. (XVIII.ᵉ liasse.) — XIIº. Pièces relatives au programme des études. (XIXᵉ. liasse.)—XIIIº. Pièces relatives aux réparations à faire à l'école centrale et à la bibliothèque. (XXᵉ. liasse.)—XIVº. Pièces relatives au rétablissement d'un cours d'accouchement à Amiens, an VIII. (XXIIᵉ. liasse.)—XVº. Pièces relatives à l'autorisation donnée au Préfet de la Somme, à l'égard de l'extension du jardin de botanique d'Amiens, sur une partie des fortifications de cette place, 11 frimaire an IX (XXIIIᵉ. liasse.)— XVIº. Pièces relatives aux fonctionnaires des écoles centrales de la Somme. (XXIVᵉ. liasse.)—XVIIº. Distribution des prix du 30 thermidor an X.—XVIIIº. Pièces relatives aux traitements des fonctionnaires, 17 thermidor an XI.]

130. Ecoles secondaires d'Amiens.

Carton rempli de pièces.—XVIIIᵉ. siècle.

Arch. du Minist. de l'Inst. publ. *Ecol. second.* Cart. 18.

Parmi de nombreux documents relatifs aux écoles secondaires d'Amiens, nous avons trouvé une curieuse correspondance relative « aux désordres commis par les Jesuites sous le nom de frères Paccanaristes. »

131. Instruction publique.

<small>Carton rempli de pièces.—XIXᵉ. siècle.</small>

Minist. de l'Instr. publ. *Arch anc.*, Cart. 29.

Ce carton contient les renseignements transmis au ministre de l'instruction publique par les recteurs de l'académie d'Amiens, en 1836, sur les établissements d'instruction publique existants dans le département de la Somme avant 1789.

132.

I. Accord passé entre le roi, le doyen et le chapitre de Saint-Frambourd de Senlis, d'une part, et les habitants d'Angy[1], de l'autre, relativement à la mesure dont lesdits habitants devaient se servir pour payer les redevances en avoine, imposées sur leurs habitations.—(juillet 1256.)

<small>A. I. *Sect. hist.*, *Trés. des Ch.*, J. 737, n°. 39.</small>

II. Lettres données à Paris par lesquelles Philippe-le-Bel confirme les priviléges accordés par Philippe-Auguste aux habitants d'Angy.[2] — (1186-1312.)

<small>B. I. *Coll. De Camps*, t. 42.</small>

III. Confirmation des priviléges des habitants d'Angy par Charles V.—(Juillet 1344.)

<small>A. I. *Trés. des Ch.*, Reg. 96, f°. 29, p.ᶜᵉ 92.</small>

IV. Lettres par lesquelles Louis XI confirme les libertés et priviléges des habitants d'Angy.—(Février 1473.)

<small>B. I. *Trés. des Ch.*, Reg. 204, n°. 4.</small>

V. Permission à Guill^{me}. de Ferrières, seigneur d'Angy et de Nely, d'avoir un marché et deux foires. — (Février 1483.)

<small>B. I. *Boite-Legrand*, 22.</small>

VI. Lettres par lesquelles Henri II confirme les libertés et priviléges des manants et habitants d'Angy.-(Mars 1547.)

<small>A. I. *Trés. des Ch.*, Reg. 258, n°. 285.</small>

---

[1] Dans le canton de Mouy (Oise.).
[2] Voy. *Ord. des rois de France*, t. IV, p. 129.

ANGY.

VII. Arrêt du Conseil qui maintient les habitants d'Angy en leurs priviléges et exemptions. — (31 août 1645.)

B. I. Sect. adm., E. 205.

ANIZY-LE-CHA-TEAU. **133.**

I. Accord entre Geoffroy, évêque de Laon, et les habitants d'Anizy[1] touchant la juridiction de ladite ville. — (Mai 1279.)

B. I. Harlay, n°. 101. St.-Germ., f°. 42. — Suppl. fr., n°. 1225. Lettre B. — Laon, n°. 18, p. 129.

II. Charte du roi Jean par laquelle il établit une foire à Anizy.[2] — (Février 1352.)

B. I. Cab. des Ch., CC. 265.

III. Lettres patentes de Louis XII qui rétablit les foires d'Anizy interrompues par les guerres, et autorise un marché franc tous les lundis de chaque semaine. — (1513.)

B. I. Cab. des Ch., CC. 294.

IV. Lettres patentes de Louis XIV portant établissement de 3 foires par an et d'un marché par an à Anizy. — (Janvier 1698.)

A. I. Sect. jud., Parl. de Paris, Ord. 4, J. f°. 269.

ANY-MARTIN-RIEUX. **134.**

Plan de la Halle de Bellevue-au-Tambour, paroisse d'Any[3].

Bibl. Imp. — Départ. des cartes et plans. — Coll. topogr. V. a. 29.

Ce plan se trouve dans un volume, qui contient les plans, cartes, vues et dessins du département de l'Aisne.

ANNEL. **135.**

Lettres par lesquelles Charles IX, à la demande de Philibert Barjot, seigneur d'Anneul[4], bailliage de Senlis, éta-

---

[1] Canton d'Anisy (Aisne.)

[2] Cette charte et les deux suivantes sont publiées dans l'Histoire du département de l'Aisne, par Eug. Cuvillier, de Wissignicourt, canton d'Anizy-le-Château.

[3] Canton d'Aubenton (Aisne).

[4] Annel, commune de Longueil-sous-Thourotte, canton de Ribecourt (Oise).

blit audit lieu deux foires annuelles et un marché par semaine.

ANNEL.

A. I. Sect. hist., Trés. des Ch., J. Reg. 265, n°. 31.

136.

ARGUEL.

I. Acte scellé de la commune d'Arguel[1] par lequel elle promet au roi d'abandonner le comte de Ponthieu au cas où il ne tiendrait pas son accommodement avec le roi. —(4 mars 1230.)

A. I. Sect. hist., Trés. des Ch., J. 395, n°. 111.

II. Lettres des maire et échevins d'Arguel par lesquelles ils reconnaissent que Jean de Châlons, chevalier, sénéchal et garde de la terre de Ponthieu, leur a accordé la moitié de 12 journaux de bois.—(1307.)

B. I. Cab. des Ch., cart. CC. 377.

III. Lettres par lesquelles Charles VIII confirme les libertés et priviléges des habitants d'Arguel.—(1487.)

A. I. Sect. hist., Trés. des Ch., Reg. 217, n°. 173.

IV. Lettres par lesquelles Louis XII confirme les priviléges des habitants du lieu d'Arguel.—(1498.)

A. I. Sect. hist., Trés. des Ch., Reg. 231, n°. 191.

137.

ATHIES.

I. Philippe-Auguste accorde à la ville d'Athies[2] le droit de se former en commune d'après la loi de Péronne.[3] — (1212.)

B. I. Coll. Bouhier, n°. 26.—Coll. De Camps, vol. 29.— Cart.
de Philippe-Auguste dit d'Hérouval, f°. 164.

II. Lettres du roi Philippe-Auguste déclarant que suivant la charte qu'il a donnée au maire et à la commune d'Athies, le maire Jean et son hoir a le jugé des plaintes portées devant les échevins sur les meubles et héritages ; que le tiers des plaintes lui appartient, c'est-à-dire dix deniers pour un roturier, quarante pour un gentilhomme et le reste au roi. Il est dit également que le prévôt royal, le

---

[1] Canton d'Hornoy (Somme.)
[2] Dans le canton de Ham (Somme.)
[3] Voy. Ord. des rois de France, t. XI, p. 298.

ATHIES.

maire Jean et les échevins peuvent seuls tenir ban et assise à Athies.—(Juin 1219.)

<small>B. I. Coll. De Camps, vol. 29. — Cart. de Philippe-Auguste, 9852, f°. 63, v°.
A.</small>

III. Vente faite par Jean, maire et seigneur d'Athies, de ses droits sur la ville, à la réserve de ses manoirs, jardins et droits d'herbergement.—(Juin 1219.)

<small>B. I. Coll. Bouhier, n°. 26. — Coll. De Camps, n°. 29.</small>

IV. Acte scellé par lequel la commune d'Athies s'engage à soutenir le roi contre tous.—(1228.)

<small>A. I. Sect. hist., Trés. des Ch. Cart. 627-8.^R</small>

AUBENTON. **138.**

1.° Plan de la manufacture d'Aubenton[1] (1806).-2.° Vue de la façade de ladite manufacture.—3.° Coupe du bâtiment de ladite manufacture.—4.° Vue du pont d'Aubenton.

<small>Bibl. Imp.—Départ. des cartes et plans.—Coll. topogr. V. a.
29.</small>

Ces plans se trouvent dans un volume qui contient les cartes, plans, vues et dessins du département de l'Aisne.

139.

I. Acte scellé du sceau de la commune d'Aubenton par lequel les habitants dudit lieu appellent au futur concile de la violation de leurs droits par le pape.—(Juillet 1303.)

<small>A. I. Sect hist., Trés. des Ch., Cart. 488, n°. 510.</small>

II. Arrêt du Conseil qui ordonne que les habitants d'Aubenton jouiront des exemptions de tailles à eux accordées par les lettres des 12 juin 1597 et 7 juillet 1598.—(7 août 1601.)

<small>A. I. Sect. adm. E. 3.</small>

III. Enregistrement des lettres patentes du roi du mois de février 1738, portant création en faveur du duc de Bourbon de trois nouvelles foires, en la ville d'Aubenton, étant sur les limites et frontières du royaume.—(29 juillet 1738.)

<small>A. I. Sect. jud., Ord. 7. C, f°. 182.</small>

---

[1] Arrondissement de Vervins (Aisne).

140. AULT.

Plan du bourg d'Ault[1].

Bibl. Imp.—*Départ. des cartes et plans.—Coll. topogr.*

141.

I. Confirmation de la loi et mairie d'Ault à l'instar de Saint-Vallery où il est fait mention du droit de la pêche du poisson, donnée par Jean d'Artois, comte d'Eu, le 29 décembre 1384.

A. I. *Sect. adm., Arch. de la Couronne, domaine du comte d'Artois.* Cart. 25

II. Lettres de Charles VI par lesquelles, à la requête du comte d'Eu, il établit une foire annuelle en la ville d'Ault. —(1382).

A. I. *Sect. hist., Trés. des Ch.,* Reg. 121, p°e. 230.

III. Lettres par lesquelles Henri II confirme les libertés et priviléges des habitants d'Ault sur la mer.— (Octobre 1549.)

A. I. *Sect. hist., Trés. des Ch.,* Reg. 259, n°. 369.

142. AUMONT.

Lettres par lesquelles Henri II confirme les libertés et priviléges des habitants d'Aumont[2] près Senlis.—(Février 1547.)

A. I. *Sect. hist., Trés. des Ch.,* Reg. 259, n°. 166.

143. AUTEUIL.

Charte de Renaud d'Auteuil[3], chevalier, qui reconnaît que les hommes d'Auteuil et du Ménil, qui ont masure ou courtil dans les deux lieux, en raison des cens et rentes qu'ils paient au seigneur d'Auteuil, ont droit d'usage proportionné à leur tenance, dans les bois d'Auteuil, huit jours après que la commune aura pris congé du seigneur. —(Janvier 1267.)

B. I. *Cab. des Ch.,* CC. 211.

---

[1] Chef-lieu de canton (Somme.)
[2] Canton et arrondissement de Senlis (Oise.).
[3] Canton d'Auneuil (Oise.)

AUXI-LE-CHA-TEAU. **144.**

Arrêt du Conseil qui ordonne que le village d'*Aussy*[1] ne sera compris (tant qu'il demeurera sans clôture et murailles), au nombre des villes closes ni sujet à la subvention, entrées du vin et autres charges et subsides, excepté les nouveaux cinq sols par muid de vin qu'ils seront tenus de payer pendant le bail du fermier dudit impôt, lequel expiré, ils en demeureront déchargés, ainsi que des autres subsides. — (7 août 1604.]

A. I. *Sect. adm.*, E. 7.

BACHIVILLIERS **145.**

Arrêt qui ordonne que les habitants de *Bachivilliers*[2], en l'élection de Chaumont et Magny, seront déchargés de ce qu'ils doivent de reste des tailles et crues de l'année 1596, etc. — (Décembre 1599.)

A. I. *Sect. adm.*, E. 2.

BAILLEUL-LES-PERNES. **146.**

Lettres par lesquelles le duc de Bourgogne accorde des franchises à la commune de Bailleul-lez-Pernes[3]. — (Septembre 1545.)

A. I. *Sect. hist.*, *Trés. des Ch.*, Cart. 1017, n°. 188.

BAILLEVAL. **147.**

Charte de Philippe, évêque de Beauvais, faisant mention d'un réglement qu'il avait fait pour le village et les habitants de Baillonval[4], portant que chaque feu rendrait tous les ans à Noël quatre mines d'avoine et deux chapons, moyennant quoi les habitants seront exempts de toutes tailles. — (1204.)

B. I. *Cab. des Ch.*, Cart. CC. 95 et 96.

BARASTRE. **148.**

Lettres par lesquelles le duc de Bourgogne accorde des franchises à la commune de Barastre[5].

A. I. *Sect. hist.*, *Trés. des Ch.*, Cart. 1017, n°. 155.

---

[1] Arrondissement de Saint-Pol-sur-Ternoise (Pas-de-Calais.)
[2] Canton de Chaumont-en-Vexin. (Oise.)
[3] Canton d'Heuchin (Pas-de-Calais.)
[4] Bailleval, canton de Liancourt (Oise.)
[5] Canton de Bertincourt (Pas-de-Calais.)

149. BARLEUX.

I. Vidimus donné par le roi saint Louis d'un acte de manumission du sacristain de l'église de Péronne aux habitants de *Ballues*[1], et par lequel il confirme cet affranchissement. — (Octobre 1256.)

B. I. *Cab. des Ch.*, CC. 193.

II. Lettres du roi Philippe-le-Bel confirmant un arrangement fait entre Simon Audée, chanoine, et Pierre de Condé, qui se croyait lésé dans le dédommagement qui avait été donné à Raoul, son prédécesseur, lors de l'affranchissement des habitants de Barleux. — (Juin 1281.)

B. I. *Cab. des Ch.*, Cart. CC. 229.

150. BARON.

Charte de Philippe-Auguste réglant la juridiction à laquelle seront soumis les habitants de *Baron*[2], afin de les mettre à l'avenir à l'abri de toutes vexations,[3] etc. — (Mai 1215.)

B. I. *Cart. de Philippe-Auguste*, 9852, f°. 83, v°. — *Coll. De Camps*, vol. 29.

151. BARQUE (LE).

Lettres par lesquelles le duc de Bourgogne accorde des franchises à la commune de *Barque*[4]. — (Septembre 1545.)

A. I. *Sect. hist., Trés. des Ch.*, Cart. 1017, n°. 147.

152. BEAUCHAMPS.

I. Lettres par lesquelles Charles VIII, à la demande du seigneur de *Bauchan*[5], établit deux foires et un marché audit lieu. — (1493.)

A. I. *Sect. hist., Trés. des Ch.*, Reg. 226, n°. 718.

II. Lettres par lesquelles François Ier., à la demande de Loys Bournel, chevalier, baron de *Bauchien*, établit audit lieu deux foires et un marché. — (Mars 1541.)

A. I. *Sect. hist., Trés. des Ch.*, Reg. 256, n°. 32.

---

[1] Barleux, arrondissement de Péronne (Somme).

[2] Canton de Nanteuil-le-Haudouin (Oise.)

[3] Voy. *Ord. des rois de France*, t. XI, p. 304.

[4] Le Barque, commune de Ligny-Tilloy, canton de Bapaume (Pas-de-Calais.)

[5] Beauchamps, canton de Gamaches (Somme).

BEAUMONT-SUR-OISE. 153.

I. Accord entre l'abbé de Saint-Denis et le comte de Beaumont, touchant les bois de *Maflers*[1] et de Leffai-Ridel (dit aussi de *Fahi-Ridel*), *Rundel, Roscai*, les villes de *Ulliaci*[2] et *Cires*[3], *Morentiaco*[4], *Chroy*[5], *Murno*[6] et *Corcellis*[7], les étangs et le moulin de *Fonte-Bohodi*[8]. — (1170. — Acte scellé de 2 sc. pend. en cire blanche.)

A. I. Sect. hist., Trés. des Ch., Cart. J. 168, n°. 1.

II. Charte de Henri, comte de Troie, pour Matthieu, comte de Beaumont.—(1174.)

B. I. Cartul. de Champagne, anc. fonds lat., n°. 5992, f°. 3, v°.

III. Echange entre Mathieu, comte de Beaumont, et l'abbé de Saint-Martin de Pontoise, d'une grange sise à Belloy[9], pour quelques mesures de froment et d'avoine, et la dîme du champart à Chambly.—(1177.)

A. I. Sect. hist., Trés. des Ch., Cart. J. 168, n°. 2.

IV. Confirmation par Philippe-Auguste d'une concession de fief du Plessis-Godard (*de Plesseio-Godardi*), faite par E. de Moncy à Mathieu, comte de Beaumont.—(1180.) (Scellé du sc. roy.)

A. I. Sect. hist., Trés. des Ch., Cart. J. 168, n°. 3.

V. Double de la même concession.—(1180.)

A. I. Sect. hist., Trés. des Ch., Cart. J. 168, n°. 4.

[1] Aujourd'hui Maffliers, canton d'Ecouen (Seine-et-Oise).

[2] Ully-St.-Georges, canton de Neuilly-en-Thelle (Oise).

[3] Aujourd'hui Cirès-lès-Mello, canton de Neuilly-en-Thelle (Oise).

[4] Aujourd'hui Morancy, canton de Boran (Oise).

[5] Aujourd'hui Crouy-en-Thelle, canton de Neuilly-en-Thelle (Oise).

[6] Probablement Mours, canton d'Isle-Adam (Seine-et-Oise).

[7] Probablement Courcelles, commune de Saint-Ouen-l'Aumône, canton de Pontoise (Seine-et-Oise).

[8] D'après une charte dont la notice est plus bas (153—XLVII), ce lieu appelé *Fons Bohodii* était près Maffliers.

[9] Belloy, canton de Luzarches (Seine-et-Oise).

VI. Achat de plusieurs fiefs appartenant à Philippe de Beaumont. —(1180.—Sc. pend. en cire brune.)

BEAUMONT-SUR-OISE.

A. I. Sect. hist., Trés. des Ch., Cart. J. 168, n°. 7.

VII. Concession des bois de Rondeau (*de Retondello*), fait par Hugues, abbé de Saint-Denis, et Mathieu, comte de Beaumont, aux habitants du dit lieu. —(1189.—2 sc. pend. en cire brune.)

A. I. Sect. hist., Trés. des Ch., Cart. J. 168, n°. 5.

VIII. Double de la même concession. —(1189. — 2 sc. pend.)

A. I. Sect. hist., Trés. des Ch., Cart. J. 168, n°. 6.

IX. Concession des fiefs de *Atenville*[1] et *Ronqueroles*[2], faite par Philippe-Auguste à Mathieu, comte de Beaumont. —(Janvier 1191.—Scellé du sceau royal.)

A. I. Sect. hist., Trés. des Ch., Cart. J. 168, n°. 8.

X. Accord entre Pierre, abbé de Saint-Martin de Pontoise, et Mathieu, comte de Beaumont, touchant deux muids de blé à prendre au moulin de *Bereglise*.[3]—(1199. — Sc. pend. en cire brune.)

A. I. Sect. hist., Trés. des Ch., Cart. J. 160, n°. 9.

XI. Vente de quelques arpents de terre et de vigne, sis *apud Joiacum*,[4] faite par les religieux de Saint-Vincent de Senlis, à Mathieu, comte de Beaumont. —(1200. — 2 sc. pend. dont 1 manque.)

A. I. Sect. hist., Trés. des Ch., Cart. J. 168, n°. 10.

XII. Accord entre Mathieu, comte de Beaumont, et Mathieu de Montmorency, touchant les droits de péage et travers, à payer par les sujets du comte de Beaumont, en la terre de Montmorency. —(1202. — 2 sc. pend. en cire brune.)

A. I. Sect. hist., Trés. des Ch., Cart. J. 168, n°. 14.

---

[1] Attainville, canton d'Ecouen (Seine-et-Oise).
[2] Ronquerolles, canton d'Isle-Adam (Seine-et-Oise).
[3] Belle-Eglise, canton de Neuilly-en-Thelle (Oise).
[4] Probablement Jouy-le-Comte, canton de Pontoise (Seine-et-Oise).

BEAUMONT-SUR-OISE.

XIII. Vente de la terre de Meru [1] (*apud Meruacum*), faite par Gilles de Hodenc à Mathieu, comte de Beaumont. — (1205. — 2 pièces.)

A. I. Sect. hist., Trés. des Ch., Cart. J. 168, n°˙ 12 et 18.

XIV. Aveu et déclaration des fiefs (*apud Bellencort* [2], *Hodenc* [3], *Nigellam* [4], *Praeroles* [5]), qu'Anseau, seigneur de Lille, et Mathieu, comte de Beaumont, tenaient l'un de l'autre. — (1205. — 2 sc. pend. en cire brune.)

A. I. Sect. hist., Trés. des Ch., Cart. J. 168, n°. 13.

XV. Charte par laquelle Gui de la Roche (*Guido de Rupe*), pour avoir devant le roi, qualifié Gautier de Mondreville, de voleur et de brigand, donne Beaumont au roi, et tout ce qu'il y possédait. — (1205. — Sc. pend. en cire verte.)

A. I. Sect. hist., Trés. des Ch., Cart. J. 168, n°. 14.

XVI. Accord entre Mathieu, comte de Beaumont, et Anselme, seigneur de Lille, touchant plusieurs différents survenus entr'eux, relativement aux droits de travers entre Lille et Nesle. — (1206. — 2 sc. pend. en cire brune.)

A. I. Sect. hist., Trés. des Ch., Cart. J. 168, n°. 15.

XVII. Sentence touchant un don sur le fief de *Vinecel*, fait aux Frères de la Milice du Temple, lequel don avait suscité un différend entre les dits chevaliers et le comte de Beaumont. — (Février 1207. — 3 sc. pend. en cire verte.)

A. I. Sect. hect., Trés. des Ch., Cart. J. 168, n°. 16.

XVIII. Accord entre l'abbaye de Saint-Denis et le comte de Beaumont, sur plusieurs différends et nommément sur le bois de Luath [6] (*nemus de Luath*), etc. — (Août 1210. — 2 sc. pend. en cire verte.)

A. I. Sect. hist., Trés. des Ch., Cart. J. 168, n°. 17.

---

[1] Chef-lieu de canton, arrondissement de Beauvais (Oise).

[2] Peut-être Bellancourt, canton d'Abbeville (Somme).

[3] Aujourd'hui Hodenc-l'Evêque, canton de Noailles (Oise).

[4] Aujourd'hui Nesles, canton d'Isle-Adam (Seine-et-Oise).

[5] Aujourd'hui Prérolle, canton de Presles (Seine-et-Oise).

[6] Commune de Fresnoy-le-Luat, canton de Nanteuil (Seine-et-Oise).

XIX. Charte de Jean, comte de Beaumont. — (1214.)

B. I. *Cart. de Champagne, anc. fonds lat.*, n°. 5992, f°. 11, v°.

XX. Charte de Jean, comte de Beaumont. —(1216.)

B. I. *Cartul. de Champagne, anc. fonds lat.*, n°. 5992, f°. 37.

XXI. Accord entre l'abbaye de Saint-Denis et Jean, comte de Beaumont, touchant le bois de *Fairidel*. — (Mai 1217.—2 sc. pend. en cire verte.)

A. I. *Sect. hist., Très. des Ch.*, J. 168, n°. 20.

XXII. Trois pièces relatives à l'accord entre Jean, comte de Beaumont, Henri, comte de Grandpré, et Guy le Bouteiller, pour les biens qui leur étaient échus par leurs femmes, de la succession de Guillaume de Garlande *(de terra Rareii[1] Conflans et Parisius)*. — (Août 1217. — Chaque pièce a un sc. pend. en cire jaune, d'une magnifique conservation).

A. I. *Sect. hist., Très. des Ch.*, J. 168, n°. 21.

XXIII. Vente du bois de la Seuve[2] *(nemus de la Seuve)*, faite par Payen de Franconville[3] à Jean, comte de Beaumont.—(1218.—Sc. pend. en cire brune.)

A. I. *Sect. hist., Très. des Ch.*, Cart. J. 168, n°. 19.

XXIV. Déclaration de Jean, comte de Beaumont, seigneur de Lusarches, relative à une maison sise à Mareuil[4] *(domus Marolii.)*—(Juin 1224.—Sc. pend. en cire jaune.)

A. I. *Sect. hist., Très. des Ch.*, Cart. J. 168. n°. 25.

XXV. Lettres des membres du chapitre de Beauvais à Guillaume, évêque de Senlis, par lesquelles ils promettent de ratifier ce qui aura été ordonné par le roi touchant l'hommage dû par le comte de Beaumont à l'évêque de Beauvais. — (Avril 1222.)

A. I. *Sect. hist., Très. des Ch.*, J. 168, n°. 22.

---

[1] Raray, canton de Pont-Sainte-Maxence (Oise).

[2] Ce bois, vu la position de Franconville, devait faire partie de la forêt de Carnelle.

[3] Franconville, canton de Montmorency (Seine-et-Oise).

[4] Mareuil-Lamotte, canton de Lassigny (Oise).

BEAUMONT-SUR-OISE.

XXVI. Echange fait par le roi Philippe-Auguste et le chapitre de Beauvais, du fief du comté de Beaumont, pour les dîmes de vin et de blé de Borrane,[1] ainsi qu'une maison au dit lieu, appartenant au comte de Beaumont, *ita quod non poterit ibi fieri fortericia*, et enfin le fief d'Aubert de Buri.[2] — (Avril 1222. — 2 sc. pend. en cire verte.)

A. I. *Sect. hist.*, *Trés. des Ch.*, Cart. J. 168, n°. 25.

XXVII. Lettre de Guillaume II, de Joinville, archevêque de Reims, légat du Saint-Siége, par laquelle il décharge Louis, roi de France, et Thibaud de Beaumont, de tout ce que son oncle Jean, comte de Beaumont, avait acquis au dit comté de Beaumont. — (Février 1222. — Sc. pend. en cire jaune.)

A. I. *Sect. hist.*, *Trés. des Ch.*, Cart. J. 166, n°. 24.

XXVIII. Charte de commune accordée par Louis VIII aux habitants de Beaumont.[3] — (1223. — Scellé du sc. royal.)

A. I. *Sect. hist.*, *Trés. des Ch.*, J. 168, n°. 24.

B. I. *Cartul. de Philippe-Auguste*, 8408, f°. 116, v°.

XXIX. Cession faite par l'abbaye de Saint-Denis au roi Philippe-Auguste, de tous ses fiefs et domaines sis à Beaumont. — (Février 1222. — Sc. pend. en cire jaune.)

A. I. *Sect. hist.*, *Trés. des Ch.*, Cart. J. 168, n°. 26.

XXX. Echange entre l'abbaye de Saint-Denis et le roi Louis VIII, d'une châteigneraie, sise *apud sanctum Martinum in Colle*[4], pour des possessions à Fairidel. — (1225. — 2 sc. pend. en cire verte.)

A. I. *Sect. hist.*, *Trés. des Ch.*, Cart. J. 168, n°. 38.

XXXI. Acte par lequel saint Louis donne en douaire, à Berengère de Castille, le comté de Beaumont : « *Nec non comitatum Belli-montis super Ysaram cum parco et nemo-*

---

[1] Boran, canton de Néuilly-en-Thelle (Oise).

[2] Probablement Bury, canton de Margency (Seine-et-Oise).

[3] Voy. *Ord. des rois de France*, t. xii, p. 307.

[4] Probablement Saint-Martin de Boran, commune de Boran (Oise).— Peut-être aussi Saint-Martin, commune de Pontoise (Seine et-Oise).

ribus ejusdem comitatus, feodis et domaniis et aliis pertinenciis quæ habet in eodem comitatu jure dotalicii pacifice possidenda. » Cet acte fut conclu à Paris, le vendredi après l'Assomption.—(20 août 1235.)

A. I. Sect. hist., Trés. des Ch., J. 599, n°. 4.

XXXII. Vente de XL sous de rente à Beaumont, faite par Henri de Perche, ancien serviteur d'Alphonse, comte de Poitiers, à Geoffroy du Temple.—(Janvier 1275.)

A. I. Sect. hist., Trés. des Ch., Cart. J. 168, n.° 30.

XXXIII. Vente de C livres de rente à prendre à Beaumont, faite au nom de Renaud de Dugni, ancien serviteur d'Alphonse, comte de Poitiers, à Geoffroi du Temple.—(Mars 1298.)

A. I. Sect. hist., Trés. des Ch., Cart. J. 168, n°. 29.

XXXIV. Charte relative au comté de Beaumont.-(1279.)

A. I. Sect. hist., Trés. des Ch., J. 1024, n°. 65.

XXXV. Lettres par lesquelles le roi accorde au prieuré de Beaumont-sur-Oise, de prende 618 molles de bois, par an, dans les ventes de la forêt de Carnelle. [1] — (Janvier 1310.)

A. I. Sect. hist., J, Reg. 47, n°. 49.

XXXVI. Mention de gages assignés, *super redditibus et emolumentis regiis furnorum boulangariorum de Bellomonte super Ysaram.*—(1316.)

A. I. Sect. hist., J. Reg. 54, f°. 10, v°.

XXXVII. Erection de Beaumont-sur-Oise en comté pairie en faveur de Robert d'Artois.—(Juin 1328.)

A. I. Sect. hist., J. Reg. 65, n°. 89.

XXXVIII. Mention de Jehan le Cordier, clerc, garde du scel de la prévôté de Beaumont-sur-Oise.—(1343.)

A. I. Sect. hist., J. Reg. 85, n°. 153.

XXXIX. Don d'une maison sise à Beaumont, qui avait appartenu à Jean de Vervins, chevalier.—(1346.)

A. I. Sec. hist., J. Reg. 82, n° 47.

---

[1] La forêt de Carnelle se trouvait au midi de Beaumont.

BEAUMONT-
SUR-OISE.

XL. Lettres de rémission accordées par la reine Jeanne, à Gilles de Nantouillet, écuyer, retenu dans les prisons du roi de Navarre à Beaumont-sur-Oise, pour avoir fait exécuter un homme sur les terres du dit roi. (La grâce est donnée par droit de joyeux avénement. — (22 septembre 1351.)

A. I. Sect. hist., J. Reg. 80, n°. 708.

XLI. Le roi Jean donne à Beaumont-sur-Oise des lettres de rémission au mois de février 1352.

A. I. Sect. hist., J. Reg. 81, n°. 561.

XLII. Lettres du roi Jean qui donne au duc d'Orléans le comté de Beaumont-sur-Oise et autres terres, en compensation du comté de Beaumont-le-Roger et autres —(5 mars 1353.)

A. I. Sect. hist., Mémorial C., p. 541.—J. Reg. 82, n°. 254.

XLIII. Mention de Gautier le Paticier, prévôt de Beaumont-sur-Oise, en 1356.

A. I. Sect. hist., J. Reg. 85, n°. 153.

XLIV. Louis de France reçoit en apanage le comté de Beaumont-sur-Oise.—(1386.)

A. I. Sect. hist., K. 53. n°. 61.

XLV. Acte relatif à Beaumont.—(1399.)

A. I. Sect. hist., J. 738, n°. 4.

XLVI. Information sur les blessures faites à Pierre Footel, prévôt de Beaumont. (S. d. XIV.ᵉ s.)

A. I. Sect. hist., J. 1034, n°. 32.

XLVII. Accord entre Eude, abbé de Saint-Denis, et Mathieu, comte de Beaumont, touchant quelques terres, *in loco qui fons Bohodii nuncupatur, prope villam que dicitur Maflers*, etc., (S. d.—2 sc. pend. en cire rouge.)

A. I. Sect. hist., Trés. des Ch., Cart. J. 168, n°. 31.

XLVIII. Lettres de Milon [1], évêque de Beauvais, à Philippe-Auguste, dans lesquelles il remercie le roi de la récom-

---

[1] Milon I. de Chatillon-Nanteuil, sacré le 19 décembre 1217.

pense qu'il avait donnée à l'église de Beauvais, touchant le fief de Beaumont. (S. d.—Sc. pend. en cire verte.)

BEAUMONT-SUR-OISE.

A. I. Sect. hist., Trés. des Ch., Cart. J. 168, n° 32.

XLIX. Sentence en faveur de Mathieu, comte de Beaumont, touchant le différend qu'il avait, à cause d'une chapelle érigée en la maison proche Saint-Denis. (S. d.— 2 sc. pend. en cire brune.)

A. I. Sect. hist., Trés. des Ch., Cart. J. 168, n°. 33.

L. Charte qui termine le différend entre le comte de Beaumont et les marchands, et règle les divers prix que doivent payer les navires. (S. d.)

B. I. Coll. Duchesne, t. 78, p. 297 bis.

LI. Cession faite par Jean de Hodenc, de tout ce qu'il possédait dans les bois de Meru. (S. d.—Sc. pend. en cire blanche.)

A. I. Sect. hist.. { Trés. des Ch. Cart. J. 168, n° 34; J. Reg. 175, n°. 511 et 517.

154. Chartularium Belli prati Bellovacensis.

BEAUPRÉ.

MS. in-f.°, de 140 f⁰ˢ parchemin.—Ecriture des XIIIe., XIVe, XVe et XVIIIe siècles. Regl. à la pointe sèche, à deux col.— Lettrines.—Rubriques.

B. I. — N.° 81, Cart.

Ce manuscrit commence par une série de 19 chartes sans rubriques. Ces 19 chartes répondent probablement à un index de rubriques d'une série qui manque. D'après une ancienne pagination, il manquerait 27 folios.

[I°. Confirmation de Simon de Clermont, sire de Nesle, d'une donation d'Alix, sa femme, de x liv. par. de rente, à prendre sur le travers de Nesle [1]. (Octobre 1279.) (en fr.) —II°. Donation d'une maison sise à Marseille [2]. (1279.)— III°. Charte de *Drix*, sire de Milli, concernant les moulins et viviers d'Achy. (Avr. 1279.) (en fr.)—IV°. Accord entre le couvent de Ste.-Marie de Briostel [3] et celui de Beaupré, relative à la maison sise à Marseille. (Sept.

---

[1] Neele.
[2] Sitam... in villa de Marselliis.
[3] Plus tard abbaye de Lannoy.

BEAUPRÉ.

1290.)—V°. Charte de Philippe IV qui confirme les donations faites aux religieux de Beaupré, des terres situées à Grumenil [1], saint Michel d'Hallescourt [2], Villedieu-la-Montagne [3], Dampierre [4], et Compainville [5] (Déc. 1292.) —VI°. Charte de Philippe IV qui confirme les donations faites aux religieux de Beaupré, des terres, cens et rentes, sis à Viel-Arcy [6], Boulogne-la-Grasse [7], Catheux [8], Dargies et Berneuil [9] (Janvier 1292.)—VII°. Vidimus de Philippe IV d'une quittance donnée par P. de Latilli, chanoine de Soissons, clerc du roi, aux religieux de Beaupré, pour ce qu'ils devaient au roi, pour ce qu'ils possédaient à Beaumont [10], Chambly [11], Nointel [12], Rieux [13], Goincourt et Beauvais. (Fév. 1292.)—VIII°. Donations de terres sises à St.-Michel d'Hallescourt [14] (s. d.)—IX°. Vente de terres situées à Gruménil [15], faite aux religieux de Beaupré (s. d.)—X°. Donation d'une grange, située à Compainville (s. d.)—XI°. Donation faite par Marie, veuve de Raoul, forgeron de Marseille, d'une partie de son héritage. (Juin 1253.)—XII°. Priviléges accordés par Philippe IV au couvent de Beaupré. (Juin 1304)—XIII°. Vente de deux mines de blé faite par Pierre de Gantessart [16]. (1308.) —XIV°. Pareille vente faite par Gilles *dis de Soupplicourt*.

[1] De Greumenillo.

[2] Sanctus Michael de Halescuria.

[3] Villa-Dei.

[4] Donna-Petra.

[5] Conpainville.

[6] Apud Vetus-Arceyum.

[7] Apud Boloniam.

[8] Apud Catheu.

[9] Apud Barnoyum.

[10] Apud Bellum-Montem.

[11] Chabli et Chambli.

[12] Tenementum de Noiaritello.

[13] Parrochia de Rui.

[14] S. M. de Halesceurt.

[15] Territor. de Grumesnil.

[16] Cette pièce et les deux suivantes sont fortement empreintes de picard'

(1308.)—XV°. Vente faite par Guill. de Wambais d'un muid d'avoine, qu'il prenait tous les ans à la grange de Briot [1]. (1308.)—XVI°. Vente d'un muid de grain. (Sept. 1310.)— XVII°. Charte de Philippe-Auguste, par laquelle il prend sous sa protection les maisons religieuses des ordres de Citeaux, etc. (1221.)—XVIII°. Charte de Regnaut de Crèvecœur, par laquelle il reconnait ne chasser dans les forêts de l'abbaye de Beaupré que par une autorisation toute particulière des religieux. (23 Oct. 1342.)—XIX°. Accord entre l'évêque de Beauvais [2] et l'abbaye de Beaupré, à cause d'actes de violence commis par les gens dudit évêque sur les propriétés de la dite abbaye. [3] (12 Oct. 1324.) (en fr.)

L'ordre qui existait dans le Chartrier de l'abbaye de Beaupré a été suivi par le rédacteur du cartulaire. Il a réuni toutes les chartes d'une même localité et a fait précéder chacune des séries d'un index des rubriques, chaque rubrique correspondant à sa charte par un numéro o n m un.

PREMIÈRE SÉRIE.

[F°. 9 r°. col 1. Incipiunt capitula ad Altivilare [4] pertinentia que tunc non inveniuntur in cartis Altivillaris.— F°. 9 r.. col. 2. Capitula cartarum Altivillaris: — I°. Confirmatio Odonis, Belvacensis episcopi, de tenemento in territorio Alti-Villaris et decima majori et minori a Roberto Malart de Lihus datis et ab ejus heredibus et comparticipibus concessis. (s. d.) —II°. Confirmatio Odonis secundi Belvacensis episcopi de tenemento in territorio Altivillaris a Balduino de Sonions dato, et de elemosyna, a feodatis ipsius in posterum acquirendis ab eodem concessis, et de advocaria ab Evrardo de Britolio [5] et heredibus ejus concessa. (s. d).—III°. Confirmatio Evrardi de Britolio de advocaria Altivillaris, ab eodem et filiis ejus concessa. (s. d).—IV°. Confirmatio secundi Odonis Belvacensis episcopi, de terra et terragio et decima magna et minuta in

---

[1] Briost-Lagrange, qu'il ne faut pas confondre avec Briot, placé plus au Nord.

[2] Jean I de Marigny.

[3] Cette pièce est fort curieuse.

[4] Aujourd'hui Ovillers, canton de Prévillers (Oise).

[5] Breteuil, chef-lieu de canton, (Oise).

BEAUPRÉ.
territorio Altivillaris ab Wicardo de Lihus datis, et ab ejus heredibus et dominis feodi concessis, pro duobus modiis frumenti qui sunt remissi. (1146. Ep. vi. Ind. ix.)—V°. Confirmatio ejusdem, de terra.... in territorio Altivillaris ab Evrardo de Hardiviler et ejus heredibus et dominis feodi concessis. (1146. Ep. vi. Ind. ix.)—VI°. Confirmatio ejusdem de terra..... in territorio Altivillaris a Bernardo de Goovilla datis, et ab ejus heredibus et dominis feodi concessis. (1146. Ep. vi. Ind. ix.)—VII°. Confirmatio ejusdem de tenementis in territorio pratelle [1] a Petro de Milli, a Warino Tarello, a Lescelino et Huberto, filio Balduini de Fornivalle [2] donatis, concessione heredum suorum. (s. d.) —VIII°. Confirmatio Abbatis et capituli sancti Symphoriani et Odonis secundi Belvacensis episcopi de decima Pratelle ab eisdem data. (1146. Ep. vi. Ind. ix.)—IX°. Confirmatio domini Henrici Belvacensis episcopi de tenemento in territorio Pratelle dato a Petro filio Adam et heredibus ejus. [3] (s. d).–X°. Confirmatio Bartholomei Belvacensis episcopi de remissione querelarum Odonis de Lihus et heredum ejus. Item de terra data a Gerardo de sancto-Audomaro que pertinet ad Grangiam de Waismesons (seu Waismaisus.) (1160.)—XI°. Confirmatio predicti episcopi de majoria Pratelle et dimidia carrucata terre arabilis, et tractu decime datis a Galtero de Sommerot [4] et ab heredibus ejus. (1165. Ind. xiii. Ep. vi.)—XII°. Confirmatio predicti episcopi de modio frumenti remisso ab Evrardo de Hardiviler et heredibus ejus et dominis feodi. (1170.)—XIII°. Confirmatio predicti episcopi de modio frumenti remisso a matre Bernardi de Cormeliis [5], et a comparticibus ejus, et dominis feodi. Item de remissione Evrardi de Hardiviler [6] et heredum ejus super eodem modio, et de alio modio frumenti ab eisdem concessione dominis feodi donato. (1172.) —XIV°. Confirmatio Hugonis decani Belvacensis, de Ro-

[1] Ce lieu n'existe plus.

[2] Fournival, canton de Saint-Just-en-Chaussée (Oise).

[3] Comme cet acte est confirmé par l'évêque Henri de France, il ne peut avoir été donné ni avant 1149, ni après 1162.

[4] Sommereux, canton de Grandvilliers (Oise).

[5] Aujourd'hui Cormeilles-le-Crocq, canton de Crèvecœur (Oise).

[6] Hardiviller, canton de Froissy (Oise).

berto Poherio qui in querela super majoria Pratelle judicium audire subterfugit. (s. d).—XV°. Confirmatio domini Philippi I Belvacensis electi de remissione querelarum Galberti, majoris de Rothoirs [1], super Pratella, et de aliorum donationibus (apud Marselias, Waismaisuns [2], pratum de Cleiis.) (1179.)-XVI°. Confirmatio domini Joannis de Lihus, de pactionibus terrarum ejus quas essartandas ab eo accepimus et de vi minis frumenti et sex avene in fructibus earumdem terrarum datis ab eo. (1186.)—XVII°. Confirmatio domini Philippi Belvacensis episcopi de decima earumdem terrarum apud Lihus [3] (nov. 1186.)—XVIII°. Item confirmatio domini Johannis de Lihus de pactionibus predictarum terrarum. (1189.)—XIX°. Confimatio domini Johannis de Lihus de modio frumenti dato a Roberto Farsi et de aliorum donationibus [apud Grangiam Altivillaris, Bonerias [4], Dummeretum. [5]] (1189.)—XX°. Confimatio domini Manasse de Conti de remissione querelarum Ricardi de Conti super tenementis pertinentibus ad Altumvillare. (1189.)—XXI°. Confirmatio domini Bernardi de Pallart de iv modiatis terre site inter Contevillam [6] et Salcoses [7] quam ipse dedit nobis. (1199.)—XXII°. Item confirmatio domini Ingerrani de Crievecuer de eadem terra. (1199.) — XXIII°. Confirmatio domini Odonis de Lihus de duobus modiis frumenti percipiendis de fructibus terrarum de Lihus quas excolimus pro ovibus tondendis. (1200.)—XXIV°. Confirmatio domini Renaldi de Lihus de uno modio frumenti et altero avene quos ipse vendidit nobis. (Mai 1220.) —XXV°. Item confirmatio domini Henrici de Lihus de eodem. (1220.—)XXVI°. Item confirmatio domini Renaldi de Lihus de aliis duobus modiis frumenti et aliis duobus mo-

---

[1] Rothois-Gaudechart, canton de Marseille (Oise).

[2] Ce village qui paraît ne plus exister est marqué sur les cartes de Cassini, sous le nom de Woïmaison, au nord de la forêt de Beaupré, à l'Ouest d'Hautepine.

[3] Libus, autrement dit Mannevillette, canton de Marseille (Oise).

[4] Bonnières, canton de Marseille (Oise).

[5] Domeliers, canton de Crèvecœur (Oise).

[6] Conteville, canton de Crèvecœur (Oise).

[7] Choqueuse-les-Besnard, canton de Crèvecœur (Oise).

BEAUPRÉ.

diis avene in grangia de Auviler et Regnunval [1] quos ipse vendidit nobis. (1223.)—XXVII°. Item confirmatio domini Henrici de Lihus de eisdem IV modiis. (1223.)—XXVIII°. Item confirmatio domini Milonis I Belvacensis episcopi de predictis IV modiis in fructibus terrarum de Lihus percipiendis. (1223.)—XXIX°. Confirmatio domini Johannis de Crievecuer de quadam terra sita juxta viam que tendit a villa de Ruolio [2] ad villam de Gres [3] quam Radulphus de Bouereches [4] commutavit nobis pro alia terra juxta viam que tendit a villa de Conteville ad villam de Maisniliis [5] quam dominus Bernardus de Pallart dederat nobis. (Août 1231.) —XXX°. Item confirmatio G. Decani Belvacensis de eadem commutatione. (1231.)—XXXI°. Item confirmatio domini Johannis de Crievecuer de concessione Galteri et Ade de Bouereches super commutatione terrarum predictarum. (1233.)—XXXII°. Confirmatio domini Eustachii de Milliaco super remissione cujusdam vie, quam dicebat esse inter angulum nemoris de Pratella versus villam de Gres, ubi quandam fuit crux magistri Fulconis, et locum illum ubi via veniens de Odorio [6] cadit in viam que tendit de Rothoirs ad Grangiam Altivillaris. (1234.)—XXXIII°. Confirmatio domini Henrici de Lihus de terra que vocatur Rupticium monachi quam dominus Johannes de Lihus pater ejus dedit nobis. (juillet 1251.)—XXXIV°. Item confirmatio Henrici domini de Lihus domini feodi de eodem. (Juillet 1251.)—XXXV°. Confirmatio Abbatis et conventus sancti Geremari flaviacensis [7] et domini Sagalonis de Soamereus de commutatione terre que fuit Radulphi de Bouvereches, pro terra que fuit thome li hos de Ruex, in loco qui dicitur ad altam petram [8] de Altivillari. (Juin 1257.)—XXXVI°.

[1] Regnonval, commune de Blicourt, canton de Marseille (Oise).

[2] Ruex ou Ricux, commune du Hamel, canton de Grandvilliers (Oise).

[3] Grez, canton de Grandvilliers (Oise).

[4] Bouvresse, canton de Formerie (Oise).

[5] Ou *Villa des Meinix*. Aujourd'hui le Mesnil-Conteville, canton de Grandvilliers (Oise).

[6] Oudeuil, canton de Marseille, (Oise).

[7] Abbaye de St. Germer de Flaix, Diocèse de Beauvais.

[8] Cette terre touchait d'un côté au territoire de Fesquemont (voyez la char. 109 de la 2e. série) et de l'autre à Ovillers. Il est probable qu'elle était à la place qu'occupe sur la carte de Cassini le bois des *Gallets*.

Confirmatio domini Johannis de Lihus de septem minis bladi, uno quartario minus ab ipso nobis in elemosinam datis quas antea debebamus ei. (Mars 1264.)—XXXVII°. Confirmatio domini Henrici Pyion de Lihus de quinque quartariis bladi ab ipso nobis remissis. (Mars 1264.)—XXXVIII°. Confirmatio domini Johannis de Crievecuer de eo quod Radulphus de Bouvereches dedit nobis in escambium, infra sex annos vel ante si potuerit deliberare (Août 1231.) —XXXIX°. Judicatum, de justitia nostra de Proviler[1], contra dominum Henricum, militem, dominum de Lihus, factum in assisia Ambianis per ballivum et per homines Regis, in dicta assisia. (1317.) (en fr.)

DEUXIÈME SÉRIE.

[F°. 18 r°. col. 11. Capitula quedam ad Brunbos[2] pertinentia, que tunc non inveniuntur in cartis de Brunbos.— F°. 18 r°. col. 11. Capitula cartarum de Brunbos.— I°. Confirmatio Odonis secundi Belvacensis episcopi, de quarta parte territorii Abencourt[3] et medietate Pinchouliu[4] et quatuor curticulis, et quarta parte de Morcort[5] et tenemento et tribus curticulis apud Curcellas[6] datis à Gila de Fulcheriis[7]. (1146. Ep. VI. Ind. IX.)—II°. Confirmatio ejusdem episcopi, de tenemento in territoriis Abencort, Pinchonliu, Curcellarum, Alodiorum Morcort, et decimis eorumdem territoriorum pariter et istorum, videlicet Altivillaris, Valeliarum, Brumbosci datis a Rogero de Gadencort. (1146. Ind. X.)—III°. Confirmatio predicti episcopi de tenemento in territoriis Abencort[8], Pinchonliu, Morcort, et in tota montana illa, dato a Godefrido de Martincort[9]

---

[1] Prévillers, canton de Marseille (Oise).

[2] Brombos, canton de Grandvilliers (Oise).

[3] Abancourt, canton de Formerie (Oise).

[4] Pinceaulieu. Cette localité qui paraît ne plus exister était entre Brombos et Briot. Il y avait un bois de ce nom.

[5] Ce lieu n'existe plus

[6] Courcelles-Campeaux, canton de Formerie (Oise).

[7] Feuquières, canton de Granvilliers (Oise).

[8] Quelquefois aussi Habencurt.

[9] Martincourt, canton de Songeons (Oise).

BEAUPRÉ.
(1147. Ep. xvii. Ind. x.)—IV°. Confirmatio predicti episcopi, de tenemento in territoriis prescriptis et in tota illa montana, dato a Reinoldo Bulit et heredibus ejus. (1148.) —V°. Confirmatio abbatis et conventus sancti Geremari flaviacensis, de decimis Abencort, et appenditiorum ejusdem territorii ab ipsis nobis concessis pro duobus modiis frumenti et uno modio avene, etc. (1148. Ind. vii).—VI°. Item confirmatio abbatis et conventus predictorum, de tenemento in territorio de Fesquemont[1] ab ipsis nobis tradito pro uno modio frumenti et altero avene. (1180.)—VII°. Confirmatio domini Ingelranni, vicecomitis Albemarle[2] de decima Abencort, et tenemento in territoriis Brunibosci, Pinchonloci, et in prediis de Aleri ab ipso nobis datis (1150.)—VIII°. Item confirmatio episcopi Belvacensis Henrici de tenemento in territorio Abencort et appenditiorum ejus de feodo Aloldi in Abencurt a Stephano fratre Franconis vicecomitis Albemarle concesso. (1152. Ind. x.) —IX°. Confirmatio predicti episcopi de commutatione Altavie pro Heroldimaisnill[3], facta inter nos et abbatiam de Briostel. (1153.)—X°. Confirmatio predicti episcopi, de quarta parte Heroldi-Maisnill a Bartholomeo de Therines nobis data pro uno modio frumenti. (1154. Ind. ii. Ep.) xv.—XI° Item confirmatio predicti episcopi de quarta parte territorii Heroldi-Maisnill a Bartholomeo de sancti Dyonisii curte[4] data, pro dimidio modio frumenti. (1154. Ind. ii. Ep. xv.)—XII°. Confirmatio predicti episcopi, de dimidia parte territorii Valeliarum a Bartholomeo de sancti Dyonisii curte data, pro duobus modiis frumenti (1154. Ind. ii. Ep. xv.)—XIII°. Confirmatio domini Petri de Gerberoy, de tenemento in territorio Abencort et appenditiorum ejus dato a Stephano fratre Franconis vicecomitis Albemarle. (s. d.)—XIV°. Confirmatio episcopi Belvacensis

---

[1] Le territoire de Fesquemont était situé près de Thérines, car dans la charte 72.º de cette série, il est dit que cette terre est *Contigua nemori quod vocatur Heroumesnil*. Or, Héroumesnil, par la charte 95º. de la même série, est situé *juxtà Therinas*, lieu qui existe encore.

[2] Aumale, (Seine-Inférieure.)

[3] La terre de *Heroldimaisnil*, dont le nom n'a laissé aucune trace, était située (d'après la charte 95º. de cette série) près de Thérines.

[4] Saint-Deniscourt, canton de Songeons (Oise).

Henrici, de partitione terre Alodiorum ab Hugone de Britolio et Galeranno fratre ejus concessa, et de querela super decima ejusdem territorii ab eodem Hugone remissa. (1157. Ind. v. Ep. vii.)—XV°. Confirmatio predicti episcopi de medietate territorii Sebercort cum decima ejusdem medietatis ab Ursione de Sonions et Girardo filio ejus data, et a dominis feodi concessa, pro duobus modiis frumenti. (1159. Ind. vii.)—XVI°. Confirmatio predicti episcopi, de quarta parte territorii Seibercort cum decima sua ab Ursione de Sonions et Girardo filio ejus data et a dominis feodi concessa, pro duobus modiis frumenti. (1159. Ind. vii.)—XVII°. Confirmatio ejusdem episcopi de quarta parte territorii de Seibercort cum decima sua a Girardo de Caigneio,[1] data, et ab heredibus ejus et dominis feodi concessa. (1159. Ind. vii.)—XVIII°. Confirmatio abbatis et conventus Becci de decima de Herod-Maisnill ab eis nobis concessa pro quatuor minis frumenti etc. (1160.)— XIX°. Confirmatio episcopi Belvacensis Bartholomei, de dimidio quartario totius territorii de Abencort a Johanne Buli dato, et ab heredibus ejus et dominis feodi concesso pro uno modio frumenti. (1165. Ep. vi).—XX°. Confirmatio predicti episcopi de dimidio quartario totius territorii Abencort a Drogone de quercu dato, et ab heredibus ejus et dominis feodi concesso pro uno modio frumenti. (1165. Ep. vi. Ind. xiii).—XXI°. Confirmatio predicti episcopi de tertia parte totius territorii de Maisnill a Willelmo de Omercort[2] dato, pro uno modio frumenti. (1165. Ep. vi).—XXII°. Confirmatio predicti episcopi de duabus partibus medietatis totius territorii Valeliarum ab Willelmo filio Landrici de Fulcheriis[3] datis, pro duobus modiis frumenti. (1166. Ind. xiv. Ep. xvii).—XXIII°. Confirmatio domini Petri de Gerberoi, de dimidio modio frumenti a Bartholomeo sancti Dyonisii curte remisso. (1167.)—XXIV°. Confirmatio episcopi Belvacensis Bartholomei de eodem. (1167.)—XXV°. Confirmatio domini Willelmi de Gerberoy, de concessione Willelmi fratris Symonis prepositi de Fulcheriis super tenemento quod ipse et mater ejus et frater et sorores, ecclesie de prato donave-

BEAUPRÉ.

---

[1] Cagny, commune de Crillon, canton de Songeons (Oise).

[2] Omécourt, canton de Formerie (Oise).

[3] Feuquières, canton de Grandvilliers (Oise).

BEAUPRÉ.

rant, et de remissiöne omnimodarum querelarum ejusdem Willelmi. (1169. xvii kal. Augusti).—XXVI°. Confirmatio episcopi Belvacensis, Philippi, de tertia parte decimarum in territoriis de Fesquemont et de Meisnill data a Johanne Coispel, et duobus curticulis apud Brunbos a Willelmo de Fulcheriis datis. (1182.)—XXVII°. Confirmatio predicti episcopi, de donatione David de Broqueel et aliorum donationibus apud Broqueel[1], terram Fagiaci[2], terram Johannis de franco Castello[3], terram Piri, de Caisneio, de villa que dicitur Terines[4], de Belsas[5], terra de Teguleia[6], de territorio Carnoie, apud Galnes, apud Plancherum, apud Bonerias, apud Odeur[7], apud Alnoi. (1200.)—XXVIII°. Confirmatio domini Hugonis de Britolio, de partitione terre Alodiorum, et de decima partis alterius, et de terra Hugonis de Chempuis[8] in pace concessis. (s. d.)—XXIX°. Item confirmatio ejusdem Hugonis de remissione querelarum ejus et heredum ejus super terra predictorum Alodiorum. (1183.)—XXX°. Confirmatio episcopi Belvacensis Philippi I, de remissione querelarum Werrici de Galnes[9] et heredum ejus super possessionibus de Valeliis, et de Marseliis, nec non et Odonis de Hamel super territoriis de Valeliis et de Truncoi[10] (1189.)—XXXI°. Confirmatio domini Drogonis archidiaconi et officialis Belvacensis, de remissione querele inter nos et capitulum Flaviacensem, super cultura terrarum de Fulcheriis, et de Ruex et de pactionibus decimationis terrarum del Maisnill, et de terra Guillelmi de Trefforech[11] (1198.)—XXXII°. Confirmatio Decani Belvacensis, Galeranni, de tribus modiis frumenti

---

[1] Broquiers, canton de Formerie (Oise).

[2] Probablement Fay, canton de Chaumont-en-Vexin (Oise).

[3] Françastel, canton de Crèvecœur (Oise).

[4] Thérines, canton de Songeons (Oise).

[5] Probablement Beaussault, canton de Forges (Seine-Inférieure).

[6] Probablement Thieuloy-Saint-Antoine, canton de Grandvilliers (Oise).

[7] Oudeuil.

[8] Aujourd'hui Cempuis, canton de Grandvilliers (Oise).

[9] Seu Gaignes, Gannes, canton de Saint-Just (Oise).

[10] Tronquoy, commune de Fretoy (Oise).

[11] Tréforêt, commune de Beaubec-la-Rosière, (Seine-Inférieure).

a Johanne Coispel pro mortem suam nobis remissis. (1198.) BEAUPRÉ.
—XXXIII°. Item confirmatio officialis Belvacencis de eodem, (Janvier 1198.)—XXXIV°. Confirmatio Ingeramni de Crievecuer de terra Alodiorum, ab ipso et uxore ejus domina Clementia de Buglis nobis data.—XXXV°. Item confirmatio domini Manasseri, de eodem. (1202.)—XXXVI°. Item confimatio domini Odonis de Runqueroles de eodem. (1212.)—XXXVII°. Item confirmatio domini Johannis de Crievecuer de eodem. (1231.)—XXXVIII°. Item confirmatio domini Guillelmi de Bello saltu[1] de eodem. (1231.) — XXXIX°. Item confirmatio domini G. Decani Belvacensis, de eodem terra Alodiorum. (1231.)—XL.° Confirmatio domini Ingeranni de Crievecuer, de duabus terris duorum modiorum et duarum minarum in territorio de Fulcheriis a domino Helya de Gerberoy nobis datis. (1200.)—XLI°. Confirmatio Decani Belvacensis Galeranni, de modio frumenti a Mathilde de Vilers nobis remisso. (Novembre 1203.)—XLII°. Confirmatio ejusdem Decani de remissione querelarum Walonis de Houssoï super decima Johannis Coispel, nec non et super territoriis pertinentibus ad Waismesons. (Septembre 1204.)—XLIII°. Confirmatio J. Decani Belvacensis, de dimidio modio bladi a Fulchone de Fulcheriis milite, nobis remisso. (1206.) —XLIV°. Confirmatio predicti Decani, de uno medio terre a Galtero de Briost nobis dato et a Rogero filio ejus concesso; et de terra in duobus locis prope territorium de Fesquemont, ab eodem Rogero data. (1206.)—XLV°. Confirmatio domini Gilonis de Hosdenc [2] de duobus modiis frumenti a Hugone filio Nicholaï Froissegres remissis. (1207.)—XLVI°. Item confirmatio J. Decani Belvacensis de eodem. (Septembre 1208.)—XLVII°. Confirmatio predicti Decani, de sex minis frumenti et sex minis avene ab Ursione de sancti Dyonisii curte remissis. (1208.)—XLVIII°. Confirmatio predicti Decani de tribus minis frumenti ab Wilardo de Marsiliis remissis. (1211.)—XLIX°. Confirmatio domini Gervasii de sancto Arnulfo, de petitionibus inter nos et ipsum super camparto et dono quarumdam terrarum nobis quittatis, pro quinque minis fru-

---

[1] Beausseault, suprà Belsas.

[2] Hodenc-en-Bray, arrondissement de Beauvais, canton de Le Coudray Saint-Germer (Oise).

BEAUPRÉ.   menti et quinque minis avenc. (1212.)—L°. Item confirmatio J. Decani Belvacensis de eodem etc. etc. (1212.)—LI°. Confirmatio domini Guidonis de sancto Arnulfo [1] et domini Symonis fratris ejus de quinque minis terre arabilis, quas Robertus filius Anselmi de Broqueel vendidit nobis. Item de una mina frumenti a dicto Symone nobis vendita, quam percipiebat in grangia nostra de Brunbos. (Avril 1242.)—LII°. Item confirmatio domini Galteri de sancto Sansone [2] de predictis minis terre et mina frumenti (Avril 1242.)—LIII°. Confirmatio Johannis prepositi de Feukières de remissione doni quod habebat in terris nostris, sitis in territorio de Feukières, pro duobus minis frumenti, in festo sancti Remigii singulis annis in grangia nostra de Brunbos, etc. (Mars 1240.)—LIV°. Confirmatio domini Girardi de Limermont, de quarta parte territorii de Fesquemont a Radulpho de Broqueel nobis vendita. (1218).—LV°. Confirmatio domini Guillelmi de Coquerel super concessione Hugonis le Vaesseur, ut libere utamur redditibus nostris quos habemus apud Broqueel in duobus hospitibus, et ut nobis placuerit (1223.)—LVI°. Item confirmatio curie Belvacensis de eodem. (Janvier 1242.)—LVII°. Confirmatio G. Decani Belvacensis, de escambio quod fecimus Radulpho de Broqueel super camparto quod habebat in territorio de Fesquemont pro omnibus que habebamus apud Broqueel (1224.)—LVIII°. Confirmatio domini Guidonis de sancto Arnulfo de camparto, et de omnibus que idem G. habebat in terris que fuerunt Girardi de Hestomaisnill [3] et Odonis de Fontanis. (Mai 1229.)—LIX°. Item confirmatio domini Symonis, fratris ejus de eodem. (Mai 1234.)—LX°. Item confirmatio domini Galteri de sancto Sansone de eodem. (Mai 1229.)—LXI°. Item confirmatio G. Decani Belvacensis de eodem. (Mai 1229.)—LXII°. Confirmatio domini Ursionis de sancti Dyonisii curte, de quadam marleria et terra adjacente sita intra terram des Mesnix et Rupticium Bernardi, scilicet usque ad terram Petri le Routier ex una parte, et usque ad viam que tendit a mara ad crucem des Mesnix et de tribus mi-

[1] Saint-Arnoult, canton de Formerie (Oise).

[2] Saint-Samson, canton de Formerie (Oise).

[3] Quelquefois écrit Hatunmaisnil, Hestodmaisnil. Aujourd'hui Hétomesnil, canton de Marseille (Oise).

natis terre site juxta terram que dicitur campus presbyteri, ad ipso nobis datis. (Avril 1236.)—LXIII°. Confirmatio domini Rogeri de Feukières militis, de dimidio modio frumenti ab Walone filio Roberti de Marsiliis nobis vendito, quem percipiebat apud Brunbos. (Mars 1236.)— LXIV°. Confirmatio Bernardi de Fossa de terra que vocatur campus infantium ab ipso nobis vendita, et de IV minatis terre ibidem sitis a Johanne Porcello nobis datis. (Janvier 1237.)—LXV°. Confirmatio domini Petri de Hemermont [1] de eisdem, cui debemus tres solidos census, ad festum sancti Remigii. (Janvier 1237.)—LXVI°. Item confirmatio curie Senonensis de predicto campo infantium. (Janvier 1237.)—LXVII° Confirmatio domini Odonis de Ronqueroles et E. uxoris ejus de tribus minatis terre a Roberto le Marie, et item de IV minatis terre a Huberto Brisebare nobis venditis, predictis tribus contiguis. (Janvier 1238).—LXVIII°. Item confirmatio predictorum O. et E. de VI minatis terre sitis intra campum de Heromeisnill et terram que fuit Huberti Brisebare datis in elemosinam, et de una modiata terre, sita inter Rupticium Bernardi et campum des Meisnix, ab ipsis nobis vendita. (Janvier 1238.)—LXIX°. Confirmatio domini Rogeri de Feukières et Bartholomei le Kestier de tredecim minatis terre arabilis, quas Galterus Pelliparius et Constantia uxor ejus dederunt nobis. (Février 1238.)—LXX°. Item confirmatio predictorum R. et B. de camparto dicte terre predicto Galtero et ejus uxore a dicto Bartholomeo vendito, et nobis dato ad sex denarios censuales, qui redempti sunt. (Octobre 1238.) —LXXI°. Confirmatio Johannis prepositi de Feukieres et Bartholomei le Kestrier de predictis sex denariis censualibus ab ipso Bartholomeo nobis venditis. (Avril 1242.) —LXXII°. Confirmatio domini Odonis de Limermont militis, de commutatione facta inter nos et ipsum ; videlicet de terra sua de Fesquemont [2] contigua nemori... quod vocatur Heroumaisnil pro terra nostra de Boulleincort, que contigua est culture domini Renaldi de Sarquiux [3] (Octo-

---

[1] Ou Hermemont. Aujourd'hui Ernemont-Boutavent, canton de Songeons (Oise).

[2] Seu Feskiemont.

[3] Sarcus, canton de Grandvilliers (Oise).

BEAUPRÉ.   bre 1241.) —LXXIII°. Item confirmatio R.[1] episcopi Belvacensis de eodem (Mars 1241).—LXXIV°. Item confirmatio decani Belvacensis de eadem. (Octobre 1241.)—LXXV. Confirmatio curie Belvacensis de terra que fuit Johannis le Keurier sita in territorio de Fesquemont a Thoma Bolengario nobis vendita. (Novembre 1242.)—LXXVI°. Confirmatio curie Belvacensis de terra que fuit Odonis Crouset apud Feuquieres contigua terris fratrum de prato in territorio de Brombos, quod dicitur le Perreus pro terra nostra sita ad montem Griardi que fuit Willelmi de Trefforet a Willelmo de Hestomeisnill nobis commutata. (Février 1242.)—LXXVII°. Item Confirmatio curie Belvacensis de concessione Berengarii de Hestomeisnill super predicta terrarum commutatione. (Mai 1243.)—LXXVIII°. Confirmatio curie Belvacensis, de remissione querelarum quærumdam hominum de Feukieres super terris que quondam fuerunt Odonis de fontibus et Fulconis Haguenon. (Janvier 1243.)—LXXIX°. Confirmatio A. decani Belvacensis de una modiata terre sita in territorio de Feskieumont Petro Malgeri de Feukieres nobis data. (Novembre 1246.) —LXXX°. Confirmatio domini Hugonis de Villaribus super quitatione trium minarum frumenti quas eidem reddebamus. (Avril 1239.)— LXXXI°. Confirmatio domini Renaldi de Sarcus et P. filii ejus de commutatione cujusdam semite antique que tendebat de Brunbos per saltus de Pinchonliu ad Sarcus[2]. (Août 1250.)— LXXXII°. Confirmatio domini Odonis de Ronqueroles, et domine Eufemie uxoris ejus, de tribus pietis terre sitis in territorio de Sancti-Dejonisii curte, quarum una sita est in loco qui dicitur Tierrimeisnill, secunda ad campum de Petra, tercia ad crucem de Feukieres ab ipsis nobis venditis et de domanio in quibusdam avesnis sitis sub nemore de Herolmeisnil versus les Meisnix. (Août 1252.)— LXXXIII°. Item confirmatio domini G.[3] Belvacensis episcopi

---

[1] Robert de Cressonsacq.

[2] Dès l'époque de la rédaction de cette charte cette route fut interdite aux voitures, *ut semita illa que est ad presens pro culturam eorumdem fratrum maneat in perpetuum sine quadriga, sed tamen modo ad pedem et equum.*

[3] Guillaume I de Grez.

et capituli Beati Petri, de predictis tribus pietiis terre tantum modo. (Août 1252.)—LXXXIV°. Confirmatio Stephani de Wroecourt [1] et Margareta uxoris ejus de ix minis frumenti. Item confirmatio Galteri Coispel de Sonions de tribus minis frumenti ab ipsis nobis venditis, quas percipiebant in grangia nostra de Brunbos. (Mars 1253.)—LXXXV°. Item confirmatio Bartholomei Coispel de predicto modio frumenti a pluribus nobis vendito. (Mars 1253.)—LXXXVI°. Item confirmatio curie Belvacensis de dote remissa quam Petronilla uxor Galteri Coispel habebat in tribus minis frumenti ab ipso G. nobis venditis. (Mars 1253.)—LXXXVII°. Confirmatio domini Petri de Sancto-Arnulfo et Wiberbi de Sancto-Sassone de camparto et domanio quarumdam terrarum sitarum in territorio de Feukieres, ab ipso domino Petro nobis venditis. (Décembre 1255.)—LXXXVIII°. Confirmatio curie Belvacensis de quadam petia terre sita in territorio de Feukieres, quam Johannes major de Anetho [2] juxta Clarummontem [3] vendidit nobis. (1255.)—LXXXIX°. Confirmatio domini Guillelmi de Hemecourt dicti Carpentarii militis, et uxoris ejus de duobus modiis frumenti ab ipsis nobis venditis, quos percipiebant in grangia de Brunbos. (Novembre 1255.)—XC°. Item confirmatio Hugonis Havot de Hemecort de predictis duobus modiis frumenti. (Novembre 1255.)—XCI°. Confirmatio Petri de Mongrihard armigeri de dimidio modio frumenti ab ipso nobis vendito quem percipiebat in grangia de Brunbos. (Décembre 1255.)—XCII°. Item confirmatio Drogonis de Courchellis armigeri, de eodem. (Décembre 1255.)—XCIII°. Item confirmatio domini Jacobi de Courchellis militis de eadem. (Décembre 1255.)—XCIV°. Confirmatio Petri de Mongrihart de duobus minatis terre sitis ad Calceiam de Sarcus, quas dedit nobis pro anima domini Rogeri prioris sui. (Août 1255.)—XCV°. Confirmatio domini Symonis de Claromonte, domini Nigellensis et Coarbitrorum ejus de compositione facta inter nos et thesaurarium Belvacensem de nemore Heroldimeisnill [4], quod est juxta Therinas et

---

[1] Vrocourt, canton de Songeons (Oise).

[2] Agnetz, canton de Clermont (Oise).

[3] Clermont, (Oise).

[4] Quelquefois Heroumeisnill, Heromenil.

BEAUPRÉ.

aliis querelis. (Août 1255.)—XCVI°. Item confirmatio Thesaurarii Belvacensis de eodem. (Août 1255.)—XCVII°. Item confirmatio capituli Beati Petri Belvacensis de eodem. (Août 1255.)—XCVIII°. Confirmatio curie Belvacensis de duobus minis bladi annui redditus in grangia de Brunbos et XII garbis de dono, quas Johannes prepositus de Fulcheriis et comparticipes ejus vendiderunt nobis. (Mars 1255.)—XCIX°. Confirmatio curie Belvacensis de concessione liberorum Petri Maugeri Caukesœf de Fulcheriis, de uno modio terre sito in territorio de Feskemont juxta semitam per quam itur de Fulcheriis apud Belvacum ab ipso Petro nobis dato. (1256.)—C°. Item confirmatio curie Belvacensis de dimidio modio frumenti quantum ad dotem pertinet quem Petrus de Montgerart vendidit nobis in grangia nostra de Brunbos. (Juin 1256.)—CI°. Confirmatio domini G. de Hameleincort et Renaldi theloncarii Belvacensis de quadam via quam homines de Fulcheriis habent prope culturam sancti Albini [1]. (Janvier 1258.)—CII°. Item confirmatio abbatis et conventus sancti Geremari de eadem via. (1258.)—CIII°. Arbitrium domini Thome de Polehoy et domini Guardi Frongneth, de eadem via. (Février 1258.—En français.)—CIV°. Confirmatio Johannis de Gouvix et Honorate uxoris ejus de Sancti-Dyonisii curte de XVII minatis terre sitis in duobus locis (au bus Tencheus et a Tierrimaisnil) quas ipsi vendiderunt nobis. (Décembre 1251.)—CV°. Confirmatio domini de Limermont de fovea du Re. sita inter Fulchorias et Brunbos. (Février 1260.—En français.)—CVI°. Confirmatio curie Belvacensis de uno modio bladi, quem Meinoldis de Omecourt vendit (sic) nobis. (Août 1260.)—CVII°. Item confirmatio domini Odonis de Limermont de eodem modio. (Août 1260.)—CVIII°. Item confirmatio domini Petri du Ploiis, de eodem modio. (Août 1260.)—CIX°. Confirmatio Johannis prepositi de Feukieres et dominorum feodi, de octo minis terre sitis juxta territorium de Fesqueumont juxta terram que vocatur *alta petra* ab ipso Johanne nobis venditis. (Novembre 1261.)—CX°. Confirmatio Girardi Hurtevent et dominorum feodi de XII minatis terre ab ipso Girardo nobis venditis. (Déc. 1261.) CXI°. Confirmatio curie Belvacensis de IV minatis terre,

---

[1] Cette terre devait être du côté de Brunbos.

quas vendiderunt nobis Renoldus sutor et Matildis Audeline ejus uxor in territorio de Feukieres. (Avril 1261.) CXII°. Confirmatio domini Petri de Sarcus de domo nostra de Sarcus quam Herbertus tornator vendidit nobis. (Août 1261.)—CXIII°. Item confirmatio domini Petri filii domini Gervasii et domini Drogonis de Milli de predicta domo de Sarcus. (1263.)—CXIV°. Item confirmatio Ambianensis curie de dote uxoris Herberte Tornatoris quam habebat in domo nostra de Sarcus nobis quittata. Id ipsum concessit dominus Hugo presbyter filius eorum. (Août 1261— sic).— CXV°. Item confirmatio curie Ambianensis de dote domine de Sarcus super domo predicta nobis quitata. (Août 1263.)—CXVI°. Item confirmatio curie Ambianensis de dote quam Mathildis, uxor Rogeri Anglici habebat super domum quam ipsi vendiderunt nobis apud Sarcus. (Janvier 1263.)—CXVII°. Item confirmatio Drogonis de Capella et Hugonis Hanot armigerorum, de decem et octo minis frumenti nobis a dicto Drogone venditis, in grangia nostra de Brunbos. (Novembre 1266.) —CXVIII°. Item confirmatio curie Belvacensis quod E. relicta Johannis, qumdam prepositi de Feukieres, quittavit nobis quidquid habebat in territorio de Fesqueumont. (1276.)—CXIX. Item confirmatio curie Belvacensis quod Aelidis relicta Guillelmi de Sancti-Dyonisii curte quittavit nobis quidquid habebat in territorio de Brunbos. (Janvier 1276.)—CXX°. Confirmatio curie Belvacensis quod domina Meura quondam relicta domini Petri de Sancto-Arnulpho quittavit nobis quicquid habebat inter Brunbum-Boscum et Feukieres. (Mars 1276.)— CXXI°. Confirmatio curie Belvacensis de tribus peciis terre sitis in territorio de Fesquemont, in loco qui dicitur au Ré Nostre-Dame nobis venditis a Johanna uxore Johannis le Hardi, et Margareta uxore Radulphi Rufi. (1277.)—CXXII°. Item confirmatio Reginaldi armigeri domini de Sarcus et de curticulo et omnibus aliis appenditiis infra metas sive per emptionem seu per donum in manu mortua de cetero possidendum. (Juin 1278—en fr.) CXXIII°. Confirmatio Gerardi de Farecourt [1], armigeri et

---

[1] Ou Halehel. Aujourd'hui Halloy, arrondissement de Beauvais, canton de Grandvilliers (Oise).

[1] Fercourt-le-Petit, commune de Ste-Geneviève, canton de Noailles (Oise).

BEAUPRÉ.

domini Reginaldi de Crepi-Cordio[1], super querelis pasturarum inter les landes de Pinchonlieu et super remissionem vie... de landis predictis ad Grantviler et de fossis de Pinchonlieu. (Mars 1286.)

TROISIÈME SÉRIE.

F°. 46 r°. Col. I. Capitula quedam pertinentia de Briost, que non inveniuntur in cartis de Briost.—F°. 46 r°. Col. 2. Incipiunt capitula cartarum de Briost.—I°. Confirmatio Willelmi comitis Albemarle de dimidia parte territorii Truncoii et Haleri et integra decima eorumdem territoriorum et de tenementis apud Briost datis ab Osberto Merleis. (1238.)—II°. Confirmatio Odonis Belvacensis episcopi de quarta parte decime de Briost a Roberto filio Gulfridi, et altera quarta parte ejusdem decime cum curticulo ab Odone de Termes donatis, pro uno modio frumentis, (s. d.)—III°. Confirmatio predicti episcopi de dimidia parte totius decime de Briost et possessione in altario et atrio datis ab Arnulfo filio Warini, pro uno modio frumenti jam dudum nobis remisso, (s. d.)—IV°. Confirmatio domini Henrici Belvacensis episcopi de terra de Halcel a Johanne de Hestolmaisnil data. (1157) — V°. Confirmatio domini Bartholomei Belvacensis episcopi, de decima Cardoneii[2] à Theobaldo thesaurario Sancti-Petri Belvacensis concessione sui episcopi pariter et capituli data, pro uno modio frumenti et altero avene. (1163.)—VI°. Confirmatio predicti episcopi de carticulis et terra datis a Berengario filio Arnulfi de Briost, pro uno modio avene ad mensuram Belvacensis. (1165.)—VII°. Confirmatio predicti episcopi de uno modio frumenti et altero avene et domo et gardino a Berengario filio Arnulfi de Briost post mortem suam datis. (1167.)—VIII°. Confirmatio abbatum Vallis-Clare[3] et Karoli-Loci[4] de compositione controversie sibi commisse a capitulo generali inter nos et fratres de Briostel super terminis quarundam terrarum et nemorum. (1160.)—IX.°. Confirmatio Roberti thesau-

---

[1] Crévecœur (Oise).

[2] Peut-être le Cardonnois, canton de Montdidier (Somme).

[3] Vauclair, diocèse de Laon.

[4] Chaalis, diocèse de Senlis.

rarii Belvacensis, de remissione querelarum ejus super tenementis ad Briost pertinentibus. (1201.)—X°. Confirmatio Galeranni decani Belvacensis, de eadem remissione. (Décembre 1201.)—XI°. Confirmatio predicti decani de remissione querele Petri de Remis et Albreie uxoris ejus super tractu decime de Cardoneio. (s. d.)—XII°. Confirmatio domini Johannis de Conti de concessione Roberti de Velana[1] super acquisitis et quocumque modo vel loco datis ab antecessoribus Alelmi de Hestolmaisnil. (Avril 1203.) —XIII°. Confirmatio Girardi del Ploiis[2] de uno modio bladi ab ipso nobis vendito, quem antea solvebamus ei. (mai 1233.)—XIV. Item confirmatio domini Alilonis Belvacensis episcopi de eodem modio. (1233.)—XV°. Item confirmatio domini Drogonis de fontibus de eodem modio. (1233.)—XVI°. Ressaisina de hominibus nostris de Bryost le vile, nobis facta per Baillivum Ambianensem. (1334.— en français.) — XVII°. Confirmatio episcopi Belvacensis[3] de parrochiali ecclesia de Bryost le vile per ipsum et nos perpetuo alternatum conferenda. (1324.)

QUATRIÈME SÉRIE.

F°. 51, r°. Incipiunt capitula cartarum pertinentium ad Belvacum et ad loca viciniora.—I°. Confirmatio domini Bartholomei, Belvacensis episcopi, de vinea apud Waisgicourt[4] et clauso apud Sanctum-Lucianum a Domino Henrico de Cempuiz canonico Belvacense donatis, et ab ejus heredibus concessis. (1167.)—II.° Confirmatio domini Drogonis Thelonearii Belvacensis de modio vini et rotagio ab ipso et ejus heredibus datis. (s. d.)—III°. Item confirmatio domini Willelmi filii ejus de eodem. (1206.) IV°. Confirmatio domini Guillelmi abbatis sancti Luciani et ejus conventus, de dimidio arpenno vinee ad obedientiam Sancti-Maxiani[5] pertinente. (1176.) — V°. Confirmatio domini Lanscelini decani Belvacensis, de x solidis censualibus et quodam prato datis a Garnero de Ponte.

[1] Probablement Vellennes, canton de Nivillers (Oise).
[2] Ou du Ploieiz.
[3] Jean I de Marigni.
[4] Ou de Wagiscort. Aujourd'hui Wagicourt, commune de Therdonne, canton de Nivilliers (Oise)
[5] Saint Maxien, qui paraît ne plus exister, était situé au N.-O. de Beauvais, au-dessus du village appelé le Montmille.

BEAUPRÉ. Sed census venditus fuit et non tenemus illum. (1195.) — VI°. Confirmatio domini Erardi et conventus Sancti-Luciani, de sex arpennis vinearum et dimidio in terra Sancti-Luciani acquisitis. (1202.) — VII°. Confirmatio domini Guidonis de Atenvilla, de quodam prato apud Goincurt [1] (inter Prata bonnosia, inter Gohincurtem et Belvacum) quod donavit nobis Joscelinus de monte. (1202.) — VIII°. Item confirmatio domini Philippi I Belvacensis episcopi, de eodem prato. (1203.) — IX°. Item confirmatio Galeranni decani Belvacensis, de eodem prato. Item de parte domus Odonis Carpentarii data a Philippo filio ejus. Hanc partem domus confirmat episcopus. (1202.) — X°. Item confirmatio predicti decani de domo in vico sancti Laurentii et patrimonio et xv solidis censualibus ab Odone Carpentario datis. (Octobre 1202.) — XI°. Item confirmatio predicti decani de vinea apud Goincurt, et xiv solidis censualibus apud Belvacum, datis a Petronilla fructuaria. Hunc censum vendidit Petrus Cellararius. (1202.) — XII°. Item confirmatio episcopi Philippi I de omnibus que in tribus precedentibus cartis, scilicet ix, x et xi continentur. (1202.) — XIII°. Item confirmatio ejusdem episcopi de hiis que in undecima carta continentur. (Avril 1203.) — XIV°. Confirmatio Galeranni decani Belvacensis de compositione querelarum Henrici de Meso super censu vince Petronille fructuarie (Octobre 1204.) — XV°. Confirmatio Waleranni decani Belvacensis de usagio in domo quadam in burgo sancti Laurentii sita, a Leiarde relicta Roberti filii Engalgeri vendito. (Janvier 1204.) — XVI°. Item confirmatio ejusdem decani de eodem usagio. (Janvier 1204.) — XVII°. Confirmatio Johannis decani Belvacensis de tribus solidis et duobus denariis censualibus a Radulfo Bosket. Item de quatuor solidis et tribus obolis a Willo Machoart de Vicino loco [2] venditis. — XVIII°. Confirmatio predicti decani de masagio quadam apud Belvacum dato a fratre Radulpho ad Souffles quondam converso. (1212.) — XIX°. Confirmatio curie Belvacensis, de uno arpenno vinee site in territorio de Braichel [3] in loco qui dicitur Houdecheval ab Andrea de Anez nobis vendito, ad vi denarios annui

---

[1] Goincourt, canton de Beauvais (Oise).

[2] Voisinlieu, commune d'Allonne, canton de Beauvais (Oise).

[3] Bracheux, commune de Marissel, canton de Beauvais (Oise).

census. (Avril 1222.)—XX°. Confirmatio curie Belvacensis, de medietate unius arpenni vinee site in territorio de Braichel, ab Emelina relicta Lamberti divitis vendita, ad vi denarios census. (1222.)—XXI°. Confirmatio curie Belvacensis de remissione querele Petri Machue, civis Belvacensis, super quodam prato quod frater Garnerus de Ponte dedit nobis. (1223.)—XXII°. Confirmatio curie Belvacensis de quodam arpenno vinee sito in territorio de Braechel in loco qui dicitur Houdicheval, juxta viam que tendit a Belvaco apud Sanctum-Audœnum [1] quem Emelina relicta Lamberti divitis vendidit nobis. (Février 1224.)— XXIII°. Confirmatio domini Milonis I Belvacensis episcopi de duobus arpennis vinee sitis apud Houdenc et quatuor minatis terre sitis versus Abecourt [2], que Stephanus Burnellus et Margareta uxor ejus, et Petrus presbyter filius ejusdem Margaretæ legaverunt nobis. (1224.)—XXIV°. Confirmatio G. decani Belvacensis de quittatione Roberti Lanscelini super muro qui est inter gardinium nostrum et domum ejusdem Roberti. (1224.)— XXV°. Confirmatio G. decani Belvacensis de quadam domo sita in parrochia sancti Laurenti Belvacensis, quam Radulphus Reimbergue civis Belvacensis dedit nobis. (Octobre 1227.)—XXVI°. Confirmatio abbatis et conventus sancti Luciani, de quodam arpenno vinee, qui fuit Odonis Carpentarii. (Décembre 1228.)—XXVII°. Item confirmatio eorumdem, de quatuor arpennis vinearum et dimidio (vinea de Loia-Vinea de populo) et decem solidis censualibus super vineas de Wastiniis a magistro Berengero Boistel nobis venditis. (Mars 1228.)—XXVIII°. Item confirmatio curie Belvacensis de eodem. (1228.)—XXIX°. Item confirmatio G. decani Belvacensis, de concessione Petri de Foukegnies [3], super arpenno vinee, que dicitur vinea Machue, a magistro Berengero Boistel nobis vendito, quem tenebat de eodem Petro. (Mars 1228.)— XXX°. Confirmatio domini Milonis I Belvacensis episcopi, de quodam prato sito juxta calceiam sancti Nicolai et xvi solidis censualibus que Thomas Morardi vendidit nobis. (Mai 1229.)—XXXI°.

BEAUPRÉ.

---

[1] Saint-Ouen-Therdonne, commune de Therdonne (Oise).

[2] Abbecourt, canton de Noailles (Oise).

[3] Fouquenies, canton de Beauvais (Oise).

BEAUPRÉ.   Item confirmatio G. decani de eodem. (Juin 1229.) —
XXXII°. Confirmatio G. decani Belvacensis, de quadam
pietia terre sita inter pratellum domus nostre de Belvaco
et curtem ejusdem domus, quam vendiderunt nobis Johannes cervus et Ragerus de Tillcel et uxores eorum.
(Juillet 1231.) — XXXIII°. Confirmatio R. decani Belvacensis de quadam domo Belvaci sita, quam Ansellus de
Gueslenfonteine [1] vendidit, inter pontem sancti Laurentii
et pontem lapideum super aquam. (Août 1236.) — XXXIV°.
Confirmatio curie Belvacensis de xx duobus solidis censualibus, quos Emelina Cointise vendidit Girardo Asino
super domum que fuit Radulfi Erlinni, quam domum a
dicto G. Asino comparavimus. (Décembre 1237.) — XXXV°.
Confirmatio capituli sancti Michaelis Belvacensis, de iv
denariis census venditis, quos habebant de fundo terre,
super domum predictam. (Mars 1237.) — XXXVI°. Confirmatio R. decani Belvacensis, de predicto dono a Girardo
asino nobis vendito. (Mars 1237.) — XXXVII°. Item confirmatio R., decani Belvacensis, de terra illa sita inter
domum nostram de Belvaco et domum Johannis Milonis,
quam Arnulphus Li Carons et Odo filius ejus vendiderunt
nobis. (1237.) — XXXVIII°. Confirmatio domini Petri de
Courroi de duabus minatis terre sitis ante Loiam, et
posticium nostrum de Gohincort a Radulpho-le-Bras de
Gohincort et ejus uxore nobis venditis. (Mars 1238.) —
XXXIX°. Item confirmatio curie Belvacensis de tribus
minatis terre site ante clausum vinee dicte ecclesie
prope Goingcort, que terra vocatur ut dicitur dou
Perreus, venditis a Radulpho le Bras. (Novembre
1243.) — XL°. Confirmatio abbatis et conventus sancti
Luciani de remissione querelarum eorum super manerio
nostro de Bruilet [2] et super viam quam volebant habere
per terras nostras de Brumbos et per nemus des Landes
de Pinchonliu [3]. (Janvier 1239.) — XLI°. Confirmatio domini Gaufridi de Brokeel et domine Aelis uxoris ejus de
quibusdam terris et vineis acquisitis à nobis in territorio

[1] Ou Goillenfontaine. Aujourd'hui Gaillefontaine, canton de Forges
(Seine-Inférieure).

[2] Ou Bruslet.

[3] Les *Landes de Pinchonliu* étaient un bois qui touchait à Brombos.
Cassini l'a marqué sur sa carte sous le nom de *Bois de Pinceaulieu.*

de Goincort, quod territorium vocatur Poleinval. (Mai 1248.)—XLIIº. Confirmatio Petri de Courroi de quadam petia terre sita in loco qui dicitur li Perreus [1] quam Odo de Goincourt vendidit nobis. (Septembre 1247.)—XLIIIº. Item confirmatio curie Belvacensis, de terra supra dicta, sita inter Belvacum et sanctum Paulum in Poleinval [2], in loco qui dicitur li Perreus. (Septembre 1247.)—XLIVº. Confirmatio Petri de Courroi de dimidio arpenno vinee in territorio de Goincourt sito, a Petro de curia nobis vendito. (Juillet 1248.)— XLVº. Item confirmatio curie Belvacensis de eodem. (1248.)—XLVIº. Confirmatio G. decani Belvacensis de quadam vinea sita in Poleinval versus Goincourt, quam Mattheus de Ham civis Belvacensis, dedit nobis. (Juin 1230.)—XLVIIº. Item confirmatio domin M. [3] Belvacensis episcopi, de eadem vinea. Idipsum concesserunt Johannes del Anglet et Agnes uxor ejus et Philippus de Meso. (Novembre 1233.)—XLVIIIº. Item confirmatio curie Belvacensis de eodem. (Nov. 1233.) XLIXº. Confirmatio G. decani Belvacensis de septem solidis census a Galtero de Bonieres nobis venditis, quos habet super domum sitam apud Belvacum in cultura de Louvain juxta aquam prope molendinum ad Cultellos, que fuit fratres Radulfi Reimbergue. (Août 1230.)— Lº. Confirmatio G. Decani Belvacensis de XXVI solidis et VI denariis census a Petro Beket nobis venditis, quos predicto Petro antea reddebamus pro duabus domibus. (Janvier 1231.)—LIº. Confirmatio abbatis et conventus sancti Luciani de uno quartario tam terre quam vinee sito in territorio de Bruileth, inter domum nostram et domum de Briostel. (Avril 1231.)—LIIº. Confirmatio curie Belvacensis, de quadam domo in parrochia sancti Thome, apostoli, quam Margareta Keuele de nobis ad censum tenebat, ab ipsa et liberis ejus nobis reddita, et quittata. (1250.)— LIIIº. Confirmatio curie Belvacensis de quadam domo sita ultra pontem sancti Laurentii, quam magister Harengarius vendidit nobis, cum litteris venditoris quas antea habebat, que tamen non sunt transcripte in libro hoc, sed

---

[1] La charte suivante indique parfaitement la place ou *li perreus* était situé.

[2] Aujourd'hui St-Paul, canton d'Auneuil (Oise)

[3] Milon I. de Châtillon Nanteuil.

BEAUPRÉ.

involute cum carta ista. (1255.)—LIV°. Confirmatio curie Belvacensis de vinea quam Johannes Paics, civis Belvacensis remisit nobis pro magnitudine census. (Mars 1256.)—LV°. Confirmatio domine Y. abbatisse Penthemontis de quadam domo Johannis quondam Guastelarii ab ipso conventu nobis vendita (Juillet 1258.)—LVI°. Confirmatio curie Belvacensis de eadem domo. (Août 1258.)—LVII°. Confirmatio Decani Belvacensis, de quadam domo in parrochia sancti Luciani a Roberto filio Johannis sutoris vendita nobis. (1258.)—LVIII°. Confirmatio domini Hugonis de Anolio [1] de tercia parte prati siti in territorio de Raimbueviler [2], quod dicitur pratum de comitatu, ab eo nobis data, et ab uxore et filiis ejus concessa. (1225.)—LIX°. Confirmatio domini M. episcopi Belvacensis de eodem. (Mars 1225.)—LX°. Confirmatio curie Belvacensis de quadam masura juxta domum nostram a conventu Frigidimontis [3] nobis vendita. (Avril 1260.)—LXI°. Confirmatio curie Belvacensis, de quadam petia terre, in loco qui dicitur Ausargillieres [4] supra Goincort quam Petrus Louchet de Goincourt vendidit nobis. (1269.)—LXII°. Item confirmatio capituli Belvacensis de eadem terra. (Mars 1269.)—LXIII°. Confirmatio abbatis et conventus sancti Luciani Belvacensis de tribus quarteriis vinee quas fuerunt Gislebberti clausarii sancti Luciani. (Juin 1275.)—LXIV°. Confirmatio curie Belvacensis de quadam domo sita in platea sancti Egidii, quam Ada de Pratis dedit nobis [5].—LXIV°. bis. Confirmatio curie Belvacensis de quinque solidis annui census, quos Johannes Milons remisit nobis pro uno modio vini omni census, super vineas..... sitas ut dicebant in territorio sancti Michaelis Belvacensis, in loco qui dicitur les Sablonnieres quod debebat nobis. (1277.)—LXV°. Confirmatio curie Belvacensis de terra continente VIII pedes quam comparavimus a H. molendinario et uxore ejus. (1291.)—LXVI°. Confirmatio Decani et capituli Belvacensis de masura que est prope domum nostram justa

[1] Auneuil, chef-lieu de canton, arrondissement de Beauvais.

[2] Rainvillers, canton d'Auneuil (Oise).

[3] Froidmont (Oise).

[4] Ausargillères. Ce lieu n'existe plus.

[5] Cette charte n'a pas été transcrite.

(*sic*) pontem que dicitur Pons Hugonis ad Labia, et littere de eodem simul ligate. (Mars 1284.)—LXVII°. Carta de quadam petia terre quam habemus et accepimus a thesaurario et capitulo sancti Laurentii, ad duos denarios census valoris. (1282.)—LXVIII°. Confirmatio abbatis et totius conventus sancti Luciani Belvacensis de quadam domo apud Brulet cum tribus vergatis terre tenendis a dictis fratribus, ad duos denarios censuales. (Octob. 1296.)—LXIX°. Quoddam vidimus litterarum fundationis capellarum de Bragella [1] et Gulencourt [2]. (1316.)]

Sur le v°. du f°. 99, on lit ce qui suit en écriture du xviii°. siècle: [Dans les années 1725 et 26 les cloîtres de notre maison de Beaupré, qui n'étaient que de charpente et tomboient par vetusté, ont été baty.... en pierre et bricque avec leurs voultes. Dom Dumas coadjuteur de Beaubec étant commissaire supérieur de cette maison.

En 1730, la rampe de l'escalier du logis des Hotes qui avait été baty en 1527 a été posée en 1732 et faicte à Paris par le sieur Halli, m°. cérurier de Paris, et a couté cent cinquante livres la toise courante. Dom Henry Malfroid, religieux de Signy, bachelier de Sorbonne, étant prieur de cette maison.

En 1732 la porte ou grille de fer qui ferme le cloitre en bas du susdict escalier a été faicte par le susdict sieur Halli, avec les trois balcons qui sont au bas des croisées, en montant le dict escalier; pour la somme de neuf cent livres, partie de libéralités de messieurs Henry Robert de Courtalvert abbé commendataire de cette maison, le susdit de Malfroid prieur.

En 1731, l'on a construict et faict la terrasse du jardin, lequel jardin a été augmenté sur sa longueur de xv toises de largeur, aiant été obligé de couper la montagne pour faire un chemin, pour le fermier aller dépouiller ses terres, les murs de l'enclos aiant été faicts dans les années 1726 soub dom Etienne Tassin, religieux de Trois fontaines et prieur de cette maison, et achevés en 1719 soub dom Etienne Madier, religieux de Grand Selve, prieur de cette ditte maison.

Les années 1732 et 1733, la ferme de la Basse court a

---

[1] Bresles, canton de Nivillers, (Oise).
[2] Probablement Golancourt, canton de Guiscard (Oise).

BEAUPRÉ.

été batie au proche de la grange, l'ancienne qui estoit dans la prairie étant tombée de vestuté, n'etant batye que de bois de charpente et les pierres de grés dont elle est construite, ayant été levées et tirées des fondements des anciens murs de clôture le long du chemin de Beauvais; le dit dom Malfroid prieur.

Le moulin à l'eaue à la porte de ladicte abbaye etant prest a tomber de vetusté et baty de pierre de grés dans lequel il y avait anciennement un moulin aussy a drap, lequel bâtiment venait jusque sur le mur qui borde la rivière et contenait près de quarante pieds de largeur a eté démoly et rebaty de pierres ainsy que la maison qui est pareillement de même nature et qui sert pour la blanchisseuse pour les linges, avec l'écurie pour le munier qui est au bout dudit bâtiment, ont été baty et construict en l'année 1736. Le dit dom Malfroid étant prieur et dom Claude Flamen religieux, profès de cette maison en étant cellerier et procureur depuis le commencement de l'année 1710.

En cherchant des grés, l'on a levé quatre bornes autour de la belle croix qui est proche le grand chemin de Beauvais, au dessus de la nouvelle ferme ; soubs une desquelles il s'est trouvé une ardoise sur laquelle était écrit ce qui s'ensuit : *Benediction de la cimetière autour de la croix benite par monsieur de St.-Sebastien l'an* 1556 et après les guerres civiles les bornes ont été mises en l'an 1604 par fr. François de Largilière, fermier de la ferme de Louis de Crel prieur, fr. de Largilière fermier, Pierre Sondey cellerier, Nicole Dupuis chantre, Nicole Hiel grainetier, Paul Hazard dépensier, Jean Forestier sacristain, Jean le Vasseur, Louis Boulanger, Christophe le Coq et plusieurs autres dont les noms sont effacés. Et ledit sieur A. Flamen en lieu des bornes susdittes a faict placer des ormes au nombre de traise en formé pantagonne pour confirmer le tour du dit cimetière au mois de novembre 1732.]

CINQUIÈME SÉRIE.

F°. 66.] Capitula Cartarum de Belmont [1]. — I°. Confirmatio Mathei comitis Bellimontis de transitu super terram suam absque redditu consuetudinis. (s. d.) — II°. Confirmatio domini Hugonis de Parcent [2] de vinca que dicitur

---

[1] Beaumont-sur-Oise, canton de l'Isle-Adam (Seine-et-Oise).
[2] Aujourd'hui Persan, canton de l'Isle-Adam (Oise).

clausum Buchardi [1] a Petronilla de Alneto data. (1193.)—
III°. Item confirmatio Mathei comitis Bellimontis de eadem vinea. (Janvier 1193.)—IV°. Item confirmatio Philippi Belvacensis episcopi de eadem vinea et de vivario de Achi [2], scilicet elemosina secunda, que pertinet ad abbatiam. (1193.)—V°. Item confirmatio domini Hugonis de Bello monte de remissione querelarum Ade clerici super vineam que dicitur clausum Buchardi. (1206.)—VI°. Confirmatio Ade de valle de Belmont de eadem vinea. (Septembre 1236.)—VII°. Item confirmatio curie Belvacensis de eodem. (Septembre 1236.)—VIII°. Item confirmatio Decani de Praieres [3] de eodem. (Septembre 1236.)—IX°. De sex denariis censualibus nobis quos debebamus pro clauso Buchardi. (Septembre 1236.)—X°. Item confirmatio curie Belvacensis de eisdem vi den. (Septembre 1236.)—XI°. Item confirmatio Decani de Praieres de eisdem vi den. (Septembre 1236.)—XII°. Confirmatio domini Hugonis de Parcent de domo nostra apud Novillam sita, cum appenditiis suis et vinea ipsi domini contigua datis a Roseia et Hugone marito ejus. (1195.)—XIII°. Item confirmatio comitis de eadem domo et appenditiis ejus, et de duobus vineis, una que fuit Odonis Balbi et altera Hervei fabri. (1196.)—XIV°. Item confirmatio Abbatum Karoliloci et Vallis de remissione querelarum Beatricis filie Petri Hermenes et Roseie et Laurentii mariti ejus de domo Noville et pertinentiis ejus, et etiam de tribus aliis quarteriis cujusdam vinee. (1199.)—XV°. Confirmatio domini Hugonis de Parcent de medietate pressoriorum de Arnoldi curte, a Johanne de Baerna et heredibus ejus data, et etiam de quibusdam pactionibus super eisdem pressoriis. (1197.)—XVI°. Confirmatio Ade, clerici de Vinecel de duobus jornalibus terre nobis venditis a Petro Parnant. (1218.)—XVII°. Item confirmatio domini Willelmi de Vals de eodem, insuper etiam de duobus arpennis vinee, quorum unus fuit Odonis le Balbe et alius Beatricis del bos. (1218.)—XVIII°. Confirmatio Decani de Bosren [4] de re-

---

[1] Le Clos-Buchart était situé à Beaumont.

[2] Achy, canton de Marseille, (Oise).

[3] Presles, canton de l'Isle-Adam (Seine-et-Oise).

[4] Boran, canton de Neuilly-en-Thelle (Oise).

BEAUPRÉ.

missione querelarum Roberti nepotis prepositisse de Belmont, super quodam spatio terre, sito ad ostium curticuli domus nostre de Belmont. (1219.)—XIX°. Item confirmatio ejusdem Decani de uno arpenno vince partim a sanctima de Belmont, partim a Michaele Gorre, nobis vendito, sito in loco qui vocatur li Bus. (1220.)—XX°. Item confirmatio domini Guillelmi de Thorota de eodem. (1220.) —XXI°. Confirmatio prioris sancti Leonorii de Belmont, de duabus vineis que dicuntur Noelet et Boelvals [1]. (1220.) —XXII°. Confirmatio domini Johannis, comitis Bellimontis de uno arpenno vince sito in territorio quod vocatur Ringuet [2] ab ipso nobis dato. (1221.)—XXIII°. Item confirmatio domini Johannis de Praieres et fratrum ejus de eodem. (1223.)—XXIV°. Item confirmatio G. decani et magistrorum B. succentoris, et D. canonicorum Belvacensis, de eodem. (Octobre 1225.)—XXV°. Item confirmatio capituli ecclesie Beate Marie de Bello monte, de eadem vinea. (1227.)—XXVI°. Confirmatio domini Johannis comitis Bellimontis de quodam clauso, sito juxta pressorium ejusdem comitis apud Baernam [3], iv arpennos et dimidium tam terre quam vince continente, a Noe de Baerna et Johanne filio ejus dato. Item de quodam arpenno vince apud Bussum in territorio de Nointello [4] sito, a Michaele Gorre et sanctima de Bellomonte nobis vendito. (Mai 1222.)—XXVII°. Confirmatio domini Ade de Baerna de iv arpennis terre sitis apud Honval ab ipso nobis datis in escambium pro duobus arpennis quos tenebamus ad campartum de Sancto-Germano-Laucerrois. (Mai 1222).—XXVIII°. Item confirmatio Guillelmi de Thorota [5] domini de Parcent, de eodem. (Mai 1222.)—XXIX°. Confirmatio Prioris Sancti-Leonorii et conventus ejusdem loci super clauso vince quod fuit natalis de Baerna. (1222.) XXX°. Confirmatio decani de Nongento de quittatione Philippi de vivario, super vinea de cruce, que fuit Hermanni

---

[1] Ou Boiel-Vaus.

[2] On voit par la charte XXIV° de cette série que Ringuier était le nom d'une vigne, située *in territorio Belli montis*.

[3] Bernes, canton d'Isle-Adam (Seine-et-Oise).

[4] Nointel, canton d'Isle-Adam (Seine-et-Oise).

[5] Thourotte, canton de Ribecourt (Oise).

le Bouchier, et super vinea del Peroi que fuit Hugonis Kaignart. (1222.)—XXXI°. Item confirmatio ejusdem decani de elemosina quam Petrus de Malo-Nido dedit nobis in quadam novali terre sito in Runceio juxta territorium de Wascheviler. (1223).— XXXII°. Confirmatio domini Guillelmi de Thorota, et domini Galcheri fratris ejus de quodam masagio sito apud Novillam [1] cum vinea ad ipsum masagium pertinente, et uno denario censuali que Robertus gener Bovonis et Ada uxor ejus vendiderunt nobis. (Octobre 1223.)—XXXIII°. Confirmatio Prioris et capituli sancte Honorine de confluentio [2], de dimidio arpenno vinee, sito in loco qui vocatur Orgeval [3] in territorio Belli-montis a Galtero Soterel nobis dato. (Septembre 1225.)— XXXIV°. Confirmatio curie Belvacensis de tribus jornalibus terre sitis inter Baernam et Ysaram [4] a Maria de Bello-monte, relicta Petri de Luchi nobis venditis. (Novembre 1226.)—XXXV°. Item confirmatio decani de Praieres de eodem. (Juin 1238.)—XXXVI°. Confirmatio capituli Sancte-Honorine de Confluentio, super vinea sita in Orgevaus [5] in territorio de Belmont quam Saleminus, judeus de Pontoise vendidit nobis. (Avril 1238.) —XXXVII°. Confirmatio curie Belvacensis de sex jornalibus terre sitis inter villam de Beloy [6] et villam de Fresnoy [7] a fratre Roberto Croustele de Bellomonte converso nostro nobis datis. (1228.)—XXXVIII° Confirmatio Martini prepositi de Noientel de duobus jornalibus terre sitis en Hautonliu nobis venditis. (Mars 1242.)—XXXIX°. Confirmatio Petri de vivario de Asneriis, de xviii denariis census, quas redimimus ab eo. (Mai 1230.)—XL°. Confirmatio curie Belvacensis de eodem. (Mars 1230.)—XLI°.

BEAUPRÉ.

[1] Ce lieu n'existe plus; il était situé près de Beaumont (Voyez la Ch. 51°. de cette série.) La charte 36° de la VI°. série dit : *Nevile super Bellum montem.*

[2] Conflans-Sainte-Honorine, canton de Poissy (Seine-et-Oise).

[3] Orgeval, canton de Poissy (Seine-et-Oise).

[4] L'Oise.

[5] Même lieu qu'Orgeval.

[6] Beloy n'existe plus. Il était au Nord-Ouest de Fresnoy. Cassini a marqué ce lieu sur sa carte.

[7] Fresnoy-en-Thelle, canton de Neuilly-en-Thelle (Oise).

BEAUPRÉ.   Confirmatio Petri de Cingula [1] de dimidio arpenno vineæ site apud Bellum montem in territorio de la Caillouuée [2] quam Matheus del Bus dedit nobis. (Mars 1239.)—XLII°. Confirmatio Philippi de Baerna et J. uxoris ejus de duobus jornalibus terre et amplius ab ipsis nobis venditis, sitis inter Baernam et Ysaram. (Avril 1249.)—XLIII°. Confirmatio domicelle Isabellæ de villa picta [3], de quodam prato sito in territorio de Tuebuef [4] subtus Bellum-Montem, secus Ysaram, quod ipsa vendidit nobis. (Avril 1255.)—XLIV°. Item confirmatio domini Gaufridi de Baerna de eodem prato de Tuebuef. (Avril 1255.)—XLV°. Item confirmatio domini Reginaldi de Nulliaco de prato de Tuebuef. (Avril 1225.)—XLVI°. Confirmatio capituli Beate Marie de Bello-Monte de dimidio arpenno vineæ sito in territorio de Orgeval, quem Johannes filius Renoldi dedit nobis. (Avril 1255.)—XLVII°. Confirmatio domini Renaldi de Morangle [5] de quadam petia terre arabilis sita ad tres buissonnes, in via per quam itur de Baerna apud Morangle ab ipso nobis commutata. (Novembre 1257.)— XLVIII°. Confirmatio curie Belvacensis, de eodem. (1257.) —XLIX°. Confirmatio curie Belvacensis de terra sita ad ulmos de Baerne quam Jocobus de Pixide de Belmont vendidit nobis. (1257).—L°. Confirmatio curie Belvacensis de tribus quartariis vineæ de Martevignole que fuit Johannis Toureine nobis elemosinate. (1257.)—LI°. Confirmatio communie de Belmont, de pressorio nostro de Bello-Monte. (Août 1244.)—LII°. Confirmatio domini Gervasii de Fresnoi militis et Petronille uxoris ejus de permutatione quarumdam terrarum inter nos facta. (Juillet 1261.)—LIII°. Confirmatio curie Belvacensis de eodem. (1261.)—LIV°. Confirmatio Petri Thihart clerici de Chambli, de permutatione terre site ad tres ulmos de Baerne ab Aelide de Chambli nobis facta. (Mars 1261.)—LV°. Confirmatio curie Belvacensis de eodem. (Mars 1261.)—LVI°.

---

[1] Dans le texte, on lit : *de la Cengle de Bruieres*. Aujourd'hui Bruyères, canton d'Isle-Adam (Seine-et-Oise).

[2] Ou Caillouée.

[3] Villepinte, canton de Gonesse (Seine-et-Oise).

[4] Ce lieu n'existe plus.

[5] Morangles, canton de Neuilly-en-Thelle (Oise).

Confirmatio curie Belvacensis de vinea de Busco quam Johannes de Busco vendidit nobis. (Décembre 1261.)— LVII° Confirmatio vicarii archiepiscopi Rothomagensis in pontisara et in vulcassino gallie Francie de duobus sextariis avene, iv panibus, iv caponibus, vi denariis census venditis nobis a Guillelmo de Chanechon [1] super domum nostram in parrochia Sancti-Laurentii de Bello-Monte. (Juillet 1261).—LVIII°. Confirmatio curie Belvacensis de terra quatordecim jornellos continente, in masticuria [2] et vinea quas dedit nobis magister Therricus de Bellomonte clericus. (1288)—LIX°. Item confirmatio curie Belvacensis de eisdem quatordecim jornalibus et de aliis duobus petiis terre scitis in territorio Belli montis. (1293.)—LX°. Item confirmatio Johannis dicti Hideus de Chambli, de eisdem. (Juin 1293. En français.)—LXI°. Item confirmatio Oudardi de Cingula et ejus uxoris de xiv jornalibus terre arabilis quem habemus ex dono et elemosina magistri H. de Bello-Monte in territorio de Machecourt. (Avril 1298. En français.) — LXII°. Confirmatio curie Belvacensis de tribus quartariis vinee que vocatur Martengnole quam Widra de Bello-Monte contulit nobis (1292.)—LXIII°. Confirmatio domini Johannis militis de Ronkeroles et ejus uxoris de eisdem xiv jornellis et domini Petri de Chambli militis, et ejus uxoris, de eisdem. (Mars 1290) — Voyez les Ch. 58, 59, 60 et 61 de cette série.)

Cet index indique encore douze chartes, mais elles n'ont pas été transcrites.

SIXIÈME SÉRIE.

F°. 81. —[Incipiunt Capitula Cartarum ad census pertinentium.]—I.° Confirmatio domini Henrici comitis Augi [3] de xl solidis turonensis quos ipse dedit nobis in vice comitatu suo de ulteriori portu [4] ad pitantiam conventus, (s. d.)—II°. Item confirmatio domine Adelicie comitisse Augi filie predicti Henrici comitis de eisdem xl solidis. (1238.)—III°. Confirmatio Willelmi Strabonis de Augo de

---

[1] Ou Chanencon.

[2] Machecourt, dans les chartes suivantes; ce lieu n'existe plus.

[3] Eu. (Seine-Inférieure).

[4] Ou de *Ultris portu.* Tréport, canton d'Eu (Seine-Inférieure).

BEAUPRÉ.

v solidis Audegavensis ab ipso W. nobis datis, singulis annis recipiendis ad festum omnium sanctorum in domo Alardi a latache, (s. d.)—IV° Confirmatio communie Albemarlie de ix solidis Belvacensis super masuram que fuit Stephani Chamberlene recipiendis, (s. d.)—V°. Confirmatio domini Roberti de Conti de xv solidis Belvacensis ab ipso nobis datis in censu suo de Buglis [1] (1194.)—VI°. Item confirmatio Philippi I Belvacensis episcopi de eodem. (1195.) —VII°. Item confirmatio domini Roberti de Conti [2] de lx solidis parisiens. ab ipso nobis datis in traverso de Conti. (1200.)—VIII.° Item confirmatio domini Ricardi [3] episcopi Ambianensis, de predictis lx solidis. (1207.)— Confirmatio domini Ade de Perieres de xii solidis et vii denariis Belvacensis et xx tribus caponibus apud villam Dei, quos Dominus Bartholomeus, sacerdos de vaccaria dedit nobis [4]. (1207)—IX°. Item confirmatio domini Johannis decani Belvacensis de una modiata terre que dicitur Gaballus Goismeri quam Galterus Gastinellus donavit nobis, etc. (1208.)—X. Confirmatio domini Radulphi de Milli et domini Eustachii filii ejus de octo libris percipiendis in traverso Odorii ab ipsis nobis venditis. (1214.)—XI°. Item confirmatio domini Petri de Milli et domini P. filii ejus de predictis octo libris. (1220.)—XII°. Item confirmatio G. decani Belvacensis de eodem. (1220.)—XIII°. Confirmatio G. decani Belvacensis de vii solidis ab Emelina uxore Roberti parcamenarii, civis Belvacensis, nobis datis. (Janvier 1227.)—XIV°. Confirmatio G. decani Belvacensis de xv solidis apud Odorium percipiendis, de quibus Guido Cotius de Odorio tres nobis dedit et xii vendidit, super territorium de Andeure [5].—Confirmatio G. decani Belvacensis de sex denariis censualibus a Radulfole Damoisel de Odorio nobis venditis quos habebat super to-

[1] Bulles, canton de Clermont (Oise).

[2] Conty, chef-lieu du canton de Conty (Somme).

[3] Richard de Gerberoi.

[4] A la marge du folio où se trouve cette pièce, on lit ces mots : *Vacat ista, quia redemptus est census a domino feodi.*

[5] Ce lieu était situé à Oudeuil même, on le voit par les termes de la charte 27°. de cette série..... *Super gardinum et pratum et etiam totum censuale de Andeure apud Odorum situm.* »

tum territorium de Andeure, de fundo terre. (Nov. 1227.) —XV°. Confirmatio curie Belvacensis de quinque solidis censualibus a domino Petro de Bascoel [1] nobis datis. (Novembre 1230.)—XVI°. Confirmatio curie Belvacensis de xxxi solidis censualibus quos frater Johannes de Ponte dedit nobis. (Mai 1235.)— Confirmatio curie Belvacensis de duobus denariis census quos Laurentius de Neuvile debet nobis. (Juin 1236.)—XVII°. Confirmatio domini Galteri de Dargies, de x solidis census ad pascha reddendis singulis annis, quos Maria Abelarde dedit nobis, hos x solidos debet reddere Johannes Emeline de Picecio, et heredes ejus post eum. (Août 1236.)—XVIII°. Confirmatio R. Decani Belvacensis de xx solidis census percipiendis super pentoria Rogeri Vetule retro domum ejus in parrochia sancti Thome Belvacensis et duobus areis prati apud Calfour, que omnia Nicholaus de Bono Genu civis Belvacensis, vendidit nobis. (Novembre 1236.)—XIX°. Confirmatio domini Mathei de Estrees de xii denariis census et una mina avene que Petrus de Calvi dedit nobis, et hæc omnia Robikellus de Contres [2] et heredes ejus debent reddere in perpetuum. (Août 1236.)—XX°. Confirmatio domini Symonis de Dargies [3] de xxx solidis quos pater ejus legavit nobis, quod confirmat ipse prior ejus in decima de Dargies. (1217.)—XXI°. Confirmatio G. Decani Belvacensis de xx solidis censualibus, quos frater Laurentius de Belvaco dedit nobis. (Juillet 1223.)—XXII°. Item confirmatio ejusdem Decani de predictis xx solidis et x aliis, quos idem frater Laurentius dedit nobis. (Octobre 1223.) —XXIII. Confirmatio G. Decani Belvacensis de xiv solidis census quos habemus de Thoma Morardi in calceia sancti Nicholai Belvacensis. (Janvier 1226.)—XXIV°. Confirmatio domini Bartholomei de Fretoi, de iv solidis census, apud molendinum quod dicitur de prato, ab eodem Bartholomeo datis. (1210.)—XXV°. Confirmatio curie Decani Belvacensis, de tribus solidis et tribus denariis censualibus quos Johannes Brunus civis Belvacensis vendidit nobis, super duabus domibus sitis in vico Petri le Quer-

---

[1] Probablement Bacouel, canton de Conty (Somme).

[2] Peut-être Contre, canton de Conty (Somme).

[3] Dargies, canton de Grandvilliers (Oise).

BEAUPRÉ.

rier, per quem itur de Sancto-Vedasto apud sanctum Egidium. (1251.)—XXVI° Item confirmatio Jacobi Cotin de Odorio de xv solidis censualibus ab ipso et ab heredibus ejus nobis reddendis. (Mars 1253.)—XXVII°. Item confirmatio curie Belvacensis de eodem. (Juin 1253.)—XXVIII°. Confirmatio domini Drogonis de Milli, de xl solidis turonens ab ipso nobis datis pro anima domine Matildis ejus uxoris, percipiendis singulis annis in Martio in traverso de Sancto-Audomaro[1]. (Mai 1254.)—XXIX°. Confirmatio domini Johannis de Augo, de xl solidis turon. quos ipsa dedit nobis percipiendis in stallis de Augo. (1252.—XXX°. Confirmatio domini Alphonsi comitis Augi et uxoris ejus de eodem. (Décembre 1256.)—XXXI°. Confirmatio curie Belvacensis de octo solidis et dimidio census quos dedit nobis dictus Johannes penitentiarius pro quadam vinea. (Mars 1258.)—XXXII°. Confirmatio Decani Belvacensis de xxx solidis parisiens. census quos dederunt nobis magister G. medicus de Gremenil[2] et M. uxor ejus, in civitate Belvacensis. (Juin 1260.)—XXXIII°. Confirmatio domine Margarite de Montgoubert de x libris turonensis annui redditus apud Sotevile. (Octobre 1260.)—XXXIV°. Confirmatio Ludovici Regis de eodem. (Octobre 1260.)—XXXV°. Confirmatio executorum domini Johannis de Henecuria[3] militis, de legato quod fecit nobis, de omnibus que tenebat de domine Johanne de Marogni. (Mars 1259.)—Confirmatio Guillelmi dictis juvenis de Hermemont de octo denariis census, quos dedit nobis Hugo Carpentarius. (Octobre 1242.)—XXXVI°. Confirmatio curie Belvacensis de sex denariis census quos debet nobis Laurencius de Nevile in festo Beati Remigii quamdiu murus noster ejus edificium sustinebit. (Juillet 1238.)—XXXVII°. Confirmatio Johannis de Rontot et Johanne uxoris ejus de xxv solidis parisiens. et L caponibus annui redditus apud Villam Dei[4] Rothomagensis diocesis nobis ab ipso venditis. (Juin 1261.)—XXXVIII°. Item confirmatio curie Rothomagensis de eodem. (Juillet 1261.)—XXXIX°. Confirma-

---

[1] Saint-Omer, chef-lieu d'arrondissement (Pas-de-Calais).

[2] Ou de Gremevillare, aujourd'hui Grémévillers, canton de Songeons (Oise).

[3] Hécourt, canton de Songeons (Oise).

[4] Villedieu-la-Montagne, commune de Haucourt (Seine-Inférieure).

tio domini Johannis de Marregni, de feodo quod Johannes de Henecort dedit nobis. (Mars 1259.)—XL°. Confirmatio Hugonis Hagneth de Tyllio in Braio [1], de xx caponibus et x solidis annui redditus ab ipso nobis venditis in Villa Dei. (1262.)—XLI°. Confirmatio curie Belvacensis de viginti sex denariis quos Petrus de Monchiaco draparius, civis Belvacensis, debet nobis singulis annis in nativitate domini. (Décembre 1269.)—XLII°. Confirmatio de la baillie de Caus de feodo quod dominus Johannes de Henecourt dedit nobis. (Décembre 1275.)—XLIII°. Item confirmatio Stephani Postel et Agnetis uxoris sue, filii domini Johannis de Marregni de eodem feodo. (Décembre 1275.)—XLIV°. Item confirmatio curie Rothomagensis de predicto feodo. (Avril 1276.)—XLV°. Confirmatio Petronille, domine de Marregni, de decem solidis annui census, quos dominus J. maritus ejus legavit nobis apud Donnipetram [2] super domum J. vavassoris. (1972.)—XLVI°. Confirmatio Yolent, vicecomitisse de Chatiau Dun, de centum solidis parisiens. Quos ipsa dedit nobis, ad Vetus Arsi [3], percipiendos singulis annis in festo Sancti-Andree apostoli. (Juin 1271.)—XLVII°. Confirmatio pacis inter nos et monasterium Frigidi montis [4] de censu suo apud Belvacum. (1287.)—XLVIII°. Confirmatio domini Egidii de Maregny militis, et domini dicte ville de Maregny de feodo quem ab ipso tenemus ex dono domini Johannis de Henecourt quondam militis, nunc deffuncti in parrossia de Halescourt; de Donna Petra et in aliis parrochiis quibuscunque. (1305. en fr.)—XLIX°. Confirmatio vicecomitis de Novo Castro [5] de eodem feodo. (1305.)—L°. Confirmatio Johanne, domine de Dargies, de C. solidis parisiens. a domino Reginaldo patre suo nobis legatis. (22 Mai 1308. en fr.)—LI°. Confirmatio Johannis de Sancto-Sansone, armigeri, de una minata terre quam tenet de nobis, pro duobus solidis parisiens. annui census nobis reddendis in festo sancti Remigii. (Mai 1292.)

BEAUPRÉ.

[1] Thil-Riberpré (le), canton de Forges (Seine-Inférieure).
[2] Dampierre, canton de Gournay (Seine-Inférieure).
[3] Vieil-Arcy, canton de Braisne (Aisne).
[4] Froidmont, abbaye du diocèse de Beauvais.
[5] Aujourd'hui, Neufchatel ou Neufchatel-en-Bray, chef-lieu d'arrondissement (Seine-Inférieure).

BEAUPRÉ.   SEPTIÈME SÉRIE.

F°. 130. [Incipiunt capitula cartarum de Courroi [1]. — I°. Confirmatio domini Radulfi de Milli [2], et domini Eustachii filii ejus de medietate terre in territorio de Corroi site, data a Petro de Morviler [3] monialibus de Penthemont [4] quam emimus ab eis. (Mars 1219.)—II°. Confirmatio magistri Bononis de eodem. (Mars 1219.)—III°. Confirmatio domini G. Decani Belvacensis, de dote quam habebat in eadem terra Eufemia relicta dicti Petri de Morviler. (1220.)—IV°. Confirmatio priorisse et conventus de Penthemont de terra ab ipsis nobis vendita apud Coudroium. (1220.)—V°. Item confirmatio domini Petri, domini Miliaci de eodem. (1220.)—VI°. Item confirmatio domini Radulphi de Milli et domini Eustachii filii ejus, de alia medietate terre de Corroi quam dedit nobis Petrus de Morviller. (1220.)—VII°. De x libris quas dedimus domino Radulpho de Milli et filio ejus pro confirmatione predicti terre. (1220.)—VIII°. Item confirmatio domini Petri de Milli et domini Petri filii ejus de eadem terra. (1220.)—IX°. Confirmatio Decani de Odorio de quadam terra sita juxta Corroi a Roberto de Milli cognomento Normanno et Oresina uxore ejus nobis vendita, quam tenebant de nobis. (1221.)—X°. Confirmatio domini Petri de Milli senioris, de nemore decem modiorum sementis ab ipso nobis dato. (1222.)—XI°. Item confirmatio domini Petri de Milli junioris, de eodem nemore. (1222.)—XII.° Item confirmatio domini Petri de Milli junioris, de nemore quinque modiorum sementis, ab eo nobis dato concessione de Gervasii fratris sui. (1223.)—XIII°. Item confirmatio domini Gervasii de Milli, de eodem. (Mai 1226.)—XIV°. Item Confirmatio domini Symonis de Dargies de xv modiis nemoris a dominis de Milli nobis datis. (Janvier 1227.)—XV°. Item confirmatio domini Johannis de Conti, de eodem. (Mai

[1] Correium, ou Courroium, ou Colroium. Couroy n'existe plus, il était au N.-N.-E. de Milly. Cassini a marqué ce lieu sur sa carte.

[2] De Milliaco, ou de Castro-Milliaci, aujourd'hui Milly, canton de Marseille (Oise).

[3] Ou de Mortuo-Villari, aujourd'hui Morvillers, canton de Songeons (Oise).

[4] Abbaye du diocèse de Beauvais.

1227.)—XVI°. Confirmatio domini Petri de Milli, de sex jornalibus tam terre quam nemoris, decem et octo vergatis minus, ab ipso nobis venditis, in territorio de Corroi. —Item remissio querelarum Serjantorum de Milli super usagio in nemoribus de Corroi.—Item remissio domini Petri de Milli super elemosynam Petri de Morviler. (Septembre 1229.)—XVII°. Item confirmatio domini Gervasii de Milli de omnibus predictis, et insuper de terra Radulfi Patin, acquirenda. (Septembre 1229.)—XVIII°. Item confirmatio G. Decani Belvacensis, de omnibus predictis. (Octobre 1229.)—XIX°. Item confirmatio domini Symonis de Dargies, de eodem. (Avril 1231.)—XX°. Confirmatio domini Gervasii de Milli de xxx jornalibus nemoris apud Corroi, ab eo nobis venditis. (Mars 1230.)—XXI°. Item Confirmatio domini Petri de Milli, de eadem. (1230.)— XXII°. Item confirmatio domini Symonis de Dargies, de eodem. (Mars 1230.)—XXIII°. Item confirmatio domini Johannis de Conti, de eodem. (Mars 1230.)—XXIV°. Item confirmatio G. decani Belvacensis, de eodem. (Mars 1230.) XXV°. Confirmatio domini Petri de Milli de LXXXIV jornalibus bosci apud Corroi nobis venditis, quamvis carte dicant, in elemosinam datis. (1232)—XXVI°. Item confirmatio domini Johannis de Conti, de eodem. (Janvier 1232.)—XXVII°. Item confirmatio domini Symonis de Dargies, de eodem. (Janvier 1232.)—XXVIII°. Item confirmatio G. decani Belvacensis, de eodem.—[Le folio qui contient la fin de cette pièce manque.]

Les pièces XXIX à CXXVI inclusivement dont cet index donne les rubriques manquent complètement. Les F^{os}. 138 à 153 inclusivement (ancienne pagination) ont été arrachés.

[CXXVII°. Item de quatuor minis terre et dimidio sementis continente, a Johanne Pan Leve et Colardo fratre ejus nobis venditis. (1270.)—CXXVIII°. Item de tribus quarteriis terre nobis a Wermundo Maillet et Hersende ejus uxore venditis. (1270.)—CXXIX°. Item de duobus minatis terre et dimidio in territorio de Luchy [1] a Johanne dicto de Parisius et Matilde ejus uxore nobis venditis. (1260.)—CXXX°. Item de una minata terre quam Fresendis relicta Warr. Barbet nobis vendidit. (1260.)—

---

[1] Luchy, canton de Crèvecœur (Oise).

BEAUPRÉ.

CXXXI°. Item de una minata terre et undecim virgatis in territorio de Hastes nobis a Philippo dicto Quillart venditis. (1270.)—CXXXII°. Confirmatio curie Belvacensis de hoc quod Juliana uxor quondam Nicholai du fries de Juveignies [1] remisit nobis omne jus quod habebat vel habere poterat in quatuor minatis terre sementis, et dimidia in territorio de Luchi. (1271.)—CXXXIII°. Confirmatio Guillelmi de Franco-Castro [2] armigeri, et dominorum suorum de tribus minis bladi, et octo denariis censivis nobis venditis ad ipso Guillelmo in grangia nostra de Condreio. (Décembre 1272.)]

Quoique l'index donne encore neuf rubriques, cette charte est la dernière de la série de Courroi.

L'ancienne pagination indique l'absence de 81 folios, sur lesquels étaient les pièces correspondantes aux neuf rubriques qui terminent l'index de la série de Courroi, et probablement d'autres séries, car les chartes qui suivent sont cottées 46, 47 et 48.

[XLVI°. Legs de Raoul de Clermont, connétable de France, de 10 muids de blé à prendre annuellement au moulin d'Achy. (1303.)—XLVII°. Don d'un muid de blé, à prendre annuellement sur les moulins d'Achy, fait par D. de Milly, ancien religieux de Beaupré, (Septembre 1310.) XLVIII°. Don d'un muid de blé, à prendre annuellement sur les moulins de Catheu, [3] fait par R. de Dargies. (Juillet 1259.)]

HUITIÈME SÉRIE.

[F°. 106. Col. 1.—Capitula quedam ad Plancheium que non inveniuntur in cartis de Plancheio.—Capitula Cartarum de Plancheio. [4]]—I.° Confirmatio domini Renaldi de Bules de acquisitis sive acquirendis in feodo suo (1162). —II° Confirmatio domini Bartholomei, Belvacensis episcopi, de vineis Ingran et terra ad domum construendam cum gardino subjacente, datis à Galtero de Plancheio et heredibus ejus et dominis feodi, nec non et de rotagio ea-

[1] Juvignies, canton de Nivillers (Oise).
[2] Francastel, canton de Crèvecœur (Oise).
[3] Aujourd'hui Catheux, canton de Crévecœur (Oise).
[4] Le Planquier, dont le nom n'est pas marqué dans le dictionnaire des postes, comprend sept ou huit maisons. Il est au N. de Mancilly.

rumdem vinearum, (s. d.)—III°. Confirmatio abbatis et capituli Sancti-Geremari Flaviacensis, de dimidio modio vini ad ecclesiam sancti Sepulchri de Villers [1] pertinente pro LX solidis nobis quittato, (s. d.) —IV°. Confirmatio Philippi I Belvacensis electi, de vineis, masagio, gardino, prato, et terra arabili apud Plancheium, datis à Drogone de Plancheio, concessione suorum heredum pariter et dominorum. (1180.)—V°. Confirmatio Lanscelini, decani Belvacensis, de quadam vinea apud Mosteriolum [2], nobis data a Johanne Morel, concessione heredum suorum, receptis inde octo libris Belvacensis. (1194.)—VI°. Item confirmatio domini Guillelmi de Merloto.[3] (1194.)—VII°. Confirmatio L. decani Belvacensis, de decima vini, in vineis de Mosterol ab Hugone Feroan data, et ab uxore et heredibus ejus concessa. (1194.)—VIII°. Item confirmatio Galeranni, decani Belvacensis, de eodem (1194.) IX°. Confirmatio curie Belvacensis, de remissione querelarum hominum de Mosterol [4] super vinea Symonis de Lachise. (1199.)—X°. Confirmatio curie Belvacensis, de dimidio arpenno vinee et uno prato in Ranario datis a Symone de Lachise.—Item de prato inter Tharam [5] et Alnetum dato ab Wiardo bolengario et Galtero fratre ejus.—Item de vinea apud monasteriolum data a Johanne Carpentario.—Item de duabus vineis datis ab Hugone de Mancheliis [6] et Hermanno filio ejus. (1195.)—XI°. Confirmatio domini Johannis Morel de censu et rotagio vini ab eo nobis datis. (1207.)—XII°. Item confirmatio predicti Johannis de omni tenemento, de pluribus vineis, censu et rotagio vini, et de omnibus que acquisivimus de dominico et feodo ejus ab eo nobis concessis. (1212.)— XIII°. Confirmatio curie Belvacensis, de duobus modiis vini a domino Johanne Morel nobis datis, et quinque solidis censualibus remissis. (Août 1225.)—XIV°. Confirmatio domini Galteri de fontibus de tribus vineis apud Plancheium ab eo nobis datis. (1211.)—XV°. Confirmatio

---

[1] Villers-Saint-Sépulcre, canton de Noailles (Oise).
[2] Montreuil-sur-Thérain, canton de Noailles (Oise).
[3] Mello, canton de Creil (Oise).
[4] Ou Monsterouel.
[5] Le Thérain, rivière.
[6] Mancilly, commune de Villers-Saint-Sépulcre (Oise).

BEAUPRÉ.

abbatis et capituli Sancti-Geremari Flaviacensis, de omni tenemento quod habemus apud Plancheium sub dominio eorum. (Avril 1212.)—XVI.º Confirmatio domini Petri, decani de Harmis [1] de vinea del Tertre et medietate plante de Enervals, quas Robertus Chives vendidit nobis. (1220.)—XVII°. Item confirmatio priorisse de Warivile [2], de eodem. (1221.)—XVIII°. Item confirmatio priorisse de Warivile de alia vinea del Tertre apud Mosterol-le-Planchie [3], quam Drogo Chipes vendidit nobis. (Janvier 1224.) XIX°. Confirmatio Domini Gilonis de Hosdenc de quodam prato quod vocatur pratum Joisberti a Gilleberto de Gres de Mosterol nobis vendito. (1224.)—XX°. Item confirmatio curie Belvacensis, de eodem. (Février 1224.) —XXI°. Confirmatio abbatis et conventus sancti Geremari Flaviacensis de dimidio arpenno vinee sito in Ervals a Roberto Chive de Mosteriolo nobis commutato pro duabus minatis terre. (Novembre 1230.)—XXII°. Confirmatio domini Guillelmi de Hosdenc, de uno quartario vinee sito super crucem juxta vineam Rainmundi, a Henrico de Plancheio filio Renoldi Pelliparii nobis vendito. — (Décembre 1238.)—XXIII°. Item confirmatio domine Petronille de Sœmont matris predicti Guillelmi de eodem. (Décembre 1238.)—XXIV°. Item confirmatio domine Petronille predicte et domini G. filii ejus, de iv solidis census, quas eidem Petronille debebamus apud Monsteriolum le Planchie de diversis tenementis, ab ipsa nobis venditis concessione filiorum suorum. (Juillet 1239.)— XXV°. Item confirmatio ejusdem Petronille de quodam gardino et quadam planta sitis in Ervalsa Petro juniore de Mosteriolo venditis. (Mars 1239.)—XXVI°. Item confirmatio domini Guillelmi de Hosdenc de eodem. (Mars 1239.)—XXVII°. Item confirmatio Petri vavassoris de Mosterol, de eodem. (Mars 1239.)— XXVIII°. Confirmatio curie Belvacensis, de remissione querelarum Henrici de Hez [4] cementarii super quadam vinea sita juxta Clausum

---

[1] Hermes, canton de Noailles (Oise).

[2] Wariville, commune de Litz, canton de Clermont (Oise).

[3] Ou Mostereul-le-Plankie, même lieu que Monstreuil-sur-Thérain.

[4] Ce lieu est marqué dans la carte de Cassini, au Nord-Ouest de Villers-Saint-Sépulcre, au midi de Mancilly.

Chaelon. (1242.)— XXIX°. Confirmatio abbatis et conventus Flaviacensis de masura et curticulo que Petrus Tilleel de Plancheio vendidit nobis, sitis ante portam nostram de Plancheio. (Janvier 1243.)—XXX°. Item confirmatio curie Belvacensis, de eodem. (Février 1243.)— XXXI°. Confirmatio Garneri Morel, et Petri fratris ejus de quadam petia terre sita in Ervals, quam liberi Petri Guimont vendiderunt nobis. (Mars 1247.)—XXXII°. Confirmatio Petri de Cressi, et domine Petronille de Soemont de quadam petia terre, contigua clauso Chaalonis, quam Petrus dictus Cementarius junior de Hez vendidit nobis. (1248.)—XXXIII°. Confirmatio domine Petronille de Soemont de quadam petia terre quam Gregorius de Ruella vendidit nobis. (1244.)—XXXIV°. Confirmatio curie Belvacensis, de quadam petia terre contigua clauso nostro de Plancheio quam Gregorius de Ruella vendidit nobis. (Décembre 1243).—XXXV°. Confirmatio domine Avitie de Ballolio [1] et domini Gregorii de Campo-Remigii [2] de quodam prato quod Bernerus de monasterio de Mosterol vendidit nobis. (Janvier 1240.)—XXXVI°. Confirmatio Johannis Morel, de quadam petia vinee nobis communata, a Petro Audigeri de Hez, pro quadam petia terre sita in territorio de Manchellies et L sol. (Juillet 1245.)—XXXVII°. Item confirmatio curie Belvacensis, de eodem. (Juillet 1245.) XXXVIII°. Confirmatio domine Petronille de Soemont, et Petri vavassoris de Cressi, de dimidia minata terre sita apud Ervals, quam Petrus Audigeri vendidit nobis. (Nov. 1246.) —XXXIX°. Confirmatio Petri de Cressi vavassoris de una minata terre et dimidio apud Ervals, quam Petrus junior de Mosteriolo vendidit nobis. (Janvier 1246.)—XL°. Item confirmatio domine Petronille de Soemont, de eodem. (Janvier 1246.)—XLI°. Item confirmatio curie Belvacensis, de eodem. (1246.)—XLII°. Confirmatio domini Johannis Cayn de Silli militis, et uxoris ejus de uno modio vini, ex legato Petri de Buriaco, apud Buriacum [3] percipiendo. (Juillet 1247.)—XLIII°. Confirmatio domine Petronille de Soemont, de quadam petia terre sita juxta vineas nostras

---

[1] Bailleul-le-Soc, canton de Clermont (Oise).

[2] Campremy, canton de Froissy (Oise).

[3] Bury, canton de Mouy (Oise).

BEAUPRÉ.   de Noirmont[1], quam Odo filius Hermo vendidit nobis. (1247.)—XLIV°. Item confirmatio predicte Petronille et Petri de Cressi de una petia terre sita juxta le Clos Chaalon quam Johannes major de Hez vendidit nobis. (Mars 1247.)—XLV°. Item confirmatio ejusdem Petronille de quadam commutatione vinearum factam inter nos et Basillam Ruffam et Matheum filium ejus. (Février 1248.)— XLVI°. Item confirmatio curie Belvacensis, de eodem. (Février 1248.)—XLVII°. Confirmatio domine Avitie de Ballolio, de xxxiv denariis censualibus ab ea nobis datis, quos debebamus ei des alnois des Delfois. (Octobre 1247.) —XLVIII°. Confirmatio curie Belvacensis, de quadam petia terre sita juxta vineam nostram de Noirmont, quam Odo de Monsteriolo vendidit nobis. (Mai 1249.)—XLIX°. Confirmatio Petri Morel, Johannis de Morli, et uxoris ejus de dimidio arpenno vinee del Tertre commutato pro tribus modiis vini a nobis eisdem quittatis. (Août 1252.)—L°. Confirmatio domini Girardi de Sains de Ballolio, de tercia parte prati des Creches, quam ipse dedit nobis. (Septembre 1252.)—LI°. Confirmatio Petri de Cressi et domine Petronille de Soemont de uno quartario terre sito in Ervals ab ipso Petro nobis vendito. (Mars 1253.)—LII°. Confirmatio Warneri Morel de manerio apud Monsterolium super Tharam quam Robertus Audenarde vendidit nobis. (Mars 1258.)—LIII°. Confirmatio domini Johannis de Marli, et domine Petronille uxoris ejus, de eodem. (Mars 1258.)—LIV°. Confirmatio curie Belvacensis de eodem, et de venditione Petri Guimundi. (Mars 1258.)—LV°. Confirmatio domini Ansoldi de Ronkeroles de duobus modiis vini in vineis de Mojenevile[2]. (1190.)—LVI.° Confirmatio conventus de Flay et prioris de Vilers-Saint-Sepulcre[3], de vinea quam vendiderunt nobis apud Plancheium. (Mars 1259.)—LVII°. Confirmatio Warneri Morel de Manerio quod vendidit nobis Petrus filius Lamberti et Fulco, apud Plancheium. (Juin 1259.)—LVIII°. Item confirmatio domini Johannis, de eodem manerio. (Juin 1259.) —LIX°. Item, confirmatio domini Johannis de eodem manerio quod vendiderunt nobis predicti Petrus et Fulco,

---

[1] Noiremont, canton de Froissy (Oise).

[2] Moyenneville, canton de St.-Justin-Chaussée (Oise).

[3] Ou de Villaribus Sancti-Sepulchri.

(Juillet 1259.)—LX°. Item confirmatio Ansoudi et Johannis fratris, armigeri de eodem manerio. (Juillet 1265.) —LXI°. Confirmatio curie Belvacensis de uno modio vini percipiendo singulis annis in territorio Buriaci. (1259)— LXII°. Confirmatio curie Belvacensis, de tribus tractibus falcis quas Gregorius dictus Gascoingne vendidit nobis. (1276.)—LXIII°. Confirmatio abbatis totiusque capituli Sancti-Geremari de quadam pecia terre site en Enervans, unam minam sementis continente, quam Heudeardis uxor Johannis dicti Chive dedit nobis. (Décembre 1273.)—LXIV°. Concessio domini Stephani de Milli de duobus modiis vini singulis annis percipiendis in clauso de Fay. (Août 1251. en fr.)—LXV°. Confirmatio abbatis et conventus Sancti-Symphoriani, de relaxione pressoragii quarumdam vinearum, de Monsteralio, et de relaxatione decimarum de Luchi, viginti vineas terre sementis circiter continentis. (s. d.) —LXVI°. Confirmatio Ansoldi de Hes de dimidia minata terre sita in clauso nostro et empta a Petro dicto Guimont de Hes. (Mars 1270.)—LXVII°. Confirmatio curie Belvacensis de quadam vinea quam frater Robertus de Buri dedit nobis apud Buri. (Mai 1271.)—LXVIII°. Confirmatio Philippi d'Aunoy armigeri, de dimidio modio vini, de vineis d'Ervaus, quod dedit nobis Petrus Morel de Manchellies (Mai 1290. en fr.)—LXIX°. Confirmatio Droconis Marel de Mansillies, de eodem vino. (Mai 1297. en fr.)— LXX°. Confirmatio Philippi de Annoy armigeri, una cum quadam littera Baillivie de Claromonte per ipsam..... per quas idem Philippus laudat, approbat et confirmat et etiam recognoscit omnia sigilla, omnes litteras, omnes actus, et concessiones omnium predecessorum suorum. (1310. en fr.)

NEUVIÈME SÉRIE.

F°. 122. Incipiunt capitula privilegiorum nostrorum. —I°. Confirmatio Eugenii pape, de situ abbatie nostre et quatuor grangiarum, Briost, scilicet, Altivillaris, Abencourt scilicet Brunbos, Waismesuns, cum pertinentiis earum. Item ne aliquis exigat decimas laborum et animalium nostrorum, et ne aliquis infra clausuras locorum nostrorum violentiam faciat, vel rapinam, seu hominem capiat (1147.)—II°. Privilegium Innocentii pape quarti, quod confirmat locum abbatie cum omnibus pertinentiis suis, decimas de Dargies et de Monstrolio, Brunbos,

BEAUPRÉ.   Briost, Waismesons, Auviler, Loieres, Courroi grangias, cum pertinentiis suis. Quicquid etiam possidemus in civitate Belvacensis et suburbio ejus, apud Bellum montem, Marselles, Baernam, Monsteriolum, decimas etiam laborum nostrorum, ac etiam novalium, et animalium nostrorum. Licet etiam nobis clericos vel laïcos liberos et absolutos e seculo fugientes recipere. Post professionem vero nullus potest discedere, discedentem nullus potest retinere sine abbatis licentia. Terras seu aliquod beneficium ecclesie nostre collatum, sine consensu capituli nostri nulli liceat alienare, et si quid contra hoc factum est, dominus Papa revocat illud. Prohibet autem ne aliquis ex nobis pro aliquo fide jubeat, vel pecuniam mutuo accipiat sine licentia abbatis et capituli nostri, et si quis aliter presumpserit, non teneamus respondere. Licet etiam nobis uti testimonio fratrum nostrorum in omnibus causis. Nullus episcopus vel alia persona potest nos cogere, ut eamus ad synodos vel conventus forenses, ut subjaceamus judicio seculari, nec in domibus nostris ordines celebrare, causas tractare, conventus publicos convocare, nec regularem abbatis nostris electionem impedire, nec de instituendo vel removendo se intromittere. Si episcopus noster substitutum abbatem noluerit benedicere, et alia que ad episcopum pertinent noluerit conficere, liceat abbati proprios novitios benedicere, et officium abbatis exercere, et nobis ab alio episcopo, que a nostro fuerunt indebite denegata percipere. Et episcopi sint contenti tali professione abbatis, quam ordo noster instituit. Pro consecrationibus altarium vel ecclesiarum aut hujusmodi nullus debet aliquid extorquere, sed hæc omnia dyocesanus gratis tenetur impendere. Alioquin licet nobis pro hujusmodi quecumque maluerimus catholicum antistitem adire. Quod si sedes dyocesani episcopi vacaverit, interim omnia sacramenta ecclesiastica licet nobis a vicinis episcopis accipere, benedictiones vasorum ac vestium, consecrationes altarium, et ordinationes monachorum, a quolibet episcopo nobis bene noto possumus recipere, quando proprii episcopi copiam non habemus. Sententiam excommunicationis, suspensionis vel interdicti in nos, in monasterium nostrum, in mercennarios nostros, pro eo quod decimas non solvimus, vel aliqua occasione privilegiorum nostrorum, seu in benefactores nostros, vel eos qui adjuvant eos ad laborandum quando alii feriantur, promulgatam non tenemus. Nec littere ille firmitatem habeant contra nos, que non fecerint mentionem de ordine nostro. Preterea, commune interdictum terre non tenemus. Infra clausuras locorum nostrorum, rapinam seu furtum facere, ignem apponere, sanguinem pundere, hominem temere capere, vel interficere, seu violentiam exercere, omnes prohibentur. Omnes libertates a predecessoribus suis, vel ab aliis fidelibus nobis indultas, confirmat Innocentius papa. (1244.)—III°. Confirmatio Alexandri pape, de omnibus que in primo privilegio continentur et insuper de vineis de Monsterel, et ne infra spatium dimidie leugue circa abbatiam nostram vel grangias domus religiosa fiat, nec de licentia nostra. (1164.)—IV°. Item confirmatio Alexandri pape, de situ abbatie et pertinentiis ejus, de Altivillari et Loveriis et possessionibus eorum, de vineis de Vilers. De eo quod clericos vel laicos, liberos et absolutos e seculo fugientes, absque ullius contradictione possumus retinere. (1175.)—V°. Confirmatio Alexandri pape de decima de Waismesons. (s. d.)—VI°. Item confirmatio Alexandri pape, de vineis de Vilers. (s. d.)—VII°. Item confirmatio Alexandri pape, de nemore Malelmifai [1], videlicet de quarta parte et de quibus decimis quas abbas et conventus Sancti-Luciani vendicabant. (s. d.)—VIII°. Item littere Alexandri pape, de eisdem decimis et quarta parte nemoris ad judices directe. (s. d.)—IX°. Item littere Alexandri pape de justicia Rothomagensis archiepiscopi et suffraganeis ejus directe. (s. d.)—X°. Littere Innocentii pape de omni modo justicia generales omnibus prelatis sancte ecclesie directe. (1201.)—XI°. Indulgentia Gregorii pape generalis, qualiter seculares possimus sepelire. (1235.) —XII°. Privilegium Gregorii pape generale, contra eos qui regularem electionem alicujus abbatis ordinis cisterterciensis in aliquo conantur impedire. (1235.)—XIII°. Indulgentia Gregorii pape singularis, qualiter servientium nostrorum possumus confessiones audire, penitentiam injungere, ac sacramenta ecclesiastica exhibere. (1235.)—XIV°. Privilegium Gregorii pape, specialiter de novalibus, seu ante seu post generale concilium acquisitis, nec non de ortis, virgultis et piscationibus, seu de

BEAUPRÉ.

---

[1] Ou Marelunfai. Ce bois existe encore.

BEAUPRÉ.   nutrimentis animalium nostrorum, ut a prestatione decimarum simus immunes. (1236,)—XV°. Indulgentia Gregorii pape specialis, ut nequeamus per litteras apostolicas conveniri, que de ordine cisterciense non fecerint mentionem. (1236.)—XVI°. Indulgentia specialis Gregorii pape, ne ultra duas dietas a monasterio proprio per litteras apostolicas trahi possimus in causam, nisi littere ipse de hac indulgentia fecerint mentionem. (1236,)—XVII°. Indulgentia Gregorii pape specialis, ut abbas cum presens non fuit, possit committere priori vices suos absolvendi monachos et conversos, qui in semetipsos manus violentas injecerint. (1236.)—XVIII°. Privilegium Gregorii pape speciale, ut nullus a nobis, bladum, vinum, evectiones, animalia, aut res alias exigere, et ne quis in domibus nostris carnes comedere, neque aliqua mulier in easdem domos ingredi presumat contra ordinis instituta. (1236.)—XIX°. Privilegium Gregorii pape, generale, ne judices a sed. apostolica delegati prioribus aut supprioribus ordinis Cisterciensis injungant, ut aliquos excommunicent. (1236.)—XX°. Item privilegium ejusdem, generale, de codem, ne injugatur claustribus monachis. (1236.)—XXI°. Privilegium Gregorii pape, de decima de Dargies. (1236.)—XXII°. Privilegium Innocentii pape, quarti, speciale, quod confirmat nobis omnia privilegia et omnes libertates tam ab antecessoribus suis, quam ab aliis fidelibus antea nobis indultas. (1243.)—XXIII°. Privilegium ejusdem, speciale, quod confirmat nobis excommunicationes illorum irritas et inanes esse, qui cum non possint nos excommunicare, excommunicant eos, qui nobis communicant aliquo modo. (1243.)—XXIV°. Privilegium Innocentii pape quarti, speciale, quod confirmat nobis, ut nullus episcopus, aut alia persona in nos sententiam excommunicationis, interdicti, vel suspensionis promulgare presumat. Neque ad synodos, vel forenses conventus, seu placita aut hujusmodi, nisi pro fide duntaxat, nos ire compellat. (1243.)—XXV°. Privilegium Innocentii pape quarti, speciale, quod confirmat nobis decimas animalium nostrorum que nutrimus, vel que alii custodiant nobis. Et si que sentencia in benefactores nostras late fuerint, pro aliquo beneficio nobis collato, irrite decernuntur et inanes. (1243.)—XXVI°. Privilegium Innocentii pape quarti, speciale, quod confirmat nobis decimas de ortis, virgultis., pratis, pascuis, nemoribus, salinis, molendinis, piscationibus ante et post concilium acquisitis, et de nostrorum animalium nutrimentis. (1243.)—XXVII°. Privilegium Innocentii pape, generale, prohibens, ut nulla ecclesiastica, secularisve persona in domibus nostris carnibus vesci presumat. (1243.)—XXVIII°. Privilegium Innocentii pape, speciale, quod confirmat nobis decimas animalium nostrorum, ubicumque fuerint in custodia. (1243.) —XXIX°. Privilegium Innocentii pape, speciale, quod confirmat nobis decimas novalium ubicumque veteres decimas habemus, secundum portionem nostram. (s¹ᶜd.)— XXX°. Privilegium Innocentii pape, speciale, quod confirmat nobis possessiones et quelibet alia bona que succedunt fratribus nostris de parentibus suis, ac si remansissent in seculo, rebus feodalibus exceptis. (1246.)—XXXI°. Indulgentia Innocentii pape, specialis, quod non possumus compelli ad receptionem seu provisionem alicujus in pensionibus, vel ecclesiasticis beneficiis. (1246.)—XXXII°. Privilegium Innocentii pape, speciale, ne cogamus solvere alicui pedagia, winagia, foragia, roagia, minozia, pesagia et traversa de rebus quas emerimus pro utilitatibus nostris. (1246.)—XXXIII°. Privilegium Innocentii pape, speciale, ne quis nos compellat vendere aut alienare possessiones nostras. (1246.)—XXXIV°. Transcriptum privilegii Honorii pape, de novalibus a tempore concilii et deinceps acquisitis, sub sigillo magistri Petri de Colomedio, Albanensis episcopi et cardinalis, quondam archiepiscopi Rothomagensis. (1287.)—XXXV°. Privilegium Innocentii pape quarti, generale, contra decretale illud quod datum fuit contra exemptos, ut possint coram locorum ordinariis conveniri pluribus ex causis, in quo noster ordo excipitur cum privilegiis et libertatibus suis. (1251.)— XXXVI°. Indulgentia Alexandri pape quarti, ne possimus compelli ad solvendas decimas de animalibus nostris, cum fuerint in custodia aliena. (1243.)—XXXVII°. Confirmatio Alexandri pape quarti, de omnibus privilegiis, indulgentiis et libertatibus ordini nostro concessis ab antiquo et de novo, et hoc contra prelatos ecclesie gallicane, et quos libet adversarios ordinis nostri.

[Cette bulle n'est pas terminée. Les pièces xxxviii à lvii, dont cet index nous donne l'énoncé, manquent, les *F*ᵒˢ. 265 à 270 (ancienne pagination) ayant été arrachés.]

BEAUPRÉ.

LVII°. Privilegium Martini pape quarti, quod confirmat nobis omnia privilegia et omnes libertates tam ab antecessoribus suis quam ab aliis fidelibus, (s. d.)—LVIII°. Privilegium Bonifacii pape VIII, quod licet episcopi celebrent in monasteriis seu locis nostris oblationes sanctas non presumant deferre seu etiam usurpare. (1294.)—LIX°. Privilegium Bonifacii pape VIII, qui confirmat nobis omnia privilegia et omnes libertates tam ab antecessoribus suis quam ab aliis fidelibus. [Cette bulle n'a pas été écrite dans ce cartulaire.]—LX°. Indulgentia Bonifacii pape VIII, pro oculo Sancti-Leodegarii ad portam nostram posito, quod quisque annuatim devote visitaverit locum ipsum relaxat unum annum et XL dies de injunctis et penitentiis. (1294.) LXI°. Transcriptum curie Belvacensis, de indulgentia Bonifacii pape VIII, ut nullus presumat decimas seu premicias extorquere de terris nostris cultis et incultis quos tradidimus seu concedimus aliis excolendas. (1303.)

Cette série termine par une bulle de Léon X, dont l'index ne parle pas. Cette bulle confirme certains priviléges de l'ordre de Citeaux. (1513.)

DIXIÈME SÉRIE.

F°. 134. Col. 1.—[Capitula quedam ad Waismesons [1] pertinentia que non inveniuntur in cartis de Waismesons. — Capitula cartarum de Waismesons.]— I°. Confirmatio domini Odonis, Belvacensis episcopi, de dominis totius territorii de Waismesons dati a Hugone Merlet, et heredibus ejus, et a Petro de Milli et heredibus ejus concessi pro sex modiis frumenti, heredibus de Hauvoiles [2] reddendis (1144.)—II°. Confirmatio predicti episcopi de donatione Doiberti de Rontengeio [3] heredum suorum, qui dederunt quicquid possidebant in territorio de Waismesons, pro sex modiis frumenti, quantum ad hoc redacti sunt, quod non reddimus nisi XVIII minas frumenti et XVIII minas avene, secundum cartam istam, et hec est pars altera modiationis heredum de Hanvoiles. Item Herfredus, Manasses de Buglis, et Balduinus frater Hugonis

---

[1] Quelquefois Gaismaisons ou Oismesuns.

[2] Quelquefois de *Hanvelis* ou de *Hainvelis*. Aujourd'hui Hanvoile, canton de Songeons (Oise).

[3] Rotangy, canton de Crèvecœur (Oise).

Merlet et heredes eorum quitaverunt quicquid ad eos pertinebat in territorio de Waismesons. (1144.)—III°. Confirmatio domini Johannis de Hanvoiles militis, de compositione facta inter nos et ipsum et fratres ejus, super mensura VII modiorum frumenti et dimidii, quos debemus annuatim eidem Johanni et heredibus ejus cum XVIII minis avene. (Mai 1231.)—IV°. Confirmatio secundi Odonis Belvacensis episcopi de decima territorii de Waismesons et quibusdam curticulis datis ab abbate et conventu Sancti-Luciani pro LXX libris. (1146.)—V°. Confirmatio domini Henrici Belvacensis episcopi de terris et nemoribus et majoria et tractu decimarum apud Waismesons datis a Gunfero et matre et fratre ipsius, pro duobus modiis frumenti remissis Gunfero de Odorio, (s. d.)—VI°. Confirmatio domini Philippi, Belvacensis episcopi, de duobus modiis frumenti remissis a Gunfero de Odorio. (1175.)—Item de controversia inter nos et Odonem de Lihuz pro nemore Altiyillaris (1177.), etc.—VII°. Confirmatio domini H. Belvacensis episcopi, de terra que vocatur Fais Louun [1], data ab Hugone Louet, et concessa ab uxore ejus et liberis, pro dimidio modio frumenti, (s d.)—VIII°. Confirmatio predicti H. episcopi de terra que dicitur vetus villaris [2] a Widone de Huxeio donata pro uno modio frumenti qui remissus est sed exinde cartam non habemus. Has duas terras (scilicet Faulouun et veterem villarem) tenuit dominus de Milli pro quodam nemore quod dicitur Trunquetum, sito inter viam molendinariam que tendit de Lihus ad molendinum de Achi, et nemus Malelmifai usque ad territorium de Waismesons. (1152.)—IX°. Confirmatio domini Hugonis Rothomagensis archiepiscopi de donatione Matildis de Rotoirs et filiorum ejus. (1155.)—X°. Confirmatio domini Bartholomei Belvacensis episcopi, de terra a Bartholomeo de Sancti Dyonisii curte et uxore ejus et liberis donata (1167).
—XI°. Confirmatio predicti B. episcopi de terra ab Arnaldo Reignun data, et uxore ejus et liberis concessa. (1169.)
—XII°. Confirmatio Lanscelini decani Belvacensis, de remissione querelarum Hugonis de Lihus super terris et

---

[1] Ce bois est probablement celui placé sur la carte de Cassini, au Nord de Viefvillers, et qui est appelé bois du Fay.

[2] Viefvillers, canton de Crèvecœur (Oise).

BEAUPRÉ.

nemoribus de Waismesons. (s. d.)—XIII°. Confirmatio Galeranni Decani Belvacensis, de remissione querelarum Hugonis de Haloi super universis de ejus vel suorum antecessorum hereditate quomodo libet acquisitis. (Avril 1201.)—XIV°. Confirmatio domini Odonis de Lihus de terra inter nemus domini Reinaldi et terras de Waismesons sita. (1207.)—XV°. Confirmatio J. Decani Belvacensis, de tribus modiis frumenti, et octo minis avene, nobis remissis ab Emelina uxore Fulconis de Odorio. (1208.)—XVI°. De remissione culture terrarum de Losengi[1] coram judicibus apostolice auctoritatis facta et confirmata. (1211.)—XVII°. Item confirmatio J. Decani Belvacensis, de una modiata terre apud Losengi ab Arnulfo Reignum nobis data. Item de remissione culture terrarum de Losengi. (1211.)—XVIII°. Confirmatio G. Decani Belvacensis, de camparto sex minatorum terre in territorio de Haloy ab Alelmo de Lihus nobis dato. (1225.)—XIX°. Confirmatio domini Ursionis de Sancti-Dyonisii curte, de uno modio bladi ab ipso nobis vendito, quem antea solvebamus ei apud Waismesons. (Janvier 1233.)—XX°. Item confirmatio curie Belvacensis, de eodem. (Janvier 1233.)—XXI°. Littere Decani Belvacensis de terra que fuit Alelmo de Lihus nobis data. Confirmatio domini Johannis de Lichus (sic), dicti Poliz, de quinque minatis terre vel circiter quas Reginaldus dictus Laucoulois homo suus nobis in elemosinam perpetuam donavit. (Décembre 1272.)—XXII°. Littere domini Odorii et littere domini Eustachii de Milli, colligate ejusdem tenoris de reparatione vie que tendit de Rotoirs ad Odorium.]

Cette charte n'est pas inscrite dans le cartulaire, mais à la place, il y en a deux autres, dont les rubriques n'existent pas dans l'Index.

La première a rapport à Woïmaison. (Octobre 1228.) La seconde aux réparations de la route de Rothoirs à Eu. (1227.)

BEAUQUESNE. 155.

I. Transaction entre le roi Philippe VI et les habitants

[1] D'après les termes de la charte suivante, la terre de Losangi était contigue à celle de Woïmaison.

de *Beaucaisne*, au sujet des droits qu'il prétendait avoir sur cette ville. — (Mai 1339.)

BEAUQUESNE.

A. I. Sect. hist., Tr. des Ch., Reg. 72, p^{ce} 477.

II. Homologation au Parlement de Paris de l'accord fait entre le procureur du roi au parlement et les échevins et habitants de Beauquesne, pour la justice de la ville. — (12 février 1343.)

A. I. Sect. jud., Parl. de Paris, Accords, Cart. 2.

III. Lettres par lesquelles François Ier à la demande des habitants du bourg de Beauquesne, y établit deux foires et un marché. — (Janvier 1526.)

A. I. Sect. hist., Tr. des Ch., Reg. 243, n° 198.

156.

BEAURIEUX.

Charte de commune accordée à la ville de Beaurieux.[2] (1221.)

B. I. Cart. de Philippe-Auguste, 54 bis, partie II, f° 55, v° col. 2.

157.

BEAUVAIS.

I. Charte pour Beauvais, du roi Robert. — (1015.)

B. I. Coll. Dupuy, vol. 222.

II. Ancienne traduction en picard des lettres de Louis VI qui accorde aux habitants de Beauvais de rebâtir sans congé ni permission de qui que ce soit leurs maisons et étables qui seraient brulées ou tombées ou qui auraient été jugées tomber en ruine, par trois voisins dignes de foi, etc., etc. — (1122.)

B. I. Coll. De Camps, t. 9.

III. Confirmation de la coutume de Beauvais, par Louis VII.[4] — (1144.)

B. I. Coll. Fontanieu, port. 13 et 14. — Coll. Duchesne, t. 78, p. 244. — Coll. De Camps, t. 18.

[1] Canton de Doullens (Somme).
[2] Canton de Craonne (Aisne.)
[3] Voy. dans Loisel, *Mémoires de Beauvais*, p. 271 et 274. — Louvet, *Histoire de Beauvais*, p. 316. — Ord. des rois de France, t. XI, p. 193.
[4] Voy. dans Loisel, *Mémoires de Beauvais*, in-4°, p. 266.

BEAUVAIS.

IV. Lettres de Louis VII, qui déterminent la juridiction de l'évêque de Beauvais sur les habitants de ce lieu.[1] — (1151.)

B. I. *Coll. Duchesne*, t. 78, p. 252. — *Coll. De Camps*, t. 18.

V. Coutumes octroyées par Philippe-Auguste en 1182, et confirmées par Louis VIII en 1224.[2]

A. I. { *Sect. hist.*, Trés. des Ch., J. 167, n°. 1.
{ *Sect. jud.*, Parl. de Paris, Ord. 2, E, f°. 380.

B. I. *Cab. des Ch.*, CC. 70. — [*Cart. de Philippe-Auguste* 8406 f.° 75, verso. 2.2 B.

— *Coll. De Camps*, vol. 29, — *Coll. Bouhier*, n°. 26. — *Coll. Duchesne*, t. 78, p. 248.

VI. Lettres du roi Philippe-Auguste par lesquelles il déclare que son intention n'est pas que lui ou la commune de Beauvais tirent avantage sur l'évêque, des chevaux et charrois que le maire a pris dans la ville pour conduire les équipages des troupes de la commune à l'armée de Flandres. — (26 octobre 1202.)

B. I. *Cab. des Ch.*, CC. 92.

VII. Charte vidimée par le bailli de Beauvais, le 26 septembre 1347, par laquelle Guillaume de Garlande affranchit des droits de coutume les choses appartenant à l'Hôtel-Dieu de Beauvais. — (1211.)

B. I. *Cab. des Ch.*, CC. 107.

VIII. Investiture du fief du tonlieu des poteries et des merceries qui se vendaient dans la ville de Beauvais, donnée par l'évêque[3] Meinfroi dit le Sergent, etc. — (Février 1213.)

B. I. *Cab. des Ch.*, CC. 110.

IX. Charte de Philippe-Auguste qui contient la formule

---

[1] Voy. *Ord. des rois de France*, t. XI, p. 198. — Loisel, op. cit., p. 274.

[2] Voy. *Ord. des rois de France*, t. VII, p. 621 et t. XIX, p. 508. — Louvet, op. cit., p. 279.

[3] Philippe I, de Dreux.

du serment de fidélité que les maire et jurés doivent faire à l'évêque.[1] —(1216.)

B. I. *Cab. des Ch.*, CC. 248.

X. Lettre du nonce du pape, P. de Collomedio, par laquelle il déclare qu'ayant voulu connaître par le commandement du pape, les causes du différend mu entre le roi et la ville de Beauvais, le roi l'en empêcha, *ne de regalibus suis seu de rebus aliquibus ad jurisdictionem suam secularem pertinentibus cognoscere directe seu indirecte, seu inquisitionem facere aliquatenus præsumeret.*—(Décembre 1225.)

A. I. *Sect. hist.*, *Tr. des Ch.*, J. 167, n° 3.

XI. Acte scellé par lequel la commune de Beauvais s'engage à soutenir le roi contre tous.—(1228.)

A. I. *Sect. hist.*, *Tr. des Ch.*, Cart. 627, n° 8.

XII. Bulle du pape Grégoire IX au roi saint Louis dans laquelle il l'exhorte de s'accorder avec l'église de Beauvais pour les différends qu'il pouvait avoir avec elle. —(1234.)

A. I. *Sect. hist.*, *Tr. des Ch.*, J. 167, n° 2.

XIII. Accord fait entre l'évêque et les bourgeois de Beauvais.—(Janvier 1254.)

B. I. *Cart. de Philippe-Auguste* 9852, f° 276 v°.

XIV. Acte d'engagement d'un champion à la ville et commune de Beauvais, moyennant une pension annuelle de 20 s. parisis et une somme stipulée qui varie pour les différents services qu'il devait rendre aux pairs et maire de la commune de Beauvais.—(Août 1256.)

B. I. *Cab. des Ch.*, Cart. CC. 193.

XV. Vidimus de l'amendement et satisfaction dus par la commune de Beauvais, à Renaud de Nanteuil, évêque de Beauvais, à cause des délits et entreprises commises par les habitants de ladite ville, sur la juridiction dudit évêque. — (Mars 1267.)

A. I. *Sect. hist.*, *Trés. des Ch.*, J. 167, n° 4.

---

[1] Voy. Loisel, op. cit., p. 287.

BEAUVAIS.

XVI. Procuration du chapitre de Beauvais à deux de ses chanoines pour demander au roi la permission d'élire un évêque en remplacement de Renaud de Nanteuil, mort le 26 septembre. — (30 septembre 1283.)

A. I. Sect. hist., Trés. des Ch., J. 345, n°. 74.

XVII. Confirmation d'une donation faite par Henri de Champigny, chevalier, aux religieuses du tiers-ordre de Saint-François de Beauvais. (3 pièces de janvier 1300, de mars 1300 et de mai 1303.)

A. I. Sect. hist., livre rouge, p. 119, 124 et 128.

XVIII. Acte scellé du sceau de la commune de Beauvais par lequel les habitants de ladite commune appellent au futur concile de la violation de leurs droits par le pape. —(Juillet 1303.)

A. I. Sect. hist., Trés. des Ch., Cart. 438, n°. 227.

XIX. Vidimus de Philippe-le-Bel des lettres de Philippe-Auguste relatives au serment, citées plus haut.—(Juin 1304.)

B. I. Cab, des Ch., Cart. CC. 248.

XX. Acte relatif au chapitre de Saint-Pierre de Beauvais. —(1307.)

A. I. Sect. hist., Tr. des Ch., J. Reg. 38, n°. 215.

XXI. Procuration scellée, donnée par la commune de Beauvais à ses députés aux États-Généraux.—(1308.)

A. I. Sect. hist., Tr. des Ch., Cart. 415, n.° 234.

XXII. Amortissement de 225 livres parisis acquises par le chapitre de Beauvais, de Louis, comte d'Evreux. — (Juin 1308.)

A. I. Sect. hist., Trés. des Ch., J. Reg. 44, n°. 148.

XXIII. Acte relatif à Saint-Lucien de Beauvais.—(1308.)

A. I. Sect. hist., Tr. des Ch., J. Reg. 40, n°. 156.

XXIV. Lettres en faveur du chapitre de Beauvais.—(11 avril 1309.)

A. I. Sect. hist., livre rouge, p. 278-286.

XXV. Confirmation de lettres de Pierre de Chambly, en faveur du chapitre de Beauvais. — (Août 1309.)

A. I. Sect. hist., livre rouge, p. 296. — Trés. des Ch., J. Reg.

XXVI. Confirmation de lettres par lesquelles Guillaume de Ry, chevalier de l'église de Beauvais, clerc du roi, donne au chapitre de Beauvais 7 livres parisis de rente, en compensation d'une maison qui avait appartenu à Geoffroy le Lombard. — (Février 1309.)

A. I. Sect. hist., Tr. des Ch., J. Reg. 45, n°. 26.

XXVII. Confirmation de la vente faite par l'évêque de Beauvais[1] à son chapitre d'un manoir sis à Saintines.[2] — (Novembre 1309.)

A. I. Sect. hist., Trés. des Ch., J. Reg. 41, n°. 140.

XXVIII. Confirmation et amortissement d'une vente faite par Jeanne, veuve de Pierre de Gannes, écuyer, à l'abbaye de Saint-Symphorien près Beauvais. — (1311.)

A. I. Sect. hist., Tr. des Ch., J. Reg. 46, n°. 185.

XXIX. Approbation de la paix faite entre Pierre Mulet, chevalier, et les frères Féron, citoyens de Beauvais, au sujet de la mort de M°. Etienne le Féron, leur père. — (Juin 1311.)

A. I. Sect. hist., Tr. des Ch., J. Reg. 46, n°. 131.

XXX. Acte relatif au chapitre de Saint-Pierre de Beauvais. — (1312.)

A. I. Sect. hist., Tr. des Ch., J. Reg. 48, n°. 19 et 20.

XXXI. Confirmation d'un accord entre le roi et l'abbaye de Saint-Lucien de Beauvais. — (Février 1314.)

A. I. Sect. hist., Trés. des Ch., J. Reg. 50, n°. 123.

XXXII. Acte relatif à l'abbaye de Saint-Lucien de Beauvais.

A. I. Sect. hist., Trés. des Ch., J. Reg. 52. n°. 122.

---

[1] Simon de Clermont-Nesle.

[2] Canton de Crépy (Oise).

BEAUVAIS.

XXXIII. Acte relatif à la ville de Beauvais.—(1318.)

A. I. Sect. hist., Trés. des Ch., J. Reg. 45, n°. 91.

XXXIV. Gros rôle contenant la copie collationnée d'anciens titres des statuts et priviléges de l'église de Beauvais.—(Février 1331.)

A. I. Sect. hist., J. 1041, n°. 6.

XXXV. Accord homologué au Parlement de Paris entre les maire et jurés de Beauvais contre l'évêque dudit lieu,[1] sur des points relatifs à la juridiction de la ville, et entre autres sur le guet que les maire et jurés faisaient faire dans la ville.—(8 août 1343.)

A. I. Sect. jud., Parl. de Paris, Accord, Cart. 2.

XXXVI. Acte relatif à Beauvais.—(1350.)

A. I. Sect. hist., Trés. des Ch., J. Reg. 80, n°. 87.

XXXVII. Acte relatif à la noblesse de Beauvais.—(1350.)

A. I. Sect. hist., Trés. des Ch., J. Reg. 80, n°. 377.

XXXVIII. Tailles du Beauvoisis.—(1350.)

A. I. Sect. hist., Trés. des Ch., J. Reg. 80, n°. 385.

XXXIX. Différend entre les nobles du Beauvoisis et ceux de Vermandois.—(1351.)

A. I. Sect. hist., Trés. des Ch., J. Reg. 81, n°. 31.

XL. Aides du Beauvoisis.—(1352.)

A. I. Sect. hist., Trés. des Ch., J. Reg. 81, n°. 330.

XLI. Lettres de sauvegarde accordées par le roi Jean à la commune de Beauvais.[2]—(Février 1352.)

A. I. Sect. hist., Trés. des Ch., Reg. 81, f°. 395, p°°. 750.

XLII. Confirmation des possessions des chanoines de Saint-Bartholomée de Beauvais.—(Octobre 1353.)

A. I. Sect. hist., Trés. des Ch., J. Reg. 82, n°. 48.

XLIII. Lettres du roi Jean qui établissent le bailli de Sen-

---

[1] Jean I, de Marigny.
[2] Voy. Ord. des rois de France, t. IV, p. 122.

lis gardien des priviléges de la commune de Beauvais.[1] — (Mai 1353.)

A. I. Sect. hist., Trés. des Ch., J. Reg. 82, n°. 188.

XLIV. Lettres par lesquelles le roi Jean impose diverses ordonnances d'administration aux habitants de la ville de Beauvais. — (Décembre 1355.)

A. I. Sect. hist., Trés. des Ch., Reg. 84, n°. 401.[3]

XLV. Accord de l'évêque[2] et des bourgeois de Beauvais, etc. — (9 mai 1356.)

B. I. Cab. des Ch., Roul. du Parl., 1er, Cart., p°°. 945.

XLVI. Lettres de grâce accordées par Charles, régent du royaume, aux habitants de Beauvais, qui avaient pris part à la Jacquerie. — (Juin 1359.)

A. I. Sect. hist., Trés. des Ch., J. Reg. 90, f°. 279, p°°. 564.

XLVII. Accord entre l'évêque de Beauvais[3] et les jurés et la commune de cette ville, touchant le droit de vendre ou donner la lie de leurs vins, et touchant le droit de cuire le pain. — (15 juillet 1360.)

B. I. Cab. des Ch., Roul. du Parl., 1er. Cart., p°°. 1438.

XLVIII. Accord entre l'évêque et les bourgeois de Beauvais touchant le droit de conduire des chevaux chargés de draps et de laine. — (3 avril 1364.)

B. I. Cab. des Ch., Roul. du Parl., 1er. Cart., p°°. 649.

XLIX. Abus d'une entreprise de l'évêque de Beauvais contre la justice du roi. — (1376.)

B. I. Coll. Dupuy, vol. 676.

L. Confirmation par Charles VI de priviléges accordés en 1182 par Philippe-Auguste.[4] — (Juin 1394.)

A. I. Sect. hist., Tr. des Ch., J. Reg. 146, n°. 105.

LI. Enquête faite par l'abbé de Saint-Quentin de Beau-

---

[1] Voy. Ord. des rois de France, t. IV, p. 287.
[2] Guillaume II Bertrand.
[3] Jean II, de Dormans.
[4] Voy. Ord. des rois de France, t. VII, p. 621.

BEAUVAIS.

vais, relativement à la mouvance de la maison et du moulin *longe aque*, (s. d., mais du xiv⁰. s.)

A. I. *Sect. hist.*, *Trés. des Ch.*, J. 1034, n°. 34.

LII. Permission donnée aux maire et échevins de Beauvais d'établir en cette ville un grenier à sel. [1]—(1411.)

A. I. *Sect. hist.*, *Trés. des Ch.*, J. Reg. 166, n°. 266.

LIII. Amortissement pour les marguilliers de l'église de Saint-Sauveur de Beauvais.—(1444.)

A. I. *Sect. hist.*, *Trés. des Ch.*, J. Reg. 177, n°. 113.

LIV. Lettres de garde pour le chapitre de Beauvais.—(Juin 1456.)

A. I. *Sect. hist.*, *Trés. des Ch.*, J. Reg. 192, n°. 37.

LV. Acte relatif à la ville de Beauvais.—(1456.)

A. I. *Sect. hist.*, K. 69, n°. 23.

LVI. Lettres de garde pour les chanoines de l'église de Beauvais.—(Janvier 1461.)

A. I. *Sect. hist.*, *Trés. des Ch.*, J. Reg. 198, n°. 272.

LVII. Lettres par lesquelles Louis XI affranchit les bouchers de la ville de Beauvais des impositions qu'on levait sur eux. [2]—(19 janvier 1470.)

A. I. *Sect. hist.*, *Trés. des Ch.*, J. Reg. 195, n°. 519.

LVIII. Priviléges accordés aux habitants de Beauvais de pouvoir tenir des fiefs nobles, etc., etc.—(Juillet 1452.)

A. I. { *Sect. hist.*, *Trés. des Ch.*, J. Reg. 197, n°. 351.
{ *Sect. jud.*, *Parl. de Paris*, Ord. 2, E, f°. 379.

LIX. Franchises et exemptions d'impôts accordés aux habitants de Beauvais par Louis XI. [3]—(Juillet 1472.)

A. I. *Sect. hist.*, *Trés. des Ch.*, J. Reg. 197, n°. 348.

LX. Priviléges pour les habitants de Beauvais touchant leur échevinage. [4]—(Juillet 1472.)

A. I. *Sect. hist.*, *Trés. des Ch.*, J. Reg. 197, n°. 3154.

---

[1] Voy. *Ord. des rois de France*, t. x, p. 13.
[2] Voy. *Ord. des rois de France*, t. xvii, p. 566.
[3] Voy. *Ord. des rois de France*, t. xvii, p. 531.—Loisel, op. cit., p. 340.
[4] Voy. *Ord. des rois de France*, t. xvii, p. 529, et Loisel, p. 313.

LXI. Lettres en faveur des habitants de Beauvais. — (Juin 1473.)

A. I. Sect. hist., Trés. des Ch., J. Reg. 194, n°. 363.

LXII. Priviléges accordés aux femmes de Beauvais en considération de leur conduite courageuse lors du siége de cette ville par les Bourguignons. [1] — (1473.)

A. I. Sect. hist., K. 2ᵉ série, 189, liasse 1, pᶜᵉ. 1.

LXIII. Donation et amortissement par le roi en faveur de l'église de Saint-Sauveur de Beauvais. — (Janvier 1474.)

A. I. Sect. hist., Trés. des Ch., J. Reg. 195, n°. 1305.

LXIV. Confirmation des priviléges de la ville de Beauvais par Louis XI. — (Oct. 1473.)

A. I. Sect. hist., Trés. des Ch., J. Reg. 205, n°. 23.

LXV. Confirmation des priviléges de Beauvais par Charles VIII. [2] — (Novembre 1483.)

A. I. { Sect. hist., Trés. des Ch., J. Reg. 210, nᵒˢ. 79 et 80.
{ Sect. jud., Parl. de Paris, Ord. 2 E. f°. 389-394.

LXVI. Lettres par lesquelles Charles VIII confirme les priviléges des maire et pairs de la ville de Beauvais. [3] — (Septembre 1485.)

A. I. { Sect. hist., Trés. des Ch., J. Reg. 216, p°. 194.
{ Sec. jud. Parl. de Paris, Ord. 2 E. f°. 380.

LXVII. Lettres patentes de Charles VIII du 15 janvier 1487, portant mandement pour l'enregistrement de celles de novembre 1483, concernant les priviléges de la ville. — (15 janvier 1487.)

A. I. Sect. jud., Parl. de Paris, Ord. 2, E. f°. 383-396.

LXVIII. Lettres patentes de juin 1498 par lesquelles Louis XII confirme les priviléges de la ville de Beauvais. [4] — (Juin 1498.)

A. I. Sect. jud., Parl. de Paris, Ord. 2, E. f°. 397.

[1] Voy. Ord. des rois de France, t. XVII, p. 581.
[2] Voy. Ord. des rois de France, t. XIX, p. 173.
[3] Voy. Ord. des rois de France, t. XIX, p. 526.
[4] Voy. Loisel, op. cit., p. 353.

BEAUVAIS.

LXIX. Lettres patentes de Louis XII du 17 août 1498, portant mandement à la cour d'enregistrer les lettres de juin 1498, concernant les priviléges de cette ville.—(16 août 1498.)

A. I. Sect. jud., Parl. de Paris, Ord. 2, E, f°. 398.

LXX. Lettres par lesquelles Louis XII confirme le privilége des habitants de Beauvais, de fournir comme marchands, le grenier à sel de la ville.—(Mai 1499.)

A. I. Sect. hist., Trés. des Ch., Reg. 233. p^{ce}. 59.

LXXI. Lettres patentes du 28 décembre 1501 par lesquelles Louis XII donne à la cour nouveau mandement de vérifier les lettres de priviléges qu'il a données aux habitants de Beauvais.—(28 décembre 1501.)

A. I. Sect. jud., Parl. de Paris, Ord. 2 E, f°. 399.

LXXII. Réformation de St.-Paul de Beauvais.—(1532.)

B. I. Coll. Dupuy, vol. 226.

LXXIII. Confirmation des priviléges des menuisiers de la ville de Beauvais par François Ier.—(Août 1539.)

A. I. Sect. hist., Trés. des Ch., J. Reg. 254, n°. 311.

LXXIV. Confirmation des priviléges de la ville de Beauvais par Henri II.—(Septembre 1547.)

A. I. Sect. jud., Parl. de Paris, Ord. 2. E, f°. 401.

LXXV. Confirmation des priviléges des arquebusiers de la ville de Beauvais portant extension des 46 arquebusiers au nombre de 100.—(Juillet 1553.)

A. I. Sect. jud., Parl. de Paris, Ord. 2, B. f°. 419, 420 et 421.

LXXVI. Confirmation par Henri II des priviléges des habitants de Beauvais et des arbalétriers de la même ville.—(1553.)

A. I. Sect. hist., Trés. des Ch., Reg. 262, n°. 240.

LXXVII. Confirmation des priviléges de Beauvais par François II. — (janvier 1559.)

A. I. Sect. jud., Parl. de Paris, Ord. 2 E, f°. 402.

LXXVIII. Edit de Charles IX portant établissement d'une

juridiction consulaire à Beauvais, semblable à celle de Paris, du mois de novembre 1563, etc.—(Juin 1564.)

BEAUVAIS.

A. I. { Sect. jud., Parl. de Paris, Ord. 2, B, f°. 1.
{ Id. id Ord. 2, A, f°. 358.

LXXIX. Lettres patentes par lesquelles Charles IX donne ordre au Parlement de Paris de procéder à l'enregistrement de celles de juin 1564. Voy. ci-dessus.—(6 décembre 1564.)

A. I. Sect. jud., Parl. de Paris, Ord. 2, B, f°. 2.

LXXX. Lettres patentes de Charles IX portant mandement pour l'enregistrement des lettres ci-dessus, nonobstant l'opposition de l'évêque de Beauvais.—(26 février 1565.)

A. I. Sect. jud., Parl. de Paris, Ord. 2, B, f°. 3.

LXXXI. Confirmation des statuts des maréchaux-ferrants de Beauvais par Charles IX.—(Novembre 1567.)

A. I. Sect. hist., Trés. des Ch., J. Reg. 265, n°. 450.

LXXXII. Lettres patentes portant mandement au parlement pour l'enregistrement de celles concernant le métier de maréchal à Beauvais.—(Janvier 1568.)

A. I. Sect jud., Parl. de Paris, Ord. 2, C, f°. 175.

LXXXIII. Lettres patentes de Charles IX, portant confirmation des priviléges des habitants de Beauvais.—(20 Janvier 1570.)

A. I. Sect. jud., Parl. de Paris, Ord. 2, E, f°. 403.

LXXXIV. Lettres patentes par lesquelles Charles IX mande au parlement de vérifier les lettres du 20 janvier 1570, concernant la confirmation des priviléges de la ville de Beauvais.—(19 Février 1572.)

A. I. Sect. jud., Parl. de Paris, Ord. 2, E, f°. 405.

LXXXV. Lettres patentes de Henri III, portant confirmation des priviléges de Beauvais.—(Avril 1575.)

A. I. Sect. jud., Parl. de Paris, Ord. 2, H, f°. 128.

LXXXVI. Lettres patentes de Henri III, portant réglement pour la boucherie de Beauvais.—(Février 1586.)

A. I. Sect. jud., Parl. de Paris, Ord. 2, R, f°. 40.

BEAUVAIS.

LXXXVII. Lettres patentes de Henri IV, portant confirmation des priviléges des bouchers de Beauvais. (Avril 1594.)

A. I. Sect. jud., Parl. de Paris, Ord. 2, R, f°. 42.

LXXXVIII. Articles accordés à la commune de Beauvais, qui portent abolition de ce qui s'est passé dans la ville; maintient les habitants dans tous droits de communauté, dans leurs anciens priviléges avec l'élection du maire, douze pairs et leurs officiers; dans le droit de foire et marché; les affranchit de toutes tailles pendant 6 ans.— (39 articles).—(22 Août 1594.)

A. I. Sect. jud., Parl. de Paris, Ord. 2, R, f°. 434.

LXXXIX. Lettres patentes de Henri IV portant approbation des articles à lui présentés par les habitants, pour obtenir des lettres d'abolition et confirmation de leurs priviléges.—(24 Août 1594.)

A. I. Sect. jud., Parl. de Paris, Ord. 2, R, f°. 432.

XC. Confirmation par Henri IV, sauf quelques modifications des articles soumis à son approbation par le clergé, les maire, pairs et commune de Beauvais. Plusieurs de ces articles intéressent la commune.—Beauvais (24 Août 1594.)

B. I. Cab. des Ch., CC, 304 et 305.

XCI. Lettres de Henri IV adressées au Parlement, à la chambre des comptes et à la cour des aides de Paris, contenant les articles et remontrances accordés par sa majesté aux habitants de Beauvais.—(1594.)

B. I. Cab. des Ch., CC. 381.

XCII. Arrêt du Conseil qui décharge les manans et habitants de Beauvais, du paiement de la somme à laquelle ils ont été taxés en 1598, pour la subvention des villes closes. Beauvais.—(30 Mars 1600.)

A. I. Sect. administ., E. 2.

XCIII. Lettres patentes de Henri IV portant réglement du métier de chapelier à Beauvais.—(Mars 1602.)

A. I. Sect. jud., Parl. de Paris, Ord. 2, V. f°. 426.

XCIV. Lettres patentes de Henri IV portant approbation

du réglement donné par les maire et pairs de Beauvais assemblés en l'hôtel commun, avec leurs principaux officiers, le 6 juin 1582, qui ordonne que les ouvriers drapiers demeurant en la ville, soient préférés à tous autres non résidants, dans les travaux de draperie.—(Juin 1602.)

A. I. Sect. jud., Parl. de Paris, Ord. 2, X. f°. 172.

XCV. Arrêt du Conseil qui ordonne que l'arrêt du dit Conseil du dernier jour de septembre 1593, portant que les marchands de draps seront quittes et déchargés de la levée et paiement de l'impôt de 125 den. pour livre sur la draperie et manufacture de laine de la ville de Beauvais, sera exécuté, etc., etc.—(Décembre 1606.)

A. I. Sect. administ., E. 11^{436}.

XCVI. Arrêt du Conseil qui permet de lever en deux ans sur tous les habitants de Beauvais, la somme de 1200 liv. qui sera affectée à l'achat d'une maison pour retirer les malades de la contagion et loger les personnes nécessaires à leur service.—(25 janvier 1607.)

A. I. Sect. administ., E. 12^{80}.

XCVII. Arrêt du parlement qui permet aux maire et pairs de la ville de Beauvais, de lever sur les habitants de la ville de Beauvais et faubourgs, la somme de 8,000 liv. pour payer les dettes de la ville.—(22 mars 1608.)

A. I. Sect. administ., E. 16^{267}.

XCVIII. Arrêt du Conseil qui permet à la communauté des marchands de la ville, faubourgs et banlieues de Beauvais, d'imposer et lever sur les dits marchands la somme de 6,500 liv. pour rembourser des condamnations et frais de procès.—(11 Octobre 1608.)

A. I. Sect. adm., E. 19^{14}.

XCIX. Lettres patentes de Louis XIII qui accordent à la commune de Beauvais, la confirmation de tous les priviléges et franchises à elle accordés par les Rois.—(Décembre 1610).

A. I. Sect. des Ord., Parl. de Paris, 2. Z. f°. 80.

C. Arrêt du Conseil rendu sur la requête des maires, pairs et habitants de Beauvais, qui ordonne que les habi-

BEAUVAIS.

tants de chaque métier de la ville demeureront exempts et déchargés du droit de confirmation, comme ils l'ont été de tous temps.—(39 Janvier 1614).

A. I. *Sect. administ.*, E, 43.

CI. Lettres patentes portant approbation des statuts et réglements des marchands de vin à l'instar de ceux de Paris.—(Février 1623.)

A. I. *Sect. jud.*, *Parl. de Paris*, Ord. 3, C, f°. 60.

CII. Lettres patentes données au camp devant La Rochelle, par lesquelles Louis XIII confirme les statuts des apothicaires et épiciers de Beauvais.—(Octobre 1628.)

A. I. *Sect. des Ord.*, *Parl. de Paris.*, 3, G, f°. 33.

CIII. Lettres patentes de Louis XIV portant confirmation des statuts pour les maîtres cordonniers de Beauvais. —(Novembre 1636.)

A. I. *Sect. des Ord.*, *Parl. de Paris*, 4, A, f°. 365.

CIV. Arrêt du Conseil rendu sur la requête des maire et pairs de la ville de Beauvais, qui ordonne qu'ils jouiront des priviléges et exemptions à eux accordés par les lettres patentes rappelées au dit arrêt.—(Février 1638.)

A. I. *Sect. adm.*, E, 141.

CV. Lettres patentes données à Paris, par lesquelles Louis XIII donne mandement à la Cour de vérifier les lettres d'octobre 1628, portant confirmation des statuts des maîtres apothicaires et épiciers de Beauvais.—(15 novembre 1639.)

A. I. *Sect. jud.*, *Parl. de Paris*, Ord. 3, G, f°. 34.

CVI. Enregistrement fait au parlement des statuts des apothicaires et épiciers de Beauvais.—(Décembre 1639).

A. I. *Sect. jud.*, *Parl. de Paris*, Ord. 3, G, f°. 31.

CVII. Lettres patentes par lesquelles Louis XIV approuve les statuts des charrons.—(Décembre 1614).

A. I. *Sect. jud.*, *Parl. de Paris*, Ord. 3, H, f°. 346.

CVIII. Lettres patentes de Louis XIV portant confirmation des priviléges accordés aux maire, pairs et commune de Beauvais.—(Octobre 1646).

A. I. Sect. jud., Parl. de Paris, Ord. 3, H, f°. 712.

CIX. Arrêt du Conseil qui permet aux maire et échevins de la ville de Beauvais, de rembourser le pourvu de l'office de contrôleur au pied fourché de la dite ville, et supprime le dit office.—(20 Mars 1646.)

A. I. Sect. adm., E, 221.

CX. Lettres patentes de Louis XIV données à Paris au mois de mai 1662, portant confirmation des priviléges des arquebusiers de la ville de Beauvais.—(Mai 1662.)

A. I. Sect. jud., Parl. de Paris, Ord. 3, R, f°. 422.

CXI. Lettres patentes de Louis XIV, portant établissement des manufactures de tapisseries à Beauvais.—(Août 1664.)

A. I. Sect. jud., Parl. de Paris, Ord. 3, S, f°. 157.

CXII. Arrêt du Conseil qui ordonne que tous les habitants laïcs de la ville de Beauvais iront aux portes de la dite ville pour y faire la garde.—(22 Septembre 1668.)

A. I. Sect. adm., E, 1748.

CXIII. Arrêt du Conseil qui décharge les maire et pairs de la ville de Beauvais, des poursuites dirigées contre eux pour raison de l'exemption des gens de guerre.—(20 Décembre 1668.)

A. I. Sect. adm., E, 1748.

CXIV. Lettres patentes de Louis XIV, portant confirmation des statuts (en 15 articles), des maîtres pâtissiers, rôtisseurs, charcutiers et cuisiniers de Beauvais.—(Juin 1669.)

A. I. Sect. jud., Parl. de Paris, Ord. 3, Z, f.° 215.

CXV. Enregistrement des statuts ci-dessus énoncés.—(24 Février 1672.)

A. I. Sect. des Ord., Parl. de Paris, 3, Z, f°. 216.

CXVI. Enregistrement des statuts en 28 articles des cordonniers de Beauvais.—(17 Juillet 1673).

A. I. Sect. jud., Parl. de Paris. Ord. 4, X, f°. 358.

BEAUVAIS.

CXVII. Arrêt du Conseil qui ordonne que les habitants de Beauvais jouiront de l'exemption des droits de francs-fiefs conformément à leurs priviléges.—(21 Octobre 1673.)

A. I. Sect. adm., E, 1772.

CXVIII. Arrêt du Conseil qui renvoie au commissaire départi en la généralité de Paris, la requête des habitants de la ville de Beauvais tendant à obtenir la réduction du nombre des officiers municipaux de la dite ville.—(26 Juillet 1675.)

A. I. Sect. adm., E, 1780.

CXIX. Arrêt du Conseil qui règle la composition du corps municipal de la ville de Beauvais.—(12 Novembre 1675.)

A. I. Sect. adm., E, 1780.

CXX. Arrêt du Conseil qui, en interprétant celui du 12 novembre 1675, ordonne qu'il sera élu à la prochaine élection des 1er. et 2 août 1676, trois échevins au lieu des trois plus anciens en charge, sans que le maire sortant puisse prétendre à être premier échevin. — (15 Juillet 1676.)

A. I. Sect. adm., E, 1784.

CXXI. Lettre de Louis XIV aux sindic et échevins de la ville de Beauvais, qui leur ordonne d'élire pour maire le sieur Legay, ancien maire de la dite ville.—(12 Août 1677.)

A. I. Sect. adm., E, 3364, f°. 162.

CXXII. Lettre de Louis XIV aux échevins et habitants de Beauvais, pour leur dire de donner leurs suffrages au sieur Legay, pour le continuer en sa charge de maire de la dite ville.—(1er. Août 1678.)

A. I. Sect. administ., E, 3364, f°. 153.

CXXIII. Lettres patentes de Louis XIV, portant confirmation des statuts des marchands merciers, grossiers et épiciers de la ville de Beauvais.—(Novembre 1678.)

A. I. Sect. jud., Parl. de Paris, Ord. 4, E, f°. 117.

CXXIV. Lettres patentes de Louis XIV, portant confirmation des statuts en 13 articles, des maîtres tailleurs et fripiers de Beauvais.—(Juin 1682.)

A. I. Sect. jud., Parl. de Paris, Ord. 4, F, f°. 435.

CXXV. Enregistrement des statuts ci-dessus énoncés. — BEAUVAIS. (29 Août 1681.)

A. I. Sect. jud., Parl. de Paris, Ord. 4, F, f°. 430.

CXXVI. Arrêt du Conseil qui casse une élection municipale de la ville de Beauvais et ordonne qu'il sera procédé à une nouvelle élection.—(13 Août 1691.)

A. I. Sect. adm., E, 1865.

CXXVII. Arrêt du Conseil qui évoque les contestations existant entre les compagnies d'arbalétriers et d'arquebusiers, et quelques particuliers de la ville de Beauvais.

A. I. Sect. adm., E, 1954.

CXXVIII. Arrêt du Conseil portant réglement pour les drapiers drapants et les sergiers de la ville de Beauvais, au sujet des molletons et des espagnolettes.—(15 Décembre 1722.)

A. I. Sect. adm., E, 961.52.

CXXIX. Enregistrement des statuts, en 31 articles, pour les maîtres cordonniers en vieux de la ville de Beauvais. — (13 Mai 1729.)

A. I. Sect. jud., Parl. de Paris, Ord. 6, T, f°. 162.

CXXX. Lettres patentes du Roi, portant approbation des statuts susdits (août 1729.)

A. I. Sect. jud., Parl. de Paris, Ord. 6, T, f°. 169.

CXXXI. Lettres patentes du Roi portant approbation des statuts, en 22 articles, pour les maîtres menuisiers de la ville et faubourg de Beauvais.—(Janvier 1731.)

A. I. Sect. jud., Parl. de Paris, Ord. 6, V, f°. 417.

CXXXII. Enregistrement des statuts ci-dessus énoncés. —(2 Juin 1731.)

A. I. Sect. jud., Parl. de Paris, Ord. 6, V, f°. 441.

CXXXIII. Lettres patentes portant confirmation des statuts des maîtres tonneliers de Beauvais.—(Mars 1732.)

A. I. Sect. jud., Parl. de Paris, Ord. 6, Y, f°. 25.

BEAUVAIS.

CXXXIV. Enregistrement des statuts susdits.—(13 Juin 1733.)

A. I. *Sect. jud.*, *Parl. de Paris*, Ord. 6, Y, f°. 27.

CXXXV. Lettres patentes du Roi portant approbation du réglement, en 113 articles, pour les étoffes de laine qui se fabriquent dans la ville de Beauvais.—(27 Septembre 1740.)

A. I. *Sect. jud.*, *Parl. de Paris*, Ord. 7, E, f°. 208.

CXXXVI. Lettres patentes de Louis XV, pour l'exécution du nouveau réglement concernant les différentes sortes d'étoffes de laine qui se fabriquent dans la ville de Beauvais.—(27 Septembre 1740.)

A. I. *Sect. adm.*, F, 2572.

CXXXVII. Réglement pour l'exécution du nouveau réglement concernant les différentes sortes d'étoffes qui se fabriquent dans la ville de Beauvais. — (27 Septembre 1740.)

A. I. *Sect. adm.*, F, 2572.

CXXXVIII. Enregistrement du réglement, en 113 articles, pour les étoffes de laine qui se fabriquent dans la ville de Beauvais.—(14 Décembre 1740.)

A. I. *Sect. jud.*, *Parl. de Paris*, Ord. 7, E, f°. 209.

CXXXIX. Enregistrement du réglement donné par le Roi, en faveur des cordonniers et tanneurs de Beauvais, pour la visite et la marque des cuirs dans la ville de Beauvais. —(16 Avril 1742.)

A. I. *Sect. jud.*, *Parl. de Paris*, Ord. 7, G, f°. 211.

CXL. Arrêt du Conseil qui maintient la ville de Beauvais dans son droit de péage en la dite ville, et règle le tarif dudit droit.—(8 mars 1746.)

A. I. *Sect. adm.*, E, 2248.

CXLI. Lettres patentes portant réunion au corps de la ville et commune de Beauvais des offices de receveurs et contrôleurs des octrois de ladite ville, moyennant la finance de 20,000 livres.—(31 mars 1752.)

A. I. *Sect. jud.*, *Parl. de Paris*, Mémorial, 1752, f°. 417.

CXLII Arrêt du Conseil portant réunion des communautés des drapiers et sergiers de la ville de Beauvais.— (5 août 1755.)

A. I. Sect. adm., E, 2342.

CXLIII. Arrêt du Conseil qui ordonne la réunion de la communauté des savetiers de la ville de Beauvais à celle des cordonniers de ladite ville.—(5 décembre 1758.)

A. I. Sect. adm., E, 1337.

CXLIV. Arrêt du Conseil qui faisant droit sur une instance entre les cordonniers et les tanneurs et corroyeurs de la ville de Beauvais, maintient les cordonniers dans le droit de percevoir trois deniers pour livre du prix des cuirs et peaux qui seront apportés au bureau, pour en compter devant l'intendant de la généralité de Paris.—(11 mars 1766.)

A. I. Sect. adm., E, 1409.

CXLV. Arrêt du Conseil qui permet à la ville de Beauvais d'acquérir ses offices municipaux.—(15 décembre 1772.)

A. I. Sect. adm., E, 1485.

CXLVI. Arrêt du Conseil qui maintient les juge et consuls en exercice et les anciens juge et consuls de la ville de Beauvais dans leur préséance sur les notaires et procureurs de ladite ville.—(9 février 1773.)

A. I. Sect. adm., E, 1487.

CXLVII. Arrêt du Conseil qui ordonne la communication à l'évêque de Beauvais de la requête des juges et consuls, corps des marchands de ladite ville de Beauvais, tendant à être exempts d'une redevance annuelle de 800 livres pour raison du greffe de leur juridiction consulaire. —(25 juin 1776.)

A. I. Sect. adm., E, 1526.

CXLVIII. Lettres patentes du roi ordonnant que l'édit du mois d'avril 1777, pour la suppression et la création des communautés d'arts et métiers dans les villes du ressort du parlement de Paris, soit exécuté dans la ville de Beauvais, comme si elle avait été comprise audit édit.—(19 mai 1778.)

A. I. Sect. jud., Parl. de Paris, Ord. 10, R, f°. 145.

BEAUVAIS.

CXLIX. Arrêt du Conseil qui ordonne que les officiers municipaux de la ville de Beauvais pourront seuls, à l'exclusion de tous autres officiers de justice, faire exécuter les ordres qui leur seront adressés pour les cas de réjouissances publiques, et rendre les ordonnances nécessaires pour les feux de joie et illuminations. — (22 décembre 1781.)

A. I. Sect. adm., E, 2573.

CL. Lettres patentes portant règlement pour l'élection des juges-consuls de la ville de Beauvais.—(16 avril 1788.)

A. I. Sect. jud., Parl. de Paris, Ord. minute.

CLI. Lettres patentes ordonnant la continuation de la perception des droits d'aides dans la ville de Beauvais et la continuation des jours de francs-marchés. — (20 juin 1790.)

A. I. Sect. jud., Parl. de Paris, Ord. minute.

159. Beauvais.

Bibl. Imp.— *Départ. des Cartes et Plans.*—*Coll. topogr.*

V. a. 23

Dans ce volume, qui contient les cartes, plans, vues, dessins des arrondissements de Beauvais et de Clermont, nous mentionnerons : 1°. Plan de la chaussée de Beauvais, fait par du Pouché, à Saint-Lazare, près Beauvais, le 25 juillet 1635 (teinté). — II°. Plan des remparts, fossés, et d'une partie de la grande rue de Beauvais (à l'encre de Chine). — III°. Plan des fortifications de Beauvais, avec le nom des portes (teinté).— IV°. Plan de Beauvais, par le sieur de la Pointe.—V°. Plan de la ville de Beauvais, 1692. (Maisons et monuments en relief (à l'encre de Chine). — VI°. Plan d'une partie de Beauvais, depuis l'évêché jusques à la porte Saint-Jean (à l'encre de Chine). —VII°. Vue de Beauvais, ville épiscopale, cy-devant de Picardie, à présent de l'Isle de France (à l'encre sur papier jaune). — VIII°. Plan de Beauvais (croquis au crayon). — IX°. Première porte de la ville de Beauvais en y entrant par le faubourg Saint-Jacques, par où le roy y est entré en faisant son voyage de Flandres, le 14 juillet 1680. — X°. Même plan, fait d'un autre point de vue (à l'encre de Chine). —XI°. Plan de la cathédrale de Beauvais, telle qu'elle devait être exécutée. (On lit : l'abbé Balthazar *delineavit* — et plus loin : hommage à la bibliothèque royale de Paris, 1846 — à l'encre.)

160. Histoire civile et ecclésiastique de Beauvais.

Bibl. Imp. — N^{os}. $\frac{5^1}{2}$ $\frac{5^2}{2}$ $\frac{5^3}{2}$ $\frac{5^4}{2}$ $\frac{5^5}{2}$

MS. in-folio, de 5 vol. papier.—Ecriture du XVIIIe. siècle.

Tome 1er. [Histoire ecclésiastique et civile de Beauvais et du Beauvaisis, rapportée à la vie de chaque évêque, et qui contient les principaux événements de l'histoire de l'église et du royaume, avec lesquels ils ont eu quelque rapport. Le 1er. volume se divise en 4 livres. Le 1er. livre se divise en 24 chapitres contenant les plus anciens mémoires qui font mention du peuple de Beauvais, de sa principale ville et de ses limites.—Le 2e. livre contient 24 chapitres renfermant les vies des hauts titulaires du diocèse de Beauvais et des noms attribués à ceux que l'on croit en avoir été les premiers évêques jusqu'à la fin de la première race de nos rois.—Le 3e. livre renferme 30 chapitres, et parle des évêques de Beauvais depuis la fin de la première race de nos rois et le commencement de la seconde jusqu'à ceux de la troisième.—Le 4e. livre contient 38 chapitres et renferme la suite des évêques.—*Tome* IIe. Le 2e. volume renferme les 5e., 6e., 7e., 8e. et 9e. livres, c'est-à-dire l'histoire du Beauvaisis depuis Henri Ier. jusques en 1412.—*Tome* 3e. Ce volume traite de l'histoire de Beauvais depuis 1412 jusqu'en 1566.—*Tome* 4e. dernier volume de cette histoire, qui commence en l'année 1565 et se termine en l'année 1679.—A la fin de la table de ce volume, on lit la note suivante : [M. Godefroy Hermant, auteur de cette histoire, est mort subitement, marchant dans une rue de Paris, le onze juillet mil six cent quatre-vingt-six. Son corps apporté à Beauvais, est inhumé en la cathédrale, dont il était chanoine.]—*Tome* 5e. Ce volume contient un abrégé de l'histoire ci-dessus, qui porte ce titre :—Histoire de Beauvais et du Beauvaisis, manuscrit de 342 pages, qui en renferme 532 de l'histoire de M. Hermant dont il est la copie abrégée, retouchée par luy; il y a même encore marqué certains endroits qu'il estime qu'il fallait passer.—Ce manuscrit ne va que jus-

BEAUVAIS.

qu'au 5°. livre exclusivement, dont le premier chapitre est intitulé : Henry de France, 2°. tome de M. Hermant. — Après le f°· 42 il y a quelques feuillets blancs, puis un nouveau titre, qui est celui-ci. — Autre Abrégé de l'histoire de Beauvais de M. Hermant.

161. Recueil de Loisel.

MS. in-folio, papier.—Ecriture de différentes époques.

Bibl. Imp.—*Fonds N.-D.*, n°. 204.

On trouve dans le tome II de ce Recueil une pièce assez intéressante concernant Beauvais. Elle est intitulée : [Cahier des demandes faites au roi Henri IV, par le clergé, maire, pairs et communauté de la ville de Beauvais, avec les réponses en marge auxdites demandes. 1594.]

162. Réquisitoire du procureur général sur des lettres patentes du roy pour confirmer un décret de l'archevêque de Reims donnant permission à l'évêque de Beauvais, son suffragant, de vendre et aliéner des biens de son domaine pour, des deniers en provenant, acquérir la châtellenie de Beauvais.

MS. in-folio de 87 folios, papier.—Ecriture du XVII° siècle.

Bibl. de l'Arsenal.—N.° 38, F. jurisp.

163. Pouilliers.

MS. in-4.° papier. XVII°. siècle.

Bibl. Imp. N°. 5218.

Ce manuscrit, dont nous avons déjà parlé (voir le n.° 104), renferme : [f°. 97, la liste des bénéfices du diocèse de Beauvais ; f°. 188, la liste des bénéfices du même diocèse, qui étaient à la collation de l'abbé de Saint-Denis.]

164. Manuscript cronologique des religieux et églises du diocèse de Beauvais.

Bibl. Mazarine.—N°. 2872.

MS. in-f°. de 240 folios, papier.—Ecriture du XVII°. siècle, souvent indéchiffrable.

[F°. 1. De la fondation de l'abbaye de Breteuil.—F°. 2 v°.

Les noms des abbez de la dicte abbaye.—*F°.* 5. Confirmation de la dicte abbaye.—*F°.* 7. Fondation de l'abbaye de Saint-Quentin.—*F°.* 12. Confirmacion des églises et revenus de l'abbaye de Saint-Quentin.—*F°.* 14 *v°.* Les noms des abbés de la dicte abbaye.—*F°.* 26. Les noms des hommes illustres sortis de cette abbaye.—*F°.* 27. Bénéfices dépendant de l'abbaye de Saint-Quentin.—*F°.* 28. Fondation de l'abbaye de Ruricourt... dict de Saint-Martin-aux-Bois, avec les noms des abbés.—*F°.* 34. Fondation de l'abbaye de Saint-Just, ordre de Prémontré. — *F°.* 36. Les noms des abbés de la dicte abbaye.—*F°.* 39. Fondacion de l'abbaye de Froidmont, de l'ordre de Cisteaux.—*F°.* 41 *v°.* Les noms des abbés de Froidmont.—*F°.* 53. Hommes illustres qui sont sortis du monastère.—*F°.* 56. Fondation de l'abbaye de Beaupré.—*F°.* 57. Les noms des abbés de la dicte abbaye. — *F°.* 64. La fondation de l'abbaye de Lannoy.—*F°.* 68 *v°.* Les noms des abbés de la dicte abbaye. —*F°.* 70. Les hommes illustres de cette abbaye.—*F°.* 71 *v°.* La fondation de l'abbaye de Pentemont.—*F°.* 73 *v°.* Les noms des abbesses de la dicte abbaye.—*F°.* 76. Fondation de l'abbaye de Royaumout.—*F°.* 84. Fondation du prieuré de Bulle — de Milly (*F°.* 85 *v°.*) — de Vuarinville (*F°.* 86 *v°.*), etc.—*F°.* 107. Des cures et églises collégiales qui sont dans la ville de Beauvais.—*F°.* 111. Fondation de l'église collégiale de Saint-Barthélemy.— *F°.* 112 *v°.* Fondation de l'église collégiale de Saint-Nicolas.—*F°.* 115 *v°.* Fondation de l'église collégiale de l'église Notre-Dame. —*F°.* 116 *v°.* Erection du collége de Beauvais.—*F°.* 118. Conciles tenus à Beauvais.—*F°.* 119 *v°.* Fondation de l'église de Gerbroy.—*F°.* 127 *v°.* De l'hospital et maladerie de Saint-Lazare à Beauvais.— *F°.* 129 *v°.* De l'Hostel-Dieu de Beauvais.—*F°.* 132. Establissement des pères Jacobins en la ville de Beauvais.—*F°.* 135. Establissement des trois ordres de Saint-François dans le Beauvoisis.—*F°.* 142. Establissement des Beguines et des Sœurs du 3.ᵉ ordre de Saint-François de la ville de Beauvais.—*F°.* 148. Establissement des pères Minimes.—*F°.* 157. Les cures du diocèse de Beauvais.—*F°.* 161 *v°.* Cures des doyennés de Beaumont, etc.—*F°.* 170. Chapelles du diocèse de Beauvais. —*F°.* 172. Vie de saint Just, et autres saints, et d'un grand nombre de personnages appartenant à la Picardie. —*F°.* 239. Table alphabétique.

BEAUVAIS. **165.** Expensæ ecclesiæ Belvacensis pro anno 1402.

Bibl. Imp. *Suppl. fr.*, n°. 1140.

MS. in-folio de 10 folios, parchemin.—Ecriture du XV.ᵉ siècle.
—Incomplet.

Ce manuscrit commence ainsi : — [Speosippy sociorumque ejus, anno domini millesimo quadringentesimo primo. —Expense officii Baillivie ecclesie Belvacensis a festo sanctorum Speosippy sociorumque ejus, anno domini 1402, usque ad festum sancti Arnulphi quod erit anno ejusdem 1402, quod tempus continet spacium dimidii anni, per Johannem de Templo, canonicum et baillivum ipsius ecclesie Belvacensis.]

Mensis januarii. F°. 2. Somme totale des dépenses vi^{xx} ii liv. ii s. vi den.—*Mensis februarii. F°* 4. v°. Somme totale ii^c lx liv. xviii s. vi obol. pictav.—*Mensis martii.* Le mois n'est pas terminé; on saute au folio où se trouve la fin du compte de la dépense de mai, laquelle monte à 299 liv. 2 s. 4 den.—*Mensis junii. F°.* 8 v°. Somme totale iii^c xix liv. xvii s. vii den. obol. pictav.—*Mensis julii. F°.* 10 v°. Somme totale ii^c xxxvi liv. i s. i den.

166. Compte de Saint-Barthélemy de Beauvais, de 1376 à 1377.

Bibl. Imp. *Suppl. fr.*, n°. 1150.

MS. grand in-4°, cartonné, contenant 6 folios en parchemin.—
Ecriture du XIV.ᵉ siècle.

Il commence ainsi : — [En iii° lxxxi.—Compte : Pierre des Buefs prestre canoine de leglise de Saint Berthemil de Beauves, receveur des rentes et émolumens appartenans canoines et au trésor de la dicte église recues de la Saint Berthemi l'an lxxvi que len gaigne ses fruis, jusques a laultre feste Saint Barthemil l'an lxxvii, et avec ce des mises faictes par lui des receptes dessus dictes.—*F°.* 2 v°. Somme totale des receptes. xii^{xx} vi liv. 1 s. 3 den. paris. —Les mises des despens, etc. — *F°.* 5 r°. Arrérages non recouvrables.—Total des dépenses. vi^{xx} liv. ix sous ix den. paris.—*F°.* 5 v°. Aultres receptes et mises extraordinaires. —*F°.* 6 v°. Nomina canonicorum.

167. Comptes de Saint-Barthélemy de Beauvais, de 1398 à 1399. BEAUVAIS.

MS. grand in-4.° cartonné, contenant 10 folios en parchemin. —Ecriture du xve siècle.

Bibl. Imp. Suppl. fr., n°. 1350.

Il commence ainsi : [Aultres mises faites en despense pour aler hors. Premierement le jour Saint-Remi pour les despens du procureur de la dicte eglise et de son cheval pour estre alé à Troussures et à Villers-Saint-Berthelemien [1] recevoir les cens deubs à la dicte église, et revint au giste. Pour ce de lui et de son cheval, 2 sous.—*F°.* Le compte messire Robert Bourgois prestre procureur-général de l'église collégial Saint-Barthelemien de Beauvais des receptes, rentes, revenues et autres émolumens appartenant à la dicte église, aux chanoines et au Trésor d'icelle, gagnées à la feste Sainct Berthelemien l'an mil CCCIIII^{xx} xviii par les chanoines de ladicte église cy nommés en la fin de ce présent compte. Et partis à la feste dicelluy Saint Berthelemien l'an mil CCCIII^{xx} xix. Et aussi de la despense faicte par le dit procureur sur la dicte recepte pour la dessus dicte eglise par protestacion de minuer ou augmenter, remettre ou ramener en estat deu, se aucune chose y a à corriger.— Suivent les receptes ordinaires.—*F°.* 2 *v°.* De Villers.—*F°.* 3 *r°.* De Val-Raoul, d'Ansac[2], de Honcourt[3], de Glategny.[4]—*F°.* 3 *v°.* De Caigny[5], de Bonnières, de Hanvoilles, de la prébende de l'église de Beauvais.—*F°.* 5 *r°.* De ventes et relliefs.—*F°.* 6 *r°.* De Troussures. Somme totale des receptes. 262 liv. 3 sous 2 deniers.—*F°.* 6 *v°. et suiv.* Mises et despence.—*F°.* 8 *r°.* Autres mises faites pour les réparacions de la maison de l'escole qui fu maistre Raoul le Mire.]

168. Comptes de Saint-Vaast de Beauvais.

MS. in-4°. de 4 folios en parchemin.—Ecriture du xve. siècle.

Bibl. Imp.—Suppl. latin, n°. 489.

---

[1] Villers-Saint-Barthelémy, canton d'Auneuil, (Oise).

[2] Ansacq, canton de Mouy, (Oise).

[3] Haucourt,
[4] Glatigny, } canton Songeons, (Oise).
[5] Crillon,

BEAUVAIS.

Ce manuscrit se compose de quinze plaquettes : chacune d'elles renferme le compte d'une année.

Première plaquette. Année 1436.—F°. 1. [Compotus magistri Petri Gourguechon, canonici ecclesie collegiate sancti Vedasti Belvacensis et commissarii ex parte capituli et canonicorum ejusdem ecclesie, ad recipiendum fructus et redditus eidem capitulo ac canonicis predictis spectantes et pertinentes pro uno anno inchoante a festo sancti Arnulphi 1436 ad idem festum, anno revoluto 1437, et etiam de missiis super dicta recepta factis —Recepta firmarum (firma sancti Salvatoris, de vicino loco [1], vinea de Mariscello [2], firma de Brocholio [3], vinea et terra de Orbefosse). Somma VII^{xx} VI liv. VI s. VII den.—F°. 1, v°. Alia recepta, videlicet de curatis parochialium ecclesiarum [4] civitatis Belvacensis qui singulis annis tenentur dicto cappitulo pro oblacionibus suarum ecclesiarum in eisdem factis, in sommis subsequentibus. Somma XV liv. X s.— Somma totalis predicte recepte VIII^{xx}I liv. XVI s. VII den. —Sequuntur misie et expense ordinarie per dictum commissarium super hujusmodi recepta facte.—F°. 2, v°. Somma totalis misie XXVI liv. XVIII s. III den. obol.—Sic patet recepta excedere misiam VI^{xx}XIV liv. XVIII s. III den. obol.] F°. 3. Approbation du dit compte.

Les comptes des années 1437 (4 f^{os}. papier,) — 1438 (4 f^{os}. parch.)—1439 (id.)—1440 (id.)—1441 (id.) —1445 (id.)—1446 (id.)—1447 (id.)—1448 (2 f^{os}. parch. ; les dépenses manquent.)—1450 (4 f^{os}. parch.)— 1451 (id.)—1452 (id. Cette plaquette est tellement rongée par l'humidité qu'il est impossible d'y rien lire.)—1454 (8 f^{os}. parchemin ; les recettes sont plus fortes que les précédentes.)—1476 (8 f^{os}. parchemin, grand in-f°.) ne diffèrent point assez de l'année 1436 pour qu'il soit nécessaire de donner de chacun d'eux une notice particulière.

---

[1] Voisinlieu, commune d'Allonne, canton de Beauvais, (Oise).

[2] Marissel, canton de Beauvais (Oise).

[3] Bracheux, commune de Marissel (Oise).

[4] Il y avait Saint-Thomas, Saint-Gilles, Saint-André, Sainte-Marie-Madeleine et Saint-Martin.

169. Conférences tenues à Beauvais de 1673 à 1679.   BEAUVAIS.
   MS. in-4°., papier.—Ecriture du XVIIe. siècle.
   Bibl. Sainte-Geneviève.—N.° 835, D, 39.

   Ce manuscrit renferme plusieurs traités résultant des conférences tenues à Beauvais : ils ont pour objet les péchés, les ornements des femmes, l'avarice, etc., etc.

170. Antiphonarium Bellovacense.
   MS. in-folio, parchemin.—Ecriture du XIVe. siècle.
   Bibl. Sainte-Geneviève.— N°. 448, B. B.
   L. 26.

   On lit cette note, collée dans l'intérieur du MS. : [Antiphonarium Bellovacense, olim ad usum ecclesiæ colligatæ Sancti-Michaelis in urbe, ex dono domini Mesangii.] (1747.)

171. Réglement du grand Séminaire de Beauvais.
   MS. in-4°. de 156 pages.—Ecriture du XVIIIe. siècle.
   Bibl. Sainte-Geneviève.—N°. 903, E, 20.

   Ce recueil d'instructions est suivi des [Réglemens pour les enfans du petit séminaire de Monseigneur de Beauvais, contenant les conditions requises pour y être admis, etc.]

172. Breviarium ad usum ecclesie Bellovacensis.

   Sous ce titre la Bibliothèque Impériale possède deux bréviaires, tous deux du XIVe. siècle. Ils sont dans l'ancien fonds latin sous les numéros 1030 et 1267.

173. Preces tum matutinæ tum vespertinæ ad usum collegii Dormani Bellovaci accomodatæ anno domini (1752).
   MS. in-4°. de 70 pages, parchemin.—Ecriture du XVIIIe siècle.
   Bibl. de la Sorbonne.—MS. T. III. 14.

   Ce manuscrit qui provient de la Bibliothèque du collége Louis-le-Grand, n'a aucun intérêt.

174. Abrégé de la vie et de la mort de messire Nicolas Choart de Busenval, évêque et comte de Beauvais, mort le 21 juillet 1679.
   MS. in-4°, papier.—Ecriture du XVIIe. siècle.
   Bibl. de la Sorbonne.—MS. T. III. 81.

BEAUVAIS. Ce prélat fut nommé évêque de Beauvais le 8 janvier 1651, en remplacement d'Augustin Pothier de Blanc-Mesnil.

175. **Histoire de l'abbaye royalle de Saint-Lucien, près la ville de Beauvais.**

MS. in-4°. de 137 pages, papier.—Ecriture du XVIIe siècle.
Bibl. Imp.—*St.-Germain fr.*, n°. 1871.

Cette histoire se divise en 48 chapitres.—Ch. Ier. Difficulté touchant le temps et dignité de Saint-Lucien, etc. (*P.* 1.)—Ch. II. Situation de l'abbaye, ses bâtiments, etc. (*P.* 3.)—Ch. III. Les chrétiens bâtissent une église sur le tombeau de Saint-Lucien, etc. (*P.* 5.)—Ch. IV. Rétablissement de l'église de Saint-Lucien. (*P.* 8.)—Ch. V. Les causes pourquoi on scait peu de choses qui regardent le monastère avant l'an mille, etc. (*P.* 9.)—Ch. VI. Si les évêques de Beauvais ont gouverné la communauté de Saint-Lucien. (*P.* 12.)—Ch. VII. Suite du même sujet. (*P.* 15.)—Ch. VIII. Le roi Childebert III donne la seigneurie de Bulles à l'abbaye, etc. (*P.* 17.)—Ch. IX. Le monastère souffre beaucoup par les courses des Normands. (*P.* 20.)—Ch. X. Histoire d'un énergumène qui fut conduit au tombeau de Saint-Lucien. (*P.* 21.)—Ch. XI. Bovon, religieux de Saint-Lucien, est élu évêque de Beauvais, etc. (*P.* 22.)—Ch. XII. Foulque, abbé de Saint-Lucien, eslu evesque d'Orléans. (*P.* 25.)—Ch. XIII. On trouve dans l'église de Saint-Lucien quelques vêtements dont s'était autrefois servi ce saint martyr. (*P.* 26.)—Ch. XIV. Hubert, second abbé de Saint-Lucien. Donations faites à l'abbaye, par le roi Philippe II et par Odon, comte de Beauvais. (*P.* 30.)—Ch. XV. Thibault, troisième abbé de Saint-Lucien. Restitution de la seigneurie de Bulles que les religieux de Vezelay enlèvent au dit Saint-Lucien. (*P.* 34.)—Ch. XVI. Haucourt donné à l'abbaye de Saint-Lucien, etc. (*P.* 36.)—Ch. XVII. Pierre I, abbé. Nouvelle église de Saint-Lucien bâtie (*P.* 38.)—Ch. XVIII. Roricon, évêque d'Amiens et Aremburge, mère de saint Hugues, abbé de Cluny, donnent la terre de Granviller à l'abbaye de Saint-Lucien, etc. (*P.* 40.)—Ch. XIX. Gilbert, abbé. Religieux de Saint-Lucien mis dans l'église de Saint-Martin d'Aumale, qui, de prieuré, devient ensuite abbaye, etc. (*P.* 44.)—Ch. XX. Prieurés dépendans de l'abbaye de Saint-Lucien. (*P.* 49.)—Ch. XXI. Continuation du même sujet. Ce que signifie quelquefois le mot *altare*. (*P.* 53.)—Ch. XXII. Nouvelle explication de ces mots : *Hugo episcopus fecit altaria nostra libera a personis.*—Offices claustraux et cures dépendantes de l'abbaye de Saint-Lucien. (*P.* 55.)—Ch. XXIII. Girold, abbé. (*P.* 58.)— Ch. XXIV. S'il y a eu quelqu'un abbé de Saint-Lucien entre Girold et Serlon. Quel était cet Odon autrefois abbé de Beauvais à qui Pierre le vénérable escrit. (*P.* 61.)— Ch. XXV. Serlon, abbé. (*P.* 63.)—Ch. XXVI. Le monastère de Saint-Lucien est deschargé de l'obligation qu'il avait de traiter quatre fois l'an l'évesque et les chanoines. (*P.* 66.) —Ch. XXVII. Pierre II abbé. (*P.* 68.)—Ch. XXVIII. Confirmation des biens du monastère. (*P.* 71.)—Ch. XXIX. Guillaume I, abbé. Hugue, abbé de Saint-Lucien, puis de Cluny (*P.* 75.)— Ch. XXX. Gaultier, abbé. Les chanoines de St.-Pierre et autres personnes de considération se font relever de la nécessité qu'on leur avait imposée de se faire enterrer dans l'église de Saint-Lucien. (*P.* 79.)—Ch. XXXI. Un abbé de Saint-Lucien se démet de sa dignité. (*P.* 84.) —Ch. XXXII. Erard, abbé. Il fait alliance avec le monastère de Fescamps, etc. (*P.* 86.)— Ch. XXXIII. Roger obtient du pape la permission de loger plus décemment les reliques des saints martyrs, Lucien, Maxien et Julien. (*P.* 89.)— Ch. XXXIV. Jean de Toiriac ou de Toiry, abbé. Elévation des corps de Saint-Lucien et de ses compagnons. Permission donnée aux abbés de Saint-Lucien de se servir d'ornements pontificaux et de conférer les ordres mineurs. (*P.* 93.)— Ch. XXXV. Odon de Nointel, abbé et frère du cardinal Chollet. Cette éminence fait en sa considération de grandes libéralités au monastère de Saint-Lucien. (*P.* 98.)— Ch. XXXVI. Jean le Boullensiem (*sic*) et Jacques de Chambly, abbés (*P.* 103.)—XXXVII. Pierre de Sarnoy et Odon de Gouvieux, abbés. (*P.* 104.)—Ch. XXXVIII. Pierre de Caudeville et Jean de Borrent, abbés.—Ch. XXXIX. Aimery Fulcaut, abbé. Ce qui s'observe à l'entrée des évêques de Beauvais. (*P.* 109.)—Ch. XL. Guillaume du Bois, abbé. (*P.* 113.)—Ch. XLI. Godefroy de Billy, Foulques II et Raoul de Roye, abbés, de Saint-Lucien. Foulques tient la première place après l'évêque dans le synode d'Amiens. (*P.* 115.)—Ch. XLII. Robert Desquesnes, abbé. (*P.* 118.) —Ch. XLIII. Pierre de Beauvoir, abbé, Raoul de Villers,

18.*

BEAUVAIS.   abbé. (*P.* 122.)—Ch. XLIV. Jean de Villers, dernier abbé régulier. (*P.* 122.)—Ch. XLV. Antoine du Bois, premier abbé commadataire de Saint-Lucien. (*P.* 126.)—Ch. XLVI. Odet de Colligny, cardinal de Chatillon, Charles, cardinal de Bourbon, Charles, cardinal de Vendôme, Alexandre de Bourbon, grand prieur de France, successivement abbés de Saint-Lucien. (*P.* 129.)—Ch. XLVII. Alexandre de Bourbon, grand prieur de France, les cardinaux de Berulles, de Richelieu, de Mazarin et Manciny, abbés. La congrégation de Saint-Maur, introduite dans l'abbaye de Saint-Lucien. (*P.* 133.)—Ch. XLVIII. Messire Jacques Benigne Bossuet, ancien évêque de Loudun, et précepteur de M. le Dauphin, depuis évêque de Meaux, et premier aumônier de madame la Dauphine, abbé de Saint-Lucien. (*P.* 135.)—*P.* 137. On lit au bas de cette page : FR. Placidus Porcheron [1] *(note)*. (Bellovaci anno 1681.)

176. Distinctiones Mauricii Belvacensis.

MS. in-8°., parchemin.—Ecriture du XIIIᵉ siècle, à deux colonnes, rubriques, réglé et piqué.

Bibl. Mazarine.—Nº. L, 582.

On lit *F*°. 1 : [Incipiunt distinctiones verborum diversorum per litteras alphabeti incipientium edite a fratre Mauritio, etc.]

A la fin de l'ouvrage on lit : [Expliciunt distinctiones fratris Mauricii Belvacensis, ordinis fratrum minorum.]

Les deux derniers folios contiennent l'*Index verborum*. —Ce manuscrit a appartenu au collége de Navarre.

177. Fulchoius de Beauvais.

MS. in-4°., parchemin.— Ecriture du XIIIᵉ siècle.

Bibl. Imp.—*Sorb.*, nº. 1315.

[1] Porcheron, né à Châteauroux, ville du Berri, en 1652 et mort le 14 février 1694, bénédictin de la Congrégation de saint Maur a été bibliothécaire de Saint-Germain-des-Prés. Fevret de Fontette dit dans sa *Bibliothèque de la France* (t. IV, p. 346, nº. 12588*), que Hermant a pris des extraits de cette histoire. — (Voir le nº. 160 de notre Catalogue.)

Ce manuscrit contient l'ouvrage de Fulchoius de Beauvais intitulé : *De nuptiis Christi et ecclesiæ* [1].

178. OEuvres de Vincent de Beauvais.

Le nombre considérable de manuscrits, qui renferment les ouvrages de Vincent de Beauvais, et l'immense quantité de biographies, d'articles ou de notices de tous genres dont il a été l'objet, nous détermine à donner une nomenclature aussi exacte que possible des manuscrits de la Bibliothèque Impériale qui contiennent les œuvres du célèbre frère prêcheur [2].

Speculum historiale, nos. 4897, 4898, 4899, 4900, 4901, 4902 *anc. fonds lat.*; 888 et 892 *Sorb.*; 192, 582 et 1623 *St.-Victor*; 475 *St.-Germ. Harl.*; 9 *Bouhier* et 67 *Gr. Aug.*—*Speculum Gestorum mundi*, n°. 926 *St.-Germ. lat.*—*Speculum morale*, n°. 6427 *anc. fonds lat.*—*Speculum naturale*, nos. 6428, 329 et 330 *Sorb.*; 381 *St.-Vict.*—*Speculum humanæ salvationis* A-B-C et D, n°. 96 *bis suppl. lat.*—*Doctrinale*, n°. 6428 *anc. fonds lat.*—*De laudibus Beatæ Mariæ*, nos. 318, 776, 799 et 831 *Sorb.*—*In ave Maria*, n°. 1647 *Sorb.*—*Sermo de ante-christo*, nos. 316 *Sorb.* et 269 *St.-Vict.*—*Expositio orationis dominicæ*, nos. 319 et 565 *St.-Vict.*—*Sermones*, n°. 565 *St.-Vict.*—*Epistola de morte amici*, n°. 1622 *Sorb.*—*De puerorum nobilium eruditione*, nos. 1440 et 1622 *Sorb.*; 7605 *anc. fonds lat.*—*Excerpta ex historiis Vincentii Belvacensis*, n°. 104 *suppl. lat.*—*Excerpta a speculo historiali*, n°. 4909 *anc. fonds lat.*

Citons encore le manuscrit de l'ancien fonds latin 4903, intitulé : *Tabula in speculum historiale Vincentii Bellovacensis, auct. Johanne Hautfuney, presbytero*, et celui coté 6428 *anc. fonds lat.*, qui contient le *Speculum historiale in* D. *Epitomen ab anonymo contractum*.

---

[1] Voir ce qu'en dit Le Beuf dans le tome II.e (p. 237-250) de ses *Dissertations sur l'Histoire de Paris*. (Édit. de Paris, 1721-in-12.)

[2] Voir l'art. de M. Daunou sur Vincent de Beauvais, dans le xviiie. vol. de l'*Hist. litt. de la France*, p. 449; article qui résume tout ce que les bibliographes et biographes ont pu dire sur le savant encyclopédiste du xiiie. siècle, mais qui, à notre grand regret, démontre combien peu la plupart des manuscrits cités plus haut ont été consultés.

BEAUVAIS. **179. Mélanges.**

MS. in-4°. de 137 folios, parch. 2 col. XIV°. siècle.

Bibl. Imp—*Anc. fonds*, n°. 7215.[3]

Ce manuscrit renferme au folio 8, une traduction faite à Beauvais en 1212, et qui a pour titre [La translation monsieur St Jacques [1]]

180. OEuvres complètes d'Eustache Deschamps.

MS. in-4°. de 593 folios, parch. 2 col. XV°. siècle.

Bibl. Imp.— *Anc. fonds*, n°. 7219.

Nous avons trouvé au folio 11 de ce manuscrit une ballade sur la mort de Miles de Dormans [2], évêque de Beauvais. Les deux derniers couplets de cette ballade ont été publiés par M. Paulin-Paris [3].

181. Les poésies de Raoul de Beauvais.

Bibl. Imp. — *Anc. fonds*, n.° 7613 et *fonds Cangé*, n.°º 65 et 67.

182. Plan de la foi chrestienne et catholique en France, par Antoine Gourdault.

MS. in-f°. de 136 folios, papier. XVI°. siècle.

Bibl. Imp.—n°. 7020.

L'auteur fait précéder son œuvre d'un calendrier universel, dans lequel on peut puiser d'assez bons renseignements sur des événements survenus à Beauvais.

183. Mélanges.

MS. in-4°., papier. XVI°. siècle.

Bibl. Imp.—*Anc. fonds lat.*, n°. 7007.

Ce manuscrit qui renferme plusieurs mémoires sur des

---

[1] Voir les *MSS. de la Bibliothèque du Roi*, par M. Paulin-Paris, t. VI p. 393.

[2] Milon II de Dormans succéda comme évêque de Beauvais à Jean III d'Augerant le 6 août 1376, et mourut le 17 août 1387. Il eut pour successeur Guillaume III de Vienne.

[3] *Op. cit.*, t. VI, p. 425.

sujets médicaux, contient une pièce de vers latins d'un médecin de Beauvais, adressée à un avocat de la même ville, sous ce titre : *Marquisii Docorei, Bellovaci medici, ad Rodolphum Adrianum, Bellovacum advocatum, carmen in librum de originibus legum.*

BEAUVAIS.

184. Traité de la Chasse du lièvre et du chevreuil.

MS. in-4°. de 60 pages, parch. 1627.

Bibl. Imp.—n°. 7099².

Nous indiquons ce traité parce qu'il a été composé par Réné de Maricourt, natif de Beauvais, chevalier de l'ordre du roi, capitaine de cinquante hommes d'armes, gentilhomme de la chambre, baron des baronnies de Moncy-le-Château et d'Arcis-sur-Aube.

185. Instruction publique.

Arch. du Ministère de l'Instr. publ.—Cartons.

Les documents que nous avons trouvés relativement à Beauvais sont de la même nature que ceux que nous indiquons aux n.°⁵ 129, 130 et 131. Mais ils sont en petit nombre et offrent peu d'intérêt.

186.

BEAUVOIR.

Plan de l'alignement tracé pour redresser le chemin entre la montagne de Beauvoir [1] et la cavée en deçà de Vuavignies [2], ordonné en 1726..... fait et levé par nous, ingénieur du roi pour les ponts et chaussées de Picardie, le 28 septembre 1728. Leveneur. (Colorié.)

B. I.—*Département des Cartes et Plans. Collect. topographique.*

V. a.
23.

187.

BECORDEL.

Lettres portant exemption pour la ville de Becourdel [3], du droit de péage et de travers dans la ville d'Encre. (10 août 1363.)

Arch. du Palais royal.—Reg. n°. 554, f°. 135.

[1] Canton de Breteuil (Oise.)
[2] Wavignies, canton de St.-Just-en-Chaussée (Oise).
[3] Commune de Becourt-Bccordel, canton d'Albert (Somme.)

BEHAGNIES. **188.**

Acte par lequel le duc de Bourgogne accorde des franchises à la commune de Behagnies [1]. — (Septembre 1546.)

A. I. *Sect. hist.*, *Trés. des Ch.*, Cart. 1017 n.° 141.

BELLOY. **189.**

Lettres patentes de Louis XIV, données à Paris au mois de novembre 1646, portant création de deux foires par an et d'un marché par semaine au lieu de Belloy [2], situé dans la paroisse de St.-Omer, bailliage de Clermont-en-Beauvoisis.—(Novembre 1646.)

A. I. *Sect. jud.*, *Parl. de Paris*, Ord. 3. J. f°. 11.

BERNAVILLE. **190.**

Confirmation par Charles VI des priviléges accordés aux bourgeois de Bernaville [3] par Jean, comte de Dreux en septembre 1247 [4].—(Décembre 1394.)

A. I. *Sect. hist.*, *Trés. des Ch.*, Reg. 167. p^{ce}. 11.

BETHENCOURT-SUR-MER. **191.**

Lettres par lesquelles Henri II confirme les libertés et priviléges des habitants de Bethencourt [5] sur la mer—(Octobre 1549.)

A. I. *Sect. hist.*, *Trés. des Ch.*, Reg. 259, n°. 369.

BETZ. **192.**

Vue du château de Baiz [6] à M. Gaillardon, à 3 lieues de la Ferté-Milon. (Teinté.)

B. I.—*Département des Cartes et Plans. Coll. topographique.*

V. a. 27.

---

[1] Canton de Bapaume, (Pas-de-Calais.)
[2] Annexe de St.-Omer-en-Chaussée, canton de Marseille (Oise.)
[3] Chef-lieu de canton (Somme.)
[4] Voyez *Ord. des Rois de France*, t. VII, p. 694.
[5] Canton d'Ault (Somme.)
[6] Chef-lieu de canton (Oise.)

193. BLÉRANCOURT

Vue du couvent des pères Feuillans près le château de Blérancourt, entre Noyon et Soissons (à l'encre de Chine.)

B. I.—*Département des Cartes et Plans. Collection topographique.*
V. a. 29.

194.

Lettres par lesquelles François Ier, à la demande de Guillaume de Louvain, écuyer, seigneur de Blérancourt [1], établit audit lieu, deux foires et un marché.—(1527.)

A. I. Sect. hist., Trés. des Ch., J. Reg. 243, p{ce}. 376.

195. BLICOURT.

Arrêt du conseil qui approuve et confirme les réglements et statuts des fabricants de serge des villages de Blicourt [2], Luchy, Pisseleu, Oudeuil et St.-Omer-en-Chaussée.—(27 mars 1667.)

A. I. Sect. administ., E. 1736.

196. Chartes de l'abbaye de Boheries. BOHERIES.

A. I. Sect. hist. Cart., L. 1156.

L'inventaire que nous avons fait de ces chartes, est d'autant plus important, que les archives de Laon ne possèdent que fort peu de documents sur cette abbaye; encore ces documents ne sont-ils que du XVII.{e} et du XVIII.{e} siècle (1670 à 1789).

La seule chose à regretter, c'est que les actes du XII.{e} siècle, dont nous présentons l'analyse et qui sont en général dans un état parfait de conservation, ont tous leurs sceaux arrachés.

I. Confirmation par Nicolas I, évêque de Cambrai, de la donation faite à l'abbaye de Boheries [3], par Odon *de Waldencurt* [4], de tout ce qu'il possédait *ad Andeniis* [5]. (1145.)

---

[1] Canton de Coucy-le-Château (Aisne.)
[2] Canton de Marseille (Oise.)
[3] Annexe de Vadencourt (Aisne).
[4] Vadencourt, canton de Guise (Aisne).
[5] Andigny-lès-Fermes, canton de Wassigny (Aisne).

BOHERIES. — II. Nicolas I, évêque de Cambrai, confirme la donation faite à l'abbaye de Boheries du quart du fief *de Dulcilun*, par Adam, chevalier, surnommé Bimard. (1156.) — III. Confirmation par Nicolas I, évêque de Cambrai, de la donation faite à l'abbaye de Boheries, par Odon *de Waldecurt*, de XVIII muids de blé à prendre annuellement sur Andigny. (1156.) — IV. Vidimus de janvier 1298, d'une charte par laquelle Philippe, comte de Flandre et de Vermandois, accorde à l'abbaye de Boheries, dans toute l'étendue de ses terres, l'exemption de tout droit de tonlieu, passage, etc. (1180.) — V. Sentence de Guillaume I, archevêque de Reims, cardinal de Champagne, adjugeant à l'abbaye de Boheries quelques bois, dont la possession lui était contestée par le chapitre de Moreuil (de Morolio). (1183.) — VI. Donation faite par Hugues, seigneur de l'Espinay (de Spineto) et d'Antoni (de Antonio), à l'abbaye de Boheries, des droits de péage, impôts, etc., dans la terre de l'Espinay (de Spineto). (1187.) — VII. Transaction en forme de chirographe, passée entre l'abbaye de Boheries et Gérard de Segoncourt [1], qui partait pour la terre sainte, au sujet de certaines terres qu'il possédait à *Dulcelon*. (1189.) — VIII. Duplicata de la susdite pièce. (1189.) — IX. Donation faite à l'abbaye de Boheries, par Clarembaud de Maquigny [2] (de Maquiniaco), du terrage de Dulcelon. (1189.) — X. Donation faite à l'abbaye de Boheries, par Euralde, épouse de Jean *de Fasti* [3], d'un pré sis à Dulcelon. (1190.) — XI. Sentence rendue par des commissaires nommés par le pape, sur le différent qui existait entre le chapitre de Guise et l'abbaye de Boheries, relativement aux dîmes de *Luveri* [4]. (1193.) — XII. Confirmation par Roger I, évêque de Laon, de la donation faite à l'abbaye de Boheries, par Geoffroi, *de Altavilla* [5], d'une rente de XX s. et VI muids d'avoine. (1195.) — XIII. Concession faite à l'abbaye de Boheries, par les chevaliers de *Verli* [6], du droit d'extraire des pierres

---

[1] Seboncourt, canton de Bohain (Aisne).
[2] Macquigny, canton de Guise (Aisne).
[3] Faty, commune de Wiege-Faty, canton de Sains (Aisne).
[4] Louvry est marqué sur la carte de Cassini au sud d'Andigny.
[5] Hauteville, canton de Guise (Aisne).
[6] Verly, canton de Wassigny (Aisne).

et du sable, audit lieu. (1196.) — XIV. Confirmation par Roger I, évêque de Laon, de la donation faite à l'abbaye de Boheries, par Odon, chevalier, seigneur de Vadencourt, de trois muids de froment à prendre annuellement à Andigny. (1197.) — XV. Notification de Roger I, évêque de Laon, de plusieurs accords passés entre l'abbaye de Boheries et différentes personnes : *super pascuis de Brasle* [1], *super quadam terra in territorio de Hinermont, de decima de Gerouzies* [2]. (1197.) — XVI. Sentence arbitrale par laquelle les religieux de Boheries sont autorisés à jouir perpétuellement d'une rente d'un muid de froment sur la terre de *Boceillon*, qui leur avait été donné par Gui Buisnart. (1198.) — XVII. Confirmation de Roger I, évêque de Laon, du don fait à l'abbaye de Boheries, par Robert, seigneur de Guise, et approuvé par son fils Regnier, des terrage et droits sur huit muids de terre sis *in territorio Flaviniaci* [3], *in territorio de Docelon*. (1198.) — XVIII. Acte par lequel Havide, veuve d'Adam d'Aisonville et ses enfants, donnent à l'abbaye de Boheries un muid de froment, à percevoir annuellement au moulin de Vadencourt. (1199.) — XIX. Confirmation par Armand, abbé de Saint-André du Château (abbas cenobii Sancti-Andree de Castello), de la donation faite à l'abbaye de Boheries, par Evrard de *Bernort* [4], d'une forêt audit lieu, *quid Sancti-Petrivallis* [5] *dicitur*. (1199.) — XX. Achat fait par l'abbaye de Boheries, moyennant une rente d'un muid de froment, d'un pré de terre sis à Vadencourt. S. d., xiie. s. — XXI. Concession faite par G. de *Bulzus* et Helum de *Bermeren*, à l'abbaye de Boheries, d'un passage franc de tout péage sur leurs terres. xiie. s. — XXII. Confirmation par Gilles de *Burzeniis* de la franchise qu'il avait accordée à l'abbaye de Boheries de passer sans aucune rétribution sur ses terres. S. d., mais xiie. s. — XXIII. Echange fait entre Odon, chevalier de Vadencourt, et l'abbaye de Boheries, au sujet de quelques prés situés *in Longo*

---

[1] Brasles, canton de Château-Thierry (Aisne).

[2] Peut-être Grougis, canton de Wassigny (Aisne).

[3] Flavigny-le-Grand, canton de Guise (Aisne).

[4] Bernot, canton de Guise (Aisne).

[5] Val-Saint-Pierre, canton de Braye-en-Thierache (Aisne).

BOHERIES. *Campo*[1] *et Waudencort.* (1201.)—XXIV. Donation faite à l'abbaye de Boheries, par Gilles de Vaux[2] (de Vallibus), de xxviii mancaudés et xx verges de terre situés à Vaux. (Juillet 1201.) — XXV. Confirmation par Roger I, évêque de Laon, de l'exemption accordée aux religieux de Boheries, par Enguerrand de Coucy, par laquelle les voitures et effets propres auxdits religieux ne devaient payer aucun droit en passant sur les terres dudit seigneur. (1201.)— XXVI. Sentence par laquelle la moitié de la dîme de Saint-Martin-Rivière est assignée à l'abbaye de Boheries, tant que le chapelain de Vaux, à qui cette dîme doit appartenir, ne serait pas encore installé. (Juillet 1203.) — XXVII. Donation faite par Havide d'Aisonvile[3] à l'abbaye de Boheries, de cinq muids de terre à Aisonville et autres choses. (1204.) — XXVIII. Confirmation par Renaud Ier., évêque de Laon, du don fait à l'abbaye de Boheries, par Baudouin, fils de d'Amaury d'Hauteville (de Alta-villa), du droit qu'il possédait sur les dîmes apud *Novamvillam*[4], apud *Estruem*[5], et apud *Divi*[6]. (Mars 1207.) — XXIX. Sentence arbitrale réglant le différend survenu entre l'abbaye de Boheries et celle de Saint-Martin de Laon, au sujet de la dîme d'Andigny. (Juillet 1209.)—XXX. Confirmation par Etienne I, évêque de Noyon, de la donation faite à l'abbaye de Boheries, par Etienne, sous-chantre du chapitre de Saint-Quentin, d'un droit de dîme qu'il avait acheté de Robert de *Estroiliers*[7]. (Janvier 1311.)— XXXI. Acte par lequel Eustache de *Bozies* déclare permettre à l'abbaye de Boheries, le transport de ses voitures et denrées sur ses terres, sans payer aucun droit. (Mai 1211.)—XXXII. Double de l'acte ci-dessus. (Mai 1211.) —XXXIII. Acte par lequel Amaury, seigneur de Wassegnies[8], renonce à contrarier l'abbaye de Boheries dans le

---

[1] Longchamps, canton de Guise (Aisne).
[2] Vaux-en-Arrouaise, canton de Wassigny (Aisne).
[3] Canton de Guise (Aisne).
[4] Neuville-lès-Dorengt, canton de Nouvion-en-Thiérache (Aisne).
[5] Etreux, canton de Wassigny (Aisne).
[6] Oisy, canton de Wassigny (Aisne).
[7] Etreillers, canton de Vermand (Aisne).
[8] Wassigny, chef-lieu de canton (Aisne).

droit qu'il possédait sur les pâtures d'Andigny. (1212.) —XXXIV. Acte par lequel Alard, seigneur d'Antony (de Antonio), accorde aux abbé et religieux de Boheries, qui passaient sur ses terres, libre passage et franchise de tous péages. (1212.) — XXXV. Notification faite par Jean III, évêque de Cambrai, de l'abandon du droit de pâturage dans la forêt d'Andigny, fait à l'abbaye de Boheries par Amauri, chevalier, seigneur de *Wassenies*. (1212.)—XXXVI. Sentence arbitrale qui met fin au débat survenu entre Enguerrand de Coucy et l'abbaye de Boheries, au sujet d'un manse sis à *Gerecies* [1].—(Mars 1213.) —XXXVII. Confirmation par Gui, seigneur de Moï, de l'exemption gratuite et perpétuelle du droit de passage pour les voitures et effets de ladite abbaye, accordée par Mathieu, chevalier du Chastel (de Castello). (Mai 1214.) —XXXVIII. Confirmation par Robert I, évêque de Laon, de la concession faite à l'abbaye de Boheries, par Jean de *Herbleincourt*, de tout ce qui lui appartenait sur la dîme de Derci [2]. (1214.) — XXXIX. Accord passé entre l'abbaye de Boheries et Gilbert Mignon, bourgeois de Saint-Quentin, au sujet d'une maison dont il prétendait être propriétaire. (Octobre 1215.) — XL. Confirmation par Anselme, évêque de Laon, de la donation faite à l'abbaye de Boheries, par W. de Leheriis [3], de deux muids de terre et autres choses. (1217.) — XLI. Acte par lequel Philippe de Berser, donne à l'abbaye de Boheries, la moitié d'un champ sis à le Ba Wete. (Novembre 1219.) — XLII. Reconnaissance passée au profit de l'abbaye de Boheries, de c s. vi den paris. de cens et rentes qui avaient été donnés à ladite abbaye par Werric, doyen de Cambrai. (Février 1220.) — XLIII. Acte par lequel Raoul, évêque d'Arras, relève Odon, chevalier de Vadencourt, de l'excommunication lancée contre lui, considérant la rente de deux muids de froment, percevables sur le moulin de Vadencourt, la dîme de ladite ville, les eaux mortes et courantes depuis la barre jusqu'aux limites de l'abbaye

---

[1] Gercy, canton de Vervins (Aisne).

[2] Dercy, canton de Crécy-sur-Serre (Aisne).

[3] Il ne faut pas confondre ce lieu avec La Herie de l'arrondissement de Vervins, canton de Hirson ; celui-ci est Le Hery placé sur la carte de Cassini, au S.-S. E. de Puisieux.

BOHERIES.

(*a barra usque ad ultimos terminos*, etc.), donnés par lui à l'abbaye de Boheries. (Juillet 1220.) — XLIV. Vente faite à l'abbaye de Boheries, par Adam de Vadencourt, de tout ce qu'il possédait sur la dîme de Vadencourt. (Janvier 1221.)—XLV. Acte par lequel Jean et Huard de Cauvigni reconnaissent devoir à l'abbaye de Boheries, deux muids de froment, payables à Saint-Quentin. (Octobre 1222.)—XLVI. Donation faite à l'abbaye de Boheries, par Arnoul de Doraine[1] et ses frères, de ce qu'ils pouvaient posséder sur les menues dîmes de Dorengt, Neuville-lès-Dorengt, Oisy et Étreux. (Mars 1223.) — XLVII. Acte par lequel Simon Bocherons, paroissien de Saint-Quentin, partant pour la terre sainte, lègue une partie de ses biens à l'abbaye de Boheries. (Juin 1223.)— XLVIII. Echange entre l'abbaye de Boheries et le chapitre de Saint-Quentin. (1224.) (Endommagé.)—XLIX. Vente faite par G. de Moi, chevalier, à l'abbaye de Boheries, de quelques pièces de terre sise à *Aintencort*[2]. (Janvier 1224.) — L. Confirmation par Anselme, évêque de Laon, de l'accord passé entre l'abbaye de Boheries et Mathieu, seigneur de Sissy, par lequel ce dernier sera tenu de payer annuellement trois muids de froment. (Mars 1226.)— LI. Accord par lequel les charrois de l'abbaye de Boheries pourront aller et venir à Crecy-Villeneuve[3], sans payer de frais de chaussée. (Juillet 1226.)—LII. Confirmation par Anselme, évêque de Laon, de la donation faite par Gérard de Fontenoi, chevalier, d'un demi muid de froment, à prendre à la grange d'Escheries[4]. (Août 1228.) — LIII. Accord passé entre Raoul de Sont[5] et l'abbaye de Boheries, relativement à l'aumône faite par la mère dudit Raoul à ladite abbaye. (22 janvier 1229.) — LIV. Acte par lequel Evrard de *Muerval*[6] reconnaît devoir à l'abbaye de Boheries, trois muids de vin sur ses possessions de *Vallibus subtus Laudunum*[7]. (Avril 1229.) — LV. Bail à cens et

---

[1] Dorengt, canton de Nouvion (Aisne).
[2] Attencourt, annexe de Toulis, canton de Marle (Aisne).
[3] Probablement Crecy-sur-Serre (Aisne).
[4] Achery, canton de La Fère (Aisne).
[5] Sons, canton de Marle (Aisne).
[6] Merval, canton de Braisne-sur-Vesle (Aisne).
[7] Vaux, annexe de Laon (Aisne).

rentes fait par les religieux de Boheries à N. d'Homblières, d'une maison sise à Saint - Quentin. (Août 1229.)—LVI. Acte par lequel Gérard de Clacy autorise l'abbaye de Boheries à faire passer ses voitures de transport et denrées dans son domaine sans payer aucun droit. (Décembre 1234.) — LVII. Confirmation par Gautier, seigneur de Brai et de *Yevregni*, de la vente faite à l'abbaye de Boheries par Denis de Choegni [1], de IV muids de froment et X d'avoine. (Juin 1235.) — LVIII. Confirmation par Gautier, seigneur de Brai, de la donation faite à l'abbaye de Boheries par Denis de Choigny, de certaines rentes. (Juin 1235). — LIX. Vente faite par Guillaume de Creannelles [2] à l'abbaye de Boheries, de XX muids de froment. (Mars 1239.) (Endommagé.) — LX. Acte par lequel un nommé Oudard Strabon de Crécy prend à ferme, de l'abbaye de Boheries, un pré sis à Crécy *(situm in territorio de Creceio, loco qui dicitur Petrosum vadum.)* (Novembre 1239.)—LXI. Vente faite à l'abbaye de Boheries par Jean de Vadencourt, d'une rente de XVI muids de froment à Audigny. (Décembre 1239.) — LXII. Donation faite à l'abbaye de Boheries par Pierre Langlois, de tous leurs biens tant meubles qu'immeubles. (Janvier 1240.)— LXIII. Chirographe de Hugues, abbé de Boheries et de ses religieux, portant réglement concernant la vente de X muids de froment sur la grange d'Andigny, échue à Robert de Parpres, héritier de W. de Vaudren, chevalier, et restant des XXVIII muids que lui payaient annuellement les religieux de Boheries. (Juin 1240.) — LXIV. Accord entre l'abbaye de Boheries et Oudard Strabon de Crécy, relatif au pré appelé *Petrosum vallum.* (Décembre 1240.) —LXV. Donation faite à l'abbaye de Boheries du tiers des dîmes de *Somesses*, par Gilles, chevalier, seigneur de *Vendougies.* (Septembre 1241.) — LXVI. Vente faite à l'abbaye de Boheries par Gautier d'Iron, de douze jalois d'avoine, à prendre à Andigny, et de douze mancaudées de terre, situées près le bois de la Châtellerie. (Mars 1243.) — LXVII. Confirmation faite par Gobin de *Tornooison* de la donation faite par sa mère, à l'abbaye de Boheries, de la rente d'un muid de blé, payable chaque

---

[1] Choigny, annexe de Brissay, canton de Moy (Aisne).

[2] Craonnelle, canton de Craonne (Aisne).

BOHÉRIES.   année à la Saint-Remi. (Janvier 1245.) — LXVIII. Accord entre l'abbaye de Bohéries et Gauthier, seigneur de Tupigny, en vertu duquel ce dernier garde la rente annuelle d'un muid de blé que son père fesait à la dite abbaye ; mais en retour il accorde à celle-ci une portion de dîme dans ses terres de Jussy et de Val-Saint-Pierre. (Mars 1249.) — LXIX. Acte par lequel Gui, seigneur de Dercy, reconnaît les propriétés de l'abbaye de Bohéries au dit territoire. (Janvier 1251.) — LXX. Amortissement accordé par Gui de Dercy, chanoine de Laon, à l'abbaye de Bohéries, pour tout ce qu'elle possédait à Dercy. (Janvier 1251.) — LXXI. Confirmation par Nicolas de Nouvion *(de Novione)*, bailli de J. comte de Blois, seigneur d'Avesnes et de Guise, de la vente faite par Gauthier, seigneur de Tupigny, d'un bois *quod vulgariter appellatur nemus Castellarie, situm in parrochia Sancti Martini in riparia*[1] *Cameracensis diocesis.* — (Juin 1255. — LXXII. Double de la donation ci-dessus. (Juin 1255.) — LXXIII. Confirmation par Colard dit Hateriaux, de la donation faite par ses frères, à l'abbaye de Bohéries des terres sises à Jussy, Andigny et Wassigny. (Mars 1256). — LXXIV. Confirmation par Gautier de Tupigny, de la donation faite à l'abbaye de Bohéries, par Gui, de *Celle*, d'une rente de 11 muids de blé à prendre sur les terrages de *Celle*. (Avril 1260). — LXXV. Donation faite à l'abbaye de Bohéries, par Vautier de Tupigny, de cinq mancaudées de terre, sis à Saint-Martin-Rivière. (Avril 1260.) — LXXVI. Achat fait par l'abbaye de Bohéries à Jean le Saunier *(J. dictus li Saunirs)* d'un bois, d'un pré et d'une pièce de terre labourable sis *in loco qui dicitur subtus novas vias non longe a vado quod dicitur Planchevilain.* (Mai 1260.) — LXXVII. Acte par lequel l'abbaye de Bohéries déclare se soumettre au jugement qui sera prononcé par les arbitres, sur une querelle survenue entre eux, d'une part, et les prieurs de Coincy, de Tupigny, et G. de Tupigny, d'autre part, relativement aux limites respectives de leurs bois : *Super divisionibus nemorum ipsorum et nostrorum a fonte qui dicitur a Marcoignet*[2] *usque*

---

[1] Saint-Martin-Rivière, canton de Wassigny (Aisne).

[2] Probablement *Marconnier*, marqué sur la carte de Cassini au Nord de la forêt d'Andigny.

ad nemus abbatisse de Oregni. (Mai 1260.) — LXXVIII. BOHERIES. Sentence des arbitres, relativement à la dispute survenue entre l'abbaye de Bohéries et les prieurs de Coincy, etc. (Septembre 1260.) — LXXIX. Vente faite par G. de Tupigni à l'abbaye de Bohéries, de quelques bois sis à Saint-Martin-Rivière. (Décembre 1260.) — LXXX. Confirmation par Gerard de Celle, de la donation faite par son frère à l'abbaye de Bohéries, de deux muids de blé à prendre sur les terrages de Celle. (Mai 1262.) — LXXXI. Vente par Gautier de Tupigni, à l'abbaye de Bohéries, du bois de la Chatellerie. (Août 1262.) — LXXXII. Notification de la vente faite à l'abbaye de Bohéries par Gautier de Tupigni, du bois de la Chatellerie, d'un étang, etc. (Août 1262.) — LXXXIII. Acte par lequel Gerard de Fontenay (*de Fonteneto*) reconnaît devoir à l'abbaye de Bohéries une rente d'un muid de blé à prendre *apud escherias*.[1] (Janvier 1265.) — LXXXIV. Vente faite à l'abbaye de Bohéries par Robert, chevalier et seigneur de *Kaiencort*, de terres sises à *Belval*, près Andigny. (Janvier 1267.) — LXXXV. Donation faite à l'abbaye de Bohéries par Heluis, dame de Longchamps, de xxx s. parisis. (Décembre 1267.) (Endommagé. — En fr.) — LXXXVI. Confirmation par Wautiers de Tupigni, de la vente faite par Robert, seigneur de *Kaiencort*, à l'abbaye de Bohéries, de plusieurs pièces de terre et de bois, sis *à le couture d'Andegnies con apele Beleval*. (Juin 1268.) — LXXXVII. Information de laquelle il résulte que Mathilde de Berque était en droit de disposer en faveur de l'abbaye de Bohéries d'une maison sise *apud Castellum*. (1267.) (Endommagé.) — LXXXVIII. Sentence arbitrale qui met fin au désaccord survenu entre l'abbaye de Bohéries et les habitants de *Vadencourt*, au sujet des pâturages sis entre Longchamps Bohéries et Vadencourt. (Décembre 1269.) (En fr.) — LXXXIX. Vidimus d'un acte passé entre le chanoine Thierry et l'abbaye de Bohéries, relativement à ses biens, meubles et immeubles de Poukes. (1270.) — XC. Donation de terres faite par W. de Tupigni, à l'abbaye de Bohéries, à l'église de Sainte-Croix de Tupigni, et à la cure

---

[1] Esquéheries, canton de Nouvion-en-Thiérache (Aisne).

BOHERIES.

d'Iron. (Avril 1270.) (En fr. — Cette pièce paraît n'être qu'un brouillon.) — XCI. Testament de Jean de Monceaux, par lequel il dispose de ses biens en faveur des abbayes de Bohéries, Foigny, Fervaques, de l'hôpital Saint-Ladre de Guise, etc. (Avril 1270.) (En fr.) — XCII. Acte par lequel Jean de Harbigni, damoiseau et sire de Derci, affranchit de tout droit seigneurial toutes les propriétés que l'abbaye de Bohéries possédait dans ses domaines. (Février 1271.) (En fr.) — XCIII. Acte par lequel le chapitre de St.-Phare de Gand *(beate Phare Gandensis)* cède à l'abbaye de Bohéries le droit qu'elle prétendait avoir sur les biens, meubles et immeubles sis à Poukes, et qui leur avait été légué par Thierri, chanoine de Laon. (Janvier 1272.) — XCIV. Vente faite par l'abbaye de Bohéries, de deux maisons sises à à St.-Quentin. (Février 1272.) (En fr.) — XCV. Testament de Thierry de Moiri, chanoine de St.-Quentin, par lequel il lègue à l'abbaye de Bohéries tous ses biens, meubles et immeubles, sis à Poukes, en Flandre. (Octobre 1272.) (Deux pièces.)—XCVI. Acte de procuration par lequel Thierri de Moiri, chanoine de St.-Geri *(Sancti Gaugerici)* autorise Hugues, clerc de Soissons, à prendre possession au nom de l'abbé de Bohéries, de tous les biens que le dit chanoine donnait à l'abbaye, et qui existaient à Poukes *(in villa de Paukes)* en Flandre. (Octobre 1272.) — XCVII. Acte par lequel Wistasse d'Assene engage Aelis de Wiscus, sa fillastre, à prêter ses hommes à l'abbaye de Bohéries. (Avril 1273.) (En fr.) — XCVIII. Confirmation par Colars Haterel (Heteriaus) d'Espinoi, du don fait à l'abbaye de Bohéries, d'une rente de 3 muids de froment sur les dîmes de Saint-Martin-Rivière. (Avril 1273.) (En fr.) — XCIX. Amortissement par Jean de Yrecons[1] des terres possédées par l'abbaye de Bohéries, à Dercy. (Juillet 1273.) — C. Donation faite à l'abbaye de Bohéries par le sire de Wassigny *(de Wausignies)*, d'une rente de x livres tournois, à prendre sur le terrage de Wassigny (Septembre 1276.) (En fr.) — CI. Acte qui ajoute une clause à un testament d'un particulier ; ce codicille est scellé par l'abbé de Bohéries. (1278.) — CII. Donation faite par Colard dit Passars de Verly, d'un pré à Vadencourt, d'un ma-

---

[1] Hirson, chef-lieu de canton (Aisne).

noir à Verly, et autres biens dont il garde l'usufruit. (Novembre 1280.) — CIII. Confirmation par Clarembaus de Maioch [1] de la donation faite par ses ancêtres *de ses terres kil avoit ou terroir de Juzi* [2] *et de Wassegnies con dist les sars de Juzi*, etc. (Avril 1282.) (En fr.) — CIV. Confirmation par Wautier de Tupigny, du legs fait par son père, de XXIII livrées de terre, à l'abbaye de Bohéries. (1283). — CV. Acte par lequel le chevalier de Parpres lègue à l'abbaye de Bohéries un muid de blé. (Mai 1283.) (En fr.) — CVI. Confirmation par Wautiers de Tupigny, chevalier, sire de Iron, des privilèges accordés par lui à l'abbaye de Bohéries. (Mars 1286.) (En fr.) — CVII. Testament de Yde Pergons, bourgeoise de Guise, qui laisse à l'abbaye de Bohéries un pré situé entre Guise et *Robes*. (Août 1289.) — CVIII. Donation faite à l'abbaye de Bohéries par Honestasse de Hamelincourt, d'une pièce de terre sise à Iron. (Juillet 1290.) — CIX. Legs fait par Witasse de Hamelincourt, dame d'Iron, à l'abbaye de Bohéries, de III muids de blé sur la grange de Andigny, lesquels trois muids doivent être employés à donner deux harengs par jour à chaque religieux, pendant l'avant et le carême. (Février 1292.) (En fr.) — CX. Amortissement en faveur de l'abbaye de Bohéries de certaines terres qui leur avaient été données par Honestasse d'Iron. (Janvier 1296.) (En fr.) — CXI. Engagement pris par Marie *Paiemens de Leschières* [3] de payer sans remise, à l'abbaye de Bohéries, à son commandement, 80 liv. tournois. (Juin 1296.) — CXII. Donation faite à l'abbaye de Bohéries, par Honestasse de Hamelincourt, de terres sises près de Bohéries. (Décembre 1296.) (En fr.) — CXIII. Donation faite à l'abbaye de Bohéries, par Honestasse de Hamelincourt, dame d'Iron, pour la fondation d'une chapelle et de deux obits, de la moitié à elle appartenant, de ce que son époux Wautiers de Tupigny avait acheté de Gerans de le Chele [4]. (Mai 1297.) — CXIV. Amortissement par G. de Tupigny, de certaines terres données à l'abbaye de Bohéries par Isabeaus *Libe-*

---

[1] Probablement Mayot, canton de La Fère (Aisne).
[2] Jussy, canton de St.-Simon (Aisne).
[3] Leschelle, canton de Nouvion (Aisne).
[4] Probablement Leschelle.

BOHERIES.

gine de *Saint-Martin en le Rivière*. (Août 1297.) — CXV. Amortissement par H. de Chatillon, sire d'Avènes, et comte de Blois, des terres données à l'abbaye de Bohéries, par Honestasse d'Iron. (Mai 1298.) (En fr.) — CXVI. Jugement par lequel l'abbaye de Bohéries est maintenue dans son exemption de péage des vinages de Ribemont. (Mai 1299.) (En fr.) — CXVII. Sentence rendue par Raoul, évêque d'Arras, sur un différent survenu entre l'abbaye de Bohéries et Enguerrand, seigneur de Coucy, au sujet d'une maison sise *apud Gerechies* [1] (s. d. xiii.e s.[2]) — CXVIII. Amortissement par Jean, chevalier, seigneur de *le Planoie*, de la rente d'un muid de blé faite à l'abbaye de Bohéries, par *Pierres de Monchiaus*, sur sa terre de Louvri. (Juin 1300.) — CXIX. Amortissement par Hugues de Châtillon, de quelques terres à Andigny, données par Honestasse d'Iron, à l'abbaye de Bohéries. (Nov. 1300.) — CXX. Acte par lequel Jean, écuyer, fils d'Oudard, seigneur de Vadencourt, reconnaît devoir à l'abbaye de Bohéries : 1.º une rente de XL s. parisis ; 2.º une rente de deux muids de blé à prendre sur ses moulins de Vadencourt. (Mars 1312.) (En fr.) — CXXI. Confirmation par Wautiers, chevalier, seigneur de *Thupeigni*, *d'Iron et de Saint-Martin-en-le-Rivière*, d'une donation faite par son père et sa belle-mère (marastre), à l'abbaye de Bohéries. (Décembre 1312.) — CXXII. Acte par lequel Vautier de Tupigny et l'abbé de Bohéries déclarent devoir se soumettre à la sentence des arbitres nommés par eux, au sujet de leur querelle. (Juin 1303.) — CXXIII. Donation faite à l'abbaye de Bohéries, par Guillaume de Flavigny, d'une rente de 3 s. tournois sur un pré dit *au chaisne*, dans le territoire de Flavigni. (Juillet 1303.) — CXXIV. Acte par lequel Evrard de Missi (Dou Missi) reconnaît devoir à l'abbaye de Bohéries deux muids de blé à prendre annuellement à la grange d'Origni (Oreigny). (Avril 1317.) (En fr.) — CXXV. Sentence du bailli de Guise, rendue au profit des religieux de Bohéries, par laquelle la commune de Vadencourt est déboutée

---

[1] Gercy, canton de Vervins (Aisne).

[2] Cette pièce est du commencement du xiii.e s. L'évêque d'Arras qui rendit la sentence, était Raoul de Neuville ; il occupa le siége épiscopal de 1203 à 1221.

de ses prétentions, relativement au pâturage sis entre le pont de *Randoves*, le pont de *Waudencourt*, et les murs de l'abbaye. (Novembre 1317.) — CXXVI. Sentence du garde de la baillie de Guise, qui adjuge aux religieux de l'abbaye de Bohéries une rente de x s. *de petits vies blans* sur un jardin. (1322.) — CXXVII. Donation faite à l'abbaye de Bohéries, par Gerard du Mesnil, d'un champ sis à Lerzies [1]. (Décembre 1337.) — CXXVIII. Vidimus de plusieurs lettres latines et françaises, de 1196 à 1388, constatant que les seigneurs de Guise ont accordé à l'abbaye de Bohéries le droit de pêcher le poisson trois fois la semaine, entre Guise et Lesquielle [2].

197. BONCOURT.

Lettres patentes enregistrées à Paris, en parlement, le 28 août 1760 portant translation au lieu de Boncourt [3], de quatre foires et d'un marché qui avaient été établis au village de Tillart [4] —(1760.)

A. I. *Sect. jud.*, *Parl. de Paris*, Ord. 8. H., f° 19.

198. BONNAY.

Lettres par lesquelles Louise, régente de France, à la demande des habitants et manans de la ville de Bonnay [5], établit deux foires et un marché.—(1524.)

A. I. *Sect. hist.*, *Trés. des Ch.*, Reg. 237 n.° 139.

199. BONNEUIL.

I°. Lettres par lesquelles Louis XII à la demande des habitants de Bonneuil [6], établit au dit lieu deux foires et un marché.—(1501.)

A. I. *Sect. hist.*, *Trés. des Ch.*, Reg. 234 n.° 389.

II°. Confirmation des lettres ci-dessus par Charles IX. —(Septembre 1566.)

A. I. *Sect. hist.*, *Trés. des Ch.*, Reg. 264 n.° 566.

[1] Lerzy, canton de la Capelle (Aisne).
[2] Lesqueilles-St.-Germain, canton de Guise (Aisne).
[3] Annexe de Noailles (Oise.)
[4] Annexe de Silly, canton de Noailles (Oise.)
[5] Canton de Corbie (Somme.)
[6] Canton de Breteuil (Oise.)

BONNEUIL. — III°. Lettres par lesquelles Charles IX à la demande des habitants de Bonneuil et paroisses circonvoisines, établit au dit lieu un grenier ou chambre subsidiaire à sel. —(Septembre 1566.)

A. I. Sect. hist., Très. des Ch., Reg. 264 n.° 576.

BORAN. **200.**

Arrêt du conseil qui permet aux habitants de Borrancq [1] de s'imposer pour la somme de 609 liv. 10 s. pour payer le montant d'une condamnation prononcée contre eux.—(8 février 1605.)

A. I. Sect. administ., E. 8.

BOREST. **201.**

I°. Transaction passée en 1191, entre l'abbaye de Châlis et les habitants de Borrêts [2], par laquelle les habitants du lieu susdit déclarent n'avoir aucun droit de pâturage ni d'usage au bois dit de Ste Geneviève, etc., etc.— (1191.)

B. I. Cab. des Ch., CC. 80.

II°. Charte de Thomas, abbé de Châlis, relative au même objet.—(Avril 1279.)

B. I. Cab. des Ch., CC. 227.

III°. Charte de frère Guérin, abbé de Ste Geneviève de Paris, portant accord entre Ste Geneviève et les habitants de Borest, relativement au droit de pâturage, etc., etc.— (1296.)

B. I. Cab. des Ch., CC. 244.

BOSSE (LA). **202.**

Lettres patentes de Henri IV portant érection de la terre de la Bosse [3], appartenant au sieur de Vardes, en baronnie. Dans ces lettres il est dit que [la terre et seigneurie de la Bosse est de grande étendue, consistant en un gros bourg composé de plus de 400 maisons ou il y a foire par chacun an et marché par semaine.] —(Décembre 1596.)

A. I. Sect. jud., Parl. de Paris, Ord. 2, T. f°. 269.

---

[1] Canton de Neuilly-en-Thelle (Oise.)
[2] Canton de Nanteuil-le-Haudouin (Oise.)
[3] Canton du Coudray-St.-Germer (Oise.)

203.   BOUCONVILLE.

I°. Lettres par lesquelles Henri II à la demande de Louis de Proyzis [1], seigneur de Bouconville [2], établit un marché audit lieu.—(Mai 1553.)

A. I. *Sect. hist., Trés. des Ch.*, Reg. 262, n°. 193.

II°. Lettres de Henri III, qui accordent au seigneur de Bouconville un marché chaque jour de la semaine et une foire par an au lieu de Bouconville. (XVI°. siècle.)

Arch. de la Couronne, Reg. du XVI°. s. intitulé: *Recueil de Lettres du temps de Henri III.*

204.   BOUFFLERS.

I°. Une partie du duché de Boufflers (teinté.)—II°. 4 plans du château, par Mansart (à l'encre de Chine.)—III°. 2 vues du château (colorié.)—IV°. Une vue du château (au trait.)—V°. Premier dessin du château de Boufflers (colorié.)—VI°. Idem, (au trait.)—VII°. Idem, (colorié.)—VIII°. Plans et dessins du même château (à l'encre.)

B. I. *Département des Cartes et Plans.—Coll. topographique.*
                                                                          V. a. 23.

Ces divers dessins se trouvent dans un volume qui contient les cartes et plans des arrondissements de Beauvais et de Clermont.

205.   BOUGAINVILLE

Lettres par lesquelles François Ier. à la demande d'Antoine de Soissons, écuyer, et des habitants de Bougainville [3] établit quatre foires audit lieu.—(Décembre 1531.)

A. I. *Sect. hist., Trésor des Ch.*, Reg. 246, n°. 114.

206. Recueil de Chartes originales ou copies de chartes   BOULOGNE. tirées des collections des Bibliothèques de Paris et des Archives de l'Empire.

I. Vidimus du 27 février 1303, d'une charte d'Eustache, comte de Boulogne, donnant plusieurs terres *(villa de*

---

[1] Proisy, canton de Guise (Aisne.)
[2] Canton de Craonne (Aisne.)
[3] Canton de Molliens-Vidame (Somme.)

BOULOGNE.

Baingehem[1], *pastura juxta Montfelon, medietas Allodiorum de Herbouval, ecclesia de Waubingehem, decima marescorum de Ambletouwe*[2], *terra apud Hachinghem*[3], *Westrehoue*[4]*)* à l'église de Saint-Wulmer.—(1121.) 2 pièces.

A. I. Sect hist., Trés. des Ch., J. 792.

II. Lettres par lesquelles Philippe-Auguste déclare avoir reçu l'hommage lige de Régnaut de Dommartin, pour son comté de Boulogne, etc.—(1191.) Sc. royal endommagé.

A. I. Sect. hist., Trés. des Ch., J., 238, n° 44.

III. Acte par lequel Régnaut, comte de Boulogne, promet de défendre le Roi envers et contre tous. (1196.)

A. I. Sect. hist., Trés. des Ch., J. 238, n° 45.

IV. Acte par lequel Guillaume, archevêque de Rheims, fait connaître la promesse de Régnaut, comte de Boulogne, et s'engage à l'excommunier, s'il ne tient pas la dite promesse.—(Juin 1196.) Sc. pend. en cire jaune.

A. I. Sect. hist., Trés. des Ch., Cart. J. 238, n° 45 bis.

V. Acte par lequel Regnaut, comte de Boulogne et Ide, sa femme, s'obligent à donner en mariage leur fille Mathilde, à Pierre, fils de Philippe-Auguste, et en cas de mort de ce dernier, de ne la marier que du consentement du Roi, etc.[5]—(Août 1201.) Sc. pend. en cire verte. *Sigillum de comitisse Bolonie.*

A. I. Sect. hist., Trés. des Ch., J. 238, n° 1.

VI. Lettres de Philippe-Auguste, par lesquelles il octroie à Regnaut, comte de Boulogne, et à ses hoirs, *Comitatem Albemalle*[6] *cum feodis et domaniis et omnibus pertinentiis citra forestam de Caviz excepto Arguel et feodis*

---

[1] Bainghen, canton de Desvres (Pas-de-Calais.)

[2] Ambleteuse, canton de Marquise (Pas-de-Calais.)

[3] Echinghen, canton de Boulogne-sur-Mer (Pas-de-Calais.)

[4] Wertrove, annexe d'Eperlecques, canton d'Ardres (Pas-de-Calais).

[5] Voir Baluze, *Histoire généal. de la maison d'Auvergne*, t. II, p. 98, et Justel, *Hist. généal. de la maison d'Auvergne*, preuves, p. 68.

[6] Aumale (Seine-Inférieure).

et pertinentiis ejusdem Arguel....., villam sancti Richarii[1] *cum omnibus pertinentiis que est inter Augum*[2] *et Furcarmont*[3]*..... castrum de Danfront in passeis*[4] *cum feodis,.... et forestam de Andeine*, et en échange reçoit le comté de Boulogne ; *Castrum de Mortuomari*[5] *cum omnibus pertinentiis ejus, et totam terram Anglicorum et Normannorum, quam tenebat et justiciabat per castellum et castellaniam Mortuimaris*[6].—(1204.)

A. I. Sect. hist., Trés. des Ch., J. 238, n°. 4.

VII. Lettre de Regnaut, comte de Boulogne, par laquelle il quitte au roi Philippe-Auguste et à ses hoirs, le château de Mortemer, etc.—(Décembre 1204.) Sc. pend. en cire verte.

A. I. Sect. hist., J. 238, n°. 6.

VIII. Accord entre Henri, duc de Lorraine, d'une part et Regnaut, comte de Boulogne, de l'autre, par lequel le dit Henri quitte au dit Regnaut le comté de Boulogne,[7] etc.—(Février 1204.)

A. I. Sect. hist., Trés. des Ch., J. 238, n°. 2.

IX. Lettres du roi Philippe-Auguste, par lesquelles il délivre à Regnaut, comte de Boulogne et aux hoirs de Ide, sa femme, *Moritolium et jus illud quod habere deberet in comitatu Moritolii circa mare Anglie*. —(1204.)

A. I. Sect. hist., Trés. des Ch., J. 238, n°. 3.

X. Accord entre Renaud, comte de Boulogne, et Guillaume, comte de Ponthieu.—(1201.)

A. I. Sect. hist., Trés. des Ch., J. 238, n.° 46.

---

[1] Saint-Riquier-en-Rivière, canton de Blangy (Seine-Inférieure).

[2] Eu (Seine-Inférieure).

[3] Foucarmont, canton de Blangy (Seine-Inférieure).

[4] Autrefois Domfront-en-Passois, aujourd'hui Domfront-en-Champagne, canton de Conlie (Sarthe).

[5] Mortemer-en-Bray, canton de Neufchâtel (Seine-Inférieure).

[6] Voir Martenne, *Ampliss. Coll.*, t. I, col. 1047.

[7] Voir *Hist. généal. de la maison de Châtillon-sur-Marne*, preuv., p. 85.—Justel, *op. cit.* preuv., p. 68.—Baluze, *op. cit.*, t. II, p. 104. Les auteurs n'ont donné qu'un fragment de cette pièce.

BOULOGNE.

XI. Lettres de Renaud, comte de Boulogne, par lesquelles, en suivant le traité de mariage dont il est parlé plus haut (pièce V.), il assigne toutes ses terres de Calais,[1] *totam terram meam quam habebam in Caleto... excepto Insula bona*[2] *et de Alisiaco*, etc.—(Mai 1210.) Sc. pend. en cire verte, brisé.

A. I. Sect. hist., Trés. des Ch., J. 238, n°. 8.

XII. Acte par lequel Philippe, comte de Boulogne, abandonne au roi Louis VIII 3,000 livres de rentes, et d'autres biens, en échange de la confirmation faite par ce dernier, d'un acte de Philippe Auguste, qui lui donnait le comté *Moritolii Danfront in passesio* et la haute justice *Magna justicia que vocatur Placitum ensis*.—(Février 1223.) Sc. pend. en cire verte.

A. I. Sect. hist., Trés. des Ch., J. 238, n°. 47.

XIII. Acte par lequel Philippe, comte de Boulogne, reconnaît avoir reçu du roi Saint-Louis, son neveu, six mille livres tournois de rente, payables au Temple à Paris.—(Mars 1226.) Sc. pend. en cire verte.

A. I. Sect. hist., Trés. des Ch., J. 238, n°. 11.

XIV. Lettres par lesquelles Philippe, comte de Boulogne, reconnaît avoir reçu du roi Saint-Louis, son neveu, les forteresses *Moretonii* et *Insule bone*, ainsi que le comté de Saint-Paul, qui devait retourner au Roi, si Philippe mourait sans enfants[3].—(Décembre 1226.) Sc. pend. en cire verte, endommagé.

A. I. Sect. hist., Trés. des Ch., J. 238, n°. 48.

XV. Lettres de Mahaut, comtesse de Boulogne, par lesquelles elle fait hommage-lige au Roi de son comté de Boulogne.—(Janvier 1233.) Sc. pend. en cire brune, brisé.

A. I. Sect. hist., Trés. des Ch., J. 238, n°. 49.

XVI. Acte par lequel Mahaut, comtesse de Boulogne, reconnaît avoir baillé, pour dix ans, au Roi de France,

---

[1] Voir Baluze, *op. cit.* t. II, p. 99.

[2] Lillebonne (Seine-Inférieure).

[3] Voir Michel de l'Hôpital, *Mémoires*, t. II, p. 375.

ses forteresses de Boulogne et de Calais (de Kales) etc.— (Janvier 1233.) Sc. pend. en cire brune, brisé.

A. I. Sect. hist., Trés. des Ch., J. 238, n°. 50.

XVII. Lettres par lesquelles Mahaut, comtesse de Boulogne, s'engage à servir le Roi fidèlement et à ne pas contracter mariage sans son consentement.—(Fév. 1234.) Sc. pend. en cire jaune, endommagé.

A. I. Sect. hist., Trés. des Ch., J. 238, n°. 51.

XVIII. Lettres par lesquelles Mahaut, comtesse de Boulogne, promet au Roi de ne point marier sa fille sans son consentement ni celui de la Reine.—(Février 1234.) Sc. pend. en cire jaune, brisé.

A. I. Sect. hist., Trés. des Ch., J. 238, n°. 52.

XIX. Acte par lequel Simon, comte de Ponthieu, s'engage comme caution de Mathilde, comtesse de Boulogne, envers le roi Saint-Louis, pour la somme de deux mille marcs d'argent, au cas où le traité conclu entre le Roi et elle ne s'accomplirait pas.—(Fév. 1234.) Sc. en cire jaune.

A. I. Sect. hist., Trés. des Ch., J. 238, n°. 18.

XX. Pareil acte de Philippe de Nanteuil *(de Nantolio)*, chevalier, pour la somme de mille marcs d'argent.—(Février 1234.) Sc. pend. en cire jaune, endommagé.

A. I. Sect. hist., Trés. des Ch., J. 238, n°. 19.

XXI. Pareil acte de Guillaume Crespin, chevalier, pour la somme de 200 marcs d'argent.—(Fév. 1234.) Sc. pend. en cire jaune.

A. I. Sect. hist., Trés. des Ch., J. 238, n°. 20.

XXII. Pareil acte de Guillaume de Milli *(de Milliaco)*, pour la somme de 200 marcs d'argent.—(Février 1234.)

A. I. Sect. hist., Trés. des Ch., J. 238, n°. 21.

XXIII. Pareil acte de Gautier de *Alneto*, pour la somme de 250 marcs d'argent. — (Février 1234.) Sc. pend. en cire jaune, endommagé.

A. I. Sect. hist., Trés. des Ch., J. 238, n°. 22.

XXIV. Pareil acte d'Anseau de Lisle *(Ansellus de Insula)*

BOULOGNE. pour la somme de 200 marcs d'argent.—(Fév. 1234.) Sc. pend en cire brune.

  A. I. Sect. hist., Trés. des Ch., J. 238, n°. 23.

XXV. Pareil acte de Robert *de Pissiaco*, pour la somme de 200 marcs d'argent. (Février 1234.)

  A. I. Sect. hist., Trés. des Ch., J. 238, n°. 24.

XXVI. Pareil acte de Simon *de Leveis*, pour la somme de 200 marcs d'argent.—(Février 1234.) Sc. pend. en cire jaune, endommagé.

  A. I. Sect. hist., Trés. des Ch., J. 238, n°. 25.

XXVII. Pareil acte de G. Vidame de Picquigny, pour la somme de deux mille marcs d'argent.—(Février 1234.) Sc. pend. en cire jaune, endommagé.

  A. I. Sect. hist., Trés. des Ch., J. 238, n°. 26.

XXVIII. Pareil acte de Thibaud d'Amiens *(Theobaldus de Ambianis)* pour la somme de deux cents marcs d'argent. (Février 1234.)

  A. I. Sect. hist., Trés. des Ch., J. 238, n°. 27.

XXIX. Pareil acte de Manassès de Conty *(Conthi)*, chevalier, pour la somme de 200 marcs d'argent.—(Février 1234.) Sc. pend en cire jaune, endommagé.

  A. I. Sect. hist., Trés. des Ch., J. 238, n.° 28.

XXX. Pareil acte de Guillaume de Beausault *(G. de Bello-Saltu)*, pour la somme de 200 marcs d'argent.—Février 1234.) Sc. pend. en cire jaune, endommagé.

  A. I. Sect. hist., Trés. des Ch., J. 238, n°. 29.

XXXI. Pareil acte de *Braeseyur*, chevalier, pour la somme de deux cent cinquante marcs d'argent.—(Février 1234.) Sc. pend. en cire jaune, avec cette légende: *Sigillum Guillermi Pisorne*.

  A. I. Sect. hist., Trés. des Ch., J. 238, n°. 30.

XXXII. Pareil acte de Roger *Pcehevertus*, pour la somme de cent marcs d'argent.—(Février 1234.) Sc. pend. en cire jaune: *Sigillum Rogeri Pascheveron*.

  A. I. Sect. hist., Trés. des Ch., J. 238, n°. 31.

XXXIII. Charte par laquelle Mathilde, comtesse de Boulogne, approuve le traité conclu en son nom, avec le Roi, par Mathieu de Trie, et Simon *de le Viis*, relativement au comté *Moretolii*, et à la terre de Donfront.—(1235.) Sc. pend. en cire jaune, brisé.

A. I. Sect. hist., Trés. des Ch., J. 238, n° 32.

XXXIV. Accord passé entre le roi St.-Louis et Mathilde, comtesse de Boulogne, relativement aux terres que Renaud, son père, avait *in Caleto et apud Alisiacum et comitatum Albemarle* [1].—(Mai 1236). Sc. pend. en cire jaune, portant pour légende : *Sigillum Maltidis uxoris Philipi, filii regis francie.*

A. I. Sect. hist., Trés. des Ch., J. 238, n° 34.

XXXV. Lettres de Hugues de Châtillon, comte de St.-Paul et de Blois, par lesquelles il reconnait avoir traité avec Mahaut, comtesse de Boulogne, relativement au mariage de Gaucher, son neveu, avec Jeanne, fille de ladite comtesse.—(Décembre 1236.) Sc. pend. en cire blanche, brisé.

A. I. Sect. hist., Trés. des Ch., J. 238, n° 53.

XXXVI. Lettres du roi St.-Louis, ordonnant à ses baillis de livrer aux exécuteurs testamentaires de son oncle, Philippe, comte de Boulogne, tous les biens meubles qui lui avaient appartenu.—(Avril 1238.) Sc. pend., brisé.

A. I. Sect. hist., Trés. des Ch., J. 238, n° 35.

XXXVII. Lettre de A. comte de Boulogne, par laquelle il reconnait que le roi et ses successeurs peuvent révoquer, selon leur bon plaisir, la donation à lui faite, du fouage de ses terres en Normandie [2].—(Août 1239.) 2 Sc. pend. en cire brune, brisés.

A. I. Sect. hist., Trés. des Ch., J. 238, n° 36.

XXXVIII. Lettre adressée au bailli d'Amiens, par laquelle Pierre de *Escantillis*, reconnait que du temps où il était bailli d'*Aubemale*, Alelmus de *fontibus* et Alelmus de *Bello-ramo* se sont rendus plèges devant lui, pour Gau-

---

[1] Voir Martène, *Veter. Monument.* t. I, p. 1245.

[2] Voir Brussel. *Usage des fiefs*, t. I, p. 215, note a. — Justel, *op. cit.*, preuves, p. 69.

BOULOGNE. tier de Fontaines, chevalier, qui devait à Philippe, comte de Boulogne, la somme de 240 livres.—(1248.)

A. I. Sect. hist., Trés. des Ch., J. 238, n°. 37.

XXXIX. Etat fait en l'année 1249, de ce qui était dû aux exécuteurs testamentaires de Philippe, comte de Boulogne.—(Mai 1249.) 2 rôles.

A. I. Sect. hist., Trés. des Ch., J. 238, n°. 43.

XL. Accord passé entre Arnoul de *Wesemale* et Robert d'Auvergne, sur les droits que ledit Arnoul prétendait avoir sur le comté de Boulogne. *Ce fut fait à Paris, au jardin le Roi de France.* (Juin 1261.) 2 Sc. pend. en cire jaune.

A. I. Sect. hist., Trés. des Ch., Cart. J. 1124, 1re liasse.

XLI. Cession par laquelle Robert, comte d'Auvergne, cède à Gui son frère, prévôt de Lille, tout le droit qu'il a, à titre de succession, sur les comtés de Boulogne et d'Auvergne, etc.—(1263.) Sc. en cire jaune.

A. I. Sect. hist., Trés. des Ch., Cart. J. 1125.

XLII. Accord passé entre Arnoul de Wisemale, Aelis, comtesse de Duras sa femme, d'une part, et Robert, comte d'Auvergne, de l'autre, au sujet des droits que ledit Arnoul prétendait avoir sur le comté de Boulogne.—(1263.) 3 Sc. pend. en cire blanche.

A. I. Sect. hist., Trés. des Ch., Cart. J. 1125.

XLIII. Accord entre Robert, comte de Boulogne, et son frère Guillaume d'Auvergne, archidiacre de Liège, touchant leurs droits respectifs sur la partie du comté de Boulogne et de ses dépendances, provenant de la succession de la comtesse Alix, leur mère.—(Janvier 1267.)

A. I. Sect. hist., Trés. des Ch., Cart. J. 1126.

XLIV. Double de la pièce précédente [1].—(1267.)

A. I. Sect. hist., Trés. des Ch., Cart., J. 1126.

XLV. Accord entre Gui de Châtillon, comte de St.-Paul, et Mahaut, comtesse d'Artois, sa femme, d'une part, et Arnoul de Wysemale, au sujet des droits que ce dernier

---

[1] Voir Baluze, *op. cit.*, t. II, p. 112.

prétendait avoir sur le comté de Boulogne.—(Juin 1269.) BOULOGNE. (En fr.). Sc. pend. en cire jaune.

A. I. Sect. hist., Trés. des Ch., Cart. J. 1125.

XLVI. Lettres des maire et échevins de Boulogne par lesquelles, en vertu des priviléges à eux octroyés, ils règlent les droits dudit comté dans la commune.—(1269.)

A. I. Sect. hist., Trés. des Ch., Cart. J. 1124.

XLVII. Compromis passé entre Robert, comte de Boulogne, chevalier, et Guillaume, sire de Fieulles.[1] —(1274.) En fr.

A. I. Sect. hist., Trés. des Ch. Cart. J. 1125.

XLVIII. Sentence arbitrale portant accord entre Robert, comte de Boulogne, et Gautier Bertrand, seigneur de Malines.—(1275.) Trois Sc. pend. dont 2 en cire jaune et 1 en cire verte.

A. I. Sect. hist., Trés. des Ch., Cart. J. 1124, 1re liasse.

XLIX. Vidimus de la sentence ci-dessus.—(1275.) 2 Sc. pend. brisés.

A. I. Sect. hist., Trés. des Ch., Cart. J. 1124, 1re liasse.

L. Vidimus de l'arbitrage ci-dessus.—(1275.) Sc. royal.

A. I. Sect. hist., Trés. des Ch., Cart. J. 1125.

LI. Lettres de Marie, veuve de Gautier-Bertrand, sur l'accord passé entre Robert, comte de Boulogne, et son mari.—(1275.)

A. I. Sect. hist., Trés. des Ch., Cart. J. 1124, 1re liasse.

LII. Compromis passé entre Jean, duc de Lorraine, et Robert, comte de Boulogne et d'Auvergne, au sujet d'une somme de 40,000 livres que le premier demandait au second.—(Juillet 1276.) 2 pièces.

A. I. Sect. hist., Trés. des Ch., Cart. J. 1125.

LIII. Double du compromis ci-dessus.—(Juillet 1276.) Scellé du Sc. roy.

A. I. Sect. hist., Trés. des Ch., Cart. J. 1125.

LIV. Double du compromis ci-dessus.—(Juillet 1276.)

A. I. Sect. hist., Trés. des Ch., Cart., J. 1125.

[1] Fiennes, canton de Guines (Pas-de-Calais).

BOULOGNE.

LV. Lettres de Guillaume, sire de Fiesnes, chevalier, portant qu'ayant échangé avec Mahun, comte de Danmartin, la terre qu'il avait en *Bel voisin*[1] *en Vekesin*, pour une rente de 220 livres, le fils dudit Mahun, Jean de Danmartin, lui avait fait l'assiette de cette rente sur une terre située en Boulonnais, laquelle terre il avait l'intention de vendre au comte de Boulogne.—(Décembre 1287.) En fr. Sc. brisé.

A. I. *Sect. hist.*, *Trés. des Ch.*, Cart. J. 1124, 1re liasse.

LVI. Lettres par lesquelles, Maurice, sire de Creon (Craon), Guillaume, sire de Fieules[2], Jean de Varennes, maréchal de France, Jean Hobestiers, chevalier, et Assaillis de Mars, écuyer, reconnaissent qu'en leur présence, Jean, comte de Danmartin, sire de Trye et de Moncy, a vendu à Robert, comte de Boulogne, tous les cens et rentes qu'il possédait en Boullenois.—(12 janvier 1292.) En fr. Quatre sceaux pendants.

A. I. *Sect. hist.*, *Trés. des Ch.*, Cart. J. 1124, 1re liasse.

LVII. Vidimus du mois de février 1293, des lettres de Gui de Châtillon, portant que son frère Hugues, comte de Blois, et sire d'Avesnes, l'ayant ensaisiné du comté de St.-Paul, il devait payer à Robert, comte de Boulogne, le quint denier.—(1292.) En fr.

A. I. *Sect. hist.*, *Trés. des Ch.*, J. 1124, 1re liasse.

LVIII. Aveu et dénombrement des fiefs que *W. du Moulin de Cormont*[3] tenait du comte de Boulogne.—(3 mai 1292.) En fr.

A. I. *Sect. hist.*, *Trés. des Ch.*, Cart. J. 1124, 1re liasse.

LIX. Acte par lequel G. Moreaus d'Anvin[4], sire de Harlentun, reconnait avoir vendu à Robert, comte de Boulogne, *tout le bas et le treffons de chelui bosc, qui est nomez le bos de Senicourt…. seant entre le forest de Bouloigne de*

---

[1] Beauvoisin, annexe de Rouen (Seine-Inférieure.)
[2] Fiennes, canton de Guines (Pas-de-Calais).
[3] Cormont, canton d'Etaples (Pas-de-Calais).
[4] Canton d'Heuchin (Pas de Calais).

deus pars, *et le bosc et le teroir Mikiel de Passart, et le vile de Passart des autres deus pars.*—(Janvier 1296.) Sept Sc. brisés.

A. I. Sect. hist., Trés. des Ch., Cart. J, 1124, 1re liasse.

LX. Accord passé entre Robert, comte de Boulogne, et les maire et échevins de lad:te ville, à cause de certains priviléges.—(Juin 1296.) En fr. Sc. brisé.

A. I. Sect. hist., Trés. des Ch., J. 1124, 1re liasse.

LXI. Confirmation par le roi Philippe-le-Bel du traité conclu entre Robert, comte de Boulogne, et Robert, comte de Clermont, au sujet du mariage de Robert de Boulogne, avec Blanche de Clermont.—(1303.)

A. I. Sect. hist., Trés. des Ch., J. 238, n°. 39.

LXII. Acte scellé du sceau de la commune de Boulogne-sur-Mer, par lequel les habitants dudit lieu appellent au futur concile de la violation de leurs droits par le pape — (Juillet 1303.)

A. I. Sect. hist., Trés. des Ch., Cart. 483, n°. 236.

LXIII. Acte par lequel Mathilde, comtesse de Boulogne, baille à cens à Guiard de Palelel [1], son chambellan, une maison sise *apud Credulium juxta ecclesiam Beati Entremondi?*—(1305.) Sc. pend. en cire brune, endommagé.

A. I. Sect. hist., Trés. des Ch., J. 238, n°. 33.

LXIV. Acte scellé par lequel la commune de Boulogne-sur-Mer nomme des députés aux Etats-généraux.—(1308.)

A. I. Sect. hist., Trés. des Ch., Cart. 415, n°. 70.

LXV. Assignation de certains revenus pour l'abbaye N. D. de Boulogne.—(Novembre 1309.)

A. I. Sect. hist., Trés. des Ch., J. Reg. 41, n°s. 165 et 166.

LXVI. Copie de lettres de Philippe-le-Long, par lesquelles il autorise les confrères de N. D. de Boulogne-sur-Mer à fonder pour leur usage, une église au village de Menus, près St.-Cloud.—(Février 1319.)

A. I. Sect. hist., K. 40, n°. 51.

---

[1] Probablement Palluel, canton de Marquise (Pas-de-Calais.)

BOULOGNE.

LXVII. Acte par lequel Philippe de Tric, sire de Mareul, vend à Guillaume, comte de Boulogne, une rente de 120 livres, qu'il percevait annuellement sur la vicomté de Boulogne.—(12 août 1327.) En fr. 2 Sc. pend. brisés.

A. I. Sect. hist., Trés. des Ch., Cart. J, 1124, 2ᵉ liasse.

LXVIII. Aveu et dénombrement des fiefs que Girard de Bours[1] tenait des comtes de Boulogne.—(1339.) En fr.

A. I. Sect. hist., Trés. des Ch., Cart. J, 1124, 2ᵉ liasse.

LXIX. Homologation au parlement de Paris, de l'accord passé entre la comtesse de Boulogne et les habitants de la dite ville.—(9 janvier 1345.)

A. I. Sect. jud., Parl. de Paris, Accords. Cart. 3.

LXX. Procuration donnée par les habitants de Boulogne, assemblés à cet effet, pour traiter avec la comtesse de Boulogne, au sujet de leur différend.—(11 novembre 1347.)

A. I. Sect. jud., Parl. de Paris, Accords. Cart. 3.

LXXI. Vidimus de l'an 1351, d'un acte par lequel Jeanne de Boulogne accorde à Marie de Flandres, comtesse de Boulogne et d'Auvergne, une rente de 500 livres à percevoir sur le péage de Wissant.—(1349.)

A. I. Sect. hist., Trés. des Ch., J, 1124, 2ᵉ. liasse.

LXXII. Aveu et dénombrement du fief que Henri le *Masiers*, écuyer, seigneur *de Beaussart*[2], *Mairs*[3] *et Bauls*, tenait du comte de Boulogne.—(25 mars 1358.) En fr.

A. I. Sect. hist., Trés. des Ch., Cart. J, 1125.

LXXIII. Aveu et dénombrement des fiefs que Jehan Gamel tenait des comtes de Boulogne.—(25 septembre 1361.)

A. I. Sect. hist., Trés. des Ch., J, 1125.

LXXIV. Acte par lequel, Jean, comte de Boulogne, donne à son cousin Raoul, *dis Flamens*, le péage et moulin de Gournay, en échange d'une rente annuelle de xvii muids d'avoine et xxviii liv. parisis.—(1362.) En fr.

A. I. Sect. hist., Trés. des Ch., J, 1124, 2ᵉ. liasse.

---

[1] Arrondissement de St.-Pol-sur-Ternoise (Pas-de-Calais.)
[2] Probablement Beaussart, commune de Mailly (Somme.)
[3] Mercq-St.-Lievin (Pas-de-Calais.)

LXXV. Déclaration de Jean du Bail et de sa femme, Jeanne, par laquelle ils reconnaissent tenir du comte de Boulogne une maison sise à Ressons. (Mai 1362.) En fr. 2 Sc. brisés.

BOULOGNE.

A. I. Sect. hist., Trés. des Ch., J, 1125.

LXXVI. Aveu du fief qu'Adam de Lumbres [1] tenait du comté de Boulogne.—(13 mars 1364.) En fr.

A. I. Sect. hist., Trés. des Ch., J, 1125.

LXXVII. Aveu et dénombrement des fiefs que Jacques de Neuville tenait du comte de Boulogne.—(13 mars 1364) Sc. endommagé.

A. I. Sect. hist., Trés. des Ch., Cart. J, 1125.

LXXVIII. Aveu et dénombrement du fief que Buissin de Marquise tenait du comte de Boulogne.—(15 mars 1364.) En fr.

A. I. Sect. hist., Trés. des Ch., J, 1125.

LXXIX. Aveu et dénombrement des fiefs que Robert Abraham de Marquise tenait du comte de Boulogne.— (17 mars 1364.) Sc. en cire brune.

A. I. Sect. hist., Trés. des Ch., J, 1125.

LXXX. Aveu et dénombrement des fiefs que Jean de Tubeauville [2] tenait du comte de Boulogne.—(28 novembre 1364.) Sc. endommagé.

A. I. Sect. hist., Trés. des Ch., Cart. J, 1125.

LXXXI. Aveu et dénombrement des fiefs que Simon le Barbier tenait du comte de Boulogne.—(17 septembre 1368.) En fr. Endommagé.

A. I. Sect. hist., Trés. des Ch., Cart. J, 1125.

LXXXII. Vidimus du 8 novembre 1459, des lettres de Philippe, duc de Bourgogne, fils du Roi de France, par lesquelles il permet à son cousin le comte de Boulogne, de céder ledit comté à son fils unique Jean.—(28 février 1383.) Sc. brisé. En fr.

A. I. Sect. hist., Trés. des Ch., J, 1124, 2.ᵉ liasse.

---

[1] Canton de Saint Omer (Pas-de-Calais).

[2] Thibauville est marqué sur la carte de Cassini au N.-E. d'Hubersent.

BOULOGNE.

LXXXIII. Aveu et dénombrement des fiefs que Philippe de Laïonville tenait du comte de Boulogne, en la paroisse de Saint-Etienne.—(22 avril 1384.) En fr.

A. I. Sect. hist., Trés. des Ch., J, 1124, 2°. liasse.

LXXXIV. Aveu du fief que W., dit *Papeleu*, tenait du comte de Boulogne.—(20 janvier 1387.)

A. I. Sect., hist., Trés. des Ch., J, 1125.

LXXXV. Acte par lequel Jean, comte de Boulogne, assigne à Jeanne de Clermont, comtesse de Boulogne et d'Auvergne, sa mère, pour douaire, les terres de Remin et de Ressons, en Boulonnais.—(10 avril 1388.) En fr. Sc. brisé.

A. I. Sect. hist., Trés. des Ch., J, 1124, 2°. liasse.

LXXXVI. Aveu et dénombrement des fiefs qu'Enguerrand Malet tenait du comte de Boulogne, à *Dyebrighes*.—(10 février 1388.) En fr. Sc. brisé.

A. I. Sect. hist., Trés. des Ch., J, 1124, 2°. liasse.

LXXXVII. Aveu et dénombrement des fiefs que Jean de le Becque tenait du comté de Boulogne, au bailliage d'*Oultreauwe*[1].—(16 novembre 1389.) En fr. Sc. pend.

A. I. Sect. hist., Trés. des Ch., J, 1124, 2°. liasse.

LXXXVIII. Aveu et dénombrement des fiefs que Aelis le Barbière tenait du comte de Boulogne.—(1389.)

A. I. Sect. hist., Trés. des Ch., Cart. J, 1125.

LXXXIX. Aveu et dénombrement des fiefs que Guillaume du *Moustier* tenait du comte de Boulogne, au bailliage d'*Oultreawe*.—(30 août 1389.) En fr.

A. I. Sect. hist., Trés. des Ch., Cart. J, 1124, 2°. liasse.

XC. Aveu et dénombrement des fiefs que Jehan Gherroy et Collart Molenne tenait du comte de Boulogne.—(1390.) Deux Sc. brisés.

A. I. Sect. hist., Trés. des Ch., J, 1125.

XCI. Aveu et dénombrement des fiefs que P. de Biaucauroy tenait du comte de Boulogne.—(15 octobre 1390.)

A. I. Sect. hist., Trés. des Ch., Cart. J, 1125.

---

[1] Outreau, canton de Samer (Pas-de-Calais).

XCII. Aveu et dénombrement des fiefs que *Mathieu le Buirier*, seigneur de *Radodongnés*, tenait du comte de Boulogne.—(1er. décembre 1390.) Sc. pend. en cire rouge.

A. I. Sect. hist., Trés. des Ch., Cart. J, 1125.

XCIII. Compte des recettes des aides dues au comte de Boulogne, à cause du mariage de la duchesse de Berri, sa fille. Le dit compte fait par Robert le Forest, bourgeois d'Etaples [1]. (4 janv. 1392.) Cahier de 10 fos sur pap.

A. I. Sect. hist., Trés. des Ch., Cart. J, 792.

XCIV. Aveu et dénombrement des fiefs qu'Honoré Foliot tenait du comte de Boulogne. (7 janvier 1393.)

A. I. Sect. hist., Trés. des Ch., Cart. J, 1125.

XCV. Même aveu plus étendu. (1393.)

A. I. Sect. hist., Trés. des Ch., Cart. J, 1124, 2e. liasse.

XCVI. Aveu et dénombrement des fiefs que Hugues du Pire tenait du duc de Berri, comte de Boulogne.—(9 novembre 1395.) En fr.

A. I. Sect. hist., Trés. des Ch., J, 1124, 2e. liasse.

XCVII. Aveu et dénombrement des fiefs de Tornes, dépendant du comté de Boulogne.—(30 décembre 1395.)

A. I. Sect. hist., Trés. des Ch., Cart. J, 1125.

XCVIII. Aveu et dénombrement des fiefs que Pierre d'Ordre tenait du duc de Berri, comte de Boulogne, au bailliage d'*Outryave*.—(28 janvier 1395.) En fr.

A. I. Sect. hist., Trés. des Ch., Cart. J, 1124, 2e. liasse.

XCIX. Aveu et dénombrement des fiefs que Jean Ballart, écuyer, tenait du duc de Berri, comte de Boulogne.—(19 mai 1396.) En fr.

A. I. Sect. hist., Trés. des Ch., Cart. J, 1124, 2e. liasse.

C. Aveu des fiefs que Robert de *Bernieules* [2] tenait du

---

[1] Voici le résultat de ce compte : « Somme de toutes mises, 536 livres
» 2 sous. — La recepte est de 546 liv. 9 s. Ainsi reste que le dit Robert a
» plus reçu que rendu ; x liv. vii s. »

[2] Bernieulles, canton d'Etaples (Pas-de-Calais).

BOULOGNE.

duc de Berri, à cause de son comté de Boulogne.—(13 août 1398.) Deux gros rôles.

A. I. Sect. hist., Trés. des Ch., Cart. J, 1125.

CI. Aveu et dénombrement des fiefs que Guillaume du Moustier tenait du duc de Berri, comte de Boulogne, dans son bailliage de *Oultreauwe*.—(12 sept. 1398.) En fr.

A. I. Sect. hist., Trés. des Ch., Cart. J, 1124, 2e. liasse.

CII. Aveu et dénombrement des fiefs que Jean de le Becque tenait du duc de Berri, comte de Boulogne, au bailliage d'*Outreawe*.—(1er. octobre 1398.) En fr.

A. I. Sect. hist., Trés. des Ch., Cart. J, 1124, 2e. liasse.

CIII. Aveu et dénombrement des fiefs que Jeanne des Prés, veuve de Mathieu de Lespaut, tenait en fief du comte de Boulogne.—(2 octobre 1398.) En fr.

A. I. Sect. hist., Trés. des Ch., Cart. J, 1125.

CIV. Aveu et dénombrement des fiefs que Jean, seigneur *du Fayel*, tenait du duc de Berri, comte de Boulogne, en la paroisse de S^t.-*Estenene* [1] en Boulonnais.—(24 novembre 1399.) En fr. Sc. pend.

A. I. Sect. hist., Trés. des Ch., Cart. J, 1124, 2e. liasse.

CV. Rôle des gages des officiers du comté de Boulogne.—(XVIe. siècle.) Document curieux.

A. I. Sect. hist., Trés. des Ch., Cart. J, 1125.

CVI. Aveu et dénombrement du fief de Tornes, que Eulard *Pain d'Avene?* tenait du comte de Boulogne.—(1401.) Endommagé.

A. I. Sect. hist., Trés. des Ch., Cart. J, 1125.

CVII. Aveu et dénombrement des fiefs que Robert d'Achicourt [2] tenait du duc de Berri, en la paroisse de Willewygne [3], en Boulonnais.—(8 octobre 1402.) En fr. Sc. pend.

A. I. Sect. hist., Trés. des Ch., Cart. J, 1124, 2e. liasse.

---

[1] Saint-Etienne, canton de Samer (Pas-de-Calais).
[2] Arras (Pas-de-Calais).
[3] Wirwignes, canton de Desvres (Pas-de-Calais).

CVIII. Aveu et dénombrement des fiefs que Pierre le Kien possédait dans le Boulonnais sur le chemin de Wissant à Calais, etc.—(1402.) P^{ce}. scellée d'un Sc. pend. en cire brune, fortement endommagée.

BOULOGNE.

A. I. Sect. hist., Trés. des Ch., Cart. J, 1125.

CIX. Acte par lequel Jean, duc de Bourgogne, reconnaît avoir reçu l'hommage de Georges de la Trémouille, pour le comté de Boulogne.—(16 déc. 1417.) Sc. brisé.

A. I. Sect. hist., Trés. des Ch., Cart. J, 1125.

CX. Procuration donnée à Bertrand de la Tour, chevalier, par Bertrand son père, comte de Boulogne, pour rendre hommage du dit comté, au duc de Bourgogne.—(15 juin 1445.) Sc. brisé.

A. I. Sect. hist., Trés. des Ch., Cart. J, 1125.

CXI. Donation du comté de Boulogne faite par Bertrand de la Tour, en faveur de son fils ainé Bertrand.—(7 octobre 1448.)

A. I. Sect. hist., Trés. des Ch., Cart. J, 1125.

CXII. Aveu et dénombrement des fiefs que Massin de Vertries possédait dans la mouvance d'Honnecourt, dépendant du comté de Boulogne.—(2 novembre 1453.)

A. I. Sect. hist., Trés. des Ch., Cart. J, 1125.

CXIII. Vidimus de la vente des droits que Jean d'Argies avait sur la terre de Ressons-sur-Mas, faite à Jean, duc de Berri, et à Jeanne de Boulogne.—(3 septembre 1457.) Sc. brisé.

A. I. Sect. hist., Trés. des Ch., Cart. J, 1125.

CXIV. Confirmation d'un traité et de certaines conventions passées entre Geoffroi de Saint-Bellain, seigneur de Boulogne, et les habitants de ce lieu.—(18 sept. 1460.)

A. I. Sect. hist., Trés. des Ch., J, Reg. 190, n°. 186.

CXV. Charte en faveur de l'abbaye de Boulogne-sur-Mer.—(Juillet 1464.)

A. I. Sect. hist., Trés. des Ch., J, Reg. 199, n°. 401.

CXVI. Lettres de procuration de Bertrand, comte de Boulogne, à Gaspard de Paignac, chevalier, et autres,

BOULOGNE.

pour rendre en son nom tous les droits dus au Roi, pour son comté de Boulogne, mouvant du château d'Arras.— (1477.) Sc. pend. brisé.

A. I. Sect. hist., Trés. des Ch., J, 239, n°. 1.

CXVII. Ratification des-dites lettres, par Bertrand, comte de Boulogne.—(1477.) Sc. plaqué en cire rouge, endommagé.

A. I. Sect. hist., Trés. des Ch., J, 293, n°. 2.

CXVIII. Lettres de Louis XI, adressées aux sénéchaux et baillis d'Artois, par lesquelles il leur mande de recevoir l'hommage de Bertrand, comte de Boulogne, à cause dudit comté.—(Janvier 1477.)

A. I. Sect. hist., Trés. des Ch., J, 239, n°. 3.

CXIX. Lettres de Jean Gosson, lieutenant du gouverneur d'Arras par lesquelles il reconnait avoir reçu le serment de fidélité de Bertrand, comte de Boulogne, à raison dudit comté.—(22 février 1477), Six Sc. pend. dont cinq en cire rouge et un en cire jaune, endommagés.

A. I. Sect. hist., Trés. des Ch., J, 239, n°. 4.

CXX. Echange de la gruerie de Lauraguais et appartenances, érigée en comté, pour le comté de Boulogne.— (24 janvier 1477.) 2 Sc. brisés.

A. I. Sect. hist., Trés. des Ch., J, 239, n°. 5.

CXXI. Procès-verbal de l'échange fait entre le roi Louis XI et Bertrand de la Tour, comte de Boulogne, du comté de Boulogne pour la terre de Lauraguais.—(1477.) Cahier de 20 folios sur parchemin.

A. I. Sect. hist., Trés. des Ch., J, 792.

CXXII. Extrait des registres des ordonnances royaux, enregistré en la cour du parlement, contenant « l'échange » fait du comté de Boloigne au comté de Lauraguez après » l'évaluation faicte, de ce que le seigneur de la Tour, » jouissait du dict comté de Boloigne. »—(1477.) Cahier de 6 folios parchemin. Signé du Tillet.

A. I. Sect. hist., Trés. des Ch., J, 792.

CXXIII. Procuration donnée par Bertrand, comte de Boulogne, à Gaspard de Paignac, pour reconnaitre en son nom devant les baillis et hommes de fief du château d'Arras, l'échange ci-dessus.—(25 janvier 1477.)

BOULOGNE.

A. I. Sect. hist., Trés. des Ch., J, 239, n° 6.

CXXIV. Ratification de la procuration ci-dessus, par ledit Bertrand de la Tour.—(25 janvier 1477.)

A. I. Sect. hist., Trés. des Ch., J, 239, n°. 7.

CXXV. Lettres du roi Louis XI, par lesquelles il ordonne à Guillaume de Gannay, avocat en la cour du parlement, de recevoir en son nom l'investiture du comté de Boulogne, etc.—(Février 1477.)

A. I. Sect. hist., Trés. des Ch., J, 258, n°. 41.

CXXVI. Saisine et prise de possession du comté de Boulogne, faite au nom du roi Louis XI, par Guillaume de Gannay.—(24 février 1477.)

A. I. Sect. hist., Trés. des Ch., J, 239, n°. 8.

CXXVII. Lettres de Jean Legrand, écuyer, lieutenant-général du sénéchal du Boulonnais, par lesquelles il témoigne de la publication et de l'enregistrement de l'échange et saisine dudit comté.—(Février 1477.)

A. I. Sect. hist., Trés. des Ch., J, 239. n°. 9.

CXXVIII. Extrait fait en 1558, des registres de la chambre des comptes, contenant l'évaluation du comté de Boulogne fait en 1477. Cahier de 4 folios parch.

A. I. Sect. hist., Trés. des Ch., J, 792.

CXXIX. Commission donnée par Bertrand, comte de Boulogne et d'Auvergne à Jehan de la Guesle et Antoine Douet, pour être présents à l'appréciation du comté de Boulogne.—(19 mai 1477.)

A. I. Sect. administ., H, 1535.[1]

CXXX. Lettres patentes donnant commission à M°. Pierre Jouvelin, correcteur en la chambre des comptes, de faire l'évaluation du comté de Boulogne et droits en dépendants. —(2 juin 1477.)

A. I. Sect. administ., H, 1535.[1]

BOULOGNE.

CXXXI. Procès-verbal d'appréciation pour l'échange du comté de Boulogne.—(8 juin 1477 et jours suivants.)

A. I. Sect. administ., H, 1535.[1]

CXXXII. Lettres de Louis XI, par lesquelles le comté de Boulogne est déclaré « non subject ne responsable au » conté d'Arthois, ne à autres quelz conques justices, sauf » en parlement, en laquelle il ressortira, etc. »—(18 avril 1478.) Vérifié en parlement le 26 janvier 1478.

B. I. N°. 9852.
22.
B.

CXXXIII. Lettres par lesquelles Charles VIII confirme les libertés et priviléges des habitants de Boulogne.—(Décembre 1483.)

A. I. Sect. hist., Trés. des Ch., Reg. 212, n°. 24.

CXXXIV. Vidimus du 29 novembre 1501 des lettres du roi Charles VIII citée ci-dessus.—(Décembre 1483.) En fr.

A. I. Sect. hist., Trés. des Ch., J, 1124, 2°. liasse.

CXXXV. Cahier en parchemin contenant la copie de six lettres royaux et autres, collationnées le 28 mai 1492, par Jean d'Outremyns et A. de Longueville, auditeurs royaux à Boulogne.[1]

A. I. Sect. hist., Trés. des Ch., J, 1124, 1re. liasse.

CXXXVI. Lettres par lesquelles Louis XII confirme les priviléges et libertés des habitants de la ville de Boulogne. —(Mai 1498.)

A. I. Sect. hist., Trés. des Ch., J, 230, n°. 6, et J, 226,[1] n°. 479.

CXXXVII. Aveu des fiefs que Jeanne Castel tenait pour son fils mineur, du comte de Boulogne.—(xv°. siècle.)

A. I. Sect. hist., Trés. des Ch., J, 1125.

CXXXVIII. Aveu et dénombrement du fief que Hugues *Amplumus* tenait « de madame de Boulogne, et de Phelippon de Bourgoingne. »—(xv°. S.) En fr. Sc. brisé.

A. I. Sect. hist., Trés. des Ch., J, 1124, 2°. liasse.

[1] Nous ne donnons pas la notice de ces pièces ; ce sont des copies de lettres qui sont en originaux aux archives et dont nous avons par conséquent déja fait le résumé.

CXXXIX. Aveu et dénombrement d'un fief que Robert de Launoy tenait du comte de Boulogne.—(xve S.) En fr.

BOULOGNE.

A. I. Sect. hist., Trés. des Ch., J, 1125, 2.e liasse.

CXL. Aveu du fief que M. de Chanteraine tenait du comte de Boulogne.—(xve S.)

A. I. Sect. hist., Trés. des Ch., J, 1125.

CXLI. Aveu et dénombrement du fief que *Jehan Waldebec de Fretun* [1] tenait du comte de Boulogne.—(xve S.)

A. I. Sect. hist., Trés. des Ch., J, 1125.

CXLII. Permission accordée aux maire et échevins de Boulogne par Jean, duc de Bourgogne, d'imposer les habitants pour l'entretien de la ville. — (29 Décembre 1601.) Sc. brisé.

A. I. Sect. hist., Trés. des Ch., J, 1125.

CXLIII. Vidimus des lettres par lesquelles Louis XI donne la ville de Boulogne à la Vierge. — (29 décembre 1501.) Sc. brisé.

A. I. Sect. hist., Trés. des Ch., J, 1125.

CXLIV. Cahier contenant des extraits de la coutume de Boulogne. — (29 décembre 1501.) Important.

A. I. Sect. hist., Trés. des Ch., J. 1125.

CXLV. Acte par lequel Jeanne, comtesse de Boulogne, transporte à Louis de Bourbon, seigneur de la Roche-sur-Yon, son frère, le droit qu'elle pouvait avoir à la succession de ses père et mère. — (9 avril 1510.)

A. I. Sect. hist., Trés. des Ch., J, 1124, 2.e liasse.

CXLVI. Lettres par lesquelles François Ier confirme les privilèges des bouchers de la ville de Boulogne. — (Juillet 1531.)

A. I. Sect. hist., Trés. des Ch., J, 246, n.° 12.

CXLVII. Lettres patentes par lesquelles Henri II confirme des privilèges à la ville de Boulogne.—(Février 1551.)

A. I. Sect. administ. { H, 1535.
{ Chambre des Comptes *Mémorial*, QQ, f.° 415.

[1] Frethun, canton de Calais (Pas-de-Calais).

BOULOGNE.

CXLVIII. Lettres patentes par lesquelles Henri II ordonne à la Cour des Aides l'entérinement des lettres ci-dessus. — (27 août 1552.)

A. I. Sect. administ., H, 1535.[1]

CXLIX. Confirmation des privilèges de la ville de Boulogne par François II. — (Mars 1559.)

A. I. Sect. administ., H, 1535.[1]

CL. Lettres patentes de François II, qui ordonnent à la Cour des Aides l'entérinement des lettres du mois de février 1551. — (6 Avril 1559.)

A. I. Sect. administ., H, 1535.[1]

CLI. Aveu et dénombrement des fiefs que Aubert de Ravenel, seigneur de Parquericourt, tenait du comte de Boulogne à Ressons. — (10 août 1559.) En fr. Sc. pend. en cire rouge.

A. I. Sect. hist., Très. des Ch., J, 1126.

CLII. Lettres patentes de Henri III, qui ordonnent à la chambre des comptes d'exempter les habitants de Boulogne du taillon. — (6 août 1575.)

A. I. Sect. administ., H, 1535.[1]

CLIII. Lettres patentes de Henri III, qui ordonnent à la Cour des aides de Paris, d'enregistrer les lettres du mois de juillet 1575, qui accordaient des privilèges aux habitants de Boulogne. — (18 décembre 1575.)

A. I. Sect. administ., H, 1535.[1]

CLIV. Etat des baronnies, pairies, fiefs et nobles tenements étant en la comté de Boulogne.—(XVI.ᵉ S.) Cahier de papier très-volumineux.

A. I. Sect. hist., J, 792.

CLV. Arrêt du Conseil qui ordonne que toutes poursuites et exécutions faites et à faire contre les habitants de la ville de Boulogne, à cause d'une somme de 3,500 livres qu'ils devaient payer, seront suspendues pendant dix ans, temps pendant lequel il est défendu aux héritiers de l'évêque de Boulogne ¹ de les inquiéter et de les poursuivre. — (21 août 1704.)

A. I. Sect. administ., E, 7.

CLVI. Arrêt du Conseil qui ordonne que les propriétaires des maisons démolies et ruinées, sises à Boulogne, les feront réédifier dans l'espace de six mois. — (21 août 1604.)

A. I. Sect. administ., E, 7.

CLVII. Arrêt du Conseil qui prolonge de six mois le temps fixé aux propriétaires pour réédifier leurs maisons démolies ou ruinées. — (19 août 1606.)

A. I. Sect. administ., E, 11.

CLVIII. Arrêt du Conseil qui prolonge de deux ans le délai accordé à la ville de Boulogne pour le paiement de la somme de 3,900 livres qu'elle devait aux héritiers de Cl. André Dormy, ancien évêque de cette ville. — (19 août 1606.)

A. I. Sect. administ., E, 11.

CLIX. Arrêt du Conseil, prononcé dans le même sens, sur la même affaire. — (10 novembre 1607.)

A. I. Sect. administ., E, 15.

CLX. Arrêt du Conseil qui décharge les habitants de la ville de Boulogne du droit de franc-fief. Il est dit que le dit privilège est accordé seulement pour un an et qu'il ne devra établir dans la suite aucun précédent. — (29 juillet 1610.)

A. I. Sect. administ., E, 27.

CLXI. Confirmation des priviléges de la ville de Boulogne par le roi Louis XIII. — (1611.)

A. I. Sect. adm., H. 1535. — *Mémorial*, 5. E., f°. 81.

CLXII. Arrêt du Conseil qui renvoie aux trésoriers généraux de France, en Picardie, la requête des maire, échevins et habitants de la ville de Boulogne, tendant à ce qu'il soit informé par les dits trésoriers généraux, de

---

¹ Claude-André Dormy.

BOULOGNE.

l'instance existant entre les dits habitants et le sieur Flahault, au sujet de leurs priviléges.—(3 mars 1611.)

A. I. Sect. adm., E. 29.

CLXIII. Arrêt du Conseil qui décharge les habitants de Boulogne du paiement du droit de francs-fiefs et nouveaux acquêts.—(30 décembre 1624.)

A. I. Sect. adm., E. 121.

CLXIV. Priviléges des habitants de Boulogne confirmés par le roi Louis XIV.—(Novembre 1656.)

A. I. Sect. adm., H. 1535.—Mémorial, 7 E., f°. 258.

CLXV. Arrêt du Conseil qui annulle et révoque tous les priviléges des villes du Boulonnais, à l'exception de Boulogne.—(21 juillet 1662.)

A. I. Sect. adm., E. 1720.

CLXVI. Lettres patentes de Louis XIV qui ordonnent à la cour des aides de Paris d'enregistrer la confirmation des priviléges accordés en 1656 aux habitants de Boulogne.—(8 mars 1682.)

A. I. Sect. adm., H. 1535.

CLXVII. Plusieurs statuts des marchands drapiers, merciers de la ville de Boulogne, arrêtés le 1er. avril 1605 (en 10 art.), le 26 janvier 1629 (en 14 art.), et le 20 avril 1708 (en 6 art.), et confirmés au mois d'octobre 1708 et le 22 juillet 1709.

A. I. { Sect. adm., F. 2163.
{ Sect. jud., Parl. de Paris, Ord. 5. O., f°°. 473, 475, 479.

CLXVIII. Confirmation des priviléges de la ville de Boulogne par Louis XV.—(Juin 1716.)

A. I. Sect. adm., H. 1535.

CLXIX. Arrêt du Conseil qui ordonne la réunion à la commune de Boulogne, des offices de maire, échevins et avocat de la dite ville.—(24 juillet 1742.)

A. I. Sect. adm., E. 1193.

CLXX. Arrêt du Conseil qui règle les préséances entre

les officiers municipaux et les officiers de la sénéchaussée de la ville de Boulogne.—(26 octobre 1745.)

BOULOGNE.

A. I. Sect. adm., E. 1226.

CLXXI. Arrêt du Conseil qui règle les préséances entre les officiers de la sénéchaussée et les officiers municipaux de la ville de Boulogne, au chœur de l'église de la dite ville.—(7 mai 1746.)

A. I. Sect. adm., E. 2251.

CLXXII. Lettres patentes portant réglement des assemblées des nobles et du tiers-état dans la ville de Boulogne. —(13 juillet 1759.).

A. I. Sect. jud., Parl. de Paris, Ord. 8. F., f°, 135.

CLXXIII. Arrêt du Conseil qui ordonne que la requête des officiers du bureau des finances d'Amiens tendant à exercer leur droit de juridiction en matière de voierie, sera communiquée aux maire et échevins de la ville de Boulogne.—(17 août 1762.)

A. I. Sect. adm., E. 1371.

CLXXIV. Arrêt du Conseil qui permet à la ville de Boulogne d'acquérir les offices municipaux. — (8 septembre 1772.)

A. I. Sect. adm., E. 1482.

CLXXV. Arrêt du Conseil, mémoires et autres pièces, sur la vente faite par les commissaires du conseil de la ville de Boulogne, d'un emplacement appelé la Boucherie, situé sur la place de la Basse-Ville.—(8 juin 1763.)

A. I. Sect. adm. Cart. Q. 894. (Dép. du Pas-de-Calais.)

CLXXVI. Lettres patentes enregistrées au Parlement le 3 février 1767, portant établissement d'un corps d'administration pour la régie de l'octroi et des autres affaires communes de la ville de Boulogne.—(6 mai 1766.)

A. I. Sect. jud., Parl. de Paris, Ord. 8. 8. f°. 214.

CLXXVII. Arrêt du Conseil qui ordonne la réunion en une seule corporation des deux communautés des merciers, drapiers et des épiciers ciriers de la ville de Boulogne.—(28 janvier 1786.)

A. I. Sect. adm., E. 2619.

BOULOGNE.

Voyez encore les cartons J. 792 et J. 795 du *Trésor des Chartes*, qui renferment des mémoires, instructions, lettres, missives et titres relatifs aux débats survenus au XVIe siècle entre la France et l'Espagne, au sujet des limites du nord de la France et des Pays-Bas. Ces cartons contiennent un assez grand nombre de copies de pièces sur Boulogne, dont la plupart ont été mentionnées plus haut.[1]

207. Cartes et plans.

<small>Bibl. Imp.—*Départ. des cartes et plans.Coll. topogr.* V. a. 1.</small>

Ce volume renferme : 1°. un plan de Boulogne 1691-1693 (au trait.)—II°. Plan des fortifications de Boulogne (XVIIe. siècle.)—III°. Deux plans de Boulogne (au trait), avec indication des forteresses, bastions, etc.—IV°. Un plan intitulé : Deffense du port de Boulogne.—V°. Deux plans intitulés : Travaux maritimes, port de Boulogne.—VI°. Un plan, avec ce titre : Les gouvernements de Boulongne et de Monthulin (XVIIe. siècle.)

208. Nicolas Sanson. Le port Icius.

<small>MS. in-4°., papier.—XVIIe. siècle.</small>

<small>Bibl. Imp.— *Fonds Cangé*, n°. 115.</small>

Voici le titre plus étendu qui se trouve au commencement de l'ouvrage :

[Le port Icius, de Cœsar, démonstré à Boulogne, par Nicolas Sanson, d'Abbeville contre le mesme port Icius de Cœsar, démonstré à Wisan, par Guillaume Camdene anglois; démonstré à Calais, par Georges l'apostre, maistre des escoles à Calais; démonstré à St.-Omer, par Abraham Ortelius, géographe du roy d'Espagne; démonstré à Mardiick, par Jean-Jacques Chifflet, médecin du roy d'Espagne, et de l'infante archiduchesse des Pays-Bas.]

L'ouvrage est divisé en 22 chapitres, précédé de deux cartes également manuscrites et d'une lettre de Nicolas

---

[1] Plusieurs manuscrits relatifs à l'histoire de la ville de Boulogne, les n°s 1071 et 1096 St.-Victor, 9490 anc. fonds et 120 N. D. n'ayant pu nous être communiqués, on en trouvera la notice au supplément de cet ouvrage.

Sanson datée de Paris le 22 octobre 1630, et adressée à l'évêque de Boulogne Victor Bouthiller [1].

209. Pièces diverses.

MS. in-f°. papier. Ecriture de diverses époques.

Bibl. Imp.—*Coll. Dupuy*, n°. 606.

Ce portefeuille renferme une chronique abrégée des comtes de Boulogne, tirée de l'abbaye de Samer-aux-Bois.

Cette chronique commence au roi Artus, et se termine à la mort de Jeanne, comtesse de Boulogne, qui épousa Jean duc de Berry, et en secondes noces le seigneur de la Trémouille.

210. Recueil de Pièces.

MS. in-8°. papier.—XVII°. siècle.

Bibl. de l'Arsenal.—*Hist.*, n°. 251.

Ce manuscrit commence par un mémoire sur la ville et le comté de Boulogne. Ce mémoire indiqué par Haenel, sous le titre de son premier chapitre, a pour auteur Charles Regnard, sieur de Limoges, fils de David sieur de Limoges, écuyer, conseiller du roi, bailli des bailliages de Boulogne, Outreau, Wissant et Sandfort. Les biographes boulonnais n'ont point parlé de Regnard, qui pourtant a écrit un commentaire sur la coutume du Boulonnais dont il existe une copie dans la Bibliothèque de Calais.

Le mémoire est divisé en 21 chapitres. [P. 1. *ch.* 1. Pourquoy le Boullenois a esté appellé par les anciens Gessoriacum. — *P.* 9. *ch.* 2. Des authorités du nom de Gessoriacum. — *P.* 13. *ch.* 3. Du nom du Boullenois, qui vient de βολις. — *P.* 18. *ch.* 4. Du nom du Boullenois. — *P.* 20. *ch.* 5. De l'abondance du pays de Boullenois.—*P.* 22. *ch.* 6. Description de la ville de Boullogne. —*P.* 29. *ch.* 7. De la basse ville de Boullogne.—*P.* 39. *ch.* 8. De Wissan.—*P.* 54. *ch.* 9. Contenant les noms des villes du Boullenois.—*P.* 56. *ch.* 10. De la ville d'Estappes. —*P.* 59. *ch.* 11. Des abbayes, prieurés et chartreuse qui sont dans le pays du Boullenois.—*P.* 61. *ch.* 12. Des bourgs qui sont dans le pays de Boullenois.—*P.* 62. *ch.* 13. Du nombre de paroisses qui sont dans le Boullenois.— *P.* 63. *ch.* 14. Des fiefs et arrière fiefs.—*P.* 64. *ch.* 15.

---

[1] Voyez *Bibliothèque de la France*. t. 1. p. 27. Col. 2, n.° 297.

BOULOGNE.   De l'origine des comtes de Boullogne.—*P.* 92. *ch.* 16. De Godefroy de Bouillon.—*P.* 114. *ch.* 17. Du rang que les comtes de Boullogne avoyent en France.—*P.* 115. *ch.* 18. De la mouvance du comté de Boullenois.—*P.* 118. *ch.* 19. De l'établissement de la justice dans Boullogne.—*P.* 125. *ch.* 20. Des gouverneurs de Boullogne.—*P.* 146. *ch.* 21. Des officiers de la ville et de la sénéschaussée de Boullogne.]

211. **Pièces diverses.**

MS. in-f°., papier.—XVIIe. siècle.

Bibl. Imp.—N°. 9488.

On trouve *F*°. 1. [C'est le recoul et rude et en bref de plusieurs et divers tractés et croniques à illucider et esclarchir la généalogie des comtes et comtesses de Boulogne, depuis le temps du très vertueux roy Artus qui en sont (*sic*) temps domina du dit de Boulonnois, comme il fist de plusieurs aultres royaulmes et grands segneuries, en procédant en ce petit recueil de génération en génération en la dite comté.]

212. **Recueil de pièces.**

MS. in-f°. de 346 folios, parchemin.—Ecriture du XIIIe. siècle.

Bibl. Imp.—N°. 6987.

Ce manuscrit, qui renferme un grand nombre de fabliaux, de romans, de chansons de geste, etc., contient une généalogie des comtes de Boulogne en prose, que M. Paulin Paris a publiée en entier avec des notes, dans le tome IIIe. de son ouvrage sur les manuscrits français de la Bibliothèque impériale.

213. **Inventaire des titres et chartes de la maison de Boulongne, etc.**

MS. in-f°. de 79 folios, papier.—Ecriture du XVIe. siècle.

Bibl. Imp.—N°. 9489.

Ce manuscrit commence par une lettre d'Augustin le Prévost à la reine, mère du roi [1], par laquelle il lui dit

---

[1] Louise de Savoie, mère de François 1er.

avoir cherché au château de Vic et de Mercurol[1] les pièces concernant la maison de Boulongne, recherches faites d'après l'ordre qu'il en avait reçu d'elle par ses lettres datées du 26 septembre 1534[2].

F°. 7. [Extrait de l'inventaire des contracts de mariage de la très illustre maison de Boulongne et d'Auvergne, vérifié le 10 may 1535.—F°. 11. Ancienne généalogie de la très illustre maison de Boulongne, baillée par aulcuns anciens officiers de la royne en son comté d'Auvergne.— F°. 15. Descente des comtes d'Auvergne alliez à la très illustre maison de Boulongne, vériffiée en la plus part par tiltres, contratz de mariage et testamens qui se trouvent par escript entre les pappiers de la reyne mère du roy.]

La galerie du palais de Vic contenait 8 verrières portant chacune quatre écussons : ce sont ces derniers qui sont représentés à la fin du présent manuscrit.

214. Recueil de pièces.

MS. in-f°. papier.—Ecriture du XVIIe. siècle.

Bibl. Imp.—*Coll. Dupuy*, vol. 38.

Ce manuscrit contient F°. 255 un mémoire écrit de la main du chancelier de l'Hospital, et qui a pour titre : [Extraict des informations faictes contre M. Jacques de Coucy seigneur de Vervins, accusé d'avoir rendu par intelligence la ville de Boulogne aux Anglais [3].

On sait que Jacques de Coucy fut exécuté au mois de juin 1549. Il fut réhabilité sous Henri III en 1575, par les soins de Jacques de Coucy, son fils, et du maréchal Odard du Biez, son beau-père [4].

---

[1] Les archives de Mercurol sont actuellement aux archives impériales. Presque toutes les pièces dont j'ai donné une notice dans mon recueil d'actes sur Boulogne, font partie de ce fonds qui renferme beaucoup plus de documents relatifs à Boulogne qu'à l'Auvergne.

[2] Voyez *Bibliothèque de la France*, t. III, n°. 41463.

[3] Le procès fait à Jacques de Coucy se trouve dans le manuscrit de la Bibliothèque Impériale coté 59. *Bouhier*.

[4] Voyez le *Traité des nobles et des vertus dont ils sont formés, leur charge, vocation*, etc... *avec une histoire généalogique de la maison de Coucy et de ses alliances*, par l'Alouette. Paris, 1577, in-4°.

BOULOGNE. **215. Recueil de pièces.**
MS. in-f°., papier.—Ecriture du XVI°. siècle.
Bibl. Imp.— *Fonds Béthune*, n°. 8914.

On trouve dans ce manuscrit : *F°*. 83. [Un mémoire baillé par le député des habitans du Boullonois ce 2 avril 1588? commençant ainsi : « qu'il plaise au roy faire sortir le Bernet, et y envoyer pour commander tel seigneur catholicque qu'il plaira à sa majesté ; » et plus loin : « et parce que l'assemblée des estats du pays qu'il est nécessaire faire, pour se trouver aux estats généraulx, ne se pourra faire librement en la ville de Boullongne, capitale du pays, permettre de le faire en tel autre lieu qu'il sera advisé le plus propre et comode, » etc., etc.]

Ce mémoire qui n'a qu'une page est signé par Guillaume du Haisel, seigneur de Florintun, demeurant à présent à Monstreul.

F°. 136. [Un mémoire sur Boulogne et le Boulonnais intitulé : Pour mémoire à monseigneur, du faict de Jehan de Court, lieutenant-général du prévost et provincial de Picardye, sur le bien de justice soulagement et commodité publique, ès pays de Boulonnois et reconquis, lieux frontières et maritimes du dict costé jusques à la rivière d'Oye.—*F°*. 148. Survivance de la sénéchaussée de Boulnoys, pour le fils de M. d'Estrées. (18 octobre 1588.)]

216. Recueil de pièces.
MS. in-f°., papier. — Ecriture du XVI.° siècle.
Bibl. Imp.—*Fonds Béthune*, n°. 8908.

Ce volume renferme *F°*. 21. Une lettre des échevins de Boulogne au roi touchant le siége de cette ville par le duc d'Aumale. (14 juillet 1588.)

On sait que le duc d'Aumale tenta de surprendre la ville de Boulogne, et qu'il l'assiégea inutilement jusques à trois fois.

217. Recettes et dépenses de la ville de Boulogne-sur-Mer. — (1415-1416.)
MS. in-f°. de 96 pages, parchemin. — Ecriture du XV°., siècle.
Arch. Imp. — *Sect. hist.*, K. 280.

Ce manuscrit nous a paru assez important pour en faire une notice détaillée.

F°. 1. Ce sont les receptes et mises de la ville de Bou- BOULOGNE.
longne-sur-la-Mer, faites en le quatre mairie sire Jehan de
Rusticat, par les mains de Robert Regnoult, eschevin et
argentier de ycelle, pour un an commenchant le prochain
dimence devant le feste Saint Mahieu l'apostle, l'an mil
quatre cens et quinze et finant celuy jour l'an mil quatre
cens et seze.

RECETTES

Et primes que le taille a vallu ceste année. — (Quartier de le despense, — quartier du castel, — quartier de
nostre dame, — quartier de l'ospital, — Bourg, — Brac-
querecque, — Maquestrak.) — Somme de le recepte de
le taille. cix liv. xv s. — *F*°. 5. Aultre recepte faitte des
communes, est ascavoir cheux qui en ceste présente année ont esté fais borgoys qui doibvent pour leur entrée
xviii s. et vi den., à la ville xvi s., et deux sous vi
den. au droit du maïeur des prévosts, clers, sergens de
ycelle. — Somme de le recepte des communes. cxii s. —
Aultre recepte faitte des enrollemens tant à vie comme à
hirtage passés en l'esquevinage en ceste présente année
dont les bourgoys doibvent v s. et les non bourgois x s.
et autant les femes que les hommes. — Somme de le recepte des enrollemens. xii liv. xv s. — *F*°. 6. *v*°. Aultre
recepte faitte des rentes et loiers de maisons appartenans
à le ville, comprins ens le ceppage du beffroy pour ceste
présente. — Somme de le recepte. iv^{xx}xiv liv. xi s. viii
den. — *F*°. 7. *v*°. Aultre recepte faitte des reliefs et es-
quéanches en ceste présente année. — Recepte. l. s. —
Aultre recepte faitte des brasseurs de Cervoise qui doibvent
à le ville cascun an c s. parisis au commenchement de le
mairie, pour leur premier brassin. — Recepte. xlv liv.
— *F*°. 8. Aultre recepte faitte des amendes qui sont deuex
à le ville tant de lais dis comme de avoir débat aux bourgois de le ville et ausy d'aultres amendes qui sont contre
l'ordenance des estatus, esquelles amendes nos seigneurs
et ausy les portiers injuriés ont certaine porcion et le ville
l'autre, pour le manière qui s'enssuit. — Recepte. vi liv.
— *F*°. 9. Aultre recepte faitte des bateaux brinans de
certain droit que le ville a sur ycheulx quant ilz viennent
en pesquerie ou temps de herenghison et qu'ilz prendent
mainnage à terre, et lors sont tenus pour estager et doibvent les cordiers v. s. et les soiers x s. — Néant. — Aultre

BOULOGNE.

recepte faitte des pars de le ville que on dist fleutries, c'est assavoir, que cascun maistre de maistre bourgois ou estager de le ville, allans en pesquerie, doibvent les deux pars du gaing, d'une part telle que l'un des compaingnons prent, soit des herens ou de poison, en le quelle part l'églize Nostre-Dame a le tierch et le ville les deux pars. — Néant. — Aultre recepte faitte des hanses de le ville, et sont les non bourgois qui doibvent hanses, qui font venir en la ville merchandise par mer deseure LX s. i den. — Néant. — F°. 9, v°. Autre recepte faitte sur les bourgois ou bourgoises de la ville de certain droit que le ville prent, est assavoir le xe. de leur vaillant sur ycheux qui vont demourer hors de le ville et aultre plache. — Néant. — Aultre recepte faitte pour le fait du fouier que le ville a fait faire ceste présente année de le Saint Miquel jusques à Pasques comme il est acoustume, est assavoir que chacun de nef tant de le ville comme de lille d'entre aylle allans en pesquerie et ausy les bruians qui prendent mansion à terre, doibvent caschun an IV s. pour le manière qui s'enssuit. — Recepte. LXXVI s. — F°. 10. Aultre recepte faitte des menues assises mises à ferme parmy les cervoses brassées et le ville avec les forraines ont vallu pour un an commenchant le jour Saint Remi l'an mil quatre cens et quinze et finant celuy jour l'an mil quatre cens et seze. — Recepte. VIII ᶜ VIII liv. VIII s. VIII den. — F°. 11. r°. Aultre recepte faitte du vin des dictes fermes dont on paie XII den. de le livre pour le première vente sans y comprendre les renquiers, par le manière qui s'enssuyt. — Recepte. XXXVIII liv. VI s. VI den. — F°. 11. v°. Aultre recepte faitte des vins qui sont venus as marchans de le ville, ceste présente année tant par caroy comme par mer dont on paie pour caschun tonnel XL. s. par le consentement et acort de mes seigneurs maïeur et eschevins et du commun. — Recepte. VII ᶜ XLI liv. X s. — F°. 15. v°. Aultre recepte faitte des vins des marchands forrains qui paient en ceste présente année pour caschun tonnel vendu en gros XVI s. et ycely qui l'acate XVI s. ou cas qui soient marchant et pour revendre, et se les dis marchans forrains faisoient ramener leur vins sans vendre en le ville, ilz ne doibvent nulles coustumes à le ville pour le manière qui s'enssuit. — Recepte. III ᶜ XLIV liv. XVI s. — F°. 18. v°. Aultre recepte faitte des vins à brocque par tous les mois de l'an dont on paie pour caschun tonnel xxiv s. pour ceste présente année en le manière qui s'enssuit. — Recepte. iii^c iv^{xx} xiii liv. vi s. — F°. 21 v°. Aultre recepte faitte des vins vendus en gros par les marchans de le ville aux forrains et menez hoirs *(sic)* d'icelle qui paient pour caschun tonnel, le vendeur vi s. et le acateur vi s., excepté que les nobles pour leur despence n'en doibvent rien pour l'acat. — Recepte. xvi liv. ii s. vi den. — F°. 22. v°. Aultre recepte faitte de l'assis des herens pour le saison de l'an mil quatre cens et quinze où temps de ce compte dont on paie pour chascun lest, courre pour ceste présente année xvi s. — Recepte. vii liv. iv s. — Aultre recepte faitte à cause de l'estapple deue à le ville, c'est assavoir que caschun marchant forrain faisant venir vin par caroy en le ville vendu à estapple, doibvent pour caschun car, ii s. vi den. — Recepte. ii s. vi den. — F°. 23. Aultre recepte faitte pour les trois paiés de homme d'armes accordées et données à le ville par le Roy nostre seigneur pour la garde des tours d'ordre et de Saint Nicolay.—Recepte. viii^{xx} vi liv. v s. — F°. 24. Aultre recepte faitte des waides venans à Boullongne menéez hoirs d'icelle, dont on paie à le ville pour caschun tonnel iiii s. par composition faite entre le ville et les marchans de guedes d'Amiens comme il appert plus plain par lettres sur ce faites, faisant mencion de yceluy traitié et acord durant vi ans continueux, commenchant ou Noël mil iiii^c et xii. — Recepte. viii liv. xii s. — F°. 24. v°. Aultre recepte faitte des chosses vendues ou pourfit de le ville. — Recepte. ii^c iiii^{xx} xvi liv. xi s. i den. — F° 25. Aultre recepte faitte des restas et ariérages deues à le ville des argenteries de feu sire Henry de Bosquillon, de feu sire Alleaume de Candebronne, du restat de le première maierie du dit feu sire Alleaume, dont le dit sire Henry fu argentier, du restat de le viie. mairie de feu sire Willame du Hil dont sire Robert Angot fut argentier, et du restat deu à le ville par le fin du compte de feu Jehan Pourre, argentier en le xe. mairie de sire Willame du Hil finant l'an mil quatre cens et deux.— Recepte. c s. — F° 25. v°. Aultre recepte faitte de plussieurs personnes aux quelx l'argentier doibt, pour ceste présente année par compte fait à eulx rabatu tout ce qu'ilz doibvent, pour le fait de le ville, et dont l'argentier

BOULOGNE.

en a fait mise en ce présent compte, et pour ce que le ville en soit tenue à eulx, le dit argentier en fait recepte par le manière qui s'enssuit. — Recepte VIII^c XXXVII liv. XVI den.

Somme de toutes les receptes devant dictes. III ^M IX ^c XLIIII liv. V s. VI den.

DÉPENSES.

F°. 27. v°. He sont les mises et paies de le ville de Bouloingne faittes des receptes chy dessus, par les mains du devant dit argentier, du dimenche prochain devant la feste Saint Mahieu l'apostle, en l'an de grâce, mil IIII^c et XV et finant celuy jour l'an mil quatre cens et seze. — Mise pour rente hiretable que le ville doibt caschun an, par le manière qui s'enssuit. — Dép. XIII liv. XIX s. — Aultre recepte[1] faitte pour rente à vie et à temps que le ville doibt caschun an, par le manière qui s'enssuit. — Dép. VI^{xx} XIII liv. X s. X den. — F°. 30. r°. Aultre mise faitte pour le juridiction de le ville warder. — Dép. XXIII liv. XI s. — F°. 31. v°. Aultre mise faitte pour le administracion et renouvelement de le loy pour ceste présente année. — Dép. LVIII liv. III s. VII den. — F°. 32. v°. Aultre mise faitte pour dons et courtoisiez fais ceste présente année pour l'onneur et estat de le ville warder en plussieurs manières. — Dép. VIII^{xx} XIII liv. V s. II den. — F° 36. r°. Aultre mise faitte pour plusieurs vins de présens fais ceste présente année pour l'onneur et estat de le ville warder. — Dép. XLVI liv. X s. VI den. — F°. 40. Aultre mise faitte pour vin de nataux pour messeigneurs le maïeur, eschevins, clers, sergans et pour les aultres officiers de le ville. — Dép. XIX liv. X s. VIII den. — F°. 40. v°. Aultre mise faitte pour aultres vins que ont messeigneurs les maïeur et eschevins, clers, sergans et aultres officiers tant par escript, comme aultrement. — Dép. XVII liv. V s. IV den. — F° 41. v°. Aultre mise faitte pour paier pensionaires en ceste présente année. — Dép. XXII liv. — F°. 42. Aultre mise faitte pour les officiers de le ville qui ont esté tauxéz en le fin de le maierie par messeigneurs le maïeur et eschevins[2]. — Dép. II^c III^{xx} XII liv. XVI s. — F°. 43. v°. Aultre mise faitte pour les gages des

---

[1] Il faut mise.

[2] Cette partie du compte est excessivement curieuse.

varles et des gaittes de nuit veillans es haiez au dehors de le vile et ausy sur les fossés, et es bollewars et en aultres lieux. — Dép. vi ˣˣ xix liv. — *F°.* 44. *r°.* Aultre mise faitte pour plussieurs voiages fais ceste présente année pour le ville tant de queval comme de pié. — Dép. lxxix liv. xvi s. — *F°* 48. *v°.* Aultre mise faitte pour plusieurs debtes paiés et acquitéez pour le ville, ceste présente année sur ce que elle doibt. — Dép. iii ᶜ lx liv. v. s. ii den. — *F°.* 51. Aultre mise faitte des empruns fais pour le ville tant en le viiiᵉ. mairie feu sire Willame du Hil, finant l'an mil iiiiᶜ ; en le iiᵉ. mairie feu sire Baudin Gosse, finant l'an mil iiii ᶜ et i ; en le ixᵉ. mairie feu sire Willame du Hil, finant l'an mil iiii ᶜ et ii ; en le première sire Jehan de Rusticat, finant l'an mil iiiiᶜ et iii ; en la première mairie sire Bertran de Waudringhem, finant l'an mil quatre cens et quatre ; en le quatrime et viᵉ. mairie, sire Jaques Binet, finant l'an mil quatre cens et onze ; en le iiiᵉ. mairie sire Jehan de Rusticat, finant l'an mil quatre cens et xiii ; et en le viiiᵉ. mairie du dict sire Jacques Binet, finant l'an mil quatre cens et quinze ; et dont recepte a esté au pourfit de le ville, comme par les comptes des dictes années, poet plus à plain apparoir. — Dép. M. ccccvi liv. viii s. i den. — *F°* 53. *v°.* Aultre mise faitte pour plussieurs despens fais en ceste présente année tant à baillier les fermes et assis de le ville, comme..... les gens et officiers de nos seigneurs et aultrement, en faisant les besoingnes de le ville et aussy pour plusieurs despens et courtoisies.... faites et donnéez à plusieurs bourgois de le ville et aultres en plusieurs manières. — Dép. li liv. vi s. x den. — *F°.* 56. *v°.* Autre mise faite pour les despens fais par les connestables de le ville et pour plussieurs vins à eulx donnez par messeigneurs maïeur et eschevins et à aultres plussieurs personnes en plusieurs manières. — Dép. xvii liv. iii s. viii den. — *F°.* 59. Aultre mise faite pour plusieurs mises communes et cosses nécessaires pour le vile et pour plusieurs garnisons et acas fais en ceste présente année. Dép. ii ᶜ iiii ˣˣ ix liv. iii s. vi den. — *F°.* 65. *v°.* Aultre mise faitte pour le foier [1] de Herenghison de l'an mil quatre cens et quinze. — Dép. xxvii s. viii den. — Aultre mise faitte pour le garde de le

---

[1] C.-à-d. le phare.

BOULOGNE. tour d'Ordre en ceste présente année par le maïeur. — Dép. LXII liv. XIV s. II den. — F°. 66. v°. Aultre mise faitte pour le warde de l'orloge et pour retenir ycelle. — Dép. XIII liv. XII s. VIII den. — Aultre mise faite pour le garde de l'église Saint Nicolay et pour retenir ycelle par le maïeur. — Dép. XXVI liv. XII s. XI den. — F°. 68. r°. Aultre mise faite pour faire tourteaulx a fallus fais en ceste présente année par le maïeur. — Dép. LVI s. I den. — F°. 68. v°. Aultre mise faite oan pour Madame la ducesse de Berry, comtesse de Boulloigne, pour le fait des assis. — Dép. CCC liv. LI s. — F°. 69. r°. Aultre mise faite pour plussieurs ouvraiges fais ceste présente année pour le ville tant de machonnerie comme de carpenterie et aultrement (fossilleurs [1], couvreurs de tieulle, placqueurs de terre, cartons). — Dép. CCCXXVI liv. XVII den.

Somme de toutes les mises dessus dictes. III^M IX^C XX liv. X s. XI den.

Et le recepte monte. III^M IX^C XLVI liv. V. s. V den.

Ainsy appert que le recepte monte plus que le mise. XXV liv. XIII s. VI den.

RECETTE EXTRAORDINAIRE.

F°. 85. Aultre recepte faite par les mains du dit argentier, oultre et par dessus les receptes ordinaires de le ville dont compte est par dessus, oan donnez par le Roy à le ville tant pour le fortificacion de le ville comme pour acquiter et relever ycelle des debtes par elle deue en le manière qui s'enssuit. — Recepte. M. II^C liv.

DÉPENSES EXTRAORDINAIRES.

F°. 85. v°. Mises faictes des receptes devant dictes par le dict argentier par le manière qui s'enssuit [2]. — F°. 96. v°. Somme de le mise faite sur le recepte de l'argent du Roy. M. IIII^C IIII liv. IX s. VIII den. et le recepte monte, M. II^C liv., ainsy reste plus mis que receu II^C XXIV liv. IX s. VIII den.

[1] Dans le sens de mineur.

[2] La plus grande partie de l'argent donné par le Roi fut employée en achat d'armes et d'ustensiles de guerre de toute espèce, les murs de la ville furent réparés, des tranchées furent ouvertes, enfin on employa tous les moyens possibles pour mettre la ville à l'abri des Anglais, dont on redoutait l'attaque prochaine.

Ainsy appert sur toutes les receptes et mises dessus **BOULOGNE.**
dictes plus avoir mis que receu ᴄ ɪɪɪɪ^{xx} xvɪɪɪ liv. xɪx s.
ɪɪ den. parisis. Le présent compte rendu devant messeigneurs maïeur et eschevins et le commun, le joeudy et vendredy xvɪɪ^e. et xvɪɪɪ^e. jour de septembre l'an mil quatre cens et seze, du quel compte ilz se tiennent et caschun d'aulx pour très bien comptens.

218. Chronique.

MS. in-4°., parchemin, Ecriture du xɪv^e. siècle.

Bibl. Imp.—N°. 7511.

Cette chronique finit en 1308 ; elle est écrite en français. Des extraits en seront publiés dans le tome xxɪ des *Historiens de France*. M. de Wailly, l'un des rédacteurs de cette immense et précieuse collection, la croit rédigée dans la ville de Boulogne. Elle contient d'utiles renseignements sur des événements arrivés en Picardie, en Artois et en Boulonnais.

219. Supputations astrologiques, etc.

MS. in-folio de 40 folios papier. xvɪ^e. siècle.

Bibl. Imp.—N°. 7121.

Ce manuscrit, dont M. Paulin Paris[1] a fait une notice détaillée, a pour auteur Jean du Rocq, chanoine régulier de Boulogne-sur-Mer.

220. **BOURG-COMIN.**

Lettres de Gaucher de Châtillon, comte de Porcien, aux maires, jurés et échevins des villes de Bourg et de Comin [2], sur le droit d'avoir *nef* ou *bac* pour passer et repasser tous leurs biens.—(Décembre 1312.)

Bibl. Imp.—*Coll. Duchesne,* t. 78, p. 352.

221. Chartes de Bourgfontaine. **BOURGFONTAINE.**

MS. in-4°. de 18 folios, parchemin.—Ecriture du xve. siècle.

Bibl. Imp.—*Suppl. fr.*, n°. 1152.

Manuscrit commençant ainsi : [Cy après s'ensuit la teneur des lettres que nous, religieuses de l'église de la

[1] Voy. *Manuscrits de la Bibliothèque du Roi.*
[2] Canton de Craonne (Aisne).

BOURGFON-
TAINE.

Fontaine Nostre Dame en Rest, wulgairement dicte Bourgfontaine, avons séans seines et entières concernans le droit que nous avons en la rivière de Ourc, qui court par la Ferté-Milon, commence au Ru du Puteval, qui est ou desoubs et assez près du pont à Pringy [1], et descend jusques au dessoubs d'un village nommé Neufvechelles [2].]

Ces chartes sont au nombre de 21, de 1338 à 1488, toutes relatives au même sujet.

222.

Acte de la vente faite par Jean le jeune, à Ménessier, le tourier de Vy-seur-Aine [3], d'une maison sise à le Ferté-Milon, et qui fut léguée plus tard à l'Abb. de Bourgfontaine, par Nicolas Graibert, évêque de Soissons. — (Mars 1364.) (En fr.)

A. I. *Sect. hist.*, Cart. L. 1168.

223. Enquête de l'abbaye de Bourgfontaine. 1513.

MS. grand in-f°. de 14 folios, parchemin.—Ecriture du XVI°. siècle.

Bibl. Imp.—*Suppl. fr.*, n° 1355.

Les dépositions relatives à cette enquête sont précédées d'un titre explicatif dont voici le commencement. F°. 1.—Ce sont les noms dictz et depposicions des tesmoings produitz et attraiz à tesmoignagne par devant nous Arnault des Friches, licencié en loix, seigneur de Brasseuzes et de Villeneuve-sur-Verberie, lieutenant général de monseigneur le bailly de Senlis, commissaire du roy nostre sire en ceste partie, de la partie des religieuses et dévotes personnes les religieuses abbesse et couvent de l'église et abbaye Nostre Dame des Nonnains de Soissons. En ensuivant certain appointement donné de nous au siège du dit bailliage de Senlis, entre les religieux, prieur et couvent de l'église Nostre Dame en Rest, dicte de Bourgfontaine, de l'ordre Chartreuse, demandeur et requerans l'enterinement de certaines lettres royaulx, et le procureur de monseigneur le duc de Valois, adjoint avec

[1] On ne peut parler ici que de Pringy, commune de Rozet-Saint-Allin, qui est en effet sur les bords de l'Ourc, mais bien loin de sa source.

[2] Neufchelles, canton de Betz (Oise).

[3] Vic-sur-Aisne (Aisne).

eulx d'une part, et les dictes religieuses, abbesse et couvent Nostre Dame de Soissons, etc.

BOURGFON-
TAINE.

Suivent les dépositions :

Et premièrement du dict jour de lundy dix neufviesme jour du dict moys de septembre ou dit an mil cinq cens et treize en la dite ville de Soissons, et la dicte hostellerie ou pend pour enseigne la Grosse-Téte, etc.

224. Plan géométrique du ténement de Boury [1] (à la plume.)

BOURY.

Bibl. Imp.—*Départ. des Cartes et Plans.—Collect. topograp.*
V. a. 23.

Ce plan se trouve dans un volume, qui contient les plans, cartes, vues, dessins, tant imprimés que manuscrits, du département de l'Oise.

225.

Lettres par lesquelles Charles IX, à la demande de Charles du Bec, seigneur de Bourry, établit audit lieu une foire annuelle et un marché par semaine.—(1566.)

A. I. *Sect. hist., Trés. des Ch.*, Reg. 264 n.º 626.

226. Diverses coutumes, etc.

BOUTILLERIE.

MS. in-f°., papier et parchemin. XVIᵉ siècle

Bibl. Imp.—*Fonds Colbert*, n°. 8407.
3.3.

On trouve au folio 57 de ce manuscrit [les usages et coustumes de la ville et seigneurie de la Bouteillerie [2] appartenant à honorable homme Nicolas de Rocourt, bourgeois d'Amiens, laquelle il tient en plain hommage de hault et puissant seigneur monsieur Louis d'Ailly, chevalier, seigneur, baron de Pinquigny, vidame d'Amiens et de Vinacourt [3], à cause de sa dite terre et seigneurie de Vinacourt, sont telles qu'ilz s'enssuivent, et lesquelles le dit de Rocourt, ensemble les habitants du dit lieu présentent à vous hault et puissant seigneur monsieur le bailly d'Amiens ou vostre lieutenant suivant le commandement à eux faicts pour estre procédé à l'omologation d'icelles.]

[1] Canton de Clermont-en-Vexin (Oise).

[2] Près d'Amiens.

[3] Vignacourt, canton de Picquigny (Somme).

BOUTILLERIE.

Cette coutume ne renferme que six articles, dérogeant à la coutume générale du bailliage d'Amiens, qui régissait le village de Boutillerie, elle termine ainsi :

[De toutes lesquelles coustumes et droitz dessus dictz, nous soubsignans seigneur, habitans et subjectz du dict village, affirmons par serment par nous faict avoir toujours veu user, et pour telles les tenons pour véritables. Tesmoing nos seings manuels cy mis, ce troiziesme jour d'apvril mil v^e soixante sept.]

Signé. N. DE ROCOURT.

BRAISNE.

227. Recueil de chartes originales ou copies de chartes, tirées des collections des bibliothèques de Paris et des archives de l'Empire.

I. Acte par lequel, considérant le manque de preuves apportées par les habitants de Braisne, il leur est défendu de prendre du bois vert dans la forêt de Saint-Croix (ab usu nemoris vivi in nemoribus quæ dicuntur nemore abbatissæ sanctæ Crucis.)—(1264.)

A. I. *Sect. hist.*, *Trés. des Ch.*, Cart. 190, n°. 21.

II. Lettres de Charles V, par lesquelles, à la requête du comte de Braisne, il établit une foire annuelle en la dite ville.—(1370.)

A. I. *Sect. hist.*, *Trés. des Ch.*, Reg. 102, n°. 62.

III. Capitulation entre la France et l'Angleterre, pour la reddition des villes de Montagu, Braisne, etc.—(21 mai 1422.)

A. I. *Sect. hist.*, *Trés. des Ch.*, Cart. J. 1039, n°. 2.

IV. Lettres patentes par lesquelles François Ier, à la demande de Robert de la Marche, établit une foire annuelle dans la ville de Braisne.—(Juillet 1530.)

A. I. *Sect. hist.*, *Trés. des Ch.*, Reg. 245, n°. 260.

V. Lettres par lesquelles Henri II, à la demande de Guillemette de Sarrebruck, établit à Braisne, une chambre à sel.—(Mars 1549.)

A. I. *Sect. hist.*, *Trés. des Ch.*, Reg. 260, p^{ce}. 72.

VI. Enregistrement des lettres du roi, du mois de juillet 1740, portant création en la ville de Braisne, d'un marché-franc tous les troisièmes mercredis de chaque mois. — (25 novembre 1740.)

A. I. Sect. jud., Parl. de Paris, Ord. 7. E., f°. 192.

228. Abbaye de Braisne.

A. I. Sect. hist., Cart. L. 1168.

Les cartons de la série L aux archives impériales, dont nous avons déjà parlé dans notre notice sur *Boheries*, renfermaient également quelques pièces sur Braisne, toutes originales, et dont deux sont antérieures au XIII.e siècle.

I. Charte par laquelle Raoul, abbé de Braisne, assure à l'abbaye de Cussy une rente de six setiers de froment, à prendre sur une terre *(que est in monte inter Vassoniam* [1] *et Paissi* [2]) qui leur avait été donnée par Mathilde, fille de Pierre de Braisne. (1168). — II. Acte par lequel Philippe, évêque de Beauvais, notifie le désistement de Conon, seigneur de *Cusduno* [3], à toute prétention sur la dîme des novales de la forêt de *Carlefust* [4], qui devait appartenir à l'abbaye de N. D. de Braisne, parce que la forêt susdite était dans le territoire d'Aguisi [5], dont ladite communauté était possesseur. — III. Acte par lequel Robert, comte de Dreux, fait à l'abbaye de Braisne, en échange de la dîme du blé et du vin qu'il possédait inter *Axonam* [6] *et Marnam* [7], et le foin qui poussait dans son parc de Braisne, différentes donations de toute nature *(apud Cartovorum* [8], *in molendinis de Brana* [9] *et de Cuiquenpoist* [10], *terragium de Cersolio* [11] *apud Parz* [12], *apud Vauchetem* [13],

[1] Vassogne, canton de Craonne (Aisne).
[2] Paissy, canton de Craonne (Aisne).
[3] Coudun, canton de Ressons (Aisne).
[4] Le bois de Calfeu est marqué sur la carte de Cassini au midi de la Chelle.
[5] Aiguisy, commune de la Chelle (Aisne).
[6] L'Aisne, rivière.
[7] La Marne, rivière.
[8] Chartreuve, commune de Chéry-Chartreuve (Aisne).
[9] Braisne.
[10] Quinquempoix était situé sur La Vèle au sud de Chasseney.
[11] Cerseuil, canton de Braisne (Aisne).
[12] Paars, canton de Braisne (Aisne).
[13] Vaustin, marqué sur la carte de Cassini, au N.-E. de Courcelles.

BRAISNE.

apud *Vaubellein* ¹, apud *Corcellas* ², apud *Bernellam* ³, in *riparia Axone*, videlicet apud *sanctum Medardum* ⁴, apud *Praellas* ⁵ et apud *Ru* ⁶.) (Avril 1208.) — IV. Confirmation par Haimard, évêque de Soissons, de la donation faite par Robert, comte de Dreux, à l'abbaye de Braisne, de la dîme du blé et du vin à prendre chaque année, sur les terres, moulins et vinages de Chartreuve. (Janvier 1209.) — V. Vente faite à Jehan, curé de Cersoile ⁷ et chanoine de Saint-Ived de Braisne, par Oudin, fils de la Rosse de Cersol, d'une masure avec les matériaux, attenante au presbytère. (1209.) (Endommagé.) — VI. Sentence des délégués apostoliques en faveur de l'abbaye de Braisne, contre l'archidiacre de Beauvais, qui prétendait remplacer l'évêque dans le droit de procuration sur la grange d'Aiguizy, appartenant à ladite abbaye. (Juillet 1213. 2 pièces. Orig. et copie).— VII. Sentence du grand vicaire de Reims déboutant l'archidiacre de Beauvais des droits de procuration qu'il prétendait avoir sur la grange de l'abbaye de Braisne, sise à Aiguizy. (Février 1214.) — VIII. Charte par laquelle Raimond, chevalier de Remin ⁸, reconnaît devoir à l'abbaye de Braisne une redevance annuelle d'un demi muid de grains, à prendre sur sa terre de *Laceles* ⁹. (1216.) — IX. Vidimus de l'an 1285 de l'accord fait entre Nicolas, seigneur de Basoches ¹⁰, et l'abbaye de Braisne, touchant la délimitation de leurs propriétés respectives. (1218.) (Endommagé.)— X. Acte notifié par Milon, évêque de Beauvais, en vertu duquel Jean de Venette (*de Veneta* ¹¹) fait l'au-

---

¹ Vcauberlin, marqué sur la même carte au S. de Courcelles, à l'O. de Vaustin.

² Courcelles, canton de Braisne.

³ Brenelle, canton de Braisne.

⁴ Saint-Mard, canton de Braisne.

⁵ Presles, canton de Braisne.

⁶ Probablement le lieu nommé *la Rue au couchant*, placé par Cassini entre Pont-Arcy et Vieil-Arcy, non loin des bords de l'Aisne.

⁷ Cerseuil.

⁸ Remy, canton d'Estrées-Saint-Denis (Oise).

⁹ Chelle (la), canton d'Estrées-Saint-Denis (Oise).

¹⁰ Bazoches, canton de Braisne (Aisne).

¹¹ Venette (Oise).

mône de deux muids d'avoine en rente annuelle à l'abbaye de Braisne. (Mars 1227.) — XI. Acte par lequel Philippe, fils de Robert de Berogne [1], reconnaît devoir à l'abbaye de Braisne une rente d'un demi muid de blé, donnée jadis à cette abbaye par Remond, chevalier de Remin. (Février 1230.) — XII. Acte par lequel Jean de Bucy (*de Buciaco* [2]), chanoine du chapitre de Soissons, abandonne à l'abbaye de Braisne la propriété d'une maison sise à Soissons. (Janvier 1265.) — XIII. Consentement par plusieurs propriétaires, à ce que les religieux de Braisne, conduisent les eaux de la fontaine d'Hauterive dans l'abbaye, à condition d'être indemnisés des dommages que pourrait leur causer cette conduite d'eau. (Décembre 1280.) — XIV. Acte par lequel les religieux de Braisne prennent possession d'Hermonville (*de Ermondivilla* [3].) (1317.) — XV. Amortissement fait au profit des religieux de Braisne, de tous les biens qu'ils possèdent en la justice et seigneurie de Courcelles, par Pierre de Chambly, archidiacre de Térouanne et seigneur dudit Courcelles. (Septembre 1329.) (en Fr.) — XVI. Bail conclu par le bailli de Braisne, de par le comte de Roucy, et sur la requête des frères et sœurs de l'Hôtel-Dieu de Braisne, de pièces de vigne sises au territoire de Lymer [4]. (Octobre 1331.) (En fr.) — XVII. Bulle du pape Clément VII, donnant les provisions de la cure de Cerseuil, pour Gille de Jouaignes [5], chanoine de Braisne. (Mars 1392.) (Endommagée.)

229. Chartularium Sancti-Evodii de Brana.

MS. in-f°. de 151 pages, papier.—Ecriture du XVII°. siècle.

Bibl. imp.—*Anc. fonds latin*, n°. 5479.

On lit : *P.* 1. [Le jubé est en pierre très-bien et délicatement travaillé avec fort beaux bas reliefs. La Salamandre en plusieurs endrois et les armes suivantes.—*P.* 3 à 11. Esquisses très mal exécutées des sculptures en relief qui se trouvaient sur les tombes plates dans l'église du couvent.

---

[1] Berognes, commune de Chelles (Oise).
[2] Bucy, canton de Vailly (Aisne).
[3] Hermonville, canton de Fismes (Marne).
[4] Limé, canton de Braisne (Aisne).
[5] Jouaignes, canton de Braisne (Aisne).

BRAISNE.

— *P*. 11. Braine; l'abbaye de St.-Yved; extraict de plusieurs tiltres de l'abbaye de St.-Yved de Braine, ordre de Prémonstré, extrait en 1692.—*P*. 13 à 21. Extrait de 39 chartes [1], suivies de la représentation de leurs sceaux, tous très mal reproduits, sauf un seul dessiné sur un carré de papier collé sur le folio. Ces chartes sont tirées de layettes ainsi cottées: layette Boulogne et Soissons; Cerseuil et Augy; Courcelles; Aiguisy; Hermonville; Aulbin; Augy; Courtraye; Ciry et Arcy.—*P*. 23. Fondation.— *P*. 25. Charte de Robert, comte de Dreux et de Montfort (1282), en fr. (à partir de cette page les sceaux sont très soignés, et tous sur des carrés de papier collés au folio.)—*P*. 31. Charte par laquelle Louis VI donne la ville de Dreux à son frère le comte Robert, qui épousait Agnès, comtesse de Braine (1153.)—*P*. 33. Charte non achevée.—*P*. 39. Charte par laquelle le comte Robert, frère du roi, donne à l'église de Braine la terre et le bois de Aucliment, *(terra et nemus de Aucliment, inter fontem de rupium et metas de naugerum, quod habebamus in territorio de Curchiaut)* (1158.) Sc. et contre sc.—*P*. 43. Charte de Y, comtesse de Dreux et de Braisne, relative à un mur qu'avaient construit les religieux de l'abbaye, et qui séparait le four de l'hôtel de Braine, de la tannerie de l'abbaye (1243.) Sc. et contre-scel.—*P*. 51. Douation faite à l'abbaye de Braine, par Jean de Braine, pour le service établi dans ce convent, pour le repos de son âme, et celui de ses ancêtres (1238.) Sc. et contre sc.— *P*. 57. Extrait du cartulaire de St.-Yved de Braine. Cet extrait commence par la transcription entière d'un privilége accordé à l'abbaye de Braisne, par le pape Eugène III, en 1147.] Ce qui suit n'est qu'un extrait quelquefois fort court, des principales chartes de cette abbaye.

Ces chartes émanent des rois de France Louis VII (2 p^ces. 1138-1143.)—Philippe-Auguste (1186.)—Des papes Anastase IV (1154.)—Adrien IV (1154.)—Alexandre III (1173), et Innocent III (1198.)—De l'archevêque de Rheims, Guillaume Ier., cardinal de Champagne (1189.)—Des évêques de Soissons, Gosselin de Vierzi (8 p^ces. 1135-1137-1140-1141-1145-1150.)—Anseulf de Pierrefont (2 p^ces. 1153-1158.)—Hugues II de Champfleuri (1166.)—D'Ai-

---

[1] Nous ne croyons pas devoir faire la notice de ces chartes, dont le rédacteur du cartulaire n'a donné que des extraits souvent fort incomplets.

mard de Provins (7 p^ces. 1208-1209-1215 et 1216.)—Nivelon I de Chérisi (10 p^ees. 1178-1181-1184-1189-1197-1206.) — Jacques de Bazoches (4 p^ces. 1219-1225 et 1226.)—Des évêques de Beauvais, Henri de France (1157.) — Barthélemi de Montcornet (3 p^ces. 1165-1171.)—Philippe I de Dreux (3 p^ces. 1195-1199-1215.)— Milon I de Châtillon-Nanteuil (2 p^ces. 1220-1227.)—De l'évêque d'Arras, Pierre I (1194.)—De l'évêque de Laon, Barthelemi de Vir (2 p^ces. 1139-1145.)—De l'évêque de Senlis, Henri (s. d., fin du XIIe. s.) — Des évêques de Térouane, Milon II (1186.)—Didier (s. d., fin du XIIe. s.) et Lambert II (1194.)—Des archidiacres de Beauvais (1214.) —de Soissons (2 p^ces. 1223-1224)—De l'official de Soissons (1220.)—Du chapitre de Soissons (2 p^ces. 1210-1278.) —Des chanoines de Laon (2 p^ces. 1214.)—de Reims (1213.)—de Noyon (1210.)—Des abbés de Braisne (5 p^ces. 1151-1186-1187-1214)—Du prieur de St.-Remi de Braine (1204.)—Des abbés de Vauclair (1190.)—De St.-Jean des Vignes (1213.)—De St.-Médard (1213.)—De St.-Crépin-le-Grand (s. d.)—De Ste.-Marie de Soissons (s. d.)—De Cussy (2 p^ces. 1170-1195.)—D'Igny (2 p^ces. 1193-1222.) —De St.-Corneille de Compiègne (2 p^ces. 1147-1194.)— De Chartreuve (1192.)—Des comtes de Flandres (3 p^ces. s. d.)—De Boulogne (4 p^ces. 1166-1188.)—De Soissons (4 p^ces. 1155-1160-1184-1185.)—De Braisne (11 p^ces. 1152-1179-1202-1208-1218-1221-1222.)—De Mâcon (1226.)—Des seigneurs de Coucy (2 p^ccs. 1166-1218.)— De Bazoches (9 p^ces. 1189-1206-1208-1216-1218-1221.) De Couai (1227.)—De Conflans (1335.)—De Coudun (5 p^ces. 1151-1183-1191-1199-1208.)—De Béthune (1194.) —De Binauville (1227.)—De Gaucher de Châtillon (1186.) —De Béatrix de Fayel (1195.) et de Philippe de Fayel (1222.) Cet extrait se termine par la transcription d'un acte du cardinal Georges d'Amboise de l'année 1501.—P. 115. Extraict de l'obituaire de St.-Yved de Braine, in-f°. en parchemin.—Extraict en 1692, en septembre.

BRAISNE.

Après cet obituaire, il y un tableau représentant 30 blasons dessinés très grossièrement à la plume.

230. Miscellanea.

  MS. in-f°., papier.—Ecriture du XVIIe. siècle.
  Bibl. Imp.—*Fonds des Minimes* N°. 14.

BRAISNE.

Ce manuscrit renferme un recueil [de quelques anciens épitaphes quy se lisent à présent sur les tombeaux des contes de Brayne en l'église et abbaye dudit Brayne.]

BRAY-SUR-SOMME.

231.

I. Acte par lequel la ville de Bray-sur-Somme est vendue au roi Philippe-Auguste par Gautier, châtelain de Péronne. (Mai 1210.) Le sc. manque.

A. I. Sect. hist., Trés. des Ch., Cart. J. 229, n°. 50.

II. Charte de commune accordée par Philippe-Auguste à la ville de Bray [1]. (1210.)

Bibl. Imp.—Coll. De Camps, vol. 29, Cart. de Ph. Aug. 8408, f°. 106 v°.

III. Lettres de Raoul de Clermont, chev. seigneur d'Ailly, qui terminent le différent survenu entre l'église de Corbie et le village de Bray. (Mai 1225.)

B. I. Cab. des Ch., CC. 133.

IV. Homologation de l'accord passé entre le comte de Flandre et les habitants de Bray-sur-Somme, par lequel les habitants de Bray s'engagent à payer le péage sur toutes leurs marchandises passant par la ville de Pozières. (6 janvier 1334.)

A. I. Sect. jud., Parl. de Paris, Accords. Cart. 1.

V. Accord entre Jehan de la Gruthuse et Louise de Nesle sa femme, dame de Bray-sur-Somme et les maire et échevins de la dite ville sur les coutumes, franchises et priviléges accordés au dit Bray-sur-Somme par Philippe-Auguste. (12 juin 1489.)

A. I. Sect. hist., K, 2e. Sie n°. 187, liasse 2e., p. 112.

VI. Arrêt du conseil qui ordonne qu'il sera fait une nouvelle assemblée des habitants de la ville de Bray-sur-Somme pour l'élection du maire et de quatre échevins à la place de ceux qui sont nommés. (30 novembre 1682.)

A. I. Sect. administ., E. 1815.

BRESLE.

232.

Charte en forme de chirographe, de Pierre, abbé de

---

[1] Voyez Ord. des Rois de Fr., t. XI, p. 295.

St.-Just et Drogon de Moy officiaux de l'évêque de Beauvais, dans laquelle il est dit que Raoul, maire de Bresle [1], a mis fin aux contestations qu'il avait avec l'abbaye de Froimont (1191)

BRESLE.

B. I. *Cab. des Ch.*, CC. 80.

Lettres de Charles, duc de Normandie et régent du royaume, par lesquelles il ordonne qu'il sera tenu un marché tous les jeudis dans le château de Bresles par considération particulière pour l'évêque de Beauvais son chancelier. (Mars 1359.)

B. I. *Cab. des Ch.*, Cart. CC. 267.

233. Cartes et Plans.

BRETEUIL.

Plan de Breteuil (teinté.)

Bibl. Imp.—*Départ. des Cartes et Plans.*—*Coll. topog.* V. a.

Ce volume contient les plans, cartes, vues, dessins, tant imprimés que manuscrits, du département de l'Oise.

234. Abrégé de l'histoire de Breteuil. 1721.

MS. in-f°., papier.—XVIIIe. siècle.

Bibl. Imp.— *Suppl. fr.* n°. 1321.

Voici le titre qu'on lit sur la couverture du manuscrit. [Abrégé de l'histoire de l'abbaye de Breteuil (1721.) Messire Louis Delamotte Villebret, comte d'Aspranont, à présent abbé commandataire de dite abbaye.—Cet abrégé est tiré par moi Dallichamps receveur de la dite abbaye, d'un livre qui est dans le chartier à la garde des religieux de cette abbaye. Signé : DALLISHAMPS OU DALLICHAMPS.] d'une autre écriture.—[Copié sur le manuscrit original conservé chez M. Levavasseur l'aîné à Breteuil, offert à la Bibliothèque du roi par L. Langlès. Ce 10 juillet 1822.]

Nous donnons ici les principaux titres de cet abrégé.

F°. 1. [Fondation de l'abbaye de Breteuil, sa première destruction.—*F°*. 1 *v°*. Sa restauration ; donations.— *F°*. 3 *v°*. Accords et traités.—*F°*. 12. Terres dépendantes de l'abbaye.—*F°*. 19. Vol des reliques de St.-Constancien, l'abbaye pillée.—*F°*. 20. Prix des monnaies en 1586 ; Massacre à Breteuil le 22 août 1589.—*F°*. 21. Pillage de

---

[1] Canton de Nivillers, arrondissement de Beauvais (Oise).

BRETEUIL.   Breteuil en 1626.—*F°*. 22. Catalogue des abbés réguliers. —*F°*. 22 *v°*. Catalogue des abbés commandataires.]

235. Recueil de chartes ou copies de chartes originales tirées des collections des bibliothèques de Paris et des archives de l'Empire.

I. Philippe-Auguste accorde des exemptions de péage à la ville de Breteuil[1]. — (1204.)

B. I. *Fonds Bouhier*, n°. 26.

II. Charte de commune accordée aux habitans de Breteuil par Gautier de Risnelle, seigneur du dit Breteuil[2]. — (Mars 1226.)

B. I. *Coll. Duchesne*, t. 78, p. 258.

III. Lettres par lesquelles Charles IX établit une chambre à sel, à Breteuil. — (Juin 1568.)

A. I. *Sect. hist.*, *Trés. des Ch.*, Reg. 266, p°°. 204.

IV. Lettres patentes portant confirmation du marché et des six foires établies par lettres de 1561 dans le bourg de Breteuil, généralité d'Amiens, élection de Montdidier. — (29 janvier 1772.)

A. I. *Sect. jud.*, *Parl. de Paris*, Ord. 9, Q. f°. 50.

V. Arrêt du Conseil qui autorise la commune de Breteuil à acquérir les offices municipaux de cette ville. — (3 octobre 1782.)

A. I. *Sect. administ.*, E, 2583.

VI. Arrêt du conseil portant règlement pour la municipalité de Breteuil. — (18 août 1785.)

A. I. *Sect. administ.*, E, 2610.

BRUNEMBERCQ.

236. Revenus de la terre de Brunembercq[3]. Année 1446.

MS. in-f°. de 22 folios, parchemin. — Ecriture du XV°. s.

[Bibl. Imp.— *Suppl. fr.*, n°. 98 ^{18}]

Ce MS. commence ainsi : [Compte Jehan du Bourguel,

---

[1] Voy. *Ord. des R. de Fr.*, t. XII, p. 506.

[2] Voy. A. Duchesne. *Hist. généal. de la Maison de Montmorency*. Preuves, p. 339.

[3] Brunembert, canton de Desvres (Pas-de-Calais).

receveur de Brunembercq en Boulenois, pour très excellent et puissant prinche et mon très redoubté seigneur monseigneur le duc de Bourgoingne, comte de Flandres, d'Artois et de Bourgoingne, à cause de la conté de Bouloigne, laquelle terre de Brunembercq, par don de mon dit seigneur, a esté long temps es mains de Lionnel de Wandoime, et par renonciation a esté et est remise au demaine de mon dit seigneur, pour ung an entier commenchant au jour Saint Remi, l'an mil iiii^c et quarante chincq, le dit jour includ, et finant au dit jour Saint Remi, l'an mil iiii^c et quarante six, le dit jour exclud, lequel compte fait et rendu en la chambre des comptes de mon dit seigneur le duc à Lille, se fait à xx s. paris. pour la livre.

F°. 22, r°. Recepte de ce présent compte. vi^{xx} xiii liv. ix s. iv poit. par. et xxxix poquins et vi boistel avene.

F°. 22, v°. Despence de ce présent compte. xiv liv. xii s. et v poquins d'avene.

Doit le dit receveur. cxviii liv. xvii s. iv den. poit. par. et xxxiv poquins et vi boistel d'avene.

Le présent compte fu oy et clos à Lille le ive. jour de mars m. cccc. xlvi.

Ce compte ne renferme rien de curieux.

237. BRUNHAMEL.

Lettres par lesquelles Charles IX, sur la demande de César de Margival, seigneur de Brunhamel[1], établit au dit lieu deux foires annuelles, et un marché par semaine.

A. I. *Sect. hist., Trés des Ch.*, Reg. 264, p.^{ce} 496.

238. BRUYÈRES-SOUS-LAON.

I. Charte du roi Louis VI, par laquelle il accorde sur les XX livres de prestation que les hommes de Bruyères lui fesaient annuellement à raison de leur commune, un tiers de cette somme à Barthélemi, évêque de Laon, etc. (1132.)

B. I. *Cab. des Ch.*, CC. 40.

II. Charte de commune accordée par Philippe-Auguste, aux habitants de Bruyères (*Brueria*), de Carai (*Caracum*),

[1] Canton de Rozoy-sur-Serre (Aisne).

BRUYÈRES-SOUS-LAON.

de Norgie (*Norgia*) et de Vallebon [1] (*Vallebona*). 1186.

B. I. {
Cart. de Phil. Aug. 9852, f°. 71, r°.
Coll. de Campar, vol. 29.
Coll. Fontanieu, portef. XI.
}

III. Bail à vie d'une maison sise à Bruyères. (Septembre 1186.)

A. I. Sect. hist., Cart. L, liasse de div. p^{ces}. n°. 23.

IV. Acte scellé par lequel la commune de Bruyères s'engage à soutenir le Roi contre tous. (1228.)

A. I. Trés. des Ch., Cart. 627—8¹⁸

V. Echange de plusieurs droits, rentes, etc., sis à Bruyères et à Athies, pour C. livres tournois de rente, payables au temple à Paris, le lendemain de la Chandeleur, fait entre Jehan de Seris d'une part, et le roi Philippe-le-Bel de l'autre. (Novembre 1289. — En fr. 2 sc. pendants avec des lacs de soie rouge et jaune. Leg. effacée.)

A. I. Sect. hist., Trés. des Ch., Cart. J. 229, n°. 21.

VI. Transaction passée entre le commandeur du temple, et les communes de Bruyères, Vorges et Cheret, au sujet des usages situés entre Ardon et Bruyères. (Nov. 1272. — Un peu endommagée. En fr.)

A. I. Sect. hist., Cart. L. 1152, liasse Laon et Soissons.
B.

VII. Acte scellé du sceau de la commune de Bruyères-sous-Laon, par lequel les habitants du dit lieu appellent au futur concile de la violation de leurs droits par le Pape. — (1303.)

A. I. Sect. hist., Trés. des Ch., Cart. 488, n.° 556.

VIII. Procuration scellée donnée par la commune de Bruyères-sous-Laon à ses députés aux Etats généraux. — (1308.)

A. I. Sect. hist., Trés. des Ch., Cart. 415 n.° 210.

IX. Minute d'un acte dans lequel Philippe-le-Bel permet aux habitants de Bruyères de ne pas être tenus de se ren-

---

[1] Voyez *Ord. des R. de Fr.*, t. XI, p. 245

dre aux appels de la cour de Laon, à moins de cas extraordinaires. — (s. d.)

A. I. Sect. hist., Trés. des Ch., J, 233, n°. 40.

X. Double de cette minute.

A. I. Sect. hist., Trés. des Ch., J, 233, n°. 41.

XI. Accord entre l'évêque de Laon et les consuls de la commune de Bruyères, dans lequel il est dit que les hommes de corps de l'évêque ne pourront être arrêtés au dit Bruyères que pris en flagrant délit. — (Novembre 1335.)

B. I. Cab. des Ch., Roul. du Parl., 1er. Cart. p. 98.

XII. Lettres du prévôt de Paris, faites sous le scel de la prévoté, portant confirmation de l'accord ci-dessus énoncé. — (20 décembre 1335.)

A. I. Sect. jud., Parl. de Paris, Accords. Cart. 2.

XIII. Accord sur ce que la commune de Bruyères *moult noblement fondée par chartres et privilèges des Roys de France se plaint du cas de nouvelleté* — (20 décembre 1361.)

B. I. Cab. des Ch., Roul. du Parl., 1er. Cart, p. 1317.

XIV. Lettres par lesquelles Charles V permet aux habitants de Bruyères-en-Laonnais de construire un marché. — (Septembre 1369.)

A. I. Sect. hist., Trés. des Ch., Reg. 100, pce. 114.

XV. Confirmation par Charles VI des franchises accordées à la commune de Bruyères par Louis VII. — (Août 1381.)

A. I. Sect. hist., Trés. des Ch., Reg. 119, pce. 285.

XVI. Lettres patentes de Louis XIV portant érection en vicomté de la terre de Bruyères. — (Septembre 1657.)

A. I. Sect. jud., Parl. de Paris, Ord. 3. O, f°. 254.

XVII. Arrêt du conseil qui supprime un droit de péage prétendu par la commune de Bruyères. — (22 juillet 1749.)

A. I. Sect. administ., E, 2292.

239.

Confirmation par Charles V des franchises et priviléges

BRUYÈRE (LA). accordés par les rois ses prédécesseurs aux habitants de la Bruyère-les-Catenoy en Beauvaisis et dont les titres se trouvaient perdus [1]. — (Mai 1371.)

A. I. Sect. hist., Trés. des Ch., Reg. 103, p^{ce}. 171.

BUCILLY. **240.** Cartes et plans.

Bibl. Imp. — Dép. des cartes et plans. — Coll. topogr.
V. a.
26.

Ce volume, qui contient les plans, vues et dessins imprimés et manuscrits des arrondissements de St.-Quentin et de Vervins, possède une vue de l'abbaye de Bussilly en Tiérache, datée du 24 mars 1682 et signée par du But.

241.

Lettres de l'abbé de Bucilly par lesquelles, du consentement de son chapitre et des seigneurs de Cuise, il décide la construction d'une ville dans le territoire de son église, laquelle ville sera bâtie dans le lieu dit *Mons puteus* [2] et aura les coutumes de Vervins [3]. — (1170.)

B. I. Cab. du St.-Esprit, au mot Avesnes.

242. Chartularium abbatiæ Buciliensis.

MS. grand in-4°. de 110 folios, parchemin. — Ecriture du XIIIe. et du XIVe. s. (Plusieurs rédactions). — Rubriques. — Lettrines. — A 2 colonnes.

Bibl. Imp.. — N°. 201. Cart.

Ce manuscrit a été envoyé, en 1841, au Comité historique, par M. Ozeray, homme de lettres, demeurant à Bouillon (Belgique). M. Guérard, chargé par le Comité d'examiner ce cartulaire, fit le rapport suivant dans la séance du 12 juillet 1841 :

« Bucilly fut, dans l'origine, une abbaye de femmes
» qu'une duchesse de Vermandois fonda vers l'an 980....
» Le cartulaire de cette abbaye a été rédigé vers la fin du
» XIIIe. s., mais il renferme des additions du XIVe. s. Il
» forme un recueil intéressant qui fait connaître les rela-
» tions de l'abbaye avec les seigneurs voisins, et offre de

---

[1] Voy. Ord. des R. de Fr., t. v, p. 712.
[2] Mondrepuis.
[3] Voy. Annal. Præmonst., t. I. Preuv. col. 339.

» curieux renseignements sur l'état des personnes ainsi
» que sur celui de la propriété au XIIe. s. Ce qui contri-
» bue encore à lui donner du prix, c'est une chronique
» de l'abbaye qui occupe dix pages du manuscrit, et qui est
» due à Casimir Oudin, célèbre chanoine de ce monastère [1].
» Néanmoins, comme l'histoire de Bucilly intéresse plus
» particulièrement l'histoire locale et qu'elle ne se lie que
» de très loin à l'histoire générale, je ne crois pas qu'il y
» ait lieu d'imprimer le cartulaire en ce moment, et je
» termine mon rapport en demandant au Comité de sou-
» mettre les trois propositions suivantes à l'approbation
» de M. le Ministre :
» 1.° Ordonner l'inscription du cartulaire de Bucilly
» sur la liste des cartulaires qui doivent être publiés ;
» 2°. Déposer ce cartulaire à la Bibliothèque Royale, où
» il pourra être consulté avec fruit tant par les lecteurs
» que par les auteurs qui travaillent sur le moyen-âge ;
» 3°. Remercier M. Ozeray, etc. »

F°. 1. Première table. — Incipiunt carte Bucelliensis. Privilegium de domino Elberto, veromandense comite (de toto alodio de Buciliaco [2], alodio de Harcignis [3], alod. de Effris [4], alod. de Perveriis, alod. de Leheris [5], de Angoziis [6] et de Lentis, de medietate silve que dicitur communione [7], de medietate totius territorii de Martigniaco [8], de molendino super Ysaram (apud novas domos [9], de

[1] Né à Mézières en 1636, mort en 1717. [Ce savant bibliographe embrassa d'abord la vie monastique, puis vint à Paris, se fit calviniste et se retira à Leyde où il fut nommé sous-bibliothécaire de l'Université.

[2] Bucilly, canton d'Hirson (Aisne).

[3] Harcigny, canton de Vervins.

[4] Effry, canton d'Hirson.

[5] La Herie, canton d'Hirson.

[6] Peut-être Landouzy-la-Ville.

[7] C'est sur ce territoire, dont le nom n'existe plus maintenant, que fut bâtie la ville de Mondrepuis.

[8] Martigny-en-Tierrache, canton d'Aubenton. — Tous les lieux cités plus haut sont ainsi qualifiés dans la Charte : « *Predicta alodia ex magna parte nemorosa erant et infructifera, ut non sufficere possent ad victum habitantium in Buciliensi ecclesia.* »

[9] Neuve-Maison, canton d'Hirson.

BUCILLY.   territorio totius villæ de Cuirues¹, de quarta parte her-
moudi villæ²). (1120.) — F°. 2 v°. Commune privile-
gium domini Bartholomei Laudunensis episcopi, de par-
rochiis³. (de Effreis, de Cuirues, de Harcennies, de
Novis domibus, de Yrechon⁴, de Communione, de Perveriis, de Ohies⁵, de Buires⁶, de Leheries, de Angories,
de Lentis, de Espersi⁷, de Geni⁸, de Martigniaco, de
molendino de Fossa⁹, de alodio de Luinies¹⁰, de terris
apud Anie¹¹, apud Balbinies, Blici¹², Froimont¹³, Agi-
court¹⁴, Lusoir¹⁵ et Albunies¹⁶). (1148.) — F°. 3 v°.
Commune privilegium domini Galteri I Laudunensis episcopi, de altari de Sparsi. (1148.) — F°. 4. v°. Privilegium domini Sanxonis, Remensis archiepiscopi, de Glant¹⁷.

¹ Cuirieux, canton de Marle.

² Hermonville, canton de Fismes (Marne). — Cette terre d'Hermonville avait appartenu auparavant à l'abbaye de St.-Quentin. Aussi pour l'en
dédommager reçut-elle une croix d'or, ornée de perles, qui fut appelée
plus tard, croix de Bucilly. « *Ipsa comes pro recampensatione dedit eidem ecclesie crucem auream gemmis insignitam, que crux ad memo-
riam hujus facti permanens in ipsa ecclesia St. Quintini usque hodie
dicitur Crux Buciliensis.* »

³ Voy. *Annal. Præmonstrat.* t. I, pr. col. 336, fragm. — *Hist. Fus-
niac. cœnobii.* p. 83, fragm.

⁴ Hirson.

⁵ Ohis, canton d'Hirson.

⁶ Buire, canton d'Hirson.

⁷ Eparcy, canton d'Hirson.

⁸ Geny, canton de Cuissy-Geny (Aisne).

⁹ La Fosse. — Ce lieu qui paraît ne plus exister est marqué sur les cartes de Cassini au N. E. de Bucilly.

¹⁰ Lugny, canton de Vervins (Aisne).

¹¹ Any-Martin-Rieux, canton d'Aubenton (Aisne).

¹² Blissy, commune de St.-Michel (Aisne).

¹³ Peut-être Froidmont, canton de Cohartille, près Marle (Aisne).
Peut-être aussi Frémont, marqué sur la carte de Cassini au N. de Plomion.

¹⁴ Probablement Agnicourt, canton de Marle (Aisne).

¹⁵ Luzoir, canton de La Capelle (Aisne).

¹⁶ Aubigny, canton de Rumigni (Ardennes).

¹⁷ Auj. Neuville-aux-Joutes, canton de Signy-le-Petit (Ardennes). — Cette

et de Signi ¹. (1139.) — *F°*. 5 *v°*. Carta Burgardi, de winagio Guisie. 1155. — Cyrographum Fusniacense de terris inter nos et ipsos (mutuatis) (1195.) — *F°*. 6. De elemosina domine Adeluye, domine Guysie, accipienda ad wionagium Guisie et Escheliarum ². (1196.) — *F°*. 6. Interdictus Rogeri I episcopi laudunensis de parrochiis dandis et absolutio de datis. (1197.) — *F°*. 6. De winagio Guisie, Landrecis ³, Lescheriarum, Avesnis ⁴ et Yrecon ⁵. (1187.) — *F°*. 6 *v°*. De wionagio domini Rogeri militis, domini de Cimaco ⁶. (1220.) — *F°*. 6 *v°*. De recompensatione qua fecit ecclesia ista Henrico de Leheris pour *(sic)* Buires. (1228.) — *F°*. 7. De legato domine Aelidis uxoris quondam Rassonis de Yrecon apud Leheris. (1261.) — *F°*. 7 *v°*. (Carta) Andree de Bucillis de domo sua (quam eon) tulit nobis in elemosinam et de terris sitis in territorio de Landousis ⁷ inter boscum de Thierissuele ⁸ et viam per quam itur ad wionagium domini Couciaci, et de prato sito in territorio de Landousis versus Caisnerias. (1264.) — *F°*. 9. De elemosina domini Johannis comitis Blesensis apud Yrecon. (1271. En fr.) — *F°*. 10. Privilegium domini Bartholomei Laudunensis

BUCILLY.

localité, dont nous avons cherché longtemps l'emplacement, a été d'après une charte de 1253 (voy. f°. 73 du cartul.) appelée Neuville (Nova-Villa) de Glant, ou simplement Neuville. Malheureusement comme près de Bucilli, ou plutôt près de Signy-le-Petit, cité dans la Charte comme localité voisine de Glant, nous ne trouvons que Neuville-aux-Joutes, ou Neuville-aux-Tourneurs, il nous aurait été impossible de déterminer laquelle de ces deux localités avait été autrefois Glant, si Cassini n'avait marqué sur sa carte, près de Neuville-aux-Joutes, un lieu appelé *Chapelle des Glangs*, ce qui nous a retiré toute incertitude.

1 Signy-le-Petit (Ardennes).
2 Leschelle, canton de Nouvion (Aisne).
3 Landrecies (Nord).
4 Avesnes (Nord).
5 Seu Yricionis.
6 Chimay, ville des Pays-Bas.
7 Landouzy-la-Ville, canton d'Aubenton.
8 Une note placée en marge du f°. 45 de ce cartulaire indique que ce bois est le même que celui de *La hutte* indiqué sur la carte de Cassini au S. de Landouzy.

BUCILLY. episcopi, de advocacia de Cuirues (Cuiriex). (1113.) — *F°*. 10. *v°*. Privilegium domini Bartholomei Laudunensis episcopi, de concessione winagiorum de Fara et de Marla. (1120.) — *F°*. 11. Privilegium domini Galteri II Laudunensis episcopi de terra Gipuini de Cuirues. (1159.) — *F°*. 11 *v°*. Cyrographum domini Galteri II Laudunensis episcopi de terra Cambucs de Cuirues. (1162.) — *F°*. 12. Cyrographum domini Galteri II episcopi, de advocatia de Cuirues. (1168.) — *F°*. 13. Privilegium domini Rogeri I Laudunensis episcopi, de parrochia de Cuirues. (1196.) — *F°*. 13. Adam, decanus Laudunensis, et capitulum, de Cuiriex. (1196) — *F°*. 13. Bartholomeus, episcopus Laudunensis, de terra Richeldis regine, de Cuirues. (1148.) — *F°*. 13 *v°*. Cyrographum de molendino d'Arengon et Cuirues. (1213.) — *F°*. 13 *v°*. De quittatione duorum modiorum bladi, quos Walterus li begues quitavit nobis. (1211.) — *F°*. 14. Carta pro Goberto de Marla et de Cuirues. (1206.) — *F°*. 14 *v°*. Rogerus [1], episcopus Laudunensis, de advocatia de Cuirues. (1206.) — *F°*. 15 *v°*. Carta abbatisse Suessioniensis de hiis que habebat apud Cuirues. (1246.) — *F°*. 15. Abbas Premonstratensis, de Johanne Fessart de Cuiriex, et de conventu Suessionense. (1246.) — *F°*. 16. Carta curie Laudunensis de heredibus Johannis Fessart, et de Cuiriex. (1246.) — *F°*. 16 *v°*. De terris Johannis Fessart apud Cuiriex. (1246.) — *F°*. 17. De escambio facto apud Cuiriex inter nos et ecclesiam sancti Martini (terra in loco qui dicitur ad fontes juxta Gorgnuel, terra inter curtem de Comont [2] et atrium de Serigniecort, terra sita in loco qui dicitur vallis Macharii subtus curtem de Biauvoir [3], terra in loco qui dicitur Rogiercors) (1249.) — *F°*. 17 *v°*. De terragiis de Angories [4] et aliis (in terragiis videlicet terrarum de Angories juxta Leheries, terrarum supra Faloisiam juxta territorium de Aurigniaco [5], in territorio vallis Theoderici [6] sito juxta se-

---

[1] D'après la date de cette pièce, ce ne devrait pas être Roger I, mais Renaud III, qui fut nommé évêque de Laon dès 1201.

[2] Caumont, canton de Vesles (Aisne).

[3] Beauvoir est marqué sur la carte de Cassini à l'E. de Cuirieux.

[4] Angories, Angousies, peut-être Landouzy-la-Ville, près La Heric.

[5] Origny-en-Thiérache, canton d'Hirson (Aisne.)

[6] N'existe plus.

mitam que ducit de Espersi ad Novas domos) (1234.) — F°. 18 v°. De quatuor modiis frumenti, et tribus avene nobis in elemosinam datis Gerardo de Sancta Proba [1]. (1237.)— F°. 18 v°. De terra Au bus et aliis terris (in loco qui dicitur Escorche Buef, in loco qui dicitur la Martroie) quas vendidit nobis Petrus Paniers, apud Cuiriex. (1241.)—F°. 20. De Petro Panier et Cuirues. (1249.)—F°. 20 v°. De quibusdam terragiis de Voiana [2] excambiatis ad unum modium frumenti in grangia de Cuirues. (1249.) — F°. 21 v°. De terris de Gisiaco [3] apud Cuirues. (1248.) — F°. 22 v°. Carta domini de Wospais [4] de Balduino Haingneret. (1220.) — F°. 22 v°. Carta Conventus Fidemensis [5] de quinquaginta solid. apud Houdrevile [6] prope Cuirues. (1253.) — F°. 23 v°. Carta curie Laudunensis de Petro Panier, et de Cuirues. (In loco qui dicitur in campo Sancte Genovefe, contiguo ut dicitur vie per quam itur de Biauvoir apud Markam ex una parte, et vie per quam itur de Cuiriex apud Novam villam de Boumont [7] ex altera). (1244.) — F°. 23 v° De duobus petiis terre qua tenet ad partem Colardus, maior apud Cuiriex. (1255.) — F°. 26. De tribus modiis et dimidio frumenti de molendino sito super rivum de Erengon, apud Cuirues. (1260.) — F°. 26 v°. De terris de Gisiaco apud Cuiriex (en le val de Cirgnuel, a le quarriere de haimmerival, a le crois Adan, a Sorgnicourt, en Milonval) et de domina de Veele.[8] (1260. En fr.) — F°. 27 v°. Johannis armigeri de Sancta Proba, item habemus litteras curie Laudunensis, de waltero de Sancta Proba. (1259.) — F°. 28 v°. De Gerardo clerico d'Anisi [9] et elemosina patris sui. (s. d.) — F°. 28 v°. De quodam terragio, in territorio de Wianna [10], pour Cuirues. (1245.)

BUCILLY.

---

[1] Ste. Preuve, canton de Sissonne (Aisne.)

[2] Voyenne, canton de Marle (Aisne).

[3] Gizy, canton de Sissonne (Aisne.)

[4] Voulpaix, canton de Vervins (Aisne).

[5] Abbaye de Femy, diocèse de Cambray.

[6] Haudreville est marqué sur la Carte de Cassini au N. N. O. de Marle.

[7] Neuville-Bosmont (la), canton de Marle (Aisne).

[8] Vesle.

[9] Ou *de Anisiaco*.

[10] Voyenne.

BUCILLY. — F°. 29. De Censa Brictii et ejus uxoris apud Arenci. (1267.) — F°. 30. De quittatione wionagiorum, de Fara, de Marla, de Vervino et de Thierrisuele, in terra domini de Couci. (1249). — F° 30. De terra Leiardis Domart, de Cuirues. (1159.) — F°. 31. Privilegium papæ Eugenii III, pro possessionibus Ecclesiæ Buciliensis. (1148. Ecriture du xviii°. s.) — F°. 31 v°. Seconde table. — F°. 31 v°. De elemosina Hugonis de Gornai apud Noviant [1]. (1205.) F°. 32. De discordia inter nos et Johannem de Rochefort. (1300.) — La rubr. manque. — F°. 32 v°. De vincis quas Adam Mustellus contulit nobis in elemosinam. (1204.) — F°. 32 v°. Item de elemosina Hugonis de Gornai. (1205).— Pièce entièrement semblable à celle transcrite au f°. 31 v°.) — F° 32 v°. De sex galetis bladi quos dedit nobis dominus Guido de Wospais in elemosinam. (1228.) — F°. 33. Item de domino de Wouspais et sex galetis bladi. (1240.) — F°. 33. De quadam terra de Piz et Gillonsart. (s. d.) — F°. 33. Cyrographum de Daignies. (s. d.) — F°. 34. Privilegium de concessione domini de Roscto. (1135.) — F°. 34 v°. Cyrographum domini Premonstratensis de ecclesia Thenoliensis et Gillonsart [2]. (1162.) — F°. 35 v°. Carta de Gillonsart et quodam Resco contra Fusniacensem [3]. (1214.) — F°. 36. De decima quam habemus in quadam terra quam tenet ecclesia Vallis Sancti Petri [4], in territorio de Harciguis, juxta territorium de Ramozins [5]. (1231.) F°. 36. De elemosina domini Theobaldi, curati de Harcignis. (1261.) — F°. 36 v°. Carta Marie domine de Bancignis super nemus de Gillonsart [6]. (1265. — En fr.) — F°. 37 v°. Carta Henrici de Louvaing, domini de Bancignis [7]. (1268. — En fr.) — F° 37 v°. Carta Godefridi de Louvaing, domini de Bancignis, de advocatia de Harcignis. (1244. — En fr.) — F°. 38 v°. De discordia inter

[1] Novion (Ardennes).
[2] Cette pièce intéressante marque les limites respectives des propriétés de ces deux abbayes.
[3] Abbaye de Foigny.
[4] Chartreuse du Val St.-Pierre.
[5] Ramouzy est marqué sur la carte de Cassini au S. d'Harcigny.
[6] Ou Gillonsant.
[7] Bancigny, canton de Vervins (Aisne).

nos et Henricum de Louvaing. (1270. — Ecriture moderne.) — F°. 39. Cyrographum Remigii de Harcignis et de Gillonsart. (1220.) — F°. 39 v°. Carta Galteri, episcopi Laudunensis, de Communione. (1156.) — F°. 40. De Communione Montisputei [1]. (1155). — F° 40. Cyrographum de Montepodii. (1170.) — F°. 41. De tota decima tam case quam altaris ecclesie de Montepodii, quod dominus Galterus II Laudunensis episcopus nobis reddidit. (1173.) — F°. 41 Privilegium domini Galteri II, Laudunensis episcopi, de Montepodii [2]. (1173.) F°. 42. Privilegium domini Rogeri I Laudunensis episcopi, de Montepodii, et domino Jacobo de Guisia [3] (insuper in terra de Buires, que est intra Ysaram in territorio jam dicte Communionis et ville Montisputei). 1187. — F°. 43. Carta Adeluye domine Guisie, de advocatia Montisputei. (1193.) — F°. 44. Carta inter nos et ecclesiam de Liessies, de nemoribus Montisputei [4]. (1237. — En fr.) — F°. 45. Carta domini Johannis, comitis Blesensis, de Molendino Montisputei. (1273. — En fr.)

F°. 45. v°. Jugement arbitral rendu par Gauthier, seigneur de Tupigny, Jean, seigneur de Proisi, et Nicaise seigneur de la Herie, sur des débats survenus entre l'abbé et le couvent de Bucilli, et Jean, dit Hasart de Sethenai.

Cette pièce donne des détails fort curieux sur les rapports de l'abbé avec les maire et échevins de Bucilli. Elle n'est pas assez longue pour en priver le lecteur.

Nous Wautiers, sires de Thupigni, Jehans, sires de Proisi, et Nichases, sires de Leheris, chevaliers, faisons à savoir à tous ciaus qui ces présentes lettres verront et oront, que comme descort fiussent entre religieus houmes l'abbet et le couvent de Bucillis d'une part, et Jehan dit Hasart de Sethenai, escuier d'autre part, sur pluseurs articles et debas qui estoient entre aus et nous Wautiers, Jehans et Nichaises chevalier devant dit, euissiens cou-

---

[1] Mondrepuis, canton d'Hirson (Aisne).

[2] Il est dit dans cette pièce : « Quod Ludovicus abbas Buciliensis, quandam, in territorio suo quod dicitur de Communione, assensu Jacobi Guisiensis villam construxerunt, ad exemplum legis de Vervino, in loco qui dicitur Monspodii. »

[3] Voy. Annal. Præmonst. t. I, pr. col. 339, fragm.

[4] Montdelpui, Mondoupui.

BUCILLY.

mandement de mon signeur le conte de Blois dont Diex ait l'âme, par ses lettres pendans d'enquerre la vérité des descors et des debas deseur dis, et de delivrer la querele, la prise faite. Nous Wautiers, Jehans et Nichaises chevalier devant dit, par l'acort des parties, et par la prise que nous en avons faite, prononçons et disons nostre dit en la menniere qui s'ensuit. C'est à savoir que li abbés de Bucillis met et doit mettre le maieur et les eschevins, et le doiien en le vile de Bucillis, et les oste quant il wet. Et quant li abbés les i a mis, il font sairement qu'il warderont les drois de l'église, et les drois del avo. Et puent penre cil dit maïeur et le eschevin, les fourfais et mettre en le maison le maïeur. Et doivent estre jugiet de lor fourfais par les eschevins de la vile de Bucillis. Et des amendes de xx et ii s. et demi, et de plus, a li abbés, les ii parties, et li avoés la tierce partie; et cil avient que on défaille de paier les rentes l'avoc, on a uset que li avoes en a xxx et iii parisis et li abbés xvii deniers. Et toutes les autres amendes desous xxii s. et demi sont toutes à l'abbé, fors celles qui devisées sunt. Et est acordé que se aucuns et aucune fourfait, qui doie perdre ses choses, ou aucuns estraeres eschiet en la vile ou terroir de la ville de Bucillis, ou se on i trueve riens en la vile sur l'aisement de la vile par cerchemennage de ces eschances, les ii parties en seront à l'abbé, et la tierce partie à l'avoé. Et se hons ne femmes est jugiés a cors perdre, et il soit tenus, li maimaires le doit rendre jugiet a l'avoe pour faire justice, et li avoes i est tenus au faire. Et s'il avenoit chose que cil sairemente de seur dit n'osaisent prendre, ou ne peussent prendre les maufaiteurs, li avoes ou ses serjans les poroit prendre, et mener en le maison le maïeur, et nient ailleurs. Et des amendes desous xxii s. et demi, li abbés tenra ses plais leu il vorra, et de seur xxii s. et demi, li maires tenra ses plais en sa maison, ou leu il vorra, en le vile de Bucillis. Et li maires doit faire cerchemennage quant il en sera requis, en la vile et ou terroit de Bucillis si com ils ont acoustume, car nous n'en sommes mie certain. Et est li molins de Bucillis propres à l'abbet, et ni a li avoes rien, et doit faire li maires et li eschevins tel ban com on i suet faire, et par ciaus qui ont estet au faire anciennement. Et a en le vile de Bucillis par an iii plais géneres, en si com il sont acoustumet, et les tient li maires.

Et li abbet i envoïe se il wet, et ni puet estre li avœs, ne si serjant, et des amendes qui i eschiéent, li abbés i a les II pars, et li avoés la tierce, et doit paiier li abbés, les II pars de despens as eschevins, et li avoes le tierce. Et as autres plais ne puet estre li serjans l'avoe, ne li avoes ensi, et li avoes quant ils jujent houviaüs, doit faire sairement a l'abbet de warder ses droitures loiaument, après doit-il faire sairement à la vile de warder as bourjois les droitures de la vile, et cil de la vile doivent faire sairement à l'avoe de warder ses droitures. Et se doit on recevoir les rentes l'avoe par le maïeur et par les eschevins de la vile, et li maires et li eschevin li doient faire avoir se il la vaillant, et doit li doiiens mesurer s'avainne loiaument, et la doit faire porter ou mener en la vile la ou li avoes vorra, au despens le doiien, et parmi tout li doiiens et les maires doivent estre cuite, et sont de ces rentes com li autre bourjois paient. Et si ont uset que cil de la vile doivent a l'avoe quant il vient en la vile faire a IV chevaus. Mais nous ne savons se il en doivent ou plus ou moins. Et ces choses avons nous acordées dou commun assens de nous III par les vérités que nous en avons oies, et sans les rentes l'abbé et le couvent et l'avoe de quoi nous ne savons que nus debas en soit. Et pour que ce soit ferme chose et estaule, nous Wautiers, Jehans et Nichaises devant dit avons seelées ces présentes lettres de nos seaus. Ce fu fait en l'an MIL CC et LXXX, le dimenche après le feste Saint Jehan de Colasse.

F°. 46 v°. Carta de jurisdictione majoratus de Effris. (1207). — F°. 46 v°. Carta abbatis Clarifontis [1], de quatuor galetis bladi de Soumeron, apud Lusoir. (1209.) — F°. 47. Concessio domini Yteri, Laudunensis episcopi, de parrochia de Lusoir. (1252.) — F°. 47. De LX solidis parisiens : quas dedimus pro coopertura templi de Effris. (1252.) — F°. 47. De quadraginta solidis census apud Effris. (1259.) — F°. 48 v°. De viginti solidis censualibus quos habemus apud Effris. (1267.) — F°. 49 v°. Troisième table. — F°. 50 v°. Matheus miles de novis domibus et molendino ejusdem ville. (1244.) — F° 50 v°. Carta Petri de Barris, militis pro molendino de Novis Domibus. (1247.) — F°. 51. De quinque modiis bladi

BUCILLY.

[1] Clairefontaine.

BUCILLY.   emptis ab Anselmo Fescans ad molendinum de novis domibus. (1257.) — *F°*. 52. De dimidia carrucata terre que est inter Hayam de Buires et fluvium Ysaram. (1170.) — *F°*. 52 *v°*. De presbyterio de Buires. (1196.) — *F°*. 52 *v°*. Littera curie Laudunensis de Hugone de Lambres et de Buires. (1246.) — *F°*. 52 *v°*. Egidius dominus de Leheris miles de duobus modiis bladi hugonis de Lambres apud Buires. (1246.) — *F°*. 53. De filio hugonis de Lambre et duobus modiis bladi apud Buires. (1247.) — *F°*. 53. De novem galetis bladi emptis a filia Balduini Haingnereit apud Buires. (1248.) — *F°* 53 *v°*. De terragiis Balduini Haingnereit circa Buires (supra falisiam, juxta territorium de Aurigniaco, in terragiis terrarum de Angouzies, juxta Leheris, in territorio vallis Theoderici, sito juxta semitam que ducit de Esparsi ad Novas Domos). (1249.) *F°*. 54 *v°*. De elemosina Lucie de Yrecon. (1265.) — *F°*. 55. Privilegium domini Galteri II Laudunensis episcopi, de alodio de Buires. (1161.) — *F°*. 56. Cyrographum domini Rogeri[1] Laudunensis episcopi, de Leheris. (1204.) — *F°*. 56 *v°*. De legato domine Felicitatis, uxoris domini Egidii de Leheris. (1245.) — *F°*. 56 *v°*. De centum et quatuor solidis census quos habemus apud Leheris. (1260. — En fr.) — *F°*. 57 *v°*. De acquisitis factis apud Leheris ab Alardo Visin. (1261.) — *F°*. 59. Carta Petri armigeri de Rupeforti.—Leheris. (1266. — En fr.) — *F°*. 59 *v°*. Littere curie Laudunensis de Nichasio, armigero de Ruperforti. (1266.) — *F°*. 60. Carta de domo Nichasii apud Leheris. (1270. — En fr.) — *F°*. 61. Carta contra Nichasium (de Ruperforti) et successores suos de Leheris. (1271. — En fr.) — *F°*. 63 *v°*. De donatione decimarum ville et parrochiæ de Bucilli, facta per nos ad fratrem Gobertum, presbyterum, etc. (Sans rubrique. — 1310. — En fr.) — *F°*. 63 *v°*. De tribus galetis bladi apud Oregni. (1283.) — *F°*. 64. De escambio prati de Esparsi et quorumdam reddituum de Bucillis (in loco qui dicitur en Lentit, in loco qui dicitur es Vauceletes, in loco qui dicitur en Marsoumont, in loco qui dicitur ad fossam Mauvesin, in loco qui dicitur en Mouschemont, facto inter nos et ecclesiam Fusniacensem (1257.) — *F°*.

[1] Le rédacteur du cartulaire commet ici la même faute que nous avons relevée plus haut. Il faut lire *Renaud*.

65. Cyrographum de Blici. (1192.) — F°. 65 v°. Carta Widele de Rochefort de domo sua quarterii. (1209.) — F° 65 v°. Carta de decimis Nove Curtis et quarterio. (1226.) — F°. 66. Carta domini Galteri de Avesnis, de quarterio de Blici. (1217.) — F°. 66 v°. De Sancto Michaele et Bucillis super quarterio et parrochiatu (decima de Leheris Angousis, Perveiis, Libermont, Aubemont, del Ploiit, territorii B. Haingneret inter Yrecon et Novas Domos, territorii Montispodii). (1240.) — F°. 68. Item. (1211.) — F°. 69. Carta Roberti, ballivi de Bosco del quartier contra homines de Yrecon. (1243. — En fr.) — F°. 69 v°. Egidius d'Estrées et Robertus ballivus de Avesnis de quarterio vel communitatibus villarum de Sancto Michaelo et Rupeforti. (1243. — En fr.) — F°. 70. Carta Johannis Hasart de Settenai, de acquisitis factis apud Bucillis. (1274. — En fr.) — F° 70 v°. De decima de Rumigni [1]. (Sans rubrique. — 1272. — En fr.) — F°. 71. Privilegium domini Rainaldi II archiepiscopi (Remensis) de Glant. (1132) — F°. 72. Cyrographum domini de Rumigniaco et de aisentiis de Glant et de Signi. (1181.) — F°. 72 v°. Carta domini Nicholai de Rumigni, de decimis fenorum de Signi. (1244. — En fr.) — F°. 72 v°. Arbitrium prolatum inter nos et Capitulum Laudunensem super divisionem parrochiarum de Anteni et de Signi. (1251.) — F°. 74. Compositio parrochiarum nove ville de Glant et de Signi. (1253.) — F°. 74 v°. Carta domini Nicholai de Rumigni, de limitatione facta per nemora sua. (1254.) — F°. 75. Carta Ingorranni, domini de Signi, de prato de Glant. (1257.) — F°. 75. Carta de aisentiis de Glant et de Signi in nemoribus et aquis Ingerrani de Rumigniaco, domini de Signiaco. (1258.) — F°. 76. Carta curie Remensis, de aisentiis de Glant et de Signi in nemoribus Ingerrani de Rumigniaco, domini de Signiaco. (1258.) — F°. 77. Item de aisentiis de Glant et de Signi, in nemoribus Ingerrani. (En fr.) — F°. 78 v°. Carta inter nos et Ingerramnum, dominum de Signi, de villa sua Broingnon [2]. (1268. — En fr.) — F°. 79 v°. De aisentiis

---

[1] Rumigny (Ardennes).

[2] Brognon, canton de Signy-le-Petit (Ardennes). — C'est l'acte de fondation de cette ville. « Je, enjorrans de Rumigni..... à savoir que je dois faire crier une ville à ceste Pasque qui prochainnement venra, et de la en

BUCILLY. de Glant et de Signi in nemoribus Ingerranni. (1268. — En fr.) — F°. 80. De decimis quorumdam pratorum sitorum inter villam de Havis [1] et villas de Boingnis et de Loingnis [2]. (1262.) — F°. 80 v°. Jacobus, dominus de Avesnis, de decima de Leusa [3]. — (s. d.) — F°. 80 v°. Abbatissa de Orreo treverensis pro Leusa [4]. (1194.) — F°. 81. Carta domini Rogeri I, Laudunensis episcopi, de Glant et de Signi, et de decima de Buemont [5]. (1192.) — F°. 81. Carta domini de Rumigni, de terragiis de Martigni. (1222.) — F°. 81. Littera domini de Rumigni, de quibusdam censibus pratorum de Martigni. (1220.) — F°. 81 v°. Carta domini de Rumigni de quodam prato excambiato ad ipsum apud Martigni. (1227.) — F°. 81 v°. De cancello et communione ville de Buemont. (1230. — Curieux.) — F°. 82. De decimis fenorum de Buemont. (1244. — En fr.) — F°. 82 v°. De legato Bertranni et ejus uxoris, de Leusa. (1244.) — F°. 83. Carta domini Garneri episcopi Laudunensis, de capellanio de Martigni. (1245.) — F°. 83. Carta domini Hugonis de Rumigni de Capellis de Martigni et de Glant. (1266. — En fr.) — F°. 84. C'est ce que l'église a en la ville et terroir d'Yrecon. — (Très curieux.) — F°. 85. De discordia inter nos et Johannem de Ruperforti. — (Sans rubrique. — 1302. — En fr. à longues lignes.) — F°. 85 v°. Ce sont les choses que nous avons à Bucilly le vile. — F°. 86. C'est la droiture que nous avons en la vile de Effris et ou treffons. — (En fr.) — F.° 87. De discordia inter nos et dominum Hasars de Sethenay. (1280. — En fr.) — F°. 87 r°. De concordia facta inter nos et Hasars de Sethenay. (1278. — En fr.) — F°. 87 v°. Serment et devoir dus par le sergent garde des bois, lors de sa nomination. — Sans Rubr. — En fr.) — F°. 88. Littere de tractatu facto

avant parfaire au plus tost que je porrai. Laquele vile doit seoir el parochage as devant dis abbé et couvent de Bucillis en ma forest sur le Riu de Broingnon, et sur le chemin de Cimai et de Signi, laquelle vile doit contenir deus cens moies de terroir au mains à la mesure d'Aubenton, etc. »

[1] Havys, canton de Rumigny (Ardennes).
[2] Logny-Bogny, canton de Rumigny (Ardennes).
[3] Dans le texte il y a « decima Lathose et de Pontrulles ».
[4] Leuze, canton d'Aubenton (Aisne).
[5] Besmont, canton d'Aubenton (Aisne).

cum Gerardo de Roucourt[1] et ejus uxore, pro curte de Curiex. (1389. — En fr.) — *F°.* 90 *v°.* Carta pro curte d'Esparcy. (1346.) — *F°.* 91. Sentence contre les seigneurs de Bancigny, au sujet de Gillonsart. — (1382. — En fr.) — *F°.* 93. Attestation du garde scel du bailliage de Vermandois, portant validité du sceau pendant à la charte susdite. (1382. — En fr.) — *F°.* 95 *v°.* Carta presbyteri de Lusorio. (1198.) — *F°.* 95 *v°.* Limitationes factas *(sic)* parrochiatus de Signiaco, de Flignis et de Tharsis, Nove Ville de Glan, et Sancti Martini Rivi, per magistrum Ludovicum, Leodyensem archidiaconum, per dominum Johannem Fabri et per dominum Symonem Cadouel, quondam canonicos Laudunenses. (s. d.) — *F°.* 96. Abornement entre Martigny et Bucilli. (1385. — En fr.) — *F°.* 96 *v°.* Arbitrage entre Guy de Châtillon, seigneur de Guise, et le couvent de Bucilli, pour les bois. (1335. — En fr.) — *F°.* 103. Copie de la sentence des arbitres pour Bucilli. (1360. — En fr.) — *F°.* 105. De discordia inter nos et Hasars de Septenay. (1386. — En fr. — Parchemin rongé à moitié.) — *F°.* 106. Carta de novis domibus pro Molendinis. (1323. — Parchemin déchiré. — Ecriture effacée. — En fr.) — *F°.* 107. Breve chronicon abbatiæ Buciliensis.

Cette chronique est précédée d'un prologue, et, au-dessus du titre « *Prologus* » on lit : Autore fr. Casimiro Oudin, presbytero congregationis ordinis Præmonstratæ et Bucilii lectore. — 1672. — Elle va de l'année 980 à l'année 1672 ; mais une main plus moderne ayant ajouté quelques lignes, elle doit être considérée comme s'arrêtant véritablement à l'année 1690.

BUCILLY.

243.

BUGNY.

Lettres par lesquelles le duc de Bourgogne accorde des franchises à la commune de Bugny. — (Septembre 1565.)

A. I. *Sect. hist.*, *Trés des Ch.*, Cart. 1017, n.° 159.

244.

BUCY-LE-LONG.

I. Lettres de Charles V qui abolit les appeaux volages dans la ville de Bucy-en-Soissonnnais[2]. — (Janv. 1378.)

A. I. *Sect. hist.*, *Trés. des Ch.*, Reg. 114, p^{ce}. 118.

---

[1] Roucourt (Ardennes.)
[2] Voy. *Ord. des rois de France*, t. IV, p. 371.

BUCY-LE-LONG. II. Arrêt du Conseil qui ordonne que les habitants de chacune des paroisses de Bucy-sur-Aisne, Pinon, Jumigny, Vaudesson, Chavignon, Laffaux et Allemant, seront et demeureront quittes, exempts et déchargés du paiement du total des tailles et crues, pendant deux ans, excepté des tailles et soldes du prévôt des maréchaux, en considération des pertes qu'ils ont éprouvés. — (7 et 6 septembre 1596.)

A. I. Sect. adm., E. 1.

BUIRE. 245.

Plan d'une partie des cours d'eau de la rivière de Thou, passant à Buirefontaine[1], hameau d'Aubenton, en 1811.

Bibl. Imp.—Départ. des Cartes et Plans.—Coll. topograp.

V. a. 29

Ce volume contient les cartes, plans, vues et dessins du département de l'Aisne.

BULLES. 246. Recueil de chartes originales ou copies de chartes, tirées des collections des bibliothèques de Paris et des archives de l'Empire.

I. Lettres de Jean de Conty, seigneur de Bulles[2], et de Raoul de Clermont, seigneur d'Ailly et bailli de Bulles, touchant un différent entre Beatrix, prieur de Wariville et son couvent, d'une part, et d'autre part entre les bourgeois de Bulles, au sujet des dommages faits par les troupeaux desdits bourgeois au couvent de Wariville, dont Beatrix les tient quittes; en considération de quoi, lesdits Jean et Raoul statuent que les messiers et sergents de la commune de Bulles feront serment de garder les moissons et tout ce qui appartient à la maison de Wariville, comme ils ont coutume de le faire pour la commune de Bulles. — (Septembre 1210.)

B. I. Cab. des Ch., CC. 106.

II. Acte scellé du sceau de la commune de Bulles par lequel les habitants dudit lieu appellent au futur concile de la violation de leurs droits par le pape. — (Juill. 1303.)

A. I. Sect. hist., Très. des Ch., Cart. 485 n.° 325.

[2] Canton d'Hirson (Aisne).
[3] Canton de Clermont (Oise).

III. Lettres par lesquelles François I.er, à la demande des habitants de la ville de Bulles en Beauvoisis, y établit deux foires et un marché.—(1528.)

BULLES.

    A. I. *Sect. hist., Trés. des Ch.*, Reg. 243, p^{ce}. 472.

IV. Lettres par lesquelles Henri II confirme les libertés et priviléges de la ville de Bulles en Beauvoisis.—(Février 1549.)

A. I. { *Sect. hist., Trés. des Ch.*, Reg. 260, p^{ce}. 37.
       Sect. jud., Parl. de Paris, Ord. 2. J., f°. 256.

V. Lettres par lesquelles François I.er confirme les priviléges de Bulles.—(Août 1567.)

    A. I. *Sect. jud., Parl. de Paris*, Ord. 2, J. f°. S. 257-258.

VI. Confirmation des mêmes priviléges par Henri III. —(10 juillet 1576.)

    A. I. *Sect. jud., Parl. de Paris*, Ord. 2, J. f°. 259.

VII. Arrêt du Conseil qui renvoie aux trésoriers généraux de France, à Paris, la requête des habitants de la ville de Bulles en Beauvoisis, tendant à être maintenus dans le privilége de pouvoir transporter ou faire transporter leurs marchandises aux Pays-Bas. — (21 janvier 1612.)

    A. I. *Sect. adm.*, E. 34,

VIII. Arrêt du Conseil qui donne aux habitants de Bulles, le pouvoir, pendant un an seulement, de transporter les lins de leur terroir aux Pays-Bas.—(11 décembre 1612.)

    A. I. *Sect. adm.*, E. 38.³³³

IX. Arrêt du Conseil qui accorde aux habitants de Bulles, de pouvoir, pendant un an encore, transporter les lins de leur terroir. — (31 décembre 1613.)

    A. I. *Sect. adm.*, E. 42.³¹²

X. Arrêt du Conseil qui réunit à la ville et communauté de Bulles deux offices d'échevins.—(8 février 1774.)

    A. I. *Sect. adm.*, E. 1499.

XI. Défense de Louis XV au sieur Hanin, maire de la

BULLES.

ville de Bulles, de ne plus s'immiscer dans les affaires de ladite ville.—(18 mars 1774.)

A. I. Sect. adm., E, 3463, f°. 25.

BUS-LES-ARTOIS.

247.

Lettres par lesquelles le duc de Bourgogne accorde des franchises à la commune de Bus-lès-Artois [1].—(Septembre 1545.)

A. I. Sect. hist., Trés. des Ch., Cart. 1017 n.° 150.

CAILLOUEL-CRÉPIGNY.

248.

Accord entre les habitants de la ville de Caillouet [2] et le seigneur d'Abbecourt, touchant les droits de pâturage. —(20 avril 1358).

B. I. Roul. du Parl. 1.er Cart., p. 1113.

CALAIS.

249. Recueil de chartes originales ou copies de chartes, tirées des collections des bibliothèques de Paris et des archives de l'empire.

I. Charte par laquelle Philippe, comte de Flandre et de Vermandois, confirme un accord fait entre l'église de Saint-Bertin et ses paroissiens de Calais, au sujet de la dîme des harengs que ces divers paroissiens refusaient de payer à l'église Saint-Bertin [3].—(1180.)

B. I. Cab. des Ch., CC. n°. 68.

II. Bulle du pape Luce III, qui confirme à l'abbaye de Saint-Bertin la troisième partie de la dîme des harengs qu'elle prenait à Calais, Petrenesse, Saint-Folquin, etc. —(1184.)

B. I. Cab. des Ch., CC. n°. 72.

III. Charte de Richard I.er, roi d'Angleterre, en faveur de la ville de Calais.—(XII.e siècle.)

A. I. Sect. hist., Trés. des Ch., J. Reg. 60, f°. 14.

IV. Exemption de tonlieu, accordée par Jean-sans-Terre aux habitants de Calais.—(4 avril 1201.)

A. I. Sect. hist., Trés. des Ch., J. Reg. 60, p^{ce}. XI.

---

[1] Canton de Bertincourt (Pas-de-Calais.)
[2] Canton de Chauny (Aisne).
[3] Voy. Malbrancq, de Morinis, t. III, p. 320.

V. Confirmation des priviléges de Calais par Mahault, comtesse de Boulogne.—(Mars 1252.) (En fr.)

A. I. Sect. hist., suppl. au Trés. des Ch., J. 1126.

VI. Double de la même pièce.—(1252.)

A. I. Sect. hist., suppl. au Trés. des Ch., J. 1126,

VII. Confirmation par Henri III, roi d'Angleterre, des priviléges accordés aux bourgeois de Calais, par Richard Cœur-de-Lion et Jean-sans-Terre.—(7 décembre 1280.)

A. I. Sect. hist., Trés. des Ch., J, Reg. 60, f°. 4, n°. XI.

VIII. Privilége accordé aux bourgeois de Calais par Henri III.—(10 décembre 1280.)

A. I. Sect. hist., Trés. des Ch., J. Reg. 60, p^{ce}. 6.

IX. Ordonnance de police donnée par Robert d'Artois à la ville de Calais, après sa révolte.—(11 mai 1297.)

B. I. Cab. des Ch., C. 0, 4e. p^{ce}. du 1er. paq. 5

X. Acte de Robert, comte d'Artois, touchant le jugement rendu le 17 mars 1297 contre les habitants de Calais, et par lequel ceux-ci, en punition du meurtre de leur bailli, sont condamnés à diverses peines et à la perte de leur échevinage, etc.—(1298.)

B. I. Cab. des Ch., C. 0, 3e. p^{ce}. du 1er. paq. 5

XI. Acte scellé de la commune de Calais par lequel les habitants dudit lieu appellent au futur concile de la violation de leurs droits par le pape.—(Juillet 1303.)

A. I. Sect. hist., Trés. des Ch., Cart. J. 486, n°. 387.

XII. Acte par lequel Mahault, comtesse d'Artois, rend aux habitants de Calais leurs lois et priviléges.—(Septembre 1304.)

A. I. Sect. hist., Trés. des Ch. C. 0, 2e. p^e. du 1er. paq. 5

XIII. Procuration scellée donnée par la commune de Calais, à ses députés aux Etats-Généraux.—(1308.)

A. I. Sect. hist., Trés. des Ch., Cart. J. 415, n°. 132.

XIV. Confirmation par Philippe-le-Long d'un privilége

CALAIS.

accordé par Henri III, roi d'Angleterre. — (29 Janvier 1320.)

A. I. *Sect. hist.*, *Trés. des Ch.*, J. Reg. 60, n°. 6.

XV. Confirmation par Philippe VI des priviléges de la ville de Calais.—(Juillet 1336.)

A. I. *Sect. hist.*, *Trés. des Ch.*, J. Reg. 69, f°. 163, p°°. 365.

XVI. Lettres patentes de Philippe VI, portant don aux bourgeois de Calais de tous les offices dont la nomination appartient au roi, au duc de Normandie ou au duc d'Orléans, pour les indemniser des pertes que leur ont fait éprouver les Anglais [1].—(Septembre 1347.)

A. I.
- *Sect. hist.*, K, 2.° série, 187, liasse 2, p. 97.
- ———— *Trés. des Ch.*, J. Reg. 68, n°. 245, f°. 431.
- ———————————————————— n°. 308, f°. 460.
- *Sect. jud.*, *Parl. de Paris*, Ordin. antiq. vol. A. f°. 25, r°.

B. I.— N°. 9829, f°. 10, v°.

XVII. Lettres de Philippe VI, par lesquelles, en conséquence des lettres précédemment octroyées par lui aux habitants de Calais, chassés de leur ville par les Anglais, il leur fait distribuer certains héritages provenant des forfaitures.—(Septembre 1349.)

A. I. *Sect. hist.*, *Trés. des Ch.*, J. Reg. 78, f°. 81, p°°° 162 et 169.

XVIII. Acte dans lequel il est fait mention du siége de Calais et de la prise de cette ville.—(1350.)

A. I. *Sect hist.*, *Trés. des Ch.*, J. Reg. 80, n°. 226.

XIX. Don fait par le Roi à Mabille, v.° d'Enguerrand dit Estrecletrop, et Marguerite, fille de feu Le Noir, sa sœur, qui avaient perdu leurs biens durant le siége de Calais.—(9 mars 1350.)

A. I. *Sect. hist.*, *Trés. des Ch.*, J. Reg, 80, n°. 226.

XX. Acte par lequel il est parlé de Jean de Clermont, maréchal de France, lieutenant du roi en Picardie, capitaine de Calais, qui donne des trèves.—(Novemb. 1353.)

A. I. *Sect. hist.*, *Trés. des Ch.*, J. Reg. 637, n°. 427.

[1] Voy. *Ord. des rois de France*, t. IV, p. 606.

XXI. Acte dans lequel il est fait mention du siége de cette ville.—(1353.)

CALAIS.

A. I. *Sect. hist.*, *Trés. des Ch.*, J. Reg. 81, n°. 953.

XXII. Confirmation par Charles V du privilége accordé aux habitants de Calais de pouvoir s'établir dans toutes les villes du royaume et y exercer leur métier.—(Février 1365.)

A. I. *Sect. hist.*, *Trés. des Ch.*, J. Reg. 97, f.° 564.

XXIII. Privilége accordé par Henri III, roi d'Angleterre, aux bourgeois de Calais.—(10 décembre 1380.)

A. I. *Sect. hist.*, *Trés. des Ch.*, J. Reg. 60, n°. 6.

XXIV. Confirmation par Charles VI des priviléges octroyés par Philippe de Valois en septembre 1347 [1].—(Mai 1382.)

A. I. *Sect. hist.*, *Trés. des Ch.*, J. Reg. 120, n°. 230.

XXV. Confirmation par Charles VI de divers priviléges accordés aux habitants de Calais [2].—(Octobre 1385.)

A. I. *Sect. hist.*, *Trés. des Ch.*, J. Reg. 127, p^{ce}. 270.

XXVI. Lettres patentes de François II portant concession de priviléges aux habitants de Calais.— (Février 1559.)

A. I.
- *Sect. adm.* H. 1535.
- ———— *Chamb. des Comptes*, Mém. BBB. f°. 221.
- *Sec. jud.*, *Parl. de Paris*, Ord. Y, f°. 142.

XXVII. Edit par lequel François II affranchit de toutes tailles et impositions les habitants de Calais et ceux du pays reconquis.—(25 avril 1560.)

A. I. *Sect. jud.*, *Parl. de Paris*, Ord. 2 B. f°. 488.

XXVIII. Lettres patentes par lesquelles Charles IX permet au corps de la ville de Calais, de nommer à tous les offices de police de la ville, etc.—(18 février 1562.)

A. I. *Sect jud.*, *Parl. de Paris*, Ord. 2 A. f°. 105.

XXIX. Lettres patentes pour fortifier Calais et autres villes frontières.—(20 septembre 1562.)

B. I. *Sect. hist.*, H. 1784, . f°, 111

---

[1] Voy. *Ord. des rois de France*, t. VI, p. 651.
[2] Voy. *Ord. des rois de France*, t. VII, p. 137.

CALAIS.

XXX. Edit par lequel Charles IX établit, à Calais, une juridiction consulaire composée de xxx notables marchands, parmi lesquels il sera choisi un juge et deux consuls.—(Avril 1565.)

A. I. Sect. jud., Parl. de Paris, Ord. 2 B. f°. 232.

XXXI. Lettres patentes par lesquelles Charles IX mande au Parlement de Paris de procéder à l'enregistrement des lettres du mois d'avril 1565, portant établissement d'une juridiction consulaire à Calais.—(22 juin 1566.)

A. I. Sect. jud., Parl. de Paris, Ord. 2 B. f°. 233.

XXXII. Lettres patentes par lesquelles Charles IX donne des lettres de naturalité aux habitants de Calais et à ceux du pays reconquis.—(2 février 1567.)

A. I. Sect. jud., Parl. de Paris, Ord. 2 B. f°. 368.

XXXIII. Lettres patentes de Henri III portant confirmation des priviléges accordés aux habitants de Calais. — (Février 1577.)

A. I. Sect. jud., Parl. de Paris, Ord. 2 K. f°. 117.

XXXIV. Lettres patentes de Henri III portant mandement à la cour, de vérifier les lettres du mois de février 1577, concernant la confirmation des priviléges des habitants de Calais.—(17 mai 1578.)

A. I. Sect. jud., Parl. de Paris, Ord. 2 K. f°. 118.

XXXV. Lettres patentes de Henri III par lesquelles il est accordé aux maire et échevins de Calais de pourvoir à tous les offices de police de ladite ville.—(27 juil. 1581.)

A. I. Sect. jud., Parl. de Paris, Ord. 2 M. f°. 23.

XXXVI. Lettres patentes de Henri III portant suppression de l'office de vendeur de poisson [1], attendu que la création de cet office est contraire aux priviléges des habitants.—(10 novembre 1583.)

A. I. Sect. jud., Parl. de Paris, Ord. 2 N. f°. 87.

XXXVII. Lettres patentes de Henri IV portant confir-

---

[1] Ces lettres contiennent quelques détails sur la vente du poisson à Calais.

mation des priviléges des habitants de Calais.—(Janvier 1594.)

A. I. { *Sect. adm.* H. 1535.
{ *Sect. jud., Parl. de Paris,* Ord. 2 R. f°. 216.

XXXVIII. Lettres patentes de Henri IV portant confirmation aux maire et échevins de la ville de Calais du droit de nommer à toutes les fonctions de police et ratification du choix par eux fait.—(Janvier 1594.)

A. I. *Sect. jud., Parl. de Paris,* Ord. 2 R. f°. 217.

XXXIX. Lettres patentes de Henri IV, par lesquelles, considérant le besoin de repeupler Calais, les étrangers qui y viendront habiter, pourront y acquérir des biens. (Juillet 1590.)

A. I. *Sect. jud., Parl. de Paris,* Ord. 2 V. f°. 46.

XL. Lettres patentes de Henri IV par lesquelles il est permis aux maire et échevins de Calais, de nommer aux offices de police de la ville.—(3 janvier 1602.)

A. I. *Sect. jud., Parl. de Paris,* Ord. 2 V, f°. 307.

XLI. Arrêt du Conseil qui continue pour six ans les octrois accordés aux habitants de Calais.—(31 mars 1605.)

A. I. *Sect. adm.,* E. 8.

LXII. Arrêt du Conseil qui décharge les habitants bourgeois de la ville de Calais du droit de franc-fiefs et nouveaux acquets, conformément à leurs priviléges.—(5 juin 1610.)

A. I. *Sect. adm.,* E. 26.

XLIII. Arrêt du Conseil qui décharge la ville de Calais de l'établissement des offices de vendeurs de poisson.—(22 juin 1610.)

A. I. *Sect. adm.,* E. 26.

XLIV. Lettres patentes de Louis XIII portant confirmation des priviléges de la ville de Calais [1].—(Décembre 1610.)

A. I. *Sect. jud., Parl. de Paris,* Ord. 2 Z. f°. 78.

---

[1] Il est dit dans ces lettres : « Que le roi d'Espagne s'étant emparé de la » ville en 1597, tous les papiers du corps de la ville auraient été perdus,

CALAIS.

XLV. Arrêt du Conseil, rendu sur la requête des maire, échevins, bourgeois et habitants de *Callais*, et pays reconquis, qui les maintient et conserve dans leurs priviléges, et les exempte du paiement des droits pour les marchandises qu'ils feraient sortir hors du royaume. — (1.er septembre 1612.)

A. I. *Sect. adm.*, E. 37.

XLVI. Arrêt du Conseil, rendu sur la requête des maire, échevins et bourgeois de la ville de Calais, qui ordonne l'exécution de l'arrêt du 21 novembre 1629, et en conséquence que la consignation qu'ils ont faite pour le remboursement de la finance de six offices de vendeurs de poisson de mer franc, sec et salé, sera valable et leur servira de décharge. — (17 janvier 1630.)

A. I. *Sect. adm.*, E. 101.

XLVII. Réglement arrêté sur les demandes contenues en un cahier présenté au roi par les députés de la ville et gouvernement de Calais. — (20 janvier 1662.)

A. I. *Sect. adm.*, E. 1716.

XLVIII. Arrêt du Conseil portant réglement des charges locales et ordinaires de la ville de Calais. — (17 nov. 1691.)

A. I. *Sect. adm.*, E. 1766.

XLIX. Enregistrement des lettres de Louis XV, du 28 décembre 1717, portant permission aux maire et échevins de Calais, de percevoir, pendant XX ans, deux sols sur chaque pot de vin et IV sols sur chaque pot d'eau-de-vie qui se vendent en détail dans la ville et banlieue de Calais, le bourg de Guisnes et les XXII villages du gouvernement. — (26 février 1718.)

A. I. *Sect. jud.*, *Parl. de Paris*, Ord. 6 D. f°. 265.

L. Arrêt du Conseil qui réunit au corps et communauté de la ville de Calais les offices de receveurs et contrôleurs des octrois de ladite ville. — (27 juillet 1728.)

A. I. *Sect. adm.*, E. 1035.

» et leurs meubles pris, desquelles pertes ils ne se peuvent remettre, et
» moins à présent que la liberté du commerce est accordé à tous les sujets
» des États de France et d'Espagne. »

LI. Arrêt du Conseil qui ordonne la réunion de la communauté des marchands drapiers, chaussetiers de la ville de Calais, à celle des marchands merciers, lingers, épiciers et graissiers de ladite ville.—(19 août 1739.)

A. I. Sect. adm., E. 2180.

LII. Arrêt du Conseil qui approuve et confirme les statuts et réglements des marchands drapiers, merciers, épiciers, lingers et graissiers de la ville de Calais, sauf les modifications exprimées audit arrêt.—(7 mai 1748.)

A. I. Sect. adm., E. 1248.

LIII. Lettres patentes portant approbation des statuts en 25 articles, enregistrés au Parlement de Paris, le 26 août 1751, pour les marchands réunis de la ville de Calais.—(17 mai 1748.)

A. I. Sect. jud., Parl. de Paris, Ord. 7 T. f°. 353.

LIV. Arrêt du Conseil qui supprime divers droits sur les vins et eaux-de-vie vendus à Calais.—(24 juin 1749.)

A. I. Sect. adm., E. 1254.

LV. Arrêt du Conseil qui ordonne que la requête des officiers municipaux de la ville de Calais, tendant à être maintenus dans leurs préséances, sera communiquée aux président et officiers du siége royal de Calais. — (15 juillet 1749.)

A. I. Sect. adm., E. 1255.

LVI. Arrêt du Conseil qui règle les préséances des officiers municipaux de la ville de Calais.—(24 août 1751.)

A. I. Sect. adm., E. 1273.

LVII. Arrêt du Conseil qui déboute les habitants de Calais de leur opposition à l'arrêt du Conseil, du 2 février 1751, qui les avait condamnés au paiement des droits de francs-fiefs, dont ils prétendaient être exempts en vertu de leurs priviléges.—(1 mai 1753.)

A. I. Sect. adm., E. 1287.

LVIII. Arrêt du Conseil portant réglement pour la municipalité de Calais.—(31 décembre 1754.)

A. I. Sect. adm., E. 1299.

CALAIS.

LIX. Lettres patentes du roi, enregistrées le 13 mars 1761, portant établissement d'un marché franc tous les mois, en la basse ville de Calais.—(Juillet 1758.)

A. I. Sect. adm., Parl. de Paris, Ord. 8 H. f° 354.

LX. Arrêt du Conseil qui permet à la ville de Calais de faire tenir les deux foires établies par les lettres patentes de février 1559, et les deux établies par les lettres de novembre 1660.—(31 mars 1767.)

A. I. Sect. adm., E. 1421.

LXI. Arrêt du Conseil qui ordonne qu'à l'avenir la ville de Calais sera dispensée de fournir un homme *vivant et mourant* pour la réunion et acquisition qu'elle a faite de l'office de lieutenant général de la police de la dite ville. —(14 mars 1775.)

A. I. Sect. adm., E. 1512.

LXII. Extrait d'un arrêt du Conseil du 1.er mai 1781, portant concession aux officiers municipaux de la ville de Calais, de l'emplacement de l'ancien auditoire.—(Mai 1781.)

A. I. Sect. adm., Cart. Q. 896, départ. du Pas-de-Calais.

LXIII. Arrêt du Conseil qui réunit à la ville de Calais les offices de trésoriers, receveurs et contrôleurs des octrois de ladite ville.—(14 mai 1783.)

A. I. Sect. adm., E. 2591.

LXIV. Voyez encore les registres du Trésor, J. 3, f.° 51. — J. 80, n.° 686. — J. 82, n.° 270.

250. Cartes et plans.

Bibl. Imp.—Départ. des Cartes et Plans.—Coll. topogr. V. a.

Ce volume contient : I°. Carte et description particulière de Calais [1] (xviii°. s.)—II°. Un plan des fortifications de Calles (*sic*).—III°. Plan des fortifications de Calais, avec l'indication des bastions, forteresses, etc.—IV°. Plan de Calais, avec cette note : [pareille à celui qui es au vo-

---

[1] Parmi un grand nombre de plans imprimés sur Calais, et dont plusieurs sont très anciens, nous avons remarqué un plan de Calais excessivement curieux, imprimé en 1596, avec une légende allemande.

lume du voyage du roi.]—V°. Plan de la ville et des fortifications de Calais (teinté.)—VI°. Plan de la ville et de la citadelle de Calais, avec une nomenclature des bastions et monuments de cette ville (teinté.)—VII°. Plan de la ville et citadelle de Calais (teinté.)—VIII°. Plan de Calais, relatif au projet de 1738, avec cette note : [le 22 décembre 1737, M. Damoiseau] (teinté.)—IX°. Plan de Calais et de ses environs (teinté.)—X°. Plan des fortifications de Calais (teinté.)—XI°. Plan de la ville et des fortifications de Calais, avec l'indication des bastions, forteresses, etc. (teinté.)—XII°. Plan de Calais et du fort de Nieulet.— XIII°. Veue de Calais du côté de Gravelines (à l'encre, sur papier végétal.)—XIV°. Galais, ville maritime et port de mer, dessignée sur les lieux par Fr. de la Pointe, ingénieur en 1680 (vue à l'encre.)—XV°. Veue de Calais (teinté.)— XVI°. Plan de la citadelle de Calais.—XVII°. Plan au trait de la citadelle de Calais.—XVIII°. Plan, profil et élévation du Fort Rouge à Calais.—XIX°. Même plan, etc. (1696) au trait. — XX°. Plan et profil du nouveau fort de bois ordonné pour éloigner le bombardement de Calais du côté de l'Est (1696.)—XXI°. Plan de la citadelle de Calais (au trait.)— XXII°. Calais (1710.) 2 plans du projet avec coupe, profils, etc.

251. Archives des Pays-Bas, Gravelines et Calais, etc.

MS. in-4°., papier.—XVIII.e siècle.

Bibl. Imp.—*Fonds Desnans*, vol. 59.

Ce volume renferme un mémoire sans date contenant : [ce qui s'est passé entre les gouverneurs de Calais et de Gravelines pour parvenir à régler les limites entre ces deux villes et les territoires qui en dépendent.]

C'est une copie collationnée le 17 juin 1747, sur l'original, reposant aux archives de Bruxelles. On lit à la fin de ce mémoire : [Pour copie conforme à la copie collationnée par moy conseiller secrétaire du couseil des finances, en présence de M. Denans commissaire nommé par arrest du conseil d'état de mai 1747 pour l'examen des archives des pais reconquis, et du sieur de Loffre, official de la chambre des comptes, contenant dix-huit rôles, faict à Bruxelles le 6 juillet 1748.] Signé : le baron de Lados.

DE LOFFRE.

COURCHETET DESNANS, conservateur au parlement de Besançon.

CALAIS. 252. Siège de Calais.

MS. in-8°. de 46 pages, papier. — Ecriture du XVIII°. siècle.
Bibl. de l'Arsenal.—N°. 266, *hist*. 8°.

Voici le titre que porte le premier folio.

[Siège de Calais, par les Anglais, auquel les Calésiens ont montré leur fidellité et générosité à la France.—Puis d'une autre écriture : Tiré du manuscrit de Marin Bailleul, curé de Sangate, village à une lieue de Calais, en 1595. —Sur le v.° de la feuille de garde, vis à vis le titre, on lit : Offert à monseigneur le comte d'Artois, par son très respectueux serviteur, De la Place, citoyen de Calais.]

F°. 1. Le chapitre premier, qui n'a point de titre relate l'histoire du siège, l'entrée du roi et de la reine d'Angleterre dans Calais.—*F°*. 22. Le chap. 2 est intitulé : Entreprise du seigneur de Charny pour reprendre Calais et de la bataille du pont de Nieulay.—*F°*. 27. *v°*. chap. 3. La ville de Guisne livrée aux anglais par la trahison du gouverneur.—*F°*. 31. ch. 4. Le roy d'Angleterre mande les allemands à son secours quy viennent descendre à Calais.— *F°*. 34 *v°*. Arrivée du roi Jean à Calais, et ce quy s'y passa.— Au *F°*. 37. L'ordre numérique des chapitres reprend à l'unité. Le nouveau premier chapitre est intitulé : La glorieuse reprise de la ville de Calais et pays reconquis à la France.—*F°*. 44 *v°*. Prise de la ville de Guisnes et du chateau de Hames, par mondit seigneur de Guise.]

253. Recueil de pièces.

MS. in-f°., papier. — Ecritures diverses du XVI°. siècle.
Bibl. Imp.—*Fonds Bethune*, n°. 8394.
4.

Ce volume contient deux pièces relatives à Calais : la 1re. f°. 52..est une lettre de Louis d'Harcourt, patriarche de Jérusalem, et évêque de Bayeux, adressée au roi touchant Calais (20 août 1463) — La 2°. f°. 53. est une lettre de M. de Croy, au patriarche de Jérusalem touchant les ambassadeurs que le roi d'Angleterre devait envoyer à Calais (21 août 1463)

254. Estats des domaines de Navarre, etc.

MS. in-f°., papier. — Ecriture du XVII°. siècle.
Bibl. Imp.—*Suppl. fr.*, n°. 55.

Ce manuscrit contient l'état du domaine de Calais en 1640.

[Estat de la recepte et despence que le roy veu et entend estre faicte durant l'année 1639 des deniers provenans de la ferme génerallé des domaines de Calais, pays reconquis, Boullennois et Ardrès, lequel estat sa majesté mande aux trésoriers de France de la générallité d'Amiens faire suivre, garder et observer sans y contrevenir ny souffrir y estre contrevenu par les fermiers et receveurs du dit domaine, etc. — Les sommes totales de la despence du présent estat montent à vii^{xx} ii m. liv.]

255. Conférences de Calais. (1521.)

MS. in-4°., de 216 folies papier.—XVIe. siècle.

Bibl. Imp.—*Suppl. fr.*, n°. 1583.

Le titre explicatif qui se trouve au premier folio de ce manuscrit suffit pour faire connaître le but de ces conférences, qui on le sait, n'aboutirent à rien. — [Les communications et parlemens tenus en l'assemblée de Calais l'an 1521 par le moyen du Roy d'Angleterre pour l'apaisement des differens qui estoient entre pape Léon Xme, Charles Vme empereur et Francoys premier de ce nom roy de France, composez par forme de dialogue, translaté de latin en francoys, ou sont introduits quatre personages disputans, assavoir le cardinal d'Iorck, légat et lieutenant général d'Angleterre, comme médiateur au nom du roy son maistre, l'évêque d'Astulée, ambassadeur nonce et commissaire du pape, Mercurin de Gatinaire, grand chancelier de l'empereur et Anthoine Du Prat, chancelier de France. — Aussy la negotiacion, conférence et disputes pour la délivrance du roy Francoys hors de prison, et composition des diférens et querelles qu'il avoit avec l'empereur Charles V.]

256. Histoire de Jean de Calais sur de nouveaux mémoires.

MS. in-4°. papier de 28 folios.—XVIIIe. siècle.

Bibl. Imp.—*Suppl. fr.*, n°. 3346.

Cette biographie de Jean de Calais, le navigateur, n'offre rien de curieux.

257. Coutumes diverses.

MS. in-f°. papier.—XVIe. siècle.

Bibl. Imp.—N°. 8407.

CAMPS.   Ce manuscrit renferme *F°*. 58 les [coustumes locales de Camps en Amyenois [1] certifiées veritables, le xxii°. septembre 1567].

CAPELLE (LA). **258.**

I°. Arrêt du conseil qui évoque les contestations existant entre la ville de la Capelle [2] et le fermier général des aides de France au sujet du paiement du sol pour livre des bestiaux et toutes sortes de denrées et marchandises dont les habitants se prétendaient exempts. (13 mars 1608.)

A. I. *Sect administ.*, E. 16.^{247.}

II°. Arrêt du conseil qui, sur une contestation entre les habitants de la Capelle et le sieur Denys Feydeau, adjudicataire des aides, ordonne que les dits habitants jouiront de leurs priviléges et en conséquence seront déchargés du droit de sol pour livre, établi sur toutes sortes de denrées et marchandises (14 mars 1609.)

A. I. *Sect. administ.*, E. 20.

259. Recueil de pièces.

MS. in-f°. papier.—Ecritures diverses du xviiie siècle.

B. I. { *Coll. Dupuy*, vol. 501.
      { *Coll. Fontanieu*, 483.

Relation du siège de la Capelle en 1636.

CAPPY.   **260.**

I°. Garantie passée devant les maire et jurés de Cappy [3], de cinq muids et demi de froment, payables en quatre termes au chapitre de Péronne.

B. I. *Cab. des Ch.*, CC. 406.

II°. Acte par lequel la commune de Cappy s'engage à servir le roi envers et contre tous (oct. 1228.)

A. I. *Sect. hist.*, *Trés. des Ch.*, Cart. 627.

---

[1] Le coutumier général qui indique cette localité, comme étant régie par la coutume d'Amiens, ne fait point mention des articles qui y dérogent.

[2] Canton de Vervins (Aisne.)

[3] Canton de Bray (Somme.)

III°. Confirmation par le roi Jean des lettres de franchises accordées aux habitants de Cappy par Charles de Dammartin. (Novembre 1360.)

A. I. Sect. hist., Trés. des Ch., Reg. 89, f°. 175, p^{ce}. 405.

CAPPY.

261.

CARLEPONT.

Lettres du roi Philippe-Auguste par lesquelles ce prince, à la prière d'Etienne I, évêque de Noyon, confirme la charte d'affranchissement et les coutumes que ce prélat venait de donner aux hommes de Carlepont [1]. (1200)

B. I. Cab. des Ch., CC. 88.

262.

CATELET (LE).

I°. Arrêt du conseil qui renvoie aux trésoriers de France en la généralité de Picardie la requête des habitants du bourg du Catelet [2], qui représentaient avoir été exempts de tout temps, d'aides, de tailles, de gabelles et autres impositions, étant situés aux dernières extrémités du royaume. (11 décembre 1604.)

A. I. Sect. administ., E, 7.

II°. Arrêt du conseil qui maintient les habitants du Catelet en la jouissance de leurs priviléges, etc. (9 septembre 1605.)

A. I. Sect. administ., E, 9.

III°. Lettres du roi à la chambre des comptes pour enregistrer les lettres patentes des mois de décembre 1619, Mai 1644 et août 1717, confirmatives des priviléges, libertés, immunités, franchises et exemptions accordés aux habitants du bourg du Castelet. (2 janvier 1740.)

A. I. Sect. administ.—Mémorial, 1740, f°, 32.

IV°. Lettres patentes de Louis XVI qui confirment les priviléges des habitants du bourg du Catellet en Picardie. (Décembre 1778.)

A. I. Sect. administ., E, 3495, f°. 457.—Mémorial, 1779, f°. 160.

263.

CAULAINCOURT

Lettres patentes de Louis XVI qui suppriment un droit

---

[1] Canton de Ribecourt (Oise.)

[2] Arrondissement de St.-Quentin (Aisne.)

CAULAINCOURT

de péage établi au profit du marquis de Caulaincourt [1] et pour l'indemniser lui permettent d'établir audit lieu de Caulaincourt, un marché franc et deux marchés à bled. (18 mai 1776.)

A. I. { *Sect. administ.*, E, 3280 103.
{ *Sect jud.*, *Parl. de Paris.*, Ord. X. N., f°. 128.

CAYEUX.

264.

Lettres par lesquelles Henri II confirme les privilèges, franchises et libertés de la ville et paroisse de Cayeux-sur-Mer [2]. (Janvier 1547.)

A. I. *Sect. hist. Trés. des Ch.*, Reg. 258, p^{ce}. 44.

265. Coutumes diverses.

MS. in-folio. papier et parchemin. — XVIe siècle.

Bibl. Imp.— *Coll.* n°. 8407.
3. 3.

Ce manuscrit renferme: F°. 168. [Les coustumes générailes, particullières et locailes du pays, rock et seigneurie de Cayeu-sur-la-Mer, scituée au mectes de la prevosté de Vymeu, etc.]

CERNY-EN-LAONNOIS.

266.

I°. Charte de commune accordée par Philippe-Auguste aux habitants de Cerni [3], Chamonville, Belve, Chevis, Cortone, Verneuil, Bourg, Comin [4] (*Cerniacum, Chamolia, Belna, Chevis, Cortona, Vernolium, Cuminum.*) (1184.)

B. I. *Coll. Decamps*, vol. 29.

II°. Charte de Renaud, maire de Cerny, par laquelle il reconnait que l'abbé et le chapitre de St.-Jean de Laon ont concédé aux hommes de cette commune les revenus du tonlieu de Cerny, moyennant 13 sous 4 deniers de cens, payables annuellement aux religieux de St.-Jean, résidant

---

[1] Canton de Vermand (Aisne.)

[2] Canton de St.-Valery-sur-Somme (Somme)

[3] Canton de Craonne (Aisne.)

[4] Voyez *Ord. des R. de Fr.*, t. XI, p. 234.—La Thaumassière, *Coutume du Berry*, p. 238.

à Cerny, avec amende faute de payer au jour de St.-Remy. (1210.)

B. I. *Cab. des Ch.*, CC. n°. 106.

III°. Acte scellé par lequel la commune de Cerny, s'engage à servir le roi envers et contre tous. (1228.)

A. I. *Sect. hist.*, *Trés. des Ch.*, Cart., J, 627.

IV°. Acte scellé du sceau de la commune de Cerny, par lequel les habitants du dit lieu appellent au futur concile de la violation de leurs droits par le pape. (Juillet 1303.)

A. I. *Sect. hist.*, *Trés. des Ch.*, Cart., 486, p^{ce}. 389.

V°. Acte scellé par lequel la commune de Cerny nomme des députés pour les états-généraux. (1308.)

A. I. *Sect. hist.*, *Trés. des Ch.*, Cart., 415, n.° 17.

VI°. Minute d'un acte par lequel Philippe-le-Bel permettait aux habitants de Cerny et de Craudelain, de ne pas être tenus de se rendre aux appels de la cour de Laon, à moins de cas extraordinaires.

A. I. *Sect. hist.*, *Trés. des Ch.*, J, 233, n°. 43.

VII° Lettres d'Enguerrand de Guisnes, sire de Coucy qui terminent un différend entre lui et la commune de Cerny. (Juin 1319.)

B. I. *Coll. Duchesne*, t. 78, p. 351.

VIII°. Accord entre la commune de Cerny et Beaudouin de Comin, touchant les tailles des héritages. (XIVe s.)

B. I. *Cab. des Ch.*, *Roul du Parl.* 1, Cart., p. 1483.

IX°. Lettres de grâce accordées par Charles V, de Cerny-en-Laonnois, desquelles il résulte que la commune de la dite ville était de fondation royale et qu'elle avait un maire et un sous-maire. (Juillet 1374.)

A. I. *Sect. hist.*, *Trés. des Ch.*, Reg. 105, p^{ce}. 443.

X°. Lettres par lesquelles François Ier., à la demande des habitants de Cerny établit une foire et un marché au dit lieu. (Décembre 1531.)

A. I. *Sect. hist.*, *Trés. des Ch.*, Reg. 246, p^{ce}. 120.

CHAALIS. **267.**

[Une veue de l'abbaye de Chaalis, dessigné du haut du bois de Perte.]

Bibl. Imp.—*Départ. des Cartes et Plans—Coll. topogr.* V. a. 27.

Ce volume contient les cartes et plans des arrondissements de Senlis, Nanteuil et Betz.

268. Abbaye de Chaalis.

I°. Acte par lequel Jean de Beaumont, seigneur de Luzarches (*dominus Luzarcharum*) permet aux religieux de Chaalis, moyennant la somme de xiii liv. parisis, de prendre à Luzarches, de la terre à tuille, tant qu'ils en auront besoin, *liberè et quietè accipiant terram quantum voluerint ad tegulas faciendas*. (1198). Le sc. manque.

A. I. *Sect. hist., Tr. des Ch.*, Cart. J, 741, n°. 1.

II°. Vidimus de l'acte ci-dessus, par Adam I, évêque de Senlis. (1228). Le sc. manque.

A. I. *Sect. hist., Trés. des Ch.*, Cart. J. 741, n°. 2.

III°. Charte par laquelle Pelerin de Chambli vend à l'abbaye de Chaalis 24 liv. parisis. (19 février 1290.)

A. I. *Sect. hist., Trés. des Ch.*, J. Reg. B, f°. 9 v°.

IV°. Lettres de sauvegarde pour l'abbaye de Chaalis. (Juillet 1317.)

A. I. *Sect. hist., Trés. des Ch.*, J. Reg. 53, n°. 272.

V°. Actes dans lesquels il est fait mention d'un moine anglais tué à l'abbaye de Chaalis (1351-1352.).

A. I. *Sect. hist., Tr. des Ch.*, J. Reg. 81, n°°. 71-341 et 571.

VI°. Vols commis à l'abbaye de Chaalis. (1353).

A. I. *Sect. hist., Tr. des Ch.*, J. Reg. 81, n°. 789.

269. Recueil de chartes originales concernant l'abbaye de Chaalis.

Portefeuille in-f.° contenant 47 chartes. D'après des notes manuscrites modernes, il manquerait 14 chartes dans ce registre.

Bib. Imp.—*Suppl. fr.*, n°. $\frac{5^1}{4}$

PREMIER PORTEFEUILLE.

Le premier folio porte un titre imprimé, ainsi conçu : *Chartæ possessionum Caroliloci*, etc.

Les deux premières chartes manquent. Elles étaient de l'année 1141.

I°. Charte d'Amaury, évêque de Senlis, contenant donation au monastère de Chaalis de maisons sises à Senlis (1163.)—II°. Charte du même évêque, contenant donation de 2 arpents de terre et de deux autres petits prés, à la charge de divers cens payables par les religieux de Chaalis (1164.)—III°. Charte de Barthélemy, évêque de Beauvais, confirmant la précédente (1164.)—IV°. Charte d'Amaury, évêque de Senlis, contenant plusieurs donations aux religieux de Chaalis (1165.)—V°. Charte du même évêque, contenant donation envers l'abbaye de Chaalis (1165.)—VI°. Charte du même, contenant le délaissement fait par les religieux de Chaalis d'une maison de Senlis à Thibaud, chanoine de cette ville, sa vie durant (1166.)—VII°. Charte d'Étienne, doyen de l'église de Senlis, par laquelle il fait connaître les conventions entre le chapitre de Senlis et l'abbaye de Chaalis pour la jouissance à l'abbaye de maisons à Senlis, dans la censure du chapitre (1171.)—Il manque une charte de 1207.—VIII°. Charte de Geoffroy, évêque de Senlis, portant confirmation d'une vente à Chaalis de 23 sous de cens sur des maisons à Senlis, et d'une vente aux religieux de 3 arpents de terre (1207.)—IX°. Charte du même, contenant donation de 8 arpents de terre et d'une maison aux religieux de Chaalis (1211.)—X°. Donation aux religieux de Chaalis d'une maison sise à Senlis, à la charge de 14 deniers et 2 chapons de cens envers deux personnes (1213). Il manque une charte de 1218.—XI°. Charte d'Eudes, maire, et des jurés de la commune de Senlis, contenant achat fait par eux d'une maison sise à Senlis pour la construction d'une halle pour les bouchers, à la charge par eux de payer 10 liv. parisis de rente, prélevées sur lesdites halles (Novembre 1224.)—XII°. Charte de l'official de Senlis contenant vente d'une maison à Senlis (1224.) Il manque une charte de 1230 et une de 1232.)—XIII°. Charte de l'official de Senlis, contenant donation de maisons, masures et vignes pour l'abbaye de Chaalis. (Mars 1234.) — XIV°. Charte du maire de Senlis, contenant confirmation de la donation susdite et d'une donation faite par les religieux de Chaalis de 14 liv. parisis aux plus proches héritiers du défunt testateur. Sceau pendant

CHAALIS.

à moitié brisé (1234.)—XV°. Charte portant confirmation au profit des religieux de Chaalis de donation de deux maisons (Décembre 1255). Il manque deux chartes de 1236.—XVI°. Confirmation de la donation faite aux religieux de Chaalis dans la charte précédente (Janvier 1238). Sceau brisé. — XVII°. Donation d'une moitié de maison et de terre aux religieux de Chaalis (Mai 1237). Sceau pendant parfaitement conservé. Il manque une charte de 1238. — XVIII°. Charte de l'official de Senlis, portant confirmation de la donation de différentes pièces de vigne aux religieux de Chaalis (Juin 1238). Même sceau et contre sceau.— XIX°. Confirmation d'une donation faite à l'abbaye de Chaalis (Décembre 1238.) Sceau brisé.—XX°. Vente d'une maison à Senlis, rue de Paris (Avril 1239.) Sceau brisé.— XXI°. Charte de l'official de Senlis, contenant donation à l'abbaye de Chaalis de 31 sous 4 deniers obolins de surcens à prendre sur une maison à Senlis. (Août 1239.) Scellé.—XXII°. Charte de l'official de Senlis contenant concession faite par les religieux de Chaalis d'une moitié de maison, faite à une femme, sa vie durant, moyennant 20 livres parisis. (Novembre 1239.) Sc.—XXIII°. Charte de l'official de Senlis contenant acquisition par l'abbaye de Chaalis de 10 sous parisis sur une maison appartenant à la confrérie de St.-Josse, moyennant 20 livres parisis. (Mai 1243.)—XXIV°. Confirmation d'une donation faite à l'abbaye de Chaalis d'une maison et d'un pré à Senlis. (Décembre 1245.) Il manque une charte de 1246.—XXV°. Charte de l'abbé de St.-Vincent, contenant amortissement au profit des religieux de Chaalis d'une pièce de vigne hors le marché de Senlis. (Juin 1248.) Il manque une charte de 1249.—XXVI°. Acquisition par Renaud de St.-Vincent de 50 sous parisis, sur une rente de 10 livres parisis. (Septembre 1250.) Il manque une charte de 1250.—XXVII°. Charte de l'official de Senlis portant confirmation d'une donation faite à l'abbaye de Chaalis. (Mai 1257. Scellé.)— XXVIII°. Charte de l'officialité de Beauvais, portant cession par Etienne Ribert de tous ses droits sur une maison de Senlis, en faveur des religieux de Chaalis. (21 septembre 1257.)—XXIX°. Accord entre le chapitre de Senlis et les religieux de Chaalis, au sujet d'une gouttière de leur maison. (Janvier 1258. Sceau brisé.)—XXX°. Acquisition par les religieux de Chaalis d'une maison au marché de

Senlis, chargée de deux deniers de cens envers l'hôpital St.-Jean. (Janvier 1259.)—XXXI°. Confirmation par le prieur de l'hôpital St.-Jean de la charte susdite. (Février 1259. Sceau brisé.)—XXXII°. Charte de l'official de Senlis, portant ratification par Jean le Maître de la vente faite aux religieux de Chaalis d'une maison au château de Senlis, rue de la Treille. (Mars 1259. Scellé.)—XXXIII°. Charte par laquelle Marguerite, veuve de Raoul le Bouteiller, fait legs aux religieux de Chaalis de 6 liv. parisis de rente et de 120 liv. pour l'entretien d'un religieux qui desservirait la chapelle qu'elle avait, résolu de bâtir dans l'infirmerie des pauvres de Chaalis. (Juillet 1259.) Sceau ovale. Il manque une charte de 1277.

270. Recueil de chartes originales concernant l'abbaye de Chaalis.

DEUXIÈME PORTEFEUILLE.

Portefeuille in-f°. contenant 36 chartes. — D'après des notes manuscrites modernes, il manquait 18 chartes dans ce registre.

[Bib. Imp.—*Suppl. fr.*, n.° $5\frac{2}{4}$]

Le Ier. f°. porte un titre imprimé, ainsi conçu : *Chartæ possessionum Caroliloci*. Il manque deux chartes de 1538.

I. Copie de procédure aux requêtes de l'hôtel, concernant le minage de Senlis. (1540.) Sur papier. — II. Bail par les religieux de Chaalis à Jean de Borest de la maison du Paon à Senlis. (25 octobre 1540.) Il manque une charte de 1541. — III. 1.° Bail de l'hôtel de Lange à Senlis pour 9 années, à raison de 36 livres 10 sous par an; 2.° pour le travers dans Senlis moyennant 6 livres par an. Ce fut faict et passé..... le second jour de novembre, l'an mil cinq cent et quarante-cinq. (Cette pièce est d'un format considérable.) — IV. Acquisition par M. le cardinal de Ferrare, abbé commendataire de Chaalis, de 45 s. tournois de rente sur la maison de l'Épée, rue de Paris, à Senlis. (24 mars 1547.) Pièce de plus d'un mètre de long. — V. Bail du petit conduit à Villemetrie et à la chaussée de Gouireux, pour 9 années, moyennant 6 liv. par an. (29 septembre 1547.) Il manque une charte de 1549. — VI. Bail du minage de Senlis. (29 juin 1550.)

CHAALIS.

21 f⁰ˢ. sur papier. — VII. Reconnaissance par Jean du Mesnil au profit des religieux de Chaalis de 42 s. parisis de rente, sur la maison des Loups à Senlis, sur Ste.-Geneviève. (20 juillet 1550.) — VIII. Sentence du bailliage de Senlis, sur le minage de la dite ville. (18 août 1550.) 32 f⁰ˢ. en parchemin. — IX. Bail par M. le cardinal de Ferrare de la maison des Étuves à Senlis, moyennant 12 livres par an. (8 octobre 1554.) — X. Bail par M. le cardinal de Ferrare, de la maison du petit Chaalis à Senlis, pour 6 ans, moyennant 5 livres par an. (5 décembre 1564.) — XI. Reconnaissance de 20 s. parisis de rente sur une maison à la Porte-au-Pain à Senlis. (12 février 1560.) — XII. Vente faite par l'abbé de Chaalis de deux muids de blé à prendre sur le minage de Senlis. (3 janvier 1564.) — XIII. Commission du bailli de Senlis pour percevoir le droit de conduite au profit des religieux de Chaalis à Senlis. (26 novembre 1568). Il manque une charte de 1571. — XIV. Reconnaissance par Pierre de la Chaussée, au profit des religieux de Chaalis, de 20 s. paris. de surcens à prendre sur une maison à Senlis. (3 mars 1571.) Il manque une charte de 1574. — XV. Permission de faire saisir les marchandises pour les droits de conduit passant devant l'hôtel de Lange. (7 novembre 1576.) — XVI. Reconnaissance en jugement par M. Unet, au profit du cardinal d'Est, de 36 s. paris. de surcens sur une pièce de pré. (9 décembre 1576.) Il manque deux chartes de 1577. — XVII. Titre au profit des religieux de Chaalis de 9 s. paris. sur une maison, cour et jardin, sis à Villevert-lez-Senlis. (8 mai 1577.) Il manque une charte de 1581. — XVIII. Reconnaissance de 25 s. paris. de surcens à prendre sur la maison du Mont-St.-Michel à Senlis, au profit des religieux de Chaalis. (29 août 1584.) Il manque une charte de 1584. — XIX. Reconnaissance au profit des religieux de Chaalis de 42 s. paris. de rente foncière à prendre sur la maison des Loups à Senlis. (4 mars 1585.) — XX. Reconnaissance au profit des religieux de Chaalis de 36 s. paris. de surcens sur une pièce de pré. (7 mars 1585.) — XXI. Reconnaissance au profit des religieux de Chaalis de 20 s. paris. de surcens à prendre sur la maison de la Teste-Noire, rue de la Halle, à Senlis. (9 mars 1585.) — XXII. Reconnaissance au profit des religieux de Chaalis de

25 sous 4 deniers payables à la St.-Remi, à Noël et à la St.-Jean, sur la moitié d'une maison à Senlis. (13 mars 1585.) — XXIII. Reconnaissance au profit des religieux de Chaalis de 32 s. paris. de rente à prendre sur une maison, rue de Paris, à Senlis. (22 mai 1585.) Il manque deux chartes de 1585. — XXIV. Reconnaissance au profit des religieux de Chaalis de 9 s. paris. de surcens, sur une moitié de maison à Villevert. (26 juin 1585.)

271. Chartes de l'abbaye de Chaalis.

TROISIÈME PORTEFEUILLE.

Portefeuille in-f°. contenant des originaux en parchemin et papier. Ecritures diverses.

Bib. Imp.—*Suppl. fr.*, n.° $\frac{5^3}{4}$

Ce portefeuille contient 15 chartes de 1524 à 1743 : ce sont des contrats de ventes, d'acquisitions, d'échanges, qui n'offrent pas assez d'intérêt pour que nous en donnions ici une notice.

272. Recueil des chartes originales concernant l'abbaye de Chaalis.

Bib. Imp. — Carton I. Chaalis.

Ce carton et les deux suivants ont été trouvés par M. Haureau, pendant que nous travaillions à cet inventaire [1]; aussi ne sont-ils point encore cotés.

Ce carton contient :

I°. Une liasse renfermant 13 pièces de 1248 à 1533, relatives aux petites dîmes d'Oissery. — II°. Une liasse renfermant 11 pièces relatives aux grandes dîmes d'Oissery. (1260-1271.) — III°. Une liasse renfermant 6 pièces relatives à une rente de deux muids de grain due par la Victoire à l'abbaye de Chage-lez-Meaux. — IV°. Une liasse renfermant des papiers relatifs aux terres de la cure

---

[1] Quand les pièces sont réunies par liasses, et qu'elles se rapportent toutes au même sujet, nous ne ferons qu'indiquer le titre de la liasse, avec le nombre des pièces, et l'époque de leur rédaction; nous en donnerons une notice particulière, lorsqu'elles seront éparses.

CHAALIS.

d'Oissery, prétendues exemptes de dîmes. — V°. Trois cahiers de chartes (copiées au XVI° s.). — Le premier contient la copie de 27 chartes de 1138 à 1278 ; on lit sur la feuille qui sert de couverture : *Titres de la grucrie de Chaalis* (sur les bois de Comelles, de Perthe et de la Couarde). — Le second contient la copie de 25 chartes de 1138 à 1277, sur le même sujet. — Le troisième contient la copie de 8 chartes de 1237 à 1280 ; on lit sur la feuille qui sert de couverture : *C'est la déclaracion et dénombrement des chartes de l'abbaye de Hermaulx*. — VI°. Plusieurs pièces de 1520 à 1720 (40 environ) et quelques autres non datées (6), relatives à un procès qui eut lieu entre les religieux de l'abbaye de Chaalis et le seigneur de Dammartin. Ce ne sont que des extraits des registres du parlement, des enquêtes, des arrêts, des appointements, etc. — VII°. Un certain nombre de chartes éparses dans le carton. Ce sont :

I. Charte de St.-Louis, portant confirmation d'une donation d'une pièce de bois faite aux religieux de Chaalis par Pierre de Nanteuil. (Août 1260.) — II. Charte de Philippe, comte de Boulogne, portant vente de 18 arpens de terre sis à St.-Christophe, faite par Adam de Sillery à Guille d'Auny. (Février 1232.) — III. Acte de vente d'une maison sise à Beauvais (6 juin 1425.) — IV. Charte portant donation aux religieux de Chaalis d'une maison sise à Dammartin, chargée de 5 sous paris. de droit de bourgeoisie. (Décembre 1289.) — V. Reconnaissance d'une rente à payer à l'église collégiale de St.-Vaast. (1484.) — VI. Charte du bailli de Beauvais, portant vente d'une maison sise à Beauvais, à Jean de Rambouillet. (16 août 1481.) — VII. Achat d'une maison sise à Senlis. (14 août 1415.) — VIII. Deux chartes portant donation d'une maison par testament. (1425.) — IX. Acte de donation faite par Robert de Maret, chantre de l'église de St.-Frambourg, aux religieux du couvent de St.-Vincent de Senlis, de deux muids de grain de rente. (1305.) — X. Trois pièces relatives à une maison sise à Beauvais. (1428, 20 juillet 1433, 17 novembre 1437.) — XI. Charte relative à une rente de 4 muids 1/2 de grain, due par la Victoire au prieur de Brecy. (1354.) — XII. Charte relative à une dîme contestée à l'abbaye de la Victoire par le prieur du St.-Sépulchre près Dammartin (1343.)

273. Pièces de l'abbaye de Chaalis. CHAALIS.

Bib. Imp.— Carton II. Chaalis.

Ce carton contient 24 liasses concernant Chaalis et Senlis.
Ire. *liasse*. Procédures concernant le procès entre les religieux de Chaalis et ceux de St.-Nicolas d'Acy. (1492.) 6 pièces. pap. et parch. — IIe. *liasse*. Pièces concernant les bois de Chaalis. (18e. s.) — IIIe. *liasse*. Rotulus contenant plusieurs copies de titres sur les bois de Chaalis. (18e. s.) — IVe. *liasse*. Rotulus sur les bois de Perthe. (16e. s.) — V^e. *liasse*. Rotulus sur les bois du Deffens, fief dépendant de Chaalis. — VIe. *liasse*. Titres relatifs aux annates de la cathédrale de Senlis. (14 pièces de 1139 à 1672.) parch. et pap. — VIIe. *liasse*. Titres d'acquisition du Moncel à Blaincourt. (8 pièces de 1465 à 1480.) parch. — VIIIe. *liasse*. 26 pièces, dont une imprimée, sur des contestations élevées entre les religieux de Chaalis et leurs créanciers, etc. (18e. s.) — IXe. *liasse*. Documents relatifs à un arrêt du parlement du 11 février 1664, rendu à la requête de la commune de Senlis, qui décide que les processions ordonnées pour remercier Dieu des grâces qu'il avait accordées à la dite ville pendant les guerres, seraient faites en mai, suivant qu'il sera ordonné par l'église. (18 pièces assez curieuses.) — X^e. *liasse*. Procès verbal de l'imposition d'une somme de 29,000 fr. faite sur le clergé de Senlis, au profit de Sa Majesté, par les députés de l'assemblée générale du clergé de France. Suit l'aliénation des biens des bénéficiers, corps et communauté pour subvenir à la dite imposition. (Juillet 1586.) Cahier en parch. — XIe. *liasse*. Mémoires de dépenses faites par le clergé de Senlis dans les différents voyages faits à Rouen, Blois et autres lieux, en 1545, pour solliciter le procès entre le clergé et la ville de Senlis, au sujet des fortifications pour lesquelles le clergé était imposé sans y être appelé. (13 pièces.) Pap. — XIIe. *liasse*. 9 pièces pour le même sujet. Pap. et parch. — XIIIe. *liasse*. Actes de vente, d'estimation, concernant le bois de Chaalis. (17 pièces du 18e. s.) Parch. et pap.— XIVe. *liasse*. Ordonnances prescrivant des prières publiques pour les armes du roi. (4 pièces de 1635.) Pap.— XVe. *liasse*. Adjudication de 50 arpents de bois. (Décem-

CHAALIS.

bre 1779.) Parch.— XVIe. *liasse*. Acte de vente d'une maison sise à Beauvais, etc., etc. (2 pièces du 17e. s.) Pap. et parch. — XVIIe. *liasse*. Bail fait aux religieux de St.-Nicolas d'Acy-les-Senlis, par ceux de St.-Vincent de Senlis. (3 pièces du 17e. s.) Pap. et parch.—XVIIIe. *liasse*. Sentence du 18 mars 1606 au profit du chapitre de Senlis, contre l'évêque, au sujet de la juridiction. (1 cahier parch.) — XIXe. *liasse*. Transactions. (4 pièces.) — XXe. *liasse*. Transactions entre l'évêque Blanchefort [1] et le chapitre de Senlis. (1511.) Parch. — XXIe. *liasse*. Contrat d'acquisition d'une maison. (2 pièces de 1520.) parch. — XXIIe. *liasse*. Titres de propriété de la forêt de Halatte. (16 chartes scellées de 1467.) — XXIIIe. *liasse*. 4 pièces concernant le bois de Perthe. (1449.) — XXIVe. *liasse*. 6 chartes relatives aux bois de Perthe. (1485.)

274. Abbaye de Chaalis.

Bib. Imp.— Carton III.

Ce carton est rempli de pièces sur parchemin et sur papier, classées par liasse.

Ire. *liasse*. Testament de M. Desprez, chanoine de Noyon. (1412.) Parch., sceaux brisés. — IIe. *liasse*. 5 chartes concernant Blaincourt et Choisy, de 1463 à 1474. Parch. et pap. — IIIe. *liasse* Plusieurs baux de la ferme de Blaincourt. Parch. et pap. — IVe. *liasse*. 26 pièces, dont plusieurs chartes scellées du 13e. et du 14e. s. concernant le Plessis, Placy, La Chapelle, etc. Parch. et pap. — V^e. *liasse*. 21 pièces, concernant Coye et La Martaye. Parch. et pap.

275. Chartularium monasterii Caroli loci.

MS. in-8°. de 292 folios (dont 32 non chiffrés). — Parchemin. Ecriture du XIVe. siècle. Rubriques. (Deux paginations, la 1re. du f°. 1 à 262, la 2.e du f°. 1 à 100.)

Les six premiers folios sont en blanc; on lit seulement cette note sur le troisième folio : [Cartulaire de l'abbaye de Chaalis, rédigé en l'an 1399, sous le règne de Charles VI,] et sur le f°. 5, [pièce unique.]

---

[1] Il eut pour compétiteur Imbert de la Platière.

Ce manuscrit mérite une mention toute particulière par le nombre considérable de pièces qu'il renferme et la manière dont il est rédigé. En effet, il n'y a qu'une très petite quantité de pièces de transcrites en entier ; la plus grande partie est en forme de notice, quelques-unes même ne sont pas mentionnées : néanmoins, tel qu'il est, ce cartulaire peut être d'une très-grande utilité, les notices étant en général fort longues et très-compréhensibles.

L'exactitude des dates est une des choses sur lesquelles on doit apporter la plus grande attention et nous avons trouvé souvent dans ce cartulaire des confirmations d'une date antérieure à la donation elle-même.

Nous devons signaler également l'inscription irrégulière des rubriques, qui, à partir du f.° 102, deviennent fort rares, et fort espacées de loin en loin. Nous avons suppléé à la négligence du rédacteur en composant nous-même la rubrique d'après le texte. Nous devons ajouter que lorsque des actes qui se suivaient nous semblaient par leur contenu pouvoir se lier ensemble, nous n'avons fait qu'une seule rubrique, en indiquant le nombre des pièces qui y correspondaient.

Les différentes défectuosités que nous présentait le manuscrit nous ont mis dans l'obligation d'ajouter quelques signes explicatifs au commencement ou à la fin de chaque rubrique. L'étoile (*) placé à la droite du chiffre romain indique le manque de rubrique ; l'abréviation *not.* annonce qu'il n'y a qu'une notice de la pièce. L'absence des deux signes fait connaître que l'acte est transcrit en entier, et qu'il est précédé d'une rubrique.

Le verso du dernier folio non chiffré donne la table des lieux auxquels les chartes se rapportent.

PREMIÈRE PAGINATION.

F^{o}. 1. De concessione abbatie. — I. Carta prima domini Ludovici VII, regis, de fundatione abbatie Karoliloci [de terra scilicet juxta Bestisiacum que vocatur Fay[1], de terra vallis Laurenci[2], de molendino Plaliaci[3], de nemore Hes-

---

[1] Fay est situé sur la carte de Cassini, entre Bethisy-Saint-Pierre et Bethisy-Saint-Martin, mais beaucoup plus à l'O.

[2] Vaulerant, commune de Villeron (Seine-et-Oise).

[3] Plailly, canton de Senlis (Oise).

CHAALIS.

pionye et Beeley, de nemore sancte Genovefe[1], de terris apud Hermenovillam[2], juxta novam villam, de terra de Porcherocurte] (1138.)

F°. 4 v°. De possessionibus circa abbatiam. — I. Carta de Willelmo Lupo (s. d.) *not.* — II. Guidonis Buticularii, de terra Longimontis[3] et de Nery[4]. (s. d.) *not.* — III. De concessione situs monasterii [foreste Hespionye[5] et Beeley[6] et Trembleel[7], terra de Nery, terra de Lombone, Cultura inter Fay et Henrivilier, terra Fulchereti[8].] s. d. *not.* — IV. De via publica quam non licet nobis immunere absque ejes nusu et voluntate. s. d. *not.* — V. Henrici Silvanectinsis episcopi, de eodem, s. d. *ment.* — VI. Ludovici regis similites de eodem, s. d. *ment.* — VII. Guidonis Buticularii de particione nemoris [l. q. d. Cauda Breviere usque ad campum Loysi[9], territorium montis Espiloier[10].] s. d. *not.* — VIII. Henrici Silvanectensis, de eodem. (1180) *not.* — IX. De pasturis Espionie, etc. s. d. *not.* — X. Alberici comitis de Danmartin, de concessione predicta. (1100) *not.* — XI. Carta de fonte. (1220.) — XII. De concessione nemoris sancte Genovefe (l. q. d. *Chaalid.* Villa que dicitur Borret[11].) s. d. — XIII. Carta abbatis et conventus, de eodem. (1180) *not.* — XIV. De satisfactione hominum de Borres pro dicto nemore. s. d. *not.* — XV. De querela mota a villa de Borrez, pro dicto nemore. (1121.) *not.* — XVI. De pace facta inter nos et Buticularium super justiciis et garennis. (*Chaalit*, bois de Beelay, Trembleel,

---

[1] D'après la charte du xii°. siècle, le bois de Sainte-Geneviève était *non multum longe a villa que dicitur Borret.*

[2] Ermenonville, canton de Nanteuil-le-Haudouin (Oise).

[3] Saint-Vast de Longmont, canton de Pont-Sainte-Maxence (Oise).

[4] Canton de Crépy (Oise).

[5] Probablement Epinay-Champlatreux, c. de Luzarches (Seine-et-Oise).

[6] Belloy, canton de Luzarches (Seine-et-Oise).

[7] La forêt de Tremblay est située sur la carte de Cassini au sud de Luzarches.

[8] Fourcheray, canton de Fontaine-les-Corps-Nuds (Oise).

[9] Loisy, commune de Ver (Oise).

[10] Montepilloy, canton de Senlis (Oise).

[11] Borest, canton de Nanteuil-le-Haudouin (Oise).

Espione, de la Chapele, Chastelerie de Montmeliant[1], Ermenoville, clos de Morton [2], la Boouloie devant Charlepont [3]. (Mars 1166.) En Fr., du plus haut intérêt.

F°. 17. Hii sunt articuli precedentis littere. — I. De fratribus Buticularii qui dictam pacem concesserunt. (Mars 1269). (En fr.) — II. Guidonis Buticularii de concordia justiciorum locorum, s. d. *not.* — III. De quittatione pasturarum. (Avril 1270.) (En fr.) — IV. De x modiis avene datis nobis. (1273.) — V. De concessione filiorum Galteri de Alneto. (1273.) *not.* — VI. Idem, de Galtero de Alneto. (Février 1279.) *not.* — VII. Comitis donni Martini de confirmatione predictorum. (1279.) *not.* — VIII. De octo modiis avene ad Borrez. (1248.) *not.* — IX. Carta decani et capituli sancti Reguli. (1285.) *not.* — X. Guidonis Buticularii littera.. (1200.) *not.* — XI. De tribus sextariis bladi que debentur nobis. (1200.) *not.* — XII. Guidonis Buticularii littera. (1200.) *not.* — XIII. Mention de quatorze pièces (écrit. du xvie. siècle.)

F°. 28. De Capella. — I. De concessione Capelli [4], s. d. — II. Carta Petri de Fontanis, de eadem concessione et de aliis (territorium vallis Laurentii et Vilerun [5], territ. Taratanfosse, de Commellis, Espierii [6].) s. d., *not.* — III. De Radulpho filio Odonis qui dedit nobis omnes possessiones quas habemus circa capellam (Amalrico [7], Silvan. episc.), s. d. *not.* — IV. Carta Odonis de Gonnissa [8], de terris in territorio de Fontanis [9]. (1166.) *not.* — V. Guidonis de Bernulia [10] militis, carta. (1233.) *not.* — VI. Galteri de Alneto canonici Belvacensis carta.

CHAALIS.

---

[1] Commune de Mortefontaine (Oise).

[2] Molton est situé sur la carte de Cassini à l'est de la forêt d'Ermenonville et au sud de Carlepont.

[3] Commune de Mortefontaine (Oise).

[4] La Chapelle-en-Serval, canton de Senlis.

[5] Villeron, canton de Luzarches (Seine-et-Oise).

[6] Epiais-lès-Louvres, canton de Luzarches (Seine-et-Oise).

[7] Les chartes données par l'évêque de Senlis, Amaury, ne peuvent être antérieures à l'année 1156 ni dépasser l'année 1167.

[8] Gonesse (Seine-et-Oise).

[9] Fontaine-les-Corps-Nuds, canton de Nanteuil-le-Haudouin (Oise).

[10] Brenouille, canton de Liancourt.

CHAALIS.

(1260.) *not.* — VII. Carta Petri de Noiers, s. d. *not.* — VIII. Littera officialis Belvacensis de eodem. (1274.) *not.* — IX. Abbatis et conventus sancte Genovefe parisiensis, de excambio pasturarum (nemus de capella, nemus que vocatur Boleya, prata que sunt intra Pontem de Rameya [1] et fontem de Chambor). (1296.) *not.* Les feuillets 33 et 34 contiennent six mentions d'actes (écrit. du xvie. siècle.)

F°. 35. Carta de Perta [2] et Coarda. — I. Carta partitionum. (Ermenoville, Montespiloer, Berron, [3] Perte, Couarde. (Mars 1150.) (En fr.) intéressante. — II. Littera filiorum Buticularii qui acceptaverunt sentenciam arbitrorum. (Mars 1270.) (En fr.) — III. Carta excambii de Perta. (Mai 1272.) — IV. De centum solidis redditus et de nemore quod dicitur le Blancfossé, apud Commellis. (1273.) — V. Comes domni Martini, de confirmatione excambii. (1272.) — VI. Carta Philippi regis, de eadem confirmatione. (Juillet 1273.) — VII. De quittatione chacie quam sibi retinuerat Johannes de Tilli (bois de Perte-Jariel-la-Couarde). (Mars 1274.) (En fr.) — VIII. Quittatio Johanne de Bello-monte, uxoris Johanne de Tylliaco. (1274.) — IX. De centum solidis recipiendis apud Ermenovillam. (1276) (En fr.) — X. Quittatio chacie de Perta a domino Ansello Buticulario. (Octobre 1275.) — XI. Quittatio magistri Gaufridi super chacia nemoris de Perta et Coarda (1275.) — XII. De venditione nemoris de Coarda [4]. (Août 1276.) — XIII. De medietate undecies viginti arpennorum nemorum quam nobis vendit Ansellus Buticularius. (Juillet 1276.) — XIV. Confirmatio comitis Domini Martini super premissis. (Août 1276.) — XV.* Charte d'accord par laquelle Gui le Bouteiller abandonne aux religieux de Chaalis, une haie *qui siet au-dessous du bos que l'en dit Perte et tient à la voie qui maine de Ermenonville à Montengny* [5], dont il croyait être possesseur. (Mars 1290.)

---

[1] Le Pont-de-la-Ramée est actuellement un écart de deux maisons sur la Thève, près de Carlepont.

[2] Forêt près d'Ermenonville.

[3] Baron, canton de Nanteuil-le-Haudouin.

[4] Pour avoir la fin de cette pièce, il faut sauter deux feuillets qui contiennent xvi mentions de chartes, en écriture du xvie siècle.

[5] Montagny-Sainte-Félicité, canton de Nanteuil-le-Haudouin (Oise).

(En fr.) — XVI.* Accord prononcé sur les débats soulevés entre l'abbaye de Chaalis et Guy le Bouteiller. (1333.) (En fr.)

F°. 55. De Domno Martino. — I. De nemore subtus domnum Martinum [1], sito inter viam de Domno Martino et Otiz [2], quod nobis vendidit Renaudus de Fequepeuz. (1263.) not. — II. Officialis Silvanentensis, de eodem. (1263.) not.—III. Confirmatio Ludovici regis, de eodem. (1263.) not. — IV. De nemore quod vendidit nobis Petrus de Nantolio subtus Domnum Martinum.[3] (1276.) not. — V. Littera predicti Petri, de eodem. (1276.) not. — VI. Officialis Silvanentensis, de eodem. (1276.) not. — VII. Ludovici IX, regis confirmatio, de eodem. not. — VIII. De nemore quod nobis vendidit Guillelmus de Poyssiaco. (Février 1269.) — IX. Confirmatio Ludovici regis, de eodem. (1269.) not. — X. De nemore quod vendidit nobis Caucherus de Bello-monte. (1274.) — XI. Confirmatio Philippi III regis, de eodem. (1275.) not. — XII. Littera officialis parisiensis, de eodem. not. (1275.) — XIII. Numerus arpentorum nemorum quam habemus subtus Domnum Martinum ad arpentum regis. — XIV. Guillelmi de Poyssiaco, de nemore quod vendidit. (1273) not. — XV. Quod Petrus de Nantolio dictum nemus mortificavit. (1274.) not. — XVI. De domo quam dedit nobis Agnes la Seelonne. (Décembre 1289.) — XVII. Carta comitis Domni Martini, de domo quam dedit nobis Agnes la Seelonne, et de terra quam nobis dedit dominus Galterus de Alneto. (Mai 1289.) (En fr.) — XVIII. Carta Renaudi de Pomponia, de x denariis quos sibi debebamus. (Mars 1287.) (En fr.) — XIX. Littera quod Hugo la Boce, quittavit nobis sex denarios census quos habebat super domuum quam nobis dedit Agnes le Seelonne. (1277.) — XX.* Acte par lequel Pierre Lasset, Jean Roger, reconnaissent devoir à l'abbaye de Chaalis la somme de ix liv. x s. tourn., en raison de la

---

[1] Dammartin (Seine-et-Marne).

[2] Othis, canton de Dammartin (Seine-et-Marne).

[3] Cette date nous paraît fausse, car si la vente avait eu lieu en 1276, il aurait été impossible à Saint-Louis de la confirmer. Aussi nous croyons qu'il faut lire 1266 ; le copiste aura écrit par mégarde *Septuagesimo* pour *Sexagesimo*,

CHAALIS. vente *de la tonture, couppe et despoulle de neuf quartiers quatre perches et demye de bois, ou terrouer de Saint-Marc, près les plastrières d'Almaigne,* etc. (18 Mars 1484.) (En fr.)

F°. 63. Six mentions de pièces.

F°. 65. Carte de Berrone. — I. De Clauso de Berrone, quod nobis dedit dominus Odo de Gonessa miles. (Juillet 1233). — II. Quod domina Ysabellis d'Espreinne quittavit nobis quicquid reclamabat in clauso de Berron. (1241.) *not.* — III. De pacto et pace facta inter nos et ecclesiam de Chiele (de Kala [1].) (1200.) — IV. De tribus denariis census quittatis, quos debebat clausum de Berrone. (1233.) *not.* — V. Quod Maria et filii ejus, soror Isabellis uxoris domini Odonis de Gonissa quitaverunt nobis quicquid reclamabant in clauso de Berrone. (1234.) *not.* — VI. Domini Philippi de Villa nova carta, de vinea de Berron. (1244.) — VII.* Carta Guillelmi de Berron, domini de Papilio, de eodem. (1238.). *not.* — VIII.* Carta Petri Harss, domini de Berron, de eodem. (1236.) *not.* — IX. Concessio abbatisse de Kala, de quatuor arpennis vince a domino Odone de Gonissa nobis datis (1260.) *not.* — X. De redditibus de Bacheel. [2] (1232.) — XI. Ordinatio Cystercii, Pontigniaci, Milonis de Karoliloci, de clauso de Berrone. (1233.) *not.* — XII. De modio vini a domicella Assenila de fonte nobis dato. (1280.) *not.*

F°. 68. Trois mentions d'actes. — F°. 68 v°. Acte de Charles de Roquemont [3], (1357.)

F°. 70. De Rulliaco. — I. De grangia de Rulliaco [4] quam decanus et capitulum Sylvanectense nobis concesserunt. (1237.) *not.* — II. De decima de Rulli quam nobis vendidit dominus Petrus Leschiaus. (1212.) *not.* — III. De concessione Philippi de Bestisiaco de quo predicta decima manebat in feodum. (1212.) *not.* — IV. Quod dominus Philippus de Bestisiaco recepit centum libras parisienses pro quittatione sui feodi. (1212.) *not.* — V. Garini Silvanec-

---

[1] Chelles, canton d'Attichy (Oise).

[2] Peut-être Bacouel, situé sur la carte de Cassini au S.-E. de Verlière.

[3] Rocquemont, canton de Crépy (Oise). — Il y a quatre feuillets blancs qui séparent le f°. 68 du f°. 69. Sur le premier de ces feuillets, on trouve six mentions d'actes; les autres sont blancs.

[4] Rully, canton de Pont-Sainte-Maxence (Oise).

tensis episcopi, de quittatione decime de Rulliaco. (1223.) not. — VI. De Petro li Eschaus qui impignoraverat decimam de Rully. (1208.) not. — VII. De terris nobis datis apud Rulliacum. (1209.) — VIII. Magistri hospitalis Silvanectensis, qui quittavit nobis unum sextarium bladi quem recipiebat in decima de Rully. (1225.) not.— IX. De duobus arpennis terre nobis venditis. (1247.) not.—X. De domo sita inter domum nostram et puteum apud Rulli et de quittatione census. (1259.)—XI. De masura quam nobis vendidit Achardus Hoquet. (1257.) not. — XII.* Carta officialis Silvanectensis, de eodem. (1257.) not. — XIII. Carta ejusdem, de eodem. (1257.) not. — XIV.* Carta Johannis de Faucourt, de quadam terra apud Rulliacum. (1256.) not. — XV. Theobaldi dicti de Remin qui quitavit illud idem. (1256.) not. — XVI. Quod Ingerranus de Roquemont concessit nobis tenere terram quam dedit frater Thiebaldus. (1253.) not. — XVII. De terra quam dedit frater Arnulphus. (1255.) not. — XVIII. Compromissio super decima vinearum de Rulliaco. (1258.) not. — XIX. Sententia arbitrorum, de eodem. (1258.) — XX. De redditu quem debebat Agnes de Rulliaco monialibus de Parcho. (1224.) not. — XXI. De redditu quem debet nobis Agnes predicta. (1288.) not. — XXII. De excambio facto inter nos et moniales de Parcho (de terris in territorio de Rarai [1], in l. q. d. Vallis Radulfi [2], in territorio ville nove subtus Roserias [3]). (1281.) not. — XXIII. De domo quam dedit nobis Johannes de Rully. (Mai 1285.)—XXIV. Capituli Silvanectensis, de domo predicta, et de domo nostra de Silvanecto. (1278.) not.

F^{os}. 77 et 78. Neuf mentions d'actes (écrit. du XVIe. s.)
F^o. 79. De Roquemont.

Ce chapitre renferme dix-huit notices de pièces [4] de

---

[1] Raray, canton de Pont-Sainte-Maxence (Oise).

[2] Ce lieu que nous aurions appelé Val-Raoul, était dans le territoire de Raray. La charte VI du chapitre de *Fayaco* l'indique comme étant *prope bordam de Fay* : il n'a laissé aucune trace.

[3] Villeneuve-sous-Rozières est probablement le hameau appelé actuellement Villeneuve-les-Auger.

[4] Ces notices sont tellement courtes qu'il nous a semblé devoir suffire d'en donner le nombre, la date, d'indiquer le nom des personnes dont elle émanent, et l'objet pour lequel ces actes ont été dressés.

CHAALIS.

1244 à 1249 ; elles émanent de Jean de Germaincourt, chevalier, de Mathieu de Druissi [1], chevalier, de Jean de Sotemont, de Nivelon, seigneur de Chaverci [2], de Jean de Gleingnes [3], chevalier, de Guill. de *Braysilva* [4], de Renaud de Milli, chevalier ; toutes ces pièces ont pour objet des donations ou concessions de terre à Roquemont, à Glengne, in l. q. d. Servelles, à Nulli [5] près Goienfosse, à Roquemont *in territorio viarum cruce signatarum*, et d'une maison sise à Senlis, *in vico parisiensi*.

F°. 83. De Silvanecto. — I. De decimis nobis concessis, s. d. *not*. — II. De domo quam nobis dedit Odo Crassus. (1163.) *not*. — III. De domo quam nobis dedit precentor ecclesie beate Marie Silvanectensis. (1165.) *not*. — IV. Capituli Silvanectensis, de domo nostra et aliis conventionibus (apud Verrinas [6], Monlegnum [7], Evam [8], Oiriacum [9], Borretum et de Commellis). (1171.) — V. De vineis et masura quas nobis dedit Rogerius Karoli (apud Altum Montem [10], apud Ermonovillam, nobis ad pirum Auberti, ad Fossam Bouveresse, ad Vaniebus). (1165.) *not*. — VI. De prato et duobus arpennis terre nobis datis a decano sancti Frambaldi (in suburbio Silvanectum, subtus viam qui ducit ad Mouvel). (1161.) *not*. — VII. De terris quas nobis dedit Roscia de Senliz, sitis inter Bray [11] et Barberi [12], apud Conchie, apud Villemainterie [13]. (1211.) *not*. — VIII. De domibus quas nobis dedit Galterus de Pompoing [14], sitis apud Silvanectum ante halam ubi bladum venditur. (1238.)

[1] Drucy, marqué sur la carte de Cassini au S. de Trumilly.
[2] Chavercy, marqué sur la carte de Cassini à l'Est de Chamicy.
[3] Glaignes, canton de Crépy-en-Valois (Oise).
[4] Brasseuse, canton de Pont-Sainte-Maxence (Oise).
[5] Neuilly, marqué sur la carte de Cassini au S. de Rocquemont.
[6] Verines, hameau de Néry (Oise).
[7] Montlognon, canton de Nanteuil-le-Haudouin (Oise).
[8] Eve, canton de Nanteuil-le-Haudouin (Oise).
[9] Orry, canton de La Chapelle-en-Serval (Oise).
[10] Aumont, canton de Senlis (Oise).
[11] Commune de Rully.
[12] Barberi, commune de Senlis (Oise.)
[13] Villemetrie, commune de Senlis (Oise).
[14] Pontpoint, canton de Pont-Sainte-Maxence (Oise).

not. — IX. Magistri hospitalis, de concessione predictorum. (Février 1238.) — X. De domo quam nobis dedit Jacobus de Ponte. (1257.) *not.* — XI. De illis qui quittaverunt quicquid in dicta domo reclamabant. (1257.) *not.* — XII. De quittatione domini Nevelonis de Chaverci. (1245.) *not.* — XIII. De redditu quem nobis dedit Guibertus Penitarius. (1239.) *not.* — XIV. De supercensu quem nobis dedit Herbertus alutarius. (1232.) *not.* — XV. De supercensu quem nobis vendidit Odo carnifex. (1263.) *not.* — XVI. De censu quem nobis quittavit abbas sancti Vincentiis. (1248.) *not.* — XVII. De domo quam vendidit nobis Guillelmus Barre. (1259.) *not.* — XVIII. De compositione inter nos et uxorem Radulphi de Valle Laurentii (de terra apud Marli [1], et domo sita apud Silvanectum, in vico atuleario). (s. d.) *not.* — XIX. De domo quam nobis dedit Arnulfus Cementarius. (1214.) *not.* — XX. De domibus et masuris quas nobis dedit Plectrudis uxor Alnulphi predicti. (s. d.) *not.* — XXI. De quittatione Bartholomei de Calceia. (1234.) *not.* — XXII. De mortificatione omnium premissorum. (1235.) *not.* — XXIII. De Guillermo de Silliaco [2] super premissis. (1238.) *not.* — XXIV. Gaufridi le Courrois super premissis. (1238.) *not.* — XXV. De quittatione Petri le Courrois. (1238.) *not.* — XXVI. De censu qui nobis debetur pro vinea de Taregni. (1257.) *not.* — XXVII. De censu quem nobis debebat dominus Petrus Cocus. (1268.) *not.* — XXVIII. De hiis que dedit nobis Herbertus Cesor. (12??) *not.* — XXIX. De hiis que nobis vendidit Herbertus Cesor. (1271.) *not.* — XXX. De domo sita apud Silvanectum, in vico de la Tieigle, quam vendidit Gila. (1259.) *not.* — XXXI. De excambio inter nos et canonicos sancti Mauritii. (1275.) *not.* — XXXII. De vinea quam tenet Gaufridus de sancto Regulo. (1276.) *not.* — XXXIII. De supercensu quod vendidit Jacobus aurifaber. (1277.) *not.* — XXXIV. De quatuor libris percipiendis super domo quam tenet Laurentia. (s. d.) *not.* — XXXV. De septem libris et dimidia quas nobis dedit Renaudus de sancto Vincentio. (s. d.) *not.* — XXXVI. Littera communie Silvanectensis de hac materia. (s. d.) *not.* — XXXVII. De octo libris anni census quas debent heredes

---

[1] Marly-la-Ville, canton de Luzarches (Seine-et-Oise).
Silly-le-Long, canton de Nanteuil-le-Haudouin (Oise).

CHAALIS.

Johannis Neret. (1266.) *not.* — XXXVIII. De domo quam tenet Johannes le Mere. s. d. *not.* —XXXIX. De sex libris annui redditus quas nobis dedit Buticalaria. (1259.) *not.* — XL. De xv denariis a Johanne Choisel nobis quittatis. (1263.) *not.* — XLI. De quinque solidis annui census nobis datis ab Elena de Silvanecto. (1218.) *not.* — XLII. De xx solidis annui census super domum apud Silvanectum in vico ubi Galline venduntur sabbato. (1246.) *not.*— XLIII. De redditibus quos nobis vendidit dominus Ansellus Buticularius. (Février 1287.) (En fr.) — XLIV. De quittatione premissorum a uxore sua. (1289.) *not.* — XLV. De Vinagio ville Silvanectensis. (1287.) *not.* — XLVI. De conductu apud Silvanectum. (1287.) *not.* — XLVII. De censu quem vendidit nobis dominus Guido de Mortuo Fonte[1]. (1287.) *not.* — XLVIII. De redditu quem nobis vendidit Petrus de Chambli. (Juin 1290.) (En fr). — XLIX Littera domini regis Philippi IV, de confirmatione littere precedentis. (Juin 1290.) — L. Comittisse Blesensis de sexaginta libris quas emimus a domino Petro de Chambliaco. (1290.) *not.*—LI. De xxiv libris annui redditus quas emimus a Pelerino de Chambli. (1290.) — LII. Littera regis Philippi IV, de confirmatione. (Mars 1290.) — LIII. De xxiii solidis annui census recipiendis apud Silva nectum in vico de Bequetere. (1207.) *not.* — LIV. Capitul sancti Frambaldi de concessione premissorum. (1207.) *not.* — LV. De compositione inter nos et communiam Silvanectensem. (1289.) *not.* — LVI.* De domo nostra apud Silvanectum. (1307.) *not.* — LVII.* De vinea nostra apud Silvanectum. (1301.) *not.* — LVIII.* De prato di Gournoy. (1301.) *not.* — LIX.* De domo nostra apud Silvanectum, que dicitur le four (1302.) *not.* — LX. Littera Guiudi de Villemetrie, armigeri, et Symconis Bauchet de Guignecourt[2] de admortizatione xxxix solidi et i denar. annui redditus. s. d.

F°. 100 v°. *et* 101. Cinq mentions de pièces. (Ecriture du xvi°. siècle.)

F°. 102. Hec sunt carte de Fulchereto. (A partir de ce chapitre les rubriques deviennent fort rares.)

I°.* De quittatione iv denariorum annui census, super

[1] Mortefontaine, canton de Senlis (Oise).
[2] Canton de Nivillers (Oise).

alveum per quem aqua de Ermenovilla ad molendinum abbatis Karoli loci decurrit,—De quittatione xii minarum annone, quam Ulricus de Monsterol accipiebat pro quadam terra que est in territorio de Fotanis.—De quittatione xx denariorum.—De terra in territorio de Torre [1] apud Fontanas, nobis data a Petro de Verberia, milite.—De xvii arpentis terre circa grangiam de Fulchereto nobis datis a Petronilla de Borreto. (1166.) *not*.—II°.* De vi arpennis terre in territorio de Fontanis, nobis datis a Stephano Loremerio.—De pace facta inter nos et Johannem de vigne courte, super quandam terram que est in territorio de Compens [2] (1278). *not*.—III°.* De excambio facto inter nos et Albericum de Guignecourt.—De xvi arpennis terre in valle Ruholt nobis datis ab eodem.—De excambio facto inter nos et Milonem de Ruella. (1184.) *not*.—IV°.* De vii arpentis terre nobis datis ab Alberico, milite de Guignecourt. (1185.) *not*.—V°.* De iv arp. terre sitis in territorio de Monlegnon, nobis datis ab Alb. de Guignecourt.—De vi arp. terre sitis in eodem territorio nobis datis ab Henrico, milite de Berrone. (1187.) *not*.—VI°.* De quittatione iv modiorum frumenti, facta ab Hugone Hocello. (1195.) *not*.—VII°.* Admortizatio de iv modiis predictis, a Guillermo de Melloto [3] (1195.) *not*.—VIII°.* De ii arp. terre sitis in territorio de Berron nobis datis a capitulo Sti.-Frambaldi Silvanectensis. (1195.) *not*.—IX°.* De excambio facto inter nos et Euvrardum de Borres, de lxxii arpentis terre in territorio de Berron. [4] s. d. *not*.— X°.* Confirmatio Henrici, Silvanectensis episcopi, de eodem. s. d. *not*.—XI°.* De xv arpentis terre in territorio de Fulchereto nobis datis, ab Evrardo de Borres.—De decima de Neri et de Fay nobis concessa a Richardo de Stampis. (1169.) *not*.—XII°. De excambiis factis inter nos et Odonem de Borret. (De terris apud Berronem, inter Borratum et Fulcheretum, in loco qui dicitur champ famelieus. [5] —

---

[1] Tour. Ce lieu est marqué sur la carte de Cassini à l'est de Montepilloy.

[2] Compans, canton de Claye (Seine-et-Marne).

[3] Mello, canton de Creil (Oise).

[4] Cet acte confirmé par Henri, évêque de Senlis, ne peut avoir été écrit que de 1168 à 1185.

[5] Le champ familier est, d'après M. Grave, un champ sans habitation, situé à 200 mètres environ de la limite orientale de Chavres, (canton de Crépy) vers Coyoles (Aisne).

CHAALIS.

inter Borretum et Fontanas, versus locum qui appellatur li Sablons·) 3 *not. de pièces.* (1212.)—XIII°.* De compositione facta inter inter nos et Odonem de Borret, de eodem. (1234.) *not.*—XIV°.* Six mentions de pièces de 1202 à 1238. Ce sont des actes de donations faites à l'abbaye par W. de Berron, Godefroi Moquel (G. Moquellus) Eudes de Borret (de Borres seu de Borrato) et Milon Ganèle. Les terres dont ces actes font mention, étaient situées, à Berron ; in campo famelico (ou champ famelieus) ; in Rogebarbe (ou ad Rubeam barbam) ; apud Boscum Renaudi ; prope locum qui dicitur les Trembleaus; apud Fulcheretum.—XV°.* Admortizatio terre site inter vineam Buletee [1] (la Buletée) et viatoriam Buticulariam.—Donatio III arp. terre in territorio de Rully. (1236.) *not.*—XVI°.* De decima de Fontanis. 4 pièces. (1162-1211-1217-1230.) *not.*—XVII°.* Quittatio IV modiorum frumenti et IV avene, in grangia de Fulchereto. (1204.) *not.*—XVIII°.* De venditione III modiorum et uni sextarii annone, facta Odone de Fontanis. (1201.) *not.*—XIX°.* De XIII arpennis cum dimidio terre, in cultura que dicitur li bus Frobert, que est prope grangiam Fulchereti, et uno arpennno a la Rouche, nobis datis a Petro de Fontanis. (1180.) *not.*—XX°.* De IV arp. terre nobis datis a Petro Choiseaus. (1202.) *not.*—XXI°.* De terris nobis datis a Radulpho de Sancto-Patusio [2]. 2 p. (1207-1208.) *not.*—XXII°.* De venditione III arp. terre in territorio de Mons [3], et de donatione cujusdam decime, site a la noerie, factis ab Odone li goes de Foencourt. (1204.) *not.*—XXIII°.* De excambio facto inter nos et Galterum de montibus, cujusdam terre pro quantitate illius terre in qua lapides extrahuntur. (1206.) *not.*—XXIV°.* De uno arpenno terre nobis dato ab Alberico, majore de Monlegnon. (1219.)—XXV°.* De donatione nobis facta a quibusdam hominibus de montibus, cujusdam terre site es bus de Luilly, pro quadam petia terre sita inter viatoriam et Villoncel. (1200.)—XXVI°.* De venditione VI sectariorum bladi, nobis facta a Roberto de Villa nova, canonico suessionensi. (1228.)—XXVII°.* De pace facta inter

---

[1] La Bultée est actuellement une ferme sise un peu à l'est de Borest.

[2] St.-Pathus, canton de Dammartin (Seine-et-Marne).

[3] Mont-l'Evêque, canton de Senlis (Oise).

nos et Radulphum de Baerna[1], dictum Bordellum, de terra sita sub Versival. 2 p. (1230.) *not*.—XXVIII°.* De excambio facto inter nos et homines de Borreto, de terris, in territorio quod dicitur Fontenelli, pro terris ad locum qui dicitur Estroes. (1193.) *not*.—XXIX°.* De venditione nobis facta III arpen. terre sitorum inter maleriam de Foucheret et hayam que tendit de Fontanis versus Montespilloy. (1232.) *not*.—XXX°.* De v arpennis cum dimidio terre, apud Montegni Guibaudo dicto de Porta, a nobis datis, sub annua pensione. (1207.) *not*.—XXXI°.* De jure quam homines de Mons habebat in boveriis nostris. (1231.) *not*. — XXXII°.* De quibusdam donationibus terrarum sitarum in territorio Berronii nobis factis a Johanne de Berronio, Reinoldo de Chamissi[2], et Arnulpho Forlignes. (1190.) *not*.—XXXIII°.* De donatione xxx arpenorum terre nobis facta a Laurentio de Gonnesse, milite. (1195.) *not*.— XXXIV°.* De excambio facto inter nos et Laurentium de Gonnesse. (1191.) *not*.—XXXV°.* De donatione III arpen. terre nobis facta a Milone de Malli. (1209.)—XXXVI°.* De pace facta inter nos et Milonem, dictum li begues. (1207.) *not*.—XXXVII°.* De donatione nobis facta, ab Alexandro de Berronio III arpen. terre, in loco qui dicitur Trembleel et in loco qui dicitur kaya ad Connins Regis. (1193.) *not*.— XXXVIII°.* De venditione nobis facta III arpen. terre apud Fulcheretum. 2 p. *not*. (1202.)—XXXIX°.* De excambio facto inter nos et Bartholomeum, majorem de Berron. s. d.[3]—XL°.* De donatione quarumdam terrarum nobis facta a Petro de Fontanis et Henrico de Bascheel. (1178.) *not*.—XLI°.* De donatione nobis facta a Petro de Fontanis et Henrico de Berronio terrarum sitarum apud Fulcheretum, apud Torre. (1178.) *not*.—XLII°.* De venditione II arpentorum terre, sitorum in territorio de Fontanis, nobis facta a Petro, milite de Fontanis.—De donatione nobis facta, ab Odone de Fontanis II arpentorum terre site in loco qui dicitur Saucele.—De venditione nobis facta a Petro de Dommartin, de uno arpento terre. (1211.) *not*. —XLIII°.* De venditione nobis facta, a Petro, milite de Fontanis IX arpentorum terre, sitorum in cultura que vo-

---

[1] Boasne, commune de Montépilloy (Oise).
[2] Chamicy, commune de Rully (Oise.)
[3] De 1185—1213.

CHAALIS.

eatur Torres. (1212.) *not.*—XLIV°.* De donatione nobis facta a Guillermo Cornuto III arp. terre. (1223.) *not.*— XLV°.* De venditione nobis facta a Guillelmo de Fontanis VIII arp. terre apud Fulcheretum. (1217.)— XLVI°.* De donatione nobis facta a Radulpho Anglico de Mortua Fontana, V arpentorum terre sitorum juxta Fulcheretum.(1205.) *not.*—XLVII°.* De decima data presbytero de Fontanis. 3 p. (1176-1181.) *not.*—XLVIII°.* De quadam petia terre sita inter Fontanas et Monlegnon, Mariæ de Fontanis dictæ la Morele a nobis data, sub annua pensione. (1245.)— XLIX°.* De quittatione nobis facta a Philippo, armigero de Borres, III solid annui census. 3 p. (1258.) *not.*— L°.* Arbitrium Guillelmi, prioris de Borret, super minutis decimis domus Johannis de Rarai. (1243.) *not.*—LI°.* De pace facta inter nos et Richardum de Berronnio, de reparatione molendini de la Sanz. (1235.) *not.*—LII°.* De donatione nobis facta ab Odone, milite et domino de Fontanis, VI sextariorum avene et I bladi. 3 p. (1262-1265.) *not.* —LIII°.* De venditione nobis facta a margareta Buticularia V arpentorum terre, sitorum, in loco qui dicitur la troée, et in loco qui dicitur Alta Bonna (apud Hautebonne) (1270.) 2 p. *not.*—LIV°.* De venditione nobis facta ab eodem, VIII arpen. terre in duabus petiis, prope Fulcheretum, retro pratum Bucharii, quarum una est ad locum qui dicitur le Maisil, et altera ad viam Flandrensem [1]. (1266.) *not.* —LV°.* De excambio facto inter nos et Clarum de Baerna. (1269.) 2 p. *not.*— LVI°.* De excambio et venditione factis inter nos et Clarum de Barberiaco (Ad locum q. d. fossa Barat, apud Barberiacum, ad locum q. d. la troée, ad locum q. d. le bus Durant, ad locum q. d. la Saucele.) (1269.) 2 p. *not.*—LVII°.* De quadam terra, sita inter Borratum et Montes, quam Bartholomeus, dictus Pourfour de Borreto, tenet a nobis. (1266.) *not.*—LVIII°.* De pace facta inter nos et homines de Fontanis super pastoris animalium ipsorum et tempore falcationis pratorum nostrorum (1260-1272.) 3 p. *not.*—LIX°.* De molendino de Fontanis. (1265.) *not.*— LX°.* De eodem II p. *not.* (1266-1268.)—LXI°.* De quittatione molendini de Fontanis

---

[1] Cette ancienne voie de communication, appelée aussi Route de Pont à Meaux, se dirigeait vers Baron, en partant de la forêt de Halatte, après avoir passé par Villers-St.-Frambourg, Barberi et Montepilloy.

(1267.) *not*.—LXII°.* De piscacione in aqua de Fontanis. (1266.) *not*.—LXIII°.* De donatione nobis facta a Stephano de Braio, quarumdam terrarum sitarum in loco q. d. le peleus; versus Fontanas, ad locum q. d. la Pointe. (1270.) *not*.—LXIV°.* De donatione nobis facta a Claro de Baerna, de dimidio arpenno terre, sito ad locum qui dicitur Campus Guiardi contiguum terris de Fulchereto. (1269.) *not*.—LXV°.* De donatione nobis facta a Johanne Roussel, de Borreto, III quarter. prati inter Fontanas et Borretum. (1269.) *not*.—LXVI°.* De donatione nobis facta a Symone de Ruilliaco uni arpenti terre, site in territorio Fulchereti ad locum qui dicitur les Massis. (1277.) *not*.—LXVII°.* De venditione nobis facta quarumdam terrarum, sitarum juxta Borretum. (1282.) *not*.—LXVIII°.* De excambio facto inter nos et Herbertum, dictum le Courtois. (1284.) *not*.—LXIX°.* De terris, quorum una est in colle de Dussies [1], alia in colle de Baerna, Thomæ de Baerna a nobis datis, ad annuum et perpetuum censum. (1285.) *not*.—LXX°. De terris traditis Thome, clerico de Berrone, ad censum. (1287.)—LXXI°.* De pace facta inter nos et Johannem de Barberiaco, dictum de Alta domo. (1284.) *not*.—LXXII°.* De venditione nobis facta a Radulpho, dicto Picardo de Borreto, quarumdam terrarum sitarum sub via que ducit de Borreto ad Fontanas. (1283.) *not*.—LXXIII°. De vinea qui dicitur domine Matildis, nobis vendita a Johanne, armigero de Borrato. (1271.) 2 p. *not*.—LXXIV°.* De concessione nobis facta a Guillelmo de Berrone, milite. (1248.) *not*.—LXXV°.* De terra sita inter Fontanas et Monlegnon. (1245.) *not*.—LXXVI°.* De terris traditis in censum, sitis in campania que est inter Borretum et Montem Spiculatorum [2]. (1258.) *not*.—LXXVII°.* De terra tradita ad censum, Thiolo de Fontanis. (1265-1266.) 2 p. *not*.—LXXVIII°.* De terris traditis ad censum, Petro, dicto Liardo de Fontanis. (1282.) *not*.—LXXIX°.* De quadam petia terre, tradita ad censum Adamo Picardo. (1265.) *not*.—LXXX°.* De quadam petia terre, tradita ad censum, domino Arnulpho, sacerdoti, curato de Borreto. (1296.) *not*.—LXXXI°.* De dimidio arpenno vinee, tradito ad censum, Richero, dicto Belin de Borreto. (1296.) *not*.—LXXXII°.* De uno quarterio vinee,

---

[1] Ducy, commune de Fresnoy-le-Luat (Oise).
[2] Montepilloy.

CHAALIS.

tradito ad censum, Symone Moort de Borreto. (1296.) *not.*—LXXXIII°. Guidonis buticularii de XXIII arpentis terre sitis in monte de Baerna, nobis assignatis pro centum solidis annui redditus. (1290.) *not.*—LXXXIV°.* De domo sita apud Fontanas, tradita ad censum, Petro de Pompoig. (1306.) *not.*—LXXXV°.* De vinea de Beaucoir, in territorio de Fontanis inter vineam de la Bultce et sepes Fulchereti. (1314.)—LXXXVI°.* Huit mentions de pièces. Ce sont des locations de terres, sises au même lieu. (1314.)—LXXXVII°.* De uno arpento terre, tradito ad censum, Philippo des Planches. s. d. *not*,—LXXXVIII°.* Huit mentions de pièces. (Ecriture du XVI°. s.)

F°. 126. Carte de Fayaco.

I°.* De excambio facto inter nos et Guidonem Buticularium [1] (de terris in valle Vaucellarum [2].—Cultura que est inter Fay et Henrivilier [3]) s. d.—II°.* De donatione nobis facta quarumdam terrarum, sitarum in territorio Longimontis in Colle [4], in territorio Nerie, in territorio de Gouvielles [5]. (1100.) *not.*—III°.* De pluribus donationibus nobis factis a Balduino li Esgares et Renaudo de Noa. (1180.) *not.* —IV°.* De pluribus donationibus nobis factis a Balduino de Stampis, Stephano de Gouviex (in territorio de Neri, in territorio de Verberia [6]. s. d. *not.*—V°.* De pace facta inter nos et Garinum de Villa nova. (1192.) *not.*—VI°.* De excambio facto inter nos et Philippum Blomers. (De terra sita in valle Radulphi prope Bordam de Fay, terra que dicitur Francalve, cultura juxta Raroi. (1208.) *not.*—VII°.* De donatione nobis facta ab Haimardo de Feus [7], cujusdam terre apud Henrivilier. (1274.) *not.*—VIII°.* De donatione nobis facta ab Hyberto de Monte desiderii [8], quod habebat

---

[1] Cette pièce, qui a été confirmée par Amauri, évêque de Senlis, peut avoir été écrite de 1156 à 1167.

[2] Vaucelle, marqué sur la carte de Cassini, au S. E. de Saintines.

[3] Villers, à l'est de Saintines, ne possède actuellement qu'une seule chaumière.

[4] St.-Vast de Longmont, canton de Pont-Ste-Maxence (Oise).

[5] Camot, qu'on peut lire aussi Goumelles, a formé, nous le croyons, la localité de Gouvieux, canton de Creil.

[6] Écrit de 1156 à 1167.

[7] Feu est situé sur la carte de Cassini au S. de Nery.

[8] Montdidier.

— 399 —

« in territorium Longimontis et Faucourt.[1] s. d.[2] not.—IX°.* De venditione nobis facta 11 arpentorum terre sitorum in campis Raimboudi, versus Verinnas.[3] (1223.) 3 p. not.— X°.* De excambio facto inter nos et Symonem Lupum, de terris sitis in Lerande, pro terris in territorio de Giromesnil [4], et in campo Dolerici prope Saintinas[5]. (1220.) not.—XI°.* De concessione nobis facta a Stephano, griario de Bestisiaco. (1244.) not.—XII°.* De concessione nobis facta a Radulpho de Muris, cujusdam terre, site in campis Rainboudi, inter Hueleu[6] et bordam de Fay. (1237.)— XIII°.* De donatione nobis facta a Luciana de Bestisiaco. (1222.)—XIV°.* De concessione nobis facta a Johanne de Raroi. (Apud Raroi et in territorium de Ruilli.) (1242.) not.—XV°.* De donatione nobis facta a Johanne de Raroi, de quibusdam terris, sitis in territoriis de la Boissiere.[7] et de Loubonne et in valle Rooth et de terra de Bucheaus. (1239.) not.—XVI°.* De donatione nobis facta a Nevelone, fratre Buticularii, de terris, apud Raroy, et ad tilliam de Noa. (1299.) not.—XVII°.* Admortisatio cujusdam terre per dominum Ingerranum, dominum de Crievecuer. (1199.) not. —XVIII°.* De pace facta inter nos et Guillelmum de Braysilva. (1221-1222.) 2 p. not.—XIX°.* De donatione nobis facta a Ludovico Cocco de Roquemont, milita etc. (1232.) not.—XX°.* De venditione nobis facta a Petro dicto Casset de Tremilliaco.[8] (1248.) not.—XXI°.* De venditione nobis facta a Renaudo, dicto li ferons de Nova Villa juxta Verberiam [9]. (1247.) not.—XXII°.* De venditione nobis facta, a Johanne dicto Buignet, milite de Bestisi. (1243.) not.— XXIII°.* De donatione nobis facta a Guillelmo de Nantolio,

CHAALIS.

---

[1] Probablement Francourt, marqué sur la carte de Cassini au S. de Verberie.

[2] Cet acte, confirmé par Thibaud III, évêque d'Amiens, a du être écrit entre 1169 et 1204.

[3] Vérines, commune de Néry (Oise.)

[4] Aujourd'hui St.-Sauveur, canton de Compiègne (Oise).

[5] Saintines, canton de Crépy (Oise).

[6] Huleux, commune de Néry (Oise).

[7] Ce lieu est situé sur la carte de carte de Cassini au sud de Fay.

[8] Trumilly, canton de Crépy (Oise).

[9] Villeneuve-sur-Verberie, canton de Pont-Ste.-Maxence (Oise).

CHAALIS.

domino de Nery, quarumdam terrarum apud crucem Sancti Amandi et juxta viam de Saintines. (1252.) *not.*— XXIV°.* De quittatione nobis facta ab Emelina, relicta Odonis de Sommeville. (1231.) *not.*—XXV°.* De concessione nobis facta a Renaudo de Nantolio, canonico Belvacensie, de terris sitis in territorio de Saintines. (1235.) *not.*— XXVI°.* De concessione nobis facta a Renaudo de Nantolio. (1237.) *not.*—XXVII°.* De concessione nobis facta a Symone, Castellano de Bestisi de terris sitis apud Villam Novam, juxta Ogerum [1]. (1200.) *not.*—XXVIII°.* De concessione nobis facta a Philippo de Nantolio. (1228.) *not.*— XXIX°.* De donatione nobis facta, a Petro, pagatore de Compendio. (1238.) 2 p. *not.*—XXX°.* De donatione nobis facta a Stephano de Atrio, de Verberia quarumdam terrarum apud Verberiam et in monte. (1263.) *not.*—XXXI°.* De donatione nobis facta a Johanne, dicto Sautel, de Verberia. (1273.) *not.*—XXXII°.* De domo tradita ad censum, Johanni Picardo, de Verberia. (1274.) *not.*—XXXIII°.* De pace facta inter nos et Galterum dictum Maillart. (1270.) —XXXIV°.* De pace facta inter nos et Foucaudum Caligarium, de domo sita apud Compendium. (1262.) 2 p. *not.* —XXXV°.* De excambio facto inter nos et Renaudum de Roquemont, militem, de vinea de Saintines. (1267.) 3 p. *not.*—XXXVI°.* De concessione nobis facta a Michalao de Pomponia, quarumdam terrarum, in territorio de Ver [2]. (1251-1260.) *not.* 4 p.—XXXVII°.* De venditione nobis facta, a Richardo et Colardo, filiis Ermesende de Vaucellis. (1276.) *not.*—XXXVIII°.* De domo nostra apud Verberiam. (1276.) *not.*—XXXIX°.* De excambio facto inter nos et Johannem le mutre, quarumdam terrarum prope bordam de Fay. (1277.) 2 p. *not.*—XL°.* De XVI solidis annui redditus percipiendis super manerio de Hermencourt [3]. (1280.) *not.*—XLI°.* De venditione nobis facta a Renaudo de la Charière. s. d. *not.*—XLII°.* De venditione nobis facta a Maria de Puisiers [4]. (1180.) 2 p. *not.*—XLIII°. De sex libr. paris. annui census recipiendis apud Compendium. (1221.) *not.*—XLIV°.* De arbitrio inter nos et monasterium Sancti-

---

[1] Villeneuve-les-Auger, commune d'Auger-St.-Vincent (Oise).
[2] Canton de Nanteuil-le-Haudouin (Oise).
[3] Armancourt, canton d'Estrées-St.-Denis (Oise).
[4] Puisier est situé sur la carte de Cassini au N. de Nery.

CornelII Compendiensis. (1288.)—XLV°. Diffinitiva sentencia super compromisso predicto arbitrorum. (1288.) *not.*— XLVI°. De prato in loco qui dicitur Houdrival, quod nobis vendidit domina Maria de Puisiers. (1282·) *not.* 3 p.— XLVII°.* De quadam masura apud Verberiam. (1275.) *not.* —XLVIII°.* De quadam petia terre sita versus ulmum Sancti-Amandi prope Fayacum. (1285.) *not.*—XLIX°. De excambio facto inter nos et Richardum de Platea, de Faucourt. s. d. *not.*—L°. De excambio inter nos et Oudardum de Sauconseilg [1] clericum, quatuorque alias personas. (De terris in. l. q. d. les alnes ; in montana de Faucourt.(1294.) *not.*—LI°. 3 mentions de pièces en écriture du xvie. s.

CHAALIS.

F°. 138. Carte de Karoliponte.[2]

I°.* Carta Ludovici VIII , regis francorum, de loco qui dicitur Sancta-Margareta [3] et de loco qui Karolipons nuncupatur. (1146.)—II°.* Vidimus regis Ludovici IX, de carta Johannis , castellani Montis Meliani [4], de usagio in campis, nemoribus etc., Karoli pontis etc.etc. (De karpini fonte de Sancta-Margarita, de l. q. d. malus passus.) (Avril 1230.) pièce importante.—III°.* De eodem. (1230.) 2 p.— IV°.* De elemosina nobis facta a Richardo, castellano de Montemeliano. (1210.) 2 p. *not.*—V°.* Carta Johannis de Bellomonte, camerarii Francie, de usagio nostro in brueriis, nemoribus etc., de Espyania, Trembleel, et Beeloy et locis undique adjacentibus que se extendunt a Cruce Douleu [5] versus Silvanectum etc. (1251.) *not.*—VI°.* De pasturis, in terris vacuis de Novo Molendino [6] et de tercio nobis, concessis a Theobaldo de Bello monte. (1285.) *not.*—VII°. De compositione facta inter ecclesiam karoli loci et homines de Tercio [7] et de Novo Molendino super brueriis Karolipontis. (1280.)—VIII°.* De venditione nobis facta ab Odone, milite de Plailli. (1201.) *not.*—IX°.* De donatione no-

---

[1] Ou Fauconseil.

[2] Charlepont, commune de Mortefontaine.

[3] Ste.-Marguerite est située sur la carte de Cassini au N. de Charlepont.

[4] Montméliant, commune de Mortefontaine (Oise).

[5] La Croix-Damleu est un carrefour de la forêt d'Ermenonville.

[6] Neufmoulin, commune de Plailly (Oise).

[7] Thiers, canton de Senlis (Oise).

CHAALIS. bis facta, a Petro li Eschaus, milite de Sorvillari [1], medietatis nemoris quod vocatur nemus de Mortemer cum fundo ipsius siti, inter Loisi [2] et Monci Sancte-Oportune. (1208.) *not.*—X°.* De donatione nobis facta a Gerondo Beavallet, cujusdam terre apud Plailli, in semita de Geni. (1213.) *not.*—XI°.* Admortizatio generalis possessionum nostrorum in territorio de Plailli. (1228.) *not.*—XII°.* De pace facta inter nos et homines de Plailli, super terris de la Haisete, de Bonoul, et de Vival. (1227.) *not.*—XIII°.* De concessione nobis facta ab Herberto de Plailli. (1236.) *not.*—XIV°.* De venditione nobis facta, a priore de Monciaco, cujusdam terra site inter Monciacum novum [3]. et Mortuam Fontanam. (1225.) *not.*—XV°.* Admortizatio generalis. (Voy. ci-dessus n°. xi.) (1213.) *not.*—XVI°.* De terra juxta nemus Barat nobis data, a Guillelmo, dicto de Barberi [4]. s. d. *not.*—XVII°.* De quittatione nobis facta a Joh. de Borrenc [5], armigero. (1250.) 2 p. *not.*—XVIII°.* De quittatione nobis facta a Johanne de Borrenc, sui juris quod habebat in quodam arpento terre sito in territorio de Plailli juxta boscum qui Jeheguel appellatur. (1259.) *not.*—XIX°.* Admortizatio generalis nobis concessa a Radulpho de Coudun [6], milite. (1238.) *not.*—XX°.* De venditione nobis facta a Rad. de Coudun VIII arpentorum nemoris apud mortuum Fontem. (1225.)—XXI°.* De quibusdam terris sitis ad Ulleiz [7] nobis datis a Johanne Padoc, et Johanne Begues (1239.) 2 p. *not.*—XXII°.* De pace facta inter nos et Guillelmum de Chantilli, super hiis quod habemus circa Mortuum Fontem de Choiselois, et de Mortefontana. (1228.) *not.*—XXIII°.* De quittatione nobis concessa a Benaudo de campis, milite, et domino de Sorvillers, terre de Gonella. (1238.) *not.*—XXIV°.* De concessione nobis facta ab

---

[1] Survilliers, canton de Luzarches (Seine-et-Oise).

[2] Loisy, commune de Ver (Oise).

[3] Moussy-le-Neuf, canton de Dammartin (Seine et-Marne).

[4] Barberie, canton de Senlis (Oise).

[5] Boran, canton de Neuilly-en-Thelle (Oise).

[6] Canton de Ressons (Oise).

[7] D'après la charte XXIV de cette série, le lieu appelé *les Ulleiz* était situé au terroir de Glailly.

Almarico de Montabis [1], armigero, cujusdam terre site in territorio Plailliaci in loco qui appellatur les Ulleiz. (1255.) *not*.—XXV°.* De donatione nobis facta a Guillermo, dicto de Barberi, de Plailliaco, armigero. (1265.) *not*.— XXVI°.* De donatione nobis facta quarumdam terrarum sitarum inter Montem Melianum et capellam Sancti-Nicholai [2], ad fossam Luporum, ad Renoldi pratum, et ad balnearias Plailliaci. (1266.) *not*.—XXVII°.* De donatione nobis facta a Margareta, relicta quondam Johannis Sourrs. (1270.) *not*.—XXVIII°.* Admortizatio generalis nobis concessa a Guillemo de Vernone, castellano Montismeliani, possessionum nostrorum in dicta castellania. (1270.) *not*. —XXIX°.* De compositione facta inter nos et G. de Vernone, supra dictum, super plastro accipiendo a nobis in plasteriis. (1270.) *not*.—XXX°.* De pacificatione facta inter nos et Guillelmum, dictum Caletot, in supradictis plasteriis. (1282.) *not*.—XXXI°.* Arbitrium prolatum a Petro de Chaillifer, milite et R. de Sancto-Vincentio silvanectense, super contentione inter Th. de Bellomonte et nos pro vivariis Karoli pontis. (1260-1265.) 3 p. *not*.—XXXII°.* De terris, nemoribus, maneriis, etc, sitis in diversis locis (juxta rivum de Ramaia) nobis venditis a Johanne dicto Amouriaus de Montabis. (1267.) 5 p. *not*.—XXXIII°.* De quittatione nobis facta a Johanne, comite Domni Martini. (1273.) *not*.—XXXIV°.* De venditione nobis facta ab abbatissa et conventu Monialium Beate Marie regalis [3], juxta Pontisaram [4], cujusdam nemoris, qui dicitur Deffensus [5]. (1258-1274.) *not*. 5 p.—XXXV°.* Carta Johannis de Chantilli, militis, de XII libr. paris. annui redditus. (1254.) —XXXVI°. De compositione facta inter ecclesiam Karoli loci et abbatem Sancti-Dyonisi super pluribus articulis de Karoli ponte. (1288.)—XXXVII°.* Trois mentions d'actes en écriture du XVI°. s.

---

[1] Montaby, commune de Mortefontaine (Oise).

[2] Saint-Nicolas, commune de Pontarmé (Oise).

[3] Maubuisson.

[4] Pontoise.

[5] Bois du Defay, marqué sur la carte de Cassini à l'Est de la forêt d'Ermenonville, au N. de Montaby.

CHAALIS.

F° 151. Hec sunt carte de Commellis [1].

I.* De concessione nobis facta a Radulpho de Pomponia, decime terre quam habemus in territorio Commellense. s. d. — II.* De donatione nobis facta ab Hugone, majori de Lusarchiis [2], nemoris quod vocatur Hasta Belvacencis [3]. (1175.) 2 p. *not.* — III.* De donatione nobis facta a Radulpho Cocatrix, cujusdam nemoris quod appellatur Chesne partie juxta grangiam de Commellis. (1203.) 2 p. *not.* — IV.* De sex arpentis nemoris nobis datis a Petro de Chaverci. (1207.) 2 p. *not.* — V.* De libertate nobis concessa, a Johanne de Bellomonte, accipere in terroriis de Lusarchiis, terram ad tegulas faciendas. (1198, 1128.) 2 p. — VI.* De pace facta inter nos et Radulphum de Silvanecti, super nemoribus de Commellis. (1231, 1232 et 1234,) 5 p. *not.* — VII.* De quittatione nobis concessa a comite Bolonie. (1231.) *not.* — VIII.* Carta Johannis, comitis de Bellomonte, de compositione facta inter nos et ipsum, pro vivario quod faciebamus juxta Commellas. (1208.) *not.* — IX.* De quadam terra nobis concessa a Guidone Buticulario. (1204.) *not.* — X.* Carta Guillelmi, domini de Merloto, qui concessit nobis totam partem suam vivarii, quod faciebamus apud Commelles. (1205.) *not.* — XI.* De quadam terra nobis vendita ab Hugone Mailletoc de Lusarchiis. (1204 et 1229.) 3 p. *not.* — XII.* De nemore sito inter nemus abbatis et spinam vallem [4] juxta viam que ducit a Commellis apud Coyam [5], nobis dato a Guillermo de Chantilli, filio Guidonis Buticularii. (1232.) *not.* — XIII.* De pace facta inter nos et G. de Chantilli supra dictum, de nemoribus de Commellis. (1235.) — *not.* — XIV. De xc arpentis terre et nemoris, nobis datis a Renaudo de Mongroisin [6]. (1208, 1235, 1217, 1233, 1227.) *not.* 5 p. — XV.* De pace facta inter nos et Guillelmum de Galanda, militem, super quibusdam pratis de Geni. (1185.) *not.* — XVI.* Carta Ro-

---

[1] Comelles, commune d'Orry (Oise).

[2] Luzarches (Seine-et-Oise).

[3] Ecrit aussi haute Beauvoisine.

[4] Une section de la forêt de Coye porte encore aujourd'hui le nom de la *Corne-Pineval*.

[5] Coye, commune de Creil (Oise).

[6] Montgrésin, commune d'Orry (Oise).

berti de Galenda militis, qui nobis concessit aesamentum vie que a via regali Parisius et Silvanecti ducit ad Grangiam que dicitur Commelles. s. d. *not.* — XVII.* De dimidio arpento terre apud Geni nobis vendito ab Odone de Capella. (1271.) *not.* XVIII.* De quittatione nobis facta a Renaudo, filio domicelle Florie de Capella. (1240.) *not.* — XIX.* Quittatio grierie de feodo de Mellou. (1234.) *not.* — XX.* De donatione nobis facta a Radulpho buticulario, cujusdam nemoris, in loco qui dicitur les alnes. (1250.) 2 p. *not.* — XXI.* De pace facta inter nos et Guillelmum de Chantilli, militem, super nemore dicto Bus Ysembart; concessit insuper ut forcetarii dictorum religiosorum arcus sagittas et arme libere et securi possint ubique deferre. (1234.) *not.* — XXII.* De quittatione grierie de feodo de Mellou. (1237.) *not.* — XXIII.* De pace facta inter nos et Johannem de Chantilli, super diversis. (1273.) *not.* (Cette pièce est très-importante.) — XXIV.* De venditione nobis facta ab abbatissa Sancti Remigii Silvanectensis, de domo apud Capellam de Sorval. (1219.) 2. p. *not.* — XXV.* De pace facta inter nos et Johannem de Chantilli. (1254.) *not.* — XXVI.* De uno dimidio arpento terre sito apud Capellam de Sorval. (1270.) 2 p. *not.* — XXVII.* Carta Yvonis de Oiriaco qui nobis quittavit quidquid habebat in quadam petia terre, sito inter ecclesiam Sancti Reguli [1] et boscum qui dicitur Pingueval. (1245.) *not.* — XXVIII.* De pace facta inter nos et Capitulum Beate Marie Silvanectensis super pasturis nemorum de Commellis. (1258.) *not.* — XXIX.* De prato sito inter grangiam de Commellis et molendinum de Oiriaco [2], nobis vendito, a Roberto de Oiriaco, dicto Jeslent. (1270.) 2 p. *not.* — XXX.* Carta Johannis de Mongroisin, qui nobis quittavit crestam sive liseriam nemoris, sitam juxta viam que de Commellis per campum le porarium ducit Silvanectum. (1270.) 2 p. *not.* — XXXI.* De quadam petia nemoris que dicitur la Montagle, et L. arpentis terre sitis inter Oiriacum et Lusarchis, nobis venditis a Johanne de Cardonneto. (1271.) 4 p. *not.* — XXXII.* Carta Radulphi, dicti Mathei de Capella, qui nobis quittavit duo arpenta terre sita apud Sanctum Regulum. (1250.) *not.*—XXXIII.*

---

[1] St.-Rieul.
[2] Le moulin d'Orry est un écart situé au sud-ouest de Montgrésin.

CHAALIS.

Resaisitio quedam facta, a domino Girardo de Chaumontel[1], ballivo domine M. Buticularie, etc. (1202.) *not.* — XXXIV.* De nemore que dicitur haute Beauvoisine, et de nemore que dicitur haute Guinebourc. (1270.) 2 p. *not.* — XXXV.* Sententia, quod dominus de Montgroisin non potest venari in quarreria juxta Commellas. (1264.) *not.* — XXXVI. De quittatione grierie nemorum de Commellis. (1271.) 3 p. *not.* — XXXVII.* De pace facta inter nos et Capitulum Beate Marie Silvanectensis, super aqua molendini sui de Oiriaco. (1296.) *not.* — XXXVIII.* La lettre de l'acort fet entre nous et la dame de Tilli, sus le plet meu entre nous et li de la garenne et de la joustice que elle disoit soi avoir en nostre vigne devant la porte de Commelles. (1200.) En fr. *not.* — XXXIX.* 5 mentions de pièces en écriture du xive. s.

F°. 165. Hec sunt carte de Soisiaco.

I.* Carta Ludovici VII, qui dedit nobis quid quid habet in plena terra sive in bosco apud Soisiacum[2]. (1152.) — II.* De venditione nobis facta a Maingoto de Malregart[3]. 2 p. (1171.) *not.* — III.* De donatione nobis facta ab Adamo Deffiedieu, milite de Monciaco, III arpentorum terre, in territorio quod vocatur la Buscale. (1277.) — IV.* De venditione nobis facta a Galtero Deffiedieu, de Oisseri[4], cujusdam terre site in territorio quod dicitur Funcheroles. (1204.) 2 p. *not.* — V.* De concessione nobis facta a Clemencia, comitissa de Dammartin, nemoris de Buscale, site juxta Soisiacum. s. d. *not.* VI.* De donatione nobis facta a Pucelina de Monciaco. (1186.) *not.* — VII.* Carta Guillelmi de Alneto qui nobis dedit vi arpentos terre, in cultura que est inter Royssi[5] et Espiers juxta malleriam Maingoti de Malregart, et vendidit vi arpenta terre in eodem loco. (1196.) *not.* — VIII.* De excambio facto inter nos et Galterum de Alneto, de terris sitis super viam inter Vemars[6] et Monciacum novum, et apud Soisiacum inter

---

[1] Canton de Luzarches (Seine-et-Oise).
[2] Choisy-aux-Bœufs, commune de Vémars (Seine-et-Oise).
[3] Mauregard, canton de Dammartin (Seine-et-Marne).
[4] Oissery, canton de Dammartin (Seine-et-Marne).
[5] Roissy, canton de Gonesse (Seine-et-Oise).
[6] Canton de Luzarches (Seine-et-Oise).

monciacum novum et Chenevières¹ . (1221.) *not.* — IX.* Carta Symonis de Baailli qui nobis concessit duo arpenta terre inter Vemarz et Soisi (1231.) *not.* — X.* De venditione nobis facta ab Huberto de Baalli, II arpentorum terre prope grangiam Soisiaci. (1224.) *not.* — XI.* De terra sita in territorio de Espiers et de Malregart, nobis data a Galtero, dapifero de Domnomartino. (1164.) *not.* — XII.* De venditione nobis facta a Johanne de Malregart, VI arpentorum terre apud Malregart. (1190.) *not.* — XIII.* Carta Hugonis Marles, qui nobis vendidit IV arpenta terre sita in territorio Gisommont. (1204.) *not.* — XIV.* Carta Roberti Biche qui vendidit nobis unum quarterium terre a l'essart Grifon, et dedit dimidium arpentum terre au Pommerai. (1204.) *not.* — XV.* De venditione nobis facta ab Hugone Malindres de Malregart, IV arpentorum terre apud Champaignes. (1201.) *not.* — XVI.* De excambio facto inter nos et Petrum Barres, terrarum sitarum inter Soisiacum et Espiers. — VII.* De quittatione nobis facta, cujusdam terre site inter Roissi et Soisi, que dicitur terra sutorum. (1198, 1227.) 2 p. *not.* — XVIII.* De concessione nobis facta a monasterio Sancti Dyonisii. (1243.) *not.* — XIX.* De quittatione querele inter nos et Johannem Blanchet, super tertia parte campartis duorum arpentorum terre, sitorum in territorio de Soisi. (1228.) *not.* — XX.* Carta Hugonis Canis, qui nobis concessit tenere quasdam terras apud Soisi sub annuo censu IV solid. (1235.) 2 p. *not.* — XXI.* De pace facta inter nos et Odonem le Brun, militem, de Berron. (1239.) *not.* — XXII.* De donatione nobis facta a Galtero de Alneto, terre que dicitur la terre au rendus. (1258.) *not.* — XXIII.* Carta Stephani de Baalli qui nobis vendidit xx solid. paris. et VIII den. census, quos nobis debebat super IX quarteriis terre sitis inter Vemars et Soisi. (1249.) *not.* — XXIV.* De VI arpentis terre, sitis inter Vemars et Soisi, nobis venditis a Renaudo de Chantelli. (1244.) *not.* — XXV. De venditione nobis facta ab Eremburge, dicta Nigra de Tavaux, cujusdam terre apud Gregnen. (1248.) *not.* — XXVI.* Carta parrochianorum de Malo respectu ², qui admodiave-

CHAALIS.

---

¹ Chennevières, canton de Luzarches (Seine-et-Oise).
² Mauregard.

CHAALIS.

runt ecclesie Karoli loci decimam quam habebant in cultura ejusdem ecclesie. (1248.) *not.*

F°. 170. Ce f°. contient ce qu'en l'an M. CCC L. XXVII devait annuellement la maison de Soizi.

F°. 171. De Communibus Soisiaco et Valli Laurentii.

I.* De donationibus nobis factis. 1°. A Galtero de Alneto, dapifero Domni Martini, nemoris quod vocatur Buscale. 2°. A Johanne de Beelei, decime de omnibus terris quas habemus in territorio Sancti Vite [1]. s. d. [2]. *not.* — II.* De pluribus donationibus nobis factis a Johanne de Beelei, Antelmo de Pissecoc [3], Alermo de Montmeliant, Radulpho de Alneto, Radulpho de Fossis [4], Bartholomeo de Courtheron et Adamo de Monciaco (de terris in territorio Sancti Viti; in territorio Espierii; apud Fossas; in territorio quod vocatur Tarentafosse; juxta Soisi, inter nemus de Canaveriis et Buscalia). s. d. [5] *not.* — III.* Carta Frogerii Camerarii, qui nobis dedit decimam de omnibus terris quas habebamus in territorio Canaveriarum et Espiers. s. d. [6] *not.* — IV.* Carta Archembandi de Ermenovilla, et Alberici de Roysi, qui nobis dederunt totam terram quam habebant in territorio de Gisoumont. Item Manasses de Borreto nobis dedit quamdam terram in territorio de Canaveriis. (1163.) *not.* — V.* De quadam cultura, sita in territorio quod dicitur Tarentafossa, nobis data ab Adam de Claceu et Bartholomeo de Curbaron [7], etc. (1163.) *not.* — VI.* De pluribus donationibus nobis factis ab Almarico, milite de Plaaliaco, Garino et Stephano et alliis de Luperiis [8], Rurico, milite de Marli, Maingoto de Malregart, Antelmo de Pissecoc (de terris in territorio Canaveriarum, inter Marli et chiminum Parisius, in territorio d'Espiers, juxta territorium de Gisoumont.)

---

[1] St.-Witz, canton de Luzarches (Seine-et-Oise).

[2] Cet acte confirmé par Thibaud, évêque de Paris, ne peut avoir été écrit ni avant 1143, ni après 1157.

[3] Piscop, canton d'Ecoüen (Seine-et-Oise).

[4] Fosses, canton de Luzarches (Seine-et-Oise).

[5] Mémo observation que la note ci-dessus n°. 2.

[6] De 1156 à 1167.

[7] Coubron, canton de Gonesse (Seine-et-Oise).

[8] Louvres, canton de Luzarches (Seine-et-Oise).

(1153.) *not.* — VII.* De pluribus donationibus nobis factis; ab Almarico de Montmelian, Ernoldo de Lobris, Drocone de Vileron, Hugone de Martinet (de terris juxta viam que ducit de Montmellian apud Marliacum, in territorio de Morant feuchere). (1172). *not.* — VIII.* De excambio facto inter nos et fratres domus Dei Parisiensis. (1225.) *not.* — IX.* De sedatione discordie quam moverant Fratres domus Dei Parisiensis pro decima de Vileron et d'Espiers. (1181.) — X.* De quittatione nobis concessa a Petro Hermeres, quarumdam terramrum inter Espiers et Roissi; in Gorval, et juxta leprosiam de Sorviler. (1228.) 2 p. *not.* — XI.* Carta Radulphi de Foillotes, qui nobis dedit totam decimam suam quam habebat in omni territorio de Monciaco. 6 p. *not.* (1182.)

Entre le f°. 174 et le f°. 175, il y a quatre *folios* non chiffrés, qu'on a intercalés et qui contiennent seize notices de pièces en écriture du XVIe. s. Ces notices ne sont pas datées, elles concernent toutes Vaulerant.

F^o. 175 v°. Une mention d'acte en écriture du XVIe. s.

Les f°s. 176, 177 et 178 manquent.

F^o. 178. De Guespellis [1] et de Valle Laurentii.

I.* De quibusdam donationibus nobis factis. (1166.) 2 p. *not.* — II.* De pluribus donationibus nobis factis a Bodone de Gonessa, Guidone de Vileron, apud Morant feuchere. (1172.) 2 p. *not.* — III.* De pluribus donationibus factis a Rogero Escorin, Adam Bes, Thegone de Pomponio (de terris in territoriis de Neri et Fay; subtus viam ville nove [2] qui ducit Mintreum [3]; in villa que dicitur Nauleu. s. d. [4] *not.* — IV.* De terris nobis datis a Drocone de Vileron, et Petro Sementario. (1174.) *not.* — V.* De pluribus donationibus nobis factis ab Aelide, uxore Alerun de Fossis, Petro de Monterel, Anculfo Fabro de Montmorenci (1176.) *not.* — VI.* De pluribus donationibus nobis factis a Joh. de Canaveriis, Jugardo, cognomento Miles, Guiberto de Sancto Salvatore [5], Stephano

---

[1] Guespelle est situé sur la carte de Cassini au sud de Survilliers.

[2] Villeneuve-sous-Dammartin, canton de Dammartin (Seine-et-Marne).

[3] Mitry, canton de Claye (Seine-et-Marne).

[4] De 1134 à 1158.

[5] Saint-Sauveur, canton de Compiègne (Oise).

CHAALIS. de Montereul (in territorio Montis Evran ¹). (1179.) *not.* — VII.* De donatione nobis facta a Guidone de Evemart, cujusdam in terre juxta nemus de Vileron, et juxta sepém domus Dei. (1195.) *not.* — VIII.* De xxxvii arpentis terre in territorio Tarentafosse nobis datis a Bartholomeo, de Montegaio. s. d. ² *not.* — IX.* De quittatione nobis facta ab uxore Ade de Claceu. (1166.) *not.* — X.* De terra quam habemus in territorio Guespellarum, circa domum Dei. (1152.) 3 p. *not.* — XI.* De donatione nobis facta a Rerico de Gonseinville ³, cujusdam terre site circa locum qui dicitur fossa Spicrosa. s. d. ⁴ *not.* — XII.* De iv arpennis terre que fratres ecclesie Karoli loci emerunt a Renardo Nepote. s. d. *not.* — XIII.* De vi arpentis terre sitis in loquo qui dicitur parvus puteus, nobis datis. (1190.) 2 p. *not.* — XIV.* De terris quas habemus in decimatione Herivallis ⁵. (1206.) *not.* — XV.* De v arpentis terre sitis apud Guespele, nobis datis ad censum a priore de Argentolio ⁶. (1186.) *not.* — XVI.* De donatione nobis facta a Gaufrido Maupoins. (1209.) *not.* — XVII.* De terra sita in territorio quod dicitur Forchemin, nobis data a Roberto Chevillons de Luperis. (1196.) *not.* — XVIII.* Carta Decani Parisius, qui adcensivit ecclesie Karoli loci LXVII arpentos terre apud Espiers. (1164.) *not.* — XIX.* De terra sita prope Vallem Laurentii, nobis data a Torchado de Brai (1210.) *not.* — XX.* De vi arpennis terre nobis datis a Guillelmo Rufo, milite de Plaali (1210.) *not.* — XXI.* Carta Guidonis de Orvilla, militis, de censu iv sol. paris. pro duobus quarteriis. (1208.) *not.* — XXII.* De quittatione nobis facta ab Hermando de Fourferi ⁷. (1220.) *not.* — XXIII.* De terra, que nuncupatur Roma, juxta territorium Vallis Laurentii, nobis data a Petro, milite de Genneel. (1232.) *not.* — XXIV.* De pace facta inter nos et Joh. de Torli ⁸, militem, de x arpentis terre sitis

---

¹ Probablement Montevrain, canton de Lagny (Seine-et-Marne).
² De 1124 à 1142.
³ Goussainville, canton de Gonesse (Seine-et-Oise).
⁴ De 1124 à 1142.
⁵ Herivaux, commune de Luzarches (Seine-et-Oise).
⁶ Argenteuil (Seine-et-Oise).
⁷ Forfry, canton de Dammartin (Seine-et-Marne).
⁸ Probablement Tourly, canton de Chaumont-en-Vexin.

apud Vallem de Lay. [1] (1226.) *not.*—XXV.* De II arpennis terre, sitis in territorio de Montmeliant, et contiguis nemori de Guespele, nobis venditis ab Adelina de Malregart. (1202.) *not.* — XXVI.* De II arpennis terre apud Guespele, nobis datis a Girardo de Marolio. (1192.) — XXVII.* De terris apud Guespele, nobis datis ab Alermo Carnifice de Montemeliano. (1192.) *not.* — XXVIII.* De pace facta inter nos et Obertum Corduanarium de Montemeliano. (1217.) *not.* — XXIX.* Carta Mathei de Ablegus, militis, qui nobis quittavit, salvo censu suo, quidquid habebat in tribus arpennis terre sitis, in novis rupticiis juxta culturam de Guespeles. (1240.) *not.* — XXX.* De III arpennis terre, in territorio de Louvres à Meniel, nobis datis a Guillelmo de Cornillon. (1210, 1220, 1229, 1240, 1241, 1243.) 6 p. *not.* — XXXI.* De terra in valle de Luperis, nobis data. (1194.) *not.* — XXXII.* Carta Radulphi de Sersela [2], qui nobis dedit totam decimam terrarum territorii Marliaci. (1163, 1164.) 2 p. *not.* — XXXIII.* De quittatione nobis facta a Buchardo, sibilatore. (1219.) *not.* — XXXIV.* De donatione nobis facta a Richardo Teuthonico, cujusdam terre, site in territorio Marliaci. (1164.) *not.* — XXXV.* De terris sitis in territorio de Canaveriis, quarum una pars sita est in loco qui dicitur Tesnieres, alia juxta grangiam Vallis Laurentii, nobis datis a Manasse Borres de St. Gauberto [3], milite. (1164.) *not.* — XXXVI.* De venditione nobis facta a Petro milite de Canaveriis II arpentorum terre, sitorum inter ecclesiam Sancti Medardi et grangiam Vallis Laurentii. (1207.) 2 p. *not.* — XXXVII.* De donatione nobis facta a Frogerio, milite, domini regis Camerario. (1168.) 2 p. *not.* — XXXVIII.* De terris in territorio veterum Canaveriarum, nobis datis ab Hugone de Bosco, milite. (1183.) *not.* — XXXIX.* De VIII arpennis terre sitis in territorio de Vileron, nobis venditis ab Hugone de Berrone. (1203.) 3 p. *not.* — XL.* De donatione nobis facta a Guidone de Berron, VI arpentorum terre sitorum inter Vileron et Sanctum

CHAALIS.

---

[1] Probablement Le Lay, marqué sur la carte de Cassini, au S.-O. de Chambly.

[2] Sarcelles, canton d'Ecouen (Seine-et-Oise).

[3] Probablement Saint-Gobert, commune de Barcy (Seine-et-Marne).

CHAALIS.

Germanum.[1] (1211.) 5 p. *not.* — XLI.* De donatione nobis facta a Roberto de Sancto Dyonisio. (1216, 1234.) 2 p. *not.*—XLII.* De duobus arpentis terre sitis in territorio de Magniel, nobis venditis a Reginaldo de Monte jovio. (1245.) 2 p. *not.*—XLIII.* De quittatione nobis facta, ab Ade de Vileron (1250.) *not.* — XLIV.* De quadam petia terre, sita supra vallem de Luperis, nobis vendita a Tyolo cementario. s. d. *not.* — XLV.* De quadam petia terre, sita in territorio quod vocatur Limes de Vileron, nobis vendita. (1269.) *not.* — XLVI.* De venditione nobis facta a Drocone tabernario de Vileron, cujusdam terre, site in territorio quod vocatur Chievrefeul. (1259.) *not.* — XLVII.* De venditione nobis facta a Roberto Belin. (1271.) *not.* — XLVIII.* De dimidio quarterio terre, sito apud Gouseinville, in loco qui dicitur fourechemin, nobis vendito a Guiardo de Gouseinville.[2] *not.* (1247.) — XLIX.* De terra sita juxta Luiperas, in loco qui dicitur Vallis Gamel, nobis vendita a Radulpho, dicto Duce. (1248.) *not.* — L.* De dimidio arpenno terre, sito in territorio quod vocatur ad Buscum Radulphi, nobis vendito, a Petro, dicto fauvel de Luperis. (1260.) *not.* — LI.* De excambio facto inter nos et Guillelmum, dictum Coutans. (1265.) *not.* — LII.* De iv arpentis terre sitis in territorio Luperarum, nobis venditis a Roberto Suger. (1257.) *not.* — LIII.* Carta Symonis de Vileron, qui vendidit quamdem terram in censiva dicte ecclesie. (1259.) 2 p. *not.* — LIV.* De pace facta inter nos et Guillelmum de Corneillon, (1202, 1248, 1269.) 4 p. *not.*—LV.* De concessione nobis facta ab Hugone, Johanne, et Adamo de Canaberiis. (1251.) *not.* — LVI.* Carta Adami, dicti Choiselli de Canaberiis, qui nobis concessit tenere in manu mortua omnia mobilia nostra. (1261.) *not.*—LVII.* Carte ejusdem, de donationibus nobis factis. (1247, 1225.) 3 p. *not.* — LVIII.* De terris sitis in territorio de Corneillon, in valle Ganiel, nobis venditis a Petro Maupin de Canaberiis. (1258.) *not.* — LIX.* De uno arpento terre sito apud Corneillon, nobis vendito a Guillelmo le Boue, de Luperis. (1259.) *not.* — LX.* De quibusdam terris nobis venditis a Roberto de Vileron. (1258.) *not.*—LXI.* De venditione nobis facta a Gi-

---

[1] St.-Germain est situé sur la carte de Cassini à l'O. de Villeron.
[2] Goussainville, canton de Gonesse.

rardo de Gonessia carnifice, cujusdam terre in loco qui dicitur de sursum Corneillon. (1254.) *not.* — LXII.* De III arpennis terre sitis in territorio de Moranfeuchere, nobis datis a Guiardo de Bellomonte, etc. (1169.) *not.* — LXIII.* De pace facta inter nos et Robertum, dictum sapientem, super quadam terra de Morantfeuchere. (1202.) *not.* — LXIV.* De donatione nobis facta a Guidone de Berrona, et confirmata, ab Hugone milite, domino de Pomponia, VII arpentorum terre et dimidii sitorum apud Morantfeuchere. (1201, 1235.) *not.* 2 p. — LXV.* Carta Guillelmi de Plailliaco armigeri, dicti Ruffi, quod habemus in toto territorio de Morantfeuchere duos partes campipartis ac medietatem census. (1265.) 4 p. *not.* — LXVI.* Carta Henrici de platea, de eodem. 3 p. *not.* (1250, 1252, 1258.) *not.* — LXVII.* De terris sitis in territorio de Luperis, ad buscum Radulphi, ad Moranfeuchere, juxta terram Vallis Laurentii, ad Noam, nobis datis ab Odone de Chevillon, de Luperis. (1251, 1255.) 2 p. *not.* — LXVIII.* Carta Johannis Chevillon, qui dedit nobis tria arpenta terre, etc., sita de super Orvillam, et in territorio de Morantfeuchere. (1257.) *not.* — LXIX.* De venditione nobis facta a Johanne de Columpnis, dicto de Corneillon. (1151.) 5 p. *not.* — LXX. De terra in valle de Luperis, nobis vendita a Richardo dicto Dare. (1275.) *not.* — LXXI.* De venditione nobis facta ab Ewardo, dicto Male-trache de Marolio, cujusdam terre in territorio de Luperis. (1277.) *not.* — LXXII.* Carta quod Radulphus Lathomus de Luperis vendidit Joh. dicto Hurel, quamdam terram, in censiva et campiparte Vallis Laurentii. (1270.) *not.* — LXXIII.* De venditione nobis facta, a Richardo de Prato, magistro et provisore domus Dei de Luperis, cujusdam terre, site inter Luperas et Vallem Laurentii, apud magnam bornam. (1278.) *not.* — LXXIV.* De quittatione nobis facta a Petro li Effrees de Plailliaco, milite, et de donatione ejusdem, II arpentorum terre, apud Plailliacum, in loco qui dicitur au puis de le haisete, contigua terre Karolipontis. (1274, 1279.) 3 p. *not.* — LXXV.* Venditio cujusdam terre, in censiva nostra. (1285.) *not.* — LXXVI.* Du contens meu entre moi, Mahieus, chevaliers, sire de Monmorenci et chamberlenc de France, et le couvent de Chaaliz. (1289.) — LXXVII.* Littera de pratis de Geny juxta capellam en Sorval. (1299) 3 p. *not.* — LXXVIII.* De con-

CHAALIS.

CHAALIS. firmatione excambii facti inter nos et fetres domus Dei de Luperis, de quibusdam terris sitis in territorio de Canaberiis, et de Valle Laurentii. (1300.) *not.*—LXXIX.* Littera prepositi Castelleti pariensis, super pace facta inter nos et homines de Luperis, de prato nostro sito in loco qui dicitur le val de la vallee de Louvres. (1306.) *not.* — LXXX.* Carta prepositi de Gonessia, quod Vincentius, dictus de Groley commorans apud Luperas, accepit a nobis unum quarterium et dimidium terre, ad semitam qui dicitur le Luat.[1] (1314.) *not.*—LXXXI.* De pluribus terris sitis ad semitam du Luat, datis a nobis ad censum, Johanni le barbier de Luperis, Johanni Baudri de Louvres, et Guillelmo Pentin de Luperis. (1314.) 3 p. *not.*

F°. 199 v°. iv mentions de pièces en écriture du iv°. s.

F°. 200 v°. On lit : Transcriptum libri Vallis Laurentii anno M.CCC.LXXVII de hiis que solvebantur pro dicta grangia et Guepellis, etc.

F°. 201. Hec carte communes sunt Thoregniaco[2] et Seteins.[3]

I.* Carta Roberti de Fresnes[4] militis qui nobis dedit iv arpenta pratorum in territorio de Aneto.[5] (1185.) — II.* Carta Guillelmi de Aneto, militis, qui nobis dedit tria arpenta pratorum super fluvium Marnam inter Anetum et Warennes.[6] (1185.) *not.*—III.* De pace facta inter nos et Johannem de Pomponia, super territorio de Seteins. (1182.) *not.* —IV.* De nemore sito in territorio Pomponie, loco qui apud incolas terre illius vocatur Gratuel, nobis dato a Johanne de Pomponia[7], etc. (1186.) *not.* — V.* De excambio facto inter nos et Johannem de Pomponia. (1209.) — VI.* De vi arpentis terre sitis inter tyliam et mariscum de domno martino nobis venditis a Joh. Clugnet.

---

[1] La localité dont il est ici question, n'est pas Le Luat du canton de Nanteuil-le-Haudouin, mais bien Le Luat de la commune de Piscop (S.-et- O.).

[2] Thorigny, canton de Lagny (Seine-et-Marne).

[3] Stains, commune de Villeneuve-sous-Dammartin (Seine-et-Marne.)

[4] Canton de Claye (Seine-et-Marne).

[5] Annet, canton de Claye (Seine-et-Marne).

[6] Varennes, commune de Joblines (Seine-et-Marne.)

[7] Pomponia doit vouloir dire Pomponne, canton de Jagny (Seine-et-Marne.)

(1222.) *not.*—VII.* De excambio facto inter nos et Hug. de Pomponia. (1220.) *not.* — VIII.* De terra sita in via de Mintri, nobis vendita a Joh. de Villa nova. (1228.) *not.* — IX.* De excambio facto inter nos et Balduinum Broiart. (1201.)—X.* De venditione nobis facta a Thoma di Voiers uni arpenti terre apud Villam novam. (1213.) *not.* — XI.* De donatione nobis facta a monasterio Fontis Ebraudi.[1] s. d. *not.*—XII.* De pace facta inter nos et monialanes sancti Remigii silvanectensis super decima Villenove. (1211.) 2 p. *not.*—XIII.* De venditione nobis facta a Roberto Piax de Villa nova cujusdam terre, in parrochia ville nove, in territorio quod dicitur la Ronce. (1202.) *not.* — XIV.* Carta Petri, militis cognomento la truye, qui nobis dedit xiv arpenta terre sita in territorio de Compens, in valle de Condreel. (1190.) *not.* — XV. De pace facta inter nos et Hugonem, militem, cognomento Piax. (1180.) *not.* — XVI.* Carta Galteri, cognomento Moutart, qui nobis quittavit quidquid juris habebat in terra sita inter grangiam de Setheins et Villam novam. (1237.)—XVII.* De venditione nobis facta a Petro de Guignecourt, cognomento Balerie, cujusdam terre site inter villam de Mintri et grangiam de Setheins. (1202.) — XVIII.* De excambio facto inter nos et Andream, equitatorem de Villa nova. s. d. [2] *not.* — XIX. De venditione nobis facta a Roberto equitatore quarumdam terrarum. (1202, 1203, 1210, 1199.) 6 p. *not.* — XX. De donatione nobis facta a Guillelmo de Alneto. (1188.) *not.*—XXI. De pace facta inter nos et G. de Alneto, super feodo de Basoches. (1188.) *not.* — XXII. De excambio facto inter nos et G. de Alneto. (1227.) *not.* —XXIII.* De pace facta inter nos et G. de Alneto. (1231.) *not.*—XXIV.* De venditione nobis facta a Petro de Mesnilio [3], milite, cujusdam terre site in territorio de Seteins juxta semitam que ducit de Setheins ad Villam novam. (1224.) *not.*— XXV.* Admortizatio nobis concessa a G. de Alneto. (1218.) *not.* — XXVI.* De pace facta inter nos et Hugonem de Mintri, prepositum domni martini, super grieriis nemorum de Commellis et super viariis de circa Setheins, et de allodio de Mal as-

---

[1] Fontévraud.
[2] De 1177 à 1195.
[3] Menil-Amelot, canton de Dammartin (Seine-et-Marne).

CHAALIS.

sis. (1227.) *not.*—XXVII.* De pace facta inter nos et Nich. de Pomponia. (1248, 1254.) 3 p. *not.* — XXVIII.* Carta Joannis de Nantolleto [1], militis, quod Egidius et Andreas de Monceaux [2] quamdam servam nomine Eremburgem que erat feminam eorum de corpore quittaverunt, et in sua manu assignaverunt, et quod feminam predictam donavit nobis. (1207.) *not.*—XXIX.* De donatione nobis facta a Simone de Jarro, milite. (1222.) *not.*—XXX.* Carta Guillelmi de Villa nova qui nobis quittavit omne jus quod reclamabat in quibusdam terris apud Villam novam. (1245.) *not.* — XXXI.* De terra sita ad fagum de Monciaco. (1250.) *not.* — XXXII.* Admortizatio nobis concessa a Philippo de Villa nova. (1255.) *not.* — XXXIII.* De pace facta inter nos et Ph. de Alneto, super pasturis de Tiuz. [3] (1257, 1260.) 2 p. *not.* — XXXIV.* De pace facta inter nos et Gilebertum de Essartis, militem, super rivulo maresci de Seteins, et super alneto sito in feodo de Basochiis. (1251, 1244.) 2 p. *not.* — XXXV.* De admortizatione nobis concessa a Ph. de Alneto, cujusdam terre site in loco q. d. le vaus de Kenez. (1262.) *not.*—XXXVI.* De quittatione nobis facta a Galtero de Guignecourt, armigero, dicto Cluignet. (1262.) 3 p. *not.* — XXXVII.* De concordia facta inter nos et monasterium sancti Remigii Silvanectensis. (1380.) *not.* — XXXVIII.* De terra sita in territorio Ville nove, nobis data a Galtero de Alneto, milite. (1281.) *not.* — XXXIX.* Carta communitatis de Tiuz, qui assecuravit bona nostra. (1277.) *not.* — XL.* De concordia facta inter nos et Radulphum de Chantilliaco, de justicia et usu pasturagii pratorum de Setheins. (1301.) *not.* — XLI.* Carta Guillelmi de Mouciaco veteri [4] qui concessit quod ecclesia nostra possideat v arpenta terre et unum quarterium sita in territorio Ville nove, in loco qui dicitur le viez becherel. (1301.) *not*

F.° 211. 3 mentions de pièces en écriture du xvᵉ. s.

F°. 212. Hec sunt carte de Toregniaco.

I.* Carta Guidonis Montis Gaii [5] qui nobis concessit quem-

[1] Nantouillet, canton de Claye (Seine-et-Marne).
[2] Montceaux, canton de Meaux (Seine-et-Marne).
[3] Thieux, canton de Dammartin (Seine-et-Marne).
[4] Moussy-le-Vieux, canton de Dammartin (Seine-et-Marne).
[5] Montgé (la tour de), commune de Villevaudé (Seine-et-Marne).

dam clausum vinearum apud Latiniacum quem Elizabeth de Crispeyo nobis dederat. (1167.) 2 p. *not*. — II. De terra apud Latiniacum[1] nobis data ab Adamo Basis. (1166.) *not*.—III.* De quibusdam donationibus apud Latigniacum nobis factis a Garino de Claceio. (1169, 1174, 1183.) 3 p. *not*. — IV.* De excambio facto inter nos et Eustagiam de Latigniaco, vineæ apud Toregniacum pro vinea in territorio quod dicitur Escorchebuef. (1172.) *not*. — V.* De pluribus donationibus nobis factis a Matheo de Novavilla, Guillelmo de Alneto, et Jofredo de Moiriaco[2], in grangia Fulchereti, apud Toregni, et in territorio montis Gaii. (1190.) *not*.—VI.* De donatione nobis facta a Guillelmo de Alneto nemoris sui sub monte Gaio, quod vocatur Buscus Rainaldi, contiguo nemori de Gratuel. (1186.) *not*. — VII.* De nemore de Gratuel, nobis concesso a Johanne de Pomponia. (1186, 1207, 1206.) 3 p. *not*.—VIII.* Carta prioris Sancti Martini de Campis qui moverat calumpniam super decima cujusdam vinee site apud Quarnetein[3], qui vocatur planta Karoli. (1250.) *not*. — IX.* De domo apud Toregni, quam Berta, uxor Radulphi de Cracia dedit nobis. (1184.) 4 p. *not* — X.* Carta abbatis Latiniaci de excambio facto inter nos et conventum leprosorum de Latigniaco s. d. *not*. — XI.* De donatione nobis facta a Guillelmo de Barris. (1201, 1202.) *not*. 2 p.— XII. De grangia de Barris, et de toto porprisio ejus sito apud Toregni. (1246, 1283.) 2 p. *not*. — XIII.* De domo apud Latiniacum nobis vendita a Stephano de Posterna et concessa ab Auberto de Latiniaco. (1209, 1227, 1259.) 3 p. *not*. — XIV.* De amortizatione nobis concessa a conventu Latiniaci. (1244, 1245, 1249.) 3 p. *not*. — XV.* Carta Symonis de Couvernes[4] qui nobis vendidit duas cameras et unam plateam, apud Latiniacum, in ruella qui vocatur le franc mourier. (1277.) 2 p. *not*. — XVI.* De prato sito in praeria de villa que dicitur Waranelles[5], juxta Anethum, nobis dato a Symone de Anetho. (1211, 1216.) 4 p. *not*.—XVII.* Charte par la-

---

[1] Lagny-en-Meaux (Seine-et-Marne).
[2] Mory, canton de Claye (Seine-et-Marne).
[3] Cartenin, canton de Claye (Seine-et-Marne).
[4] Gouvernes, canton de Lagny (Seine-et-Marne).
[5] Probablement Varennes, commune de Joblines (Seine-et-Marne).

CHAALIS.

quelle [Eudes, fiz le duc de Bourgoingne, quens de Nevers, sires de Bourbon] donne au couvent de Chaalis [wit sommes de vin, v de blanc, et III de vermeil et XXII sous de cens les queles choses il devoient chacun an pour les appartenances de leur meson de Toregni] (Novembre 1259.) — XVIII.* De vinea apud Montchaleu nobis vendita. (1219.) *not.* — XIX.* Carta, quod Clemencia, uxor Guidonis tristan quittavit nobis quidquid acquisivimus in territoriis de Toregni, de Pomponia, et de Kala. (1235.) *not.* — XX.* De compromissione in arbitros facta inter nos et Clemenciam de Pomponio (1254.) 2 p. *not.* — XXI.* De donationibus nobis factis a Theobaldo dicto le Rade, apud Toregni. (1257.) 2 p. *not.* — XXII.* De venditione nobis facta a Johanne de Longa piru [1], armigero. (1257.) *not.* — XXIII.* De terra sita in loco qui vocatur Boullion [2], nobis vendita. (1257, 1265.) 2 p. *not.* — XXIV.* De terris sitis apud Boullion nobis venditis a Theobaldo de Bordellis, et Johanne et Gilone, dictis de Domno Martino. (1259, 1262.) 2 p. *not.* — XXV.* De terris apud Latiniacum nobis venditis a John. de Torci. [3] (1261.) *not.* — XXVI.* De terra nobis vendita a Manassero, dicto de Sancto Laurentio. [4] (1260.) *not.* — XXVII. De terra sita super collem Magdalene quam dedit Petrus de Donno Martino. (1250.) — XXVIII.* De terra apud Thoregniacum, nobis vendita a Petro Pignon. (1250.) — XXIX.* De terra nobis vendita a Jacobo de Rivo de Toregni. (1270.) — XXX.* De quadam domo sita ante domum du Hous, apud Latiniacum, nobis concessa a Radulpho, dicto Pluket. (1255.) 4 p. *not.* — XXXI.* De terra apud Toregni, nobis vendita a Gilone Cristiano de Latiniaco. (1260.) *not.* — XXXII.* De terra apud Toregni nobis vendita a Petro dicto Soumier. (1261.) *not.* — XXXIII.* De terra sita apud Toregni, nobis vendita ab Agnete, relicta Roberti, dicti Godelart. (1261.) *not.* — XXXIV.* De compositione facta inter nos et priorem de Pomponia. (1254.) *not.* — XXXV.* De masura sita apud Latiniacum, in vico du franc mourier, nobis vendita a Nicholao de

[1] Longperrier, canton de Dammartin (Seine-et-Marne).
[2] Ce lieu était situé près de la tour de Montgé.
[3] Torcy, canton de Lagny (Seine-et-Marne).
[4] Saint-Laurent, commune de Lagny (Seine-et-Marne.)

Latiniaco. (1277.) *not.* — XXXVI.* De terris apud Latiniacum et Torciacum. (1282.) *not.* — XXXVII* De terris sitis apud Latiniacum nobis venditis a Johanne de Milliaco [1], milite. (1280, 1287.) 3 p. *not.* — XXXVIII.* De terris apud Toregni, nobis venditis a Guillelmo d'Escuilli. (1282, 1284.) 5 p. *not.* — XXXIX.* De donatione nobis facta terrarum sitarum subtus crucem novam, et ultra rivum de Coupeverain, ab Auberto dicto Poinse de Chalifer.[2] (1265.) *not.* — XL.* De venditione nobis facta a Petro Blondello, cujusdam terre apud Toregni. (1262.) *not.* — XLI.* De domo sita in villa de Toregni ad locum qui dicitur le Bus, nobis vendita a Johanne dicto Bourgois de Toregni. (1278.) *not.* — XLII.* De quadam masura sita ad Buscum juxta domum de Nantolio, nobis vendita ab Arnulpho, dicto Couperel. (1242.) *not.*—XLIII.* Carta Johannis, dicti burgensis de Toregniaco, clerici, qui nobis quittavit quidquid habebat in quadam domo, sita juxta domum dicte ecclesie, que dicitur de Barris. (1282.) *not.* — XLIV.* De terra sita in territorio de Crenetein [3], onerata ix den. annui census, solvendis ad pontem de Latiniaco. (1224.) *not.* — XLV.* De donationibus nobis factis a Radulpho, dicto Pluket de Latiniaco. (1283.) 3 p. *not.* — XLVI. De terra sita in territorio de Pomponia prope Ermovin, ad tres solidos census. (1284.) 2 p. *not.* — XLVII.* De quittatione nobis facta a Matheo de Ver. (1284.) 2 p. *not.* — XLVIII.* Carta Guillelmi de Cabilone, comitis autisiodorensis, de mortificatione decime de Marle quam habemus in territorio de Dammartin et de Toregny. (1400.) *not.*

F°. 228. iv mentions de pièces en écriture du xvie. s.

F°. 229. Carte de Kala.

I.* De vinea sita apud Chiele nobis data a Joh. de Nantolio. (1205, 1218.) 2 p. *not.* — II.* De vinea Johannis de Luperis nobis vendita. (1222, 1224.) 6 p. *not.*

F°. 229 *v°*. Une mention de pièce en écriture du xive. s.

F°. 230. Carte de Parisius.

I.* Carta Radulphi, Fossatensis ecclesie abbas, de quadam domo in censiva sancti Eligii, in parrochia sancti

---

[1] Milly, commune de Coustry (Seine-et-Marne).
[2] Chalifert, canton de Lagny (Seine-et-Marne).
[3] Probablement Carnetin.

CHAALIS.

Pauli, nobis data ab Heluisa de Paluesel. (1200) — II.* De venditione nobis facta, cujusdam census supra domo sita in vico Sancti Pauli, Parisius. (1242, 1249.) 3 p. *not.* — III.* Carta Amalrici de Monte forti, qui nobis quittavit quidquid reclamare poterat, in domibus sitis in vico de Roseriis. (1250.) *not.* — IV.* Carta quod concessimus Richardo Anglico civi parisiensi, quod teneat quamdam domum sitam prope magnum pontem. (1226.) — V.* De eadem domo. (1254, 1264.) 2 p. *not.* — VI.* Carta Reginaldi de Gremevillari [1] qui dedit nobis c solidos annui census quos percipiebat Parisius, super quadam domo in vico Coconerie. (1286.) *not.* — VII.* De elemosina nobis facta a Galoto de Vivariis. (1286.) — VIII.* De donatione nobis facta a Galtero de Monstereul, xx sol. parisiens. annui redditus in censu suo de Campellis. (1278.) — IX.* De domo in vico Sancti Germani autissiodorensis. (1266, 1285.) 2 p. *not.*

F°. 233. Note sur un article de la coutume de Paris, sur les ventes. XIV°. s.

F°. 233 v°. On lit : Anno m ccc l xxvi, recipiebamus propter domum nostram, ea qui sequuntur. Suivent les recettes.

F°. 234. Carte de Corbolio.

I.* De donatione nobis facta a Petro de Corbolio, civi Meldensi. (1211.) *not.* — II.* De vinea sita apud Corbolium, nobis data a Guillelmo Paste. (1217.) 2 p. *not.* — III.* De vinea sita apud Corbolium nobis vendita a Guidone Crasso. (1222.) *not.* 3 p. — IV.* De vinea sita in clauso Gilardi nobis vendita a Symone de Perreto. (1224.) 2 p. *not.*

F°. 235. Carte de Argentolio. [2]

I.* De vinea nobis vendita a Johanne priore et elemosinarii Beati Dyonisii. (1197.)*not.*—II.* De domo apud Argentolium et terris apud Hardilleval et Sollerart, nobis datis ab Ancello cerario. (1203, 1196, 1220, 1221, 1212.) 5.p. *not.* — III.* De vinea apud Argentolium nobis data ab Huberto, presbytero de Miraumont. (1196, 1220.) 2 p. *not.* — IV.* Carta Hugonis de Sancto Serico, qui concessit nobis quasdam vineas. (1203, 1207.) 2 p. *not.*

[1] Grémévillers, canton de Songeons (Oise).
[2] Argenteuil (Seine-et-Oise).

— V.* De vinea apud Balemontem nobis data a Rerico de Orvilla. (1198.) *not.* — VI.* De vinea sita apud Argentolium, nobis quittata ab Odone de la Chese. (1216.) *not.* — VII.* De pace facta inter nos et priorem de Argentolio, super vineis de Caceus et des dois. (1242.) *not.* — VIII.* De concessionibus nobis factis a monasteriis Sancti Dyonisii et Beate Marie de Argentolio (apud Balemont, in ruella d'orgimont, in valle Lamberti; au Poumereis; in Challouel; in Renier moncel; ad Murellum; in officon; ad Dors; apud Monteinville; ad Caceus; apud Solerart; in Aioto; in Rueria; apud Becherel.) (1277.) — IX.* De quadam petia terre, a nobis data ad censum, Andrea dicto Marsouin. (1200.) *not.* — X.* De quadam terra sita, in loco qui dicitur le val Lambert, a nobis data ad censum. (1296.) *not.* — XI.* De terra a nobis data ad censum. (1296.) *not.* — XII.* De domo nostra dicta la Becherel, a nobis data ad censum. (1296.) *not.* — XIII.* De vinea a nobis data ad censum. (1297.)

F°. 239. v mentions de pièces en écriture du xv° s.

F°. 240. Carte de Marchiemoreto.[1]

I.* De decima de Marchiemoret nobis concessa a Guillelmo Dugnes. (1203, 1206, 1213.) 5 p. *not.* — II.* Carta Galteri de Bosquenval, qui nobis quittavit quidquid reclamabat in decima ix arp. terre sitorum in villa Silliaci.[2] (1214.) *not.* — III.* De concessione nobis facta a Guillelmo Clugnet. (1218.) *not.* 2 p. — IV.* De LXVI arpentis terre sitis inter Montegniacum[3] et Silliacum, nobis datis a Renaudo, milite de Montegny. (1217, 1229.) 2 p. *not.* — V.* De una parte decime de Silliaco nobis concessa a Radulpho de Silliaco, milite. (1220.) *not.* — VI.* De una parte decime de Silliaco nobis concessa a Gaufrido Pomel. (1213.) *not* — VII.* De una parte decime de Silliaco, nobis legata ab Evrardo de Ponte Hermeri.[4] (1233, 1225.) 2 p. *not.* — VIII.* De donatione nobis facta ab Alermo de Monte Gieri[5], de terris apud Montgier. (1205, 1204, 1206, 1211.) 5 p. *not.* — IX.* De terris sitis apud

---

[1] Marchémoret, canton de Dammartin (Seine-et-Marne).
[2] Silly-le-Long, canton de Nanteuil-le-Haudouin (Oise).
[3] Montagneux-Sainte-Félicité.
[4] Pontarmé, canton de Senlis (Oise).
[5] Montgé, canton de Dammartin (Seine-et-Marne).

CHAALIS.

Marchiemoretum nobis datis ab Hugone Malez. (1207.) — X.* De compositione pacis facta inter nos et conventum Sancti Pharonis meldensis, pro decima quarumdam terrarum sitarum juxta Montgier. (1227.) — XI.* De pace facta inter nos et monasterium predictum, super decima terrarum in territorio de Vinantes [1] et de Montgier. (1266.) *not.* — XII.* De xx arpentis terre in essartis nemoris quod vocatur Belon. subtus Montgier nobis datis a Guillelmo Teste levée, milite. (1211.) 2 p. *not.* — XIII.* De terris nobis venditis, a Philippo de Calvomonte, sitis apud Calvummontem. [2] (1210.) 3 p. *not.*—XIV.* De xx arpentis terre nobis datis, a Galtero, vice comite de Plesseyo, sitis inter Plesseium et Ermenovillam. (1210, 1219.) 2 p. *not.* — XV.* De venditione nobis facta a Renoudo de Marchiemoret, apud dictam villam. (1222, 1230.) 2 p. *not.* — XVI.* De terra sita inter Montegniacum et Silliacum, nobis vendita a Bartholomeo de Montigniaco. (1207.) *not.* — XVII.* De compositione facta inter nos et liberos Galteri Deffiedieu militis, super duobus arpentis terre, sitis ad montem Oori, que Avelina de Chauconin [3] nobis legaverat. (1253.) 2 p. *not.*—XVIII.* De terra sita in valle Lamberti a nobis vendita Roberto Rufo de Eva. [4] (1220.) *not.* — XIX.* Carta Droconis Pelliparii de Essartis [5], qui nobis vendidit II arpenta terre sita apud Marchiemoret. (1254.) 2 p.—XX.* De terris sitis in loco qui dicitur Luivre, in territorio Aisser; in loco qui dicitur fossa Glardis, nobis concessis in manu mortua a Johanne de Barris. (1255.) — XXI.* De venditione terre in territorio de Marchiemoreto, nobis facta a domicella Margareta de Essartis. (1251.) 3 p. *not.* — XXII.* De VI arpentis terre sitis in cultura que vocatur Luivre, nobis datis a Drochone de Montegny. (1251, 1246, 1229.) 3 p. *not.* — XXIII.* De terris apud Marchiemoret nobis venditis a Margareta de Essartis. (1255.) *not.* — XXIV.* De concessione nobis facta a Johanne de Columpnis, milite, terre site in territorio de Montegni in loco qui dicitur Lagerie. (1216.) *not.*—XXV.* De donatione

---

[1] Canton de Dammartin (Seine-et-Marne).
[2] Chaumont-en-Vexin (Oise).
[3] Chauconin, canton de Meaux (Seine-et-Marne).
[4] Eve, canton de Nanteuil-le-Haudouin (Oise).
[5] Probablement Lessart, commune de Marchémoret (Seine-et-Marne).

terrarum in territorio de Montegni, facta Portario Karoli loci, a Philippo, clerico de Montegni. s. d. *not.* — XXVI.* De terris nobis venditis a Galtero de Lessart. (1248.) 2 p. *not.* — XXVII.* Admortizatio generalis possessionum quas habemus in censivis Galteri, dicti Malet de Montgier. (1249, 1256.) 4 p. *not.* — XXVIII.* De iii arpentis terre, sitis inter nemus de Sancto Supleto [1] et nemus de Oisseri [2], nobis datis ab Heluide de portis, de Bregiaco [3]. (1248.) *not.* — XXIX.* De venditione terre site ad pontem foberti, facta a parochianis de Marchiemoreto, Petro clerico et Galtero de Essartis. (1242.) *not.* — XXX.* De conventione facta inter nos et G. Clugnet. (1244.) 2 p. — XXXI.* De terra sita inter Silli et helois fosse, nobis vendita a Thoma de Oisseriaco. (1256.) 3 p. *not.* — XXXII.* De venditione nobis facta a Guillelmo dicto le fauconnier, quarumdam terrarum, sitarum in loco qui dicitur Spina Henrici, et in viam de Perroncel. (1261, 1268.) 7 p. *not.* — XXXIII.* Carta Hugonis de Cheffay, militis, qui nobis concessit quam possidemus in perpetuum quamdam terram sitam apud Marchiemoret, a la plastriere. (1230.) *not.* — XXXIV.* De uno arpento nemoris, sito inter nemus Sancti Sepulcri [4] et nemus G. Malet militis, nobis dato a Matilde de Vinantes. (1244.) — XXXV.* De ii arpentis terre apud fossam Gouele [5] juxta nemus Sancti Sepulchri nobis datis. (1266, 1272.) 2 p. *not.* — XXXVI.* De donatione portario Karoli loci facta, a Johanna relicta R. de pompona, militis. s. d. — XXXVII.* De duobus solidis annui census, super terris sitis inter Orcheus [6], et Latiniacum siccum [7] et furcas templariorum, nobis venditis ab Adelina, relicta domini Petri de Gastinois. (1270.) 2 p. *not.* — XXXVIII.* De terra nobis vendita a Laurentio de Marchiemoreto. (1273.) 3 p. *not.* — XXXIX. De domo quam habemus

---

[1] Saint-Soupplets, canton de Dammartin (Seine-et-Marne).

[2] Oissery, canton de Dammartin (Seine-et-Marne).

Bregy, canton de Betz (Oise).

[4] Ce lieu est situé sur la carte de Cassini, à l'Ouest de Saint-Soupplets.

[5] Goelle est situé sur la carte de Cassini immédiatement au-dessous de Saint-Sépulcre.

[6] Commune d'Eve (Oise).

[7] Lagny-le-Sec, canton de Nanteuil-le-Haudoin (Oise).

CHAALIS.

apud Silliacum. (1267.) 3 p. *not.*—XL.* De terra vendita Petro de plena valle famulo nostro, a Johanne de Oigniaco [1], armigero. (1271, 1276.) 4 p. *not.* — XLI.* De terris in territorio de Silliaco, nobis venditis. (1277.) 2 p. *not.* — XLII.* De terris sitis in territorio de Marchimoreto, ad locum qui dicitur fosse mellan, portario nostro venditis a Guiardo de Essartis. (1277.) 2 p. *not.* —XLIII.* Carta Philippi, dicti Dardel, qui accepit domum nostram cum appendiciis, sitam in vico meldensi, qui dicitur Jablineaus, ad annuum censum. (1277.) *not.* — XLIV.* De terris sitis ad pratum Garnerii, au asteus, a mautreus, nobis datis a Fromundo Roussel, de Montegny. (1248.) *not.* — XLV.* De quittatione saisinarum et ventarum de octo arpentis terre sitis in territorio de Boscheel. (1290) *not.*—XLVI.* Littera Ade de Rouge bourse [2] et ejus uxoris super amortizatione nemoris nostri de Marchiemoreto. (1304.) *not.*

F°. 254. Carte que non habent proprietatem.

I.* De donatione nobis facta a Roberto de Ver, quinqu arpentorum terre, sitorum in gaaignagiis suis de ver. (1246.) *not.* — II. De 6 sol. quos nobis dedit Robertus Malus vicinus. (1214.) 2 p. *not.* — III.* De uno sextario bladi annui redditus, in decima de Latiniaco, nobis dato a Richeude, uxore Guillermi dicti Escu a col, de Latiniaco sicco. (1247.) *not.* — IV. De molendino de Salices [3]. (1204.) *not.*— V. De IV sextariis bladi super molendino de Conde [4], recipiendis. (1255.) 2 p. *not.* — VI. De XX solidis recipiendis apud Dominum Martinum. (1213.) 2 p. *not.* — VII. De quinque solidis redditus percipiendis apud Montfermeil [5]. (1209.) *not.*—VIII. De VII libris et dimidia quas dedit nobis Buticularia [6]. (1255-1267.) 3 p. *not.*— IX. De X libris redditus, recipiendis in censibus de

---

[1] Ognes, canton de Nanteuil-le-Haudouin (Oise).

[2] Commune de Chamigny (Seine-et-Marne).

[3] D'après les termes de cette charte, ce moulin était placé *inter Berron et Montequon.*

[4] Condé est situé sur la carte de Cassini, au Nord de Forfery.

[5] Canton de Gonesse (Seine-et-Oise).

[6] Isabelle, mère de Thibaut de Beaumont, et femme de Jean de Beaumont.

Villa munda. (1240.) 2 p. *not.* — X.* De donatione nobis CHAALIS. facta, cujusdem vinee des Jablinaus, ab Ermengarde la Bardoulesse. (1205.) 3 p. *not.*—XI. De modio bladi quem nobis dedit dominus de Garlande. s. d. *not.* —XII. De decem solidis redditus percipiendis in censu de Rarai. (1202.) — XIII. De x solidis qui debentur nobis apud Vercegni [1]. (1211.) *not.* — XIV. De decima a Fay de Plassi Bordel, quem nobis dedit Adam de Baerna. (1206.) 3 p.—XV.* De venditione nobis facta a Balduino, milite. s. d. —XVI.* Carta Philippi de Natalio, qui nobis dedit quidquid acquisivimus in feodo suo in territoriis de Neri, de Santines, de Vallibs H. de Nueleu. (1228.) *not.* — XVII.* De concessione nobis facta ab Anelme, relicta Radulphi, dicti Bordel, de Baerna. (1269.) 2 p. *not.* — XVIII* De pluribus donationibus et venditionibus nobis factis, in territoriis de Plesseto Bordel. (1272, 1240, 1273.) 6 p. *not.* — XIX. De octo libris annui redditus percipiendis apud Plessetum vice comitis. (1273.) en fr. —XX.* Littera thesaurarii et fratrum militie templi parisiensis de xxx lib. paris. annui redditus a nobis recipiendis. (1292.) 3 p. *not.* — XXI.* Littera Johannis de Bellomonte de iv modiis bladi annui redditus nobis datis (in molendino quod vocatur de Comportes, et in quadam grangia de Mortuomari que vocatur Quesneg.) s. d. *not.*—XXII.* De terris sitis in territorio de Fay, nobis datis. (1293.) *not.*— XXIII.* De terris sitis in pluribus locis juxta grangiam de Fay nobis datis. (1293.) *not.*—XXIV.* De donationibus nobis factis a Maria dicta de Monciaco, apud Gonnesse. (1292.) 2 p. *not.* — XXV.* De uno modio bladi sumendo annuatim in grangia de Plesseto de Placy [2]. (1294.) *not.* — XXVI.* De pluribus donationibus nobis factis. s. d. 5 p., *not.*—XXVII.* De excambio facto inter nos et heredes defuncti Roberti Bordel. (In territorio de Plesseto de Placi, in magno campo super Rouviler [3], ad Vincy [4], ad viam Boutemote, in territorio de Beauveoir.) (1316-1317.) 3 p. *not.*

F°. 252 v°. Fragment d'un compte. Ce fragment est suivi de quelques feuillets blancs ; sur le verso du der-

[1] Versigny, canton de Nanteuil-le-Haudouin (Oise.)
[2] Plessis-Placy (le), canton de Lizy (Seine-et-Marne).
[3] Rouville, canton de Crépy (Oise).
[4] Vincy-Manœuvre, canton de Lizy (Seine-et-Marne).

CHAALIS.

nier folio On trouve la table de chapitres compris dans la seconde pagination intitulée : Tituli Cartarum pro ut continentur per ordinem in hoc libro.

SECONDE PAGINATION.

F°. 1. Hec sunt carte de Bernulia. [1]

I. De XVIII sextariis vini de censu apud Bernuliam nobis datis. (1144.)—II.* De conventione inter nos et monasterium Corbeiense (de terris in territoriis Bernuli et Vilers [2] et Verderon. [3] (1161.) III.* De terris et vineis quam tenebamus in territorio de saint Ques. [4] S. d. *not.*—IV.* De terris sitis apud Bernulium in territorio quod dicitur Pachaus nobis datis a Joubert de Cafossis [5] ; de nemore quod dicitur Moymont [6] nobis dato a Lamberto; de Rueil super Brechiam [7] de decima terrarum in territorio quod dicitur Fay, nobis concessa ab Eustachio venatore. (1168.) *not.*—V.* De pace facta inter nos et Petrum Cocum, militem de Mesnilio. (1186.) *not.*—VI. De decima de Riu [8] quam dedit Guillelmus de Vercigniaco. (1228-1233-1227.) 5 p. *not.* — VII. De vinea de Petiloue, sita apud Nougentum. [9] (1220-1222.) 5 p. *not.* —VIII.* De quittatione nobis facta ab Hugone, milite de Vernolio [10] et Odone de Mongneville. [11] s. d. —IX.* De decima in territorio de Soustrenes [12] et de Ars [13] nobis datis ab Odone,

[1] Brenouille.
[2] Villers-Saint-Paul, canton de Creil (Oise).
[3] Verderonne, canton de Liancourt (Oise).
[4] Cinqueux, canton de Liancourt (Oise).
[5] Sur la carte de Cassini il y a deux *Cafosses*: Cafosses d'Augicourt et Cafosse de Rieux. Comme ils sont tous les deux à côté l'un de l'autre, il nous a été impossible de déterminer lequel des deux se rapportait à celui dont il est ici question.
[6] Moymont est situé sur la carte de Cassini, au N.-E. de Noiremont, canton de Froyssy.
[7] Reuil-sur-Brèche, canton de Froissy (Oise).
[8] Rieux, canton de Liancourt (Oise).
[9] Nogent-les-Vierges, canton de Creil (Oise).
[10] Verneuil, canton de Pont Sainte-Maxence (Oise).
[11] Magneville, canton de Liancourt (Oise).
[12] Soutereine, commune de Cauffry (Oise).
[13] Commune de Cambronne-les-Clermont (Oise).

milite, domino de Chauferi.[1] (1223-1224.) 3 p. *not*. — X.* CHAALIS. De vinea sita in territorio de Auberticuria inter Riu et Bernulium, nobis vendita a Guillelmo Ruffo, de Bernulia. (1239-1244.) 2 p. *not*. — XI.* Carta Emeline de Boulencourt[2], qui nobis concessit tenere in perpetuum vineam in territorio de Nogent, juxta Pitelone, in locum qui dicitur la planche. (1225-1240.) 2 p. *not*.—XII.* De vinea de Rael, nobis vendita a Reniero de Saint-Quez, dicto le Rendus. (1239.) *not*.—XIII. De pace facta inter nos et Johannem canonicum attrebatensem, super vinea de Brueria. (1220.) — XIV.* Carta capituli sancti Reguli Silvanectensis qui nobis concessit tenere in manu mortua, quasdam terras, vineas et masuras. (1233.) *not*. — XV. De una masura ad Monachivillam, et de vineis de alba spina et de Alneel, nobis datis ab Odone, dicto le Blont. (1193.) *not*. XVI.* De domo nostra apud Mongneville, a nobis dato ad censum. (1262.) 2 p. *not*. — XVII. De pace facta inter nos et capitulum de Claromonte super domo predicta. (1272). *not*.— XVIII.* De donatione cujusdam vinee in vineto de Herouval et de quittatione uni denarii annui census pro terra dicta de Petrosofonte, nobis factis ab Emelina, uxore Remigii, dicti Monachi. (1247.) — XIX.* Admortizatio nobis concessa a Johanne, milite de Longa aqua[3]. (1258.) *not*.—XX.* De quittatione nobis facta ab Ingerrano forestario et quibusdam aliis super duobus petiis vinearum in territorio de Bouteval et de Treutellent, apud Bernulium. (1236.) *not*. — XXI.* De donatione nobis facta ab Helluide de Noa. (1243.) *not*. —XXII.* De terra sita ad locum qui dicitur le destroit de Pont, nobis vendita ab Andrea, filio cementarii. (1249.) 2 p. *not*.— XXIII.* De concessione vinee apud Mongneville, a Philippo de Gandelicourt (1227.) 2 p. *not*.—XXIV.* Carta Joiberti de Praella qui nobis dedit totam campipartem quam habebat in ix arpen. terre sitis inter boscum sancti Lupi et fontem de Savegnirue. (1243.) 2 p. *not*.— XXV.* De venditionibus nobis factis quarumdam terrarum, ad locum qui dicitur Croises viories, a Johanne dicto Rege, et Guillelmo, dicto Lamelle, et Johanne, dicto Bacs de Bernulio. (1249-1268.) 2 p. *not*.— XXVI.* De

---

[1] Cauffry, canton de Liancourt (Oise).
[2] Boulincourt, commune d'Agnetz (Oise).
[3] Saint-Martin-Longueau, canton de Liancourt (Oise).

CHAALIS.

terra sita in territorio de Vernolio, nobis vendita a Balduino Melles, et de terra sita in loco q. d. Morfol, data a patre ejusdem, et confirmata. (1259.) *not.* — XXVII.* De terra sita in territorio de Bernulio, apud Colroi. (1249-1250.) 2 p. *not.* — XXVIII.* Carta Petri Coci, qui nobis concessit tenere in manu mortua quamdam terram, sitam apud Savegnirue. (1257.) *not.* — XXIX.* De elemosina nobis facta ab eodem. (1250-1248-1257.) 4 p. *not.*—XXX.* De donatione nobis facta a Guillelmo, chanelio de Bernulio. (1248-1261.) 3 p. *not.* — XXXI.* De IV arpennis terre sitis apud Bernulium, nobis datis a Johanne dicto Bibere. (1259.) *not.* — XXXII.* De vinea super Morfol, nobis vendita. (1248.) *not.* — XXXIII.* De vinea apud Bernulium in vella Caalon, nobis vendita a Johanne, presbytero de vella regis. (1255.) *not.* — XXXIV.* De terra ad locum qui dicitur Laubeespine nobis vendita a Petro de Atrio. (1289.) *not.*— XXXV.* De vinea sita apud Boutonval nobis vendita a Symone Questains de Bernulio. (1250.) *not.* — XXXVI.* De terra sita in territorio defforieres, contigua vie qui dicitur le Caukeis, nobis vendita a Johanne, dicto Bernier. (1259,) — XXXVII.* De contentione inter nos et homines de Bernulio, super pastura bosci de Ageu [1]. (1239.) *not.* — XXXVIII.* De XXIX den. annui census, super terra qui dicitur de Gornaco, qui sita est apud Pontem sancte Maxencie. (1254.) *not.* — XXXIX.* De pace facta inter nos et Odardum de Boulonois. (1255.) — XL.* De vinea que vocatur Bousane, sita in territorio de Angicuria [2], a nobis data ad censum. (1264.) *not.*— XLI.* Carta Th. dicti Bourdin, de Bernulio, qui nobis vendidit unum pratum in l. q. d. le Nasson. (1261.) — XLII.* De bacco portuque de Bernulio. (1263.) — XLIII.* De compositione facta inter nos et conventum de Sancto Lupo in Esserento [3], super decima quarumdam terrarum, in territorio de Bernulio. (1269.) *not.* — XLIV.* De venditione, quittatione et concessione nemoris des Bouyetes, nobis facta a Roberto Dougnon. (1258-1259-1262.) 8 p. *not.* — XLV.* De duabus petiis nemoris nobis venditis a Johanne de Ver-

[1] Le bois des Ageux est situé sur la carte de Cassini au N. de Pont-Sainte-Maxence.

[2] Canton de Clermont (Oise).

[3] Saint-Leu d'Esserent, canton de Creil (Oise).

nolio, dicto de Villaribus subtus sanctum Lupum [1]. (1260-1262.) 3 p. *not.* — XLVI.* De III petiis nemoris nobis venditis ab Odone de Bernulio, dicto de Villaribus subtus sanctum Lupum. (1259.) 2 p. *not.* — XLVII.* De L arpentis nemorum nobis venditis a Johanne de Villaribus subtus sanctum Lupum. (1257.) p. *not.* — XLVIII.* De VI arpennis et LXIII arp. terre nobis venditis ab Odone de Villaribus subtus sanctum Lupum. (1266.) 3 p. *not.* — XLIX.* De quadam petia prati, sita super fluvium Ysare, nobis vendita à Petro, dicto Longo de Villaribus. (1266.) 2 p. *not.* — L.* De excambio facto inter nos et Symonem et Bartholomeum, dictum de Fonte. (1262.) *not.* — LI.* De contractu et conventionibus habitis inter nos et Petrum, dictum de Nongent. (1264.) *not.* — LII.* De nemoribus sitis in foresta de Halata [2], contiguis vie de Maupertuis nobis datis a Petro, dicto Coco militi. (1267-1277-1300.) 3 p. *not.* — LIII.* De VI denariis annui census percipiendis in villa de Riu, nobis datis a Petro, dicto Coco milite. (1277.) *not.* — LIV.* De donatione nobis facta ab eodem (1271.) *not.* — LV.* De compositione facta inter ecclesiam Karoli loci et homines de Bernulia super pasturis dicte ville. (1275.) *not.* — LVI.* De vinea sita in territorio de Harmes, nobis data a Roberto de Auchiaco. (1270.) *not.* — LVII.* De uno arpento vinee in territorio de Bernulio, in loco q. d. Roques, nobis dato a Petro dicto Ruillart de Saint-Quet. (1301.) *not.* — LVIII.* De contentione inter nos et monasterium Regalis montis, super XII arp. nemoris sitis in loco qui dicitur Quercus Regine. (1301.) *not.* — LIX.* De novis acquisitis apud Bernulium. (1207.) *not.* — LX.* Carta Agnetis, dicta la Farsie de Anglicuria [3], qui recognovit se teneri ecclesie Karoli, in sex quartis vini tam albi quam rubei. s. d. *not.* — LXI.* De terra apud Saint-Quez, nobis data in manu mortua a Johanne de Ressons, milite. (1299.) *not.*

F°. 18. Trois mentions de pièce en écriture du XVe siècle. — F°. 18 v°. Une mention de pièce. Ce folio est suivi de trois autres complètement blancs. Sur le verso du dernier on a inscrit un compte. Il commence ainsi : Anno do-

---

[1] Villers-sous-Saint-Leu, canton de Creil (Oise).
[2] La forêt de Halatte est située au Nord de Senlis.
[3] Angicourt, canton de Clermont (Oise).

mini MCCCLXXVII. Grangia de Trembleyo debebat annuatim, etc.

F°. 20. Hec sunt carte de Trembleio [1].

I°.* Carta Philippi, clerici Ludovici francorum regis, qui nobis concessit totum nemus et totam terram inter Estreas [2] et Oencourt [3]. s. d. — II°.* Carta Odonis, prepositi de Stratis, qui concessit nobis cunctas decimas omnium terrarum quas habemus apud Trembletum, etc. (1202.) *not.* —III°.* Carta Thomas de Estrées qui nos dedit cunctas terras cum omnibus decimis etc. quod in feodum suum tenebat in territorio de Trembloy, quod alio nomine dicebatur cultura Sancti-Georgii. (1160-1161.) 4 p. *not.*—IV°.* Carta R. comitis Claromontis qui nobis dedit quidquid habebat in territorio de Trussuris [4]. (1163.) *not.*—V°.* De donationibus nobis factis a Symone de Frauxeriis [5] sive de Oencourt apud Oencourt. (1164.) *not.*—VI°.* Carta Philippi de Sancto-Sansone [6], qui nobis dedit quasdam terras in territorio de Fay quod est inter Soisiacum et Oencourt. s. d. [7] *not.*—VII°.* Carta Arnulphi d'Aricliaus qui nobis dedit totum jus quod habebat in nemore de Fay. (1166.) *not.*—VIII°.* De donatione nobis facta ab Hugone, decano Belvacense. (1166.) *not.*—IX°.* De terra in territorio de Moienvilier [8] et Estrees nobis concessa. (1174.) *not.*—X°.* Carta Radulphi de Viliers, militis, qui nobis dedit totam decimam omnium terrarum quas excolemus in territoriis de Froeriis et de Lehus [9]. (1186.) *not.*—XI°.* Carta Ansoldi de Faiel [10], militis, dicti Rekignart, qui nobis vendidit octo minas bladi et duos avene annui redditus. (1274.)—XII°.* De quitta-

---

[1] Le Tranloy, ferme au midi de Moyvillers.

[2] Estrées-Saint-Denis, arrondissement de Compiègne (Oise).

[3] D'après les termes de la charte v.e de cette série, Oencourt ne serait autre chose que Francières.

[4] Le lieu appelé Troussures est situé sur la carte de Cassini au S.-E. de Froissy. Il ne faut pas le confondre avec la localité du même nom, située dans le canton d'Auneuil.

[5] Francières, canton d'Estrées-Saint-Denis (Oise).

[6] Saint-Samson, canton de Formerie (Oise).

[7] De 1149 à 1162.

[8] Moyvillers, canton d'Estrées-Saint-Denis (Oise).

[9] Lihus est situé au Sud de Moyvillers.

[10] Fayel, canton d'Estrées-Saint-Denis (Oise).

tione decimarum essartorum que sunt in territorio Soisiaci. (1166.) *not*.—XIII°.* De una cultura sita inter stratam Sancti-Dyonisii et Longam aquam secus viam publicam, nobis data a Radulpho, majore de Saciaco parvo [1]. (1162.) —XIV°.* De concessione nobis facta a monasterio Compendiense. (1181.) *not*.—XV°.* De donatione facte ecclesie Beati Vedasti attrebatensis, a Thoma de Oencourt. (1144.) —XVI°.* De discordia inter nos et ecclesiam Sancti-Vedasti attrebatensis. (1194-1189.) 2 p. *not*.—XVII°.* De arbitrio inter nos et dominum Rogonem de Franxeriis. (1202-1201.) 3 p. *not*.—XVIII°.* De quibusdam terris nobis datis ad excolendum, a monasterio Sancti-Dyonisii. (1153-1205.) 3 p. — XIX°.* Carta abbatis Ursicampi [2], de compositione inter nos et fratres de Errosiis [3]. s. d. — XX°.* De terra nobis data a Philippo et Odone de Soisi. (1164-1208.) 2 p. *not*.—XXI°.* De cultura medietaria que dicitur ad ulmos quam Ph. de Soisiaco nobis dedit. (1164.) —XXII°.* De pluribus donationibus nobis factis ab Odone, Guidone, et Antelmo de Soisi. (1175-1212-1202.) 3 p. *not*. —XXIII°.* De donatione nobis facta a Petro de Muris, milite. (1217.) *not*.—XXIV°.* De quittatione campipartis cujusdam terre qui vocatur Essartum Aaliz d'Auregni [4]. (1208.) —XXV°.* Admortizatio generalis nobis concessa a Petro de Loisi. (1222.) *not*. — XXVI°. De cultura medietaria quam dedit Ph. de Soisi. s. d. *not*.—XXVII°.* De pacificatione discordie inter nos et Mariam de Soisi, super terra que dicitur Froieres sive Essartum de Fay. (1261)—XXVIII°.* De donatione nobis facta a Gaufrido, dicto Fromons de Ressons le Lonc [5]. (1254.) 2. p. *not*.—XXIX°.* Quittatio xx minarum bladi, nobis concessa a Rogone de Franxeriis. (1254.) *not*. — XXX°. Compositio facta inter nos et ecclesiam Sancti-Cornelii Compendiensis, super decimis et compartibus quarumdam terrarum de Trembloy. (1263.) 3 p. *not*.— XXXI°.* De terra q. d. Culturella, in territorio de Soisiaco, nobis data a Guillelmo de Montegniaco. (1261.)

---

[1] Sacy-le-Petit, canton de Liancourt.

[2] Abbaye d'Ourscamp.

[3] Ce lieu, appelé aussi Arroses et écrit sur la carte de Cassini *Aireuse*, est situé au Nord de Bailleul-le-Sec.

[4] Avrigny, canton de Clermont (Oise).

[5] Ressons-le-Long, canton de Vic-sur-Aisne (Aisne).

CHAALIS.

—XXXII°.* De excambio facto inter nos et Hugonem, dictum Mulet, de tribus petiis terre contiguis chimino Sancti-Quintini, quod est inter villam de Belaincourt [1] et grangiam de Trembloy. (1262.) 3 p. *not.*—XXXIII°.* De excambio facto inter nos et Michaelem dictum Bourdis de Fresneyo [2]. (1268.) *not.*—XXXIV°.* De pace facta inter nos et monasterium Sancti-Simphoriani Belvacensis. (1271.)—XXXV°.* De II modiis bladi et XVIII minis avene annui redditus, nobis venditis a Petro de Sechellis [3]. (1277.) *not.* 3 p.—XXXVI°.* De tribus modiis bladi annui redditus nobis venditis ab Odone de Fayel, milite. (1280.) *not.* 3 p. — XXXVII°. De sex modiis avene recipiendis apud Junchières [4]. (1284.) 4 p. *not.*—XXXVIII°.* De excambio facto inter nos et Gilonem dictum Barnage de Houdencourt [5]. (1209.) *not.*—XXXIX°.* De compositione facta inter nos et Symonem de Soisiaco. (1292.) *not.* — XL°.* De excambio facto inter nos et monasterium Sancti-Cornelii compendiensis. (1299.) *not.*—XLI°.* De contentione inter nos et communiam Compendiensem, super minagio quod petebant habere de granis et bonis quam fratres vendebant apud Compendium. (1316.) 2 p. *not.*—XLII°.* De excambio facto inter nos et monasterium Sancti-Symphoriani Belvacensis. (1302.) *not.*—XLIII°.* De pace facta inter nos et Eustachium de Franxeriis. (1307.) *not.*

Sur le v°. du second f°. blanc qui sépare ce chapitre du suivant, il y a une note en écriture du XV°. s. sur les droits et redevances de Troussures et de St.-Eusoye.

F°. 40. Hec sunt carte de Trussuris.

I°. De terris et pascuis quas nobis dedit Ebrardus de Bretulio [6]. s. d. *not.*—II°.* Carta de pluribus donationibus nobis factis I°.* a Matheo, filio Huberti de Bulis [7], qui nobis concessit quidquid habebat in territorio de Trussuris; II°* Ab Herberto de Ruelio [8], Anculpho de Lis, etc. de eadem con-

---

[1] Blincourt, canton de Clermont (Oise).
[2] Grand-Fresnoy canton d'Estrées-Saint-Denis (Oise).
[3] Séchelles, commune de Cuvilly (Oise).
[4] Jonquières, canton d'Estrées-Saint-Denis (Oise).
[5] Houdancourt, canton d'Estrées-Saint-Denis (Oise).
[6] Breteuil, arrondissement de Clermont (Oise).
[7] Bulles, canton de Clermont (Oise).
[8] Reuil-sur-Brêche, canton de Froissy (Oise).

cessione, s. d. ¹ 2 p. *not*.—III°.* Carta Willermi de Essulia ² qui nobis adcensiverat terram de Sueriis. (1184.) *not*.— IV°.* De pace facta inter nos et Balduinum de Sancto-Justo ³. (1178.) *not*.—V°.* De venditione nobis facta a Matheo de Remeincourt ⁴. (1220-1232.) 5 p. *not*.—VI°.* De venditione nobis facta a Guillelmo de Capella. s. d. *not*.—VII°. De venditione nobis facta a Theobaldo de Feumechon ⁵. s. d. *not*.—VIII°.* De concessionibus nobis factis a Balduino de Francastel ⁶, et Henrico de Nigravalle ⁷. (1166.) *not*.— IX°.* De nemore et territorio de Nigravalle. (1182-1183-1184-1234-1239-1203.) 8 p. *not*.—X°.* De donatione cujusdam terre apud Mesonceles ⁸ nobis facta ab Amicia domina Bretulii. (1223.) *not*.—XI°.* De concessione et confirmatione decimarum quas habemus in episcopatu Belvacense. (1228.) *not*.—XII°.* Carta Roberti de Couci, qui nobis concessit omnes transitus in terra ipsius. (1187.) *not*.— XIII°.* Carta Katherine comitisse Blesensis et Claromontis qui concessit monachis commorantibus in grangiis de Routengiaco ⁹ et de Trussuris liberum transitum ad pascua communia. (1212.) *not*. — XIV°.* Admortizatio terrarum nostrorum in territorio Trussurarum et in tota castellania Britolii, nobis concessa a Theobaldo comite Claromontis. (1213.) *not*.—XV°.* De uno modio bladi annui redditus in grangia de Trussuris, nobis quittato a relicta domini Petri de Noiers¹⁰. (1243-1244.) 2 p. *not*.—XVI°.* Carta abbatis Sancti Luciani Belvacensis, qui nobis concessit duos curticulos secus grangiam de Trussuris. (1170.) *not*.— XVII°.* De venditione nobis facta ab Andrea Roelle de Noiremont¹¹, cujusdam terre site in Busringuel. (1238.) 2 p.

---

¹ De 1149 à 1162.
² Essuilles, canton de Saint-Just-en-Chaussée (Oise).
³ Saint-Just-en-Chaussée (Oise).
⁴ Probablement Rémiencourt, canton de Sains (Somme).
⁵ Fumechon, canton de Saint-Just-en-Chaussée.
⁶ Canton de Crevecœur (Oise).
⁷ Noirvaux est situé sur la carte de Cassini, au Nord de Saint-Eusoye.
⁸ Maisoncelles-Thuilerie, canton de Froissy (Oise).
⁹ Rotangy, canton de Crevecœur.
¹⁰ Noyers-Saint-Martin, canton de Froissy (Oise).
¹¹ Canton de Froissy.

CHAALIS.

not.—XVIII°.* Carta Guillelmi Douvilier qui nobis quittavit duos modios frumenti. (1189.)—XIX°.* De terra Renoudi Caignat. s. d. *not.*—XX°.* Carta Guillelmi Pes, leporis de Ruolio, qui nobis quittavit quidquid reclamabat in grangia de Trussuris. (1241.) 2 p. *not.*—XXI°.* De excambio facto inter nos et Matheum, dictum de Sancto Justo de Bretolio, II modiorum terre nemorose juxta boscum de Gosberti valle. (1244.) *not.*—XXII°.* Quittatio xxx garbarum doni, super terras de Noencourt. (1255.)—XXIII°.* De nemore des planketes nobis dato a Radulpho quondam de Bretulio castellano. (1233-1236-1238-1239-1232.) 5 p. *not.*—XXIV°.* De compositione inter nos et ecclesiam Brituliensem, de decima vallis Balduini. (1245.) *not.*—XXV°.* De terra vallis Balduini. (1247-1261.) 2 p. *not.*—XXVI°.* De nemore de Avesneliis quod Hugo et Th. de Ruolio nobis adcensiverunt. (1187-1202-1207.) 3 p. *not.*—XXVII°.* De donatione nobis facta a priorissa de Gaarrivilla, de Noencourt. (1220.) *not.*—XXVIII°.* De una marcha argenti annui redditus nobis vendita a Maria de Bello monte. (1274.) 2 p.—XXIX°.* De quarta parte campipartis territorii Nigrevallis a nobis concessa capitulo Sancti-Petri Belvacensis. (1275.) *not.*— XXX°. De decima de Flechies [1]. (1270-1282-1283.) 10 p. *not.*—XXXI°.* De contentione orta inter nos et dominum Radulphum de Dargies, qui dicebat se habere usagium scindendi et asportandi nemus quod dicitur Belavesne. (1292.) 2 p. *not.*—XXXII°.* De excambio facto inter nos et Eustachium de Fallivilier [2]. (1284.) *not.*—XXXIII°.* De discordia mota inter nos et Petrum de Jumellis [3], armigerum, super campipartem terrarum sitarum in territoriis descuz et veterum breaillarum. (1284.) *not.*

F°. 51. 3 mentions de pièces en écriture du xv°. s.

F°. 53. Carte de Sancta-Eusebia [4].

I°.* De villa et juridictione Sancte-Eusebie, nobis venditis a conventu Becci. (1196.) 3. p. *not* —II°.* De compositione inter nos et capitulum Sancti-Petri Belvacensis. s.d. *not.*—III°.* De arbitrio prolato a Renaudo de Triecoc et Renaudo de Berone, super discordia inter nos et Radul-

[1] Flechy, canton de Breteuil (Oise).
[2] Farivilliers, canton de Breteuil (Oise).
[3] Jumel, canton d'Ailly-sur-Noye (Somme).
[4] Saint-Eusoye, canton de Froissy (Oise).

phum de Tornella, de pasturagiis in nemoribus Sancte-Eusebie et de Trussuris. (1230.) 2 p. *not*.—IV°.* De quadam petia terre sita apud Fay Machaire, nobis vendita a Guiberto de Sancta-Eusebia. s.d. *not*.—V°.* De terris sitis inter Plessetum et Sanctam-Eusebiam, nobis venditis ab Henrico de Baillolio. (1230.) 2 p. *not*.—VI°.* De duabus masuris apud Sanctam-Eusebiam nobis venditis ab Hugone de Sancta-Eusebia. (1230.) *not*.—VII°.* De venditione nobis facta ab Alermo de Sancta-Eusebia. (1232.) *not*.—VIII°.* De pomerio qui dicebatur le Courtilliet extra villam, sito apud Sanctam-Eusebiam, nobis vendito ab Agnete de Cantignies [1]. (1234.) *not*.—IX°.* De venditione nobis facta a Presbytero de Sancta-Eusebia. (1234.) *not*.—X°. De terris nobis datis a Maria de Sancto-Cyriaco. (1238.) *not*.—XI°.* De concordia facta inter nos et Odonem de Ronqueroles militem, qui dicebat se habere transversum in villa Sancte-Eusebie et de Plesseyo. (1265.) *not*.—XII°.* De sententia contra Bernardum de Plesseyo, militem, super injuriis quas nobis intulit. (1256.) *not*.—XIII°.* De terra du Bequet, nobis vendita a Maria de Bellomonte, domina de Tertegni [2]. (1285.) 3 p. *not*.—XIV°.* De amortizatione parvi Beketi. (1297.)

F°. 56 v°. Jugement rendu en faveur des religieux de Chalis:[seur ce que li dis religieux, si comme on disait avoient fait redrecier une fouches près de Troussures ou terreur de Saint-Ysoie, en enfreignant la main le roy.] (1329.) en fr.

F°. 56. Hec sunt carte de Rontengiaco.

I°.* Carte Hugonis de Crievecuer [3]; Petri de Buriaco [4]; Odonis, militis de Bernulio; Ernouldi Rignons ; Hugonis de Garclos ; Pagani, militis de Routengiaco, Gamelini de Bouvereches [5]; Guillelmi, vice domini Gelborredi [6]; Petri, vice domini Gelborredi ; Henrici, Belvacensis episcopi ; Savalonis de Moncellis [7]; Hyfredi de Routengi ; Droconis

---

[1] Cantigny, canton de Mondidier (Somme).
[2] Tartigny, canton de Breteuil (Oise).
[3] Crevecœur.
[4] Probablement Bury, canton de Mouy (Oise).
[5] Bouvresse, canton de Formerie (Oise).
[6] Gerberoy, canton de Songeons (Oise).
[7] Probablement Monceaux, commune de Saint-Omer-en-Chaussée (Oise).

CHAALIS.   de Buriaco, qui dederunt nobis absque retentione quidquid habebant in territorio Routengiaco, totam terram cultam et incultam, etc. (1160-1165-1184-1178.) 10 p. *not.* — II°.* De II modiis frumenti nobis datis a Johanne de Blancfosse. (1186.) *not.*—III°.* De quittattione IV modiorum et dimidii frumenti nobis facta a Drocone de Buri. (1182.) *not.*—IV°.* De donatione nobis facta ab Ingeranno, domino de Crepicordio. (1198-1209.) 2 p. *not.*—V°.* Quittatio dimidii modii frumenti nobis facta a Ph. de Crepicordio. (1199.) *not.*—VI°.* De II modiis frumenti et dimidio avene nobis datis a Thoma de Bouvereches. (1206-1211.) 2 p. *not.*— VII°.* De uno modio bladi nobis vendito a Johanne le Vignereus, et concesso a Johanne, filio Bartholomei de Moncellis, milite. (1230.) *not.*—VIII°.* De donationibus nobis factis a Gonzone de Belvaco, et Radulpho de Buriaco, de terris apud Routengiacum et Noiers. (1160.) *not.*—IX°.* De compositione pacis inter nos et Petrum, vice dominum de Gelboredo. (1197.) *not.*—X°.* Carta Philippi, militis de Crievecuer, qui nobis dedit quidquid habebat in viam que ducit de Crievecuer ad Britulium, et boscum de Francastel, et grangiam de Routengy. (1196.)

Les F°ˢ. 62 à 67 inclusivement paraissent avoir été arrachés et remplacés par huit folios non foliotés, sur lesquels un copiste du XV.ᵉ s. a transcrit les notices des pièces qui se trouvaient sur les anciens folios.

XI°.* De redditu bladi quam nobis vendidit Hubertus de Centpuis. [1] (1206.) *not.*—XII°.* De pace facta inter nos et Ingerranum, militem de Sonmereux. [2] (1248.) 2. p. *not.*—XIII°.* De quittatione uni modii bladi annui redditus a nobis facta a Johanne Boutemie. (1238.) *not.*—XIV°.* De compositione pacis inter nos et heredes Hindric, relicte Odonis. (1238.) *not.*—XV°.* De VIII minis terre nobis venditis a Petro de Torti. (1241.) *not.* 3 p.—XVI°.* Quittatio uni modii avene et XIV minarum frumenti annui redditus. (1265.) 3 p. *not.*—XVII°.* Quittatio III sol. annui census, in grangia de Routengiaco. (1254.) *not.*—XVIII°.* Carte Vinardi, filii Ogerii Puterel, et Petri le Bourgnes, qui nobis quictaverunt quidquid reclamabant in territorio de Routengiaco. (1202-1209.) 2 p. *not.*—XIX°.* De pace facta inter nos et

---

[1] Cempuis, canton de Grandvilliers (Oise).
[2] Sommereux, canton de Grandvilliers (Oise).

capitulum de Gelbredo. (1218.) *not*.—XX°.* De venditione nobis facta a Garino, milite de Crievecuer. (1221.) *not*.— XXI°.* De pace facta inter nos et M. uxorem Philippi Ruffi, de Crievecuer. (1204.) *not*.—XXII°.* De excambio inter nos et Ingerranum de Crievecuer. (1195.) *not*.—XXIII°.* De venditione xxxv virgarum terre, sitarum in territorio du Fay, facta a Roberto de Moisoncelles. (1252.) 2 p. *not*.— XXIV°.* De decima de Gres [1] quam nobis dedit Ing. de Crepicordio. (1227.) 4. p. *not*.—XXV°.* De querela inter nos et Girardum de Longa avesna, [2] super duabus petiis terre, quarum una sita est in monte Bobelin, altera in territorio de Haulte Parroche. (1251.) 2 p. *not*.—XXVI°.* De terra que vocatur Bapaumes nobis vendita a Galtero, majore de Crepicordio. (1255.) *not*.—XXVII°.* De decima de Riviers. (1201-1207-1233-1209.) 4 p. *not*.—XXVIII°.* De territorio de Oste la Vache, nobis dato a Petro, Gelboredi vice domino. (1168-1218-1205-1234-1239-1256.) 7. p. *not*. — XXIX°.* De herbagio de Viliers. (1165.) *not*.—XXX°.* De quadam terra in territorio de Dommelier, [3] nobis data a Willelmo Domelier. (1195-1198-1202-1217.) 4 p. *not*.— XXXI°.* De decima Sainteli. [4] (1278.) 2 p. *not*.

F°. 78. Ici reprend l'ancienne rédaction.

XXXII°.* De terra nobis vendita ab Odelina, relicta domini Mathei de Hestoumesnil. [5] (1250-1253.) 4 p. *not*. — XXXIII°.* De domo de Routengiaco libera a procuratione episcopale. (1227.) *not*.—XXXIV°.* De nemoribus de Plois et Corneloie. [6] (1208-1203-1201-1225-1231-1228.) 8 p. *not*. —XXXV°.* De terra du Tieuloi, [7] nobis data ab Ingerrano de Crepicordio, Jherosolimam profecturo. (1224.) *not*.— XXXVI°.* De admortizatione generale, nobis concessa a Johanne de Crepicordio. (1242-1204.) 2 p. *not*.—XXXVII°. De decima de Crepicordio. (1203-1206-1207-1205-1235.)

CHAALIS.

---

[1] Grez, canton de Granvilliers (Oise).

[2] Longavesnes, hameau de la commune d'Escames, canton de Songeons (Oise).

[3] Domeliers, canton de Crevecœur (Oise).

[4] Sentelie, canton de Conty (Somme).

[5] Hétomesnil, canton de Marseille (Oise).

[6] C'est probablement le même que celui marqué sur la carte de Cassini, près de Crevecœur, sous le nom de *Bois de la Corniole*.

[7] Thieuloy-Saint-Antoine, canton de Grandvilliers.

CHAALIS.

6 p. *not.* —XXXVIII°.* De conventionibus et pactionibus factis inter nos et Sanctum-Lucianum Belvacensem, de territorio de Routengiaco. (1194-1188-1252-1253. *not.* 4 p. [1].—XXXIX°.* Cyrographum capituli Gelborredensis, de decimis quas nobis concesserunt in territorio de Routengiaco. (1156.) 5 p. *not.* —XL°. De compositione facta inter canonicos Gelborredi et ecclesiam karoli, et modiatione solvenda eis pro decimis compartibus et aliis rebus. (1254-1268.) *not.* 3 p.—XLI°. Compositio super usu cujusdam vie facta a domino Arnulpho de Acuhiaco [2], ducentis a Routengiaco ad Auchiacum. (1244,1263.) *not.* 2 p.— XLII°.* De territorio Routengiaci. 3 ment. de pièces s. d.— XLIII°. De compositione facta inter ecclesiam karoli et dominum Reginaldum de Crepicordio, super quibusdam articulis in littera contentis. (1266.) *not.*—XLIV°.* De discordia mota inter nos et rectorem ecclesie de Villari, super decimis de Villari. (1264.) *not.* —XLV°.* De quadam masura apud Crepicordium, nobis data a Gilone de Crepicordio. (1258-1255.) 2 p. *not.*—XLVI°.* De terra que dicitur du Galet. (1213-1245.) *not.* 2 p.—XLVII°. De terra nobis vendita a Johanne, dicto de Calvomonte, de Routengiaco. (1261.) *not.*—XLVIII°.* De duobus curticulis apud Routengiacum. s. d. *not.*— XLIX°.* De decima de Villari. (1259.) 2 p. *not.*—L°.* De pace facta inter nos et ecclesiam de prato, super domo de Luchiaco [3]. (1277.) *not.*— LI°.* De terra sita in territorio de Alta percha, a nobis data ab annuam pensionem. (1268.) *not.*—LII°.* De uno modio frumenti, nobis data a Roberto, clerico de Auchiaco. (1274.) *not.*—LIII°.* De terra nobis vendita ab Eufemia, dicta la Chevriere. (1269.) *not.*—LIV°.* De terra sita in territorio vallis Pilati, nobis data a Renaudo de Crepicordio. (1276.) *not.*— LV°.* De xvii modiis frumenti nobis venditis a Garnero, domino de Hamelicourt. (1282.) 5 p. *not.*—LVI°.* De excambio facto inter nos et Laurencium de Paillart. (1287.) *not.* —LVII°.* De compositione facta inter Robertum, episcopum Belvacensem, et Johannem de Crepicordio, militem. s. d. 4 p.—LVIII°.* Carta episcopi Belvacensis, qui potest sai-

---

[1] A la fin de cette série, il y a la transcription entière d'un acte du roi Jean, de 1352, qui relate ces conventions.

[2] Auchy-la-Montagne, canton de Crevecœur (Oise).

[3] Luchy, canton de Crevecœur (Oise).

sire et arestum facere in grangia de Routengiaco. s. d. *not.*   CHAALIS.
—LIX°.* De pluribus venditionibus nobis factis a Joh. dicto
Doute, et Waltero de Bello deductu [1] ; Richardo menardo
Carnifice, et Gaufrido Rosseles de Sorchi. s. d. 2 p. *not.*

F°. 80. Une notice de pièce et la charte du roi Jean dont
nous avons parlé plus haut.

F°. 82. Hec sunt carte de Belvaco.

I°.* De pace facta inter nos et capitulum Belvacensem.
(1178.) *not.*—II°.* Carta abbatis Ursicampi, quod abbatia
karoli potest vendere apud Belvacum de vinis vinearum
suarum annis singulis in tonis, et tonnellis et vasis aliis.
(1259.) *not.*—III°.* De domo sita in parrochia Sancte-Margarete, nobis vendita ab Evrardo, filio R. de Sancta-Margareta. (1221.) *not.*—IV°.* De domo que fuit quondam Gilberti de Rotois. (1250-1263-1253.) 3 p. *not.*—V°.* De domo
sita ad pontem Garini-Vaillant. (1246-1247-1248.) 5 p.
not.—VI°*. De masura in parrochia Sancti-Laurentii nobis
vendita a Philippo Milone, cive Belvacense. (1253.) *not.*
—VII°.* De masura prope masuram supra dictam, nobis
vendita a Gyrardo. (1257.) *not.*—VIII°.* De duobus cameris sitis inter molendina Sancte-Margarete et briteschiam
Sancti-Quintini. (1269-1259.) 2 p. *not.*—IX°.* De domo
nobis vendita a procuratore domus Dei Belvacensis. (1260.)
not.—X°.* De prato sito super cursum aque davelone prope
villam de Goincourt. (1265.) *not.* 2 p.—XI°.* De terra apud
Pouleinval nobis vendita a Guillelmo Mahommet de Belvaco. (1224.)—XII°.* De masura sita in parrochia Sancti-Laurentii, nobis vendita a Johanne dicto cervo vitreario.
(1273.) 2 p. *not.*—XIII°.* Carta capituli Belvacensis qui
nobis concessit liberè et pacificè tenere in perpetuum et in
manu mortua domos, maneria, et masuras vacuas et edificatas, a nobis acquisitas. (1274.) *not.*—XIV°.* De vinea
apud Polainval nobis vendita. (1218.) *not.*—XV°.* De terra
sita in territorio de Goincourt ad locum qui dicitur l'erable.
(1278.) 2 p. *not*—XVI°. De domo sita in civitate Belvacensi,
in vico Sancti-Simphoriani in hucheria, nobis data a Guillelmo dicto Blondel piscionario. (1277-1279.) 3 p. *not.*

F°. 88. Quelques notes en écriture du xv° s.

F°. 89. Carte reddituum que non habent proprietatem.

I°. De xx solidis annui redditus quas nobis dedit domina

---

[1] Baudeduit, canton de Grandvilliers (Oise).

CHAALIS.

de Britulio. (1220.)—II°. De centum solidis recipiendis in transverso de Gouviex. (1250.) *not.*—III°. De x libris et dimidio recipiendis apud Choisiacum. (1225.) 2 p. *not.*— IV°. De II arpentis terre in clausum apud Borrenc, nobis datis a Nicholao de Borrenc. (1223-1249,) 4 p. *not.*—V°. De centum solidis redditus quos habemus a domino Th. de Bello monte. (1272.) 2 p. *not.*

F°. 91. Tituli privilegiorum regalium.

Tous les actes énumérés dans cette série, qui ne sont que les confirmations des donations faites par diverses personnes à l'abbaye, et dont nous avons donné l'analyse dans le courant de cette notice, sont au nombre de 34. Ils émanent des rois Louis VI, Louis VII, Philippe II, Louis IX, Philippe III, Philippe IV et Philippe V.

F°. 95. Privilegia pontificum romanorum.

Ce que nous avons dit pour les privilèges royaux de ce cartulaire, nous pouvons le répéter pour les privilèges des pontifes, qui y sont renfermés. Ce ne sont que des concessions d'immunités, ou des confirmations de propriétés. Ces bulles émanent des papes Innnocent II, Eugène III, Alexandre III, Luce III, Célestin III, Grégoire IX, Innocent IV, Alexandre IV, Urbain IV, Clément IV, Grégoire X, Boniface VIII, et Clément V.

276. Copies collationnées des titres de l'abbaye de Chaalis [1].

MS. in 4°. de 97 folios, papier.—Ecriture du XVI°. siècle.

Bibl. Imp. — N°. 27, Cart.

Ce MS. se divise par cahiers qui ont chacun leur dénomination : le premier est le seul qui n'en porte aucune.

1er. CAHIER. — *F°.* 1 au *f°.* 30.—Ce 1er. cahier contient 25 pièces de 1162 à 1277. La 7e. (*f°.* 10) n'est pas terminée.

2e. CAHIER. — *F°.* 32 *v°. au f°.* 41.— [Des boys situés près le monastère.]— Il n'y a que le titre, les pièces manquent et les feuillets sont blancs.

3e. CAHIER. — *F°.* 41 *au f°.* 57. — Pour la Chapelle,

[1] C'est probablement le même MS. que celui cité par Fevret de Fontette comme ayant appartenu au chancelier d'Aguesseau. (Bibl. de la Fr., t. I., n°. 13033.)

Fontaines, Foucheret, la Bultée, etc. — Ce cahier contient 3 pièces de 1232 à 1270.

4e. CAHIER. — F°. 57 au f°. 68. — Pour Borretz. — Ce cahier contient 4 pièces de 1248 à 1279.

5e. CAHIER. — F°. 68 au f°. 90. — Pour Commelles. — 16 pièces de 1207 à 1558.

6e. CAHIER. — F°. 90 v°. au f°. 94. — Pour les boys de Hallatte. — Les pièces manquent et les feuillets sont blancs.

7e. CAHIER. — F°. 94 au f°. 97. — Pour le Trambloy. — 2 pièces de 1160 à 1161.

8e. CAHIER. — F°. 97. De Brenoulles. — 1 pièce de 1161.

Toutes ces pièces sont collationnées par deux notaires jurés du bailliage et de la châtellenie de Senlis. Cette collation s'est faite pendant l'année 1532.

277. Pélerinage de l'âme.

MS. in.f°.- parch., rub. miniat, XVe. siècle.

Bibl. Imp. — N°. 7086.

Ce MS. contient la traduction française du pélerinage de l'âme [composé par vray religieux de bonne mémoire damp Guillaume, prieur en son temps de l'abbaye de Chaalis, de l'ordre de Cisteaulx.]

278. Chamant [1].

Lettres par lesquelles Henri II confirme aux habitants de Chamant et Balagny le droit d'usage dans la forêt de Hallate. — (Septembre 1550.)

A. I. Sect. hist., Trés. des Ch., Reg. 260, pce. 247.

279. Chacrise (N.-D. de).

Acte par lequel, Milon, évêque de Soissons, atteste qu'il n'a aucun droit de visite sur l'abbaye N.-D. de Chacrise, [2] et qu'il n'y est entré que sur l'invitation de l'abbesse. (Octobre 1274.)

A. I. Sect. hist., Cart. L. 1163.

---

[1] Canton de Senlis (Oise).
[2] Canton d'Auchy (Aisne).

CHAMBLY. 280.

I. Charte de commune accordée par Philippe Auguste aux habitants de Chambly [1]. — (1222.)

B. I. *Cartul. de Phil. Aug.* $\frac{8405}{22}$ f°, 215 r°.
B

II. Lettres du roi Philippe III, par lesquelles il donne à Pierre de Chambly, son chambellan, tout ce qui lui appartenait à Crouy, Blincourt et autres lieux près de Beaumont-sur-Oise. [In prepositura Bellimontis; in censibus de Meru; manerium de Croy [2] prope Bellummontem; pressorium de Baerna [3]; pecia bosci que dicitur Launoi, in territorio de Montigniaco le prouvoire [4]; apud Bleincourt; menilium Sancti Dyonisii [5] prope Bellummontem; feodum de Ballolio; Bosci de Ambleincourt. [6]]—(Octobre 1275.) Sc. roy. pend.

A. I. Sect. hist., Tr. des Ch., J. 208, n°. 1.

III. Lettres du roi Philippe III, par lesquelles il assigne à Pierre, fils de son chambellan, P. de Chambly, 65 livres de rente sur Beaumont-sur-Oise. (Septembre 1277.) Sc. roy. pend.

A. I. Sect. hist., Trés. des Ch., Cart. J. 208, n°. 2.

IV. Acte par lequel Philippe III cède à Pierre de Chambly, chevalier, *terram seu vavassoriam de Quatuormaris* [7], en Normandie. — (Mars 1285.) Sc. roy. pend.

A. I. Sect. hist., Trés. des Ch., Cart. J. 208, n°. 3.

V. Lettres de Guillaume de Ste.-Croix (de Sancta-Cruce), chevalier, par lesquelles il vend à Pierre de Chambly, chevalier, 220 livres de rente. — (1286.) 4 sc. pend. — 1er. En cire verte avec cette légende : *Sigillum Guillermi de Sancta Cruce, domine Ville-Nove.* — 2e. En cire verte, oval, portant pour légende : *Sigillum*

---

[1] Voy. *Ord. des rois de France*, t. VII, p. 303.
[2] Crouy-en-Thelles, canton de Neuville-en-Thelle.
[3] Bernes, canton de L'Isle-Adam (Seine-et-Oise).
[4] Montagny-Prouvaire, commune de Belle-Église (Oise).
[5] Le Mesnil-Saint-Denis, canton de Neuilly-en-Thelle (Oise).
[6] Amblaincourt est situé sur la carte de Cassini au S. de Chambly.
[7] Quatre-Mares, commune de Sotteville-les-Rouen (Seine-Inférieure).

Johanne de Joygne, domine de Ville-nove. — 3°. En cire verte, oval, avec cette légende : *S. Anri de Sainte-Crois, escuyer* — 4°. En cire verte, oval, avec cette légende : *S. Guillaume de Sainte-Crois, escuier.*

A. I. *Sect. hist., Trés. des Ch.*, Cart. J. 208, n°, 4.

VI. Minutes des lettres ci-dessus. — (1286.)

A. I. *Sect. hist., Trés. des Ch.*, Cart. J. 208, n°. 25.

VII. Lettres par lesquelles Philippe-le-Bel délaisse à Pierre de Chambly, pour les seigneuries de Crouy et autres, la seigneurie de Quatre-Mares en Normandie, pour la tenir sous le titre de Baronnie de Sortanville.—(1286.) En fr.

A. I. *Sect. hist., Trés. des Ch.*, Cart. J. 208, n°. 5.

VIII. Lettres par lesquelles Marguerite, reine de Sicile et de Jérusalem, vend à Pierre de Chambly, la terre de Thorigni, en Normandie. — (Juin 1288.) Sc. oval, pend. en cire rouge.

A. I. *Sect. hist., Trés. des Ch.*, Cart. J. 208, n°. 6.

IX. Lettres par lesquelles P. de Chambly cède au Roi 240 livres de rente. — (Mai 1288.)

A. I. *Sect. hist., Trés. des Ch.*, Cart. J. 208, n°. 7.

X. Lettres de Pélerin de Chambly, valet du roi, fils de Pierre de Laon, chevalier, par lesquelles il quitte le roi de xxiv livres de rente à prendre sur la recette de Senlis. — (1290.) En fr. Sc. pend. en cire rouge, avec cette légende : *Pélerin le latimer.*

A. I. *Sect. hist., Trés. des Ch.*, Cart. J. 208, n°. 8.

XI. Mémoire contre Pierre de Chambly, touchant les acquisitions par lui faites, et les dons qu'il aurait eus du roi. — (1286, 1290.) En fr.

A. I. *Sect. hist., Trés. des Ch.*, Cart. J. 208, n°. 27.

XII. Mémoire contre Pierre Odart et Jean de Chambly, touchant les acquisitions par lui faites. En fr. — (Sans date, mais de la même époque que le précédent.)

A. I. *Sect. hist., Trés. des Ch.*, Cart. J. 208, n°. 26.

XIII. Lettres de Pierre de Chambly, par lesquelles il quitte au roi le droit de fief qu'il avait au bois de Hupiau-

CHAMBLY.

mont. — (Novembre 1292.) En fr. Sc. pend. en cire jaune. Lég. eff.

A. I. Sect. hist., Trés. des Ch., Cart. J. 208, n° 9.

XIV. Lettres de Pierre de Chambly, par lesquelles il donne à son fils Pierre de Chambly, seigneur de Wirmes, 83 livres de rente, sur l'argenterie de Chartres. Sc. pend. en cire verte. Lég. eff. — (Juin 1293.)

A. I. Sect. hist., Trés. des Ch., Cart. J. 208, n° 10.

XV. Lettres par lesquelles Pierre de Chambly, seigneur de Wirmes, cède au roi les 83 livres de rente susdites, etc. — (Juin 1293.) En fr. Sc. pend. en cire verte.

A. I. Sect. hist., Trés. des Ch., Cart. J. 208, n° 11.

XVI. Lettres par lesquelles Gui de Florence, valet du Roi de France, cède à Pierre de Chambly, 500 livres de rente, sur le Temple à Paris. — (1293.) En fr. Sc. brisé.

A. I. Sect. hist., Trés. des Ch., Cart. J. 208, n° 12.

XVII. Lettres du roi Philippe-le-Bel par lesquelles il délaisse à Pierre de Chambly, 700 livres de rente, sur la vicomté de l'eau de Rouen. — (Octobre 1298.) En fr. Sc. roy. pend.

A. I. Sect. hist., Trés. des Ch., Cart. J. 208, n° 13.

XVIII. Lettres du roi Philippe-le-Bel, par lesquelles il donne à P. de Chambly le jeune, seigneur de Wirmes, 500 livres de rente et une maison, en récompense des services qu'il a rendus en Flandre. — (Novembre 1301.) Sc. roy. pend.

A. I. Sect. hist., Trés. des Ch., Cart. J. 208. n° 14.

XIX. Lettres de Pierre de Chambly, seigneur de Wirmes, par lesquelles, sur ce que le roi Philippe-le-Bel lui avait donné une terre à Quincy [1], près Provins, qui avait appartenu à G. Latimer, chevalier anglais, il promet, au cas que le roi soit tenu de rendre leurs terres aux Anglais, de ne lui rien demander en échange. — (1306.) En fr.

A. I. Sect. hist.. Trés. des Ch., Cart. J. 208, n° 15.

XX. Lettres de P. de Chambly, sire de Wirmes, par

---

[1] Commune de Saint-Hillier (Seine-et-Marne).

lesquelles il reconnaît que le roi lui a fait l'assiette de 500 livres de rente. — (Avril 1307.) En fr.

A. I. Sect. hist., Trés. des Ch., Cart. J. 208, n° 16.

XXI. Lettres du roi Philippe-le-Bel, par lesquelles il accorde Isabeau de Roony, veuve de Pierre de Chambly, et Pierrot de Chambly, fils de son chambellan, au sujet de certaines querelles survenues entre eux. — (Juin 1311.) En fr.

A. I. Sect. hist., Trés. des Ch., Cart. J. 208, n° 24.

XXII. Confirmation d'un accord passé entre le maire, les pairs et jurés de Chambli, d'une part, et le maître, les frères et sœurs de l'Hôtel-Dieu de Pontoise, d'autre part. — (Juillet 1318.)

A. I. Sect. hist., Trés. des Ch., J. Reg. 56, n°. 485.

XXIII. Transaction entre les maire et jurés de la commune de Chambly, d'une part, et les frères et sœurs du monastère de Pontoise, d'autre part, au sujet du droit de basse justice sur une partie de territoire de Chambly. — (10 décembre 1319.)

A. I. Sect. hist., Trés. des Ch., J. Reg. 61, f°. 32 v°. p°°. 89.

XXIV. Quittance donnée au roi par Jeanne de Macheau, dame de Wirmes, et P. de Chambly, archidiacre de Térouanne, etc., de plusieurs héritages et propriétés. — (Octobre 1326.) En fr. 4 sc. brisés.

A. I. Sect. hist., Trés. des Ch., Cart. J. 208, n° 17.

XXV. Acte par lequel P. de Chambly, archidiacre de Térouanne, et Raoul de Clermont, attestent la validité de la pièce ci-dessus mentionnée et des sceaux y attachés. — (1326.) En fr.

A. I. Sect. hist., Trés. des Ch., Cart. J. 208, n°. 18.

XXVI. Amortissement d'une grange et d'une masure situées à Chambly et données par Guillaume Malatrie au prieuré de St.-Aubin de Chambly. — (Juin 1336.)

A. I. Sect. hist., Trés. des Ch., J. Reg. 70, n°. 29.

XXVII. Acte dans lequel il est parlé de Louis de Chambly, seigneur de Neaufle et de Torigny.

A. I. Sect. hist., Trés. des Ch., J. Reg. 71, n°. 360.

CHAMBLY.

XXVIII. Fondation d'une chapelle à Chambly, par Jean et Pierre Thyars, chanoines de St.-Quentin. — (Mai 1342.) En fr.

A. I. *Sect. hist., Trés. des Ch.*, J. Reg. 74, n°. 303.

XXIX. Rémission pour Adam le Macecrier, qui se trouvait à Chambly au moment où il vit venir Thibaud Fauvelly, homme tellement redouté, qu'à son approche il se refugia dans une maison où Thibaud, survenant, fut tué quelques instants après. — (Novembre 1350.)

A. I. *Sect. hist., Trés. des Ch.*, J. Reg. 80, n°. 198.

XXX. Procès-verbal de la publication du testament de Marie de Château-Vilain, femme de Jean de Bourgogne, sr. de Montagu, dans lequel il est fait mention de Chambly. — (1367.) En fr.

A. I. *Sect. hist., Trés. des Ch.*, Cart. J. 208, n°. 19.

XXXI. Procuration donnée par Jean de Bourgogne, sr. de Montagu, pour vendre la terre de Chambly. — (1367.) En fr.

A. I. *Sect. hist., Trés. des Ch.*, Cart. J. 208, n°. 20.

XXXII. Vente de la terre de Chambly, au roi, pour le prix de 100 fr. d'or. — (1368.)

A. I. *Sect. hist., Trés. des Ch.*, Cart. J. 208, n°. 21.

XXXIII. Ratification de la vente susdite. — (1368.) En fr. Les sceaux manquent.

A. I. *Sect. hist., Trés. des Ch.*, Cart. J. 208, n°. 22.

XXXIV. Certificat de Guillaume-le-Batard, chevalier, Jean de Boul, écuyer, etc., sur la validité des sceaux attachés à l'acte ci-dessus. — (1368.) En fr.

A. I. *Sect. hist., Trés. des Ch.*, Cart. J. 208, n°. 23.

CHANTILLY. **281.**

I°. Acte par lequel Guillaume de Chantilly, chevalier, donne à Jean, duc de Normandie, son château de Chantilly [1]. (1347.)

A. I. *Sect. hist., Tr. des Ch.*, J, Reg., 79, n°. 54.

---

[1] Chantilly, canton de Creil (Oise).

II°. Remission pour Jean de Mareuil, ecuyer. Un frère convers du monastère de Chaalis avait volé des porcs du seigneur de Chantilly; Jean de Mareuil se mit à sa poursuite et rencontra un autre frère convers, qui était anglais. Comme celui-ci se défendait, un sergent le tua. (Oct. 1351.)

A. I. *Sect. hist.*, *Tr. des Ch.*, J, Reg., 81, n°. 71.

CHANTILLY.

III°. Acte par lequel Chantilly, est donné au prince de Condé. (1643.)

A. I. *Sect. hist.*, K, 117, n°. 3.

282. Plans de Chantilly.

B. I. *Départ. des Cartes et Plans.*—*Coll. topogr.*, V. a. 20

Ce volume possède concernant Chantilly: I°. Deux plans d'une partie de la ménagerie de Chantilly (teinté.)—II°. Plan d'une ménagerie pour les animaux de mer.—III°. Mémoire alphabétique de la ménagerie de Chantilly (notice ms.)— IV° Plan du château de Chantilly, comme il était avant les changements considérables qu'on y a faits depuis. — V°. Neuf plans des différentes parties du château de Chantilly. — VI°. Dix autres vues des différents côtés du château.

283.

Lettres par lesquelles François Ier., à la demande des comtes de Guise et d'Aumale, seigneur de Charbonnières, établit un marché et deux foires audit lieu. (Juin 1524.)

CHARBON-
NIÈRES.

A. I. *Sect. hist.*, *Tr. des Ch.*, Reg., 237, n°. 16.

284.

CHARLY.

I.° Arrêt du conseil qui ordonne qu'une levée de 1006 écus sera faite sur les habitants de Charly[1] dans les années 1600 et 1601, pour être employées à acquitter les dettes par eux contractées.

A. I. *Sect. administ.*, E, 2.

II.° Arrêt du conseil qui permet aux habitants de Charly d'établir un marché et une nouvelle foire. (14 sept. 1756.)

A. I. *Sect. administ.*, E, 1316.

---

[1] Charly (Aisne.)

CHATEAU-THIERRY.

285. Recueil de chartes originales ou copies de chartes tirées des collections des Bibliothèques de Paris et des archives impériales.

I°. Biens laissés en aumône à Château-Thierry, au chapitre de St.-Médard de Soissons. (1295.)

A. I. *Sect. hist., Tr. des Ch.*, J, 738, n°. 2.

II°. Lettres par lesquelles Philippe-le-Bel accorde le droit de commune aux habitants de Château-Thierry [1]. (Mai 1301.)

B. I. *Coll. De Camps*, vol. 41.
A. I. *Sect. hist., Tr. des Ch.*, J, Reg., 38, f°. 43, p°° 77.

III°. Fondation d'une chapelle dans le cimetière de la Madeleine à Château-Thierry. (Novembre 1307.)

A. I. *Sect. hist., Tr. des Ch.*, J, Reg., 44, n°. 26.

IV°. Procuration scellée donnée par la commune de Château Thierry à ses députés aux Etats-généraux. (1308.)

A. I. *Sect. hist., Tr. des Ch.*, Cart., 415, n°. 154.

V°. Lettres de Charles-le-Bel par lesquelles il restitue aux habitants de Château-Thierry le droit d'élire, instituer, et destituer le maître de la Maladrerie, de ladite ville. (Février 1326.)

A. I. *Sect. hist., Tr. des Ch.*, J, Reg., 64, f°. 221, p°° 421.

VI°. Accord entre plusieurs villes soumises à la prévôté de Château-Thierry, et la reine Jeanne. (10 janvier 1357.)

B. I. *Cab. des Ch., Roul. du Parl.*, 1er, carton, p°° 1074.

VII°. Lettres dans lesquelles Charles VII rappelle que les habitants de Château-Thierry qui sont bourgeois du roi, ne peuvent prendre sans sa permission, tonsure de clerc, etc. (Avril 1437.)

A. I. *Sect. hist., Tr. des Ch.*, J, Reg., 178, n°. 150.

VIII°. Lettres par lesquelles le roi cède et transporte au comte de St.-Pol, connétable de France, la terre et châtellenie de Château-Thierri, en compensation des îles de Ré et de Marant, que ce seigneur lui avait données. (Mai 1473.)

A. I *Sect. hist.*, J. Reg., 197, n°. 376.

[1] Voy. *Ord. des rois de France*, t. XII, p. 348.

IX°. Lettres par lesquelles Charles VIII confirme aux habitants de Château-Thierry le don d'une place pour y faire un marché, et les autorise à établir dans leur ville une maison de plait, une fontaine, etc. (Sept. 1493.)

CHATEAU-
THIERRY.

A. I. *Sect. hist.*, *Tr. des Ch.*, J, Reg., 226¹ n°. 131.

X°. Information sur la valeur des terres de Château-Thierri, et sur ce qu'elles peuvent rapporter au roi. (5 octobre 1539.)

A. I. *Sect. hist.*, J, 1037, n°. 17.

XI°. Lettres par lesquelles Henri II confirme les statuts et privilèges des maîtres tanneurs et cordonniers de la ville de Château-Thierry. (Janvier 1551.)

A. I. *Sect. hist.*, *Tr. des Ch.*, J, Reg., 261 bis, n°. 14.

XII°. Vingt et une pièces relatives au procès, élevé entre le procureur-général au parlement et Françoise de Brezé, veuve de Robert de la Marck, duc de Bouillon, et maréchal de France, touchant la possession des terres et seigneuries de Château-Thierri et Châtillon-sur-Marne. (1558.)

A. I. *Sect. hist.*, *Tr. des Ch.*, J, 761, liasse 1.

XIII°. Don de Château-Thierri fait au duc Casimir, par François, duc d'Anjou et d'Alençon. (13 mai 1576.)

B. I. — *Ms. intitulé Champagne.* n°. 9852, f°. 106.
2.2.
B,

XIV° Lettres patentes de Henri IV, concernant les articles d'abolition et la confirmation des privilèges des habitants. (Juillet 1594.)

A. I. *Sect. jud.*, *Parl. de Paris*, Ord. 2. R, f°. 206.

XV°. Lettres patentes de Louis XIV, portant confirmation de statuts en 32 articles pour les boulangers de Château-Thierry. (Mai 1716.)

A. I. *Sect. jud.*, *Parl. de Paris*, Ord. 6 X, f°. 30.

XVI°. Enregistrement des statuts ci-dessus mentionnés. (16 juillet 1716.)

A. I. *Sect. jud.*, *Parl. de Paris*, Ord. 6, X, f°. 23.

XVII°. Arrêt du conseil qui, en conséquence de divers édits et règlements concernant les officiers municipaux,

CHÂTEAU-THIERRY.

défend au lieutenant-général du bailliage de Château-Thierry d'exercer les fonctions de maire audit lieu, de convoquer les assemblées municipales, et même d'y assister autrement que comme principal habitant. (19 déc. 1758.)

A. I. Sect. administ., E, 1337.

XVIII°. Arrêt du conseil qui permet à la ville de Château-Thierry, d'acquérir ses offices municipaux. (15 septembre 1772.)

A. I. Sect. administ., E, 1482.

XIX°. Arrêt du conseil qui permet à la commune de Château-Thierry d'acquérir les offices municipaux de ladite ville. (18 juillet 1776.)

A. I. Sect. administ., E, 2525.

XX°. Arrêt du conseil, rendu sur la requête des officiers municipaux de la ville de Château-Thierry qui leur permet d'établir deux foires par an, dans ladite ville. (11 octobre 1788.)

A. I. Sect. administ., E, 1668.

Voy. aux Arch. imp. dans la Sect. hist., J, reg., 45, n°. 91, K, 41, n°. 21* et J, 1043, n°. 9.

286. **Sermons de Guillaume de Château-Thierry.**

Parch. — Ecrit. du XIII.ᵉ s.
Bibl. de la Sorbonne. — N.ᵒˢ 783, —802 et 1668:

CHAUDARDES. 287.

I°. Charte de commune accordée par Philippe-Auguste aux habitants de Chaudarde¹, et autres villes². (Février 1216.)

B. I. { *Coll. De Camps*, vol. 29.
{ *Reg. de Phil. Aug.*, n°. 9852, f°. 68, v°. col. 2.

II°. Acte scellé du sceau de la commune de Chaudardes, par lequel les habitants dudit lieu appellent au futur concile, de la violation de leurs droits par le pape. (1303.)

A. I. Sect. hist.. Trés. des Ch., Cart. 484, n°. 268.

¹ Chaudardes, canton de Neufchatel, (Aisne.)
² Voy. *Ord. des rois de France*, t. XI, p. 308.

III°. Procuration scellée donnée par la commune de CHAUDARDES. Chaudardes à ses députés aux Etats-généraux. (1308.)

A. I. Sect. hist., Trés. des Ch., Cart. 415, n°. 170.

CHAULNES.

288. Plan MS. du château du duc de Chaulnes.

B. I. Départ. des Cartes et Plans.—Coll. topogr. V. a'. 21.

C'est une esquisse assez mal faite à la plume.

CHAUNY.

289. Recueil de chartes originales ou copies de chartes tirées des collections des Bibliothèques de Paris et des Archives impériales.

I°. Vente de quelques revenus et cens à Chauny [1] (apud Calniacum) faite par Albéric de Vendeuil [2], au roi St.-Louis. (Mai 1237.) Sc. pend. en cire jaune, avec cette légende: *Sigillum Aub... de Venduell.*

A. I, Sect. hist., Trés. des Ch., Cart. J, 229, n°. 9.

II°. Lettres de Louis IX, par lesquelles il fonde une chapellenie dans l'église de St.-Nicolas de Chauny. (Décembre 1255.)

A. I. Sect. hist., J, Reg. A, f°. 102, v°.

III°. Vente de x livres parisis de rente à Chauny, faite par Wis de Ribercourt à St.-Louis. (Janvier 1266.) Sc. pend. en cire jaune avec cette légende: *Sigillum A. de Ribercourt.* (Janvier 1266.)

A. I. Sect. hist., Trés. des Ch., J, 229, n°. 13.

IV°. Consentement à la vente ci-dessus, donné par la femme de W. de Ribercourt. (Janvier 1266.) Sc. pend. en cire brune avec cette légende : *Sigillum curie Noviomensis.*

A. I. Sect. hist., Trés. des Ch., J, 229, n°. 14.

V°. Lettres de Philippe, comte de Flandre et de Vermandois et d'Eléonore son épouse, portant érection de la commune de Chauny, à l'instar de celle de St.-Quentin. (25 décembre 1167.)

B. I. Cab. des Ch., CC. 58.—F.ds des Miss. Etr. vol. 131, f°. 280, v°.

---

[1] Chauny, arrondissement de Laon (Aisne).
[2] Vendeuil, canton de Moy (Aisne).

CHAUNY.

VI°. Confirmation par Mathieu, comte de Beaumont, de la charte de la commune de Chauny. (1186.)

B. I. *Cab. des Ch.*, CC. 74.—F^{ds}. *des Miss. Etr.*, v. 131, f°. 281, v°.

VII°. Acte scellé par lequel la commune de Chauny s'engage à soutenir le roi contre tous. (1228.)

A. I. *Sect. hist.*, *Trés. des Ch.*, Cart. 627, A. 3.

VIII°. Vente de x liv. paris. de rente à Chauny, faite par Wis de Ribercourt à St.-Louis. (Janvier 1266.) Sc. pend. en cire jaune avec cette légende. *Sigillum A. de Ribercourt.*

A. I. *Sect. hist.*, *Trés. des Ch.*, Cart., J, 229, n°. 13.

IX°. Consentement de la vente ci-dessus, accordé par la femme de W. de Ribercourt.—(Janvier 1266.) Sc. en cire brune avec cette légende. *Sigillum curie Noviomensis.*

A. I. *Sect. hist.*, *Trés. des Ch.*, Cart., J, 229, n°. 14.

X°. Acte scellé par lequel les habitants de Chauny appellent au futur concile de la violation de leurs droits par le pape.—(Juillet 1303.)

A. I. *Sect. hist.*, *Trés. des Ch.*, Cart. 487, n.° 475.

XI°. Lettres du roi Philippe-le-Bel qui prolonge pendant deux jours la foire de St.-Jean à Chauny, foire qui ne durait qu'un jour.—(Février 1304.)

A. I. *Sect. hist.*, *Trés. des Ch.*, J, Reg., 37, n°. 52.
B. I. *Cab. des Ch.*, CC. 248.

XII°. Procuration scellée donnée par la commune de Chauny à ses députés aux Etats-généraux.—(1308.)

A. I. *Sect. hist.*, *Trés. des Ch.*, Cart., 415, n°. 228.

XIII. Homologation au parlement de Paris de l'accord fait entre Mme de St.-Paul, dame de Nesle et de Chauny, contre le seigneur de Dargies, seigneur de Laigni, sur la manière de faire les exploits en la ville de Chauny. (15 déc. 1344.)

A. I. *Sect. jud.*, *Parl. de Paris*, Accord, Cart. 3.

XIV°. Cession du château de Chauny, faite par Humbert, patriarche d'Alexandrie, dauphin du Viennois, au duc d'Orléans.—(15 juin 1354.)

<blockquote>
A. I. Sect. hist., Trés. des Ch., Cart., J, 786.
A. I. Sect. hist., Mém.. C, f°. 564.
</blockquote>

XV°. Lettre de Philippe, comte de Valois et de Beaumont qui permet aux habitants de Chauny d'abattre la porte des cordiers pour en employer les matériaux afin de fermer la vallée de Chauny qui jusqu'à ce temps n'avait été défendue que par des palissades. (Mai 1372.)

<blockquote>
B. I. Cab. des Ch., CC. 270.
</blockquote>

XVI°. Lettres de Charles V, qui réunit la ville de Chauny-sur-Oise à la couronne.—(27 mars 1378.) Vidimées par le prévôt de Paris le 12 mai 1379.

<blockquote>
A. I. Sect. hist., J, Reg., M, f°. 24.—K, 2°. série, 185, L^{sse}. 21, p^{ce} 8.
B. I. Fonds Sorbonne, n°. 1030, Ch. 6, n°. 8.—Fonds Miss. Etr. vol. 131, p^{ce} 283.
</blockquote>

XVII°. Confirmation des privilèges de Chauny par Charles VI.—(Octobre 1411.)

<blockquote>
A. I. Sect. administ., Ch. des Comptes, Mém. G, f°, 170.
A. I. Sect. hist., Trés. des Ch., J, 786.
</blockquote>

XVIII°. Information faite, en vertu d'une commission nommée par le roi François Ier, sur l'opposition formée par la commune de Chauny, à ce qu'on démolisse les fortifications de ladite ville, pour y établir un auditoire et des prisons.—(1534.) Papier.

<blockquote>
A. I. Sect. hist., Trés. des Ch., Cart., J, 786.
</blockquote>

XIX°. Lettres patentes de François Ier, par lesquelles il supprime l'office de receveur des deniers communs dans la ville de Chauny.—(Avril 1545.)

<blockquote>
A. I. { Sect. hist., Trés. des Ch., Reg., 257, n°. 174.
{ Sect. jud., Parl. de Paris, Ord. O, f°. 281.
</blockquote>

XX°. Lettres par lesquelles Henri II confirme les libertés et privilèges des habitants de la ville de Chauny.—(Février 1547.)

<blockquote>
A. I. Sect. hist., Trés. des Ch., Reg., 258, n°. 206.
</blockquote>

XXI°. Procès-verbal fait par le lieutenant-général du

CHAUNY.

bailliage de Chauny, de la réunion à la couronne de la terre de Chauny.—(3 septembre 1559.)

A. I. Sect. hist., Trés. des Ch., Cart., J, 786.

XXII. Lettres patentes de Charles IX qui exemptent pendant trois ans les habitants de Chauny, des tailles et subsides. (9 octobre 1570.)

A. I. Sect. administ., Ch. des Comptes, Mém. LLL, f°, 48.

XXIII. Arrêt du conseil qui ordonne l'exécution du contrat de vente des fermes des 8°. et 20°. sur les vins entrant en la ville de Chauny. — (27 octobre 1601.)

A. I. Sect. administ., E, 3.

XXIV. Arrêt du conseil, rendu sur la requête du s^r Denis de la Palanson, s^r. du Cloz, sergent-major de la ville de Chauny, qui assigne au conseil les maire et arquebusiers de Chauny, pour y répondre sur la requête du susdit sergent-major, demandant à être maintenu dans la garde des clés de la ville. (24 mars 1638.)

A. I. Sect. administ., E, 142.

XXV. Arrêt du conseil qui ordonne que les maire et échevins de la ville de Chauny représenteront devant le s^r. Machault, intendant de la généralité de Soissons, les titres concernant l'établissement de l'hôtel commun de leur ville.

A. I. Sect. administ., E, 1756.

XXVI. Provisions de capitaine des chasses, en la forêt de Chauny, en faveur de M. de Genlis. — (Juillet 1669.)

A. I. Sect. hist., K, 1277.

XXVII. Arrêt du conseil rendu sur une contestation entre les habitants de la ville de Chauny et les maire et échevins du dit lieu, qui ordonne qu'il sera procédé à une nouvelle élection d'un maire, de quatre jurés, d'un procureur et d'un greffier au lieu et place de ceux élus au mois de juin. — (10 août 1671.)

A. I. Sect. administ., E, 1761.

XXVIII. Arrêt du conseil qui confirme des élections d'officiers municipaux de la ville de Chauny. — (2 Octobre 1671.)

A. I. Sect. administ., E, 1761.

XXIX. Arrêt du conseil qui ordonne que, conformément à celui du 10 août 1671, il sera procédé à l'élection des officiers municipaux de Chauny, en présence du s^r. de Machaut, commissaire député en la généralité de Soissons. — (28 février 1672.)

CHAUNY.

A. I. Sect. administ., E, 1768.

XXX. Arrêt du conseil qui ordonne que le s^r. de Machault se transportera en la ville de Chaulny pour y entendre le gouverneur et les habitants de la dite ville, relativement à l'arrêt du conseil du 10 août 1671. — (18 juin 1677.)

A. I. Sect. administ., E, 1788.

XXXI. Arrêt du conseil qui ordonne que les habitants de la ville de Chauny seront tenus de fournir au gouverneur de la dite ville, un autre logement plus commode que celui duquel il est en possession, et que de plus, jusques à l'exécution du présent arrêt, ils paieront au dit gouverneur la somme de 200 livres par an à titre de dédommagement. — (5 mai 1685.)

A. I. Sect. administ., E, 1828.

XXXII. Brevet qui permet au marquis de Villequier de chasser dans toute l'étendue de la maîtrise de Chauny. — (10 janvier 1721.)

A. I. Sect. hist., K, 1277.

XXXIII. Arrêt du conseil qui règle le mode d'élection des officiers municipaux de la ville de Chauny. — (27 juillet 1731.)

A. I. Sect. administ., E, 2112.

XXXIV. Brevet qui permet au duc d'Aumont de chasser dans la maîtrise de Chauny. — (16 décembre 1738.)

A. I. Sect. hist., K, 1277.

XXXV. Brevet qui permet au duc d'Aumont d'établir des gardes chasse dans la maîtrise de Chauny. — (11 juillet 174..)

A. I. Sect. hist., K, 1277.

XXXVI. Arrêt du conseil qui ordonne qu'il sera passé au profit de la ville de Chauny contrat d'engagement des

CHAUNY.

murs, fossés et remparts de la dite ville. — (5 août 1766.)

A. I. Sect. administ., E, 1414.

XXXVII. Arrêt du conseil qui permet à la ville de Chauny d'acquérir et de réunir ses offices municipaux. — (10 mars 1772.)

A. I. Sect. administ., E, 1476.

XXXVIII. Arrêt du conseil portant règlement pour le corps municipal de la ville de Chauny. — (27 Septembre 1772.)

A. I. Sect. administ., E, 2484.

XXXIX. Lettres patentes du roi, enregistrées en Parlement le 27 mars 1778, ordonnant que la ville de Chauni sera ajoutée à l'état des villes du ressort du Parlement de Paris, où il a été établi des jurandes par l'édit d'avril 1777. — (6 février 1778.)

A. I. Sect. jud., Parl. de Paris, Ord. 10 P, f°. 113.

XL. Copie d'un état historique des terres, seigneuries et autres revenus qni ont été détruits à différentes époques, du domaine de la couronne, au bailliage de Chauny. — (S. d.) Papier.

A. I. Sect. hist., Trés. des Ch., Cart. J. 786.

Voy. encore aux Arch. Imp., dans la Sect. hist., au Trés. des Ch., le reg. 45, n° 91, et le cart. J. 1028, n° 4.

290. Inventaire des bagues et joyaux de la duchesse d'Orléans, fait à Chauny en 1487.

Bibl. Imp. — Bl. Mant. N°. 49.

Ce manuscrit était à la reliure lorsque nous en avons demandé la communication.

291. Suite de la recherche des fiefs.

MS. in-f°. papier. — Ecriture du XVIII°. siècle.
Bibl. Imp. — F^{ds}. des Miss. étr., n°. 123.

Le quatrième volume de cet ouvrage MS. renferme, F°. 1 à 70, les coutumes du bailliage de Chauny en 143 articles et en XXV titres. La coutume se termine par la table des titres.

292.   CHERMISY.

Fondation par Thomas Richardi, d'une chapelle en l'église paroissiale de Chermisy [1]. — (1338.)

A. I. Sect. hist., Cart. L, 1154.

293.   CHEVRIÈRES.

Lettres par lesquelles Henri II, sur la demande d'Antoine de Broully, seigneur de Chevrières [2], établit deux foires audit lieu. — (Janvier 1555.)

A. I. Sect. hist., Trés. des Ch., Reg. 265, n° 55.

294.   SAINT-PIERRE DE CHÉZY.

Acte par lequel Pierre le Jais de Bordiaus, écuyer, reconnaît devoir au prieuré de Saint-Pierre de Chezy, une redevance annuelle de deux setiers de blé et autant d'avoine, à prendre sur les terrages de Hurtebise. — (Juillet 1301.) En fr.

A. I. Sect. hist., Cart. L, 1163.

295.   CHEZY-EN-ORXOIS.

Procuration scellée donnée par la commune de Chezy [3] à ses députés aux États-Généraux. — (1308.)

A. I. Sect. hist., Trés. des Ch., Cart. 415, n° 113.

296.   CHEZY-L'ABBAYE.

Procuration scellée donnée par la commune de Chezy-l'Abbaye [4] à ses députés aux États-Généraux. —(1308.)

A. I. Sect. hist., Trés. des Ch., Car. 415, n° 113.

297.   CHIRY.

Charte par laquelle Vermond de la Boissière, évêque de Noyon, change en une prestation annuelle de c s. parisis, l'obligation imposée aux habitants de Chiry [5], de lui fournir des coussins et des draps toutes les fois qu'il venait à son château de Mauconseil. — (Décembre 1261.)

A. I. Cab. des Ch., CC. 201.

---

[1] Canton de Craonne (Aisne).
[2] Canton d'Estrées-Saint-Denis (Oise).
[3] Canton de Neuilly-St.-Front (Aisne).
[4] Canton de Charly (Aisne).
[5] Canton de Ribécourt (Oise).

CHIVY.   **298.** Deux projets de redressement de la chaussée dans la traverse de Chivy [1], route n.° 2 de première classe.

Bibl. Imp.—*Départ. des cartes et plans.*—*Coll. topogr.*

V. a. 29.

Ce volume contient les plans, cartes, vues, dessins, tant imprimés que manuscrits, du département de l'Aisne.

CLACY.   **299.**

Arrêt du conseil qui ordonne que les manants et habitants des villages de Clacy [2], Berzy [3], Chazelles [4], Vauxbuin [5], Chaudun [6] et les fermes dépendantes dudit village, seront quittes et déchargés des sommes qu'ils devaient payer, en considération des pertes qu'ils avaient éprouvées pendant les troubles. — (16 septembre 1596.)

A. I. *Sect. admin.*, E. 1.

CLAIREFONTAINE.   **300.** Abbaye de Clairefontaine.

A. I. *Sect. hist.*, Cart. L. 1168.

Voici l'énumération des pièces que renferme ce carton relativement à Clairefontaine.

I. Charte de Gautier, sire d'Avesnes [7], du don fait par lui, de cinq muids de froment et autant d'avoine, à prendre *apud Avennellas* [8], pour l'entretien d'un prêtre en l'abbaye de Clairefontaine [9]. — (Juillet 1211.)

II. Lettres des abbé et religieux de Clairefontaine par lesquelles ils reconnaissent se soumettre au jugement arbitral des abbés de Vermans et de Bohéries, relatif à un désaccord survenu entre eux et les moines de Fervaques, au

[1] Commune de Baulne (Aisne).
[2] Canton de Laon (Aisne).
[3] Canton de Soissons (Aisne).
[4] Commune de Berzy (Aisne).
[5] Canton de Soissons (Aisne).
[6] Canton de Oulchy (Aisne).
[7] Avesnes (Nord).
[8] Avesnelles, canton d'Avesnes (Nord).
[9] Canton de La Capelle (Aisne).

sujet des dîmes et redevances de deux champs, sis au-dessous du monastère de Fervaques. — (Avril 1239.)

CLAIREFON-
TAINE.

III. Donation faite aux religieux de Clairefontaine par Nicaise de Rochefort[1], chevalier, sire de *le Heris*[2] en Thierarche, de deux muids de blé, à prendre annuellement sur le terrage de Buironfosse[3]. — (1307.) En fr.

IV. Lettre de Guy de Châtillon, comte de Blois, sire d'Avesnes et de Guise, par laquelle, en faveur de l'abbaye de Clairefontaine, il amortit deux muids de blé sur les moulins d'Englancourt[4], que N. de Rochefort leur avait donnés. — (Juillet 1315.) En fr.

V. Accord entre l'abbaye de Clairefontaine et Gui de Châtillon, comte de Blois, sur un *chemin alant de le dicte eglise de Clerfontaines a le dicte ville de Wimy*[5], et sur un autre allant de *Luzoir*[6] à *Soumeron*[7]. Il est dit dans cette charte que les chemins entretenus et conservés, selon l'usage des chemins du royaume de France, doivent avoir quatre-vingts pieds de large. — (Septembre 1339.)

VI. Acte par lequel frère Mathieu, abbé de Clairefontaine, reconnaît devoir obéissance à l'évêque de Laon et à ses successeurs. — (S. d.)

301. Recueil de chartes originales ou copies de chartes tirées des collections des Bibliothèques de Paris et des Archives impériales.

CLERMONT.

I. Traité entre le comte de Clermont et les habitants de cette ville. — (1199.)

B. I. *Fonds Bouh.*, n°. 26, Cartul. t. II. f°. 49

II. Acte relatif à Clermont. — (1205.)

A. I. *Sect. hist.*, K, 27, n°. 10.

III. Copie de l'acte de foi et hommage rendu par Simon de Clermont, à Blanche, comtesse de Champagne, et à Thibaud son fils, pour sa ville de Clermont. — (Avril 1219.)

A. I. *Sect. hist., Trés. des Ch.*, Cart. J. 769.

---

[1] Commune de St.-Michel (Aisne).
[2] Herie (La), canton d'Hirson (Aisne).
[3] Canton de La Capelle (Aisne).
[4] Canton de La Capelle (Aisne).
[5] Canton de Hirson (Aisne).
[6] Canton de La Capelle (Aisne).
[7] Sommeron, canton de La Capelle (Aisne).

CLERMONT.

IV. Charte de Mahaut, comtesse de Boulogne et de Clermont, et de Jeanne sa fille, femme de Gautier de Châtillon, certifiant que les pairs et bourgeois de la ville de Clermont en Beauvoisis, ont donné le droit de jauge, qui était une propriété de la ville, à Thomas de Boulogne, pour en jouir sa vie durant, lequel droit retournera à sa mort auxdits bourgeois [1]. — (Mai 1247.)

B. I. Cab. des Ch., CC. 176.

V. Le comté de Clermont en Picardie, adjugé au roi par arrêt. — (1267.)

B. I. Coll. Dupuy, vol. 527.

VI. Sentence de Philippe de Beaumanoir, bailli de Clermont, en faveur du prieur de Breuil-le-Vert [2], contre les fripiers de Clermont, touchant les étaux que ledit prieur avait le droit de louer à la foire Saint-Martin. — (Avril 1282.)

B. I. Cab. des Ch., CC. 230.

VII. Adhésion de la ville de Chermont en Beauvoisis au procès de Boniface VIII. — (1303.)

A. I. Sect. hist., Trés. des Ch., J. 483, n°. 540.

VIII. Pareil acte de l'église de Clermont en Beauvoisis. — (1303.)

A. I. Sect. hist., Trés. des Ch., J. 483, n°. 540.

IX. Hommage du comté de Clermont. — (1314.)

A. I. Sect. hist., J. Reg. 50, n°. 116.

X. Acte de même nature. — (1317.)

A. I. Sect. hist., J. Reg. 53, n°. 298.

XI. Copie des priviléges de la cité de Clermont en Biauvoisin, *lesquels se disoient estre frans de tous subsides. Et est trouvé par la chambre des enquestes que non contestant les dis priviléges, ils doivent paier les subsides toutes fois que le cas y eschera... Raporté par Monseigneur*

---

[1] Voy. *Histoire généalogique de la Maison de Châtillon-sur-Marne*, par Duchesne, preuv., p. 46, extr.

[2] Canton de Clermont (Oise).

Aymar du Creux, mardi, tiers jour de janvier l'an mil CCC XXVIII.

A. I. Sect. hist., Trés. des Ch., Cart. J. 167.

XII. Vidimus de lettres de provision d'élu des aides en l'élection de Clermont, en faveur de Michelet Jouvenel, données par le roi Charles VII, sur la nomination du duc de Bourbonnais. — (4 janvier 1441.)

A. I. Sect. hist., K, 67, n°. 9.

XIII. Arrêt du conseil qui règle le mode d'élection des officiers municipaux de la ville de Clermont en Beauvoisis. — (20 septembre 1757.)

A. I. Sect. admin., E, 2360.

302. Projet de l'histoire du comté de Clermont en Beauvoisis.

MS. in-f°. de 38 folios papier.—Ecriture du XVIIIe. siècle.

Bibl. Imp. — Bouh. N.° 109.

Ce manuscrit commence par une lettre de l'auteur, Bosquillon, président de l'élection de Clermont, à son altesse sérénissime monseigneur le comte de Charolais, prince du sang, gouverneur et lieutenant général pour le roi, en la province de Touraine. Nous donnons ici quelques fragments de cette lettre :

MONSEIGNEUR,

Votre tendresse pour monseigneur le prince de Condé vous rend attentif à tout ce qui concerne ses intérêts..... Comme le conté de Clermont en Beauvoisis n'est pas un des moindres et qu'entre tous les domaines de quelque considération qui appartiennent à monseigneur le prince de Condé, il peut tenir un des premiers rangs, j'ai cru que V. A. S. trouverait bon que je le lui fisse connaître d'une manière particulière...... La connaissance du comté de Clermont a de quoy le piquer. Il est de toute ancienneté en possession du titre qu'il porte, on l'a décoré postérieurement de la paierie, son étendue est considérable...... Saint Louis et Charles-le-Bel y sont nés. Il joint à ces avantages celui d'être le plus ancien patrimoine et la dot originaire de votre royale maison. C'est de lui qu'elle tire le nom qu'elle a porté. Robert de France qui en est la

CLERMONT.   tige ; Louis I.ᵉʳ, duc de Bourbon ; Jean, baron de Charolois, et Pierre, son fils, se sont surnommés de Clermont pendant cinquante-sept ans, et ce n'est qu'en 1327, lors de la cession faite du comté de Clermont à Charles-le-Bel, que Louis I.ᵉʳ prit le nom de Bourbon, demeuré depuis irrévocablement à sa postérité, etc., etc.

F°. 3. Ch. 1. — De la ville de Clermont et de ce qu'elle renferme.

F°. 7 v°. Ch. 2. — Du domaine du comté de Clermont et des châtellenies qui la composent.

F°. 15. Ch. 3. — Des mouvances principales du comté de Clermont.

F.°. 19 v°. Ch. 4. — Des possesseurs du comté de Clermont [1].

303. Comté de Clermont.

MS. in-folio de 125 f°ˢ. parch. Ecriture du XIV.ᵉ siècle. Lettrines.

Bibl. Imp.—N°. 9493.
5. 5.
A.

Ce manuscrit dont les folios 39 à 62, 67 à 70, 76 à 83 sont blancs, a été cité par Fevret de Fontette dans la Bibliothèque de la France [2]; il est certainement l'un des plus précieux que nous ayons eu à mentionner, et mériterait même d'être publié en entier. Le grand nombre de pièces qu'il renferme, intéresse également sous le rapport historique et philologique. En effet, tous les actes transcrits dans ce registre ont été traduits en langue vulgaire, et la traduction semble en avoir été faite au XIII°. s. Parmi les documents que nous avons remarqués nous citerons la liste des villes du comté de Clermont, que nous publions en entier et qui ne fera qu'augmenter le nombre des indications géographiques que nous avons déjà rassemblées.

F°. 1. [Che sunt les rentes de la prevosté de Clermont appartenans au comptes de baillie au terme de la Toussaint,

---

[1] Févret de Fontette, dans sa *Bibliothèque de la France*, t. III, p. 366. n°. 34922, ne fait pas mention de cette histoire, dont il cite cependant l'auteur à l'occasion d'un autre ouvrage.

[2] Voy. *Bibliothèque de la France*, tom. III, p. 677, n.° 39926.

si comme li baillis doivent compter, et après, des autres CLERMONT. termes, chest assavoir le chandelier et l'ascencion.

F°. 4. Che sont les rentes de le prevosté de Clermont appartenans au comptes de le baillie au terme de le Chandelière, si comme li baillis doivent compter.

F°. 5. Che sont les rentes de le baillie de Clermont appartenans au terme de l'ascension si comme li baillie ou recheveur doivent compter.

F°. 7. Che sunt les nons des homes tenus en fief par foi et par hommaige, de monsegneur le duc de Bourbonnois à cause de sa conté et du chastel de Clermont, et les nons des villes et lieus ou les dis fies sunt assis, fais et escrés par Guyart de Laly, pour le temps, bailli de Clermont, ou mois de février qui fu l'an mil ccc chinquante-deux.

F°. 10. Che sont fies, arrière fies tenus de monseigneur le comte de Clermont et de le chastelerie.

F°. 63. Coppie d'un ancien roulle ou quel estoient escriptes les villes de la conté de Clermont.

Ce sont les villes du conté de Clermont et le nombre des serjans et de l'argent combien chascune ville rent.

Clermont. ccc liv. pour L sergans.	Nointel [10], vi^{xx} liv. pour xx serg.
Anet [1], Boulencourt [2], Fay [3], Betencourt [4], } xxx l. p^r v serg.	Havrechi [11], Le Mez [12], Buisencourt [13]. } xlviii liv. p^r. viii sergans.
Ronquerolles [5], Ramecourt [6], } liv liv. pour ix sergans.	Lieuviller [14], xii liv. p^r. 11 serg.
Warty [7], Beronne [8], xviii liv. p^r. iii sergans.	Chatellon [15], xxx lix. p^r. vi serg. Fumechon [16], xii liv. p^r. 11 serg. Rivecourt [17], vi liv. p^r. 1 serg.
Brueulg-le-Sec [9] ix^{xx} liv. pour xxx sergans.	St.-Rimolt [18], Essuillel [19], } xviii liv. p^r. iii sergans.
Item de Drieve Guerart le Viel, xl liv.	

[1] Agnetz, canton de Clermont (Oise.) [2] Boulincourt, commune d'Agnetz (Oise.) [3] Commune d'Agnetz. [4] Bethencourtel, commune d'Agnetz. [5] Commune d'Agnetz. [6] Commune d'Agnetz. [7] Ce lieu n'existe plus. [8] Cette localité est marquée sur la carte de Cassini au N. E. de Clermont, au Sud d'Erquery. [9] Breuil-le-Sec, canton de Clermont. [10] Canton de Liancourt. (Oise.) [11] Avrechy, canton de Clermont. [12] Le Metz est situé sur la carte de Cassini au N. d'Avrechy. [13] Bizancourt, commune d'Avrechy. [14] Lieuvillers, canton de St.-Just-en-Chaussée (Oise.) [15] Catillon, canton de St.-Just-en-Chaussée. [16] Canton de St.-Just-en-Chaussée. [17] Canton d'Estrées-St.-Denis. [18] St.-Rimaut, commune d'Essuilles. [19] Essuilles, canton de St. Just-en-Chaussée.

CLERMONT. Villers lez Castenoy [1], xviii liv. pour iii sergans.
Guiencourt [2], xxiv liv. p^r. iv serg.
Brueulg le Vert [3], xviii l. p^r. iii s.
Roteleu [4], xxxvi liv. p^r. vi serg.
Ranteny [5], xxiv liv. p^r. iv serg.
Uny [6], xviii liv. p^r. iii sergans.
Sailleville [7], xviii liv. pour iii s.
Canett [8], liv liv. p^r. ix sergans.
Nully [9], xlviii liv. p^r. viii serg.
Vaux [10], } xxxiii liv. p^r. v
Camberonne [11], } serg. et demi.
Auviller [12], vi liv. p^r. i sergan.
Ars [13], xlii liv. p^r. vii sergans.
Ansac [14], ix liv. p^r. serg. et demi.
Estoy [15], xxx liv. p^r. v sergans.
Houdainville [16], xxxvi l. p^r. vi s.
Toiry [17], xlii liv. p^r. vii sergans.
Cauffery [18], } xxx liv. p^r. v
Aussoutrainnes [19], } sergans.
Haidoncourt [20], xii liv. p^r. ii s.
Senecourt [21], xxiv liv. p^r. iv s.

Betencourt saint Nicolas [22], xxiv liv. p^r. iv sergans.
Le Quesnel Mons-Baudry [23], xii liv. p^r. ii sergans.
Espineuses [24], xii liv. p^r. ii serg.
Ronsiller [25], vi liv. p^r. i sergant.
Bertecourt [26], xii liv. p^r. ii serg.
Lamecourt [27], ix l. p^r. 1 s. et demi.
St.-Remy sus Bresche [28], vi liv. p^r. 1 sergant.
Thieux [29], vi liv. p^r. 1 sergant.
Wavegnies [30], vi liv. p^r. 1 serg.
Cuignières [31], vi liv. p^r. 1 serg.
Buicourt [32], lx sous pour demy sergant.
Arsis [33], xii liv. p^r. 11 sergans.
Foulleuses [34], lx sous p^r. demy sergant.
Sernoy [35], xii liv. p^r. 11 sergans.
Cressonsart [36], xii liv. p^r. 11 serg.
Hemeviller [37], vi liv. p^r. 1 serg.
Francières [38], vi liv. p^r. 1 serg.

[1] Villers, commune de Catenoy (Oise.) [2] Giencourt, commune de Breuil-le-Vert. [3] Breuil-le-Vert, canton de Clermont. [4] Rotheleux, commune de Breuil-le-Vert (Oise.) [5] Rantigny, canton de Liancourt. [6] Ce lieu est situé sur la carte de Cassini au S. E. de Neuilly-sous-Clermont. [7] Commune de Laigneville (Oise.) [8] Canettecourt, commune de Breuil-le-Vert (Oise.) [9] Neuilly sous-Clermont, canton de Mouy (Oise.) [10] Commune de Cambronne-les-Clermont (Oise.) [11] Cambronne-les-Clermont, canton de Mouy (Oise.) [12] Commune de Neuilly-sous-Clermont (Oise.) [13] Commune de Cambronne-les-Clermont. [14] Ansacq, canton de Mouy. [15] Etouy, commune de Clermont. [16] Houdainville, canton de Mouy. [17] Thury-sous-Clermont, canton de Mouy. [18] Cauffry, canton de Liancourt (Oise). [19] Souteraine, commune de Cauffry. [20] Hardancourt au S.-O. de Verderonne. [21] Senescourt, commune de Bailleval (Oise.) [22] Bethencourt, commune de Bailleul (Oise.) [23] Le Quesnel-Aubry, canton de Froissy. [24] Epineuse, canton de Clermont. [25] Nous n'avons pu retrouver cette localité. [26] Berthecourt, canton de Noailles. [27] Lamécourt, canton de Clermont. [28] St. Remy en l'Eau, canton de St.-Just-en-Chaussée (Oise.) [29] Canton de Froissy. [30] Wavignies, canton de St.-Just-en-Chaussée. [31] Canton de St.-Just-en-Chaussée. [32] Canton de Songeons. [33] Arsy, canton d'Estrées-St.-Denis. [34] Fouilleuse, canton de Clermont. [35] Sarnois, canton de Grandvilliers. [36] Cressonsacq, canton de St.-Just-en-Chaussée (Oise.) [37] Hémévillers, canton d'Estrées St.-Denis [38] Canton d'Estrées St.-Denis.

Airon [1], ix liv. p^r. serg. et demy.
Boisicourt [2], xii liv. p^r. 11 serg.
Lesglentier [3], vi liv. p^r. 1 serg.
Fournival [4], ix p^r. serg. et demi.
Valescourt [5], vi liv. p^r. 1 serg.
Maimbeville [6], xii liv. p^r. 11 s.
Le Plessis Saint Aubin [7], vi liv. p^r. 1 sergant.
Cressy [8], Rueilg [9], ix liv. p^r. sergant et demi.
Equinviller [10] } xii liv. p^r. 11
Boutenangle [11] } sergans.
Trois estos [12], vi liv. p^r. 1 serg.
Remecourt [13], vi liv. p^r. 1 serg.
Louviancourt [14], vi liv. p^r. 1 serg.
Avregny [15], vi liv. p^r. 1 sergant.
Hermencourt [16] } xlviii liv. p^r.
Jaux [17] } viii sergans.
En ceste somme la mère Jehan Bullet paie xxiv liv.
Saint Remi à l'eaue [18], vi liv. p^r. 1 sergant.
Bulles [19] vi^{xx} liv. p^r. xx sergans.

Le Plessier sur Bulles [20] } xxiv l.
Et le Mesnil [21] } p^t.ivs.
Le Quesnel sur Bulles [22] vi liv. p^r. 1 sergant.
La Nueville [23], cviii liv. p^r. xviii sergans.
Fresmont [24] xviii liv. p^r. iii serg.
Harmes [25] liv liv. p^r. ix serg.
Bailleulg sur Terain [26] xxiv liv. p^r. iv sergans.
Villers saint Sepul- } xlviii liv.
cre [27] } pour viii
 } sergans.
Hez [28]
Fay oultre le Bos [29] xii liv. p^r. ii sergans.
Drieu-Guerart, xl liv.
Fay-St.-Quentin [30], xxiv liv. p.^{r} iv sergans.
Mellemont [31], vi liv. p^r. 1 serg.
Rochy [32],
Condé [33], xii liv. p^r. ii sergans.
Caigny [34].
Remerangle [35], xxiv liv. p^r. iv s.

CLERMONT.

[1] Airion, canton de Clermont. [2] Bazicourt, canton de Liancourt. [3] Léglantier, canton de Maingnelay. [4] Canton de Saint-Just-en-Chaussée. [5] Canton de St.-Just-en-Chaussée. [6] Canton de Clermont. [7] Nous croyons que ce lieu n'existe plus. [8] Crecy, commune d'Airion (Oise.) [9] Probablement Reuil-sur-Brèche, canton de Froissy. [10] Erquinviller, canton de St.-Just-en-Chaussée. [11] Ce lieu n'existe plus. [12] Trois estots, commune de Cernoy. [13] Canton de Clermont. [14] Louvancourt est situé sur la carte de Cassini au N. de Liancourt. [15] Avrigny, canton de Clermont. [16] Armancourt, canton d'Estrées St.-Denis. [17] Canton de Compiègne. [18] Saint-Remi-en-l'Eeau, canton de St.-Just-en-Chaussée. [19] Canton de Clermont. [20] Le Plessier sur Bulles, canton de St.-Just-en-Chaussée. [21] Le Mesnil-sur-Bulles, canton de St.-Just-en-Chaussée. [22] Le Quesnel-Aubry, canton de Froissy. [23] La Neuville-en-Hez, canton de Clermont. [24] Froidmont, ancienne abbaye. [25] Hermes, canton de Noailles. [26] Bailleu-sus-Therain, canton de Nivillers. [27] Canton de Noailles. [28] Hez-les-Profondeval, écart au N. O. de Villers St.-Sepulcre. [29] Fay-sous-Bois, commune de St.-Félix. [30] Canton de Nivillers. [31] Merlemont, commune de Warluis. [32] Rochy-Condé, canton de Nivillers. [33] Commune de Rochy-Condé. [34] Cagny, commune de Crillon. [35] Remerangles, canton de Clermont.

CLERMONT. Nonroy [1], xviii liv. p^r. iii serg.
Angiviller [2], xxx liv. p^r. v serg.
Marceilles [3], vi liv. p^r. i serg.
Auchi [4] } vi liv. p^r. i serg.
Hanaches [5]
Martincourt [6]
Lanleu [7]
Hauvoill.s [8] } xii livres p^r. ii sergans.
Vraencourt [9]
Houdant [10] } vi livres pour i sergant.
Glatigny [11]
Cauny [12]
Espiaux [13] } lx s. p^r. un demi sergant.
Aumecourt [14]
Hus en Bray [15], xviii liv. p^r. iii s.
Villers-saint-Berthelemy les Saux [16], xii liv. pour ii serg.
St.-Aubin les Ous [17], vi l. p^r. i s.
Candeville [18]
Cante Rainne [19] } c s. p^r. i serg.
Harchies [20]

Conthy [21], lx liv. p^r. x sergans.
Contres [22] } xxiv liv. p^r. iv sergans.
Fresnemonst [23]
Conteilles [24], lx s. p^r. demi serg.
Champuis [25]
La Verriere [26] } ix liv. p^r. sergant et demi.
Le Hamel [27]
Cilly [28]
Tillart [29] } xii liv. p^r. ii serg.
Rieux gros Champuis [30], vi liv.
Sachi le Grant [31], iv^{xx}xvi liv. p^r. xvi sergans.
Betencourt lès Rosoy [32], lx s. p^r. demi sergant.
Remin [33], vi^{xx} liv. p^r. xx serg.
Gournay [34].
Aussoutrainnes [35].
Amplanques [36], } xxxvi p. vi s.
Moienneville [37].
Mery [38], xxxvi liv. p^r. vi serg.
Milly [39] xxiv liv. p^r. iv sergans.

[1] Ce nom de lieu qui est fort mal écrit dans le manuscrit peut être aussi bien lu Roncoi que Noncoy, et même Nonroy. Nous croyons que cette dernière leçon est la meilleure. Nonroy est aujourd'hui Noroy, canton de St.-Just-en-Chaussée. [2] Angivillers, canton de St.-Just-en-Chaussée. [3] Marseilles. [4] Auchy-en-Bray, commune de Villers-sur-Auchy. [5] Hannaches, canton de Songeon. [6] Canton de Songeons. [7] Lanlu, commune de Villembray. [8] Hanvoile, canton de Songeons. [9] Vrocourt, canton de Songeons. [10] Hodenc-en-Bray, canton de Le Coudray St.-Germer. [11] Canton de Songeons. [12] Ce lieu n'existe plus. [13] Espeaux est situé sur la carte de Cassini au N. O. d'Omécourt. [14] Omécourt, canton de Formerie. [15] Onsen-Bray, canton d'Auneuil. [16] Villers-St.-Barthelemy, canton d'Auneuil. [17] St.-Aubin-en-Bray, canton de Le Coudray St.-Germer. [18] Campdeville, commune de Milly. [19] Cette localité n'existe plus. [20] Herches, commune de Fouquenies. [21] Conty (Somme.) [22] Contre, canton de Conty (Somme.) [23] Frémontiers, canton de Conty (Somme.) [24] Peut-être Conteville, canton de Crévecœur. [25] Cempuis, canton de Grandvilliers (Oise.) [26] Canton de Grandvilliers. [27] Canton de Grandvilliers. [28] Silly, canton de Noailles. [29] Commune de Silly. [30] Probablement Rieux, commune du Hamel, situé près Cempuis. [31] Sacy-le-Grand, canton de Liancourt. [32] Bethencourt, commune de Bailleval. [33] Remy, canton d'Estrées St.-Denis. [34] Gournay-sur-Aronde, canton de Ressons. [35] Ce lieu a été cité plus haut. [36] Nous n'avons pu retrouver la position de cette localité. [37] Moyenneveville, canton de Saint-Just-en-Chaussée. [38] Canton de Maignelay. [39] Canton de Marseille.

CLERMONT

St. Omer [1] } vi liv. pr. un serg.
Villepois [2]
Creeilg [3].
Vaus [4].   } xlviii l. pr. viii s.
Montatere [5]
St. Leu [6], vi^{xx}xii liv. pr. xxii s.
Pressy [7].   } lxxii l. pr. xii s.
Blaincourt [8]
Cramoisy [9], xxx liv. pr. v serg.
Longueaue [10], xii liv. pr. ii serg.
Basincourt [11].
Chiverier [12]. } xii l. pr. ii serg.
Moigneville [13].
Moingnevillette [14], xxiv liv. pr. iv sergans.
La Parroche de St. Mesmin xxiv l. pr. iv sergans.
Monssures [15], xxx l. pr. v serg.
Lusiers [16]. } lx s. pr. demi serg.
Tilloy [17].
Le Bosquel [18], xii liv. pr. ii serg.

Belleuses [19], xii liv. pr. ii serg.
Le Sauchois sus Poix [20], vi liv. pr. i sergant.
Flory les Conty [21], vi liv. pr. i s.
Anbecourt [22].
Courceilles [23], } xii l. pour ii s.
Matencourt [24].
Sommereux [25], xxiv liv. pr. iv s.
St. Queux [26], xlviii liv. pr. viii sergans.
Rieu [27], xii liv. pr. ii sergans.
Villers St. Pol [28], ix liv. pr. sergant et demi.
Angicourt [29], ix liv. pr. sergant et demi.
Erques [30], xxiv liv. pr. iv serg.
Soisi [31], vi liv. pr. i sergant.
La Mollaie [31], iv liv. pr. i serg.
Laigneville [32], lx s. pr. demi s.
La Malassise [33], iv liv. pr. demi sergant.

Some V^c lix serjans. — III^m III^c iv^{xx}xiv. liv.

[1] St.-Omer-en-Chaussée, canton de Marseille. [2] Villepoix, commune de St.-Omer-en-Chaussée. [3] Creil. [4] Vaux, commune de Creil. [5] Montataire, canton de Creil. [6] St.-Leu d'Essérent, canton de Creil. [7] Précy-sur-Oise, canton de Creil. [9] Blaincourt-lès-Crécy, canton de Creil. [10] Canton de Creil. [11] St.-Martin-Longueau, canton de Liancourt. [12] Bazicourt, canton de Liancourt. [13] Chevrières, canton d'Estrées St.-Dénis. [14] Mogneville, canton de Liancourt. [14] Monnevillette, commune de Mogneville. [15] Monsures, canton de Conty (Somme.) [16] Luzières, commune de Conty (Somme,) [17] Tilloy-les-Conty, canton de Conty (Somme.) [18] Bosquel, canton de Conty (Somme.) [19] Belleuse, canton de Conty (Somme.) [20] Saulchoy-sous-Poix, canton de Poix (Somme.) [21] Fleury, canton de Conty (Somme.) [22] Abbecourt, canton de Noailles. [23] Le fief de Courcelles (voy. à ce sujet la statistique du canton de Noailles par M. Graves). [24] Mattancourt, commune d'Abbecourt. [25] Canton de Grandvilliers. [26] Cinqueux, canton de Liancourt. [27] Rieux, canton de Liancourt. [28] Villers St.-Paul, canton de Creil. [29] Canton de Clermont. [30] Peut-être Erguery, canton de Clermont. [31] Ces deux localités semblent ne plus exister. [32] Canton de Liancourt. [33] Ecart d'Apremont.

CLERMONT.   *F°*. 64 *v°*. Despens fais pour asseoir et cueillir en la conté la subvencion pour les soudoiers, levé en l'an mil ccc et troys.

F°. 65. C'est l'ordenance comment et en quelle manière l'église Nostre Dame du chastel de Clermont doit estre déservie et le devin service fait et célébré en icelle, et ladite église avecques l'esperituel et le temporel souffisamment gouvernés par les chanoines, par les vicaires et par les chappellains de la dite église, qui pour celle cause sont bénéficiés et rentés.

F°. 70. Che sont fies et arrière fies de monseigneur le comte de Clermont, en le chastellerie de Creeilg.

F°. 83. Chi sont contenu les nons des homes et des fames et des enfans qui sont de condicion des quiex mesire li cuens a le moitié es mortez mains et fu fait par Jehan Fessouel l'an de grâce mil ccc xvii.

A Estrées-Saint-Denis; Remin; Lachelles [1]; Baugy [2]; Marreigni [3]; Veneste [4]; Moïenviller [5]; Bailluelg [6]; Longueil [7]; Canly [8]; Fayel [9]; Fresnoy [10]; Sachi-le-Petit [11]; Jonquières [12]; Arsis [13]; Le Campengne; Basincourt [14]; Saint-Martin-a-longue-yaue [15]; Boitiaus.

F°. 93 au *F°*. 122. Série de 80 chartes.

I°. Charte par laquelle *Katerine de Blois et de Clermont, contesse*, fonde une chapelle, *dedens les murs de la forteresche a le Nueville en Hes*, en l'onneur de le benoite vierge

---

[1] La Chelle, canton d'Estrées St.-Denis (Oise.)
[2] Canton de Ressons.
[3] Margny-les-Compiègne (Oise.)
[4] Venette, canton de Compiègne (Oise.)
[5] Moyvillers, canton d'Estrées St.-Denis (Oise.)
[6] Bailleul-le-Sec, canton de Clermont.
[7] Longueil Ste.-Marie, canton d'Estrées St.-Denis.
[8] Canton d'Estrées St.-Denis.
[9] Canton d'Estrées St.-Denis.
[10] Grand-Fresnoy, canton d'Estrées St.-Denis.
[11] Sacy-le-Petit, canton de Liancourt.
[12] Canton d'Estrées St.-Denis.
[13] Arsy, canton d'Estrées St.-Denis.
[14] Bazicourt, canton de Liancourt.
[15] St.-Martin-Longueau.

Katerine. (Février 1208)—II°. Vidimus de la charte précédente. (Mars 1258.) en fr.—III°. Don de deux pièces de vigne, *assize ou terrouer de Toiry, ou lieu qui est dit castel Tierry,* fait au chapelain de Neuville. (Avril 1277.) en fr.—IV°. Chartre *de la société de l'abbé de Saint-Lucien de Biauvez et de monsieur le conte, es mairies de Rosóy*[1] *et de Biaupuis*[2]. (1287.) — V°. Charte de *le foire de le Saint-Jehan que capitre de Clermont ha.* (1247.) en fr.—VI°. Chartre *de le maison de Cantepie.* (Septembre 1257.)—VII°. Charte par laquelle les moines d'Ourscamps sont déboutés de leur demande, contre le comte de Clermont, qui s'était emparé des chevaux de la grange dite de Warnaviller. (Mars 1282.)—VIII°. Charte d'affranchissement, accordée aux habitants de Creil, par Louis, comte de Clermont et de Blois. (23 février 1197.)—IX°. Don de XL sous parisis de rente, fait à l'église de St.-Euvremont de *Creeilg,* par Thibauld, comte de Clermont et de Blois. (Avril 1218.)—X°. Don accordé aux *mesiaus de Creeïlg* et à leur chapelain par Philippe II. (1218.)—XI°. Charte par laquelle Katerine de Blois et de Clermont, comtesse, fonde une chapelle à Creil. (1209.)—XII°. Vidimus de la charte précédente. (Août 1218.)—XIII°. Don accordé à la Maladrerie de Creil et au chapelain, par Raoul, comte de Clermont. (1290.)—XIV°. Fondation d'une chapelle en faveur de Sainte-Anne, à l'hopital de Creil, par Mahaut, comtesse de Boulogne, etc. (Décembre 1235.)—XV°. Vidimus de la charte ci-dessus. (Janvier 1269.)—XVI°. Charte relative aux *Cartéez de buche,* que le chapelain de Creil avait le droit de prendre chaque année en la forêt de Poumeroie. (1280.)—XVII°. Donation faite *au frères de le meson Dieu de Clermont, de l'ordre de Sainte Trinité,* d'un manoir sis, *en le Cauchie de Warti* par Renaud de Warti, chantre de l'église de Ste.-Marie de Senlis. (Mars 1264.) XVIII°. Chartre *dou disme, dou pain que les mesiaux de Clermont doivent avoir tant comme monsieur est à Clermont ou prez d'ileu.* (Novembre 1255.)— XIX°. Charte, *d'un arpent de bos que l'église de Froitemont a au flos de Betouval.* (Juin 1267.)—XX°. Charte *de l'escange des vingnes entre Nevelon de Ronquerolles et le couvent de Lannoy.*

[1] Canton de Liancourt.
[2] Beaupuis, commune de Grandvilliers-aux-Bois.

CLERMONT, (Juin 1286.) — XXI°. Acte par lequel Ansons de Estouy fonde une chapelle dans sa maison audit lieu. (Avril 1282.)—XXII°. Confirmation de la fondation ci-dessus. (Janvier 1253.)—XXIII°. Don de 4000 livres tournois de rente, fait à Robert, comte de Clermont, par son frère le roi Philippe. (Décembre 1267.)—XXIV°. Don de terres fait par le roi à son frère Robert. (Février 1203.)— XXV°. Charte pour le maïeur de Clermont *d'une cartée de bos, le semaine en le forêt de Hez.* (Mai 1255.)—XXVI°. Charte par laquelle, Jean, comte de Châlons, met fin *aux querelles qu'il avait contre l'abbé et couvent dou béncuré Martin de Ostoin seur le droit qu'il requeroie es priourez et homes de Bregni et de Chevenes.* (1232.)—XXVII°. Acte par lequel *Guys, contes de Nevers et de fores, assigne à Fouchier Guerri, son clambellan toutes les taches de le ville de Bor,* etc. (1232.)—XXVIII°. Privilèges accordés aux habitants de Blanche Roche, par Gui, comte de Nevers et de Forêt. (1230.)—XXIX°. Privilèges accordés aux habitants de Sarron, par Mahaut, comtesse de Nevers. (1224.)— XXX°. Confirmation des privilèges susdits par Eudes, fils du duc de Bourgogne. (Juillet 1259.)—XXXI°. Charte par laquelle Agnès, dame de Bourbon, reconnait que les habitants de Sarron ont donné à Jean, fils du duc de Bourbon 80 livres de Viennois, et cela, de leur bonne volonté, et sans y être forcés par aucune loi ou coutume. (Octobre 1268.)—XXXII°. Privilèges accordés aux habitants de Bor, par Mahaut, comtesse de Nevers. (1224.)—XXXIII°. Confirmation des privilèges susdits, par Eudes, fils du duc de Bourgogne, comte de Nevers et duc de Bourbon. (1259.)—XXXIV°. Acte par lequel Hugues, duc de Bourgogne, donne aux moines de Eudon, VII *livres de fors silviniens,* en échange de VII autres livres, dont les dits moines le tiennent quitte. (Octobre 1244.)—XXXV°. Acte par lequel Hugues, duc de Bourgogne, cède et transporte à Pierre Arnoul, de Quarrelle, clerc, et à Guy son frère, une tenure, occupée jadis par Bernard Ginton. (Avril 1262.)—XXXVI°. Don d'une pièce de terre, *appelée dou commun, vergier compaing size à Quarrelle sous le voie commune par lequel on va a le Magdalene d'une part et de les le vergier de Bernart jadis de Maregny, d'autre* à Pierre Arnoul de Quarrelle, et à Guy son frère, par Hugues duc de Bourgogne. (Avril 1262.)—XXXVII°. Accord entre Robert, comte de Clermont et l'abbé de St.-Lucien de Beauvais. (Ville de Tiens; Val de le Verrière; En la Fourmière; Sachi-le-Grant; Espineuses ; Bos de Favières ; Forêt-de-Hez ; Nueville-en-Hez ; (Août 1281.)—XXXVIII°. Priviléges accordés aux *villes dénotées dessous, chaist à savoir : à Savegnies, à la Charmis, à Estorax, à Chaumoil, à Chaumoillet, à Granches, à Berroy, à Goiseles, à Poissons, à la Saule, à Ville Nueuve Jouste Rion, et es appendances et pertenanches des dislieus, et en seur que touche es homes demourans ou mes de Cordes et ou mes de Poingne verdie*, par Hugues duc de Bourgogne. (Mai 1264.)— XXXIX°. Acte par lequel Robert, duc de Bourgogne, ordonne à Hugues de Actis, chanoine de Oston, d'entrer en la foi et hommage de Robert, comte de Clermont, pour la troisième partie d'un fief sis à Claissi, qui lui appartenait, et qu'il abandonne au dit Robert. (Septembre 1284.)—XL°. Acte par lequel Jean, sire de Ronquerolles, écuyer, autorise la vente faite par Ausoul de Noientel, à l'abbaye de Saint-Germer, de la dîme que ledit Ausoul percevait sur des vignes, sises au territoire de Nointel. (1282.)—XLI°. Acte par lequel Robert, comte de Clermont, donne à cens à Pierre Choisel *un arpent de masure au Plessie*[1] , *assis entre le crois et le ville dou Plessie tenans au chemin par lequel on va dou Plessie à Creeilg*. (Novembre 1286.)—XLII°. Acte par lequel Robert, comte de Clermont, amortit x muids de vin et deux arpents de terre et demi, *assis en le cauchie de Bequerel*, et établit une chapelle en l'église de Saint Samson de Clermont. (Février 1283.)—XLIII°. Acte par lequel Jean, dit Maillier, reconnaît tenir de Robert, comte de Clermont, trois pièces de terre, sises au terroir de *Ville nueuve en Hes entre le senstier qui va au boz de Fayel et le voy de Ulme Gilbert qui tent à Buraz* ; affirmant de plus que le couvent de St.-Germer de Flay a droit à la moitié de la récolte. (1282.)—XLIV°. Acte par lequel Robert, comte de Clermont, donne à cens à *Ailliaume*, dit de *Biauvez*, une maison sise à Clermont, devant la porte des moines de Froimont. (Juin 1282.)—XLV°. Acte par lequel Robert, comte de Clermont, donne à cens 1°. à Amauri de le Fourmeterie, une maison sise à Clermont. (Juin 1282) ; 2°. à Thomas, dit le Coc de Creil, une terre

---

[1] Le Plaissier Villebault.

CLERMONT.

qui est appelée communément *Larris dou conte, assize de les le boue du conte de Dampmartin de lez Creeilg boutans seur le quemin par lequel on va de Crecil à Paris.* (Mai 1285.)—XLVI°. Acte par lequel Robert, comte de Clermont, accorde à Jean de Escanteilli, la permission d'avoir un bac à Laverchines. (Juillet 1383.)—XLVII°. Acte par lequel Robert, comte de Clermont, donne à cens à Amauri de le Fourmerie, une place, sise à Clermont. (Juillet 1283.)—XLVIII°. Acte par lequel Robert, comte de Clermont, donne à cens à Simon de Cressonessart, une maison, sise à Clermont. (Août 1283.)—XLIX°. Acte par lequel Robert, comte de Clermont, donne à cens à *Amauri de le Fourmenterie, sergant de Clermont, une vigne assize de les le pressouer de Clermont prez le cauchie de Bequerel.* (Juillet 1283.)—L°. Acte par lequel, Robert de Clermont donne à cens à Enguerrand, dit le Barbier, une pièce de vigne, assise près la ville de Clermont, *ou liu qui est dit lez martiaus.* (Août 1283.)—LI°. Confirmation par Robert, comte de Clermont, de l'acte d'Amaury de Monfort, chanoine de Rouen, qui amortit les terres que Philippe de Beaumanoïr tenait de lui et du comte de Clermont. (1283.) —LII°. Echange fait entre Robert, comte de Clermont, et Mahiu de le Tournelle, de terres sises à Sacy-le-Grand. (Mai 1284.)—LIII°. Acte par lequel Robert, comte de Clermont, donne à cens, à Hugues de Gisors, son charpentier, *li mes haymeci de la valee, et est assis icheus mez entre le chemin par lequel on va dou mont Saint Vinchent a Torcequeville d'une part et entre Rogy, d'autre.* (Juillet 1284.)—LIV°. Acte par lequel Robert, comte de Clermont, permet à Jean, dit Chalemel, *de edifier et faire un moulin en son estanc de Saumont, qui est dit estanc don Perroy.* (1287.)—LV°. Acte par lequel Robert, comte de Clermont, accorde à Geoffroy Aquillon III sous parisis de gage, à prendre sur le travers de Creil. (1290.) — LVI°. Acte par lequel Robert, comte de Clermont, donne à Thibaud de Fouleuzes, le bois situé à Breuil-le-Sec, appelé *bos de Gaaingni.* (Février 1284.)—LVII°. Acte par lequel Robert de le Tournelle déclare n'avoir aucun droit ni heritage dans le comté de Clermont. (Maï 1218.)—LVIII°. Acte semblable de Gui Bouteillier. (Mai 1280.)—LIX°. Acte semblable de Raoul de Clermont. (Novembre 1223.) —LX°. Acte par lequel Jean, abbé d'Ourscamps, et Aubert, abbé de Froimont, abandonnent au roi l'usage qu'ils avaient dans la forêt de Hez. (Juillet 1220.)—LXI°. Acte d'Albert, abbé de Froimont, qui déclare ne pouvoir vendre aucune chose du bois qu'il possédait en la forêt de Hez, *dusquez a tant le vente ara deffaillieu, lequelle monseigneur Philippe, roy de Franche, eage a fet en ychelle forest*. (Juillet 1220.)—LXII°. Acte par lequel Louis IX assigne à son fils Robert, le chateau de Clermont, *le Nuevillle en hez, Creeilg, Sachi-le-Grant;* ce qu'il possède à Gournay sur Aronde, etc. (Mars 1269.)—LXIII°. Charte par laquelle Philippe, roi de France, donne aux moines de Froimont, ccc arpens de bois, sis en la forêt de Hez. S. d.— LXIV°. Privilèges accordés aux habitants de la Neuville par Raoul, comte de Clermont. S. d.—LXV°. Charte par laquelle Katerine de Blois et de Clermont, comtesse, donne à Ausoult de Ronquerolles, l'usage en la forêt de Hez. (1219.)—LXVI°. Acte par lequel Jeanne de Baubine, fille de Philippe, comte de Boulogne et de Clermont, accorde à son cousin Mathieu, le droit d'usage dans la forêt de Hez. (Novembre 1251.)—LXVII°. Droit d'usage dans la forêt de Hez accordé à *le meson de Dieu des povres de Saint-Jehan de Biauvez*, par Louis IX. (Mai 1261.)— LXVIII°. Charte de Katerine de Blois et de Clermont, qui accorde *au mesiaus* de Monchi une certaine quantité de bois. (Mai 1200.) —LXIX°. Lettres de Raoul de Clermont, qui accordent à Sachi Warnier, d'Angicourt, le droit d'usage dans la forêt de Hez. (1290.)—LXX°. Lettres de Louis, comte de Blois et de Clermont, qui accordent à Gautier de Huri, le droit d'usage, dans une partie de la forêt de Hez. (Février 1201.)—LXXI°. Acte par lequel Louis de Clermont octroie 1°. à trois granges de le meson Dieu de Wariville, leur chauffage à savoir : à la grange de Bourlieu, au bois de Hez ; à la grange de Puis, au bois d'Escus ; à la grange de Paillart, au bois de Haillecourt. 2°. aux nonnains de Wariville, le *rotage* de lin et de chanvre, à Bretuelg, Catheu, Falloise et Paillart. (1201.)—LXXII°. Charte de Thibaud, comte de Blois, qui accorde aux nonnains de Wariville III muids de froment, en son grenier de Bretuelg, et une charretée de bois dans la forêt de Hez, tous les samedis, et la veille de l'Assomption, de la Toussaint et de la Nativité. (Avril 1218.)—LXXIII°. Droit d'usage dans la forêt de Hez, accordé aux frères de Ressons, par Louis, comte de Cler-

CLERMONT.

mont et de Blois. (8 Juin 1199.)—LXXIV°. Confirmation par Louis IX de la permission accordée au *prestre parochial de le Nueville au Hez* de prendre du bois vert dans la forêt de Hez. (Mars 1259.) — LXXV°. Acte de R. comte de Clermont, qui accorde à *l'église de la Beneute Marie* (Wariville) une charretée de bois. (1180)—LXXVI°. Coutumes et privilèges accordés par Louis, comte de Blois et de Clermont, aux habitants de Clermont. (1197.)—LXXVII°. Droit de jauge, accordé par les bourgeois de Clermont, à Thomas de Boulogne.[1] (Mai 1247.)

Le reste du manuscrit est d'une écriture beaucoup moins ancienne, et qui paraît être de la fin du xiv°. s.

[LXXVIII°. Confirmation par Pierre, duc de Bourbonnais, comte de Clermont et de la Marche, chambrier de France de l'accord passé entre le chapitre de Clermont et Pierre Boterel, écuyer, seigneur d'Angiviller[2]. (Août

[1] Voyez plus haut le paragraphe iv du n.° 301.

[2] Cette pièce est assez curieuse et les causes de l'accord méritent d'être rapportées ici. « .....que comme jadis la dame qui pour le temps estoit
» dame de Angiviler, eust seur iceli fié aumosné a perpétuité un mangier
» a estre fait le jour de feste Saint-Arnoul chascun an, au dessus dis prévost et chapitre, et tant seulement à tous prestres et clers honestes qui
» y vendroient, et a ce eust obligié le dit fié. Et que croissant la malice et
» la malvoistié du monde..... et multitude de gens tant lais comme clers
» de deshoneste et mauvoise vie, eussent acoustumé de fait venir et estre
» au dit mengier dont la despense montoit aucunes fois a plus que ne valoit tout le dit fié. Pourquoi les hoirs de la dicte dame se veoient deshérités dont doleur et grant pitié s'ensivoit. Et aussy ou dit mengier se faisoit tant de excès de gloutonnerie et yvrestes par les dessus dis mangeurs
» et gasteurs que à la fois s'en ensuivoient bateures, occizions et moult
» d'autres périls et maulx, et nulle prière ne autre bien ne si faisoit pour
» l'ame de l'aumosnant dessus dicte, et par ainssi ce qui devoit estre converti en œvres de pitié estoit ja despieça par le dit mauvais abus converti
» en œvres de vices abhominables à Dieu et à toutes personnes vertueuses. »

On conçoit facilement la plainte des héritiers de la dame d'Angiviler, qui par le seul fait de cette aumône se trouvaient totalement ruinés, puisque chaque repas leur coûtait plus d'argent que le fief n'en rapportait. Aussi dans cet accord Pierre Boterel s'arrange-t-il avec le chapitre pour remplacer la première donation par une rente, qui certainement devait profiter beaucoup plus au chapitre, et encore davantage au nouveau seigneur d'Angeviler.

1347.) — LXXIX°. Accord entre Pierre, duc de Bourbonnais et le chapitre de Clermont, au sujet des réparations de l'église N. D. de Clermont. (5 novemb. 1351.) Pièce intéressante — LXXX°. Acte par lequel Robert, fils de Louis IX, amortit les héritages sis à Canestecourt, appartenant aux héritiers de Guillaume de Noisi, son chambellan. (Mars 1308.) — LXXXI°. Don d'un fief fait par Louis, duc de Bourbonnais à Borgne Fouquaut, son écuyer. (1388.) — LXXXII°. Terre donnée à cens à Jean de Caen. (18 décemb. 1388.) — LXXXIII°. Copie des ordonnances faites par monseigneur le duc de Bourbonnais Louis, sur le fait de ses forets de Hez, de Ronquerolles et de Jurequin. (4 juin 1384.) — LXXXIV°. Fondation d'une chapelle dans l'église de la Trinité de Clermont. (1376.) — LXXXV°. Don de l'hopital de Clermont, fait aux frères de la Ste.-Trinité, par A. fils du roi de Portugal, comte de Boulogne. (Juillet 1244.)]

304. Coutumes diverses.

MS. in-4°. de 225 folios, papier.—Ecriture du XV°. siècle, fin.

Bibl. Imp.—*Notre-Dame* n.° 122.

Ce manuscrit renferme [les coustumes de la conté de Clermont en Beauvoisis, mises et rédigées par escript par nous Loys Gayant, lieutenant général de monseigneur le gouverneur du dict conté, etc.]

305. Philippe de Beaumanoir.

M. Lajard, dans le tome XIX de l'*Histoire littéraire de la France*, a consacré un long et intéressant article à Philippe de Beaumanoir, natif de Clermont en Beauvoisis.

Il a donné l'indication des manuscrits qui contiennent ses œuvres et qui sont assez rares. Nous la reproduisons ici avec quelques additions. [1]

---

[1] M. Lajard (Hist. litt., t. XIX, p. 391) regrette de n'avoir pu retrouver le MS. qui avait appartenu à Benjamin Carondas le Caron, procureur du roi à Clermont-sur-Oise, à Louettière, avocat au Parlement de Paris et à Lamoignon, MS. qui avait servi à La Thomassière pour son édition de 1690. Il est naturel que l'auteur de l'article n'ait point connu ce MS., car à l'époque où il a fait son travail, le supplément français ne contenait pas 3083 MS. Nous sommes heureux de l'avoir retrouvé.

CLERMONT.

Bib. Imp. —
{ N°. 9440. Colbert.
N°. 425. H. St.-Germ.
N°. 3083. Sup. fr.
N°. 153. Miss. étrang.
N°: 121. N. D.

306. Johannis Fernelii, Ambiani, Physiologia, libri septem.

MS. du XVIe, siècle.
Bibl. Imp. — *anc. F.^{ds} lat.* N°. 7107.

Nous avons placé les œuvres de Jean Fernel sous la rubrique de Clermont, parce que nous pensons que c'est dans cette ville et non à Amiens,[1] que ce célèbre médecin est né.

COINCY.

307. Copie des titres de fondation du prieuré de Coinsy[2] en Picardie, suivie de l'état des redevances et des dismes dépendantes du dit prieuré.

MS. in-4°. de 819 pages. — papier. XVIII°. s.
Bibl. Imp. — *Suppl. fr.* n°. 1195.

On lit sur le *v°*. de la feuille de garde : offert à la Bibl. Roy. par M. P. Paris, le 1er. juillet.
F°. 1. Des fondateurs ou bienfaiteurs du prieuré de Coincy. — *F°*. 7. Titre de la fondation du prieuré de Coincy, par Thibaut Palatin, comte de Champagne, en l'année 1072. — *F°*. 8 *v°*. Titre d'Etienne, palatin, comte de Champagne, en 1090. — *F°*. 9 *v°*. Consentement de Thibault II des concessions faites à Coincy, par ses prédécesseurs, en 1123. — *F°*. 11. Titre de Henry, comte palatin, en 1153. — *F°*. 13. Titre d'Henry, comte palatin, en 1153. — *F°*. 14. *De foro villæ Consiacensis ab Henrico Trecensium comite palati no restituto, ante hoc annulato* (1153). — *F°*. 15. Titre de Thibaut, comte de Champagne et Brie, pour les bois, *que nemora dicuntur Sarmo-*

---

[1] Du Verdier, t. II, p. 413. — Daire, *Hist. litt. de la ville d'Amiens*, annotée par Mercier de St.-Léger, Bibliothèque de l'Arsenal, MS. n°. 238, t. I, in-4°. (Voir le n°. 108 de ce catalogue.)

[2] Canton de Fère-en-Tardenois (Aisne).

quorum metæ et termini sunt in longum a Grisoliis[1], *et nemore comitis Roberti, usque ad Conciacum, in latum vero a rivo de Grisolis et de Beuverda* [2] *usque ad lactiia Villæ novæ* [3]). (1223). — F°. 17. Titre de Thibaut, palatin, conte de Champagne, pour les bois. (1227.) — F°. 17 v°. Approbation par le comte Thibaut de la donation faite aux religieux de Coincy, de la gruerie de Rufay. (Mars 1233). — F° 17 v°. Titre de Thibaut, roy de Navarre, pour les bois de Rys,[4] vers Beuvarde, en 1247. — F°. 18 v°. Echange entre l'abbé et couvent d'Igny [5] et le prieur Jean et le couvent de Coincy, des choses que l'abbé avait à Condé [6] et de ce qui lui appartenait à Coincy, à Vilerel. (1205). — F°. 19 v°. Amortissement du grand vivier de Coincy, par le roi Henry, comte de Champagne, en 1272. — F.° 20. Reconnaissance d'Emerans, sire de Montmirel [7], comme il est obligé de faire amortir envers le roy de Navarre dix livres de rente qu'il a assis sur ces tailles du dit Montmirel à Coincy, en 1269. — F°. 21. Titre de Thibaut, roi de Navarre et comte de Champagne. (Août 1257). — F°. 23. Titre de l'augmentation du vivier rompu, en 1257. — F°. 24. Titre du grand étang, en 1262. — F°. 25. Donation des maisons et terres d'Artois [8], par Artandus Flotte, prieur de Coincy, en 1320. — F°. 27. Confirmation de l'abbé de Cluny, du bien d'Artois, en 1320. — F°. 28. Délaissement fait par le prieur de Coincy, aux religieux, de deux étangs, l'un à Artois et l'autre à l'opposite de Brecy [9], en 1450. —

COINCY.

[1] Grisolles, canton de Neuilly-Saint-Front (Aisne).
[2] Beuvardes, canton de Fère-en-Tardenois (Aisne).
[3] Villeneuve-sur-Fère, canton de Fère-en-Tardenois (Aisne).
[4] La forêt de Ris est marquée sur la carte de Cassini à l'Est de celle de Fère.
[5] Abbaye du diocèse de Reims.
[6] Condé-en-Brie (Aisne).
[7] Montmirail (Marne).
[8] On lit p. 497 du MS. : Item souloient avoir une maison, grange, estable..... qui sont tous cheux et fondus, et n'y habitent hommes, passé XL ou L ans, comme on dit, nommés le dit lieu Artois, etc., etc. Artois est marqué sur la carte de Cassini au Sud de Beuvardes.
[9] Canton de Fère-en-Tardenois (Aisne).

COINCY.

F°. 30. Titre du prieur de Coincy, pour les pitances, en 1336. — F°. 33. Titre de donation sur la grange dimeresse à Chesy en Orsois [1], de trois muids de grain, en 1223. — F°. 36. Sentence donnée à la Ferté Milon pour les trois muids de grain dus à Chesy, en 1396. — F°. 41. Sentence en faveur des religieux de Coincy, pour le droit à Chezy durant les guerres, en 1453.—F°. 44. Les lettres du roy Charles VI pour fortifier la maison, en 1402. — F°. 49. Attestation comme les titres ont été brulés par des gens de guerre, en 1440. — F°. 53. Quittance d'amortissement à Vitry [2], en 1292. — F°. 56. Amortissement au bailliage de Vitry, en 1474. — F°. 62. Amortissement du bien de Coincy, en 1489. — F°. 63. Amortissement des biens de Coincy par le s^r. Didier, prieur, en 1603. — F°. 66. Accord faict entre le prieur de Coincy et Estienne du Buisson, escuyer, touchant le moulin du Bosset et le différend d'iceluy, en 1289. — F°. 70. Appointement touchant le moulin Bosset, faict entre le prieur de Coincy et Jeannet de Conflans, escuyer, seigneur de St.-Remy, en 1491. — F°. 74. Transaction passée entre le prieur de Coincy et le curé de Ciry [3], par laquelle le curé de Ciry abandonne toutes les novalles, moyennant troix poinssons de vin, en 1541. — F°. 83. Sentence des séparations du dismage de Ciry, contre le curé de Vassigny [4], en 1543.—F°. 86. Traité des limites du disme de Ciry, Couvrelle [5], l'Hostel-Dieu de Soissons, en 1609. — F°. 94. Donation de la maison et dismes de Ciry, par Dom Ravineau, prieur, en 1577. — F°. 105. Limites de Ciry et Wassigny. 1618. — F°. 111. Limites de Ciry, près la Borne Hubert, en 1610. F°. 113. Accord faict pour les dismes de vin de Ciry, en 1399. — F°. 125. Sentence pour les dismes de vin, à Ciry, en 1413. — F°. 130. Traité des limites entre St.-Gervais de Soissons, Nostre-Dame-aux-Nonains de Soissons, Coincy et le curé de Ciry, en 1486. — F°. 135. Limites de Ciry et

[1] Chezy-en-Orxois, canton de Neuilly-St.-Front (Aisne).

[2] Vitry-le-Français (Marne).

[3] Ciry-Salsogne, canton de Braisne (Aisne).

[4] Vasseny, canton de Braisne (Aisne).

[5] Couvrelles, canton de Braisne (Aisne).

d'Acy [1], en 1658. — *F°*. 138. Certificat de la quantité des dismes, en 1681. — *F°*. 139. Traité pour les dismes de grain du sept et demy, en 1681. — *F°*. 142. Traité des dismes de Ciry, en 1682. — *F.°* 145. Dismages de Ciry, en 1681.

Tiltres des cures, prieurés, bénéfices du prieuré de Coincy, qui en dépendent.

F.° 150. Carta domini Episcopi Suessionensis, Nivelonis pro curis seu altaribus ex prioratu de Coinciaco dependentibus, quæ ad præsentationem et collationem domini Prioris pertinent. (Altare scilicet Beati Petri de Calce [2], altare Bruolio.[3], altare de Sarmasia [4], altare de Ciriaco [5], altare de Breniaco [6], altare de Cruce [7], altare de Grisoliis [8], altare de Reoli Curie [9], altare d'Epaux [10], altare de Estripliaco [11], cum appenditiis, altare etiam de Vesly [12], altare de Conciaco villa [13], altare de Conciaco abbatia [14], altare de Sapponiaco [15], altare de Roncheriis [16], altare de Castellione [17], altare de Mellerio [18], altare de Bessono [19], altare de Misia-

---

[1] Canton de Braisne (Aisne).
[2] Saint-Pierre-de-la-Chaux.
[3] Breuil, canton de Neuilly-St-Front (Aisne).
[4] Sermoise, canton de Braisne (Aisne).
[5] Ciry (Aisne).
[6] Breny, canton d'Oulchy-le-Château (Aisne).
[7] La Croix, canton de Neuilly-St-Front (Aisne).
[8] Grisolles.
[9] Rocourt, canton de Neuilly St.-Front (Aisne).
[10] Epaux, canton de Château-Thierry (Aisne).
[11] Etrepilly, canton de Château-Thierry (Aisne).
[12] Probablement Veuilly-la-Poterie, canton de Neuilly-St.-Front (Aisne).
[13] Coincy-la-Ville.
[14] Coincy-l'Abbaye.
[15] Saponay, canton de Fère-en-Tardenois (Aisne).
[16] Ronchères, canton de Fère-en-Tardenois (Aisne).
[17] Châtillon-sur-Marne (Marne).
[18] Melleroy, commune du Breuil (Marne).
[19] Binson, canton de Châtillon-sur-Marne (Marne).

COINCY.

co [1], altare de Luvriniaco [2], altare de Vuseriis [3], altare de Duromanno [4], altare de Coltobrio [5], altare de Cressensiaco [6], altare de Condeto [7], altare de Chalet [8], altare de Curi Roberti [9], altare de Janvillari [10]). — F°. 154. Pour la nomination de la cure de St.-Phal, par le prieur de Coincy, s. d. — F°. 158. Titre de la Chaux, d'Epaux, etc., en 1139. — F°. 162. Titre du prieuré de la Chaux, en 1158. — F°. 163. Titre du patronage de la chapelle fondée en l'église de Ciry, en 1235. — F°. 164. Titre de la fondation de la chapelle de Ste.-Barbe, en 1505. — P. 167. Confirmation de l'abbé de Cluny de la chapelle de Ste.-Barbe, en 1506. — F°. 169. Présentation de la chapelle de Ste.-Barbe, en 1506. — F.° 170. Collation de la chapelle de Ste.-Barbe, en 1506. — F°. 172. Fondation de la chapelle de St.-Maur, en 1538. — F°. 172. Titre de la fondation de la chapelle de St.-Maur, en 1538. — F°. 178. Titre des dîmes de Treloup [11] (*de Trelodio*), en 1153. — F°. 180. Mémoire des bénéfices, offices, prieurés, cures, chapelles, dépendant du prieuré de Coincy. — F°. 185. Traité entre le prieur et curé ou vicaire perpétuel de Coincy, en 1518. — F°. 188. Traité fait entre les religieux et le curé de Coincy, pour les processions, en 1669. — F. 192. Arrêt contradictoire pour les processions, au grand Conseil du 2 avril 1680. — F.° 198. Acte des religieux de Coincy, pour les processions et droits du sacristain, en 1587. — F.° 203. Collation en 1367 d'une bulle d'Urbain III, contenant la con-

---

[1] Mezy-Moulins, canton de Condé (Aisne).

[2] Leuvrigny, canton de Dormans (Marne).

[3] Vaucienne, canton d'Epernay (Marne).

[4] Dormans (Marne).

[5] Chartève, canton de Condé-en-Brie (Aisne).

[6] Crezancy, canton de Condé-en-Brie (Aisne).

[7] Condé-en-Brie (Aisne).

[8] Chalet. On lit ceci, p. 592 de ce MS. : « Les dits religieux avoient un » moulin nommé Chalet, assis sur la rivière de Sourmelan, lequel est dé- » truit et tout démoly. »

[9] Corrobert, canton de Montmirail (Marne).

[10] Janvillers, canton de Montmirail (Marne).

[11] Canton de Condé-en-Brie (Aisne).

firmation des biens du prieuré, dénombrement d'iceux, une partie des prieurés, cures, en 1185. — F°. 220. Table des titres de Coincy, contenus dans un registre coté X, conservés en l'abbaye de Cluny. — F°. 229. Fondation de la chapelle de Notre-Dame de Lerolle en l'église de Dormans, en 1364. — F°. 242. Donation et testament d'un curé de Coincy, en 1254. — F°. 244. Testament de Alis, femme de Raoul, seigneur de Nantueil[1], en 1293. — F°. 247. Testament de Pierre, en 1349. — F°. 251. Acquisition d'une partie de l'huillerie par D. Olivier du Rue, chambrier, en 1586. — F°. 257. Donation du sus dit bien de l'huillerie par Dom de Montgru[2], chambrier de Comicy, en 1587. — F°. 261. Extrait du testament de la veuve Boucher à Condé, en 1604. — F°. 262. Testament du seigneur de Saux, en 1402. — F°. 269. Testament de Dom Michel, boucher, prévôt, en 1605. — F°. 276. Extrait du testament de Herbin, en 1666. — F°. 277. Testament et donation de Jean Corrard, en 1540. — F°. 279. Arrêt du grand Conseil pour rentrer en Artois, en 1682. — F°. 282. Le bien d'Artois donné à rente, en 1682.

Titres pour les quatre muids de froment et deux muids d'avoine à prendre aux Charmes[3].

F°. 289. Sentence et assises de Château-Thierry pour le dit droit, en 1376. — F°. 293. Sentence contre le Charme, pour les VI muids de grain, en 1441. — F°. 305. Sentence des requêtes du palais, pour les six muids dus par le Charme, en 1476. — F°. 315. Arrêt du Parlement pour les six muids du Charme, en 1476. — F°. 324. Signification des religieuses du Charme, pour prendre les six muids de grain, en 1657. — F°. 325. Titre nouvel des six muids de grain de Charmes, en 1683. — F°. 332. Exemption des droits de vin, en 1682. — F°. 334. Arrêt du Parlement pour les cens, à la Croix, en 1682. — F°. 337. Titre des marais de la poterie, en 1524. — F°. 341. Arrêt du Parlement contre le curé de Beuvardes, pour les dismes, en 1573. — F°. 349. Traité des limites

COINCY.

---

[1] Probablement Nanteuil-Notre-Dame, canton de Fère-en-Tardenois. (Aisne).

[2] Montgru-St-Hilaire, canton d'Oulchy (Aisne).

[3] Le Charme aux Nonains, abbaye du diocèse de Soissons (Aisne).

COINCY.

de Beuvarde, Artois et Espieds [1], en 1585. — F°. 354. Traité des dîmes et offrandes de Veuilly-la-Poterie [2], en 1534. — F°. 359. Traité avec le curé de Monteron [3], du droit de disme de Macogny [4], en 1484.

PARS [5].

F°. 366. Titre de Nicolas, seigneur de Basoche [6], pour cession de corvées, droits de pâturages, en 1205. — F°. 368. Consentement des frères du seigneur de Basoche, en 1209. — F°. 369. Titre comme le chapitre du Mont Nostre-Dame a quitté tous ses droits à Pars, en 1221. — F°. 370. Lettres confirmatives de la donation du seigneur de Basoche, en 1310. — F°. 372. Titre des droits de justice, prisons et plaids à Pars, Vaussetin [7], en 1372. — F°. 378. Pour les droits de justice à Pars, Vaussetain, en 1428. — F°. 388. Comme les habitants de Coincy doivent pour leur four banal chacun IV sous, en 1484. — F.° 395. Autre accord pour le four banal changé en une rente de IV sous, en 1512.

CORROBERT ET JANVILLIERS.

F.° 401. Composition faite avec le sr. de Chateauvilain et de Baye [8], en 1289. — F°. 406. Quittance par le dit sr. de Chateauvilain pour ce qui est cy dessus, en 1289. — F°. 407. Jean de Corrobert prend les terrages, cens, coustumes et seigneuries, qu'avait donnés Adeline de Condé, moyennant C sols, en 1293. — F°. 410. Traité avec le comte de Brienne pour mines de fer à Corrobert, en 1476. (Curieux.) — F°. 426. Limites de Corrobert et Corbouain [9], en 1497. — F°. 430. Limites des terres et seigneuries du dit Corrobert et Hartonges [10], en 1503. — F°. 439.

---

[1] Epieds, canton de Château-Thierry (Aisne).
[2] Veuilly-la-Poterie (Aisne).
[3] Montron, canton de Neuilly-St.-Front (Aisne).
[4] Annexe de Montron (Aisne).
[5] Paars, canton de Braisne (Aisne).
[6] Bazoches, canton de Braisne (Aisne).
[7] Vaustain est marqué sur la carte de Cassini au Nord de Paars.
[8] Canton de Montmort (Marne).
[9] Courbouin, canton de Condé-en-Brie (Aisne).
[10] Artonges, canton de Condé-en-Brie (Aisne).

COINCY.

Droit de cens de 5 s. et 30 de surcens à Janvillers, en 1506. — F°. 442. Jean Parson doit pour sa maison XII deniers, IV boisseaux d'avoine et une poule, X deniers, pour arpent de terres, et deux sols six deniers pour prés de cens.—F°. 450. Mathieu d'Artois, escuyer, doit pour ce qui s'ensuit, VI den. de cens, XV septième de froment de rente et IV chappons. — F°. 456. Héritages qui doivent quinze livres de cens et six chappons, en 1511.—F°. 463. Comme les habitans de Corrobert et Janvilliers ont promis douze deniers de cens, pour arpent de terre, II sols VI den. pour arpents de pré pour chacun accint à Noël XII den. II poules et IV boisseaux d'avoine, en 1511. — F°. 479. Dénombrement donné par M^{re}. Jean le Roy, prieur et docteur, des biens du prieuré de Coincy, au bailliage de Vitry, en 1464. (Coincy l'abbaye, Coincy la ville, Buverde, Chantemerle [1], Pars, Vaussetain, Courcelles, Siry et Sermoise, Lattilly [2], Artois, Grisolles, Montmirel-en-Brie, Lagery [3], La Croix, Ruffay [4], la poste de Neuilly-St.-Front, Bonnes [5], Torsy [6], Espaux, Breny, Vaussiennes, Dormans, Mesy, Cresansy, Rocourt, Condé, Corrobert, Janvilliers, Ronchiers, Estricourt [7], Joncourt [8], Chesy). — F°. 557. Déclaration du prieuré de Coincy, à la chambre des comptes. (Coincy, Coincy-la-Poterie, Beuvarde et Beuvardelle [9], La Grange-aux-

---

[1] Ce lieu est situé sur la carte de Cassini au Sud de Besu.

[2] Latilly, canton de Neuilly-St.-Front (Aisne).

[3] Canton de Ville-en-Tardenois (Marne).

[4] On lit ceci dans le MS. p. 510..... « Ruffay, qui est des appartenances
» de la dite seigneurie de la Croix, auquel souloit avoir une maison, grange,
» estable..... lequel lieu est démoly, cheu et totalement détruit passé
» XL ans. »

[5] Canton de Neuilly-St.-Front (Aisne).

[6] Torcy, canton de Neuilly-St-Front (Aisne).

[7] On lit ceci dans le MS. p. 549. « Item ont un lieu nommé Estricourt,
» en la prévosté de St.-Quentin-en-Vermandois, à trois lieues de la ville de
» St.-Quentin ou environ, etc. » Etricourt est marqué sur la carte de Cassini au S. de Nouroir; actuellement Nauroy, canton de le Catelet (Aisne).

[8] Canton de le Catelet (Aisne).

[9] Buvardelle est situé sur la carte de Cassini au N. O. de Beuvardes.

COINCY. Bois[1], Chantemerle, Pars, Vaustain, Ciry et Sermoise, Artoit, Grisolles, Le Charme, Macogny, La Croix, Trianges[2], Ruffay, Bonne, Breny, Mesy, Corrobert, Janvillers, Bezu-St.-Germain[3], Cresansy, office de Chambrerie, Charteuve, Condé, Glans[4], Courtemont et Varennes[5], Fère-en-Tardenois, Chalet, Vaulciennes, Dormans, Rocourt, office de l'aumônier, Estricourt, Joncourt, Chesy, Tupigny[6], Neuilly-St.-Frond, Lagery). En 1509. — F°. 603. Les noms des prieurs de Coincy, depuis la fondation par le comte Thibaut, en 1072 jusques en 1649. — F°. 629. Concordat pour l'introduction de la réforme en 1668, entre Messieurs les anciens religieux du prieuré de Coincy et les religieux de l'observance de Cluny. — F°. 639. Acte de la prise de possession des religieux réformés, au prieuré de Coincy, le 23 septembre 1668. — F°. 641. Ratification du concordat de la réforme en 1669, par le chapitre général de Cluny. — F°. 643. Traité fait avec Monsieur Bochart de Champigny, pour l'introduction de la réforme, en 1669. — F°. 653. Notification du chapitre général du traité fait avec Monsieur Bochart, pour l'introduction de la réforme, en 1669. — F°. 655. Traité fait avec M. de la Nauve, prieur, et les religieux, en 1641. — F°. 662. Traité en 1647 avec le s^r. de la Nauve, prieur, et les religieux. — F.° 672. Traité des religieux avec le s^r. de Champigny, prieur, en 1662, exemption de dismes sur nos terres. — F°. 676. Etat des charges du prieuré de Coincy, à acquitter par le s^r. Claude Le Brun, et demoiselle Marie Morant, sa femme, durant le bail à commencer en 1679. — F°. 680. Traité de la sacristie et de ses charges, en 1668. (Curieux document.) — F°. 687. Inventaire des Saintes Reliques, dressé en 1596. — F°. 691. Visite de l'église, lieux réguliers et autres lieux, de l'ordre du Roi, en 1677. (Ce document est très-important, il constate l'état

---

[1] Cette localité est située sur la carte de Cassini au S. E. de Coincy, près du bois des Tournelles.

[2] Triange est marqué sur la carte de Cassini au N. O. de Grisolles.

[3] Canton de Château-Thierry (Aisne).

[4] Gland, canton de Château-Thierry (Aisne).

[5] Courtemont-Varennes, canton de Condé-en-Brie (Aisne).

[6] Canton de Wassigny (Aisne).

des bâtiments claustraux et de l'église; il donne les mesures de longueur, de largeur, et quelquefois de précieux renseignements sur des parties de l'église, qui n'existaient déjà plus à l'époque de cette visite.—F°. 719. Marché pour paver les cloîtres, en 1680. — F°. 721. Quittance de 200 liv. pour avoir pavé le cloître. — F°. 723. Quittance du cloître pour le lambris, de Galarne, charpentier. — F°. 724. Quittance pour avoir refait le couvert et mur vers la sacristie. — F°. 725. Quittance du cloître pour ôter la terre, de 30 liv. — F°. 727. Marché pour paver le chœur de l'église, en 1682. — F°. 730. Commencement du dortoir, en 1683. — F°. 731. Marché de la maçonnerie du dortoir, réfectoire, cave, en 1683. — F.° 737. Extraits des baux faits par le s^r. Le Brun, receveur du prieuré de Coincy, pour M. l'abbé de Champigny, en 1678. — F°. 749. Extrait des baux du revenu du prieuré de Coincy. — F°. 773. Extrait des baux des offices claustraux (chambrerie, sacristie, prevosté, aumonerie, petit couvent). — F°. 819. Table.

COINCY.

308. Veue d'une abbaye, (Collinances)[1] étant proche de la Ferté-Milon.

COLLINANCES.

B. I. *Département des Cartes et Plans.—Coll. topographique.*
V. a.
27

Dans ce volume, se trouvent les cartes et plans de Senlis, Nanteuil et Betz.

309. Lettres par lesquelles le duc de Bourgogne accorde des franchises à la commune de Combles[2]. (Septembre 1545.)

COMBLES.

A. I. *Sect. hist., Trés. des Ch.*, Cart. 1017, n°. 169.

310. Recueil de chartes originales ou copies de chartes, tirées des collections des Bibliothèques de Paris et des Archives impériales.

COMPIÈGNE.

I. Fondation de l'église de Compiègne par Charles-le-Chauve. — (5 mai 877.)

B. I. *Coll. Dupuy*, vol. 690.

II. Charte de Louis VI, par laquelle il concède aux

---

[1] Annexe de Thury-en-Valois (Oise).
[2] Arrondissement de Péronne (Somme).

COMPIÈGNE. hommes de Compiègne, le droit de battre monnaies. — (1120 [1].)

B. I. { *Coll. De Camps*, t. xi.
{ *Cart. cont. antiq. précept.* f°. 132. — *F^{ds} Bouhier*, n°. 26, t. i.

III. Charte de commune accordée par Louis VII aux habitants de Compiègne [2]. — (1153.)

B. I. *Cart. de Philippe-Auguste*, n°. 9852, f°. 50 v°.

A. I. *Sect. hist.*, X., 2.° série 189. Liassse 6, n°. 10.

IV. Charte par laquelle Louis-le-Jeune donne à cens à la commune de Compiègne, la prévôté de ladite ville, avec tout ce qui en dépend, moyennant 144 liv. ix s. parisis chaque année.

B. I. *Cab. des Ch.*, CC. 67.

V. Bail à cens fait par le maire de Compiègne, au nom de la commune, à Roger de Verberie, d'un moulin situé près du pont de Compiègne. — (1183.)

B. I. *Cab. des Ch.*, CC. 71.

VI. Acte par lequel Philippe-Auguste accorde à l'abbaye de Compiègne de faire durer la foire annuelle de cette ville pendant quinze jours. — (1185.)

B. I. { *Anc. fonds latin*, n°. 5326.
{ *Fonds Saint-Germ. fr.* n°. 904.

VII. Confirmation de la commune de Compiègne par Philippe-Auguste [3]. — (1166.)

B. I. { *Cart. de Philippe-Auguste*, 8408, f°. 78 r°. 22/B.
{ *Cab. des Ch.*, CC. 384.
{ *Coll. De Camps*, vol. 20.
{ *Coll. Duchesne*, t. 78, p. 228.
{ *Fonds Bouhier*, n°. 26, t. ii, f°. 279.
{ *Coll. Dupuy*, vol. 841, f°. 231.

[1] Voy. Mabillon, *de re Diplomatica*, liv. vi, ch. 176, p. 598. — Leblanc, *Monnaies de France*, p. 153, fragments.

[2] *Rec. des Ordonnances des rois de France*, t. xi, p. 240. — Baluz. *Miscell.*, t. vii, p. 309.

[3] Baluz. *Miscell.*, t. vii, p. 314. — *Rec. des Ordonnances des rois de France*, t. xi, p. 243.

VIII. Diplôme du roi Philippe-Auguste, confirmant les conventions faites entre l'abbaye de Saint-Corneille de Compiègne et la commune de cette ville, au sujet de la place dite la *Cour du Roi*, située près de l'église. Les religieux s'y réservent la justice pendant les trois jours de foire de la mi-carême, et la commune promet que les autres foires de l'année finies, elle enlèvera de la place les étaux et échoppes qui y auraient été construits, et payera à l'abbaye 100 s. parisis de prestation annuelle. — (1201.)

B. I. *Cab. des Ch.*, CC. 90.

IX. Charte par laquelle Jean, maire de Compiègne, et toute la commune, confirment les conventions faites pardevant le roi Philippe-Auguste, entre la commune et l'abbaye de Saint-Corneille de Compiègne, au sujet de la place de cette ville. — (Août 1201.)

B. I. *Cab. des Ch.*, CC. 90.

X. Charte du maire et des jurés de Compiègne, au sujet d'un traité fait entr'eux et les religieux de Saint-Corneille de Compiègne, relativement au droit de rivage sur l'Oise, pour lequel ils étaient en contestation, les bourgeois prétendant n'être tenus à ce droit que pour le vin seulement. (1206.)

B. I. *Cab. des Ch.*, CC. 92.

XI. Charte par laquelle Philippe-Auguste accorde à la commune de Compiègne tous les droits qu'il avait dans la ville de Marrinies. — (1107.)

B. I. *Fonds Bouhier*, n°. 26. Cartul., t. II, p. 428.

XII. Charte par laquelle l'abbesse Helisende et la communauté de Montmartre, donnent au maire et à la commune de Compiègne, sous une prestation annuelle de x livres parisis, tout ce qu'elles avaient dans la ville de Compiègne, et dehors, entre la forêt et la rivière d'Oise. — (Août 1215.)

B. I. *Cab. des Ch.*, CC. 111.

XIII. Charte des maire et jurés de Compiègne sur le même sujet. — (1215.)

A. I. *Sect. hist.*, Cart. de l'abbaye de Montmartre, p.^{ce} 15.

XIV. Lettres du roi Philippe-Auguste par lesquelles il

COMPIÈGNE.

accorde à ses bourgeois de Compiègne de faire bâtir deux moulins à vent dans l'endroit qu'ils voudront, entre la ville et la forêt de Compiègne, à condition de percevoir la moitié des revenus desdits moulins, promettant de son côté de faire la moitié des frais de la construction [1]. — (Juillet 1218.)

B. I. { *Cartul. de Ph. Aug.* 8408, f°. 78 v°. $\frac{22}{B.}$

{ *Coll. De Camps*, vol. 29.

XV. Lettres de l'abbé et du couvent de Corbie qui réservent au roi le droit qui lui revenait sur une maison qu'il leur avait permis de bâtir sur le port de Compiègne. — (1220.)

A. I. *Sect hist.*, J. 231, n°. 3.

XVI. Diplôme du roi Philippe-Auguste, qui permet au maire et à la commune de Compiègne, d'acquérir ce que Jean de Verberie et Gryard Tarte possédaient dans la ville. (Juillet 1221.)

B. I. *Cab. des Ch.*, CC. 124.

XVII. Acte scellé par lequel la commune de Compiègne s'engage à soutenir le roi contre tous. (1228.)

A. I. *Sect. hist.*, *Trés. des Ch.*, Cart. 627, 8. ^{21}

XVIII. Sentence arbitrale rendue par les archidiacres de Brie et de Tardenois, vicaires de l'église de Soissons, sur une contestation entre les curés de Compiègne et les bourgeois de cette ville, au sujet de l'argent que les curés exigeaient pour les mariages, les relevailles et les baptêmes. Statuant qu'avant la cérémonie rien ne pourrait être exigé, mais qu'après, les plus riches paieraient aux curés ou à leurs vicaires, savoir : cinq sols tournois et rien de plus pour un mariage, et six pour chaque relevaille ; quant aux baptêmes, rien ne pourra être exigé ni avant, ni après. — (Mai 1250.)

B. I. *Cab. des Ch.*, CC. 183.

XIX. Lettres des maire, jurés et commune de Compiègne, par lesquelles ils reconnaissent avoir pris à cens des chevaliers du Temple, une maison située dans ladite ville,

---

[1] Baluz. *Miscell.*, t. VII, p. 317.

plus le droit qu'avaient lesdits chevaliers sur plusieurs autres maisons. Après avoir fixé la manière dont le cens annuel de 15 liv. sera payé, on ajoute : *que dans le cas où il n'y aurait plus de commune*, les religieux du Temple pourraient poursuivre la redevance sur tous les bourgeois en général, et sur chacun en particulier.—(Juillet 1253.)

A. I. *Section*. Ordre de Malte S. n°. 4994.

XX. Bulle de Clément IV, par laquelle il ordonne à l'évêque de Soissons de consacrer une nouvelle chapelle à l'hôpital de Compiègne. — (1256.)

A. I. *Sect. hist., Trés. des Ch.*, Cart. J. 234, n°. 5.

XXI. Bulle d'Alexandre IV, qui permet d'établir un couvent de Dominicains à Compiègne. — (17 août 1257.)

[A. I. { *Sect. hist., Trés. des Ch.*, J. Reg. 4, f°. 64.
       { Id.   Id.   Cart. J. 234, n°, 1 (orig.)

XXII. Bref du pape Alexandre IV, donnant commission à l'abbé de Saint-Médard de Soissons, sur les plaintes portées par l'abbé et les religieux de Saint-Corneille de Compiègne, contre les maire et jurés de cette ville, qui arrêtaient les clercs et les incarcéraient, au mépris et au préjudice de la juridiction de l'abbé, malgré la défense faite aux laïcs de s'arroger aucun pouvoir sur les clercs, d'enjoindre aux maire et jurés de Compiègne de renoncer à ce procédé et de les contraindre par les censures ecclésiastiques à se renfermer dans la limite de leurs pouvoirs avec la précaution de ne point comprendre l'université de la ville dans l'interdit, sans un mandat spécial de sa sainteté. (18 octobre 1259.)

B. I. *Cab. des Ch.*, CC. 197.

XXIII. Bulle d'Alexandre IV, qui permet aux frères prêcheurs d'entrer avec le roi dans les couvents des femmes. — (1259.)

A. I. *Sect. hist.*, J. Reg. 31, f°. 5.

XXIV. Exemption du péage pour l'Hôtel-Dieu de Compiègne. Confirmation d'une donation pour une chapelle. —(1259.)

A. I. *Sect. hist.*, J. 365, n°. 6.

XXV. Réglement de saint Louis pour l'élection des

COMPIÈGNE.

maires de Compiègne, Saint-Quentin, etc., etc.; qui doivent tous être institués le lendemain de la fête de saint Simon. — (1260.)

B. I. *Fonds Béthune*, n°. 9402, f°. 105.

XXVI. Bulle de Clément IV, sur l'ordination de l'Hôtel-Dieu de Compiègne. — (18 septembre 1266.)

A. I. { *Sect. hist.*, J. Reg. L. f°. 62.
       { Id. J. Carton 234, n°. 6 (orig.)

XXVII. Bulle de Clément IV, qui permet aux frères de l'Hôtel-Dieu de Compiègne d'avoir un cimetière près de leur chapelle. — (5 février 1266.)

A. I. { *Sect. hist.*, J. Reg. L. f°. 61, pièce 1.
       { Id. J. Carton 234, n°. 2 et 3 (orig.)

XXVIII. Bulle de Clément IV, qui ordonne à l'évêque de Soissons de consacrer la chapelle de l'Hôtel-Dieu de Compiègne et de bénir le cimetière.—(5 février 1266.)

A. I. *Sect. hist.*, J. Reg. L. f°. 61, pièce 2.

XXIX. Bulle de Clément IV, qui soumet l'hôpital de Compiègne, à l'ordre de la Sainte-Trinité. — (20 février 1266.)

A. I. *Sect. hist.*, J. Reg. L. f°. 61 v°.

XXX. Ordres de Gautier Bardius, bailli du Vermandois, adressés aux maires des villes et bourgs de Compiègne, de Noyon, de Chauny, de Montdidier, de Roye, de Péronne, de Bray, d'Athie, de Saint-Quentin, de Laon, de Crepy-en-Laonois, de Bruyères, de Chaudarde, de Cerny-en-Laonois, de Vesly, de Condé, de Soissons, pour faire conduire à leurs frais, jusqu'à Troyes, où le roi devait faire la sentence aux octaves de la Nativité de la Vierge, le nombre des sergents pour lequel chaque ville était portée dans ces ordres. — (15 juin 1276.)

B. I. *Cab. des Ch.*, CC. 222.

XXXI. Procuration donnée par S. de Ribercourt et par le couvent de Saint-Corneille de Compiègne, à deux moines de cette abbaye, pour obtenir du roi la permission d'élire un abbé en remplacement de défunt Pierre de Braine. — (1277.)

A. I. *Sect. hist.*, *Trés. des Ch.*, J. 314, n.° 51.

XXXII. Lettres de Philippe-le-Hardi, ordonnant l'exécution d'un arrêt portant que les maire et jurés de Compiègne seront tenus, durant l'instance qui est entre l'évêque de Soissons et les religieux de Saint-Corneille, de mettre entre les mains de l'abbé les clercs qu'ils auront fait arrêter. — (1283.)

COMPIÈGNE.

B. I. *Cab. des Ch.*, CC. 230.

XXXIII. Lettres de surannation du roi Philippe-le-Hardi, du diplôme accordé en 1186, par son ayeul Philippe-Auguste, à la commune de Compiègne, diplôme dont le lac de soie avait été détruit par le temps.—(Avril 1283.)

B. I. *Cab. des Ch.*, CC. 231.

XXXIV. Lettre circulaire de Pierre, abbé de Saint-Corneille de Soissons et de la communauté, adressée aux prieurs, sous-prieurs, etc., de l'abbaye de Saint-Médard-lès-Soissons, auxquels il est enjoint, en vertu de la soumission immédiate de l'église de Compiègne, d'avoir à sommer l'évêque de Soissons de retirer la défense qu'il a faite aux maire et jurés de Compiègne, de remettre à l'abbé, suivant l'ancien usage, les clercs qu'ils auront fait arrêter dans la ville, faute de quoi ledit évêque sera suspendu par l'abbé et même excommunié s'il persiste dans sa résolution. — (5 juin 1283.)

B. I. *Cab. des Ch.*, CC. 231.

XXXV. Lettres du roi Philippe-le-Hardi, desquelles il résulte que le roi ayant accordé aux abbé et religieux de Saint-Corneille de Compiègne durant une année, la levée d'un droit qu'on appelait coutume, laquelle coutume avait été perçue jusqu'alors par les maire et jurés de ladite ville, ceux-ci en obtinrent la continuation à la charge de rendre à l'abbaye de Saint-Corneille une somme pour la reconstruction d'un pont, objet pour lequel cette coutume avait été accordée aux religieux. Le roi ne veut pas au surplus que cette concession faite aux maires et aux jurés porte aucun préjudice aux droits de l'abbaye et donne un nouveau titre aux maires et aux jurés. — (Janvier 1483.)

B. I. *Cab. des Ch.*, CC. 231.

XXXVI. Lettres de Pierre, abbé de Corbie, au prieur de Saint-Médard de Soissons, sur la sentence d'interdic-

COMPIÈGNE.

tion, portée par l'évêque de Soissons, contre les maire et jurés de Compiègne. — (1283.)

B. I. *Cab. des Ch.*, CC. 376.

XXXVII. Petit rôle contenant une enquête faite à Toulouse, sur l'ordre du roi, par Guillaume de Chavoi, chevalier, pour savoir si Gilles de Compiègne était gentilhomme. — (1285.)

B. I. *Sec. hist.*, Cart. J. 1034, n° 49.

XXXVIII. Arrêt du conseil du roi, prononcé par Mathieu, abbé de Saint-Denis, et Simon, seigneur de Nesle, lieutenant du royaume, sur un différend entre l'abbaye de Saint-Corneille de Compiègne et les maire et jurés de la même ville, au sujet d'un terrain entre les piliers de l'église de Saint-Corneille. — (Juillet 1285.)

B. I. *Cab. des Ch.*, CC. 234 et 376.

XXXIX. Vente de 60 liv. de rente sur Miraumont faite à Gilles de Compiègne, seigneur de Courtemanche, par Henri de Toutencourt, chevalier, et Jeanne, sa femme. — (Août 1290. En fr.) (2 sc. pend. en cire rouge; le premier avec cette légende : *Sigillum Henrici de Toutencourt;* le second : *Sigillum Johanne de Toutencourt.*)

A. I. *Sect. hist.*, *Trés. des Ch.*, J. 229, n°. 22.

XL. Arrêt du Parlement de Paris, interprétatif d'un autre arrêt du mois de juin 1291, en faveur des abbé et religieux du monastère de Saint-Corneille de Compiègne, contre les maire et jurés de ladite ville; cette interprétation roule sur les articles suivants : 1°: sur le prix des valeurs et des objets volés; 2°. sur la taille que les religieux lèvent dans la ville, sur les droits qu'ils ont d'enlever portes et fenêtres pour taille non payée; 3°. sur les cours ou rues de la ville; 4°. sur les acquisitions dans le tréfond de l'abbaye, etc. La Cour remet à un autre Parlement le jugement sur les stalles et sur la division des prévôtés. — (Mars 1292.)

B. I. *Cab. des Ch.*, CC. 241.

XLI. Vidimus d'une sentence du bailli de Senlis, portant reglement d'intérêts, rendue en faveur de Saint-Corneille de Compiègne. — (1294.)

B. I. *Recueil de Loisel*, t. II, n°. 123, N. D.

XLII. Transaction passée entre la commune de Compiègne et l'abbaye de Chaalis, pour l'exemption du droit de minage et de masure. — (Janvier 1301.)

B. I. Cab. des Ch., CC. 246.

XLIII. Acte scellé du sceau de la commune de Compiègne, par lequel les habitants dudit lieu appellent au futur concile de la violation de leurs droits par le pape. — (Juillet 1303.)

A. I. Sect. hist., Trés. des Ch., Cart. J. 482, n°. 192.

XLIV. Même acte de l'abbaye et couvent de Saint-Corneille de Compiègne. (1303.)

A. I. Sect. hist., Trés. des Ch., Cart. J. 483, n°. 206.

XLV. Pareil acte des frères Mineurs de Compiègne. — (1303.)

A. I. Sect. hist., Trés. des Ch., J. 484, n°. 275.

XLVI. Pareil acte des frères Précheurs de Compiègne. —(1303.)

A. I. Sect. hist., Trés. des Ch., J. 488, n°. 522.

XLVII. Lettres de non préjudice données par les maire et jurés de Compiègne à l'abbaye de Saint-Corneille dudit lieu, au sujet d'un droit que le roi leur avait permis de lever sur les vins. — (Novembre 1307.)

B. I. Cab. des Ch., CC. 377 et CC. 250.

XLVIII. Procuration scellée donnée par la commune de Compiègne à ses députés aux États-Généraux. — (1308.)

A. I. Sect. hist., Trés. des Ch., Cart. 415, n.° 182.

XLIX. Arrêt du Parlement de Paris sur un différend entre les maire et jurés de Compiègne, et les abbé et religieux de Saint-Corneille, par lequel il est ordonné que les maire et jurés ne pourront faire saisir les biens des hôtes de l'abbaye, qu'après avoir présenté requête aux abbés et religieux, ou au bailli de Senlis, sur leur refus. — (Mars 1309.)

B. I. Cab. des Ch., CC. 250.

L. Lettres par lesquelles le maire, les jurés et la commune de Compiègne, à la demande de Philippe-le-Bel, abandonnent aux religieux de Royal-lieu, au village de

COMPIÈGNE.

la Neuville-lès-Compiègne, toute la justice et toute la seigneurie qu'ils avaient en ce lieu, à certaines conditions énoncées dans ces lettres. — (25 juin 1309.)

B. I. *Cab. des Ch.*, CC. 250 et CC. 377.

LI. Lettres par lesquelles le roi déclare qu'une imposition qu'il a mise sur le vin dans la ville de Compiègne, ne préjudiciera en rien aux franchises de l'abbaye de Saint-Corneille. — (4 novembre 1311.)

A. I. *Sect. hist., Trés. des Ch.*, J. Reg. 46, n° 145.

LII. Confirmation de lettres des maire et jurés de Compiègne, sur un rabais de revenus convenu entre eux et le prieur et couvent de Royal-lieu. — (Août 1314.)

A. I. *Sect. hist., Trés. des Ch.*, J. Reg. 46, n° 84 et 86.

LIII. Accord entre le roi d'Angleterre, comme comte de Ponthieu, et le prieur et couvent de Saint-Pierre d'Abbeville, touchant la haute et basse justice de Compiègne et d'autres lieux. — (1311.)

A. I. *Sect. hist., Trés. des Ch.*, J. 235, n° 36.

LIV. Arrêt du Parlement de Paris, prononcé sur quatorze chefs de plaintes formées par les maire et jurés de Compiègne, contre les abbé et religieux de Saint-Corneille de Compiègne. — (Avril 1312.)

B. I. *Cab. des Ch.*, CC. 251.

LV. Permission donnée aux religieux de Saint-Jean de Compiègne de tenir cent porcs dans la forêt de Cuise. — (Juin 1312.)

A. I. *Sect. hist., Trés des Ch.*, J. Reg. 48, n° 122.

LVI. Don de trois étaux dans la boucherie de Compiègne, fait aux maire et échevins de cette ville. — (Mars 1312.)

A. I. *Sect. hist., Trés. des Ch.*, J. Reg. 58, n° 196.

LVII. Droit de pâturage dans la forêt de Cuise accordé à l'abbesse et aux religieuses de Saint-Jean de Compiègne. — (Juillet 1315.)

A. I. *Sect. hist., Trés. des Ch.*, J. Reg. 52, n° 215.

LVIII. Don de prés à l'Hôtel-Dieu de Compiègne. — (Avril 1317.)

A. I. *Sect. hist., Trés. des Ch.*, J. Reg. 53, n° 164.

LIX. Pasnage dans la forêt de Cuise pour l'abbesse et le couvent de Compiègne. — (1324.)

A. I. Sect. hist., Trés. des Ch., J. 423, n°. 43.

LX. Lettres de Charles-le-Bel par lesquelles il accorde aux bourgeois de la ville de Compiègne, alors gouvernée en prévôté, l'autorisation de sonner la grosse et la petite cloche du beffroy de ladite ville, en cas de meurtre ou d'indie [1]. — (Juin 1327.)

A. I. Sect. hist., Trés. des Ch., Reg. 64, p. 489; f°. 265.

LXI. Transport fait au roi Philippe de Valois, par Drouart Elias, écuyer, de ses droits sur quelques fiefs, pour quoi le roi lui donne 12 den. de gages par jour sur le péage de Compiègne. — (12 avril 1328.)

A. I. Sect. hist., Trés. des Ch., J. 160, n°. 24.

LXII. Lettres par lesquelles le roi accorde aux habitants de Compiègne, que le transport des vins qui se fait par l'Oise, pour la guerre de Flandres, ne leur causera aucun préjudice. — (Juin 1328.)

A. I. Sect. hist., Trés. des Ch., J. Reg. 65 L, n.° 124.

LXIII. Permission accordée aux frères de la Maladrerie de Compiègne, de faire paître leurs bêtes dans la forêt de Compiègne. — (Juillet 1342.) En fr.

A. I. Sect. hist., Trés. des Ch., J. Reg. 74, n°. 319.

LXIV. Don fait par le roi à Guillaume Maillard, archer, d'un terrain situé à Compiègne. — (Août 1343.) En fr.

A. I. Sect. hist., Trés. des Ch., J. Reg. 74, n°. 246.

LXV. Accord homologué au Parlement de Paris, entre le couvent de Saint-Corneille et les habitants de Compiègne, par lequel il est réglé que les habitants jouiront de l'octroi à eux accordé par le roi 1.° de pouvoir faire entrer leurs marchandises sans rien payer aux religieux, sauf un droit sur le vin; 2°. de vendre leurs marchandises dans toutes les foires de la ville en payant le loyer. — (23 juillet 1345.)

A. I. Sect. jud., Parl. de Paris, Accords, Cart. 3.

---

[1] Voy. Ord. des rois de France, t. XI, p. 514.

COMPIÈGNE.

LXVI. Acte dans lequel on nomme Jehan de Menchecourt, écuyer, garde de la justice des religieux, abbé et couvent de Saint-Corneille de Compiègne. —(1350.)

A. I. Sect. hist., Trés. des Ch., J. Reg. 80, n°. 197.

LXVII. Acte par lequel on voit que l'abbaye de Saint-Corneille avait une maison à Romigny. (1352.)

A. I. Sect. hist., Trés. des Ch., J. Reg. 81, n°. 434.

LXVIII. Lettres patentes du roi Jean, portant permission à la ville de Compiègne de lever un impôt sur les vins pendant quatre ans. — (14 août 1352.)

A. I. Sect. adm., Ch. des Comptes. Mém. C. f°. 116.

LXIX. Lettres par lesquelles le roi Jean impose diverses ordonnances d'administration aux habitants de la ville de Compiègne. — (1355.)

A. I. Sect. hist., Trés. des Ch., Reg. 84, 401.

LXX. Lettres par lesquelles le roi Jean confirme une délibération de la commune de Compiègne sur l'admission au droit de bourgeoisie. — (Novembre 1356.)

A. I. Sect. hist., Trés. des Ch., Reg. 84, n°. 544.

LXXI. Priviléges accordés par Charles V aux arbalétriers de Compiègne [1]. — (Septembre 1368.)

A. I. Sect. hist., K. 2e. série 189, liasse 7, p. 22.

LXXII. Permission de s'assembler accordée à la confrérie de Saint-Nicolas de Compiègne. — (1406.)

A. I. Sect. hist., Trés. des Ch., J. Reg. 161, n°. 258.

LXXIII. Grâce accordée par le duc d'Orléans à la ville de Compiègne. — (1411.)

A. I. Sect. hist., Trés. des Ch., J. Reg. 166, n°. 75.

LXXIV. Diplôme du roi Charles VI, portant qu'à cause des inconvénients résultant pour la ville de Compiègne et les pays environnants, de la convocation de tous les habitants dans les assemblées tenues pour traiter les affaires publiques, les gouverneurs ne seront tenus dans la suite

[1] Voy. Ord. des rois de France, t. v, p. 144.

qu'à convoquer douze des sages et notables de la ville COMPIÈGNE. pour délibérer, sans que la populace mette aucun obstacle aux délibérations du comité [1]. — (Mai 1414.)

B. I. *Cab. des Ch.*, CC. 279 et CC. 383.

LXXV. Traité pour les manans et habitants de Compiègne. — (1443.)

A. I. *Sect. hist., Trés. des Ch.*, J. Reg. 172, n°. 442.

LXXVI. Lettres par lesquelles Louis XI confirme les franchises et exemptions des habitants de la ville de Compiègne [2]. — (20 Mars 1461.)

A. I. *Sect. hist., Trés. des Ch.*, Reg., 198, n°. 396.
B. I. *Coll. Fontanieu*, portef. 128 et 129.

LXXVII. Lettres par lesquelles Charles VIII confirme les libertés et priviléges des habitants de Compiègne [3]. — (Septembre 1483.)

A. I. *Sect. hist., Trés. des Ch.*, Reg. 211, p. 459.

LXXVIII. Lettres par lesquelles Louis XII confirme le priviléges des habitants de la ville de Compiègne. — (Juin 1498.)

A. I. *Sect. hist., Trés. des Ch.*, Reg. 251, n°. 4.

LXXIX. Lettres patentes de François I.er qui confirment les habitants de Compiègne dans leurs priviléges. — (Janvier 1516.)

A. I. *Sect. adm., Ch. des Comptes*, Mém. A. A. f°. 18.

LXXX. Lettres par lesquelles François I.er, à la demande des religieux de Saint-Corneille et des habitants de Compiègne, rétablit dans cette ville la foire de la Mi-Carême. — (Décembre 1531.)

A. I. *Sect. hist., Trés. des Ch.* Reg. 246, n°. 117.

LXXXI. Lettres patentes du roi portant exemption du droit d'imposition de XII deniers par livre de toutes marchandises vendues et achetées pendant la foire de Mi-

---

[1] Voy. *Ord. des rois de France*, t. x, p. 211.
[2] Voy. *Ord. des rois de France*, t. xv, p. 364.
[3] Voy. *Ord. des rois de France*, t. xix, p. 146.

COMPIÈGNE. Carême, qui se tient durant xv jours en la ville de Compiègne. — (Décembre 1531.)

A. I. Sect. adm., Ch. des Comptes, Mém. F. F. n°. 375.

LXXXII. Lettres par lesquelles Charles IX autorise les habitants de la ville de Compiègne à élire un juge et deux consuls des marchands, pour rendre la justice en matière de commerce. — (Avril 1565.).

A. I, { Sect. hist., Trés. des Ch., Reg. 263 bis, p. 301.
{ Sect. jud., Parl. de Paris, Ord. 2 B. f°. 130.

LXXXIII. Lettres patentes de Charles IX qui prolongent de six ans la permission accordée aux habitants de Compiègne, de lever 31 s. 6 den. sur chaque minot de sel vendu au grenier de ladite ville, pour subvenir aux réparations des fortifications.

A. I. Sect. adm., Ch. des Comptes, Mém. E. E. E. n°. 81.

LXXXIV. Lettres patentes de Henri IV, portant création de iv foires par an, dans la ville de Compiègne. — (Août 1590.)

A. I. Sect. jud., Parl. de Paris, Ord. 2 X. f°. 110.

LXXXV. Lettres patentes par lesquelles Henri IV confirme les priviléges de la ville. — (Février 1593.)

A. I. Sect. jud., Parl. de Paris, Ord. 2 T. f°. 22.

LXXXVI. Lettres de jussion pour l'enregistrement de celles portant création de iv foires par an. — (17 octobre 1603.)

A. I. Sect. jud., Parl. de Paris, Ord. 2 X. f°. 109.

LXXXVII. Lettres patentes de Louis XIII portant confirmation de tous les priviléges de la ville de Compiègne. — (Décembre 1613.)

A. I. Sect. jud., Parl. de Paris, Ord. 3 A. f°. 127.

LXXXVIII. Arrêt du conseil qui maintient les gouverneurs et attournés et les M^{es}. tonneliers et camions de Compiègne en la perception des droits de péage à eux attribués par les arrêts du Parlement des 24 février 1588 et 12 août 1606. — (22 mars 1625).

A. I. Sect. administ., E, 81.

LXXXIX. Lettres patentes du roi qui confirment les habitants de Compiègne dans leurs droits, privilèges, immunités et exemptions, etc. — (Août 1645).

COMPIÈGNE.

A. I. Sect. administ., Mémorial 6 R., f°. 217.

XC. Lettres patentes de Louis XIV, portant confirmation en faveur des tonneliers de Compiègne, des privilèges à eux accordés par Louis XII, en 1513, et François Ier, en 1516, pour l'entrée des crins dans la ville. — (Septembre 1647).

A. I. Sect. jud., Ord. 3. Q., f°. 60.

XCI. Nomination des s^{rs}. Billy, Le Clerc et Poulletier, pour gouverneurs attournés de la ville de Compiègne. — (9 mars 1669).

A. I. Sect. hist., E, 3355, f°. 17.

XCII. Ordonnance de Louis XIV qui règle les contestations existant entre les officiers du bailliage de Compiègne, au sujet du commandement et de la préséance entre eux. — (31 décembre 1684).

A. I. Sect. administ., E, 3360, f°. 478.

XCIII. Lettres patentes qui confirment les habitants de Compiègne dans l'exemption des droits de franc-fiefs, dans leur droit d'usage, chauffage et pâturage dans la forêt de Cuise, etc., etc. — (Septembre 1717).

A. I. Sect. administ., Mémorial C. 1762, f°. 201.

XCIV. Enregistrement des lettres sus dites. — (20 décembre 1717).

A. I. Sect. jud., Parl. de Paris, Ord. 6. D., f°. 58.

XCV. Enregistrement des lettres du roi données à Paris le 20 mars 1718, portant confirmation pour les maîtres tonneliers de Compiègne des droits et privilèges à eux accordés par les lettres des mois de novembre 1513, août 1515, août 1547, juin 1560, décembre 1571, janvier 1596, juin 1613, et septembre 1647. — (11 avril 1718).

A. I. Sect jud., Parl. de Paris, Ord. 6. T., f°. 407.

XCVI. Lettres patentes portant approbation des statuts en 46 articles, pour les maîtres ciriers, merciers, épiciers, droguistes de la ville de Compiègne. — (Octobre 1718).

A. I. Sect. jud., Parl. de Paris, Ord. 6. T., f.° 65.

COMPIÈGNE.

XCVII. Enregistrement des lettres du roi du mois de juillet 1719, portant confirmation de statuts pour les maitres bonnetiers de Compiègne. — (5 septembre 1719).

A. I. Sect. jud., Parl. de Paris, Ord. 6. G., dernier f°.

XCVIII. Enregistrement des statuts en 46 articles, pour les marchands merciers, ciriers, épiciers et droguistes de Compiègne. — (29 janvier 1729).

A. I. Sect. jud., Parl. de Paris, Ord. 6. T., f°. 57.

XCIX. Arrêt du conseil qui réunit au corps de la ville de Compiègne les offices de la dite ville. — (12 mars 1754).

A. I. Sect. administ., E, 1293.

C. Lettres patentes du roi, enregistrées au Parlement de Paris le 7 septembre 1764, portant réunion des offices de police dans la ville de Compiègne au corps et communauté de la ville. — (29 août 1754).

A. I. Sect. jud., Parl. de Paris, Ord. 8. P., f°. 376.

CI. Arrêt du conseil qui fait défense au lieutenant-général de la ville de Compiègne de prendre la qualité de maire de la dite ville. — (19 juin 1759).

A. I. Sect. administ., E, 1342.

CII. Arrêt du conseil qui ordonne que la place de maire et lieutenant de police de la ville de Compiègne sera remplie par tel sujet qui sera commis par le roi tous les trois ans. — (31 juillet 1772)

A. I. Sect. administ., E, 2483.

CIII. Arrêt du conseil qui permet à la ville de Compiègne d'acquérir ses offices municipaux. — (8 septembre 1772).

A. I. Sect. administ., E, 1482.

CIV. Lettres patentes du roi, enregistrées au Parlement de Paris le 20 juin 1777, portant règlement en 29 articles, pour la création de nouvelles communautés (les anciennes ayant été supprimées) dans la ville de Compiègne et autres, au nombre de 93 (dont l'état arrêté au conseil est annexé aux présentes.) — (Avril 1777).

A. I. Sect. jud., Parl. de Paris, Ord. 10. M., f°. 155.

CV. Lettres patentes de Louis XVI, qui confirment les gouverneur et administrateur de la ville de Compiègne dans les privilèges de l'hôpital de la dite ville.

A. I. *Sect. administ.*, E, 3496, f°. 139.

CVI. Lettres patentes de Louis XVI, qui confirment les habitants de Compiègne dans différents droits et privilèges. — *(*Décembre 1782 *)*.

A. I. *Sect. administ.*, E, 3500, f°. 563.

311. Gillesson. Antiquités de Compiègne.

MS. de 5 vol. in-f°. papier. — Ecriture du XVIIe siècle.

Bibl. Imp.—*Fonds Compiègne*, n°. 75.

Ce manuscrit, dont Fevret de Fontette a parlé dans sa *Bibliothèque de la France*, n'est pas à proprement parler une histoire, c'est plutôt un amas de pièces, classées selon l'objet auquel elles se rapportent, reliées entre elles par quelques mots ; l'ouvrage qui manque complètement d'esprit de critique, ressemble beaucoup plus à un livre de *preuves* qu'à un mémoire historique. Le MS. n'en est pas moins précieux pour l'histoire de la ville de Compiègne ; les extraits des cartulaires, des registres, des livres imprimés que l'auteur a consultés, ont dû lui coûter des peines infinies, et témoignent en faveur de son infatigable ardeur. L'histoire de Compiègne est là toute faite ; les matériaux sont réunis, classés, traduits, et quelquefois même expliqués ; il ne manque plus que la forme, et la forme une fois donnée, l'histoire de la ville de Compiègne sera, nous en sommes certains, une des monographies historiques les plus intéressantes et les plus estimées.

D'après une note placée sur la feuille de garde, l'auteur de ce précieux MS. est « Dom Henri-Bonaventure Gilles-
» son, natif de Courboing, diocèse de Soissons, profès de
» Saint-Remi de Reims à l'âge de 23 ans, le 15 juillet 1632,
» mort au monastère de Saint-Crespin-le-Grand à Sois-
» sons, le 5 octobre 1666. »

L'auteur, dont malheureusement l'écriture est pour ainsi dire illisible, a divisé son travail en livre et en chapitre. Chaque livre a une pagination particulière ; il est dédié à un personnage différent.

COMPIÈGNE. **312. Antiquités de Compiègne.**

MS. in-f°, papier. — Ecriture du XVIIe siècle.

Bibl. Imp. — *St.-Germ. fr.* n°. 918.

Ce manuscrit commence par une dédicace de l'auteur à la Vierge. Ce n'est que le brouillon d'une partie du MS. cité ci-dessus.

313. Recueil pour servir à l'histoire de Compiègne.

MS. in-4°. papier. — Ecriture du XVIIIe. siècle.

Bibl. Imp. — *St.-Germ, fr.*, n°. 1869.

Il serait impossible d'énumérer la masse de renseignements fournis par ce MS. Nous croyons qu'il serait excessivement utile à qui voudrait faire une histoire de la ville de Compiègne

Il paraîtrait, en effet, d'après les mots qui commencent le premier folio, que ce volume ne serait qu'un appendice, un livre de preuves, annexé à une histoire de Compiègne. Voici ces mots :

[Livre..... et dernier, ou sont rapportez tout au long les principaulx privilèges, tiltres et chartes fondamentales de cette histoire.]

Quelques notes, écrites de la main de Gillesson, feraient penser que ce n'est qu'un brouillon de pièces sur lesquelles il a établi son histoire, ou bien un recueil déjà fait et dont il s'est servi.

314. Mémoires de F. Bonav. Gillesson. (1666.)

MS. in-8°. papier et parchemin. — Ecriture du XVIIe siècle.

Bibl Imp. — *St.-Germ.. fr.*, n°. 1870.

Ces deux volumes renferment de précieux documents sur Compiègne, mais qui ne sont du reste que la répétition de ceux cités plus haut. On a relié à la fin du volume quelques feuillets en parchemin qui avaient appartenu à l'auteur. Les premiers folios contiennent un passage incomplet du service divin, en écriture du XIIIe. siècle ; les derniers, beaucoup plus précieux, la fin de la loi salique avec l'index des rubriques, et le commencement de la loi des Allemands, en écriture du commencement du XIIe. siècle.

315. Traité des armoiries ou du comportement des armes, par Secile, héraut d'armes, etc.

MS. in-folio, papier.—Ecriture du XVe siècle, miniat.

Bibl.] Imp.—*Anc. fonds, fr.*, n°. 6993².

COMPIÈGNE.

Ce manuscrit renferme au f°. 51 r°. [le nombre des bannières de ceux qui se chargièrent au grand tournoy de Compiègne., là où le roy de Navarre fut armé.]

316. Recueil de pièces.

MS. in-f°. papier. — XVIe siècle.

B. I. *Coll. Béthune*, n°. 9134.

Parmi un grand nombre de lettres, qui n'ont aucun rapport à notre sujet, nous avons trouvé, f°. 35 de ce MS., une lettre des maire et jurés de Compiègne, adressée au roi en 1591.

317. Compte de Jean Morlière, chargé par Louis XI de la construction d'une chapelle en l'honneur de N. D. de Salvation à Compiègne.

MS. in-f°. de 98 folios, parch.—Ecriture] du XVIe. siècle.

Bibl. Imp.—*Suppl. fr.*, n°. 1162.

Ce manuscrit renferme plusieurs comptes ; celui qui nous occupe ne remplit que les 42 premiers folios.

Il commence ainsi :

[Compte particulier de feu Jehan Morlière, demourant à Compiengne, en son vivant, commis verbaument par le feu roy Loys derrenier trespassé que Dieu absoille, à faire faire une chappelle de Nostre Dame de Salvacion, que ledit feu seigneur ordonna estre faicte à sa dévocion, joingnant de la porte de Pierreffons à Compiengne, et à achecter et acquérir certaines revenues et possessions en la dicte ville de Compiengne et environ au plus prouchain que bonnement faire se pourra, jusques à la somme de soixante livres tournois pour la fondation du chapellain de la dite chappelle, laquelle chappelle le dit seigneur et ses successions conféreront et donneront quant le cas y escherra. Et sera tenu le chappellain de la dite chappelle et ses successeurs de dire et cellébrer une messe chascun jour perpétuellement, etc., etc.]

COMPIÈGNE.

F°. 2 *r*. Recepte, et premièrement. Du roy nostre seigneur a esté receu par le dit Morlière, la somme de III^cXL liv. en une petite bourse de cuir que lui avait baillée maistre Jehan Herbert, général des finances, etc.—*F°*. 2 *v°*. Total des recettes II^m II^c XXXII liv. X s. tourn.—*F°*. 3. Despence de ce présent compte. Denier pour la maçonnerie de la dicte chappelle [1]. Somme totale V^c XXXVIII liv. XIII s. IX den. tourn.—*F°*. 4 *r°*. Charpenrie et menuiserie. Somme totale VI^{xx} liv. IV s. VII den.—*F°*. 5 *r°*. Achapt d'ardoise, mérian, cloux et autres menues choses servant à la dite chappelle. Somme totale VII^{xx} VI liv. XIX s. VII den. tourn. —*F°*. 9. Achapt de serrurerie. Somme totale XXXVII liv. VII s. III den. ob. tourn.—*F°*. 10 *v°*. Achapt de verrières [2]. Somme totale XXX liv. VI s. III den. tourn.—*F°*. 11. Achapt des ornemens [3] faits et autres choses servans à la dicte chappelle. Somme CXVI liv. XIX s. II den. tourn.—*F°*. 13. Paintrerie [4]. Somme totale VI^{xx} XVII liv. X s. tourn.—*F°*. 13 *v°*. Autres menues besongnes pour la dicte chappelle achap-

[1] Nous extrayons l'article suivant : —[A Thomas Pigne, tailleur d'ymaiges demourant à Paris, la somme de 33 livres dix sept solz six deniers tournois. C'est assavoir, XVII liv. XVII s. VI den. tourn. en 13 escuz d'or, pour avoir fait et taillié en pierre de St.-Leu la remembrance du roy, fait devant lui une scabelle sur laquelle a unes heures et dessus en façon d'un drap d'or, semé de fleurs de liz eslevées, en pierre ung cul de lampe ouquel a deux angles, tenans une lectre d'une L couronnée et semée de fleurs de liz, et taillée au tour une table, sur laquelle est assiz et posé le roy devant l'ymaige de N. D. de Salvacion; et XVI liv. tourn. pour les despens du dit Thomas Pigne......etc.]

[2] Voici un autre passage assez curieux : —[A Walleranne, femme de Jehan Bove, et auparavant femme de feu Henry-le-Fèvre, en son vivant voirrier, demourant à Compiengne, la somme de XXX liv. VI s. III den. tourn. pour avoir fait..... les verrières de la dite chapelle, montans cent ung pié de verre blanc, au pris de II s. XI den. tourn. chascun pié, et quarante quatre piez d'autre verre de coulleurs à faire bordure pour les dictes voirrières, au pris de VII s. I den. tourn. chascun pié..... etc.]

[3] Tout cet article est fort curieux.

[4] Voici l'article : —[A Jacob de Litemont, peintre du roy nostre seigneur, la somme de six vings dix sept livres dix solz tournois en cent escuz d'or, pour avoir paint le dossier de la dicte chapelle de Nostre Dame de

tées à le foire de Laudit. Somme totale xiv liv. xiv s. viii den. tourn.—F°. 14 v°. Achapt de cloches [1]. Somme totale xx liv. xii s. vi den. tourn.—Achapt de luminaire. Somme totale lxv s. v den. tourn.—F°. 15. Summa pro edifficatione et decoratione dicte capelle. xi^c lxvi liv. xiii s. i den. obol. tourn.—F°. 15 v°. Autres deniers paiez par ce présent commis pour acquisicions faictes pour la fondacion d'une messe que le roy nostre seigneur a ordonnée estre dicte perpétuellement chascun jour en la dicte chapelle de Nostre Dame de Salvacion, etc.—F°. 17. Voyaiges et chevauchées faiz par ledit commis pour les affaires de la dite chappelle. Somme totale xvi liv. tourn.—F°. 18. Gaiges et sallaires du dit commis (nihil.)—F°. 18 v°. Despense commune [2]. Somme viii liv. viii s. tourn.—F°. 19. S'ensuit la copie du marché et devis fait touchant la maçonnerie de la chappelle Nostre Dame de Salvacion dont cy devant est faicte mencion [3]. Somme totale du devis v^c iv^{xx} iii liv. tourn.—F°. 21 v°. S'ensuit la copie de l'inventaire de certaines besongnes bailléez par Jehan Morlière à messire P. Notin, chappellain de la chappelle N. D. de Salvation, à Compiengne, pour servir à la dicte chappelle, le cinquième jour de février l'an mil cccc soixante quatorze [4].—F°. 24 r°. Copie du vidimus des lectres d'amortissement de la chappelle, dont devant est faicte mencion.

Salvacion, où est l'ymaige de la glorieuse dame, les deux tables d'autel, ensemble la clef d'ogive qui est au-dessus d'icelle chapelle, à l'escu de France et deux anglés; le tout fait de fin or et azur et autres fines coulleurs, ainsi qu'il appartient à chappelle royalle, et tout ainsi et par la forme et manière que baillé lui a esté par escript, et selon la devise des personnaiges des sains et sainctes à la dévotion du dit seigneur, etc.]

[1] Voici l'article : — [A Jehan Korado, fondeur et canonnier demourant à Paris, la somme de vingt livres douze solz six deniers tournois, pour la vente, bail et délivrance de deux cloches..... pesans en nombre six vingt cinq livres de mestail, au pris de 3 s. 3 den. tourn, chascune livre, etc.]

[2] On entend ici par dépense commune l'achat du parchemin et les frais de rédaction du présent compte.

[3] Ce devis est excessivement curieux.

[4] Cet inventaire mérite une attention toute particulière.

COMPIÈGNE.

La suite du manuscrit contient des lettres d'acquisition de certaines terres, à l'effet de doter la chapelle.

Après ces lettres viennent des comptes de la maison du roi Réné.

318. Vita sancta Martini.

MS. parchemin. — XIIe siècle.
Bibl. Imp. — N°. 5326, Cart.

On trouve dans ce MS. [la coppie de la chartre du roy Philippe, de la fondation de feste de la Mi-Kareme et de la justice que les dits religieux ont es trois jours de la dicte Mi-Karesme.] 1092.

319. Cartulaire blanc de St. Corneille de Compiègne.

MS. in-4°. de 143 folios, parchemin. — Ecriture des XIIe. et XIIIe. siècles.
A. I. Sect. hist. L. 175.

Ce Cartulaire qui, sous le rapport de l'antiquité et de l'intérêt que présentent les pièces, est le plus important de tous ceux dont nous avons eu à nous occuper jusqu'à présent, est malheureusement fort endommagé ; beaucoup de feuillets ont été arrachés, plusieurs lacérés et coupés par la moitié, de manière qu'un assez grand nombre d'actes sont incomplets soit par le commencement, soit par la fin ; aussi cette détérioration aurait-elle affaibli la valeur de ce manuscrit, si à l'aide d'un autre cartulaire conservé aux archives dans la même section, sous le n°. L. 174 (voyez le n°. 321), on ne pouvait rétablir le texte souvent incomplet des actes qui y sont renfermés.

Comme nous n'avons pas voulu faire d'inutiles répétitions, nous avons indiqué en note les pages du cartulaire L. 174 où se trouvaient les pièces contenues dans celui-ci. De sorte que dans la notice suivante, toutes les pièces dont nous ne donnerons pas les rubriques, seront celles qui sont en double dans celle-ci. [F°. 1. Charte de Philippe Ier, touchant la voirie de Longueil (de Langoilo), de Sacy (de Saceio), une terre sise à Jaux (in Gellis), les usages des bois et de l'eau[1], etc., etc. (1092.) — F°. 2. Charte

---

[1] P. 178. — Voy. Dachery, veter. script. spicilegium. T. II, p. 604. — Concil. Labb. tom. x, col. 491. — Concil. Hard. tom. VI, part. II, col. 1703.

de Philippe I*er*. relative à la justice de l'Abbaye sur la Couture[1] (in terra illa que hodiè cultura Karoli nominatur) S. d. — F°. 4. Charte de Louis VII touchant l'exclusion des chanoines et l'établissement des religieux [2]. (1150.)— F°. 5. Charte de Philippe-Auguste, relative à un débat survenu entre les religieux de St.-Corneille et la commune de Compiègne, au sujet d'une place appelée Cour du Roi [3] (curia Regis) (1201.) — F°. 6. Charte du roi Louis concernant les lépreux de Compiègne [4]. S. d. — F°. 7. Charte de Charles III relative aux tonlieux de Compiègne, à la rivière d'Oise [5], etc. S. d. — F°. 9. Charte de Henri I*er*, touchant la prévoté des chanoines de Compiègne [6]. (1048.) — F°. 10. Charte par laquelle il est défendu de bâtir des châteaux ou forteresses dans le voisinage de Compiègne [7]. (1092). — F°. 11 v°. De sancto-sudario [8]. (1092.) — F°. 13. De ponte nostro, super Ysaram apud Compendium, restaurato [9]. (1112.) Ce feuillet est déchiré. — F°. 14. De libertate hominum Compendii [10]. (1153.) — F°. 15 v°. De terra nostra apud Verberiam [11] et apud Tenetam [12] et apud Mohericurt [13]. (1028,[14].) — F°. 17. De libertate ecclesie quod non tenemur alicui archiepiscopo vel episcopo respondere, nec etiam episcopo Suessionensi [15]. (1085.) — F°. 18 v°. De donatione prebendarum de Atiniaco[16]. (919[17].) — F°. 19 v°. Carta regis Karoli, qui nobis dedit in pago Belvacensi, villam Morogildim [18] cum capella, et Aquilini curtem[19] cum capella sancte Margarete, et in villa Compendii à confluentibus aquis contra villam Clarisium[20] usque ad pontem Venitte, etc.[21] (29 juillet 922.) — F°. 20. De

---

[1] P. 182. [2] P. 186. Une copie de cette piéce se trouve aux archives, Sect. hist. Cart. L. 1165. Voy. *Gall. christ.* édit. 2, tom. x, col. 120. [3] P. 189. [4] P. 191. [5] P. 193. [6] P. 211. Voy. *Rec. des hist. de Fr.*, tom. xi, p. 585. [7] P. 213. [8] P. 215. Sous cette rubrique : « Pour la justice dont le monastère jouit à la foire de mi-carême. » Voy. Pillet, hist. de Gerberoy. p. 326. [9] P. 218. [10] P. 220. Voy. *Rec. des ord. des R. de Fr.* tom. xi, p. 240 — Baluz. *Miscell*, tom. vii, p. 309. [11] Verberie, canton de Pont-St-Maxence (Oise). [12] Venette, canton de Compiègne. [13] Morcourt, commune de Feigneux. [14] P. 222. [15] P. 196. [16] Attigny, arrondissement de Vouziers (Ardennes).[17] P. 199.[18] Mareuil-Lamotte, canton de Lassigny.[19] Elincourt-Sainte-Marguerite, canton de Lassigny. [20] Clairoix, canton de Compiègne.[21] P. 201.—Voy. *Rec. des hist. de Fr.* t. ix, p. 558.

COMPIÈGNE.

moneta facienda apud Compendium [1]. (1120.) — F°. 20 v°. De sex mansis nostris apud Tadriniacum [2]. (1107) [3]. — F°. 21. Confirmatio regis super molendino vineæ [4]. (1193.) — F°. 21 De villa Attiniaco, que est sita in Bolonensi pago ; de Nigella [5] ; de villa Brandulficurte, in pago Ambianensi ; de villa Senesicurte [6], in pago Noviomensi ; in Suessoniensi pago, in portu Tadriniaco [7], in eodem pago, in villa que dicitur Alta Fontana [8] ; de villa nauta, in pago Belvacensi [9], etc. S. d. (Le feuillet sur lequel est transcrit ce précieux document, est coupé par la moitié. — F°. 23. De justicia super famulos in cultura manantes [10], (le folio qui contient la fin de l'acte est arraché.) — F°. 25. De villa qui dicitur Calni [11], et item de Guri [12], et de Moroilo [13], et de marisco de Morisello [14], et de Madriniaco super Mas [15], et de Aquilinicurte ; de transversu fluvii Axone, et de molendino quod Frost nuncupatur ; de area juxta predictum fluvium in qua domum firmaverat, que videlicet area Cusdunus [16] vocabatur [17]. (937.) — F°. 27. Dot accordée par le roi Charles III à sa femme Frederune [18]. (19 avril 907.) — F°. 28 v°. De cappella sancti Clementis Christi martiris, que est condita in nostro palatio, compendio [19]. S. d. — F°. 29, De uxoribus clericorum [20]. (1110.)

Il n'y a que le commencement de la pièce qui suit, plusieurs feuillets ayant été arrachés. Le F°. 30 est coupé par la moitié. Le F°. 31 renferme la fin du privilège de Caliste II, pour l'immunité et exemption des chanoines de

[1] P. 202. Voy. Mabill. *De re diplom.* p. 598 — Le Blanc. *Monnaies de France*, p. 153. [2] Tardenois. [3] P. 203. [4] P. 204. [5] Nesle, arrondissement de Péronne (Somme). [6] Senescourt, commune de Bailleval (Oise). [7] La Fère en Tardinois, arrondissement de Château-Thierry (Aisne). [8] Haute-Fontaine, canton d'Attichy (Oise). [9] Cette pièce est entière, p. 205 dans la copie, sous la rubrique : Restablissement des privilèges et lettres royaux qui avoient esté brulés. [10] P. 208. [11] Canny-sur-Matz, canton de Lassigny (Oise). [12] Gury, canton de Lassigny (Oise). [13] Moreuil, arrondissement de Montdidier (Somme). [14] Morisel, canton de Morenil (Somme) [15] Margny-sur-Matz, canton de Ressons (Oise). [16] Coudun, canton de Ressons (Oise). [17] P. 225. [18] P. 228. Voy. Labbe. *All. chronol.*, tom. II, p. 497. — Mabillon, *De re diplom.*, p. 558. — Sirm. opera, tom. III, col. 373. — Baluze. *Capitul. rég. Franc.* tom. II, col. 293. — *Rec. des hist. de Fr.* tom. IX, p. 504. [19] P. 230. [20] P. 231. Voy. *Gall. Christ.* 2.me Edit., tom. X, col. 180.

St.-Corneille [1]. (1119.) — F°. 32. Bulle du pape Eugène III, confirmant les privilèges de l'abbaye [2]. (1157.) — F°. 33 v°. De impositione monachorum in ecclesia Compendii. (1150 [3].) — F°. 35 v°. Confirmation par le pape Adrien IV, de la bulle précédente d'Eugène III [4]. S. d. — F°. 37. Confirmation par le pape Alexandre III des possessions de l'abbaye [5] (in quibus hec propriis duximus exprimenda vocábulis, domum hospitalem apud Compendium sitam, ecclesiam sancti Clementis que vocatur abbatia, ecclesiam sancti Mauritii, ecclesiam [6] sancti Petri, et omnes capellas infra terminos Compendii sitas, ecclesiam ejusdem loci [7]. In episcopatu Belvacense, altare de Veneta [8], altare de Gellis [9], altare de Longoilo [10], altare de Camli [11], altare de Saci [12] cum vicecomitatu, altare de Moreolis [13], altare de Rei [14], cum appendiciis suis [15]. In Ambianense episcopatu, altare de Prunestre [16], altare de Mediovillari [17], altare de Faveroles [18], altare de Bustellis [19], altare de Dollencurt [20], altare de Herciis [21] cum appendi-

[1] P. 1. [2] P. 3. [3] P. 6, sous cette rubrique : Establissement des moines de St.-Corneil au lieu et place des chanoines. Voy. *Gall. Christ.* Edit. 2, t. xi, instrum. col. 81. [4] P. 10. [5] Voy. *Gall. Christ.* Edit. 2, tom. x, instr. col. 125. Cette pièce se trouve dans la copie p. 19 sous cette rubrique : L'establissement des moines en la place des chanoines et du privilége d'exemption. [6] Il y a *prioratum* dans la bulle d'Innocent III. [7] Il y a de plus dans la bulle d'Innocent III : *Capellam Pontis.* [8] Venette, canton de Compiègne (Oise). [9] Jaux, canton de Compiègne (Oise). [10] Longueil Ste.-Marie, canton d'Estrées-St.-Denis (Oise). [11] Canly, canton d'Estrées-St.-Denis (Oise). [12] Ecrit *de Saciaco* dans la bulle de Clément III; de *Sachi* dans celle d'Urbain III; auj. Sacy-le-petit, canton de Liancourt (Oise). [13] Ecrit *Moruelg* dans la bulle de Luce III, *Maruel* dans celle d'Urbain III, *de Moroilo* dans celle de Célestin III; auj. Mareuil-Lamotte, canton de Lassigny (Oise). [14] Ecrit *de Rete* dans la bulle de Luce III; auj. Roye-sur-Matz, canton de Lassigny (Oise). [15] Dans la bulle de Célestin III, on trouve de plus, altare de *Clarisio*, Clairoix, canton de Compiègne (Oise); et dans celle d'Innocent III, altare de *Chamini*. [16] Ecrit *Prunastre* dans la bulle de Luce III. [17] Mesvillers ou Piennes, canton de Montdidier (Somme). [18] Faverolles, canton de Montdidier (Somme). [19] Ecrit *de Boistellis* dans la bulle de Clément III; auj. Boiteau, situé sur la carte de Cassini à l'est de Faverolles. [20] Ollencourt, canton d'Attichy (Oise). [21] Ecrit *Erciis* dans la bulle de Luce III; auj. Erches, canton de Montdidier (Somme).

COMPIÈGNE.

ciis suis. In Suessionense episcopatu, altare de Jauzy [1].) (1162.) — F°. 39 v°. Privilége semblable de Luce III [2]. (1183.) — F°. 42. Privilége semblable de Clément III [3]. (1190.) — F°. 44 v°. Privilége semblable d'Urbain III [4]. (1186.) — F°. 47 v°. Privilége semblable de Célestin III [5]. (1194.) — F°. 50 v°. Privilége semblable d'Innocent III [6]. (1198.) — F°. 53. Privilegium Alexandri III, pape, de sancto Clemente et cura decanie [7]. S. d. — F°. 54. Privilegium ejusdem, de decima de Davenaiscort [8] et de Dollencort [9]. S. d. — F°. 54 v°. De jurisdictione quam habemus in ecclesiam sancti Clementis, nobis confirmata ab Alexandro III [10]. S. d. — F°. 55. De querela inter canonicos et monachos Compendienses, super collatione altaris de Herciis [11]. S. d. — F°. 56. De prioratu sancti Petri et decima de Cuisia [12]. (1191 [13].) — F°. 56 v°. Carta, quod episcopus Suessionensis non potest clericos Compendii excommunicare [14]. (1191.) — F°. 57. De novalibus [15]. (1217.) — F°. 57 v°. De generali interdicto a nobis non servando [16]. (1204.) — F°. 58. De hospitalibus Compendii et aliis religiosis locis, ut nobis sint subjecta [17]. S. d. — F°. 58 v°. Carta quod episcopus Silvanectensis excommunicet malefactores ecclesie Compendiensis premonitione facta [18]. (1198.) — F°. 59. Carta ne aliquis archiepiscopus vel episcopus, servientes seu ministeriales monasterii nostri excommunicare presumat [19]. (1217.) — F°. 59 v°. De cura decanie et prebenda sancti Petri [20]. S. d. — F°. 60 v°. De ecclesia sancti Clementis et prebenda sancti Petri [21]. S. d. — F°. 61. De potestate quam habemus super clericos, infra terminos Compendii habitantes [22]. (1192.) — Carta ne advocatus Ruminiaci [23], in ipsa villa tallias vel alias exactiones exigat [24]. S. d. — F° 61 v° Carta ut liceat no-

---

[1] Jaulzy, canton d'Attichy (Oise). Dans la bulle de Luce III, il y a à la suite de *Juxzy... plateam quoque que est juxta monasterium nostrum in qua regia solebat esse aula, et adhuc curia regis vocatur* [2] P. 35. [3] P. 48. [4] P. 41. [5] P. 58. [6] P. 69. [7] P. 23. [8] Davenescourt, canton de Montdidier (Somme). [9] P. 24. [10] P. 25. [11] P. 26. [12] Cuise-Lamotte, canton d'Attichy (Oise). [13] P. 63. [14] P. 64. [15] P. 86. [16] P. 74. [17] P. 28. Cette bulle émane d'Alexandre III. [18] P. 79 avec cette rubrique : Privilége de recevoir les ordres, ect., de l'évêque de Senlis. [19] P. 87. [20] P. 30. Cette bulle émane d'Alexandre III. [21] P. 15. Cette bulle émane d'Adrien IV. [22] P. 76. [23] Rumigny, canton de Sains (Somme). [24] P. 77.

bis decima parrochiarum nostrarum, de laicorum manibus sine cujuslibet contradictionis obstaculo, emptione, vel aliis modis redimere [1]. (1084.) — F°. 62. De ecclesia sancti Clementis nobis confirmata [2]. S. d. — F°. 62 v°. Epistola Innocenti papæ III qui statuit ut in omnibus ipsorum causis, ad Silvanectensem episcopum quem iis assignat judicem recurrant, etc. [3]. (30 nov. 1198.) — F°. 63. De substitutione monachorum loco canonicorum [4]. S. d. — De decimis animalium nostrorum dandis [5]. S. d. — F°. 63 De cohertione clericorum [6]. (1190.) — Carta episcopi Sylvanectensis, pro monasterio Compendii, de ordinatione monachorum [7]. (1198.) — F°. 64 v°. Ce verso est rempli par un fragment de tables de rubriques, qui ne se rapportent point aux pièces contenues dans ce cartulaire. Quelques folios ayant été arrachés, le f°. 65 ne renferme que la suite d'une pièce de 1144 dont le commencement manque [8]. — F°. 67 v°. De advocatione Ruminiaci et talia non facienda ab advocatis [9]. (1137.) — F°. 70. De pace inter nos et dominum Nicholaum de Basochiis super foresta de Mainière [10]. (1184.) (Le folio est endommagé). — F°. 71. De decima de Malru [11]. (1186.) [12] — F°. 71 v°. De pace inter nos et Sanctum Memium Cathalaunensem, super decima de Faveresches [13]. (1175.) [14] — F°. 72 v°. De tutela hominum de Sarciaco [15], Junqueriaco [16], Quicheriaco [17], Belle-valle [18], Pooilliaco [19], Goxencurte [20], Ville

---

[1] P. 53. [2] P. 39. Cette pièce émane du pape Luce III (1181-1185). [3] P. 78, sous cette rubrique : Pouvoir de se pourvoir à l'évêque de Senlis pour la conservation des privilèges.—Voy. *Epistolæ Innocentii III*, tom. I, part. II, p. 253. — *Gall. Christ.* Édit. 2, tom. x, instr. col. 225. [4] P. 31. Cette bulle émane d'Alexandre III. [5] P. 40. Cette bulle émane de Luce III. [6] P. 54. [7] P. 79. [8] Cette pièce qui en contient une autre de 1117, est en entier dans l'autre cartulaire, p. 286, sous cette rubrique : Accord fait entre les chanoines de Compiègne et Hugues, comte de Roucy, touchant la prévosté de Rumigny. [9] P. 281, sous cette rubrique: Charte de Warmond de Châtillon, touchant la prévosté de Rumigny, et quelques autres lieux. [10] P. 342 bis. [11] Meru, arrondissement de Beauvais (Oise). [12] P. 311. [13] Peut-être Favresse, canton de Thieblemont (Marne). [14] P. 625. Cette pièce est ici sous la date de 1177. [15] Sarcy, canton de Ville-en-Tardenois (Marne). [16] Jonquery-sur-Vesle, canton de Châtillon-sur-Marne (Marne). [17] Cuchery, canton de Châtillon-sur-Marne (Marne). [18] Belval, canton de Châtillon-sur-Marne (Marne). [19] Poilly, canton de Ville-en-Tardenois (Marne). [20] Goussancourt, canton de la Fère-en-Tardenois (Aisne).

COMPIÈGNE.

en tardenois [1], per comitem Campanie [2]. (1178.) — F° 73. De decem libris quas debebamus Willelmo, fratri comitis Campanie Henrici annuatim, nobis relaxatis [3]. (1163.) — F°. 74 v°. De parte proventuum hominum nostrorum Remensis, nobis reddenda a Guillelmo I Remensi archiepiscopo. (1189.) — F°. 75. Carta Guillelmi I, Remensis archiepiscopi pro Roberto, milite de Vilers, super nemoribus de Gondremont et de Sabunieres [4]. (1202.) — F°. 75 v.° De Gozonicurte [5]. Plusieurs folios ayant été arrachés, la fin de cette pièce manque [6], ainsi que le commencement d'une autre, de l'année 1163. — F.° 77. De prepositura Compendii [7]. (1179.) — F.° 77 v.° De eodem [8]. (1186.) — F°. 78. De prepositura de Marigniaco [9] (1208.) F°. 79. La charte de Compiègne, comment la commune de Compiègne fut mise en prevosté. Plusieurs folios manquent à cet endroit. F°. 80. De villa de Petraponte, [10] inter nos et Radulphum de Pratellis (1198.) F°. 81. De tribus modiis bladi nobis datis ab Henrico de Wiencort. [12] (1207.) [13] — F°. 81. De molendino Vinee [14] (1202.) — F°. 82 v°. De altaribus Faberollarum, Pronastrii et Metivillarii [15]. s. d. — F°. 83 v°. De eisdem [16]. (1114.) — F°. 84 v°. De eisdem [17]. (1115.) — F°. 85 v°. De decima de Leucurte [18]. s. d. — F°. 86. De Capiaco [19]. (1191.) — F°. 87 v°. De terra legata apud Herchias, Ingerranno Imperatori dicto [20]. (1214.) — F°. 88. De pactione facto inter nos et dominum Petrum de Triecoc [21] in quodam bosco quod est inter Triecoc et Mungenai [22]. (1190.) — F°. 89. Transcriptum de majoria de Mesvillare. s. d. — F°. 91. Carta Stephani, epicopi Noviomensis, de Fraine [23]. (Mars 1205.) — F°. 91 v°. De altare de Boistellis [24]. s. d. — F°. 92. De decima de villa quæ vocatur Plaisiez, inter nos et majoris-

---

[1] Arrondissement de Rheims (Marne). [2] P. 299. [3] P. 325. [4] P. 328. Il y a deux pièces sur le même sujet. [5] Goussancourt. [6] Elle est complète dans l'autre cartulaire, p. 280. [7] P. 242. [8] P. 243. [9] P. 245. [10] Pierrepont, canton de Montdidier (Somme). [11] P. 455. [12] Wiencourt-l'Equipée, canton de Moreuil (Somme). [13] P. 469. [14] P. 464. [15] P. 620. [16] P. 626. [17] P. 627. [18] Laucourt, canton de Roye (Somme.) [19] Capy, commune de Saint-Vast de Longmont (Oise.) [20] P. 272. [21] Tricot, canton de Maignelay (Oise). [22] Montgerain, canton de Maignelay (Oise.) [23] P. 514. [24] P. 467.

sam de Herchiis. (1192.)—*F°.* 92 *v°.* De pace facta inter nos et Robertum, advocatum de Davenescort, super quibusdam nemoribus de Brandencurt, qui dicebantur Baterz [1]. (1202.) — *F° 93 v°.* De usuagio quod habemus in nemore sancti Justi del Foi, et de blado et avena qui nobis redduntur annuatim [2]. (1194.) — *F°.* 94 *v°.* De mariscis de Saci et de nemore de Ajeu [3] in quibus domina de Faïel [4] clamabat advocationem, que remanent nobis libera [5]. (Juillet 1218.) — *F°.* 95 *v°.* Carta Reginaldi comitis Claromontensis, de vicecomitatu Saciaci [6]. (1115.) — *F°.* 96. *v°.* De nemoribus Sancte Marie, que sunt inter Bellaincort [7] et Oencort [8] (1202.) [9] — *F°.* 97. De terris apud Canli, quas domus de Pumellis [10] tenet de nobis. (1200.) — *F°.* 97. *v°.* De compositione facta inter ecclesiam nostram et abbatem et fratres Karoliloci super quibusdam terris que sunt apud Saci. (1181.) — *F°.* 98. *v°.* De pace facta inter nos et homines de Verberia, super nemore d'Ageu [11]. (Novembre 1211.) — *F°* 99. *v°.* Carta Philippi I Belvacensis episcopi de altaribus quam tenebimus in episcopatu Belvacense, scilicet: altaria de Veneta, de Gellis, de Canliaco, de Villareelli, de Longoilo, de Saceio, de Marisco [12], de Genoldimonte [13], de Retio, de Canniaco, de Sancto Medardo villa [14], de Gureio [15], de Maroilo [16]. S. d. — *F°.* 100. *v°.* Carta Buticularii Silvanectensis pro hominibus de Noa Sancti Martini [17]. (1214.) — *F°.* 101. *v°.* De compositione facta inter ecclesiam nostram et ecclesiam Sancti Justi super quibusdam terris, hospitibus, vectura terragii, et partitione reddituum [18]. (1177.) — *F°.* 102. *v°.* De terris quas leprosi Sancti Justi tenent de nobis [19]. (1200.) — *F°.* 103. De pace facta inter nos et Mainerum de Vilers de feudo majorie de Marriniaco que pertinet ad thesaurarium. S. d. — *F°.*

COMPIÈGNE.

---

[1] P. 466. [2] P. 509. [3] Le bois d'Ajeu est situé sur la carte de Cassini au N. de Pont-Ste.-Maxence. [4] Fayel canton d'Estrées-St.-Denis. [5] P. 577. [6] P. 274. [7] Blincourt, canton de Clermont (Oise.) [8] Probablement le lieu appelé la Motte d'Ancourt, situé sur la carte de Cassini au N. de Blincourt. [9] P. 589. [10] Commune d'Arsy (Oise.) [11] P. 558. [12] Marest-sur-Matz, canton de Ribecourt (Oise.) [13] Giraumont, canton de Ressons. [14] St.-Médard, commune de Roye (Somme.) [15] Gury, canton de Lassigny (Oise.) [16] P. 616. [17] Noel-St-Martin, commune de Villeneuve-sur-Verberie (Oise.) [18] P. 589. [34] P. 502. [19] P. 511.

COMPIÈGNE.

103. v°. De pace facta inter nos et ecclesiam Sancti Justi, super vectura terragii et super hospitibus. S. d. —F° 104. v°. Carta Richardi, Compendii abbatis, qui concessit ville de Reto, nemora de Soyerru defendenda ad edificandum, comburendum, et claudendum. (1216.) — F° 105. v°. Confirmatio per ballivos, de pace inter nos et dominum de Cousduno, super villa de Mares [1]. (Mai 1215.) — F° 106. Carta Balduini, abbatis Ursicampi, de pace inter nos et canonicos de Valle florida, super Kariagio bladi quod singulis annis reponitur in grangia de Maroilo [2]. (1203.) — F°. 106. v°. De pace inter nos et dominum de Cosduno, super villa de Mares [3]. (Mai 1215). — F°. 107. v°. Carta de Rete. (1194). — F° 109. De traverso Gornaci [4]. (1190). [5]. — F°. 109. v°. Carta communie Compendii de hala. (1207.) — Carta communie Compendiensis, de ripagio [6]. (1206). F°. 110. De foragiis, de ripagio.

Cette pièce donne une curieuse nomenclature des droits perçus par l'abbaye sur les bateaux chargés qui suivaient le cours de l'Oise. La voici :

DE FORAGIIS.

In terra ecclesie, de vino vendito in broca, duo sextarii debentur. De vendito in grosso, unum sextarium de unoque dolio.

DE ROTAGIIS.

Quadriga que vinum portans recedit a terra ecclesie et exit a villa, debet duos denarios, et plaustrum iv denarios.

DE RIPAGIO.

In quacumque ripa a bucca Ysare usque ad ecclesiam Gellis, dolium vini, si ejectum fuerit ab aqua, obolum debet et denarium de Witragio. Si a terra fuerit ejectum, quacumque aqua protendatur, sive crescat, sive decrescat, infra terminos istos consuetudo ista est ecclesie. Summarius a cujuscumque terra vinum ejecerit, obolum debet ecclesie pro modio. De uno quoque dimidio modio vini que collo ejecitur a terra ecclesie, obolus debetur. Dolium vini transiens per aquam, sive ascendendo, sive descendendo, debet ii denarios. Si vacuum ad vendendum ducatur,

---

[1] Marest-sur-Matz. [2] P. 532. [3] P. 538. [4] Gournay-sur-Aronde, canton de Ressons (Oise.) [5] P. 535. [6] P. 513.

obolum debet. Infra predictos terminos, de modio venalis bladi et salis, et de millenario alexium et makerellorum et plumbi, et de tachra coriorum, si ascendant vel descendant per aquam, si entrent villam vel exeant a villa, reddentur II denarii, et tantumdem de del cent de morues. De aliis piscibus maris, summa debet unum denarium ; mola integra, obolum ; mola transforata, unum denarium ; unum quoque chorium, obolum. Unum centum pelium, II denarios ; sarcina hominis, obolum ; sarcina equi, unum denarium ; sarcina asini ; obolum ; torta cere, obolum ; baco cum suo uncto, obolum ; unctum sine bacone, obolum. Magna navis onusta lignis ad comburendum, sive edificandum, vel onusta cortice vel feno, IV denarios ; mediocris navis, II denarios ; brevis navis, obolum, nisi de cosia venitur. Millenarium lignorum de Burgundia ad dolia facienda, IV denarios ; millenarium circulorum, II denarios ; magna navis, si vendatur, IV denarios ; mediocris, II denarios ; brevis navis, obolum, et multa alia in presente pagina non notata.

— F°. 110. v°. De divisione et consecratione parrochiarum de Compendio. (1190.) (Intéressant.) — F°. 111. Cyrographum de piscatoribus Compendii [1]. (1203.) — F°. 111. v°. Carta de compositione facta per arbitros inter episcopum Suessionensem et ecclesiam. (Nov. 1220.) (Intéressant.) — F°. 112. v°. Carta Johannis de Fransières [2], de legato Arnulfi [3]. (Juillet 1234.) — F°. 113. Carta Radulfi, comitis Suessionensis, de guienagio ecclesie per Auxonam [4]. (1183.) — F°. 113. De compositione facta inter nos et Galterum Castellanum, super quibusdam terris de Ruecort [5]. (1189). — F°. 114. Carta de majore de Dollencort. (1192.) — F°. 114. v°. Carta de Pontigone [6]. (1230.) (Intéressant.) — F°. 116. v°. Carta de Dodone de Longolio et M. ejus uxore de ministerio vendito [7]. (1238.) — F°. 117. De Auberto de Canliaco et manerio vendito [8]. (Juillet 1238.) — F°. 117 v°. De excambio decime de Vilers [9]. (Av. 1238.) — F°. 118. De domo Templariorum in Compendio [10] (Fev. 1213.) — F°. v°. De terra et terragio et

---

[1] P. 249 et 706. [2] Francières, canton d'Estrées-Saint-Denis. [3] P. 586. [4] p. 683. [5] Rucourt, commune de Longueil-Sainte-Marie (Oise). [6] Ponthion, canton de Thieblemont (Marne). [7] P. 555. [8] P. 567. [9] 585. [10] 710.

COMPIÈGNE.

nemoribus de Bellicort [1]. S. d. — F°. 119. De elemosina Hugonis de Helesart apud Warmoise [2]. (Décembre 1218.) — F°. 119. v°. De pace facta inter ecclesiam Compendii et dominum Radulphum de Coqa [3] (de villis Estraun et Aheries.) (1170.) — F°. 121. De pace facta inter nos et majorem nostrum de Vilula. (1181.) — Carta fratrum minorum. S. d. — F°. 121. v°. Carta domini Nicholai de Basochiis, de nemore de Meneriis. (1232.). — Carta Stephani majoris de Roi. (1196.) — F°. 122. Les pièces contenues depuis ce f°. jusqu'au f°. 131 ne sont que la répétition exacte des pièces renfermées plus haut depuis le f°. 110 (de Ripagiis) jusqu'au f°. 119. v° inclusivement. — F°. 131. De vestimentis pontificalibus [4]. (1243.) — De benedictionibus faciendis [5]. (1243.) — F°. 131. v°. Confirmatio super pace inter nos et episcopum et capitulum Suessionensem [6]. (1243.). — F°. 132. De juridictione clericorum Compendii [7]. (1243). — De libertate et immunitate nostra [8]. (1243.) — F°. 132. v°. Non teneamus alieni providere per litteras apostolicas, nisi de hoc indulgentia fecerint mentionem [9]. (1243.) — F°. 133. Ut possimus uti privilegiis nostris quibus hactenus usi non fuimus [10]. (1243.) — Ne aliquis delegatus vel subdelegatus possit in nos ferre sententiam excommunicationis [11]. (1243.) — F°. 133. v°. De hoc quam possimus villam Compendii interdicere [12]. (1216.) — Executio ejusdem [13]. (1216.) — F°. 134. v°. De Sancto Germano de Compendio [14]. (1178.) — Innocentius IV, quod non possint excommunicare participantes nobis [15]. (1248.) — F°. 135. Li marchies dou bos de Mainieres. (1240.) (En fr.) — La composition de nous et de Escans [16] seur le menage de leurs vins permi l'yauc. S. d. — F°. 135. v°. Chest le terre de l'église de Compiegne en le ville et el terroir de Compiegne mise en escrit par Dans Jehan de Mernincort, lors prévost de l'abaïe de Compiegne, l'an de l'incarnation mil et CC et XLVI, el mois de novembre. (En fr.) — F°. 135. v°. Li cens de l'iaue. S. d. (En fr.) F°. 136. De altaribus de Erches, de Bucheria [17], de Crotai [18]. etc. S. d. — De juridictione cle-

---

[1] P. 712. [2] P. 470 et 480. [3] P. 390. [4] P. 101. [5] P. 102. [6] P. 103. [7] P. 104. [8] P. 105. [9] P. 106. [10] P. 107. [11] P. 108. [12] P. 81. [13] P. 83. [14] P. 622. [15] P. 109. [16] Ourscamp (abb. d') [17] Bouchoir, canton de Rosières en Santerre (Somme). [18] P. 52. Pièce émanant d'Alexandre III.

ricorum ¹. S. d. — De substitutione monachorum loco canonicorum ². S. d. — De generale interdicto a nobis non servando ³. (1220.) — De immunitate nostra ⁴. (1221.) F. 136. v°. De decimis non dandis ⁵. S. d. — De altaribus de Erches ⁶. S. d. — De ecclesiis nostris non vendendis ad tempus ⁷. S. d. De pace inter nos et ecclesiam Sancti Justi ⁸. S. d. — De pace inter nos et ecclesiam Sancti Justi ⁹. (1191.) — F°. 137. De prioratu Sancti Petri Compendiensis ¹⁰. (1190.) — F°. 137. De Vicariis Sanctorum Clementis et Mauritii ¹¹. (1190.) — De veteri sigillo ¹². (1227.) — F°. 137. v°. De Novalibus ¹³. (1227.) — De procurationibus non persolvendis aliquibus prelatis ¹⁴. (1227.) — De impositione monachorum loco canonicorum, exemptione et libertate nostra. (1221.) F°. 138. v°. De pedagiis, vinagiis et roagiis non persolvendis ¹⁵. (1247.) — Ut ullus delegatus seu executor possit nos excommunicare aut interdicere. (1247.) — Conservatio ad priorem Corbeiensem per triennum. (1247.) — De mobilibus et immobilibus repetendis pro fratribus et monachis nostris fugientibus e seculo, exceptis feodis ¹⁶. (1247.) F°. 139. Ut ullus delegatus, subdelegatus seu etiam exequtor sedis apostolice possit nos excommunicare. (1247.) — De provisionibus pensionibus non dantis per litteras apostolicas, nisi faciant mentionem de hac indulgentia. (1247.) — De eodem. (1247.) — F°. 139. v°. Inquesta super juridictione spirituale quam habemus in villa Compendii ¹⁷. (1212.) — Une pièce commençant ainsi : Anno domini ab incarnatione domini millesimo CC. L. quinto. Census Beate Marie Compendii, de Maregniaco. — F°. 141. De prepositura de Besquegnies ¹⁸. — F°. 141. v°. Une pièce intitulée : Anno domini M. CC. XL. quinto, mense Martii, factum fuit scriptum istud de valore prepositore de Bes-

---

¹ P. 33. ² P. 34. Les 2 pièces ci-dessus émanent d'Alexandre III. ³ P. 88. ⁴ P. 89. ⁵ P. 16. ⁶ P. 17. Les deux pièces susdites émanent d'Adrien IV. ⁷ P. 46, sous cette rubrique... Autre, portant deffense d'aliéner les biens du monastère, même pour un temps. Cette bulle émane du pape Urbain III. ⁸ P. 47. Émane d'Urbain III. ⁹ P. 66. ¹⁰ P. 56. ¹¹ P. 57. ¹² P. 92, sous cette rubrique.. Privilége qui nous décharge des debtes qui sont marquées du vieux sceau et contractées par l'abbé. ¹³ P. 93. ¹⁴ P. 94. ¹⁵ P. 111. ¹⁶ P. 112. ¹⁷ P. 75. ¹⁸ Becquigny, canton de Montdidier (Somme).

COMPIÈGNE.
quegnies (apud Davenescourt, Conterel¹, Pierrepont, Faveroles, Meisviler, Sevilete ²; Boitiaus, Herches.) ³.
— F°. 142. Une autre commençant ainsi : Anno domini M°. CC°. XL quinto, mense Decembri factum fuit scriptum istud de valore domus nostre de Rumegniaco. (A Cloisi, à Gousencourt, Giveri, Vilers, Sarci, Germegni, Aunoi, Jonkeri, Marquise, apud Taxerias, Pontigonem, a Bairipeles; Chassemi.) — F°. 142. v°. Che sunt li bos de Rumigni — F°. 142. v°. Une pièce intitulée : Anno domini M°. CC°. XL quinto, mense Decembri, factum fuit scriptum istud de valore domus nostre d'Estraon.

Le f° 143 et dernier est coupé en long par la moitié. Il contenait la valeur de Longueil.

320. Cartulaire de l'Abbaie roiale et impériale de Saint-Corneille-de-Compiègne, unie à l'Abbaie roiale du Val-de-Grâce de Paris.

MS. in-f°. de 750 pages, plus 8 feuillets non chiffrés au commencement et 56 pages à la fin, parchemin. — Ecrit. du XVIᵉ. siècle.
A. I. — *Sect. hist.* — L. 174.

Ce manuscrit est écrit avec une très-grande netteté ; malheureusement le copiste a commis souvent des fautes de lecture, ce qui lui ôte beaucoup de sa valeur. Nous ne donnons ici que les notices des pièces qui ne sont point dans le Cartulaire blanc; on ne sera donc pas étonné de voir plusieurs interruptions dans la série numérique des pièces.

Les huit folios non chiffrés qui sont en tête du manuscrit contiennent les [fautes du Cartulaire de St.-Corneille (ou) remarques des fautes principales survenues dans ce cartulaire de St.-Corneille avec les corrections à côté.]

P. 1. Privilége de Calixte II, pour l'immunité et exemption des chanoines de l'église de Saint-Corneille de Compiègne. (1119.) — *P.* 13. Ch. V. Privilége d'Adrien IV, pour la juridiction que l'église de Compiègne a sur les Clercs⁴. S. d. — *P.* 55. Ch. XXX. Autre portant accord entre les religieux et l'église de Saint-Just. (1190.) — *P.*

---

¹ Contoire, canton de Moreuil (Somme). ² La Villette-les-Rollot, canton de Montdidier (Oise). ³ P. 667. Le document est plus complet dans la copie. ⁴ De 1154 à 1159.

67. Ch. XXXVII. Autre, que les religieux ne sont tenus de répondre devant l'évesque de Soissons, ny aucun de ses officiers. (1203.) — P. 85. Ch. XLVII. Accord entre les religieux et Névelon, évesque de Soissons, confirmé par le pape Innocent III [1]. (1206.) — P. 90. Ch. LII. Autre, pour la tonsure des clercs. (1221.) — P. 91. Ch. LIII. Autre, portant permission de retirer les fiefs du monastère, d'entre les mains de ceux qui les possèdent en donnant gages. (1222.) — Ch. LIV. Autre, qui oblige les chanoines de Compiègne de faire leur résidence en leurs églises. (1222.) — P. 95. Ch. LVIII. Autre, pour la bénédiction des rameaux et des habits sacerdotaux. (1227.) — P. 96. Ch. LIX. Autre, portant deffenses aux évesques et archevesques de prononcer anathême contre les sujets des religieux. (1227.) — P. 98. Ch. LX. Autre, donnant pouvoir aux religieux de Saint-Corneille de donner l'absolution. (1230.) — P. 99. Ch. LXI. Autre, faisant aussi deffenses aux évesques et archevesques d'excommunier nos sujets. (1231.) — P. 112. Ch. LXXIII. Autre, pour corriger les excès des religieux convers et clercs. S. d. — P. 113. Ch. LXXIV. Autre, pour percevoir les novales dans les lieux ou nous avions coutume de percevoir les vieilles dixmes. (1243.) — P. 114. Ch. LXXV. Autre, portant deffenses d'excommunier les sujets et domestiques du monastère. (1249.) — P. 115. Ch. LXXVI. Autre, sur le même sujet. (1249.) — P. 117. Ch. LXXVII. Permission de bénir les corporaux. (1249.) — P. 119. Ch. LXXVIII. Autre, contre les conservateurs des abus qui se commettent par le mauvais usage des lettres apostoliques. (1249.) — P. 120. Ch. LXXIX. Autre, sur le même sujet. (1249.) — — P. 121. Ch. LXXX. Autre, que les prêtres de Compiègne sont tenus de garder les sentences d'interdit et d'excommunication. (1249.) — P. 123. Ch. LXXXI. Pour l'exécution du même. (1249.) — P. 124. Ch. LXXXII. Exemption aux religieux de ne point payer les pensions portées par les lettres apostoliques. (1249.) — P. 125. Ch. LXXXIII. Autre, pour l'exécution du même. (1249.) — P. 126. Ch. LXXXIV. Pour l'usage des chapeaux. (1250.) — P. 126. Ch. LXXXV. Que les religieux ne peuvent être appelés en justice pour raison de délits, contracts et autres sujets. (1250.) — P. 127. Ch. LXXXVI.

---

[1] Voyez cet accord dans le Cartulaire blanc. f°. 3 v.°

COMPIÈGNE.

Exécution du droit ci-devant. (1250.) — P. 128. Ch. LXXXVII. Exemption aux religieux de ne point payer les pensions portées par les lettres apostoliques, s'il n'en est fait mention expresse dans la concession. (1251). — P. 129. Ch. LXXXVIII. Autre, pour l'exécution du même. (1251.) — P. 130. Ch. LXXXIX. Deffenses d'excommunier, interdire, ny suspendre les religieux jusqu'à trois ans. (1251.) — P. 131. Ch. XC. Autre, pour l'exécution du précédent. (1251.) — P. 132. Ch. XCI. Pouvoir aux religieux de retirer les biens aliénés du monastère. (1251.) — P. 133. Ch. XCII. Autres, addressantes au prieur de Corbie pour l'exécution du précédent. (1251.) — P. 135. Ch. XCIII. Autre, portant pouvoir à l'abbé de Saint-Barthelemy de Noyon de retirer et faire restituer à l'abbaye de Saint-Corneille les biens qui se trouveront avoir esté aliénés. (1251.) — P. 136. Ch. XCIV. Pouvoir à l'abbé de Saint-Remy d'excommunier les prieurs de Houdencourt et *de Fraxineto* pour l'outrage et excès par eux commis envers l'abbé de Compiègne. (1251.). — P. 137. Ch. XCV. Pouvoir à l'évesque de Senlis de contraindre ceux qui font tort au monastère, de luy satisfaire. (1249.) — P. 138. Ch. XCVI. Contredits de l'évesque de Soissons au sujet de l'aliénation. (1250.) — P. 138. Ch. XCVII. Autres du même, au sujet des testaments. (1252.) — P. 139. Ch. XCVIII. Autres du même, contre l'abbé de Saint-Crespin en Chaye. (1252.) — P. 141. Ch. XCIX. Autres à ce que les religieux ne puissent appeler les clercs devant les juges séculiers. (1252.) — P. 144. Ch. C. Privilége pour un certain prebstre auquel on refusait un bénéfice. (1251.) — P. 145. Ch. CI. Pouvoir de dispenser au sujet des statuts de l'Ordre. (1252.) — P. 147. Ch. CII. Contre les exactions de certains officiers de la cour de Rome. (1243.) — P. 148. Ch. CIII. Que les religieux ne peuvent estre appellés en justice pour raison des délits et autres. (1255.) — P. 149. Ch. CIV. Contre ceux qui abusent des lettres apostoliques. (1255.) — P. 151. Ch. CV. Autre, pour le même sujet. (1255.) — P. 153. Ch. CVI. Autre, contre ceux qui troublent les religieux. (1255.) — P. 154. Ch. CVII. Pour le retrait des biens du monastère. (1186.) — P. 155. Ch. CVIII. Lettres de l'abbé de Compiègne pour la ferme d'une maison scize rue Saint-Pierre. S. d. — P. 158. Ch. CIX. Lettres de Pierre de Davenescourt pour la même maison. (Septembre 1270.) — *P.* 161. Ch. CX. Lettres de Philippe touchant la censive d'une maison que tenoient les religieuses de Saint-Jean. (12 juillet 1336.) — *P.* 167. Ch. CXI. Lettres touchant l'auctorité des privilèges de ce vénérable monastère de Saint-Corneil. (1283.) — *P.* 171. Ch. CXII. Fondation de l'église de N.-D. et de Saint-Corneil et de Saint Cyprien. (877.) — *P.* 232. Ch. CXXXVII. Touchant le bois d'Ajeu. (1193.) — *P.* 233. Ch. CXXXVIII. Lettres de Jean, abbé de Compiègne, touchant les habitants de Longueil. (Avril 1247.) — *P.* 236. Ch. CXXXIX. Touchant la commune de Compiègne. (1209.) — *P.* 243. Ch. CXLIII. Lettres de Jean touchant la commune de Compiègne. (1207.) — *P.* 252. Ch. CXLVII. Touchant Saint-Germain et les six fermes en Tardenois. S. d. — *P.* 253. Ch. CXLVIII. De la justice que nous avons à la foire de mi-carême. (1092.) — *P.* 255. Ch. CXLIX. Touchant ceux qui ont demeuré l'espace de cinq ans en l'église de Saint-Corneil, et qui jouissent d'une perpétuelle liberté. (1118.) — *P.* 257. Ch. CL. Touchant le droit que l'église de Saint-Corneil a sur les marchandises qui se vendent aux foires et marchés de Compiègne. (1185.) — *P.* 258. Ch. CLI. Sur le même sujet. (1184.) — *P.* 259. Ch. CLII. Touchant l'église Saint-Clément qui nous a esté donnée. (1175.) — *P.* 260. Ch. CLIII. Touchant le droit que nous avons sur la maison d'Haimon, clerc, au chef de Saint-Clément. (1143.) — *P.* 261. Ch. CLIV. Touchant le péage, rouage et autres droits auxquels les religieuses de Maubuisson ne sont pas tenues. (1244.) — *P.* 262. Ch. CLV. Lettres de Louis VIII à l'abbé de Saint-Corneil pour décharger les moines de Royaumont du droit de travers, péage et rivage de bled et vin, etc., envers luy. (1233.) — *P.* 263. Ch. CLVI. Sentence du parlement contre les habitants de Compiègne au profit des religieux de Saint-Corneil. (1409.) — *P.* 267. Ch. CLVII. Enregistrement de ladite sentence. (1409.) — *P.* 268. Ch. CLVIII. Quittance de Jean Milet, notaire. (1409.) — *P.* 269. Ch. CLIX. Lettres de la comtesse de Vermandois. (1114.) — *P.* 271. Ch. CLX. Des coutûmes de Nesle, délaissées par Pierre, seigneur de Pont. S. d. — *P.* 272. Ch. CLXI. Lettres d'Odo, seigneur de Péronne. — *P.* 277. Ch. CLXVII. Lettre des doyen et chapitre d'Amiens pour le passage de Vinacourt et de Longue eau. (1101.) — *P.* 278. Ch. CLXVIII. Lettres des abbé et couvent de Ham tou-

COMPIÈGNE.
chant les trois frères qu'ils nous ont donnés pour serviteurs. (1112.) — *P*, 292. Ch. CLXXII. Peine imposée entre nous et le prieur de Belval. (1244.) — *P*. 292. Ch. CLXXIII. Sentence arbitrale entre nous et le prieur de Belval touchant l'échange de Rumigny. (1244.)—*P*.297.Ch.CLXXIV. Lettres de l'archidiacre de Reims touchant la donnation faite par Hugues de Vilers à l'abbaye Saint-Corneil, d'une maison et terres à Jonquery. (Août 1245.) — *P*. 298. Ch. CLXXV. Lettres d'Alain de Verneuil, advoué de Rumigny, touchant le revenu qui se lève sur ceux qui sont en possession des quartes de Rumigny. (Mars 1233.) — *P*. 299. Ch. CLXXVI. Autres de l'official de Reims touchant la maison de Thiébaut, clerc de Rumigny. (Mai 1236.) — *P*. 300. Ch. CLXXVIII. Autres de l'official de Soissons touchant le moulin de Jonquery. (Avril 1236.)—*P*. 301. Ch. CLXXIX. Autres de l'official de Reims, touchant le moulin de Jonquery. (Mai 1236.) — *P*. 301. Ch. CLXXX. Autres de l'official de Reims, touchant un autre moulin de Jonquery. (Juin 1236.) — *P*. 302. Ch. CLXXXI. Autres de l'évesque de Soissons, touchant une concession faite à l'église de Saint-Corneil, d'une portion de terre à Rumigny par Jaquet de Châtillon. (Mars 1233.) — *P*. 304. Ch. CLXXXII. Autres de la cour de Reims sur le même sujet (1236.) — *P*. 307. Ch. CLXXXIII. Lettres de la cour de Reims touchant la ville de Jonquery donnée à vie à Jaquet de Châtillon pour xxx liv. de rente. (Août 1245.)— *P*. 312. Ch. CLXXXV. Autre pour le même sujet. (1186.) — *P*. 313. Ch. CLXXXVI. Autre pour le même sujet. (1186.) — *P*. 314. Ch. CLXXXVII. Autres du chapitre de Saint-Corneil, touchant les frères de St.-Nicolas du bois de Luiz, près Cheminon.(1115.)—*P*. 315. Ch. CLXXXVIII. Autres, touchant les dixmes et novales de la paroisse de Saint-Véran. (1233). —*P*. 316. Ch. CLXXXIX. Lettres de l'abbé de Trois-Fontaines, touchant le lieu de Cheminon, Meru, etc. S. d. — *P*. 317. Ch. CXC. Autre de l'abbé de Cheminon, sur le même sujet. S. d. — *P*. 318. Ch. CXCI. Autres du doyen et chanoine de Reims, touchant la dixme de Cheminon. (1199.) — *P*. 319. Ch. CXCII. Autres, touchant la dixme de Malru et l'accord fait entre les abbés de Cheminon et de Saint-Corneil, pour le même sujet. (1245.) — *P*. 320. Ch. CXCIII. Lettres des abbés et couvent de Cheminon

sur xxxi s. de rente que nous doivent ceux qui tiennent quelque chose de nous à Cheminon. (Décembre 1245.) — *P.* 330. Ch. CXCVII. Chartres de la cour de Reims, touchant le moulin de Sarcy. (1238.) — *P.* 330. Ch. CXCVIII. Autres, touchant le four de Sarcy. (janvier 1222.) — *P.* 331. Ch. CXCIX. Lettres de l'abbé de Saint-Corneil, touchant cinq sols de cens sur les bois de l'abbé d'Igny. (1163.) — *P.* 332. Ch. CC. Lettres de l'abbé d'Igny, touchant les bois d'Igny. (1211.). — *P.* 333. Ch. CCI. Lettres de la cour de Reims, touchant une ferme, que nous avons à Goucencourt, donnée à l'église Saint-Corneil, par Oudard. (Mars 1241.) — *P.* 334. Ch. CCII. Autres, touchant le bled et l'avoine que le seigneur de Cuile doit à Saint-Corneil, pour les bois de Goumehart (Longamehart), près Goucencourt. (Septembre 1239.) — *P.* 336. Ch. CCIII. Autres, portant excommunication contre les seigneurs de Cuile. (1246.) — *P.* 337. Ch. CCIV. Autres, portant accord entre l'abbé de Compiègne et un prêtre nommé Jean, pour une maison dudit Jean. S. d. — *P.* 338. Ch. CCV. Autres d'Alain de Verneuil, touchant le bois Norbet, donné à l'église de Saint-Corneil. (Juillet 1235.) — *P.* 339. Ch. CCVI. Li Harnas de Rumigny, baillié à Jaquier et à R. de Goucencourt. S. d. — *P.* 340. Ch. CCVII. Lettres de l'abbé de Saint-Remy de Reims, pour l'échange fait aux abbés de Saint-Corneil, de deux femmes. (1190.). — *P.* 342. Ch. CCVIII. Lettres de la cour de Reims, touchant iv journaux de terre, deux muids de vin et deux septiers de bled d'une part, et viii journaux et xl septiers de bled d'autre, donnés à Saint-Corneil, près Fismes.. (1241.). — *P.* 344. Ch. CCX. Lettres de l'évêque de Soissons, touchant l'accord d'entre l'église de Saint-Corneille et le seigneur de Basoches, pour la forest de Mainières. S. d. — *P.* 345. Ch. CCXI. Le Cartre monseigneur Robers de Basoche et madame Bramonde sa femme, du bos de Mainières. (Février 1247.) — *P.* 349. Ch. CCXII. Lettres du prieur de Coucy, touchant l'accord fait entre les religieux de Saint-Corneil et le seigneur de Colendun, pour v septiers de vin qu'il doit annuellement à l'église de Saint-Corneil. (1233.) — *P.* 350. Ch. CCXIII. Lettres touchant le besan d'or que l'église de Chaalons doit à l'église Saint-Corneil de Compiègne. S. d. — *P.* 350. Ch. CCXIV. Autres de l'abbé de Saint-Denis, portant ac-

COMPIÈGNE.

cord entre l'abbé de Saint-Corneil et les fils d'Odon de Setain (*de Setenis*), touchant une certaine debte.—*P.* 351. Ch. CCXV. Autres du prieur de Coucy, touchant ce que Robert de Corhoin a donné à l'église Saint-Corneil par aumosne. (Sept. 1233.) — *P.* 352. Ch. CCXVI. Autres de l'official de Soissons, pour le même sujet. (Sept. 1233.) — *P.* 353. Ch. CCXVII. De l'échange fait de deux femmes avec le seigneur de Nanteuil et l'abbé de Saint-Corneil. (mai 1215.). *P.* 354. Ch. CCXVIII. Autre échange d'une femme, avec ledit seigneur de Nanteuil. — *P.* 354. Ch. CCXIX. Autres de l'archevêque de Reims, touchant les sujets de l'église Saint-Corneil, demeurant à Reims. (1189.) —*P.* 355. Ch. CCXX. Echange de deux femmes entre l'église de Compiègne et l'abbesse de Sainte-Marie de Soissons. S. d. — *P.* 356. Ch. CCXXI. Concession faite d'une femme à l'Eglise de Compiègne, par le seigneur de Basoches. S. d.—*P.* 357. Ch. CCXXII. Echange de quelques sujets de l'église de Compiègne avec le seigneur de Basoches. S. d. — *P.* 357. Ch. CCXXIII. Autre échange d'une femme avec le dit seigneur de Basoches. —*P.* 358. Ch. CCXXIV. Lettres de l'évêque de Soissons, touchant iv deniers de cens deubz à l'église de Compiègne par un bourgeois de Reims, homme sujet à ladite église. (1204.) —*P.* 359. Ch. CCXXV. Autres, de la cour de Reims, touchant la ferme de Ponthion. (Juillet 1233.). — *P.* 365. Ch. CCXXVI. Autres, de l'officialité de Chaalons pour la ferme de Pontyon. (Juillet 1238.) — *P.* 370. Ch. CCXXVII. Accord fait entre le seigneur de Basoches et l'église de Compiègne, touchant la forest de Mainières. (1184.) — *P.* 372. Ch. CCXXVIII. Chartre d'Alain de Verneuil, touchant le bois Norbert et d'Assons. (1234.) — *P.* 373. Ch. CCXXIX. Compromis entre les églises de Compiègne et de Belval, touchant l'échange de Rumigny. (Mai 1244.) — *P.* 374. Ch. CCXXX. Accord fait entre les mêmes églises par l'abbé de la Sauve en Gascogne, touchant les dixmes de Rumigny. (1244.) — *P.* 379. Ch. CCXXXI. Lettres du roy de Navarre et comte palatin de Champagne, touchant les acquêts de l'église de Compiègne, faits à Ponthion. (Janv. 1250.) — *P.* 380. Ch. CCXXXII. Lettres du seigneur de Torote, touchant la maison de Pontyon qu'il tient de l'église de Compiègne pour sa vie, moyennant lx liv. de pension. (Oct. 1252.) — *P.* 382. Ch. CCXXXIII. Lettres de l'abbé de Compiègne, touchant les revenus de Rumigny, donnés à ferme pour 3 ans au prix de LX liv. (1253.) — P. 384. Ch. CCXXXIV. Autres touchant les terres que Thiébaut de Rumigny tient de l'église de Compiègne pour sa vie durant. (Juillet 1249.) — P. 385. ch. CCXXXV. Autres, touchant la dixme de la ferme de Rumigny, donnée pour le prix de 200 liv. à Thibaut de Rumigny. (Août 1256.) — P. 386. Ch. CCXXXVI. Autres portant décharge de l'hommage que Jean Bourg-Dieu, Gobert et Arnault de Conceureux (*de curti superiori*) devaient à l'église de Compiègne, moyennant IV liv. de rente. (Avril 1264.) — P. 387. Ch. CCXXXVII. Autres de l'official de Reims, touchant la sauvegarde que l'église de Compiègne accorde aux frères de la milice du Temple. (1265.) — P. 388. Ch. CCXXXVIII. Confirmation de tous les priviléges de l'église de Saint-Corneil par le concile général de Basle. (1435.) — P. 389. Ch. CCXXXIX. Usage de la forêst de Cuise. (20 avril 1498.) — P. 394. Ch. CCXLI. Autre accord touchant le fief d'Aeres avec l'église de Compiègne. (Juillet 1248.) — P. 397. Ch. CCXLII. Reconnaissance de quelques hommes de Vervin, sujets à l'église de Compiègne. (1182.) — P. 397. Ch. CCXLIII. Convention faite entre les chanoines de Rosoi et l'église de Compiègne, touchant la disme d'Estrahon. (Fév. 1240.) — P. 398. Ch. CCXLIV. Vente de la 3e partie du moulin d'Estrahon à l'église de Compiègne, moyennant 50 liv. paris. (Juillet 1227.) — P. 399. Ch. CCXLV. Chartre d'Engeran de Coucy, par laquelle il cède à l'église de Compiègne tout le droit qu'il a dans le bois d'Estrahon. (1205.) — P. 400. Ch. CCXLVI. Autre pour le même droit en la forest d'Estrahon. (1205). — P. 401. Ch. CCXLVII. Ratification du seigneur de Vervin pour le même droit en la dite forest. (1205.) — P. 401. Ch. CCXLVIII. Autre pour le même droit. (1205.) P. 402. Ch. CCXLIX. Sur le même sujet. (1205.) — Ch. CCL. Sur le même sujet (1205.) — P. 403. Ch. CCLI. Vente d'une pièce de terre size près les jardins d'Estrahon à l'église de Compiègne. (Déc. 1223.) — P. 403. Ch. CCLII. Accord fait entre l'abbé de Saint-Corneil et le seigneur de Vervin, touchant la disme du terroir de Vaudegnies. (1198.) — P. 405. Ch. CCLIII. Lettres de l'évecque de Senlis, touchant la ferme de Foisni, appartenant

COMPIÈGNE.
à l'église de Compiègne. S. d. — *P.* 406. Ch. CCLIV. Procuration des abbé et couvent de Saint-Vincent de Laon pour transiger avec les religieux de Saint-Corneil, touchant le terroir d'Aubigny. (Juillet 1240.) — *P.* 407. Ch. CCLV. Transaction entre les mêmes pour le même sujet. (Juillet 1243.) — *P.* 409. Ch. CCLVI. Sur le même sujet (Janvier 1243.)—*P.* 411. Ch. CCLVII. Lettres de l'officialité de Laon, touchant un muid de bled acquis à la ferme d'Aubigny. (Fév. 1242.)—*P.* 412. Ch. CCLVIII. Autres de la cour de Reims, touchant l'acquisition du moulin d'Estrahon par l'église de Compiègne. (1257.) — *P.* 414. Ch. CCLIX. Autres pour la rectification de la vente du moulin d'Estrahon. (1259.) — *P.* 415. Ch. CCLX. Autres de la cour de Laon, touchant le dit moulin d'Estrahon, par Ernaud, dit le Doyen. (Mai 1259.) — *P.* 416. Ch. CCLXI Autres, touchant l'acquisition du manoir du doyen d'Estrahon. (1262.) — *P.* 418. Ch. CCLXII. Autres touchant le douaire que la doyenne d'Estrahon avait sur la maison du doyen, acquise par les religieux de Saint-Corneil. (Mai 1262.) — *P.* 422. Ch. CCLXIII. Compromis entre l'église de Compiègne et Albert de Roy, touchant les revenus de Béquigny, communs entre eux. (1163.) — *P.* 424. Ch. CCLXIV. Autre pour le même sujet. S. d. — *P.* 426. Ch. CCLXV. Renonciation de Mathieu de Roy au droit qu'il avait au manoir de Bequigny. (Juin 1231.). — *P.* 427. Ch. CCLXVI. Echange fait entre les religieux de Saint-Corneil et le dit seigneur de Roy, de deux masures à Bequigny. (Avril 1245.)— *P.* 428. Ch. CCLXVII. Accord entre le maire de Douleincourt et l'église de Compiègne, touchant le chariage de la ferme de de Douleincourt. (Mai 1244.) — *P.* 430. Ch. CCLXVIII. Lettres du seigneur de Roye, touchant la justice que l'église de Compiègne a à Herches. (Nov. 1234.) — *P.* 431. Ch. CCLXIX. Accord pour ladite justice de Herches entre l'église de Compiège et le dit seigneur de Roye). Avril 1230.) — *P.* 433. Ch. CCLXXI. Lettres de la cour d'Amiens, concernant la ferme de Herches et ses dépendances, etc., acquis par le maire de Herches à ladite ferme. (Janv. 1244.) — *P.* 434. Ch. CCLXXII. Autres de l'évesque de Beauvais, touchant trois journaux de terre à Herches, donnés à l'église de Compiègne par Raoul de Roye et sa femme. (Sept. 1246.) — *P.* 436. Ch.

CCLXXIII. Autres de l'abbesse de Monchy, touchant les trois journaux de terre. (Août 1246.) — P. 438. Ch. CCLXXIV. Chartre de Philippe, comte de Flandres et de Vermandois, touchant la mare de Névillier. (1169.) P. 441. Ch. CCLXXV. Lettres de l'abbé de Saint-Corneil, touchant la charge d'advoué de Mesvillier. (1200.) — P. 443. Ch. CCLXXV bis. Lettres de l'officialité d'Amiens touchant le douaire que la femme du maire de Mesvillier avait à prendre sur les pasturages de la ferme que l'église a achetée de lui. (1200.) — P. 445. Ch. CCLXXVI. Autres touchant la taille de Mesvillier. (Septembre 1243.) — P. 447. Ch. CCLXXVII. Accord fait entre Robert de la Tournelle et l'église de Compiègne touchant les ventes, les labourages et les moissons de Mesvillier, Faverolles et la Villette. (1213.) — P. 448. Ch. CCLXXVIII. Lettres du doyen de Montdidier touchant le douaire que la femme du maire avait à prendre sur notre ferme. (Mars 1234.) — P. 449. Ch. CCLXXVIII bis. Accord entre l'advoué des trois villages de Faveroles, Mesvillier et la Villette touchant la charge du dit advoué, et les religieux et abbé de Compiègne. (Mai 1231.) — P. 451. Ch. CCLXXIX. Autre accord entre les mêmes touchant la justice des dites trois terres. (Mai 1201.) — P. 452. Ch. CCLXXX. Charte touchant le dit accord. S. d. — P. 453. Ch. CCLXXXI. Lettres de l'évesque d'Amiens touchant la société d'entre l'église de Compiègne et le sieur Des Préaux, et les cens qu'il doit à la dite église. (1188.) — P. 455. Ch. CCLXXXIII. Lettres de l'évesque d'Amiens touchant la dixme de Davenescourt. (1141.) — P. 456. Ch. CCLXXXIV. Autres du doyen de Roye touchant la dicte dixme. S. d. — P. 457. Ch. CCLXXXV. Accord entre l'église de Compiègne et le maire de Vilers touchant le pasturage de la ferme de la dite terre. (1206.) — P. 460. Ch. CCLXXXVI. Lettres de l'official d'Amiens portant accord entre le maire de Boisteaux et Christophe Pélerin, touchant les terres de Boisteaux. (Avril 1218.) P. 462. Ch. CCLXXXVI A. Autres de l'évêque de Senlis touchant la dixme de Clenicourt. S. d. — P. 463. Ch. CCLXXXVII. Echange fait entre le sieur de la Tournelle et l'église de Compiègne touchant la terre en laquelle est assis le moulin du sieur de Nelle, près Bouchoire. (Juin 1247.) — P. 468. Ch. CCLXXXVII A. Bail à ferme du moulin de Messepont pour xv liv. de pension.

COMPIÈGNE. (Septembre 1228.) — *P.* 469. Ch. CCLXXXVIII. Lettres de l'abbé de St.-Martin des Champs touchant les terres que les moines de Campi tiennent de nous. S. d. — *P.* 471. Ch. CCXC. Sentence de l'évesque de Senlis touchant une certaine dixme contre un prêtre d'Asainvillier. (Octobre 1207.) — *P.* 471. Ch. CCXCI. Convention faite entre l'église de Compiègne et Guillaume Vake touchant une somme de LXXXV liv. (1213.) — *P.* 472. Ch. CCXCII. Lettres de Eudes de Ham (Hamensis Odo) touchant les hommes sujets à l'église de Compiègne. — *P.* 473. Ch. CCXCIII. Autres de Mathieu de Roye touchant l'échange d'un journal de terre, en laquelle est situé son moulin de Forestelles et de Faverolles. (Juillet 1248.) — *P.* 474. Ch. CCXCIV. Lettres par lesquelles l'abbé de Compiègne afferme la terre de Mongenai pour XXI muids de bled par an. (Mai 1255.) — *P.* 475. Ch. CCXCV. Vente de l'héritage de Gilles de Faveroles et de sa femme à l'église de Compiègne, scavoir pour VI^{xx} livres parisis. — *P.* 476. Ch. CCXCVI. Autre vente de XIV mines de terre ensemencées, par le maire de Faveroles à l'église de St.-Corneil. (Février 1258.) — *P.* 478. Ch. CCXCVII. Autre vente faite à l'église de St.-Corneil de IV mines de terre ensemencée à Mesviller pour XX liv. paris. (Mars 1258.) — *P.* 479. Ch. CCXCVIII. Autre de deux maisons et de V verges de terre pour le prix de XX liv. paris. par Gilles, maire de Faverolles. (Mai 1259.) — *P.* 481. Ch. CCC. Lettres de l'official d'Autun touchant le douaire de la femme du maire de Vilers, sur le pasturage de la ferme de Vilers. (Septembre 1243.) — *P.* 482. Ch. CCCI. Transaction entre les advoués et le maire de Vilers moyennant XX s. de cens que le maire est obligé de payer annuellement aux dits advoués pour les tailles et subsides. (1215.) — *P.* 483. Ch. CCCII. Accord fait entre l'église de Compiègne et la dame de Triccoq touchant la terre de Mongenai qui est commune entre elles. (Août 1261.) — *P.* 485. Ch. CCCIII. Lettres de l'évesque d'Amiens par lesquelles il appert que l'advoué d'Atin cède à l'église de Compiègne tout le droit qu'il pouvait prétendre en la ferme d'Atin pour le prix de X liv. paris. (1206.) — *P.* 486. Ch. CCCIV. Convention faite entre l'église de Compiègne et le maire d'Atin touchant la mairie d'Atin. (Février 1228.) — *P.* 487. Ch. CCCV. Accord entre l'abbé de Lonviller et l'église de Compiègne touchant III s. de cens à prendre à

Atin. (1211.) — *P.* 489. Ch. CCCVI. Lettres de l'évesque d'Amiens par lesquelles appert que le maire d'Atin cède à l'église de Compiègne tout le droit qu'il pouvait prétendre en la ferme de l'église, à Atin. (1206.) — P. 490. Ch. CCCVII. Lettres de l'évesque de Thérouenne touchant la dite concession du maire d'Atin. (Mars 1208.) — *P.* 490. Ch. CCCVIII. Lettres sur le même sujet. (Mars 1236.) — *P.* 492. Ch. CCCIX. Autres de l'évesque de Senlis par lesquelles il met l'église de Compiègne en possession des prés et pasquis de Ponthyon nonobstant l'appellation faite par Hugues d'Estraeles. (1202) — *P.* 493. Ch. CCCX. Autres touchant les pasquis d'Atin. (Septembre 1220.) — *P.* 494. Ch. CCCXI. Autres de l'official de Thérouanne touchant le paiement fait à Pierre Nidros de VII liv. parisis pour le service qu'il rendait en cour de Rome. (Février 1247.) — *P.* 495. Ch. CCCXII. Renonciation faite par le maire de Ruelle à tout le droit qu'il pouvait prétendre en la ferme de l'église de Compiègne à Nesle. (Mai 1239.) — *P.* 495. Ch. CCCXIII. Vente faite à l'église de Compiègne par le maire de Nesle, de la mairie du dit lieu et de tout le droit qu'il y avait pour le prix de XL liv. (1245.) — *P.* 496. Ch. CCCXIV. Confirmation de la dite vente par lettre de l'official d'Amiens. (Mai 1245.) — *P.* 497. Ch. CCCXV. Lettres de donation faite à l'église de Compiègne par la comtesse de Bologne, du droit qu'elle pouvait avoir à Atin. (Mars 1255.) — *P.* 498. Ch. CCCXVI. Lettres de l'abbé de Compiègne par lesquelles il vend à Nicolas Biscophen pour sa vie seulement, les terres d'Atin et de Nesle pour le prix de CC liv. une fois payées et XX liv. paris. par chacun an et XX s. aussi par chacun an. (Juin 1251.) — *P.* 504. Ch. CCCXVIII. Autre entre les mêmes églises sur le même sujet que cy-dessus. S. d. — *P.* 506. Ch. CCCXIX. Convention entre les dites églises pour la dégradation des bois de St.-Just. (1194.) — *P.* 512. Ch. CCCXXII. Autres de l'abbaye de St.-Corneil de Compiègne concernant la terre que le seigneur Ascelin de Gal tient de l'abbaye. — *P.* 513. Ch. CCCXXIV. Lettres de l'évesque de Beauvais touchant le bois qui est entre Montgenai et Triecoc et le bois de Caisnay. S. d. — *P.* 516. Ch. CCCXXVI. Donation faite par l'abbé et chapitre de Compiègne et les doyens et chapitre de Beauvais d'une terre qui leur appartenait près St.-Just, aux habitants du dit lieu. (Janvier 1213.)

COMPIÈGNE.

— *P.* 517. Ch. CCCXXVII. Arrest du parlement de Paris rendu entre les religieux, abbé et couvent de St.-Corneil de Compiègne et les maire et eschevins de la dite ville. S. d. (Longue et intéressante pièce.) — *P.* 531. Ch. CCCXXVIII. Lettres du prieur de St.-Médard et de H. de Dules, chanoine de Roye concernant une maison et jardin scis à Maruel, donnés à l'église de St.-Corneil. (Mai 1215.) — *P.* 531. Ch. CCCXXIX. Autres du seigneur de Cousdun touchant les aulnois de Mares. (1209.) — *P.* 535. Ch. CCCXXXII. Autres du seigneur de Cousdun concernant les aulnois de Mares. (1228.) — *P.* 535. Ch. CCCXXXIII. Autres de l'abbé de Cluny touchant les deux muids de bled et les deux d'avoine que les moines de Ste.-Marguerite doivent à l'église de St.-Corneil. S. d. — *P.* 536. Ch. CCCXXXIV. Autres du légat du Saint-Siège concernant quatre muids de bled et deux d'avoine que le prieur de Ste.-Marguerite doit à St.-Corneil. S. d. — *P.* 537. Ch. CCCXXXV. Autres de l'évesque d'Albe, légat, touchant v sous de cens que l'église Ste.-Marguerite doit à St.-Corneil. S. d. — *P.* 539. Ch. CCCXXXVII. Chartre des clercs de Val-Fleury touchant XII deniers de cens deus à l'église St.-Corneil. S. d. — *P.* 540. Ch. CCCXXXVIII. Chartre des comte et comtesse de Flandres touchant le moulin et estang de Roye. (1176.) — *P.* 541. Ch. CCCXXXVIII A. Autre du doyen et chapitre de Compiègne touchant la forest de Roye donnée pour sept ans, au comte de Vermandois pour le prix de XXX liv. S. d. — *P.* 542. Ch. CCCXXXVIII B. Accord fait entre l'église de Compiègne et les chanoines de Noyon concernant les essarts. (1229.) — *P.* 543. Ch. CCCXXXVIII C. Tesmoins produits sur le fait des dits essarts. — *P.* 545. Ch. CCCXXXIX. Accord fait entre la dite église de Compiègne et les dits chanoines de Noyon pour le même fait des essarts. (Décembre 1239.) — *P.* 546. Ch. CCCXL. Eschange fait avec le chapitre de Soissons d'une femme sujette à l'église de Compiègne. S. d. — *P.* 546. Ch. CCCXLI. Lettres de la cour de Soissons concernant la vente faite à l'église de St.-Corneil du droit qu'elle avait en leur grange scituée à Roye. (1248.) — *P.* 548. Ch. CCCXLII. Autre touchant la Chapelle de Marueil. (1244.) — *P.* 549. Ch. CCCXLIII. Autre de l'abbé de St.-Corneil touchant le bois de Castel donné à cens au seigneur de Cramailles pour LV s. (1197.) — *P.* 550. Ch. CCCXLIV.

Accord fait entre l'église de Compiègne et le seigneur d'Estrées et sa femme touchant le terroir de Marueil. (Janvier 1259.) — P. 552. Ch. CCCXLV. Lettres de la cour de Beauvais touchant trois mines et demie de terre que l'église de St.-Corneil a acquises de Roger dit *Garonus de Guiriaco* et sa femme. (Mars 1253.) — P. 553. Ch. CCCXLVI. Autres d'Hemery de Longueil, touchant une maison scize à Compiègne, qu'il a donnée à l'église. (1212.) — P. 554. Ch. CCCXLVII. Autres du même pour le même fait. (1212.) — P. 555. Ch. CCCXLVIII. Autres de l'évesque de Beauvais touchant la justice qu'a l'église de Compiègne dans l'église de Longueil. (Juin 1244.) — P. 556. Ch. CCCL. Vente faite d'un arpent de vigne à l'église Saint-Corneil par le nommé Pasques Dieu et sa femme, pour x liv. parisis. (Août 1244.) — P. 556. Ch. CCCLI. Accord fait entre l'églize de Compiègne et les habitants de Rivecourt, touchant les pasquis de Longueil. (1214.) — P. 557. Ch. CCCLII. Autre accord fait entre les mêmes pour le cens annuel deub à la dite église, par les dits habitants à cause des pasquis. (1214.) — P. 559. Ch. CCCLIV. Chartre d'Hugue de Renetel, de Roger de Verberie et de Renaud de Bestisy, touchant le bois d'Ajeu. (1203.) — P. 562. Ch. CCCLV. Chartre d'Hugue Renetel, touchant le petit Raroy et le bois d'Ajeu. (1209.) — P. 564. Ch. CCCLVI. Chartre de Raoul, seigneur de Renetel, touchant le bois d'Ajeu. (Septembre 1231.) — P. 565. Ch. CCCLVII. Lettres de l'évesque de Senlis touchant la dixme de Rarai près le bois d'Ajeu. (1206.) — P. 566. Ch. CCCLVIII. Autres de l'abbé de Compiègne touchant la forest de près Canli. (1290.) — P. 568. Ch. CCCLX. Autre de la dixme de Canli et d'Arsis faite par Pierre, seigneur de Canli. (Août 1231.) — P. 569. Ch. CCCLXI. Accord entre l'église de Compiègne et les abbé et couvent de Villeserain *(sic)* touchant certaines terres scizes à Canli. (1200.) — P. 570. Ch. CCCLXII. Chartre touchant le fief et l'augmentation du fief du seigneur de Faiel. (Mai 1231.) — P. 571. Ch. CCCLXIII. Lettres de l'évesque de Senlis touchant le pasturage, chariage et autres que le maire de Canli a en la ferme de Saint-Corneil. (Avril 1247.) — P. 573. Ch. CCCLXIV. Chartre de St.-Nicolas de Senlis, touchant le clos de la Noé *(apud Noam sancti Remigii).* (Août 1224.) — P. 573. Ch. CCCLXV. Autre de Guillaume, seigneur de

COMPIÈGNE.

Rostel, touchant l'échange de la dixme de Wilarchel. (Avril 1238.) — *P.* 574. Ch. CCCLXVI. Autre du seigneur de Fayel, touchant la terre de Fayel. (1208.) — *P.* 575. Ch. CCCLXVII. Autre chartre de la dame de Fayel et de ses fils, touchant les maisons et closlures de Sacy-le-Petit. (Mai 1231.) — — *P.* 575. Ch. CCCLXVII A. Lettres de Jean, seigneur de Gruisilliers, touchant le fief qu'il tient de l'église Saint-Corneil scis entre le bois d'Ajeu et Houdencourt. (Mars 1245.) — *P.* 576. Ch. CCCLXVIII. Chartre de Jean d'Audely, touchant les marais de Houdencourt et de Basincourt. (1231.) — *P.* 578. Ch. CCCLXX. Lettres de l'abbé de Saint-Corneil touchant le cens que les terres de Gautier et de la Haye-Esculi (*apud Gautier et ad Hayam Osculi)* doit à l'église de Compiègne (1200.) — *P.* 579. Ch. CCCLXXI. Vente d'une mazure seize à la Noüe-Saint-Remi faite par Yve de Pont. (Juin 1212.) — *P.* 580. Ch. CCCLXXII. Accord entre l'église Saint-Corneil et St.-Martin-des-Champs touchant la dixme du clos de la Noë-St.-Remy. (Août 1224.) — *P.* 580. Ch. CCCLXXIII. Don fait à l'église St.-Corneil par Renauld de Bétisy, sa femme et ses enfants d'un muid de bled et x s. de cens. (Décembre 1222.) — *P.* 581. Ch. CCCLXXIV. Vente faite à l'église Saint-Corneil par Engerrand du Manoir, de ce qui luy appartenait à Chevrières *(apud Civerias et Omeus le mont)* pour LX s. parisis (Mars 1231.) — *P.* 582. Ch. CCCLXXV. Lettres de l'évesque de Meaux touchant la dixme de Nanteuil. (1164.) — *P.* 583. Ch. CCCLXXVI. Chartre de Raoul Troussée, seigneur de Jonquiers, touchant l'échange qu'il a fait avec l'église Saint-Coreneil *(sic)* pour XX s. parisis. (Octobre 1232.) — *P.* 584. Ch. CCCLXXVII. Lettres de foy et hommage que le sieur de Jonquiers doit à l'église de Saint-Corneil pour XVI mines de terre qu'il tient de la dite église. (Mars 1245.) (En fr.) — *P.* 587. Ch. CCCLXXX. Autre de l'abbé Saint-Corneil touchant le droit qu'il a sur les terres de l'abbé de Charly à Sacy-le-Petit. (1181.) — *P.* 588. Ch. CCCLXXXI. Autres des prieur de St.-Vincent et chanoines de St.-Clément de Senlis touchant deux mines de bled et deux d'avoine que l'église de Saint-Corneil doit recevoir à Raroy. (1224.) — *P.* 590. Ch. CCCLXXXIV. Lettres de l'abbé de Saint-Corneil touchant les essarts de Roger de Verberie. (1199.) — *P.* 591. Ch. CCCLXXXV. Accord entre l'église Saint-Corneil et le curé de Venete pour toute la dixme de vin. (Mars 1218.) — *P.* 592. Ch. CCCLXXXVI. Autre pour le même fait. (Mars 1218.) — *P.* 593. Ch. CCCLXXXVII. Lettres de l'Abbé de Compiègne touchant le maire de Venette. (1210.) — *P.* 594. Ch. CCCLXXXVIII. Accord entre ladite église et le maire de Marigny touchant la mairie dudit lieu. S. d. — *P.* 595. Ch. CCCLXXXIX. Chartre du seigneur de Binenville, touchant la vente d'une certaine terre scize au lieu dit les Sept-Voyes, à l'église Saint-Corneil. (1226.) — *P.* 596. Ch. CCCXC. Lettres de l'abbé de Saint-Corneil touchant l'amortissement fait aux habitants de Longueil des corvées et autres droits. (Avril 1247.) — *P.* 598. Ch. CCCXCI. Autres du curé de Saint-Jacques de Compiègne touchant le don qu'il a fait à l'église Saint-Corneil, d'une maison qu'il avait à Paris, située en la place de Grève. (Octobre 1255.) — *P.* 598. Ch. CCCXCII. Autres de l'abbé de St.-Corneil touchant l'amortissement par luy fait à Marie Coquerelle de Jaux, de la servitude à laquelle elle estoit obligée envers ladite église. (Octobre 1256.) — *P.* 599. Ch. CCCXCIII. Autres du même touchant l'affranchissement qu'il a fait à certains habitants de Beauvoisy. (Oct. 1256.) — *P.* 601. Ch. CCCXCIV. Autres de la cour de Beauvais touchant la vente de la mairie de Jaux aux religieux de Saint-Corneil. (1257.) — *P.* 602. Ch. CCCXCIV A. Autres de Jean de Saint-Germain, de l'accord fait avec l'église Saint-Corneil touchant la dixme de Verberie. (Mars 1257.) *P.* 604. Ch. CCCXCIV B. Autres de l'abbé de Saint-Jean des Vignes de Soissons, touchant la convention faite avec l'église de Saint-Corneil de la grande dixme de Verberie. (Juillet 1260.) — *P.* 606. Ch. CCCXCIV C. Autres de l'abbé de Saint-Corneil touchant le cens d'une maison sise à Verberie. — *P.* 607. Ch. CCCXCV. Autres du même touchant le lieu des Sept-Voyes, affermé à Foucard, dit le chausseteur (Mars 1250.) — *P.* 611. Ch. CCCXCVI. Autres de l'abbé de Charly de l'accord fait entre luy et l'église de Saint-Corneil touchant le bled et avoine qui doivent estre amenés à Sacy-le-Petit. (Mars 1263.) — — *P.* 614. Ch. CCCXCVII. Lettres de l'évesque d'Amiens touchant la chapelle de Herches. S. d. — *P.* 617. Ch. CCCXCIX. Autres de l'évesque de Beauvais touchant les églises de Jaux et de Hermencourt. (Juillet 1215.) — *P.* 617. Ch. CD. Autres du seigneur de Jonquiers par lesquelles il donne à l'église de

COMPIÈGNE.

Compiègne et à leur chappelle de Vilarch 3 muids de bled, 3 de vin et 2 d'avoine, 2 arpens de bois et 10 s. de cens. (Juin 1221.) — *P*. 618. Ch. CDI. Autres de l'évesque de Beauvais par lesquelles il augmente les revenus de la paroisse de Janville *(de Johannisvilla)*. (Mars 1241.) — *P*. 619. Ch. CDII. Autres de l'évesque d'Amiens, touchant la restitution faite à l'église de Compiègne de la chapelle de Dolincourt (1141.) — *P*. 623. Ch. CDVI. Autres de l'évesque de Noyon portant une convention faite entre ladite église de Compiègne et celle de Saint-Anthoine touchant les offrandes et oblations. (1202.) — *P*. 624. Ch. CDVII. Autres de l'official de Soissons touchant la juridiction des clercs de Compiègne. (1243.) — *P*. 624. Ch. CDVIII. Autres de l'évesque de Soissons portant accord entre lui et l'église de Saint-Corneil touchant la juridiction de Jaux. (1191.) — *P*. 625. Ch. CDIX. Accord fait entre l'église de Compiègne et le curé de Jeaux, au sujet des offrandes. (Juin 1220.) — *P*. 629. Ch. CDXIII Lettres de l'évesque de Beauvais, touchant les églises que l'église de Saint-Corneil possède au diocèse de Beauvais. (1106.) — *P*. 631. Ch. CDXIV. Autres du doyen, archidiacre et chancelier de Paris, portant accord fait au sujet de l'église de Saint-Jacques. (Fév. 1202.) — *P*. 632. Ch. CDXV. Autres de l'évesque de Noyon, touchant l'hospital de Saint-Nicolas-de-Pont. (1198.). — *P*. 633. Ch. CDXVI. Enqueste faite par l'évesque de Noyon et l'évesque de Senlis, au sujet de la juridiction de l'hospital de Pont. S. d. — *P*. 633. Ch. CDXVII. Accord fait entre l'église de Saint-Corneil et celle de Saint-Clément de Compiègne. (1198.) — *P*. 636. Ch. CDXVIII. Convention faite entre les religieux de Saint-Corneil et les chanoines Saint-Clément de Compiègne (1198.) — *P*. 638. Ch. CDXIX. Fondation de la chapelle de Cauny par le seigneur du dit lieu. (1219.) — *P*. 638. Ch CDXX. Vente faite aux religieux de Saint-Corneil de la dixme du terroir de Baugy par le seigneur Jean de Cambronne. (Fév. 1244.) — *P*. 639. Ch. CDXXI. Confirmation de la dite vente par le seigneur de Harnay. (Fév. 1244.) — *P*. 640. Ch. CDXXII. Lettres de l'évesque de Beauvais qui confirment la vente de la dite dixme, faite par les dits de Cambrosne et sa femme. (Février 1244.) — *P*. 641. Ch. CDXXIII. Autre vente faite à la dite abbaye de toute la dixme que Thomas Daridel avait au dit territoire de Baugy. (1243.)—*P*. 642. Ch. CDXXIV. Confirmation de la vente. (Avril 1214.). —*P*. 643 Ch. CDXXV. Chartre du seigneur d'Aurigny, qui confirme la vente de la dite dixme. (Avril 1243.) — *P*. 644. Ch. CDXXVI. Autre de l'évesque de Beauvais, qui confirme la dite vente. (Mai 1243.) — *P*. 644. Ch. CDXXVII. Lettres de l'archevesque de Reims, qui restituent l'église de Saint-Corneil dans sa dixme de Cuise. (1189.) — *P*. 645. Ch. CDXXVIII. Autres du doyen et chapitre de Saint-Clément de Compiègne, sur la cessation du service divin au mandement de l'abbé et couvent de Saint-Corneil. (1216.)—*P*. 646. Ch. CDXXIX. Autres du chapitre de Soissons, qui est un compromis fait avec l'église de Saint-Corneil. (Fév. 1209.) — *P*. 646. Ch. CDXXX Autres, confirmatives des précédentes. (Mai 1216.) — *P*. 647. Ch. CDXXXI. La peine et amende de xx marcs à ceux qui ne garderont pas le dit compromis. (Janvier 1215.) — *P*. 649. Ch. CDXXXII. Autres lettres de l'official de Soissons, touchant la jurisdiction des clercs de Compiègne. (1243.). — *P*. 649. Ch. CDXXXIII. Autres de l'abbé de Saint-Corneil, touchant la chapelle de la confrairie de Saint-Clément. S. d.—*P*. 650. Ch. CDXXXIV. Accord fait entre les abbé et couvent de St.-Corneil, et la communauté et habitans de Verberie. (Déc. 1293.)—*P*. 652. Ch. CDXXXV. Témoignage des trois cardinaux, du droit et de la justice que l'église de Saint-Corneil a en la ville et sur les paroisses de Compiègne. (1213.) Pièce importante. —*P*. 657. Ch. CDXXXVI. Sentence rendue en faveur de l'église de Saint-Corneil contre les prêtres et curés des églises de la dicte ville de Compiègne. (1254.) (Très-importante.) — *P*. 663. Ch. CDXXXVII. Enqueste faite par les évêques de Noyon et de Senlis, touchant l'Hostel-Dieu de Compiègne. S. d. — *P*. 664. Ch. CDXXXVIII. Lettres de l'abbé de Saint-Corneil, touchant la colation de la chapelle Saint-Nicolas de Compiègne. (Juin 1263.) — *P*. 664. Ch. CDXXXIX. Autres du légat du Saint-Siége, addressantes aux colecteurs de la dixme dans le diocèse de Reims. — (1266.) *P*. 666. Ch. CDXL. Autres dudict abbé de Saint-Corneil, touchant l'affranchissement de deux bourgeois de Crespy, sujets à l'église de Compiègne. (Déc. 1263.) — Ch. CDXLI. Autres du même, sur le même fait. (Déc. 1263.). — *P*. 667. Ch. CDXLII. Utencils (*sic*) donnez au prieur de Saint-Pierre. (Curieux.) S. d. — *P*. 673. Ch.

COMPIÈGNE.
CDLIII. Bois de Lehen. — *P.* 676. Ch. CDLIII. Consistance du lieu de Roy. — Ch. CDLIV[1] Demande faite par un abbé de Saint-Corneille, à son couvent, pour qu'il soit célébré une messe annuelle du Saint-Esprit, pour le repos de son âme. — *P.* 679. Ch. CDLV. Anno domini M° CC° LXV. fut fait ces escris. C'est une petite chronique en français, dans laquelle on relate les franchises accordées à l'abbaye par les rois de France et les papes. — *P.* 681. Ch. CDLVI. Note sans importance qui peut se lier à la chronique ci-dessus. — *P.* 683. Ch. CDLVIII. Autre de l'abbé de Longpont, touchant la dixme de Cuise. S. d. — *P.* 684. Ch. CLIX. Autre de l'official de Soissons, touchant les vignes de Jaux. (Nov. 1235.) — *P.* 685. Ch. CDLX. Autres de Jean Boignes, seigneur de Betizy, par lesquelles il donne à l'église Saint-Corneil xiv deniers de cens qui luy estoit deus à Compiègne. (1229). — *P.* 686. Ch. CDLXI. Autres, touchant la dot de la femme du dit Boignet, sur les dits xiv deniers de cens. (Nov. 1231.) — *P.* 686. Ch. CDLXII. Autres sur les dits xiv deniers de cens. (Nov. 1231.) — *P.* 687. Ch. CDLXIII. Autres de l'évesque de Soissons, touchant un affranchi de Crespy. (Mai 1233.) — *P.* 688. Ch. CDLXIV. Autres de l'évesque de Senlis, touchant la dixme de l'église de Ruecourt. (1211.) — *P.* 688. Ch. CDLXV. Autres des maire et eschevins de Compiègne, touchant un moulin, scis à Compiègne, donné à cens, à Roger, seigneur de Verberie. (1183.) — *P.* 689. Ch. CDLXVI. Autres des mêmes, touchant la cour du roy, proche l'église Saint-Corneil. (Août 1201.) — *P.* 691. Ch. CDLXIX. Compromis entre les religieux de Saint-Corneil et l'abbé d'Ourscamp, touchant le travers de la rivière de Compiègne.. (Mai 1263.) — *P.* 692. Ch. CDLXX. Lettres de l'abbé d'Ourcamp, touchant le dit travers. (Juin 1243.) — *P.* 693. Ch. CDLXXI. Autres de l'abbé de Compiègne, touchant la confrairie érigée en l'église de Saint-Clément. (Janv. 1230.) — *P.* 696. Ch. CDLXXII. Chartre des abbesse et religieuses de Saint-Jean-aux-Bois de Cuise, touchant une maison et un four, scis à Compiègne. (Avril 1223.) — *P.* 697. Ch. CDLXXIII. Donnation faite à l'église de Compiègne d'une maison scituée à Jaux, par Pierre le Péager et sa femme. (Avril 1234).

[1] Sans rubrique.

— *P.* 698. Ch. CDLXXIV. Lettres de l'archidiacre de Soissons, touchant la dite maison. (Sept. 1239.)—*P.* 699. Ch. CDLXXV. Autres de l'official de Soissons pour le même fait de la dite maison. (Déc. 1244.) — *P.* 700. Ch. CDLXXVI. Autres de l'évesque de Soissons, portant donnation faite à l'église Saint-Corneil d'une maison sise à Compiègne, par Marie d'Hateci. (Mai 1244.) — *P.* 701. Ch. CDLXXVII. Autres de l'official de Soissons, portant la vente faite à l'église Saint-Corneil d'une maison scize à Compiègne, par le nommé Cauvel, bourgeois de Compiègne. (Déc. 1244.) — *P.* 702. Ch. CDLXXVIII. Autres de l'évesque de Soissons, portant donnation faite à l'église de Saint-Corneil de XL s. parisis de cens, par le nommé Thiebert. (Mai 1244.) — *P.* 702. Ch. CDLXXIX. Autres de l'official de Soissons, portant aussy donation d'une maison scize à Compiègne, par le nommé Flament et Adeline, sa femme. (Déc. 1245.) — *P.* 703. Ch. CDLXXX. Autres du même, portant donation de XL s. de cens, par le nommé Loques. (Fév. 1246.)— *P.* 704. Ch. CDLXXXI. Autres du même, portant aussi donation d'une vigne et de XX s. parisis de cens, par le nommé Pierre le Mareschal et sa femme. (Déc. 1245.) — *P.* 705. Ch. CDLXXXII. Accord fait entre l'église de Compiègne et l'abbé de Chaise-Dieu, touchant les maisons de Gautier, appartenant à Saint-Nicolas. (1202.) — *P.* 705. Ch. CDLXXXIII. Autre accord fait entre l'église de Compiègne et Odo, Robert et Ménard, frères, demeurant à Compiègne, touchant certaines maisons. (1207.).—*P.* 707. Ch. CDLXXXV. Lettres de l'abbesse et religieuses de St-Jeandes-Bois de Cuise, touchant XXXIV s. parisis de surcens. (Fév. 1222.)—*P.* 708. Ch. CDLXXXVI. Donation faite de XXVIII s. de cens à un moine de Saint-Corneil par le seigneur de Verberie, son père. (1206.) — *P.* 708. Ch. CDLXXXVII. Vente faite à l'église Saint-Corneil de XXVII s. parisis de cens, par le seigneur de Sacy-le-Petit. (Novembre 1224.) — *P.* 709. Ch. CDLXXXVIII. Lettres de l'abbé de Saint-Corneil touchant les moulins de Venet [1]. (Janvier 1205.) *P.* 710. Ch. CDLXXXIX. Procuration faite à frère Simon par les Templiers au sujet de leurs vignes. S. d. — Ch. CDXCII. Chartre des frères mineurs par laquelle ils recon-

---

[1] Cette pièce est répétée p. 720.

COMPIÈGNE. naissent estre de la dépendance de l'église de Compiègne. (Avril 1229.) — P. 713. Ch. CDXCIII. Arbitrage entre l'église de Compiègne et les frères mineurs dudit lieu, touchant la sujection qu'ils ont à l'église Saint-Corneil (1246.) — P. 715. Ch. CDXCIV. Autres lettres des dits frères mineurs sur le même fait. (Décembre 1245.) — Ch. CDXCV. Autres des mesmes sur le même sujet. (1245.) — P. 716. Ch. CDXCVI. Autres sur le même sujet du sieur Herlart, chanoine de Paris. (1245.) — P. 717. Ch. CDXCVII. Autres des abbés d'Ourcamp, de St.-Eloi de Noyon et de St.-Barthélemy dudit Noyon. (1245.) — P. 718. Ch. CDXCVIII. Confirmation des lettres d'arbitrage entre l'église Saint-Corneil et les frères mineurs. (1246.) — P. 721. Ch. D. Chartre de l'évesque et chapitre de Soissons touchant la juridiction de la paroisse de Saint-Germain de Compiègne. (1199.) — P. 722. Ch. DI. Convention faite entre les évesques et chanoines de Soissons et l'église Saint-Corneil, touchant la jurisdiction de Compiègne. (Novembre 1220.) — P. 724. Ch. DII. Lettres de l'abbé de Compiègne touchant XIII muids de bled et d'avoine, payables annuellement au curé de Saint-Jean de Corbie. (1201.) — P. 725. Ch. DIII. Autres de l'official de Soissons touchant l'eschange fait d'une maison scituée à Jaux. (Avril 1257.) — P. 727. Ch. DIV. Autres du même touchant la vente d'une maison scize à Jaux, par Robert Lemoine et sa femme. (Janvier 1256.) — P. 728. Ch. DV. Autres du même touchant la donation d'une pièce de vigne scituée à Jaux. (Mai 1257.) — P. 729. Ch. DVI. Autres de l'abbé de Saint-Médard de Soissons, touchant la conduite de leur vin sur la rivière, à Soissons. (Fév. 1257). — P. 730. Ch. DVII. Autres des archidiacres de Soissons touchant V sols tournois qu'on est tenu de donner aux prestres pour l'administration. (Mai 1250.) — P. 732. Ch. DVIII. Autres de l'abbesse du monastère de la Joye *(Gaudii)* touchant huit sols de rente sur la maison de Renault, scituée à Compiègne. (Septembre 1257.) — P. 733. Ch. DIX. Autres de l'officialité de Soissons, touchant X s. parisis de cens donnés à l'église de Compiègne par le curé de la Noë-Saint-Martin. (Mai 1259.) — P. 734. Ch. DX. Autres de l'abbé de Saint-Jean des Vignes de Soissons touchant l'échange fait de la grande dixme de Verberie. (Juill. 1260.) — P. 736. Ch. DXI. Autres de l'officialité de Soissons touchant six mines de bled et six d'avoine vendues à l'église Saint-Corneil au lieu dit les Sept-Voyes. (Juin 1261.)

— P. 737. Ch. DXII. Autres de l'abbé de Saint-Jean des Vignes de Soissons, touchant III sols de cens qui luy estoit deub à Compiègne. (Février 1261.) — P. 738. Ch. DXIII. Autres de l'officialité de Soissons touchant une terre scituée à Jaux, vendue à l'église Saint-Corneil par Robert le moine dudit lieu. (Février 1261.) — P. 739. Ch. DXIV. Autres du doyen de Jaux portant donation qu'il fait d'un pré et d'une pièce de vigne à l'église Saint-Corneil. (Févr. 1261.) — Ch. DXV. Autres du mesme par lesquelles il permet l'usage de la ruelle de la vigne de Robert le moine, située à Jaux. (Janvier 1261.) — P. 740. Ch. DXVI. Autres de l'abbé de Compiègne par lesquelles il baille à rente une maison scituée à Compiègne, à Jacques de Saint-Pierre et sa femme, moyennant xx s. parisis, (Février 1261.) — P. 741. Ch. DXVII. Autres du même touchant une maison scituée à Compiègne, rue de la Chapelle, et xxvIII pains deux (dus) chaque sepmaine au nommé frère Lamy. (Mars 1261.) — P. 742. Ch. DXVIII. Autres de l'officialité de Soissons, touchant une maison scituée à Compiègne, donnée à l'église Saint-Corneil par Jean Char d'Aignel (ou Chardaignel). (Avril 1268.) — P. 743. Ch. DXIX. Autres de ladite officialité, touchant une maison donnée à Jacques, clerc de Saint-Pierre, sa vie durant, pour xx sols parisis de rente. (Avril 1262.) — P. 744. Ch. DXX. Autres de l'abbé et couvent de Compiègne touchant la grande dixme de Davenecourt, vendue à Hugues de Noyon. (Avril 1262.) — P. 748. Ch. DXIX *(sic)*. Autres de l'officialité de Soissons touchant une pièce de terre scituée derrière le four bannal de Compiègne, vendue à l'église Saint Corneil par Martin de Boilly (*de Bulleio*) et autres. (Janvier 1262.) — P. 750. Au bas de la dernière pièce se trouve l'attestation des notaires royaux qui ont collationné les pièces ci-dessus énoncées, en 1672.

Cette pièce est la dernière de ce Cartulaire qui se termine par une table des chartes, avec l'indication des pages.

321. Traduction d'un Cartulaire latin de Saint-Corneil, 2.e partie.

MS. in-4º. de 1186 pages, papier. xvIIIe. siècle.

A. I. *Sect. hist.*, L. 176.

La première page de ce manuscrit porte le nº. 1025, la dernière le nº. 2211. On trouve à la page 1025, un titre

COMPIÈGNE.

plus étendu que celui de la couverture du MS. cité plus haut. Le voici :

[Suite de la traduction d'un cartulaire latin de l'abbaye de Saint-Corneille de Compiègne, commençant par le pape Calixte II, l'an 1119, et finissant en ......, divisé en deux parties, contenant ensemble 519 chapitres avec une table commune aux deux, en teste de la première.

SECONDE PARTIE.

Commençant par le chapitre 140 de l'usage de la forest de Cuize et finissant au dernier chapitre 519.]

Ce MS. n'étant que la reproduction exacte des pièces contenues dans le cartulaire L. 174, depuis la page 242 jusqu'à la page 750, nous renvoyons à la notice de ce MS. (Voir le numéro 320).

322. Chartularium Sancti Cornelii Compendiensis.

MS. in-f°. de 1036 pages, papier. Ecriture du XVIII°. siècle.
Bibl. Imp.—N°. 26, Cart.

Les 26 premiers folios qui contiennent la table ne sont point chiffrés. Les pièces renfermées dans ce manuscrit sont les mêmes que celles des cartulaires dont nous avons donné ci-dessus une notice détaillée. La seule remarque à faire, c'est que ce manuscrit se termine (p. 974 à 1010) par une traduction des huit principales chartes latines relatives à saint Corneille.

323. Statuta Conciliorum.

MS. in-8°. de 17 folios, parch. Ecriture du XIV°. siècle.
Bibl. Imp.—N°. 1593, anc. fonds lat.

Ce manuscrit, dont le premier folio manque, renferme les statuts des divers conciles tenus à Compiègne. Ce sont : 1°. Statuta Compendiensis concilii, anno 1301; 2°. Constitutio concilii Compendiensis anno 1329 celebrata; 3°. Constitutio provincialis concilii Compendiensis facta anno 1303, die veneris post festum Circoncisionis Domini.

324. Consuetudines Compendiensis ecclesiæ.

MS. in-8°. parch. Ecriture du XIII°. siècle.
Bibl. Imp.—N°. 700, Comp.

Ce manuscrit n'offre rien de remarquable.

COMPIÈGNE.

325. Calendarium cum directorio officii.

MS. in-8°. de 62 folios paroh. Ecriture du XIII° siècle.

Bibl. Imp.—N°. 76, *Comp.*

Ce manuscrit appartenait à l'abbaye de Saint-Corneille.

326. Missale.

MS. in-f°. velin. XV° siècle.

Bibl. Imp.—N°. 20, *Comp.*

Ce missel était à l'usage des Religieux de l'abbaye de Saint-Corneille.

327. Vie de la sœur Barbe de Compiègne.

MS. in-8°. papier. Ecriture du XVII° siècle. (Il y a deux paginations, la première comprend 205 folios ; la seconde, 38 folios.)

Bibl. Imp.—N°. 340, *Miss. étr.*

Cette biographie se divise en 92 chapitres. Elle commence ainsi :

[Cette bonne fille prit naissance en un village près de Soissons, en l'an 1601. Elle eut pour père un pauvre paysan qui gaignait sa vie à pescher du poisson ; sa mère estait une bonne femme très chrestienne qui gardait exactement la loy de Dieu, et l'inspirait à ses enfants, etc.]

328. Doutes sur la Religion.

MS. in-4°. papier. XVII°. siècle.

Bibl. Mazarine.—N°. T. 2217.

Ce volume, contient plusieurs traités, entre autres celui de Mercier de Compiègne, intitulé : Traité des trois imposteurs.

Ce traité a été imprimé en 1796, in-8°., sous la fausse date de Philadelphie.

329.

CONDÉ.

I. Confirmation des priviléges accordés par Charles IV,

CONDÉ.

aux communes de Condé [1], Vailly [2], Chavonne [3], Celles [4], Pargny [5] et Filain [6]. — (Mars 1320.)

A. I. Sect. hist., Trés. des Ch., Reg. LXII, f°. 133, p°°. 236.

II. Confirmation des mêmes priviléges. — (Septembre 1325.)

A. I. Sect. hist., Trés. des Ch., Reg. LXII, f°. 235, p°°. 429.

III. Lettres de sauve-garde accordées par le roi Charles VI, à la commune de Condé-sur-Aisne, et nomination de huit sergents royaux pour conserver ses priviléges. — (16 novembre 1395))

B. I. Cab. des Ch., CC, 279.

IV. Arrêt du conseil rendu sur la requête des habitants de Condé-sur-Aisne, réclamant le droit d'élire un maire, un lieutenant, un procureur fiscal, un greffier et un sergent, par lequel les dits habitants sont renvoyés par devant le commissaire départi en la généralité de Soissons. — (8 juin 1700.)

A. I. Sect. adm., E. 699.

V. Arrêt du conseil qui réunit à la ville de Condé les offices de receveurs et contrôleurs des octrois de la dite ville. — (20 décembre 1727.)

A. I. Sect. adm., E. 1028.

VI. Arrêt du conseil qui règle le tarif d'un péage sur la rivière d'Aisne, au profit de la ville de Condé. — (5 juin 1748.)

A. I. Sect. adm., E. 2270.

CONDREN. 330.

I. Lettres de Jean, roi de Bohême, qui permet à Roger de Beaufort, frère du pape Clément VI, d'échanger la terre

---

[1] Canton de Vailly (Aisne).
[2] Arrond. de Soissons (Aisne).
[3] Canton de Vailly (Aisne).
[4] Celles-sur-Aisne, canton de Vailly (Aisne).
[5] Canton de Vailly (Aisne).
[6] Canton de Vailly (Aisne).

de Condren[1] et de Felhouel[2], diocèse de Noyon, près Chauny. — (2 mai 1346. — En fr. — Pièce signée par le cardinal de Boulogne.)

CONDREN.

A. I. Sect. hist. Tr. des Ch., Cart. J. 786.

II. Copie des lettres par lesquelles François Ier. donne à Nicolas de Rustichy, le revenu des terres et seigneuries de Condren, Vouel[3], Frières[4], et Faillouel, membres de la châtellenie de Chauny. — (21 novembre 1537. — En fr.)

A. I. Sect. hist., Très. des Ch., Cart. J, 786.

331. Généalogies et manuscrits des seigneurs les Jeunes de Contay, faits en l'année 1676.[5]

CONTAY.

MS. in-4°. de 95 pages papier. Ecriture du XVIIe. siècle.
Bibl. Mazarine. — N°. 2913.

Voici le titre qui se trouve à la page 1 :

[Abrégé historique et généalogique de la très noble et illustre maison des seigneurs les Jeunes de Contay, de la ville d'Amiens, avec leurs armes et alliances, fait par le R. P. Ignace-Joseph de Jésus-Maria, carme déchaussé, et donné aux bibliothèques des Feuillens[6] et de Saint-Victor de Paris, par messire Benoist-le-Jeune de Contay, qui y est nommé..... en l'année 1674.] Les armes que portent les seigneurs de Contay se voient à la page suivante.

P. 2. Portrait de B. le Jeune de Contay.
P. 3. Armes de la famille des Contay.
P. 4. Approbation de d'Hozier.
P. 5. Epître dédicatoire.

Suit l'Abrégé historique et généalogique.

332. Conty (Evrard de).

CONTY.

Bibl. Imp. — N°s. 6864 et 6865.

Ces manuscrits contiennent une traduction des problèmes d'Aristote, par Evrard de Conty.

---

[1] Canton de Chauny (Aisne).
[2] Faillouel, commune de Frières (Aisne).
[3] Canton de La Fère (Aisne).
[4] Frières-Faillouel, canton de Chauny (Aisne).
[5] Ce titre est sur le plat de la couverture.
[6] Notre MS. est celui qui a appartenu aux Feuillens.

CORBENY. **333.**

I. Lettres par lesquelles Louis XI accorde aux marchands fréquentant la foire de Corbeny¹, franchise et exemption de tous impôts. — (Septembre 1477.)

<small>A. I. Sect. hist., Trés. des Ch., Reg. 201, n°. 30.</small>

II. Lettres par lesquelles Louis XI accorde aux habitants de Corbeny² l'exemption de toutes tailles et impositions. — (Septembre 1477.)

<small>A. I. Sect. hist., Trés. des Ch., Reg. 201, n°. 60.</small>

III. Lettres par lesquelles Charles VIII confirme les priviléges du prieur de Saint-Marcoul de Corbigny et des habitants du dit lieu. — (Juin 1484.)

<small>A. I. Sect. hist., Trés. des Ch., Reg. 211, p^{ce}. 506.</small>

IV. Lettres patentes du roi qui confirment les manans et habitants du bourg de Corbeny, de Saint-Marcoul, dans les priviléges, franchises, exemptions et immunités qui leur ont été accordés pour XX ans, par les rois ses prédécesseurs. — (Septembre 1576.)

<small>A. I. Sect. hist., Mémorial S. S. S., f°. 174.</small>

V. Arrêt de la chambre des comptes qui ordonne l'enregistrement des lettres patentes ci-dessus. — (20 mars 1578.)

<small>A. I. Sect. hist., Mémorial S. S. S., f°. 174.</small>

VI. Arrêt du conseil rendu sur la requête des habitants de Corbeny, dit St.-Marcoul qui leur accorde la jouissance pendant six ans de l'abonnement de 50 fr. pour toute taille (3 septembre 1611.)

<small>A. I. Sect. adm., E. 32.</small>

VII. Arrêt du conseil rendu sur la requête des pauvres habitants du Bourg de St.-Marcoul de Corbigny qui leur donne la jouissance de l'abonnement de 50 fr. par an,

---

¹ Voy. *Ord. des rois de France*, t. XVIII, p. 300.
² Voy. *Ord. des rois de France*, t. XVIII, p. 298.

conformément aux lettres patentes du 20 décembre 1629. (31 janvier 1635.)

A. I. Sect. adm., E. 122.

VIII. Arrêt du conseil rendu sur la requête des habitants de Corbeny, dit St.-Marcoul, tendant à être maintenus dans leurs priviléges, qui ordonne qu'ils jouiront des exemptions à eux accordés. (30 décembre 1638.)

A. I. Sect adm., E. 147.

IX. Lettres patentes de Louis XIV, portant confirmation pour les habitants de Corbeny du contrat du 25 janvier 1673, fait entre eux et les religieux de l'abbaye de Saint-Remy de Reims, relatif à l'établissement d'un hôpital au dit lieu, pour les pèlerins de St.-Marcoul qui viennent intercéder pour la guérison des écrouelles. — (Février 1676).

A. I. Sect. jud., Parl. de Paris, Ord. 4. F. f. 7.

334.
 I. Plan de Corbie (fortifications). II. Pianta della fortezza di Corbie. III. Plan de la ville de Corbie en Picardie (colorié.) IV. Les gouvernements d'Amiens et de Corbie.

B. I. Dép. des Cartes et plans. — Collect. topogr. V. a. 29.

335. Recueil de chartes originales ou copies de chartes tirées des collections des Bibliothèques de Paris et des Archives Impériales.

I. Charte en faveur de Corbie, souscrite par Hugues-le-Grand. (987).

B. I. Collect. Dupuy, vol. 122.

II. Confirmation par Philippe-Auguste des coutumes et priviléges octroyés aux habitants de Corbie par les rois Louis-le-Gros et Louis-le-Jeune. [1] (1180.) Sc. roy.

A. I. Sect. hist., Trés. des ch., Cart. J. 231, n.º 1. (Corbie.)

---

[1] Voir pour la première partie le Tom. xii des Mémoires de la Société des Antiquaires de Picardie.

CORBIE.

III. Lettres de l'abbé et couvent de Corbie, par lesquelles ils réservent au roi le droit qui lui appartenait sur une maison sise au port de Compiègne, bâtie par eux. (Juillet 1220.) Sc. pend.

A. I. Sect. hist., Trés. des ch., Cart. J. 231, n.° 3. (Corbie.)

IV. Confirmation par Louis VIII des coutumes et priviléges des habitants de Corbie. (1225.) Sc. roy.

A. I. Sect. hist., Trés. des ch., Cart. J. 231, n.° 4. (Corbie.)

V. Le maire de Corbie est condamné à l'amende pour avoir négligé de faire punir une violence commise en la ville. (1277.)

A. I. Sect. jud., { Parl. de Paris, Olim. tom. 2, p. 50. / U. 630, p. 248.

VI. Permission accordée aux habitants de Corbie de s'imposer. (1291.)

A. I. Sect. jud., U. 630, p. 248.

VII. Sentence arbitrale touchant le débat survenu entre le couvent et les maire et échevins de Corbie, sur plusieurs cas de justice. (Mars 1296.) Sc. roy.

A. I. Sect. hist., Trés. des ch., Cart. J. 231, n.° 5. (Corbie.)

VIII. Procès entre le maire et l'abbé de Corbie sur leurs droits respectifs en la ville de Corbie. (1300.)

A. I. Sect. jud., { Parl. de Paris, Olim. tom. 2, p. 178. / U. 630, p. 248.

IX. Les habitants de Corbie sont condamnés à 500 liv. d'amende pour cause de violences par eux commises. (1306.)

A. I. Sect. jud., { Parl. de Paris, Olim. tom. 2, p. 329 v.° / U. 630, p. 248.

X. Différend entre l'abbé et la ville au sujet de la justice. (1306).

A. I. Sect. hist., Trés. des ch., J. 231. n.° 6. (Corbie.)

---

[1] Voy. Ord. des rois de France, t. XI, p. 216 et note B. — Voir aussi la Notice historique sur la commune de Corbie par M. Bouthors, dans le tom. II des Mém. de la Soc. des Antiq. de Picardie, p. 322.

XI. Charte de Philippe-le-Bel qui accepte la renonciation à sa commune que fait la ville de Corbie, et qui la met sous la juridiction de l'abbé. (Juillet 1310).

A. I. Sect. hist., Trés. des ch., J. reg. 45, n.° 85.

XII. Transcript de lettres du maire et des jurés de Wailly portant don à l'abbaye de St.-Pierre de Corbie de XL s. de revenu. (Septembre 1311).

A. I. Sect. hist., Trés. des ch., J. reg. 46, n.° 120.

XIII. Transcript des lettres de l'abbé et du couvent de Corbie, relatives aux droits sur cette ville que le roi leur avait transmis. (Sept. 1311.)

A. I. Sect. hist., Trés. des ch., J. reg. 46, n.° 114.

XIV. Le roi ayant accordé aux habitants de Corbie une maltôte pour payer leurs dettes, l'abbé de Corbie la fit casser comme ayant été donnée sans son consentement. (6 mai 1340.)

A. I. Sect. jud., U. 590, p. 401.

XV. Différend entre la ville et l'abbaye. (1360.)

A. I. Sect. hist., Trés. des ch., J. reg. 88, n.° 120.

XVI. Lettres par lesquelles le duc de Charolais demande aux habitants de Corbie de ne pas nuire à son armée, et de lui fournir des vivres moyennant finances ; sur quoi l'abbé en écrivit au Chancelier de France. (6 juin 1365.)

A. I. Sect. jud., U. 630, f.° 248 v.°

XVII. Arrêt portant que le couvent de Corbie est condamné à LX s. parisis d'amende, pour l'appel par lui formé et rejeté par la Cour, d'une sentence rendue contre lui, en faveur des maire et échevins d'Amiens. (19 janv. 1423.)

A. I. Sect. jud., Parl. de Paris., Amendes, reg. 1.er f.° 270 v.°

XVIII. Amortissement pour la fondation dans la ville de Corbie d'un couvent de l'ordre de S.te-Claire. (1445).

A. I. Sect. hist., Trés. des ch., J. reg. 178, n.° 17.

XIX. Acte par lequel les habitants de Corbie sont affranchis des droits de tailles et impositions. (16 avr. 1477.)

A. I. Sect. jud., U. 630, f.° 248 v.°

XX. Procès entre les religieux et l'abbé de Corbie. (16 juin 1484.)

A. I. Sect. jud., U. 590, p. 402.

XXI. Un avocat dit en plaidant le 11 février 1487 que l'abbaye de Corbie avait été fondée par *Sainte-Beauteur*, reine de France. (11 février 1487.)

A. I. Sect. jud., U. 590, p. 402.

XXII. Affranchissement de tailles accordé aux habitants de Corbie, pour 4 ans. (1533.)

A. I. Sect. jud., U. 630, p. 249.

XXIII. Exemption du ban de Corbie. (1552.)

A. I. Sect. hist., Trés. des ch., J. reg. 261 bis, n.º 455.

XXIV. Lettres par lesquelles l'affranchissement de taille accordé aux habitants de Corbie est continué. (1569.)

A. I. Sect. jud., U. 630, f.º 249 v.º

XXV. Permission accordée aux habitants de Corbie d'ouvrir la porte d'Ancre, qui avait été fermée jusqu'alors. (30 juin 1570.)

A. I. Sect. jud., U. 630, f.º 249 v.º

XXVI. Prolongation d'affranchissement de tailles accordée aux habitants de Corbie. (30 avril 1571.)

A. I. Sect. jud., U. 630, f.º 249 v.º

XXVII. Ratification des contrats, actes et procédures faits entre le cardinal de Bourbon, abbé, comte et seigneur de Corbie et les religieux de l'abbaye, etc., (3 mai 1571.)

A. I. Sect. jud., U. 590, p. 402.

XXVIII. Autorisation donnée à l'abbé de Corbie de faire baux à vie, à cens ou emphytéoses des lieux et terres désertes ou inutiles pour l'utilité de l'abbaye. Ladite autorisation fut entérinée avec modifications. (15 sept. 1578.)

A. I. Sect. jud., U. 590, p. 402.

XXIX. Lettres par lesquelles les habitants de Corbie sont déclarés coupables du crime de lèse-majesté. (26 novembre 1636.)

A. I. Sect. jud., U. 630, p. 249.

www.ingramcontent.com/pod-product-compliance
Lightning Source LLC
Chambersburg PA
CBHW070839230426
43667CB00011B/1851